Friedrich Prinz

Die Geschichte Bayerns

SERIE PIPER

Zu diesem Buch

Bayern heute: mit seinen Städten und Landschaften, seinen Schlössern und Seen, seinen Bergen und Biergärten ein beliebtes Reiseziel, wirtschaftlich erfolgreich, politisch konservativ, der Bannerträger des deutschen Föderalismus. Die Geschichte dieses Landes erzählt Friedrich Prinz neu – kompetent, lebendig und auf dem neuesten Stand der Forschung. In dreizehn Kapiteln läßt er die Geschichte Bayerns Revue passieren, vom keltischen und römischen Urgrund bis in die Gegenwart. Die wichtigsten Personen, ob Herrscher, Politiker, Mönch oder Künstler, werden charakterisiert: vom unglücklichen Herzog Tassilo, Heinrich dem Löwen, Otto von Wittelsbach und Ludwig dem Bayern über Albrecht Dürer, die Kurfürsten Maximilian I., Max Emanuel und Max III. Joseph bis zu Richard Wagner, Thomas Mann, Kurt Eisner, Adolf Hitler und Franz Josef Strauß.

Friedrich Prinz, 1928 in Tetschen/Elbe geboren und 2003 in München gestorben, studierte in Passau und Bonn, war Privatdozent in München, 1965 bis 1976 Professor für Landesgeschichte an der Universität Saarbrücken und von 1976 bis 1995 Professor für Mittelalterliche Geschichte und vergleichende Landesgeschichte an der Universität München.

Friedrich Prinz
Die Geschichte Bayerns

Mit 8 Farbtafeln und 71 Abbildungen

Piper München Zürich

Von Friedrich Prinz liegen in der Serie Piper vor:
Die Geschichte Bayerns (3348)
Kelten, Römer und Germanen (4295)

FSC

Dieses Taschenbuch wurde auf FSC-zertifiziertem Papier gedruckt. FSC (Forest Stewardship Council) ist eine nichtstaatliche, gemeinnützige Organisation, die sich für eine ökologische und sozialverantwortliche Nutzung der Wälder unserer Erde einsetzt (vgl. Logo auf der Umschlagrückseite).

Ungekürzte Taschenbuchausgabe
1. Auflage Juli 2001
5. Auflage Januar 2006

Umschlag: Büro Hamburg
Stefanie Oberbeck, Isabel Bünermann
Foto Umschlagvorderseite: Konrad Wothe / LOOK
Foto Umschlagrückseite: G. W. Bachert
Satz + Lithos: Kösel, Kempten
Papier: Munken Print von Arctic Paper Munkedals AB, Schweden
Druck und Bindung: Clausen & Bosse, Leck
Printed in Germany
ISBN-13: 978-3-492-23348-4
ISBN-10: 3-492-23348-1

www.piper.de

Inhalt

Anhang

Vorwort

Dieses Buch will nicht nur informieren, sondern möchte auch Herz und Vernunft der Leser ansprechen. Mit anderen Worten: Es soll den Freunden der bayerischen Geschichte – und deren gibt es auch außerhalb des Freistaats viele – den Einstieg in die politische und kulturelle Entfaltung unseres Landes erleichtern. Darüber hinaus möchte es auch für Lehrende und Lernende eine Handreichung sein; deshalb wurde ein relativ ausführliches, chronologisch gegliedertes Literaturverzeichnis beigefügt. Außerdem wollte ich ein lesbares »buntes« Buch schreiben und ein Land vor Augen führen, das bis heute die »lebendige Unruhe« im Uhrwerk des bundesdeutschen Föderalismus ist.

Aktueller Anlaß für die Niederschrift war eine zwölfteilige Serie des Bayerischen Fernsehens über die Geschichte Bayerns bis zur Gegenwart, für deren wissenschaftliche Konzipierung ich verantwortlich bin. Durch intensiven und daher fruchtbaren Gedankenaustausch mit Henric L. Wuermeling, dem Schöpfer der Fernseh-Reihe, konnten auf diese Weise wichtige Phasen und Schauplätze bayerischer Geschichte im Wechselspiel von Wort und Bild dargestellt und erläutert werden.

Es versteht sich von selbst, daß die filmische Darstellung eine strenge Auswahl aus der Fülle der Fakten und Ereignisse erzwang, so daß vieles außer acht bleiben mußte, was sicher zum Thema gehört. Weiterreichende Ergänzungen waren nötig, wo die Fernsehfassung des Textes nicht alle wichtigen Ereignisse und Entwicklungen darstellen konnte. Hier will die Buchversion zusätzliche Informationen und weiter ausgreifende Erläuterungen geben. Das gilt etwa für Themen wie die Geistesgeschichte des Mittelalters und der Neuzeit sowie die Phasen der Gesellschaftsentwicklung und ihre konkreten Voraussetzungen. Desgleichen gilt es für Phänomene wie fürstliche Landesherrschaft und deren landständische Komponente, für Aufklärung,

Säkularisation und Außenpolitik. Auf jeden Fall ist das Buch auch ohne Kenntnis der Fernseh-Version in sich verständlich und schlüssig. Die Konzentration auf Grundfragen und zentrale Orte bayerischer Geschichte dürfte dabei – so ist zu hoffen – dem Verständnis derselben eher förderlich sein als die Aneinanderreihung allzu vieler Dinge. Dieser Gesichtspunkt bestimmte mich auch, erzählende Zeitabschnitte mit »Medaillons« bedeutender Gestalten abwechseln zu lassen, um neben den Entwicklungslinien nicht den personalen Charakter allen historischen Geschehens zu vernachlässigen. Ohne den Menschen, sein Tun und Erleiden, gibt es keine Geschichte, ohne ihn bleiben auch »Strukturen« blind.

Wenn auf diese Weise zugleich der Eindruck gefördert wird, daß der Geschichte Bayerns – aller großen Umbrüche ungeachtet – etwas ungemein Stimmiges bis zum heutigen Tage eignet, dann liegt dies in der erklärten Absicht des Autors. Die kreative Zusammenarbeit mit Henric L. Wuermeling und Dr. Engelbert Schwarzenbeck bei der Filmarbeit sowie mit dem Piper Verlag und besonders mit dessen Lektor Dr. Klaus Stadler, Frau Bettina Best und Frau Brigitte Gerlinghoff bei der Entstehung und Gestaltung des Buches sei am Schluß mit großer Dankbarkeit erwähnt; desgleichen die hilfreiche Durchsicht des Manuskripts durch meinen lieben Freund und Kollegen Ludwig Hammermayer. Cordiales Zusammenwirken ist bekanntlich nicht selbstverständlich. Für die teilweise schwierige Computerarbeit zur Erstellung von Text und Diskette danke ich Oliver Hochkeppel M. A. und Frau Ursula Bölter, für die mühevolle Erarbeitung des Personenregisters und für die Systematisierung meines Literaturverzeichnisses Dr. Manfred Fleischer.

Wenn ich das Buch meiner lieben Frau widme, die mich seit vierzig Jahren auf der oft schwierigen und unübersichtlichen »Rollbahn des Lebens« helfend und verständnisvoll begleitet, dann hat dies mehr als einen Grund.

Deisenhofen, im Oktober 1996 FRIEDRICH PRINZ

Bayerns Geschichte aus der Vogelschau

Ein Präludium

Bayern ist innerhalb der Bundesrepublik das Land mit dem stärksten Eigencharakter: ein »Freistaat« und seit langem ein Vorkämpfer des Föderalismus in Deutschland. Ein Land, das sich in seinem heutigen Umfang unter der Herausforderung Napoleons, des großen Umgestalters, am Beginn des 19. Jahrhunderts zu moderner Staatlichkeit zusammenschloß oder, genauer gesagt, unter dem Machtanspruch des Korsen durch Maximilian Graf Montgelas in einer politisch-diplomatischen Parforcetour neu gezimmert worden ist: ein größeres Haus für ein Land mit einer mehr als tausendjährigen Geschichte. Die großen, ethnisch-kulturellen Bausteine: Altbayern, Franken und Bayerisch-Schwaben; nur die alte bayerisch-wittelsbachische Rheinpfalz ist inzwischen eigene Wege gegangen. Es entstand eine reich gegliederte Welt vom Fichtelgebirge und den Mainlanden bis zum Alpenkamm, von der Welt fränkischer und schwäbischer Adelsterritorien und Reichsstädte bis zum Böhmerwald und der Dreiflüssestadt Passau. Bayern ist aus vielen Landschaften, aus Stadtrepubliken wie Nürnberg und Augsburg, aus geistlichen und weltlichen Ländereien zusammengewachsen. Und wenn auch Altbayern, Schwaben und Franken mit Recht darauf bedacht sind, ihre Eigenart zu bewahren, so gibt es doch diesen stimmigen Dreiklang dreier Großstämme, ohne die weder bayerische noch deutsche Geschichte gedacht werden kann. Der Lauf der Zeitgeschichte hat es mit sich gebracht, daß dieser Dreiklang seit 1945 durch mehr als zwei Millionen Flüchtlinge und Vertriebene neuerlich variiert wurde, wobei der naturhafte Gang der Integration sich auch mehr und mehr in der sprachlichen Angleichung zeigt. Es war – neben einer halben Million Schlesier – vor allem eine Million Sudetendeutscher, die in

Bayern eine neue Heimat fanden und seither sogar als »vierter bayerischer Stamm« gelten.

Das große bayerische Staatswappen von 1950 (siehe erste Seite) zeigt sehr anschaulich die weiträumige Verwurzelung Bayerns und seiner Geschichte im Alten Reich, von dem es ja ein sehr markanter Bestandteil war. Der goldene Löwe im schwarzen Feld kommt von der Pfalzgrafschaft bei Rhein, die den wittelsbachischen Herzögen Bayerns 1214 zufiel. Folgerichtig steht der aufgerichtete goldene Löwe heute für die Oberpfalz, die ja bis ins 17. Jahrhundert zur Pfalzgrafschaft der Wittelsbacher am Rhein gehörte. Zwar taucht der Adler des Reiches im Staatswappen nicht auf, doch hatten ihn die frühen Wittelsbacher im Schilde, denn als Pfalzgrafen in Bayern waren sie die Vertreter der staufischen Reichsgewalt im Lande.

Der »Fränkische Rechen« – rot und weiß –, der um 1350 erstmals im Hochstift Würzburg auftaucht, symbolisiert heute die Regierungsbezirke Oberfranken, Mittelfranken und Unterfranken, also die einst dem Alten Reich zugeordneten zahlreichen weltlichen und geistlichen Territorien dieser Landschaften.

Von den niederbayerischen Grafen von Ortenburg stammt der blaue Panther auf weißem Grund; er steht für ganz Niederbayern und Oberbayern, den Kernlanden des Freistaates.

Die drei schwarzen Löwen auf goldenem Grund symbolisieren am nachdrücklichsten die Rolle des Reiches in der bayerischen Geschichte, denn sie stammen aus dem Wappen der staufischen Herzöge, Könige und Kaiser. So stehen diese Wappentiere mit Recht für das einst staufische Schwaben und heute für den Regierungsbezirk Schwaben mit seinem ausgeprägten Eigenbewußtsein. Der Herzschild mit dem weißblauen Rautenwappen, ursprünglich Zeichen der mächtigen, mit den böhmischen Przemysliden verschwägerten Grafen von Bogen, ging nach deren Aussterben 1247 an die Wittelsbacher über. Es wurde ihr Stammwappen und versinnbildlicht heute den Freistaat Bayern insgesamt, also die politische Einheit in der Vielfalt der Stämme und Landschaften. Überdacht wird das große Staatswappen durch die »Volkskrone«, die 1923 an die Stelle der wittelsbachischen Königskrone getreten ist: Sie drückt die auch in der Verfassung vom 2. Dezember 1946 verankerte Volkssouveränität aus, die Grundlage des demokratischen Rechtsstaates.

Das Stichwort »Volkssouveränität« gibt Anlaß, etwas über das Anliegen dieses Buches zur bayerischen Geschichte und der mit ihm verbundenen Sendereihe des Bayerischen Fernsehens zu sagen. Es versteht sich von selbst, daß wichtige Fakten, etwa die dynastischen und politischen Verhältnisse, dargelegt werden. Sie bilden nach wie vor den »Knochenbau« erzählter Geschichte. Die Schwerpunkte liegen jedoch anderswo, nämlich im Leben der Gesellschaft und im Wandel der Zeiten und Mentalitäten. Das Schicksal des Volkes insgesamt, seine Existenzbedingungen stehen im Vordergrund: die Arbeit auf dem Lande wie in Handwerk und Industrie, Not und Freude, Erwartungen und Befürchtungen. Es geht um den einzelnen und um die Gemeinschaft, um Aufstieg und Niedergang von Schichten und Gruppen, um die Wirkung technischen Fortschritts auf die Menschen und – last but not least – um das Bewußtsein dessen, was Heimat und bayerische Identität gegenüber anderen deutschen Ländern war und bis heute ist. Bayerische Eigenart soll ohne pseudofolkloristische Verkrampfung als Ergebnis einer langen Entwicklung nahegebracht werden, aber auch das Schicksal des Menschen in seiner Zeit und sein Fragen nach Vergangenheit und Zukunft, nach Tod und Lebenssinn, ein Fragen, das in jeder Epoche gleich drängend ist, aber sich in historisch abgewandelter Form sehr verschieden stellen kann.

Der Begriff des Bürgers, des Staatsbürgers, hat eine lange Geschichte. Bayern entwickelte schon seit dem Hochmittelalter eine ständische Repräsentation. Adel, hoher Klerus und Städte bildeten ein Gegengewicht zum Fürsten, wurden dessen Helfer, aber auch oft sein korporativ handelnder Widerpart. Kern der Zusammenarbeit wie der Opposition war von Anfang an die Steuerbewilligung, denn Steuern konnte der bayerische Herzog und spätere Kurfürst nicht ohne Zustimmung der Landstände erheben, vor allem, wenn es um Kriegskosten bei Landesnot ging. Aus diesem Zusammen- und Widerspiel von Fürst und

Landständen entstand in Europa der Parlamentarismus. In Bayern gab es Ansätze dazu schon zur selben Zeit, als der klassische englische Parlamentarismus begann, nämlich seit Beginn des 14. Jahrhunderts. Der mittelalterliche Rechtsgrundsatz, daß von *allen* beschlossen werden müsse, was *alle* betreffe, gilt bis zum heutigen Tage und bestimmt Bayerns politisches Leben. Zwar hatten die bayerischen Bauern keine eigene politische Repräsentanz in der landständischen Verfassung; in Tirol und in der Schweiz war dies anders. Dafür banden die Wittelsbacher über die Wehrverfassung die Bauern fest in ihren Staat ein und schützten sie zumeist bis zur Bauernbefreiung des 19. Jahrhunderts vor den Übergriffen der adeligen und kirchlichen Grundherren. Das schuf klare Verhältnisse und eine Jahrhunderte währende Anhänglichkeit an das Fürstenhaus.

Werfen wir aus der Vogelperspektive einen Blick auf jenes Land, das schon seit dem 6. Jahrhundert Bayern heißt.

Beginnen wir mit der konfessionell und kulturell reichgegliederten Welt Frankens, die durch das vielfach geschwungene Band des Mains – über Konfessionsgrenzen hinweg – verbunden ist: Da liegt im äußersten Nordwesten das uralte, vom Schwabenherzog Liudolf um 957 gegründet Aschaffenburg, später eine Nebenresidenz der Mainzer Erzbischöfe und Kurfürsten, die das prächtige Schloß erbauten. Dann, mainaufwärts, die geistliche Stadt Würzburg mit der alten Mainbrücke und der fürstlichen Residenz, die Balthasar Neumann im Dienste der »bauwütigen« Familie Schönborn schuf und Giovanni Battista Tiepolo mit hinreißend eleganten Fresken schmückte. Trotz schwerer Luftkriegsschäden bleibt Würzburg ein Juwel unter den Mainstädten, umgeben von Rebenland und gekrönt von der Festung Marienberg, Sitz thüringischer Herzöge, die schon zu Beginn des 8. Jahrhunderts den angelsächsischen Missionar Willibrord mit Land und Leuten zur Förderung der christlichen Mission beschenkten.

Weiter mainaufwärts, über die malerische Flußschleife bei Volkach – Mainland ist Weinland – und nahe am Ort liegt die Wallfahrtskirche »Maria im Weingarten« mit Tilman Riemen-

THÜRINGEN
HESSEN
SACHSEN
Coburg
Unterfranken
Aschaffenburg
Schweinfurt
Main
Volkach
Würzburg
Oberfranken
Bamberg
Bayreuth
Waldsassen
Tirschenreuth
TSCHECHISCHE
REPUBLIK
Weiden
Erlangen
Nürnberg
Amberg
Mittelfranken
Oberpfalz
Ansbach
Naab
Regen
Altmühl
Regensburg
Eichstätt
BADEN-
WÜRTTEMBERG
Ingolstadt
Donauwörth
Straubing
Niederbayern
Dillingen
Neuburg
Manching
Donau
Passau
Isar
Dingolfing
Landshut
Augsburg
Schwaben
Iller
Freising
München
Inn
Ober-
österreich
Lech
Memmingen
Oberbayern
Frauenwörth
Kaufbeuren
Herrenchiemsee
Chiemsee
Reichenhall
Salzburg
Kempten
Lindau
Berchtesgaden
SCHWEIZ
Vorarlberg
Tirol
ÖSTERREICH
0
50 km

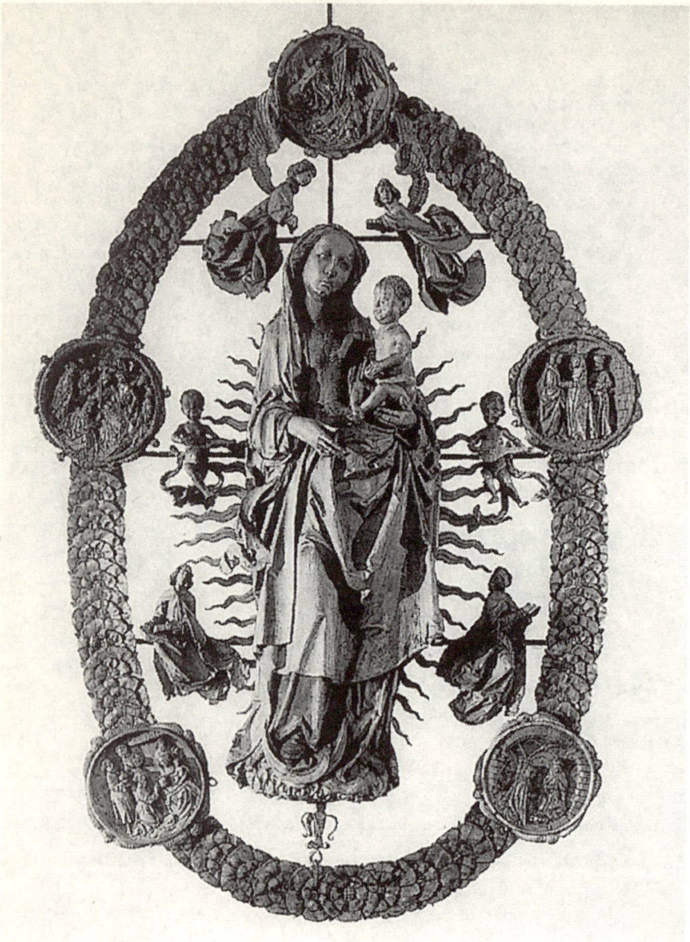

Eines der lieblichsten Madonnenbildnisse Tilman Riemenschneiders (ca. 1460–1531) in der Wallfahrtskapelle »Maria im Weingarten« oberhalb Volkach am Main.

schneiders kostbarer Madonna im Rosenkranz. Dann ändert sich die Szenerie. Dem schimmernden Band des fränkischen Stroms entlang kommt das andere, das industrielle Franken in Sicht: Schweinfurt, geschichtsträchtig seit dem 8. Jahrhundert, aber heute vor allem ein Zentrum technischen Fortschritts, der Modernität, das bedeutendste Industriezentrum Unterfrankens. Wir verlassen Unterfranken und wenden uns am Westrand Oberfrankens nach der geistlichen und Universitätsstadt Bamberg, einer der wenigen alten Städte Deutschlands, die nicht vom Bombenkrieg zerstört wurden: eine Gründung Kaiser Heinrichs II. – einst Bayernherzog, seit 1002 deutscher König. Bamberg war Reichsbistum und Ausgangspunkt der Slawenmission in Böhmen. Sein gewaltiger romanischer Dom beherrscht das Stadtbild, daneben die spätmittelalterliche fürstbischöfliche Hofhaltung und gegenüber die barocke Residenz. Hoch über der Stadt das Kloster Michelsberg, ebenfalls eine Stiftung des Kaisers, und nicht weit von der geistlichen Metropole die Klöster Banz und vor allem Vierzehnheiligen, dessen heiter-himmelsnahe Kirche wohl das schönste, bezauberndste Werk des Egeraners Balthasar Neumann ist.

Nun überqueren wir die Konfessionsgrenze und kommen in lutherisch-evangelische Lande: Im Norden, nahe der Grenze zu Thüringen, die Veste Coburg, eine Stadt, die von den sächsischen Wettinern zu einem Stützpunkt ihrer Macht gewaltig ausgebaut wurde. Auf der Festung wohnte 1530 Martin Luther, um im Schutz der sächsischen Fürsten aus sicherer Entfernung den Augsburger Reichstag beobachten und beeinflussen zu können: Damals wurde dort die »Augsburger Konfession« formuliert. Erst 1920, nach dem Ersten Weltkrieg, kam Coburg durch Volksentscheid an Bayern; es war die letzte territoriale Erwerbung des Freistaates.

Nach Südosten schwenkend, erreichen wir das Herz Oberfrankens: die Markgrafenstadt Bayreuth, Sitz der Regierung dieses Regierungsbezirks, im hügeligen Schollenland zwischen Fränkischer Alb und Fichtelgebirge am Roten Main gelegen, heute eine moderne Universitätsstadt. Auch Bayreuth wurde eine blühende Residenz. Im 12. Jahrhundert von dem mächtigen oberbayerischen Grafengeschlecht der Andechser gegründet, kam es später in den Besitz der Burggrafen von Nürnberg und war damit seit dem Spätmittelalter in der Hand der Hohenzollern. Eine prachtvolle Stadt der Markgrafen, berühmt durch die kapriziöse Schwester Friedrichs des Großen, Wilhelmine, die den Ausbau der Residenz vorantrieb. Im späteren 19. Jahrhundert entwickelte es sich mit Hilfe König Ludwigs II. – Bayreuth war 1810 an Bayern gekommen – zum Kultort für Richard Wagner und seine Musik. Bamberg liegt nur etwa 50 km westlich davon – und doch eine völlig andere Welt, aber eben auch Bayern, Teil seiner Polyphonie!

Wenden wir uns nach Süden und damit nach Mittelfranken, einem überwiegend protestantischem Regierungsbezirk. Nur im Süden, nahe an Oberbayern, liegt im pittoresken Altmühltal das alte katholische Bistum Eichstätt, eine Gründung des hl. Bonifatius aus dem 8. Jahrhundert, dann eine fürstliche Residenz und heute – wie Bamberg und Bayreuth – Universitätsstadt.

Hauptstadt des Regierungsbezirks Mittelfranken ist Ansbach. Es ging aus einer Klostergründung des 8. Jahrhunderts – St. Gumbert – hervor, war dann staufische Stadt und fiel 1331 an die Hohenzollern. Seine Glanzzeit erlebte es als barocke Residenz; das mächtige Schloß legt davon Zeugnis ab. Zusammen mit dem Fürstentum Bayreuth bildete es einen protestantischen Block dieser aufsteigenden Dynastie im südlichen Deutschland und blieb daher eng mit der preußischen und deutschen Geschichte verbunden, ehe es 1810 an Bayern fiel. Fränkisch-evangelische Stadtkultur und Eigenart haben sich hier – sieht man vom Großraum Nürnberg-Erlangen ab – besonders stark erhalten: Die Wittelsbacher wußten daher sehr gut, was sie taten, wenn sie ihre Monarchie seit 1806 »hoch über die Konfessionen« stellten – aus Staatsraison. Bayern konnte und durfte nicht mehr eine Festung der Gegenreformation sein.

Humanismus und Reformation fanden dann in markantester Weise ihre Hochburg – ihr »Pegnitz-Athen« – in der kunstreichen Reichsstadt Nürnberg, machtvoll seit der Zeit der salischen und staufischen Kaiser. Es ist die Stadt Albrecht Dürers und im 16. und 17. Jahrhundert das führende Technologiezentrum Deutschlands, heute Industrie- und Wirtschaftsmetropole; seit der frühen Neuzeit nur noch vergleichbar mit der konkurrierenden schwäbischen Reichsstadt Augsburg. Über der Stadt erhebt sich die Kaiserburg; im Heiliggeistspital an der Pegnitz wurden die Reichskleinodien aufbewahrt: Kaiserkrone, Szepter, Reichsapfel und Schwert. Bis heute ist es – Kopf an Kopf mit München – der industrielle Ballungsraum Bayerns, weit ausgreifend bis in die hugenottisch geprägte Universitätsstadt Erlangen, selbstbewußt und innovativ. Wie München – als »Hauptstadt der Bewegung« – ist auch Nürnberg als »Stadt der Reichsparteitage« gezeichnet, ein Erbe, das München nach 1945 ebenso verarbeiten mußte wie die mittelfränkische Metropole mit ihrer großen kulturellen Vergangenheit. Nürnberg ist ein Brennpunkt gesamtdeutscher Geschichte im geistig-politischen Raum, offen für eine dreifache Identität: fränkisch, bayerisch und deutsch – und alles gleichermaßen historisch legitim und schlüssig. Zum salisch-staufischen Reichsland, das sich von Nürnberg aus bildete, gehörten im Westen die staufische Nebenresidenz Rothenburg ob der Tauber, zeitweise eine scharfe Konkurrentin Nürnbergs, ferner das staufische Dinkelsbühl und im Süden Donauwörth und die Reichsstadt Nördlingen, Zentren blühender städtischer Kultur im Spätmittelalter und in der frühen Neuzeit.

Bayerisch und gesamtdeutsch zugleich, das gilt außer für Nürnberg und Franken auch für die Reichsstadt Augsburg und die schwäbischen Reichsstädte: etwa Memmingen, zuerst welfischer Besitz, seit 1191 staufisch, seit dem Spätmittelalter ein Zentrum der Textilindustrie; 1803 wird es bayerisch. Ebenso die Reichsstadt Kaufbeuren: zuerst welfisch, dann staufisch, 1802 bayerisch, seit 1945/46 das neue sudetendeutsche Zentrum der Gablonzer Schmuckwaren-Industrie. Ganz im Süden, im Allgäu die Fürstabtei Kempten mit ihrem Territorium. Die Stadt ist römischen Ursprungs, 1340 wurde sie durch Kaiser Ludwig den Bayern Reichsstadt nach Ulmer Recht, 1526 ein Zentrum des Bauernaufstandes gegen die geistliche Herrschaft, die Fürstäbte, die eine gewaltige Basilika erbauten. Mit dem

Erwerb der alten Reichsstadt Lindau im Jahr 1805 konnte und kann der bayerische Löwe seine Tatze schließlich auch in den Bodensee setzen.

Diese vielgestaltige Städtewelt Schwabens gruppierte sich um die Wirtschafts- und Handelsmetropole Augsburg: Schon zur Römerzeit Hauptstadt Raetiens, blühte es im 15. und 16. Jahrhundert, zur Zeit der großen Fernhandelshäuser der Fugger und Welser, auf, weltweiten Wirtschaftsimperien, die der Reichsstadt auch kulturellen Glanz verliehen: Man konnte Mäzen sein. Es war auch eine Stadt, die 1534 zwar die Reformation durchführte, aber den Konfessionsstreit zähmte: Seit 1548 mußten alle städtischen Ämter paritätisch besetzt werden, und im Dreißigjährigen Krieg verhandelte jeweils diejenige Konfession mit den feindlichen Belagerern und Okkupanten, welche denselben Glauben wie diese hatte; man kam dann meist besser davon. Bis in die 40er Jahre des 19. Jahrhunderts war Augsburg Börsenplatz; erst dann wechselte das große Geld nach München. Wichtiger Industriestandort ist es bis heute geblieben. Östlich von Augsburg reicht das Schwäbische weit über den Lech ins Oberbayerische hinein: Ausstrahlung einer Metropole. Ansonsten aber ist der Lech die schon im 6. Jahrhundert bezeugte westliche Grenze des bajuwarischen Kernvolks, das diesem Land den Namen und wesentliche Charakterzüge geben sollte.

Die Donau verbindet Bayerisch-Schwaben mit Altbayern. Dem Flußlauf von Westen her folgend begegnet uns Dillingen, seit 1555 katholische Universitätsstadt; dann Donauwörth, später Reichsstadt, und schließlich die wittelsbachische Renaissance-Residenz Neuburg mit dem prachtvollen, von Ottheinrich 1522–1550 erbauten Schloß, dem Sitz der zeitweise evangelisch gewordenen wittelsbachischen Pfalzgrafen.

Auf heute oberbayerischem Gebiet liegt Ingolstadt, seit dem 8. Jahrhundert bezeugt, im 15. Jahrhundert Residenz eines wittelsbachischen Teilherzogtums, seit 1472 Universitätsstadt, eine Gründung Herzog Ludwigs des Reichen von Landshut. Konrad Celtis, Aventinus und Reuchlin lehrten hier, ebenso Johannes Eck, ein scharfer Gegner Luthers. Mit dem Erlöschen des niederbayerischen Herzogshauses fiel Ingolstadt an die Münchner Linie der Wittelsbacher.

Lenken wir unsere Blicke nunmehr nach Oberbayern und der Großstadt München, die als Regierungssitz und heute auch als Industriestandort alle anderen Städte des Landes überflügelt hat: einst, im 19. Jahrhundert und vor allem um 1900, »Isar-Athen« und damit im dauerhaften Gegensatz zu Spree-Athen: Berlin; jetzt, nach New York, die größte Verlagsstadt der Welt! Seit dem Ende des 16. Jahrhunderts die Bühne bayerischer Politik und bis heute eine Metropole mit einem gewissen ländlich-bodenständigen Charme, der sich gegen die vorandrängende High-Tech-Welt zu behaupten weiß.

Man hat es diesem im 12. Jahrhundert anfangs eher bescheidenen Ort mit seiner Isarbrücke lange nicht zugetraut, daß aus ihm etwas werden könnte, dies um so weniger, als München auf einer wenig fruchtbaren Schotterebene liegt, während im fetten Niederbayern prachtvolle Residenzen wie Landshut und Straubing entstanden, in denen die »reichen Herzöge« herrschten und sich's gut sein ließen. Ein Gewaltstreich Heinrichs des Löwen, Herzog von Bayern, der 1158 die einträgliche Zollbrücke der Freisinger Bischöfe in Oberföhring zerstörte und in seinen Machtbereich verlegte: das war der Anfang Münchens als Herrschaftszentrum, mochte es auch schon zuvor eine Siedlung gewesen sein.

Ins Hintertreffen geriet dabei die wohl markanteste Stadt Oberbayerns: Freising. Die hochgebaute Bischofsstadt mit dem Domhügel und dem Kloster Weihenstephan – ein bayerisches Toledo! – war schon um 700 Residenz der agilolfingischen Herzöge Bayerns: Wirkungsort des hl. Corbinian und von Bischof Arbeo im 8. Jahrhundert als mächtige, mit steinernen Türmen bewehrte Stadt geschildert. Im 12. Jahrhundert ist Freising ein Zentrum deutscher und bayerischer Kultur der Stauferzeit. Oberhirte und Stadtherr war damals Otto von Freising (1138–1158), ein Verwandter Friedrich Barbarossas und vor allem der bedeutendste Geschichtsschreiber und Geschichtsphilosoph des deutschen Mittelalters. Ein geistlicher Mittelpunkt Altbayerns blieb Freising allemal – die politische Bedeutung mußte es 1158 an München abgeben.

Vergessen wir nicht die vielgestaltige Welt des Chiemgaus um das »bayerische Meer« und darinnen die uralte Klosterinsel Frauenwörth. Eine karolingische Prinzessin – Irmingard – widmete sich dort, nach einem bewegten Leben, als Nonne einem asketischen Dasein. Die andere Insel mit Schloß Herrenchiemsee, Kopie von Versailles, entstand als ein Herrschaftstraum König Ludwigs II.: Protestarchitektur gegen das eben entstandene Bismarck-Reich. Weiter südöstlich Reichenhall mit seinen Salzpfannen: eine wichtige, unerschöpfliche Geldquelle des bayerischen Staates – bis heute. Und schließlich der Ruperti-Winkel und das Berchtesgadener Land – beide nahe an Salzburg, das seit den Tagen des hl. Bonifatius, das heißt seit dem 8. Jahrhundert für 1000 Jahre der Metropolitansitz der Kirche Bayerns war. Heute ist Salzburg ein reiches Bundesland Österreichs und mit

Süd- und Nordansicht der Residenzstadt Freising nach Matthäus Merians Topographie (1644).

Tirol dem einstigen Ursprungsland Altbayern am nächsten verwandt.

Wenden wir uns nach Nordosten, nach Niederbayern, und damit in das fruchtbare, aber auch städtereiche Bayern. In der Gäubodenlandschaft um Straubing scheinen sich die Bajuwaren sehr wohl gefühlt zu haben, weil sie hier früh – schon im 6. Jahrhundert – faßbar sind. Dort sind sie dann auch gern geblieben: »Bavaria bavaricissima«.

Landshut ist eine der schönsten Städte nicht nur Bayerns, herzogliche Residenz, berühmt durch die gewaltige Martinskirche des Hans von Burghausen, deren Turm mit 133 Metern der höchste Backsteinbau der Welt ist. Die Burg Trausnitz, ein Denkmal deutscher Renaissance-Baukunst wie das herzogliche Stadtpalais, ist der erste Bau Deutschlands in diesem neuen Stil. Es ist auch die Stadt Hans Leinbergers, des bedeutendsten Bildhauers Bayerns, und überdies eine reiche spätmittelalterliche Bürgerstadt mit zwei großen Marktplätzen, die von stattlichen Häusern gesäumt sind: ein Juwel spätmittelalterlicher und frühneuzeitlicher Stadtbaukunst.

Dazu kommt Straubing an der Donau, Schicksalsort der Agnes Bernauer, seit 1349 für längere Zeit Sitz eines wittelsbachischen Teilherzogtums. Auch hier – wie in Landshut: flammender »Herbst des Mittelalters« und zugleich Morgen einer neuen Zeit.

Das Hauptmerkmal Niederbayerns ist jedoch das behäbige Bauernland mit den mächtigen Vierkanthöfen. Dazwischen, seit wenigen Jahrzehnten, die technische Welt, so die Autofabrik in Dingolfing. Es ist aber nicht nur die Fruchtbarkeit Niederbayerns, die solche stattlichen Bauernhöfe hervorbrachte. Vielmehr war dies auch das Ergebnis der geschichtlichen Entwicklung des bayerischen Bauernstandes. In Preußen etwa wurde in weiten Regionen östlich der Elbe der Bauernstand seit der Neuzeit durch die adelige Gutsherrschaft mehr und mehr verdrängt und durch »Bauernlegen« weitgehend enteignet. Man spricht von der »zweiten Leibeigenschaft« und könnte es auch »Fellachisierung« der bäuerlichen Bevölkerung zu besitzlosen Landarbeitern nennen. Dagegen haben in Altbayern die wittelsbachischen Fürsten schon sehr früh aktiven Bauernschutz betrieben: durch konsequente Einbeziehung des Bauernstandes in die Wehrorganisation des Landes. Das schuf auch ein politisches Selbstbewußtsein der Bauern. Es ist somit kein Zufall, wenn der kümmerlichen Katen-Architektur Ostelbiens – die Adelssitze und die reichen Hansestädte an der Ostsee und ihr ländliches Hinterland sind allerdings etwas ganz anderes! – in Bayern eine reiche Kultur des Hausbaus und eine selbstbewußte ästhetisch ausgestaltete Volkskultur gegenüberstehen. Politisches Bewußtsein fand seinen Ausdruck in der Landeskultur – bis heute!

An der Ostflanke Niederbayerns liegt schließlich die pittoreske Dreiflüssestadt Passau, lange Zeit Sitz einflußreicher Fürstbischöfe, Ausgangsort des Goldenen Steigs nach Böhmen. Im Mittelalter und in der frühen Neuzeit war Passau ein international bekanntes Produktionszentrum für Schwerter, Degen und Messer, Konkurrent der arabischen Damaszenerklingen; heute ist es eine aufblühende Universitätsstadt an Donau, Inn und Ilz, eine dreifarbige Flüssetrias, deren Rauschen die alten Gassen erfüllt.

Schicksalhaft wurde für die altbayerischen Kernlande aber auch die Landesnatur: vor allem der gewaltige Alpenwall im Süden, den das Bayernvolk wandernd und siedelnd schon seit dem 6. Jahrhundert überwand und so das Tor zu Italien weit öffnete. Südtirol bis zur Salurner Klause wurde das Vorfeld bayerischer Machtentfaltung und damit ein kulturell reicher Begegnungsort von Nord und Süd – Germania und Romania. Auf andere Weise wird Bayern vom Gewässernetz seines größten Stromes, der Donau, gegliedert, und so scheint es kein Zufall, daß sich die Geschichte Altbayerns seit Urzeiten um diesen Schicksalsfluß konzentrierte, der sie gleichsam widerspiegelte, wie buchstäblich an der Steinernen Brücke von Regensburg.

Einst Grenze und Verteidigungslinie des Römerreiches gegen die germanische Welt – der »nasse Limes« –, wurde die Donau Bayerns Achse, wobei vor allem die südlichen Zuflüsse des Alpenvorlandes, Iller, Lech, Isar, Salzach und Inn, das Land erschlossen. Der große Strom selbst wurde dann die mächtige

Leitlinie, an der entlang das Bayernvolk sich durch Siedlung und Rodung weit nach Osten, bis nach Wien und an den Rand der ungarischen Tiefebene, ausbreitete und mit anderen Völkern, Slawen und Madjaren, vermischte. So entstand im Osten ein neuer Großraum, der sich seit dem 10. Jahrhundert auch politisch organisierte und aus dem seit 1156 das mächtige Nachbarland Österreich wurde, lange Zeit der schärfste politische Konkurrent Bayerns.

Nahe der Donau, nicht weit von Ingolstadt, finden sich auch die imposanten Reste der größten keltischen Stadt auf deutschem Boden: Manching. Als die Römer im Jahr 15 v. Chr. das Alpenvorland eroberten und die Donau ihre Nordgrenze wurde, verschwanden die Kelten zwar als eigene Kultur aus der Geschichte der Donaulande, aber nicht als Bevölkerung: Man romanisierte sie, und im bayerischen Volkstum leben sie ungenannt und unerkannt fort.

Mit der Römerstadt »Castra Regina« – Regensburg – begann dann die Geschichte jener Siedlung, die lange Zeit Bayerns wahre Hauptstadt und später deren heimliche war, gewissermaßen das Herz des Landes an der Schlagader des großen Stroms. Regensburg war aber auch in ganz besonderer Weise eine »gesamtdeutsche« Stadt, denn in ihr wirkte seit 1663 bis zum Ende des Alten Reiches 1806 der »Immerwährende Reichstag«, den Gesandte aus allen deutschen Territorien und aus den Staaten Europas zu einem Zentrum deutscher und europäischer Politik machten.

Wir haben bei unserer Vogelschau auf Bayern – von der Nordgrenze an die Donau und weiter bis an den Alpengürtel kommend – scheinbar die Oberpfalz vergessen, mit Regensburg als Hauptstadt eines Regierungsbezirks, der sich von der Donau-Region nordwärts bis zum Waldsassener Stiftsland, bis Tirschenreuth und Weiden erstreckt. Im Westen war die alte Stadt Amberg einst das Zentrum der »oberen Pfalz«. Im waldreichen Osten mit dem Oberpfälzer Wald und Teilen des Bayerischen Waldes hat sie eine lange gemeinsame Grenze und damit auch gemeinsame Geschichte mit dem Nachbarland Böhmen.

Die Geschichte der Oberpfalz begann als Siedlungsgeschichte, die vom fruchtbaren Niederbayern ausging und mit Rodung und dem alten Handelsweg des »Goldenen Steigs« Bajuwaren und Slawen, Bayern und Böhmen eng verknüpfte. Nirgendwo ist die Geschichte beider Länder so eng verbunden wie in diesem Raum. Von Regensburg aus erreichte schon im 9. Jahrhundert die christliche Mission Prag, gingen Priester, Mönche und kirchliche Handschriften in die Hauptstadt Böhmens.

Wer aber die Geschichte Bayerns insgesamt erzählen will, darf eines nicht übersehen: Die Vielfalt seiner Menschen und sein kultureller Reichtum sind eingebettet in großräumige, weite Landschaften: schier endlose Wälder im Nordosten an der böhmischen Flanke; im Süden die schönen, parkartigen Regionen Oberbayerns, zumeist ein Werk klösterlicher Siedlungsarbeit, dazwischen die zahlreichen blinkenden Seen als Abschiedsgeschenk der Eiszeit. Das »Land vor den Bergen« (Benno Hubensteiner) wird vom gewaltigen Panorama der Alpen eingerahmt und abgeschlossen; die Pässe führen als Lebensadern nach Italien, Leitlinien von Handel und Kultur.

Innerhalb dieser reichgegliederten Landschaften entfaltete sich schon früh ein eigenständiger bayerischer Lebensstil und ein trotzig behauptetes Selbstbewußtsein der Menschen. Im frühen 16. Jahrhundert schilderte der altbayerische Historiker Johann Turmair – nach seiner Heimatstadt Abensberg »Aventinus« genannt –, ein Humanist und Gelehrter von europäischem Rang, das Leben und Treiben seiner bäuerlichen Landsleute mit wahlverwandter Sympathie und einer Prise wohlwollender Ironie. In seinem plastischen bayerischen Humanistendeutsch hört sich das so an: »Der gemein Mann, so auf dem Gäu und Land sitzt, gibt sich auf den Ackerbau und das Viech, liegt demselbigen allein ob, darf sich nichts ongeschafft [d. h. ohne Erlaubnis der Obrigkeit] understehn, wird auch in keinen Rat genommen oder Landschaft [= Landesvertretung] erfordert. Doch ist er sunst frei, mag auch frei ledig Eigengut haben, dient seinem Herren, der sunst kein Gewalt über ihn hat, jährlich Güld, Zins und Scharwerk, tuet sunst, was er will, sitzt Tag und Nacht bei dem Wein, schreit, singt, tanzt, kartet, spielt, mag Wehr tragen, Schweinsspieß und lange Messer. Große überflüssige Hochzeit, Totenmahl und Kirchtag haben ist ehrlich und unsträflich, reicht keinem zu Nachteil, kumpt keinem zu übel...«

Bayerisches Wesen und Volkstum waren damals, im frühen 16. Jahrhundert, schon fest geprägt, und wer heute an Festtagen durch altbayerisches Bauernland fährt, wird Züge dieses Charakterbildes eines deutschen Großstammes immer noch feststellen können.

Weltläufigen Hanseaten und westeuropäisch orientierten Rheinländern mag es vielleicht seltsam erscheinen, daß viele Bayern fast selbstgenügsam an ihrem Land hängen. Das mag zum einen mit dem starken, bis heute lebendigen Sonderbewußtsein des Bayernvolkes zusammenhängen. Zum andern aber hat es auch etwas mit der Großräumigkeit der bayerischen Landschaften zu tun und wohl auch mit den alles verbindenden Strömen, den blinkenden Lebensadern des Landes.

Es mag wohl sein, daß der Aschaffenburger zum Einkaufen eher ins nähere Frankfurt fährt als nach München; dennoch fühlt er sich nicht als Hesse, sondern als Bayer. Der neubayerische Staat – seit 1806 Monarchie – hat es verstanden, eine die Stämme übergreifende bayerische Identität zu stiften, wobei das regionale Sonderbewußtsein durchaus lebendig blieb und bleiben sollte. Graf Maximilian Montgelas schuf den neuen bayerischen Staat als festes politisches Gerüst, eine bedeutende, staatsmännische Leistung. Aber man hat mit Recht gesagt, daß erst König Ludwig I. durch seine politisch motivierte Kultur- und Kunstpolitik diesem Staat »eine Seele einhauchte«.

Identitätsstiftend wurde auch das Münchner Oktoberfest, das erstmals 1810 anläßlich der Vermählung des bayerischen Kronprinzen Ludwig – des späteren Königs – mit Prinzessin Therese von Sachsen-Hildburghausen stattfand und im folgenden Jahr mit einem »Zentrallandwirtschaftsfest« verbunden wurde. Es war – ehe es zum größten Volksfest der Welt avancierte – die farbenfrohe Selbstdarstellung des bayerischen Volkes, eine gewaltige Schau von Pferden und Vieh, verbunden mit Wettrennen, und wurde zugleich die Bühne farbenprächtiger Entfaltung von Volkstracht und Volksbrauch. Trotz Technifizierung und mancherlei Auswüchsen bleibt das Oktoberfest eine große Schau alter bayerischer Festkultur, an der alle Regionen und Stämme des Landes lebhaften Anteil nehmen. Damit ist es viel mehr als kommerzialisierter »Lunapark« der bekannten Art. Ludwig von Schwanthalers »Bavaria« symbolisiert den politischen, nämlich bayerische Gemeinsamkeit stiftenden Ursprung und Sinn dieses Festes. Mag heute auch vieles von der Absicht der königlichen Stifter im ohrenbetäubenden Technolärm der Vergnügungsindustrie untergegangen sein: Das Oktoberfest läßt sich mit der ironisierenden Bezeichnung »bayerischer Nationalrausch« kaum zutreffend bezeichnen. Der ursprüngliche Charakter des Festes sollte über den Hektoliter-Bierkonsum-Rekorden auf keinen Fall vergessen werden.

Dieses Land Bayern, seine Vielfalt in der Einheit, ein Land von europäischem Zuschnitt, gilt es in seinem Werden kennenzulernen. Seine Wurzeln reichen tief in die Vergangenheit hinab, in Zeiten, als der Name noch in keiner schriftlichen Quelle, an keinem Monument auftaucht. Spurensuche in grauer Vorzeit ist nötig, denn nur der wird die Geschichte Bayerns verstehen, der die Kräfte und Wirkungen der Vergangenheit in der Gegenwart wiedererkennen kann – als »geprägte Form, die lebend sich entwickelt« (Goethe). Der Blick zurück wird uns – so hoffe ich! – zeigen, daß seine Geschichte, sieht man sie im deutschen und europäischen Zusammenhang, etwas bestechend Stimmiges hat – und das ist nicht zuletzt ein wichtiger Grund dafür, daß Bayern im föderalen System Deutschlands mit besonders klarer und selbstbewußter Stimme sprechen kann.

1. KAPITEL

Der Völkerschmelztiegel an der Donau, aus dem Bayern wurde: Vom hl. Severin bis zum Sturz Herzog Tassilos III.

Keltische Vorzeit

Aventins Schilderung der Bayern zeigt zur Genüge, daß spätestens an der Wende vom 15. zum 16. Jahrhundert der Charakter dieses Volkes dauerhaft ausgeprägt war; auch dessen Behäbigkeit, sein eher bedachtsames, anfangs zurückhaltendes Wesen, desgleichen die ruhige Selbstsicherheit, die oft mit einem unterschwelligen Mißtrauen gegen allzu Neues gepaart ist. Martin Luther, der seine thüringischen Landsleute so hart kritisierte, fühlte sich zum Süden des Reiches offenbar sehr hingezogen. In seinen *Tischreden* kann man folgendes lesen:

»Wenn ich viel reisen sollt', wollt' ich nirgends lieber denn durch Schwaben und Bayernland ziehen, denn sie sind freundlich und gutwillig, geben gern Herberge, gehen Fremden und Wanderleuten entgegen und tun den Leuten gütlich und gute Ausrichtung um ihr Geld.«

Gab es dieses geschlossene Bild des Bayernvolkes von Anfang an, als sich im 5. und 6. Jahrhundert einwandernde Germanen an der Donau, auf dem Boden des zusammenbrechenden Römerreiches, niederließen? Gewiß nicht, denn dieses Volk an Donau und Isar entstand erst aus dem multikulturellen Völkerschmelztiegel der germanischen Wanderzeit: Das Volk Altbayerns, seine klare Prägung, die bis heute innerhalb des deutschen Föderalismus hervorsticht, war nicht vorgegebenes Erbe, sondern ist Ergebnis einer langen, wechselvollen Geschichte, die hier erzählt werden soll; einer Geschichte, die aber dennoch in sich schlüssig ist, und das ist wiederum der Grund, weshalb sich Bayern bis heute – trotz aller Wandlungen – ein politisches und kulturelles Eigenleben bewahren konnte. Integration und Bewahrung, Offenheit und Selbstbewußtsein, das sind Schlüsselbegriffe für die Geschichte Bayerns von Anfang an. Wie war dieser Anfang, und woher kamen die Bajuwaren?

Schon diese letzte Frage ist in sich problematisch, denn im Grunde wissen wir bis heute nicht, »woher« sie kamen. Aber es gibt eine Fülle von Hypothesen und Vermutungen und ein lange Vorgeschichte, die nicht vergessen werden sollte. Donau-Land war Keltenland gewesen, lange bevor die Römer kamen. Diese prägten dann der gesamten Flußregion den dauerhaften Stempel ihrer Eigenart und überlegenen Staatsbaukunst auf. Dennoch gehören die Kelten – Träger einer großen Kultur, die den Raum zwischen Spanien und dem Donauraum gestaltete – ganz wesentlich zur Vorgeschichte Bayerns, waren gleichsam das ethnische »Unterfutter«, später überdacht und geformt von der römischen Weltzivilisation des Mittelmeers. Man hat in Manching bei Ingolstadt, dem Hauptort der Vindeliker, die größte bislang bekannte Keltenstadt Europas ausgegraben. Dieses »Oppidum« von etwa 380 Hektar Innenfläche wurde durch Moore, umgeleitete Bäche und vor allem durch eine sieben Kilometer lange Mauer geschützt. Es lag an einer alten Handelsstraße nach Böhmen und war seit dem 2. Jahrhundert v. Chr. ein hochbedeutendes, arbeitsteiliges Produktionszentrum, in dem 5000 bis 10000 Menschen lebten. Handelsbeziehungen gab es zum germanischen Norden, zu Böhmen, aber vor allem zur Mittelmeerwelt, von der man Wein, Bronzegeschirr, hochwertige Gläser und Keramik bezog. Dort arbeiteten Eisenschmiede, Bronzegießer, Glasarbeiter; man erzeugte Fernhandelsgüter wie Weinamphoren und Bronzefibeln und ebenso eine Art Geld, die sogenannten »Regenbogenschüsselchen«, die auch in Nordbayern und in Württembergisch Franken im Umlauf waren. Auch finden sich planmäßig angelegte Gebäudekomplexe von beinah städtischem Charakter. Kurz – Manching war ein Zentrum ersten Ranges und Kultort eines Volkes. Das Oppidum Manching ist wohl schon lange vor dem Ansturm römischer Heere im Jahr 15 v. Chr. als Siedlung aufgegeben worden, und Augsburg – Augusta Vindelicorum – wurde das Verwaltungszentrum des Imperium Romanum in diesem Raum. Aber da sich auch andere keltische Völkerschaften zwischen Alpen und Donau vorsorglich schon früh unter römische Schutzherrschaft begeben haben, ist mit einem Fortleben der Bevölkerung vor allem im ländlichen Bereich zu rechnen, die dann schrittweise romanisiert wurde. Sie hat jedoch keine »Stimme«, da es keine keltische Literatur gibt; erst lateinische Autoren des Mittelalters berichten uns einiges aus der keltischen Frühzeit; oft sind es halb verloschene Geschichten und Sagen, die durch die altfranzösische und mittelhochdeutsche Literatur geistern.

Als die Römer kamen

Die Römerzeit war der große kulturelle Prägestempel für die folgenden fünf Jahrhunderte an Lech, Inn, Isar und Donau; deren Spuren sind unauslöschlich in den Raum des späteren Bayerns eingegraben – sowohl materiell wie geistig.

Den breiten Landgürtel zwischen den Alpen und der Donau als einer alten Völkerstraße besiedelten lange vor der römischen Eroberung größere keltische Völkerschaften: Östlich der Helvetier waren es die Vindeliker und andere raetische Gruppen, an die sich dann in den Ostalpen und deren Vorland die Herrschaft der Noriker anschloß. Sie umfaßte Ober- und Niederösterreich, die Steiermark und Teile Sloweniens. Seit dem 1. Jahrhundert v. Chr. wurden diese Keltenvölker aber vom Nordosten durch germanische Stammesverbände bedrängt. Rom hatte aber schon seit der Mitte des 2. Jahrhunderts v. Chr. einen Bündnisvertrag mit den Norikern, der dann stufenweise und wohl zumeist friedlich zu deren Eingliederung ins Imperium Romanum führte, wohingegen die Raeter lange mit Rom im Kampf lagen, bis eine umfassende Militäraktion unter den Feldherren Drusus und

Tiberius im Jahre 15 v. Chr. deren Herrschaft jäh beendete. Während das Legionslager von Augsburg–Oberhausen wohl nur als Aufmarschzentrum angelegt war, entstanden Militärstationen wie der Auerberg bei Schongau, Kempten–Campodunum, Epfach–Abodiacum und Gauting bei München zur dauerhaften Sicherung des eroberten Gebiets südlich der Donau. Kaiser Claudius (41–54 n. Chr.) setzte einen Prokurator für Raetien als Leiter der Zivilverwaltung ein; dessen Sitz wurde Augsburg–Augusta Vindelicorum. Zu einem bedeutenden Zentrum römischer Herrschaft entwickelte sich dann Regensburg–Castra Regina, das unter den Kaisern Marc Aurel (161–180) und Commodus (178–192) Sitz eines Legaten wurde, dem sowohl die Militär- wie die Zivilverwaltung unterstand. Mit diesen Städten (Coloniae), zu denen an der Ostgrenze noch Passau–Castra Batava kam, sowie durch die Anlage des obergermanisch-raetischen Limes und durch die Donaugrenze selbst entstand ein Verteidigungssystem, das relativ lange germanischen Einfällen erfolgreich standhalten konnte.

Anders als in Raetien, das von Rom militärisch unterworfen werden mußte, kam es östlich des Inns in der Provinz Noricum offenbar zu einer gleitenden Machtübernahme durch die Römer, bei der keine Bevölkerungsverluste eintraten. Die Besiedlung im Bereich des norischen Hauptorts Iuvavum–Salzburg und auf dem Magdalensberg bei Klagenfurt, einem Mittelpunkt der Eisengewinnung und des Metallwarenhandels, ging ohne Bruch von der späten La-Tène-Zeit in die römische Epoche über, in der dieses Zentrum noch großzügig ausgebaut wurde. Bis zu Marc Aurel war den Donaulanden eine lange Epoche ruhiger Entwicklung vergönnt, dann brachten Kämpfe gegen die Markomannen eine erste Krise, die aber durch Verlegung italischer Legionen nach Noricum und nach Regensburg überwunden werden konnte. Fernstraßen wurden erneuert und durch Wachtürme gesichert, doch machte sich bereits der Vorrang militärischer Bedürfnisse bemerkbar, der ein Charakteristikum des spätrömischen Imperiums insgesamt seit der militärisch-politischen Reichskrise des 3. und 4. Jahrhunderts werden sollte.

Die Bewältigung dieser schweren Krise führte zwangsläufig zu einer immer stärkeren Militarisierung aller Lebensbereiche und damit zu einem Strukturwandel der Verwaltung wie des sozialen und kulturellen Lebens, der auch durch die Erhebung des Christentums zur Staatsreligion nicht grundlegend aufgehalten werden konnte. Zwar brachte die Epoche zwischen Kaiser Valentinian I. und Kaiser Valens (364–378) eine längere Atempause und eine vorübergehende Regeneration am Rhein wie an der Donau, aber doch unter stark veränderten Bedingungen. Die Städte verkleinerten sich nicht nur räumlich und schlossen sich festungsmäßig ein, sondern verloren zu einem beträchtlichen Teil ihre Selbstverwaltungsorgane. Das spätrömische Bewegungsheer, in dem der Anteil germanischer Söldner oder Verbände sprunghaft angestiegen war, operierte gegen Eindringlinge auf der Basis eines tiefgestaffelten, auf steinerne Wachtürme und Kleinkastelle (burgi) gestützten Verteidigungssystems, das sich von Chur über Bregenz, Kempten an die Donau bis Regensburg und Passau erstreckte. In Augsburg, der Metropole der Provinz Raetia II, scheint sich sowohl um die Märtyrerkirche der heiligen Afra und vielleicht auch im Dombereich christlich-städtisches Leben über das 4. Jahrhundert hinaus erhalten zu haben, desgleichen, wenn auch in wesentlich reduzierter Form, in Salzburg, Regensburg und Passau. Schwieriger als in den städtischen Zentren sind die Relikte römischer Herrschaft für das flache Land festzustellen. Eine moderne wissenschaftliche Disziplin, die Luftbildarchäologie, legt für uns heute buchstäblich deren Spuren im ganzen Land frei. Manche sind über der Erde sichtbar, andere hingegen unter der Erde nur an Veränderungen im Erdreich und in der Grasnarbe erkennbar. Aber alle Relikte zeigen die planmäßige Erschließung der Lande südlich der Donau und deren Ankoppelung an das riesige Verkehrssystem des Imperium Romanum. So zeichnet sich noch heute im Gelände deutlich der Limes ab, die römische Grenzbefestigung gegen das Eindringen der Germanen, die von der Rheinmündung bis an die Donau reichte.

Man könnte die Rationalität römischer Staatskunst kaum besser veranschaulichen als mit diesen oft schnurgeraden Römerstraßen. Sie nehmen die Rationalität der napoleonischen Chausseen um 1800 Jahre vorweg – zugleich sind sie ein Hinweis auf die Perfektion des römischen Verwaltungsnetzes südlich der Donau. Manche dieser alten Römerstraßen wurden im Mittelalter als Fernstraßen weiterbenutzt, andere liegen sogar unter heutigen Autostraßen: So ragt die Antike in unsere Gegenwart hinein.

Auch der Lorenzberg bei Epfach, unmittelbar am Lechufer gelegen, einst ein römisches Kastell und somit Teil des antiken Verteidigungssystems gegenüber dem »Freien Germanien«, der »Germania libera«, ist ein solches weiterwirkendes Relikt. Der römische Lorenzberg ging nicht spurlos unter: Um 400 wurde auf ihm eine dem stadtrömischen Märtyrer Laurentius geweihte Kirche gebaut und ebenso ein großes Magazingebäude. Die Kirche war von einem seit dem 6. Jahrhundert nachweisbaren Friedhof umgeben, das heißt, es überlebte auch eine kelto-römische Bevölkerung, zu der im Laufe der Zeit Alamannen hinzukamen. Außerhalb der alten Römerstädte Campodunum–Kempten, Augusta Vindelicorum–Augsburg, Castra Regina–Regensburg, Castra Batava–Passau und Juvavum–Salzburg gab es wohl weitere römische Militärlager, deren Spur die Grasnarbe zeigt: so das Lager der dritten Legion bei Eining im Landkreis Kehlheim und in der Nähe das Lagerdorf Abusina. Thermenanlagen für die wärmebedürftigen Römer gab es in Weißenburg i. B.; ebenso finden sich große Landgutshöfe – sogenannte »villae rusticae« – über ganz Bayern verstreut, und neuerdings konnte sogar belegt werden, daß römisches Pflanzengut und römische Ackerfluren, Spuren der hochentwickelten antiken Landwirtschaft, bis heute ihre Spuren hinterlassen haben.

In den alten Römerstädten waren es dann vor allem die Christengemeinden, die sich um ihre Märtyrer- und Heiligengräber in den Kirchen scharten und so die fortgesetzten Germaneninvasionen in vielen Fällen überdauern und schließlich den Glauben an die neuen Landesbewohner weitergeben konnten. Das war vor allem im katastrophenreichen 5. Jahrhundert an der Donau der Fall, in der Völkerwanderungszeit, welche die ethnische Landkarte Europas grundlegend veränderte und die sozialstrukturellen Voraussetzungen für das europäische Mittelalter schuf. Die Völkerwanderung der Germanen zwischen dem 3. und 6. Jahrhundert und die anschließende West- und Südwanderung der Slawen war ein sehr vielschichtiger, räumlich und zeitlich differenzierter Vorgang; er hatte mehrere Ursachen.

Drei Hauptgründe für diese Süd- und Westverschiebung großer Volksmassen lassen sich ausmachen: Erstens eine nachweisbare Klimaverschlechterung an Nord- und Ostsee, welche die Lebensgrundlagen der dort wohnenden Völker empfindlich beeinträchtigte und sie zur Wanderung zwang. Zweitens ein alter, verständlicher Drang nördlicher Völker, in wärmeren und daher wirtlicheren Gegenden zu siedeln. Drittens aber war der aktuelle Auslöser das gewaltige Hunnenreich König Attilas, dessen West- und Südexpansion die Germanenvölker Ostmitteleuropas an Oder und Weichsel vor sich herschob, vertrieb, unterwarf oder zu tüchtigen Verbündeten machte. Wie Dominosteine nacheinander durch einen einzigen Anstoß umfallen, so geriet durch Attila die Germanenwelt in Bewegung – durch Flucht, Wanderung oder Partnerschaft mit den Hunnen. Es gab viele Germanenfürsten an Attilas Hof, das althochdeutsche Hildebrandslied und das Nibelungenlied sind ferne Nachklänge hunnisch-germanischen Zusammengehens. Das wichtigste Ergebnis von Attilas Feldzügen kreuz und quer durch Europa und bis vor die Tore Roms und ebenso tief nach Gallien hinein war auch jene Massenwanderung, die im 5. Jahrhundert die Donaulande überflutete. Nicht zufällig beginnt die Vita des hl. Severins von Noricum mit folgendem lapidaren Satz: »Zur Zeit, da der Hunnenkönig Attila sein Leben schloß, herrschten in Ober- und Niederpannonien [das heißt im Raum östlich von Wien bis zum Donauknie in Ungarn] unsichere und verworrene Zustände.«

Damals kam Severin vom Orient in die Donaulande; er war ein Römer aristokratischer Abkunft, der sich offenbar im Osten die Lebenspraxis der Mönche angeeignet hatte und nun an der mittleren Donau zwischen Passau und Wien wirkte und Klöster gründete.

Das Land befand sich bereits durch Germanenzüge in vollem Umbruch, in Not und Gefahr, und die einheimische christliche Bevölkerung hatte schwer zu leiden. Radikaler, schmerzhafter Wandel überall, ein Durcheinander der Völker: Das spätere Bayern war damals eher ein Schmelztiegel der Völker, aber auch ein schwer bedrohtes Durchzugsland, in dem sich Inseln spätrömisch-christlichen Lebens halten konnten, die später zu Kristallisationskernen der frühmittelalterlichen Christianisierung wurden.

Zwischen Regensburg, Passau und Wien, alten Römersiedlungen, besetzten nach dem Zusammenbruch der spätrömischen Grenzverteidigung germanische Völker verschiedener Herkunft das Land. Die romanisierte keltische Bevölkerung flüchtet entweder in die noch intakten befestigten Siedlungen oder zieht sich ins Gebirge – gleichsam in die »Alpenfestung« – zurück. Ein Teil verläßt das Land und wandert nach Italien aus, wo man sich noch sicher glaubt.

Ein einziger Mann – der heilige Severinus – tritt in der zweiten Hälfte des 5. Jahrhunderts als Beschützer und Retter der einheimischen Bevölkerung den Germanenscharen und ihren Fürsten mutig entgegen, ja, er kann manche von ihnen zu fast normaler Nachbarschaft mit den alten Landesbewohnern bewegen. Severins Lebensbeschreibung, nach seinem Tode von seinem Schüler, dem Mönch Eugippius, um 511 in Neapel geschrieben, schildert aus christlich-asketischer Sicht Severins Wirken im allgemeinen Zusammenbruch der Römerherrschaft so:

»Batavis (= Passau) ist der Name einer Ortschaft, die zwischen zwei Flüssen, nämlich zwischen dem Inn und der Donau, liegt. Daselbst hatte der hl. Severin brauchgemäß ein kleines Kloster (Cellula) für ein paar Mönche errichtet; denn auf Wunsch der Bevölkerung kam er öfters dorthin, vornehmlich wegen der beständigen Einfälle der Alamannen, deren König Gibuld ihn sehr verehrte und hochschätzte. Dieser Herrscher kam einmal dahergezogen mit dem Verlangen, den Heiligen zu sehn. Dieser verließ jedoch den Ort und ging ihm entgegen, damit er die Stadt nicht durch seinen Einmarsch schwer bedrücke, und redete dann mit so fester Entschlossenheit auf den König ein, daß dieser vor ihm ganz heftig zu zittern anfing. Darauf machte Gibuld kehrt... und als er [der Alamannenkönig] es dann dem Gottesdiener anheimstellte zu verlangen, was er wolle, bat ihn der fromme Lehrmeister, er möge lieber für sein eigenes Wohl Vorsorge treffen, seine Leute von der Verwüstung römischen Gebietes abhalten und die Gefangenen, die seine Truppen in Gewahrsam hielten, ohne Lösegeld freilassen. Daraufhin verfügte der König, daß der heilige Mann einen seiner Leute zur möglichst raschen Durchführung des Gewünschten sende...«

Man könnte nun meinen, hier werde im Legendenstil nur die Wunderkraft des Heiligen beschrieben und stilisiert, aber der Aristokrat und Mönch Severinus hatte immer wieder mit Germanenfürsten zu tun, schlichtete Streit und Kampf und verhandelte mit ihnen; weniger als zurückgezogen lebender Mönch denn als Angehöriger der politischen Oberschicht des zerfallenden Imperium Romanum. Man hat Severin den »Flüchtlingskommissar« der Donaulande genannt, und in der Tat gilt sein Wirken den vertriebenen Romanen wie den bedrohten Einheimischen, durch deren Land immer wieder Germanenvölker ziehen. Neben den Alamannen nennt die Severin-Vita auch andere Germanenvölker: Heruler und Rugier mit ihren Königen, desgleichen Thüringer. Odoaker, dem Stammesfürsten der Skiren, prophezeit der Heilige den Aufstieg zur Herrschaft über Italien, aber auch sein schlimmes Ende.

Regensburg (Reginum, Castra Regina) war als Standort der dritten italischen Legion und damit als Verwaltungszentrum für Raetien der wichtigste Ort. Nach den Markomannenkriegen seit 180 n. Chr. wieder aufgebaut, hat es nach jüngsten archäologischen Befunden die Epoche der Völkerwanderung trotz Zerstörungen besser überstanden, als man bislang vielfach angenommen hat. Das gilt vor allem für das Militärlager innerhalb der Römermauern, wo germanische, aus Böhmen kommende Föderaten, das heißt Verbündete des Römerreiches, auch nach dessen Untergang an der Donau diese wichtige Siedlung behaupten konnten. Das war zwar nur eine mittelbare Kontinuität der Besiedlung zwischen Spätantike und Frühmittelalter, aber sie muß doch so wirksam gewesen sein, daß Regensburg später zur Hauptresidenz des agilolfingischen Herzogtums werden konnte. Was im 8. Jahrhundert Bischof Arbeo von Freising über die Stadt Regensburg schreibt, läßt eine weitgehend intakt gebliebene Römerstadt mit Mauern, Türmen und Brunnen erkennen: römisches Erbe. Ob allerdings die bayerische Stammesbildung von den böhmischen Föderaten in Regensburg ausgegangen ist, bleibt fraglich. Insgesamt sind also die römisch-spätantiken Wurzeln Bayerns stark und tief.

Die Entstehung des Bayernvolkes

Es war eine Vielfalt von Germanenvölkern, die auf später bajuwarischem Gebiet lebten, kämpften oder auch nur durchzogen. Aber wo bleiben in diesem multikulturellen Völkergemisch die Bajuwaren?

Zum erstenmal werden die Bajuwaren in der sogenannten »fränkischen Völkertafel« genannt. Sie wurde wahrscheinlich um 520 im Ostgotenreich redigiert, das heißt schon zu einer Zeit, als der Gotenkönig Theoderich der Große († 526) als Herrscher Italiens auch eine Art Oberhoheit sowohl über Raetien, das nunmehr weitgehend in alamannischer Hand war, als auch über das Voralpenland entweder für kurze Zeit innehatte oder zumindest beanspruchte.

Etwa 30 Jahre später, 551, berichtet der gotische Geschichtsschreiber Jordanes von »Baibari« beziehungsweise »Baiobari« als östlichen Nachbarn der »Suavi«. Falls es sich bei den »Suavi« um »Schwaben«, also Alamannen handelt, wäre dies die früheste lokalisierbare Nennung des Bayernvolkes als unmittelbare Nachbarn des alamannischen Großvolks. Da sich Jordanes auf ein verlorengeganges Werk von Cassiodor stützt, dem Kanzler Theoderichs des Großen, könnte auch diese Stelle von Jordanes übernommen worden sein; womit die erste Nachricht über die

Bajuwaren noch früher anzusetzen wäre. Zuverlässiger ist aber ein Vers des lateinischen Poeten und späteren Bischofs von Poitiers, Venantius Fortunatus, der zwischen 565 und 571 anläßlich seiner Pilgerfahrt zum Grab des hl. Martin in Tours an der Loire auch nach Augsburg kam. Dort berichtet er vom Grabheiligtum der Märtyrerin Afra, die um 304 der Christenverfolgung des Kaisers Diokletian zum Opfer gefallen war und spätestens zur Zeit des Venantius Fortunatus kultische Verehrung genoß. Es gab also am Ende der Völkerwanderungszeit in Augsburg noch eine christliche, vermutlich romanische Bevölkerung, die den Afra-Kult bewahrte und ihn an die Germanen weitergeben konnte. Was aber für die Frage nach den Bayern wichtig ist: Der Reiseweg nach Augsburg und entlang des Lechs war gefährdet. Venantius Fortunatus berichtet folgendes: »Du kommst nach Augsburg, wo Wertach und Lech zusammenfließen. Dort verehrst Du die Gebeine der heiligen Märtyrerin Afra. Wenn dann der Weg frei ist und Dir nicht der Bayer entgegentritt ... so ziehe über die Alpen...« In einer Vorbemerkung zur Edition seiner Gedichte schreibt Venantius Fortunatus, er habe sie geschrieben, als er die Drau in Noricum, den Inn im Land der Breonen und den Lech in Bayern überquerte. Beide Begriffe sind also bei ihm schon da: Die »Baiuvarii« – das bayerische Volk – und »Baiuaria«, das Land Bayern.

Was sagen nun die Archäologen, die riesige Gräberfelder des 5., 6. und 7. Jahrhunderts auf der Suche nach den Bajuwaren analysiert haben, zum Auftauchen der Bayern in schriftlichen Quellen des 6. Jahrhunderts? Seit etwa 400 finden sich germanische Gruppen, unter anderem aus Böhmen, auf später bajuwarischem Boden. Deshalb griff man wieder die alte These von der Herkunft der Bayern aus Böhmen auf, ob zu Recht, bleibe dahingestellt. Denn quantitativ fallen germanische Grabfunde westlicher, alamannisch-fränkischer Herkunft viel stärker ins Gewicht. Deren Siedlungen und Friedhöfe finden sich seit der Mitte des 5. Jahrhunderts – also seit der Zeit des hl. Severin – sowohl an der mittleren Donau wie in der Münchner Schotterebene, so etwa in dem mit 2200 bis 2300 Bestattungen belegten Gräberfeld von Altenerding. Nimmt man die sprachwissenschaftliche Erkenntnis hinzu, daß im 6./7. Jahrhundert die Unterschiede zwischen dem Alamannischen und Bayerischen gering waren oder überhaupt nicht bestanden, so steht wohl fest, daß entweder das Großvolk der Alamannen oder insgesamt aus dem Westen kommende germanische Gruppen einen beträchtlichen Anteil an der Entstehung des Bayernvolkes hatten, auch wenn eine archäologisch nachweisbare Zuwanderung anderer germanischer Gruppen aus dem Osten erfolgte. Die mehrmalige Erwähnung von Alamannen in der Severin-Vita paßt somit gut zum archäologischen Befund.

Welche Kräfte und Konstellationen bewirkten nun letztlich die bajuwarische Ethnogenese – die Geburt des Bayernvolkes? Seltsam genug: Innerhalb eines knappen Jahrhunderts entsteht aus einem Durcheinander, Nebeneinander und Gegeneinander von Romanen keltischer Herkunft und verschiedenartigster Germanenschwärme, die das Land durchziehen, ein geprägtes Volk: die Bayern. Merkwürdig auch, daß in diesem »melting pot«, in diesem Schmelztiegel der Stämme und Völker, die Bewohner des untergegangenen Imperium Romanum zwar Angehörige des bayerischen Herzogtums werden, aber daß sie noch lange ihr Volkstum bewahren können. Dafür gibt es zuverlässige schriftliche Quellen.

In dem uralten, vielleicht schon spätantiken Salzburger Peterskloster liegt ein bemerkenswertes Dokument, das uns über die verbliebenen Romanen des Salzburger Landes Auskunft gibt. Es ist ein Verzeichnis der Schenkungen von Land und Leuten an das Kloster, die seit dem frühen 8. Jahrhundert durch bayerische Herzöge und Adelige erfolgten. So schenkte der Agilolfingerherzog Theodbert – er lebte um 720/31 – dem Peterskloster unter anderem 116 »tributarii Romani«, also abgabepflichtige Romanen. Daß es sich dabei nicht nur um abhängige Leute handelte, die damals im Voralpen- und Alpengebiet lebten, geht schon daraus hervor, daß es auch Schenker mit lateinischen Namen gibt, etwa Dignolus, und daß sogar ein romanisches Adelsgeschlecht mit Grundbesitz Land an das Salzburger Peterskloster überträgt: die »Genealogia de Albina«. Die Romanen überlebten also zwischen Alpen und Donau, und viele Ortsnamen lateinischen Ursprungs bezeugen dies: etwa Muntigl–Monticulus = kleiner Berg, Cucullae = Kuchl, Figunas = Vigaun, Anava = Anif südlich Salzburg; aber auch Winzer an der Donau, ein Ortsname, der aus »ad vineas« (= bei den Weinbergen) entstand und nur eine Siedlung romanischer Winzer bezeichnen kann.

Der hl. Severin hatte also nicht umsonst im 5. Jahrhundert als Beschützer der bedrohten romanischen Bevölkerung gewirkt, obwohl er selbst am Ende seines Lebens pessimistisch den Untergang beziehungsweise die Auswanderung aller Romanen an der Donau seinen Mönchen prophezeite: »Wisset, meine Brüder, wie die Kinder Israels bekanntlich vom Ägypterlande loskamen, so erscheint sicher die Zeit, da sich auch die ganze Bevölkerung dieses Landes von der harten Barbarenherrschaft befreit. Es werden nämlich alle mit ihrer Habe aus diesen Ortschaften auswandern und ohne jeden Verlust in eine Römerprovinz gelangen... Die hiesigen Orte, jetzt dicht bevölkert, werden sich in eine trostlose Einöde verwandeln, so daß die Feinde [das heißt die Germanen] in der Annahme, hier etwa Gold finden zu können, sogar die Stätten der Toten aufreißen werden.«

Daß der hl. Severin mit seiner düsteren Voraussage wenigstens teilweise recht hatte, beweisen die Ergebnisse der Archäologie, wonach damals zwischen Donau und Alpen ein starker Siedlungsrückgang festzustellen ist. Aber ein Teil der romanischen Bevölkerung blieb eben doch im Lande und mit ihnen auch Stätten christlichen Kultes. Wie sich das Zusammenleben von alteingesessenen Romanen und zugewanderten Germanen im einzelnen gestaltete, ist schwer zu sagen. Daß es nach dem Ende der Wanderungsepoche überwiegend friedlich war – die auf die Germanen übergreifende Christianisierung trug wesentlich dazu bei –, dafür gibt wiederum die Archäologie Hinweise. Auf dem Burgfelsen des spätantiken christlichen Kultzentrums Säben bei Brixen – Brixen gehörte zum agilolfingischen Herzogtum – wurden seit dem 6. Jahrhundert Romanen und Germanen – es waren wohl schon Bajuwaren – gemeinsam auf demselben

Friedhof bestattet: Die gemeinsame Totenruhe beweist auch ein friedliches Zusammenwohnen im vorausgegangenen Leben.

Daß ein gewisses Fremdheitsgefühl, ein Bewußtsein des Andersseins in Sprache und Lebensart, dennoch fortbestand, lehrt uns ein bayerisches »Gesprächsbüchlein« des frühen 9. Jahrhunderts. Es stammt aus dem karolingischen Großkloster Fulda, einer Gründung des angelsächsischen Missionars Winfrid-Bonifatius und des bayerischen Mönchs Sturmi, der dann der erste Abt im Reichskloster Fulda wurde. In diesem Text, der zugleich ein Glossar ist, das lateinische Worte und Begriffe ins bayerische Althochdeutsch übersetzt – vermutlich für den Unterricht der Mönche –, heißt es: »Stulti sunt Romani, sapienti sunt Paioari; modica est sapientia in Romana, plus habent stultitia quam sapientia.« Auf althochdeutsch: »Tole sint Uualha, spahe sint Peigira; luzic ist spahi in Uualhum, mera hapent tolaheiti denne spahi.« Das heißt: Töricht (= toll) sind die Welschen, klug die Bayern; klein ist die Klugheit unter den Welschen, sie haben mehr Dummheit als Klugheit. Eine altbayerische Hänselei, allerdings in schlechtem Latein, wodurch der Inhalt dieser Sentenz wieder fragwürdig wird. Die Welschen – die Romanen – heißen ja heute noch bei den deutschen Südtirolern die »Walschen«; es ist ein Begriff mit einer langen Geschichte.

Aber immer noch stehen wir vor der Grundfrage, auf welche Weise aus den im Lande gebliebenen Romanen und aus den im späteren Altbayern bezeugten Alamannen, Rugiern, Herulern, Thüringern das schon im 6. Jahrhundert bezeugte Bayernvolk entstand. Eine Antwort gibt hier die politische Geschichte. Nachdem der Germanenkönig Odoaker den letzten weströmischen Kaiser Romulus Augustulus 476 abgesetzt hatte und die Herrschaft über Italien ausübte, wurde er vom Gotenkönig Theoderich in Ravenna belagert, besiegt und schließlich 493 ermordet. Theoderich, den man den Großen nennt, brachte Italien unter seine Herrschaft, organisierte ein germanisches Bündnissystem mit den Westgoten in Spanien und Südfrankreich und den Franken in Nordfrankreich und dehnte seine Herrschaft über Italien selbst bis nach Sizilien, Dalmatien, einen Teil Pannoniens, das heißt Westungarns, sowie über Innernoricum und Raetien aus; letztere waren die Gebiete nördlich der Alpen von der Schweiz bis nach Niederösterreich. Man hat daher Theoderich einen wesentlichen Anteil an der Entstehung des Bayernvolkes zugeschrieben. Zwar gibt es keine Indizien über eine ostgotische Verwaltungstätigkeit nördlich der Alpen, aber es mehren sich Grabfunde, die auf die Anwesenheit gotischer Krieger nördlich der Alpen hinweisen. Vielleicht ist die Entstehung des Bayernvolkes in die Epoche ostgotischer Herrschaft an der Donau zu setzen. Dessen Ethnogenese hat sich dann im Reich der Merowinger fortgesetzt und intensiviert. Dabei ist eine Beobachtung wichtig: Anders als etwa die Franken und Altsachsen haben die Bayern keine alte Stammessage, die Auskunft über Herkunft und Entstehung dieses Volkes geben könnte; gelehrte Fabeleien des 12. Jahrhunderts helfen da nicht weiter. Dagegen wissen wir Genaueres über die Herrschaftsverhältnisse der Epoche, in der das Bayernvolk als politische Einheit entstand. Ein Enkel des fränkischen Reichsgründers Chlodwig, der Merowingerkönig Theudebert I. – er regierte von 534 bis 548; ein Zeitgenosse nennt ihn den »Großen« –, dehnte die Macht des Frankenreiches bis Oberitalien und vor allem bis an die Donau und an die Grenze Pannoniens, also bis nach Westungarn aus. Er plante sogar einen Angriff auf das oströmische Reich. In einem auftrumpfenden Brief an Kaiser Justinian I. in Konstantinopel beschreibt Theudebert I. voller Stolz – und vielleicht auch übertreibend! – die Ostgrenze seines Reiches so: »... per Danubium et limitem Pannoniae usque in oceanis litoribus custodiente Deo dominatio nostra porrigetur.« Das heißt: Von der Donau und der Grenze Pannoniens reicht dank göttlichem Schutz unsere Herrschaft bis ans Meer, nämlich bis an die Nordsee. Daß sich Theudebert dabei als rechtmäßiger Nachfolger der weströmischen Imperatoren fühlte, geht schon daraus hervor, daß er Goldmünzen mit seinem Bildnis prägen ließ, ein Vorrecht, das bislang den römischen Kaisern vorbehalten war.

Ein zeitgenössischer byzantinischer Geschichtsschreiber, Agathias, berichtet, daß Theudebert I. die Alamannen und benachbarte Stämme unterwarf. Eine andere Nachricht besagt, daß in derselben Epoche fränkische Bischöfe in Osttirol wirkten. Mit anderen Worten: Der Raum des späteren bayerischen Stammesherzogtums stand seit den 40er Jahren des 6. Jahrhunderts und von da ab so gut wie ununterbrochen unter fränkischer Oberherrschaft. Das Herzogtum der Agilolfinger entstand somit als politische Einheit im Rahmen fränkischer Machtentfaltung. Es ist dann auch kein Zufall, daß kurz nach der Jahrhundertmitte Venantius Fortunatus die Bayern schon am Lech vorfindet. Die Entstehung des Bayernsvolks war demnach politischer Art, es bildete sich seit ostgotischer Zeit und dann durch merowingischen Herrschaftswillen »von oben«. Anders als die älteren Stämme der Alamannen, Franken, Goten und Langobarden kannten die Bajuwaren auch kein Heerkönigtum, das am Beginn der Geschichte jener Völker stand.

Bayerns Geschichte war von Anfang an mit der des fränkischen Großreichs verknüpft. Der erste bezeugte Bayernherzog,. Garibald I. – er starb 590 –, war vom Merowingerkönig abhängig; von diesem bekam er sogar die Gemahlin, von der sich dieser auf kirchliches Geheiß trennen mußte.

Bischof Gregor von Tours, der berühmteste Geschichtsschreiber des frühen Frankenreiches, weiß von der Vorgeschichte dieser Heirat Näheres zu berichten. Walderada, Tochter des Langobardenkönigs Wacho – damals saß dieses Volk noch in Westungarn und Niederösterreich –, hatte um 537 den Sohn und Nachfolger des mächtigen Frankenkönigs Theudebert namens Theudebald geheiratet. Nach dessen frühen Tod ehelichte Walderada seinen Onkel, König Chlothar I. (511–561), der sie dann wegen des erwähnten kirchlichen Einspruchs, einem der Seinen, der Garibald genannt wurde – »uni ex suis, qui dicebatur Garipald« –, zur Ehe gab. Letzteres erzählt der langobardische Geschichtsschreiber Paulus Diaconus († 799), und mit an Sicherheit grenzender Wahrscheinlichkeit war dieser Garibald der bayerische Herzog gleichen Namens. Das Zustandekommen seiner Ehe beweist die Abhängigkeit Garibalds vom Frankenreich, zeigt aber auch umgekehrt, wie wichtig dieser Herzog für den Frankenherrscher war, daß er ihm eine Dame königlichen Geblüts zur Gemahlin gab. Dabei spielte wohl auch eine Rolle, daß Garibald die wichtigen Ostalpenübergänge nach Italien kontrollierte, die auch für das Merowingerreich große Bedeutung hatten. Garibalds Stellung festigte sich überdies seit 568 noch bedeutend, denn damals wanderte der Völkerschwarm der Langobarden, dem sich andere ethnische Gruppen anschlossen, nach Ober- und Mittelitalien aus. Garibald verstand es, eine seiner Töchter, Theodolinde/Theudelinde, nach 584 mit dem Langobardenkönig Authari zu verheiraten. Nach dessen frühen Tod wählte sich die Langobardenkönigin – eine Enkelin König Wachos – 590 den Langobardenherzog Agilulf »als Mann und dem Stamm als König«. Mit dieser hochbedeutenden Fürstin, die auch die katholische Mission unter den überwiegend arianischen Langobarden förderte und mit Papst Gregor dem Großen in enger Verbindung stand, begann eine lange und erfolgreiche Bündnispolitik zwischen Bayern und dem Langobardenreich, die erst durch Karls des Großen Eroberung Italiens 772/74 ein Ende fand. Auf dieser engen und dauerhaften Beziehung beruht auch die verschiedentlich vertretene Auffassung, daß das Geschlecht der Agilolfinger nicht fränkischer, sondern langobardischer Herkunft sei. Doch konnte ebensogut die lange währende Bündnis- und Heiratspolitik zwischen Bayern und dem Langobardenreich eine enge und dauerhafte Verbindung ohne gemeinsame Abstammung begründen.

Bayern und das Frankenreich

Man hat nun lange und auch hartnäckig landespatriotisch darum gestritten, ob Bayern damals ein so gut wie selbständiges Herzogtum der Agilolfinger gewesen ist oder ein fränkisches »Amtsherzogtum« und damit abhängig vom Merowingerkönig in Paris oder Metz. Es ist ein müßiger Streit, denn bis zu Karl dem Großen, das heißt bis zum Sturz des letzten Agilolfingers, Tassilo III., im Jahre 788, war es jeweils den konkreten Machtverhältnissen anheimgegeben, ob Bayern fester Teil des Frankenreichs oder relativ selbständiges Herzogtum war. Bei schwächerer Zentralgewalt war Bayern im Grunde unabhängig, und die Herzöge konnten ihr Land ohne fränkischen Einspruch unter ihre Söhne aufteilen, wie dies Herzog Theodo am Beginn des 8. Jahrhunderts tat, als im Frankenreich die Frühkarolinger unter schweren Rückschlägen ihren Aufstieg zur Königsherrschaft erkämpfen mußten. Wenn man wollte, könnte man mit diesem Wechsel von Abhängigkeit vom Frankenkönig und faktischer Unabhängigkeit das Föderalismusproblem der bayerischen und deutschen Geschichte beginnen lassen.

Ein Kompromiß scheint Mitte des 8. Jahrhunderts zwischen fränkischer Oberherrschaft und bayerisch-agilolfingischer Sonderherrschaft ausgehandelt worden zu sein, der in der Endfassung der »Lex Baiuvariorum«, dem bayerischen Stammesrecht, in der Präambel festgehalten wurde. Nachdem der bedeutende Merowingerkönig Dagobert I. um 630 die fränkische Oberherrschaft östlich des Rheins, das heißt in Alamannien, Bayern und Thüringen, wiederhergestellt hatte, verbesserte er nach dem Vorbild früherer Frankenkönige die älteren Gesetze und gab jedem Stamm sein geschriebenes Gesetz. Die Endredaktion des Bayernrechts erfolgte aber wohl erst 744/45. Paragraph III lautet: »Dux vero qui preest in populo, ille semper de genere Agilolfingarum fuit et debet esse, quia sic reges antecessores nostri concesserunt eis...« Das heißt: Der Herzog aber, der an der Spitze des [Bayern] Volkes steht, war immer aus dem Geschlecht der Agilolfinger und soll es weiterhin sein, weil es die Könige, unsere Vorfahren, ihnen so zugestanden haben...

Man hat diesen für die Rechtsstellung Bayerns so wichtigen Passus über die festgeschriebene Erblichkeit der Herzogswürde in der Agilolfinger-Sippe sowohl als Beleg für die Unterordnung des Herzogtums unter die fränkisch-merowingische Zentralgewalt herangezogen wie auch als Hinweis auf eine ursprüngliche Selbständigkeit Bayerns, die durch einen politischen Kompromiß zwischen den Merowingern beziehungsweise Frühkarolingern einerseits und den Agilolfingern andererseits gesichert worden sei. Ein endgültiges Urteil in dieser Frage ist kaum möglich.

Mit der bajuwarischen Stammesbildung hängt auch die Frage nach der Herkunft der agilolfingischen Herzogsfamilie zusammen. Kein Zweifel besteht darüber, daß die Agilolfinger zu den großen Familien des Merowingerreiches zählen und daß sie anfangs auch links des Rheins und in Alamannnien Herrschaft ausübten, Bayern jedoch ihre letzte und festeste Bastion war. Sowohl das Zeugnis langobardischer Quellen als auch die Einsetzung dieses Herzogsgeschlechts durch die Merowinger und die Garantie ihrer erblichen Herrschaft in Bayern durch die Frankenkönige legen am ehesten fränkische Herkunft nahe. Es sprechen aber auch die oben erwähnten Indizien für langobardische, andere wiederum für burgundische Herkunft; doch würde letzteres eher auf frankoburgundische Ursprünge der Agilolfinger verweisen. Der gut bezeugte fränkisch-merowingische Einfluß in Bayern schloß auf jeden Fall eine kräftige Eigenentwicklung nicht aus; insofern geht die allzu »staatlich« gesehene Alternative zwischen »fränkischem Amtsherzogtum« und »bayerischem Stammesherzogtum« an der geschichtlichen Realität vorbei.

Wie dem auch sei, Bayern selbst gewann zunehmend ein eigenes politisches Profil: 592 kämpfte ein vom Frankenkönig eingesetzter Bayernherzog namens Tassilo gegen die von Osten herandrängenden Slawen. Sein Sohn Garibald II. brachte die slawischen Völkerschaften auf der Linie vom Pustertal – eine slawische Landschaftsbezeichnung! – über die Hohen Tauern bis zur Traun und Enns zum Stehen.

Unter Herzog Theodo, der zwischen 680 und 725/28 Bayern regierte und dann sein Land unter vier Söhne aufteilen konnte, ohne den Frankenkönig zu fragen, erlangte das Herzogtum der Agilolfinger seine bislang größte Selbständigkeit. Herzog Theodo konnte sogar bei einem Rombesuch dic Organisation einer bayerischen Landeskirche mit päpstlicher Unterstützung in die Wege leiten. Herzogsresidenzen waren damals Regensburg, Salzburg, Freising und Passau. Dort sollten Bischöfe eingesetzt werden. Vollendet wurde die Kirchenorganisation Bayerns wohl erst ein Menschenalter später, nämlich 739 durch den Angelsachsen Winfrid-Bonifatius, den »Apostel der Deutschen«. Als Klostergründer war Bonifatius auch in der an Bayern angrenzenden karolingischen Königsprovinz Franken tätig, wo er am unteren Main für seine Verwandte Lioba das Nonnenkloster Tauberbischofsheim stiftete; es wurde ein Konvent für die adeligen Töchter der Region.

Herzog Tassilos Glück und Ende

Mit Karl Martell – dem Großvater Karls des Großen – war dann die Selbständigkeit Bayerns wieder vorbei: Er eroberte das Land. Sein Sohn Pippin ließ dem letzten Merowingerkönig das Haar scheren und steckte ihn in ein Kloster. Klöster hatten neben ihrer geistlichen Mission auch die Funktion, sichere Staatsgefängnisse des Mittelalters zu sein. Dann machte sich Pippin zum Herrscher über alle Franken sowie über Alamannien und auch Bayern, das er schon 748 unterworfen hatte. Sein Sohn Karl der Große – man hat ihn den »Vater des Abendlandes« genannt – warf zuerst die Langobardenherrschaft in Italien 772/73 nieder. Dadurch verlor Bayern seinen zuverlässigsten Bundesgenossen. Allerdings dachte auch der königsgleiche Bayernherzog Tassilo III. nicht daran, seinem langobardischen Schwiegervater, dem König Desiderius, Hilfe zu leisten – und das war der Anfang seines eigenen Endes. Er stand jetzt allein dem konzentrischen Angriff des Frankenreiches gegenüber. Herzog Tassilos balladenhaftes Glück und Ende – er war übrigens, was oft vergessen wird, mütterlicherseits ein Karolinger – ist ein dramatisches Stück bayerischer und fränkisch-deutscher Geschichte, das noch keinen großen Dramatiker gefunden hat.

Herzog Tassilo III., um 741 als Sohn der Karolingerin Hiltrud geboren und bis 756 unter der Vormundschaft der Mutter und dann seines Onkels, des neuen Frankenkönigs Pippin, stehend, entwand sich seit seiner Volljährigkeit Schritt für Schritt der fränkischen Bevormundung. Ein glänzender Sieg im Jahre 772 über die slawischen Karantanen – das Land Kärnten hat von ihnen den Namen – und die Heirat mit der langobardischen Königstochter Liutpirg führten ihn auf den Höhepunkt seiner Macht. Dennoch war er durch einen Eid als Vasall an den Frankenherrscher, seinen Oheim, gebunden. Als Lehnsmann wurde er dadurch zur Heerfolge für König Pippin verpflichtet. Er verweigerte sie jedoch schon 763 für Pippins Aquitanienfeldzug. Das führte wohl zum Bruch – vorerst noch ohne negativen Folgen für Tassilo III. Wahrscheinlich ist aber die lange Vorgeschichte von Tassilos Sturz 788 nur eine Erfindung reichsfränkischer »Zeithistoriker«, um diese Katastrophe nachträglich moralisch zu rechtfertigen. Erst Karl der Große konnte 788 den

Herzog Tassilo III. schenkte Kremsmünster, seiner bedeutendsten Klostergründung, diesen berühmten Kelch, auf dem er sich selbst und seine Gemahlin Liutpirg verewigt hat.

Herzog fast ohne militärische Gewalt absetzen und zur Klosterhaft verurteilen. Im Jahre 777 – der Bayernherzog war damals noch im Vollbesitz seiner Macht – stiftete er Kloster Kremsmünster; es wurde gleichzeitig für ihn ein Pfalzort, also eine Art Residenz. Kremsmünster schenkte er nach 777 einen berühmten Kelch, den das Kloster als eine Reliquie in ganz besonderem Sinn bis heute aufbewahrt. Tassilo und seine Gattin Liutpirg sind in einer Umschrift am Fuß des kostbaren Silbergefäßes als Stifter genannt, wobei die königliche Abstammung Liutpirgs besonders hervorgehoben wird. Zwei silberne Leuchter, die ebenso wie der Kelch in Bayern, wahrscheinlich in Salzburg, entstanden, hat man als Herrschaftszeichen Tassilos gedeutet, die nach seinem Sturz im Jahre 788 hastig zu kirchlichen Geräten umgeschmiedet worden sein könnten.

In Salzburg ließ Tassilo III. eine gewaltige Kirche aufführen, den sogenannten Virgil-Dom. Virgil war der fünfte Salzburger Bischof, ein Ire, der das Mißtrauen des hl. Bonifatius erregte, weil er offenbar die Lehre von der Kugelgestalt der Erde vertrat, und dies widersprach kirchlicher Lehrmeinung. Der unter Bischof Virgil als Herzogskirche Tassilos begonnene Bau von 66 Meter Länge und 33 Meter Breite, in spätantikes Mauerwerk hineingestellt und von den Zeitgenossen wegen seiner Größe und Pracht bewundert – es gab an Neubauten nicht seinesgleichen nördlich der Alpen –, wurde in antiker Tradition und nach langobardischem Vorbild errichtet: San Salvatore in Brescia, der Kirchenbau von Tassilos Schwiegereltern, dürfte wohl das Muster gewesen sein. Für Tassilo bedeutet der Dombau noch mehr: Er war Ausdruck seiner damals königsgleichen Stellung – zugleich eine Gegenkirche zu St. Denis bei Paris, der Grablege der Merowinger- und Karolingerkönige. Vermutlich wurde der Bau deshalb größer konzipiert als St. Denis: ein architektonisches Auftrumpfen des Herzogs gegenüber den karolingischen Vettern. Kelch, Kloster und Dom – das waren Manifestationen der Epoche größter Macht des Bayernherzogs.

Es gibt aber auch ein ergreifendes Kunstwerk, das wohl zu Recht in engste Verbindung mit dem Sturz und der Klosterhaft

Tassilos III. gebracht wird: den Psalter von Montpellier in Südfrankreich. Geschrieben wurde er im Kloster Mondsee, ebenfalls eine Gründung der Agilolfinger. Wie kam er aber nach Frankreich, wo er bereits im 9. Jahrhundert sicher bezeugt ist? Das Wahrscheinlichste ist, daß ihn Tassilo selbst in seine Verbannung mitgenommen hat, als er durch einen »Gnadenerweis« seines Vetters Karl nicht hingerichtet, sondern nur gemöncht, das heißt zu Klosterhaft verurteilt wurde, einer Haft, die alle Mitglieder seiner Familie teilen mußten. Die Kostbarkeit des kleinformatigen Psalters und die Qualität seiner Miniaturen und Initialen lassen darauf schließen, daß er für Tassilo III. selbst geschrieben wurde. Zwischen Kelch und Psalter vollzog sich – bildlich gesprochen – das Schicksal des großen, unglücklichen Bayernherzogs, der das Pech hatte, einen noch Größeren, noch Gewaltigeren, nämlich seinen Vetter Karl zum Gegner zu haben, jenen Karl, der in seinem Reich alle Romanen und Germanen sowie Teile der westslawischen Völkerwelt vereinigte und damit aus dem alten lateinsprachigen römischen Westreich das Karolingerreich schuf. Dieses wurde zwischen Pyrenäen, Elbe und Enns ein neues, durch Karls Kaisertum legitimiertes Großreich und damit die Keimzelle Europas. Bayern blieb Bestandteil dieses Reiches, Karl bewahrte dessen Einheit und verstärkte sie sogar dadurch, daß er mit päpstlicher Hilfe 798 Salzburg zum Erzbistum des Landes erhob. Erzbischof wurde ein Vertrauter Karls des Großen aus dessen gelehrtem Hofkreis: der bayerische Hochadelige Arn, ein Freund des bedeutenden Angelsachsen Alkuin, mit dem zusammen er eine wichtige Figur des Hofes und der »karolingischen Renaissance« wurde. In Salzburg ließ Arn mehr als 150 Bücher schreiben. Bayern war also nicht untergegangen, es wurde im 9. Jahrhundert sogar ein Hauptzentrum der althochdeutschen Literatur. Besonders der Regensburger Hof von Karls Enkel, Ludwig des Deutschen, sollte hier eine wichtige Rolle spielen.

Die früheste Landesbeschreibung Bayerns

Ein älterer Zeitgenosse Erzbischof Arns war Bischof Arbeo von Freising († 783). Er stammte von einer Familie des bayerischen Hochadels, den im bayerischen Volksrecht genannten »Huosi«, und war ein politischer Gegner Tassilos III. Ihm verdanken wir nicht nur das älteste deutsche Wörterbuch, den sogenannten *Abrogans*, sondern auch die älteste Landesbeschreibung Bayerns und der agilolfingischen Herzogsresidenz Regensburg. Sie findet sich in der Lebensbeschreibung des hl. Emmeram, dessen Kloster das geistliche Zentrum der Stadt war: »Es [nämlich das Land Bayern] war sehr gut, lieblich anzusehen, reich an Wäldern, wohlversehen mit Wein. Es besaß Eisen in Fülle und Gold, Silber und Purpur im Überschuß; seine Männer waren hochgewachsen und stark, auf Nächstenliebe und Sitte gegründet. Das Erdreich war fruchtbar und brachte üppige Saaten hervor, und der Erdboden schien von Vieh und Herden aller Art fast bedeckt zu sein. Honig und Bienen waren in reichlicher Menge vorhanden. In Seen und Flüssen gab es Fische in großer Zahl. Das Land war von klaren Quellen und Bächen bewässert und besaß an Salz soviel es bedurfte. Die Stadt [Regensburg] war uneinnehmbar, aus Quadern gebaut, mit hochragenden Türmen und Brunnen reichlich versehen«. Kein Zweifel, daß hier von der römischen Stadt und ihrer Mauer die Rede ist, die auch noch den agilolfingischen Herzögen Schutz und Sicherheit gab. Weiter heißt es bei Bischof Arbeo: »Im Norden bespült sie die Donau, die in geradem Lauf gegen Osten strömt. Das Bergland war ergiebig an Obst und bot Weiden und saftiges Gras. Das Waldgebirge war mit wilden Tieren bevölkert und das Unterholz mit Hirschen, Elchen, Auerochsen, Rehen, Steinböcken und mit Tieren und Wild aller Art.«

Mag diese Schilderung Bayerns auch nach dem Muster antiker Landesbeschreibungen stilisiert und idealisiert sein, falsch ist sie nicht. Es gibt schriftliche Nachrichten über die Salzquellen, die der bayerische Herzog in Reichenhall besaß, und ebenso Urkunden, in denen Imker erwähnt werden, desgleichen der Weinbau an der Donau. Arbeos knappe Schilderung Regensburgs (Radaspona) gibt den Zustand der Stadt um 770, als er die Vita des Märtyrers Emmeram verfaßte, wieder. Als agilolfingische Herzogsresidenz jedoch ist sie aber schon wesentlich früher bezeugt, und damit erhebt sich die Frage nach dem Weiterleben des spätantiken »Castra Regina« seit dem Zusammenbruch der Römerherrschaft an der Donau. Der Biograph des Heiligen bezeichnet die Stadt als »metropolis«, womit man in der Spätantike die Hauptorte der Provinzen bezeichnete, doch bei Arbeo soll lediglich das herzogliche Zentrum des Landes hervorgehoben werden. Ob Regensburg, wie aufgrund archäologischer Indizien vermutet wurde, eine Rolle bei der Entstehung des Bayernvolkes gespielt hat, mag hier offen bleiben. Gesichert und im Luftbild des Stadtzentrums deutlich erkennbar ist jedoch, daß die Ummauerung des römischen Legionslagers den Abzug des spätantiken Militärs unbeschadet überstanden hat. Einige Ortsnamen der näheren Umgebung wie Prüfening, Barbing, Weichs, Winzer und Kareth deuten auf römische Siedlungen. Immerhin kann als gesichert gelten, daß der hl. Emmeram um 680 mit herzoglicher Unterstützung außerhalb der römischen Stadtmauern bei einer Georgskirche ein Kloster gründete. Als Sitz eines Diözesanbischofs ist Regensburg erstmalig im päpstlich genehmigten Organisationsentwurf Herzog Theodos für die bayerische Landeskirche vom Jahre 716 erwähnt. Damals war Regensburg sicher schon die Metropolis Bayerns, wenn es auch niemals Sitz des Erzbischofs werden sollte. Ein spätantikes Bistum ist Reginum/Castra Regina/Radaspona jedoch niemals gewesen, wenn auch ein antiker Grabstein bezeugt, daß eine »Sarmannina den Märtyrern beigesellt« worden sei. Das kann sich auf ihr eigenes Martyrium beziehen, mag aber auch heißen, daß die Tote beim Grabe christlicher Blutzeugen bestattet wurde. Ob die Kirchengemeinde die Völkerwanderung überlebte, bleibt ungewiß; auch das Grab des aus dem Westen zugewanderten Bischofs Erhard in Regensburg Niedermünster, den man für einen Nachfolger Emmerams hält, gibt darüber keine schlüssige Auskunft. Daß aber

Regensburg durch die Agilolfinger bedeutend geworden ist, steht außer Frage; indirekt bestätigen dies auch die Aufenthalte Karls des Großen seit 788 in der Stadt und deren Rolle als Residenz seines Enkels Ludwig des Deutschen.

Kirche und Mönchtum

Die wichtigste Kraft im agilolfingischen Bayern war – neben Herzog und Adel – die Kirche: als Trägerin der Mission unter jenen Germanen, die dann zu Bayern wurden, und als Erzieherin der Menschen im Geist des Christentums. Sicher gab es Orte an der Donau, in denen sich mit der romanischen Bevölkerung auch das Christentum erhalten hatte, so in Säben bei Brixen und vor allem in und um Salzburg. In der Lebensbeschreibung des hl. Severin sind Aufenthalte des Heiligen in Salzburg und Kuchl bezeugt. In Salzburg muß es eine Basilika, wahrscheinlich eine Mönchskirche, gegeben haben, in der Severin ein Kerzenwunder vollbrachte. Auch das Höhlensystem im Mönchsberg, nahe der Klosterkirche St. Peter, hat man mit Resten der christlichen Bevölkerung in Verbindung gebracht. Es steht außer Frage, daß das Christentum zwischen Donau und Alpen – wenn auch bedrängt und reduziert – überlebte. Schon seit der Reichsreform Kaiser Konstantins des Großen (306–337) bildeten die Bistümer mit ihren städtischen Zentren die spätantike Reichsverwaltung in ihrer regionalen Struktur nicht nur organisatorisch nach, sondern sie wurden mehr und mehr ein Teil derselben. Bischöfe übernahmen politische, organisatorische, fiskalische und sogar militärische Aufgaben. Dieser Trend verstärkte sich, als mit der germanischen Okkupation ganzer Provinzen der feste Überbau der Zentralverwaltung zerbrach und die Kirche notgedrungen die einzige Schutzinstanz und Verhandlungspartnerin gegenüber Franken, Goten, Alamannen und Langobarden wurde. Links des Rheins und südlich der Alpen läßt sich diese Entwicklung sehr genau verfolgen, da besonders die Bischofsstädte ehemaliger Kaiserresidenzen wie Trier und Köln relativ günstige Überlebenschancen boten. An der Donau jedoch war eine so starke Reduktion des städtischen Lebens eingetreten, daß eventuell noch vorhandene Bistümer gar nicht mehr über das Völkerwanderungsjahrhundert hinaus in Erscheinung treten konnten. In der Provinz Noricum sind nach der Lebensbeschreibung des hl. Severin vom Beginn des 6. Jahrhunderts Bischofssitze in Lauriacum-Lorch, in Tiburnia-St. Peter im Holz in Kärnten und möglicherweise auch in Favianis-Mautern an der Donau bezeugt. Allerdings ist es manchmal schwierig, in dieser quellenarmen Epoche zwischen christlichen Gemeinden und regulären Bistümern zu unterscheiden, da für beides oft derselbe Ausdruck, nämlich »parochia« verwendet wird. Lauriacum-Lorch besaß eine dreischiffige Hallenkirche, die man als Bischofskirche deuten könnte, ähnliches nimmt man für Carnuntum, das große Militärlager mit Zivilstadt zwischen Hainburg und Altenburg an der Donau, an, doch brach in letzterem Ort das städtische Leben ab. Die Existenz von römerzeitlichen Kirchen in den Bergsiedlungen Anaunia bei Bozen, auf dem Martinsbühel bei Zirl in Tirol und auf dem Säbener Felsmassiv hat zu der Vermutung geführt, es handle sich um sogenannte Fluchtbistümer aus nördlicheren Regionen, die wegen des germanischen Einbruchs nach Süden als befestigte Bergkirchen angelegt worden seien; doch ist dies alles fraglich. Ob das im frühen 8. Jahrhundert bezeugte Salzburger »castrum superius« – die obere Festung also – ebenfalls in diese Kategorie gehört, bleibt offen, ebenso die Frage, ob im Bereich der alten Römerstadt Iuvavum-Salzburg, in der einst der hl. Severin eine »basilica« besuchte, eine spätantik-römische Restbevölkerung lebte, die sich um das offenbar sehr alte Peterskloster gruppierte.

Wichtiger noch als die kirchlichen Bastionen aus der Spätantike, die links des Rheins mit Trier, Köln und Mainz die Grundlage der mittelalterlichen Bischofsstädte wurden, erwies sich der kirchliche Neuansatz für Bayern durch die Mönchsmission, die mit den Namen der Heiligen Emmeram, Rupert und Corbinian verbunden ist. Mit diesen großen Gestalten gewinnt Bayern – ungeachtet seiner autochtonen christlich-italischen Wurzeln –

einen für die Zukunft entscheidenden Anschluß an die fränkisch-westeuropäische Entwicklung. Für alle drei Heilige gibt es Lebensbeschreibungen des 8. Jahrhunderts; zwei davon, diejenigen Emmerams und Corbinians, stammen aus der Feder Bischof Arbeos von Freising. Aus diesen Heiligenviten wie auch aus der Lebensbeschreibung Severins wissen wir, daß es schon *vor* diesen Missionaren christliche Kirchen im agilolfingischen Bayern gab: St. Georg in Regensburg, St. Stephan in Freising und wohl auch die Kirche des hl. Severin in der Passauer Innstadt. In Augsburg überlebte – wie schon erwähnt – der Kult der Märtyrerin Afra die Völkerwanderungszeit. Venantius Fortunatus bezeugt die Verehrung dieser Heiligen im 6. Jahrhundert, und im ersten Drittel des 7. Jahrhunderts lassen sich fränkische und alamannische Adelige und Geistliche »ad sanctos«, das heißt in der Nähe des Afragrabes, bestatten; die Toten waren damit im unmittelbaren Schutz der Heiligen – eine sehr altertümliche, fast magische Vorstellung.

Die erste Missionswelle, die Bayern vom Westen her erreichte, kam aus dem iro-fränkischen Großkloster Luxeuil in den Vogesen, einer Gründung des irischen Mönchvaters Columban vom Ende des 6. Jahrhunderts. Im ersten Drittel des 7. Jahrhunderts sind dessen Mönche als Missionare auch im agilolfingischen Bayern tätig. Einer von ihnen – Agilus – trägt den latinisierten Namen der agilolfingischen Herzogssippe. Die schriftlichen Spuren dieser Mission sind aber undeutlich. Doch ist es wohl kein Zufall, daß sich zur selben Zeit in Bayern Adelsgräber in oder bei Kirchen befinden, die mit dem Wirken Luxeuiler Mönche zusammenhängen dürften. Möglicherweise gehörte auch der hl. Erhard von Regensburg – er ist in Niedermünster begraben – zu dieser ersten fränkischen Welle des 7. Jahrhunderts; ebenso das Kloster Weltenburg bei Kelheim. Im 7. Jahrhundert beziehungsweise am Beginn des achten kamen Franken zur Mission und zum Aufbau der Kirchenorganisation nach Bayern: der hl. Rupert vom Mittelrhein, den man den Apostel der Bayern genannt hat. Er ließ sich auf Einladung Herzog Theodos zwischen 693 und 696 im Salzburger Land nieder.

In Salzburg selbst gründete er das Frauenkloster auf dem Nonnberg und setzte seine leibliche Schwester Erintrud als Äbtissin ein. Gleichzeitig erneuerte er ein wohl älteres Kloster, nämlich St. Peter. In den Totenlisten beider Klöster wird sowohl bayerischer wie romanischer Mönche und Nonnen liturgisch gedacht; auch hier schlug der gemeinsame Glauben eine Brücke zwischen Germanen und Romanen. Jedenfalls gewann Salzburg durch Rupert so sehr an Bedeutung, daß es auch herzogliche Residenz und dann, im 8. Jahrhundert, durch den großen neuen Dom ein Mittelpunkt neuen christlichen Lebens und schließlich 798 die kirchliche Metropole ganz Bayerns wurde. An fünfter Stelle der Salzburger Bischofsliste steht der Ire Virgil-Feirgil, in dessen Amtszeit (745–784) der Dombau fällt. Er kam durch Vermittlung des karolingischen Hausmeiers und späteren Königs Pippin nach Bayern, also in einer Epoche, als das Herzogtum bereits stark unter fränkischem Einfluß stand. Bischof Arbeo von Freising widmet dem irischen Gelehrten und Freund ein überschwengliches Lobgedicht, Alkuin preist ihn als Erbauer der Rupertskirche – des Doms –, und Erzbischof Arn von Salzburg feiert ihn als seinen großen Vorgänger. Ein Gelehrter und streitlustig obendrein war Virgil-Feirgil zweifellos; mit ihm begann die bedeutende Salzburger Schreibschule. Das berühmte Salzburger *Verbrüderungsbuch*, in dem nach irischem Vorbild Lebende und Tote, Fürsten und Adelige, Mönche und Nonnen in das liturgische Gebet des Klosters St. Peter eingeschlossen wurden, verdankt ebenfalls seine Entstehung dem gelehrten Iren, der sich offenbar in Bayern gut einzurichten wußte.

Auch die Anfänge der Salzburger Geschichtsschreibung gehen auf ihn zurück, desgleichen wohl auch die älteste Lebensbeschreibung des hl. Rupert. Ebenso beginnt die intensive Missionierung der Slawen unter Virgil-Feirgil; Salzburg tritt jetzt mit seiner Missionsarbeit, die es in Verbindung mit dem Kloster Chiemsee leistet, an die Spitze der bayerischen Bistümer, vor allem in Karantanien-Kärnten. Diese erfolgreich begonnene und unter seinem Nachfolger Arn energisch fortgeführte Bekehrungsarbeit dürfte nicht zuletzt Karl den Großen bewogen haben, Salzburg und nicht den alten Herzogssitz Regensburg zum Erzbistum Bayerns erheben zu lassen. Franken, Iren, Romanen und Bajuwaren haben sich am Missionswerk beteiligt, es war ein wahrhaft »internationales« Unternehmen im Zeichen des Kreuzes.

War Ruperts Wirken im Salzburgerland relativ friedlich und problemlos, endete das Leben des hl. Emmeram mit einem Martyrium. Eine barocke Marterszene mit lebensgroßen Figuren am Ort seines Todes in Kleinhelfendorf südlich Münchens hält in drastischer Weise sein grausiges Ende fest. Die Lebensdaten des Heiligen sind allerdings umstritten, für die Ankunft dieses fränkischen Missionars und Heiligen sind Daten zwischen 652 und 715 genannt worden, eine Entscheidung ist kaum möglich. Nach Arbeos Bericht wirkte Emmeram kirchlich am Herzogshof in Regensburg, wurde dann aber von Feinden beschuldigt, die Herzogstochter Uta geschwängert zu haben. Er selbst soll diese falsche Anschuldigung in Demut auf sich genommen und eine Wallfahrt nach Rom angetreten haben. Daraufhin eilte ihm der Sohn des Herzogs nach, verhöhnte ihn als »seinen Schwager« und ließ ihn ermorden. Emmerams Leichnam wurde dann in einer bereits existierenden Georgskirche in Regensburg bestattet, seine Verehrung verbreitete sich weit über Bayern hinaus, im 9./10. Jahrhundert sogar bis Prag. St. Emmeram in Regensburg wurde eines der bedeutendsten Klöster des mittelalterlichen Reiches, ein Zentrum von Kunst und Wissenschaft bis zur Säkularisation des Jahres 1803.

Bayern zur Zeit des hl. Corbinian († 725)

Die ausführlichsten und sichersten Nachrichten über das frühmittelalterliche Bayern verdanken wir der Lebensbeschreibung des hl. Corbinian. Für das Bistum Freising ist er die große Gründergestalt, gleichsam der Wurzelstock seiner Geschichte, einer Geschichte, die uns relativ klar vor Augen steht, klar für frühmittelalterliche Verhältnisse. Denn wenige Jahrzehnte nach Corbinians Tod schrieb der schon erwähnte Bischof Arbeo von Freising (765–783), den man den ersten Schriftsteller Altbayerns genannt hat, seine Biographie, eine wichtige, fast zeitgeschichtliche Quelle. Dieser Heiligenvita kann man nicht nur wertvolle Nachrichten über den Zustand des agilolfingischen Bayern entnehmen, über seine Stellung zwischen dem Frankenreich und dem langobardischen Italien, sondern man vermag auch Wesenszüge frühmittelalterlicher Heiligkeit zu erkennen, die für die Geistes- und Kulturgeschichte dieser Epoche, die man den Frühling Europas nennen kann, von grundlegender Bedeutung sind.

Bayern blieb im 7. und 8. Jahrhundert ein kulturell offenes Land; dem merowingischen Großreich war es zwar angegliedert, es hatte aber auch enge kulturelle wie politische Verbindungen zum langobardischen Nachbarn südlich des Alpenkammes. Während der Lebenszeit Corbinians, etwa 680 bis 725, war die Macht des fränkischen Großreiches stark gesunken. Die fränkischen Hausmeier rangen gegeneinander um die Oberherrschaft im Reich, das schwach gewordene merowingische Königsgeschlecht diente den jeweils rivalisierenden politischen Gruppen gleichsam nur als legitimierendes Aushängeschild, um die handfesten eigenen Interessen vertreten zu können. Mit der Schlacht von Tertry entschied 687 der Frühkarolinger Pippin der Ältere († 714) den Machtkampf entgültig für sich. Die Einheit des Frankenreiches schien wieder fest hergestellt zu sein, doch blieben die Herzotümer an der Peripherie, Aquitanien, das heißt Südfrankreich, sowie Alamannien und Bayern im Osten, immer noch relativ selbständig. Herzog Theodo († 725/28), der mächtige Bayernfürst, hatte 715/16, also in dem Jahr, in dem Corbinian aus dem Frankenreich nach Freising kam, sein Herzogtum ohne Rücksicht auf die Franken unter seine Söhne aufgeteilt, aber sich selbst wohl eine Art Oberherrschaft vorbehalten. Danach reiste er nach Rom, um dort über den Aufbau einer eigenen bayerischen Kirchenorganisation zu verhandeln; ob sie jemals durchgeführt wurde, bleibt ungewiß. Man darf jedoch annehmen, daß Bayern in diesen Jahren so gut wie selbständig war, denn Karl Martell (714–741), der Sohn des Hausmeiers Pippin aus einer kirchlich nicht legitimierten Ehe, hatte in den ersten Jahren schwer zu kämpfen, um sich gegen seine Stiefmutter Plektrudis und deren Anhang politisch-militärisch durchzusetzen. Erst 725, im vermutlichen Todesjahr Corbinians, konnte Karl Martell im Rechtsrheinischen stärker Fuß fassen. Damals mußte es der alamannische Herzog Lantfrid dulden, daß Karl durch sein Land einen Vorstoß nach Bayern unternahm, wo dem Karolinger die Feindschaft zwischen dem Freisinger Teilherzog Grimoald und dessen Neffen Hucbert günstige Möglichkeiten bot, seinerseits einzugreifen, um die alte fränkische Oberhoheit über das agilolfingische Herzogtum wiederherzustellen. Von seinem Heerzug nach Bayern brachte Karl Martell neben großen Schätzen auch die Herzogin Pilitrud und deren Nichte Swanahilt nach Hause; letztere wurde die zweite Gattin des Karolingers. Beider Sohn war Grifo, der später Ansprüche auf Bayern erhob und diese in einem Aufstand durchzusetzen versuchte. Pilitruds genaue Herkunft ist umstritten, vermutlich stammte sie aus reichsfränkischem Adel. Karls Herrschaft über Bayern war aber noch völlig ungefestigt, er unternahm deshalb 728 einen neuerlichen Feldzug an die Donau. Schon zuvor, nämlich zu Lebzeiten Corbinians, war der Freisinger Teilherzog Grimoald, der im Leben des Heiligen eine so bedeutende Rolle spielte, einem Mordanschlag zum Opfer gefallen. Seit dieser Zeit scheint dessen Neffe Hucbert über ganz Bayern geherrscht zu haben, ob unter fränkischer Oberhoheit, bleibt unklar. Auffällig ist immerhin, daß Karl Martell bei seiner Erbteilung im Jahre 741 zwar über Alamannien und Thüringen Verfügungen treffen konnte, nicht jedoch über das mit den Langobarden verbündete Bayern. Zu einer neuen und jetzt dauerhaften Bindung des Landes an das Frankenreich kam es erst unter Karl Martells Söhnen; und unter dessen Enkel Karl dem Großen wurde es schließlich 788 völlig in das karolingische Großreich eingegliedert. Insgesamt fiel Corbinians Leben also in eine wechselvolle Epoche, und auch er selbst hat dies zu spüren bekommen.

Kirchlich gesehen, war Bayern um die Wende vom 7. zum 8. Jahrhundert kein wirkliches Missionsland mehr, wie etwa

Thüringen und Sachsen, sondern es hatte tiefe Wurzeln im spätantiken Christentum der Donaulande. Es trifft die Wirklichkeit wohl am ehesten, wenn man das agilolfingische Herzogtum als teilweise christianisiert bezeichnet. Dies entspricht den Verhältnissen im Frankenreich, das zwar seit König Chlodwigs Taufe (496) als christlich galt, aber noch im 7. Jahrhundert sind dort heidnische fränkische Herzöge bezeugt. Mit anderen Worten: Die Christianisierung war überall ein langer und manchmal auch krisenreicher Vorgang, der nicht immer geradlinig verlief und für den längere, halb heidnische, halb christliche Zwischenstadien und auch Rückschläge der Mission charakteristisch sind.

Christentum fand auch Corbinian in Freising vor. Er kam aus dem Westen, als Geburtsort nennt Arbeo den »vicus Castrus in regione Militonense«, einen Ort, den man mit Châtres bei Melun identifiziert hat. Doch kommt auch Arpajon bei Paris in Frage, wo bereits der hochgelehrte bayerische Historiker des 18. Jahrhunderts Karl Meichelbeck den Herkunftsort des hl. Corbinian sah. Auf jeden Fall war der Freisinger Bistumsheilige fränkischer Herkunft und damit auch ein Vertreter des irofränkischen Mönchtums, das sich von Luxeuil aus über das gesamte Merowingerreich ausgebreitet und zu zahlreichen Klostergründungen geführt hatte. Kennzeichen dieser großen monastischen Bewegung des 7. und noch des frühen 8. Jahrhunderts war eine wohl in verschiedenen Varianten praktizierte Mischregel, deren Hauptbestandteile die Regel des heiligen Benedikt und die strenge Klosterordnung des irischen Mönchsvaters Columban von Luxeuil gewesen sind. Corbinians Vater, der Franke Waltekis, starb noch vor der Geburt des Knaben, dessen Mutter Corbiniana nun für seine Erziehung zu sorgen hatte. Es gab noch einen älteren Bruder oder Halbbruder namens Erimbert, der sich offenbar bald dem geistlichen Streben Corbinians anschloß, ihn begleitete und später, nach dessen Tod, auch sein Nachfolger als Freisinger Bischof wurde. Die Vita läßt erkennen, daß der Heilige, wie damals üblich, aus der fränkischen, Land und Leute beherrschenden Oberschicht stammte. Das geht unter anderem daraus hervor, daß er sein geistliches Leben an einer Germanuskirche mit Dienerschaft begann und daß er im Umgang mit den Großen der Welt ein bemerkenswertes Selbstbewußtsein an den Tag legte, das kaum mit hagiographischen Traditionen zu erklären ist. Arbeo von Freising weiß zu berichten, daß Corbinians Ruhm als Asket und Gottesmann bis an den Hof des allmächtigen karolingischen Hausmeiers Pippin († 716) drang, der ihn zu sich berief und ihn reich beschenkte. Bei dieser Gelegenheit tritt uns ein Wesenszug des Heiligen entgegen, der ebenfalls nicht aus der Legendentradition abzuleiten ist, sondern mit Sicherheit eine individuelle Eigenschaft überliefert: Corbinian hat als Mann der Oberschicht Freude an Schmuck und reicher Kleidung.

Der nächste und entscheidende Schritt in der Biographie des Heiligen war seine Romreise, die vor dem Jahr 715 anzusetzen ist. Er brach mit seinen Gefährten auf, einerseits um die Gräber der Apostel zu besuchen – schon damals ein begehrtes Wallfahrtsziel –, andererseits auch mit dem Entschluß, in Rom zu bleiben, um dort ein asketisches, klösterliches Leben zu führen. Man hat diese Fahrt zu den Apostelgräbern und den anschließenden Auftrag des Papstes an ihn, in der Mission und christlichen Lehre tätig zu werden, als hagiographischen Gemeinplatz abtun wollen, doch wird es sich eher um eine echte biographische Nachricht handeln, denn um dieselbe Zeit reiste auch Herzog Theodo von Bayern zu den Apostelgräbern, und auch angelsächsische Mönche wie Willibald und Wunibald, die Begründer Eichstätts, pilgerten um 720 nach Rom, wo der letztere bis 727 blieb. Unsicher bleibt, ob Corbinian dem päpstlichen Missionsauftrag nach seiner Rückkehr ins Frankenreich nachgekommen ist. Die Vita geht darauf nicht näher ein, ebensowenig auf die Motive, die den Heiligen bewogen, ein zweites Mal nach Rom zu ziehen; es könnten dabei auch politische Gründe, etwa Schwierigkeiten mit Karl Martell, eine Rolle gespielt haben. Corbinian soll auf seinem zweiten Weg in den Süden schon damals in Regensburg von Herzog Theodo zum Bleiben und Wirken in diesem Lande aufgefordert worden sein. Auch dessen Sohn Grimoald, der Freisinger Teilherzog, scheint sich bemüht zu haben, ihn zu gewinnen. Dennoch zog er erst in die

Ewige Stadt. Doch auch diesmal blieb er nicht, sondern der Papst schickte ihn wieder über die Alpen zurück, wahrscheinlich mit einem kirchlichen Auftrag für Bayern, der wohl mit dem Organisationsplan Herzog Theodos für eine romverbundene bayerische Landeskirche zusammenhängt. Sicher ist dies jedoch alles nicht, denn nun taucht in Corbinians Biographie eine merkwürdige Geschichte auf: Als der Heilige bei Meran bayerischen Boden betrat, wurde er auf Befehl des Herzogs Grimoald festgenommen. Man hat diesen Handstreich des Agilolfingers als ein Stilmittel Arbeos verstehen wollen, das die Demut Corbinians ausdrücken soll, doch befriedigt diese Interpretation kaum; es könnten auch Rivalitäten zwischen den Teilherzögen – Theodo war inzwischen gestorben – dahinterstecken.

Wie dem auch sei, Corbinian blieb vorerst in Südtirol und ließ sich im »castrum Maiense«, vermutlich die Zenoburg bei Meran, am Grabe des spätantiken Glaubensboten Valentin nieder. Valentin, der in der Vita Severini erwähnt wird, hatte im 5. Jahrhundert in Raetien gewirkt, er scheint für Corbinian ein Vorbild gewesen zu sein, denn er äußerte am Lebensende den Wunsch, neben dessen Grab bestattet zu werden. Im Passeiertal dürfte Corbinian mit materieller Unterstützung Grimoalds eine klösterliche Niederlassung bei Kuens ins Leben gerufen haben. Dennoch berief ihn einige Zeit später Herzog Grimoald nach Freising. Es war damals für einen Herrscher nicht unwichtig, einen heiligmäßigen Mann an seinem Hofe zu haben; das bedeutete auch eine sakrale Legitimation seiner Herrschaft. Corbinian fand bei seiner Ankunft auf dem späteren Domberg bereits eine Marienkirche vor, desgleichen ein Stephanuskirchlein, das spätere Weihenstephan. Dagegen wird der Franke Corbinian die Verehrung des fränkischen Reichsheiligen Martin von Tours nach Freising mitgebracht haben, dessen Verehrung sich im gesamten Merowingerreich, in England und sogar in Rom durchgesetzt hatte. Auf jeden Fall entfaltete Corbinian in Freising eine rege kirchliche Tätigkeit, wenn auch der Herzogssitz erst mit der bayerischen Kirchenorganisation des Angelsachsen Bonifatius, also eine Generation nach unserem Heiligen, ein wirkliches kanonisches Bistum geworden ist. Das irofränkische Mönchtum war streng, vertrat es doch rigorose asketische Maßstäbe. Schon der heilige Columban ist aus diesem Grunde mit der mächtigen Frankenkönigin Brunichilde – dem historischen Vorbild der Brunhilde des Nibelungenliedes – in Konflikt geraten, weil er sich weigerte, die außerehelich geborenen Enkel der Königin zu segnen. Ehefragen waren es auch, die zum Zerwürfnis Corbinians mit der Herzogsfamilie führten, denn die Kirche verbot Verwandtenehen bis zum siebten Grad und stellte sich damit gegen germanisches Gewohnheitsrecht. Grimoald war mit seiner Schwägerin Pilitrud, der fränkischen Gattin seines verstorbenen Bruders Theobald verheiratet, weshalb Corbinian die Auflösung dieser nach kanonischem Recht illegitimen Ehe forderte. Grimoald fügte sich, sei es nun wirklich oder nur scheinbar; doch ist es nicht verwunderlich, daß sich der Bischof – als einen solchen dürfen wir unseren Heiligen bezeichnen – damit die Feindschaft Pilitruds zuzog.

Es kam dann auch bald zu einem zweiten Zwischenfall. Corbinian war zur herzoglichen Tafel geladen worden und segnete vor Beginn des Mahles die Speisen. Noch ehe man zu essen begann, warf der Herzog seinem Hund ein Stück des gesegneten Brotes hin, worauf der Heilige, ergrimmt über die Mißachtung der Benediktion, den Tisch samt Geschirr und Speisen umstieß und zornbebend die Herzogsburg verließ. Ob dieser Konflikt historisch ist, muß dahingestellt bleiben, denn etwas Ähnliches weiß schon die Lebensbeschreibung des heiligen Columban zu berichten. Auch dort wirft der Gottesmann einen Tisch voll Speisen um, die ihm König Theuderich II. (596–613) bereiten ließ. Allerdings fehlt hier das Motiv des entweihten Brotes; der Zorn des irischen Mönchvaters wurde durch die Konkubinen des Herrschers ausgelöst. Wenn sich auch Corbinian und Grimoald bald darauf wieder versöhnten, so blieben doch Spannungen bestehen, und so wird es wohl kein purer Zufall gewesen sein, daß sich der Bischof jetzt auf den Nachbarberg nach Weihenstephan zurückzog, wo er eine geistliche Gemeinschaft begründete: die Urzelle monastischen Lebens in Freising.

Die Entfernung von der Herzogsburg brachte aber nicht den dauerhaften Frieden, denn noch immer lebte Pilitrud in der Festung, und mit ihr kam es zu neuem Streit, als Corbinian an das Krankenbett ihrer Tochter kam, dort eine Magierin vorfand und diese jähzornig verprügelte. Pilitrud soll darauf einen Mordanschlag auf Corbinian geplant haben, der aber nicht zum Ziele führte. Immerhin zog es der Bischof nunmehr vor, Freising zu verlassen; ob wiederum politische Motive eine Rolle spielten, nämlich der bald darauf ausbrechende Gegensatz zwischen dem Hausmeier Karl Martell und den agilolfingischen Herzögen Bayerns, ist schwer zu sagen. Möglich ist es im Hinblick auf Corbinians fränkische Herkunft immerhin. Dieser flüchtete in seine Südtiroler Lieblingsgründung Kuens bei Meran und blieb dort vier Jahre.

Als er nach Freising zurückkehrte, hatten sich die Verhältnisse radikal gewandelt. Grimoald war ermordet und Pilitrud ins Frankenreich verbannt worden, wo sie elend umgekommen war; die Lebensbeschreibung Corbinians deutet dies als göttliche Strafe für das Verhalten des Herzogspaares dem Heiligen gegenüber. Der neue Herzog Hucbert, Grimoalds Neffe, nahm ihn wieder mit allen Ehren auf; er soll ihm sogar seine Freisinger Pfalz als Residenz überlassen haben. Dort scheint der Bischof aber bald nach seiner Rückkehr verstorben zu sein. Schon zuvor hatte er, von Todesahnungen heimgesucht, seinen Bruder Erimbert zu König Liutprand geschickt – Meran war inzwischen langobardischer Besitz –, um seine Bestattung an der Seite des hl. Valentin vorzubereiten und zu sichern. Nach einigem Zögern führte man Corbinians letzten Willen aus und setzte seinen Leichnam im Valentinsheiligtum bei. In der Zeit Herzog Tassilos III. (748–788) holte man den Heiligen jedoch in seine Bischofsstadt zurück; es war dies wohl das Werk seines dritten Nachfolgers, Arbeo, dessen Familie für etwa ein Jahrhundert den Freisinger Bischofsstuhl innehaben sollte. Bereits 769 ist für das Domkloster St. Marien das Patrozinium »sancti Corbiniani« nachweisbar. Als Bistumsheiliger sollte er bis zur Gegenwart in Kult und Volkskultur eine hervorragende Rolle spielen. Als Heiligentyp paßt er in die Reihe merowingischer und frühkarolingischer aristokratischer Mönchsheiliger und Bischöfe vom Schlage eines Arnulf von Metz, des Ahnherrn der Karolinger, eines Wandregisel, eines Leodegar von Autun oder Audoenus von Rouen. Es waren alles Männer, die auch im geistlichen Beruf ihre Herkunft aus den Reihen der Mächtigen, der »potentes«, nicht verleugnen konnten und deren oft gewaltsames Handeln, auch wenn es durch die hagiographische Stilisierung gemildert wurde, klar erkennbar ist. Man hat mit Recht auf die adeligen Charakterzüge hingewiesen, die gerade in Arbeos Lebensbeschreibung Corbinians durchscheinen: etwa seine kennerhafte Vorliebe für schöne Pferde, seine schon erwähnte Freude an Kleidern und Schmuck, seine oft sehr unbekümmerte Art, Anordnungen zu geben und über Hausgenossen zu herrschen. Dazu gehörte auch das in der Vita geschilderte Vergnügen an körperlicher Leistung und Wohlgeratenheit und vielleicht auch die Bedenkenlosigkeit, mit der er einen Fischer verprügelt, der ihm nicht augenblicklich gehorchen will: alles Merkmale, die auch anderweitig in merowingisch-frühkarolingischen Lebensbeschreibungen adeliger Mönche und Bischöfe auftauchen.

Ein Wort noch zu Corbinians Biographen Arbeo. Ist es nicht merkwürdig, daß er zwei Heiligenleben geschrieben hat – die Vita Corbinians und diejenige des heiligen Emmeram von Regensburg –, in denen das agilolfingische Herrschergeschlecht eine wenig rühmliche Rolle spielte? In der Emmeram-Vita wird der Heilige sogar durch einen Herzogssohn ermordet. Es gibt für Arbeos unverkennbare Kritik am agilolfingischen Herzogshaus eine plausible Erklärung, die aus einer späteren Quelle zu erschließen ist: Am 13. Januar 804 fand auf Befehl Karls des Großen ein Gerichtstag in Bad Aibling statt, auf dem an das Bistum Freising Güter zurückgegeben worden sind, die einst Herzog Tassilo III. dem Bischof Arbeo entrissen hatte. Die Freisinger Urkunde, die solches berichtet, weiß das Motiv Tassilos für seine Tat. Es heißt dort nämlich: »Der Herzog Tassilo und seine Gemahlin Liutbirga haben nicht nur die strittigen Kirchen, sondern noch viele andere dem Bistum Freising entrissen, und zwar wegen des Hasses, den sie gegen den Bischof Arbeo hegten. Sie behaupteten nämlich, daß er – Arbeo – dem König Karl und den Franken treuer gewesen sei als ihnen, dem bayerischen Herzogspaar.« Arbeo hat sich mit seinen beiden Viten aber nicht nur seine Abneigung gegen die Agilolfinger von der Seele geschrieben, sondern damit auch die sakrale Legitimation ihrer Herrschaft, etwas für das Mittelalter Entscheidendes, bestritten. Er hatte dafür auch andere Gründe, gehörte er doch einer weitverzweigten Adelsfamilie Westbayerns an, der in der Lex Baiuvariorum, dem Stammesrecht der Bayern, an hervorragender Stelle mit vier anderen Adelsfamilien genannten Genealogie der Huosi, Sippen, die nach der Herzogsfamilie die vornehmsten in Bayern waren. Mehrere Klostergründungen, die im Westen des Herzogtums während des 8. Jahrhunderts entstanden, gehen auf diesen mächtigen und vor allem frankenfreundlichen Adelsclan zurück, der vermutlich bei der kampflosen Absetzung Tassilos III. im Jahre 788 seine Hand im Spiele hatte. Adelsklöster aus diesem Kreise waren etwa Scharnitz-Schlehdorf, Benediktbeuern, Polling, Wessobrunn und Tegernsee. Der ansonsten so mächtige und eine königsgleiche Stellung beanspruchende Tassilo III. hatte in diesem Bereich zwischen Lech und Isar offenbar keine starke Stellung, hier herrschte der fränkische Einfluß vor. Damit ist Arbeos Lebensbild Corbinians nicht nur ein wertvolles Dokument der frühen Kirchengeschichte Bayerns und des Bistums Freising, sondern es legt zugleich Zeugnis ab von politisch-herrschaftsstrukturellen Gegensätzen im Herzogtum, die nicht zuletzt 788 das tragische Ende der imponierendsten Figur der Agilolfingerzeit, des königsgleichen Herzogs Tassilo, herbeiführten. Er mußte einem noch Mächtigeren weichen: Karl dem Großen.

Ausklang

Am Schluß der Agilolfingerzeit war Bayern eine der blühendsten Klosterlandschaften Europas, nur vergleichbar mit den vielen Klöstern des Pariser Beckens. Hält man sich vor Augen, daß noch am Ende des Alten Reiches – 1803 – mehr als die Hälfte vom Grund und Boden Bayerns samt der darauf sitzenden Untertanen in klösterlichem Besitz gewesen ist, dann wird klar, daß das Land von Anbeginn an durch das Mönchtum und seine Kultur tief und nachhaltig geprägt worden ist. In Erziehung, Volksfrömmigkeit und in seiner farbenreichen Festkultur lebt bis heute die geistlich-monastische Wurzel der Kultur Altbayerns weiter.

Mag auch die Herzogsfamilie der Agilolfinger 788 durch den harten Zugriff Karls des Großen ausgelöscht worden sein, es bleibt ihr Verdienst, den Grund zu einem bayerischen Sonderbewußtsein innerhalb des Reiches gelegt zu haben. Nicht die weitgehend anonymen germanischen Einwanderer des 5. und 6. Jahrhunderts haben Bayern als genuine Einheit geformt – wenn sie auch das ethnische Substrat des Landes wurden –, sondern das Wirken und Zusammenwirken von König, Herzog, Adel und Kirche prägten einige unverwechselbare Züge, die Bayern ausmachen. Es sind darunter manche, die der große altbayerische Humanist Aventinus im 16. Jahrhundert mit ironischer Sympathie anschaulich beschrieben hat.

Bayern wurde als karolingische Königsprovinz unter dem Grafen Gerold Teil des Reiches. So verfügte Karl 788 in Regensburg. Bayern blieb zwar eine Einheit, aber nicht mehr – wie es die Lex Baiuvariorum, das alte bayerische Gesetzbuch des 8. Jahrhunderts, einst festgelegt hatte – unter einem agilolfingischen Herzog, sondern nur noch unter einem Grafen. Das sieht nach politischer Degradierung des Landes aus. Aber das ist nur die eine Seite der Medaille. Der neue Präfekt Bayerns, Gerold, war nämlich nicht nur der Schwager Karls des Großen, sondern über das alamannische Herzogshaus auch mit den Agilolfingern verwandt. Sollte dies ein kluger Schachzug Karls gewesen sein? Papst Leo III. bescheinigte jedenfalls zehn Jahre später, 798, dem Frankenkönig brieflich, er habe die neue Provinz Bayern »wunderbar geordnet«. Leo III. hatte allerdings allen Grund, dem Karolinger Gutes zu bescheinigen, denn er war dringend auf dessen Hilfe angewiesen: Ein Jahr später, 799, vertrieben die

Römer den Papst, er mußte zu Karl nach Paderborn fliehen, erbat sich dort die Hilfe des Frankenkönigs, lud ihn zur Ordnung der verworrenen Verhältnisse nach Rom ein und krönte ihn am Weihnachtstag des Jahres 800 zum Kaiser: eine glatte Abfolge der Ereignisse. Dennoch stimmt es, daß Bayern im Karolingerreich als großes und inzwischen schon durch Herzog und Kirche geprägtes Land eine bedeutende Rolle zu spielen begann, nämlich als fränkisches »Unterkönigtum«.

2. KAPITEL

Bayern im karolingischen und ottonischen Imperium

Bayern, Slawen, Byzanz

»Kaiser Ludwig [der Fromme] beruft einen Reichstag gen Aachen, macht seinen Sohn König Lothar zum Kaiser, schicket ihn in Welschland gen Rom; verlieh das Königreich Bayern seinem Sohn Ludwig als man zählet nach unseres lieben HERRN Geburt 825 Jahr; und zog der Bayerische König Ludwig mit seiner Hausfrau HEMMA in Bayern und hauset gemeiniglich zu Regensburg...«

Für Aventin – dem wir dieses Zitat entnommen haben – ist dies ein ganz normaler Vorgang: Kaiser Ludwig der Fromme, der einzige überlebende Sohn Karls des Großen, gibt seinem eigenen Sohn Ludwig – die Geschichte nennt ihn »Ludwig den Deutschen« – Bayern. Dessen Residenz ist ganz selbstverständlich Regensburg; diese Stadt ist seit der Agilolfingerzeit die erste rechtsrheinische Residenzstadt des deutschen Mittelalters. Unter Ludwig dem Deutschen wurde Bayern als Unterkönigtum Kern des mächtigen ostfränkischen Reiches, in dem Ludwig, der Enkel Karls des Großen, bis 876 regierte.

Karl der Große hatte einst durch mehrere Feldzüge von Regensburg aus die Awaren, ein asiatisches Reitervolk, vernichtend geschlagen, den »Awarenring«, eine Befestigung mit sagenhaften zusammengeraubten Gold- und Silberschätzen, erobert und die Reste des Awarenvolkes zwischen Steinamanger und Petronell angesiedelt. Eine besondere Grenzorganisation, die »Ostmarken«, wurden geschaffen und von Salzburg aus sowohl die

Awaren- wie die Slawenmission organisiert. Als Reitervolk waren die Awaren mit ihren eisernen Steigbügeln und dreikantigen Pfeilspitzen anderen Völkern militärisch lange überlegen gewesen. Sie unterwarfen slawische Völker, gingen aber auch Bündnisse mit ihnen ein. Herzog Tassilo III. soll mit ihnen gegen König Karl »konspiriert« haben – jedenfalls warf ihm dies die fränkische Seite vor.

822 verschwinden die Awaren aus der Geschichte. Aber nun bildete sich an der Ostflanke des Ostfränkischen Reichs ein slawischer Staat: das »Großmährische Reich«. Ludwig der Deutsche mußte jahrzehntelang gegen die Mährer kämpfen, gleichzeitig geriet die Salzburger Slawenmission in heftigen Gegensatz zur griechisch-byzantinischen Mission im Großmährischen Reich. Sie wurde mit päpstlicher Bewilligung von den Brüdern Kyrill und Method geleitet. Method geriet bei einem Feldzug in die Hand Ludwigs des Deutschen und wurde in Regensburg vor eine bayerische Synode gestellt. In Anwesenheit des Königs reizte der Slawenapostel die bayerischen Prälaten durch herausfordernde Reden so sehr, daß sie in recht unchristlicher Weise gegen Method handgreiflich wurden. Die bayerischen Bischöfe warfen ihm vor, daß er im Missionssprengel des Erzbistums Salzburg seinerseits Mission betreibe: nämlich eine Art Gegenmission, für die sogar eine eigene kirchenslawische Schrift und Sprache entwickelt wurde. Der Vorwurf lautete also: Einmischung im Salzburger Missionssprengel, der westlich-lateinisch war. Darauf antwortete Method im Bewußtsein seines Rechts:

»Ich würde selbst zurückweichen, wenn ich mich überzeugte, daß dies euer Gebiet ist; aber es gehört dem hl. Petrus [das heißt dem Papsttum!] und fürwahr, wenn ihr aus Ehrgeiz und Herrschsucht gegen die Kirchengesetze die alten Grenzen überschreitet und die Lehre Gottes hindert, dann seht euch wohl vor, daß ihr nicht mit eurem Schädel gegen einen eisernen Wall anstürmt und euer Hirn verspritzt.« Ein Streit brach aus, den König Ludwig der Deutsche mit der Bemerkung zu dämpfen suchte, die Bischöfe möchten Method einige Ruhe gönnen, denn er schwitze schon so, als ob er an einem Ofen stände. Darauf antwortete Method voller Hohn: »Ja, Herr, einem schwitzenden Philosophen begegneten einst einige Leute und fragten ihn: Warum schwitzt Du? Darauf antwortete dieser: Mit Unwissenden habe ich mich herumgestritten.«

Dies war den karolingischen Prälaten zuviel und führte zur Gefangennahme Methods; sehr wahrscheinlich wurde der »Erzbischof Pannoniens« auf der Reichenau im Bodensee bis 873 in Haft gehalten, jedenfalls taucht dort sein Name im Verbrüderungsbuch der Abtei auf.

Wir wissen über diese schweren Auseinandersetzungen des bayerischen Klerus mit den »Slawenaposteln«, Kyrill und Method, deshalb so gut – wenn auch einseitig – Bescheid, weil Anfang der 70er Jahre des 9. Jahrhunderts in Salzburg als Antwort auf die ostkirchliche Mission Kyrills und Methods im Großmährischen Reich eine Rechtfertigungsschrift über die Bekehrung der Bayern und Kärntner entstand, die »Conversio Baiuvariorum et Carantanorum«. Ihr Verfasser ist wahrscheinlich der gebildete und politisch versierte Salzburger Erzbischof Adalwin (859–873).

Wenn auch die ostkirchlich-byzantinische Mission schließlich im Großmährischen Reich doch nicht zum Zuge kam, so war diese erste großräumige Reichsbildung der Westslawen immerhin bis zum Ende des 9. Jahrhundert Bayerns östlicher Nachbar, mit dessen bedeutendstem Fürsten, Svatopluk-Zwentibold, Ludwig der Deutsche nach langen Kämpfen 874 endgültig Frieden schloß. Erst die großen Einfälle des asiatischen Reitervolks der Madjaren an der Wende vom 9. zum 10. Jahrhundert zerstörten dieses Reich und zogen auch Bayern schwer in Mitleidenschaft.

Ein anderes Datum ist für die bayerisch-slawischen Beziehungen noch wichtiger, nämlich der 13. Januar des Jahres 845. Die Annalen des Klosters Fulda berichten, daß auf Anordnung Ludwigs des Deutschen vierzehn böhmische, das heißt tschechische Fürsten getauft wurden. Das geschah in Regensburg und aller Wahrscheinlichkeit im Kloster St. Emmeram, das damals Domkloster gewesen ist. Böhmen – schon seit Karl dem Großen mit einem jährlichen Tribut von 120 Ochsen dem Karolingerreich als »Satellit« lose angegliedert – war nun auch kirchlich an das Ostfränkische Reich gebunden. Das Kloster St. Emmeram wurde die wichtigste Ausbildungsstätte für böhmische Mönche, Nonnen und Kleriker und zugleich ein Zentrum für den Aufbau der Kirchenorganisation in Böhmen. St. Emmeramer und Freisinger Handschriften des 8. und 9. Jahrhunderts aus der Bibliothek des Prager Domkapitels sind bis heute erhalten und bezeugen die wichtige Rolle Bayerns für die Christianisierung des Landes. Eine dieser Handschriften hat Glossen in Althochdeutsch-Altbayerisch, eine andere stammt aus der berühmten Regensburger Schreibschule des Bischofs Baturich (817–847).

Das Ostfränkische Reich und dessen Kernland Bayern hat aber noch eine andere, für die Entstehung des Deutschen Reiches seit dem 10. Jahrhundert große Bedeutung: Ludwigs des Deutschen jahrzehntelange Herrschaft gewöhnte nämlich die germanischen Stämme rechts des Rheins auch an gemeinsames politisches und militärisches Handeln. So entstand ein noch unartikuliertes Zusammengehörigkeitsgefühl, das sich schon seit den 80er Jahren des 9. Jahrhunderts bewährte und erst recht 911 und 918, als Nichtkarolinger, nämlich Konrad I. und Heinrich I., der Ottone, zu ostfränkischen Königen gewählt wurden. Ohne den starken Rückhalt Ludwigs des Deutschen und seiner Nachfolger in ihrem Hauptland Bayern wäre diese Entwicklung zu einem politischen Sonderbewußtsein der Herzöge des Ostfrankenreichs kaum möglich gewesen, die dann mit innerer Konsequenz zum deutschen Reich des Mittelalters führte. Mit anderen Worten: Bayern und seine Residenzstadt Regensburg, die Ludwigs des Deutschen festester Rückhalt war, haben schon früh einen wesentlichen Beitrag zur deutschen Einheit geleistet – so kann man es vielleicht modern-überspitzt, aber in der Sache zutreffend formulieren.

Die erste literarische Blüte

Kultur und Gesellschaft Bayerns erlebten im 9. Jahrhundert eine erste Blüte, die allerdings ohne die vorausgegangene agilolfingische Ära nicht möglich gewesen wäre, ja, man muß hinzufügen, daß Bayern auch durch den engen Kontakt mit dem langobardischen Italien schon vor Karl dem Großen eine literarische Tradition besaß. Vom *Abrogans*, dem Freisinger Glossar aus dem Umkreis des Bischofs Arbeo, war schon die Rede. Um 790 entstand dann in Regensburg-St. Emmeram eine gestraffte Umarbeitung dieses Glossars zu einem lateinisch-deutschen Wörterbuch, der *Samanunga worto* (Sammlung der Wörter).

Das berühmte *Wessobrunner Gebet*, ein althochdeutsches Weltschöpfungsgedicht, aufgezeichnet im frühen 9. Jahrhundert, aber wohl schon Ende des 8. Jahrhunderts in der Diözese Augsburg, vielleicht in Benediktbeuern entstanden, schildert in gewaltigen Bildern und Wortkaskaden, im Stil germanischer Epik stabreimend die Entstehung der Welt: »Das erfuhr ich unter den Menschen als der Wunder größtes, daß es die Erde nicht gab und nicht den Himmel, es gab nicht Baum noch Berg noch irgendeine Blume, es schien nicht die Sonne, es leuchtete weder der Mond noch das glänzende Meer. Als da nichts war, ohne Anfang und Ende, in ungemessener Zeit, war da doch der eine allmächtige Gott, der Wesen freigebigstes, und es waren bei ihm auch viele herrliche Geister. Und es war der heilige Gott.«

Im Herzen Altbayerns, am Hofe Ludwigs des Deutschen, wurde auch das zweite althochdeutsche Denkmal christlicher Stabreim-Dichtung, das *Muspilli*, niedergeschrieben: eine Vision vom Ende der Welt, vom Tod und vom Weltgericht. Erzbischof Adalram von Salzburg (821–836) hatte das Buch, in dem dieses Werk steht, Ludwig dem Deutschen gewidmet. Zweifellos war dieser Karolinger selbst ein Förderer der althochdeutschen Literatur, denn ihm widmete auch Otfried von Weißenburg im Elsaß seine aus allen vier Evangelien geschöpfte Dichtung, eine *Evangelienharmonie* über das Leben Jesu Christi; sie war nicht in germanischen Stabreimen, sondern bereits in modernen Endreimen abgefaßt.

Eine für die althochdeutsche Literatur Bayerns wichtige Persönlichkeit war in Regensburg auch Ludwigs des Deutschen Erzkaplan Grimalt, ein Rheinfranke. An der Aachener Hofschule erzogen, dann Mönch und Lehrer auf der Reichenau, leitete er von 844 bis 870 fast ununterbrochen die Kanzlei des Königs, das heißt, er war sein wichtigster Berater. Er sammelte Geschichtswerke und verfaßte selbst eine Art Vademecum, eine Sammelhandschrift für den täglichen Gebrauch, die Eintragungen über die Liturgie am Regensburger Hofe, Notizen über Sterbedaten politisch wichtiger Personen und vieles andere mehr enthält; sie gibt einen guten Einblick in die vielfältigen Tätigkeitsbereiche eines großen Reichsprälaten. Die bedeutendste Persönlichkeit vor und neben Grimalt war Bischof Baturich (817–847), durch dessen Initiative in Regensburg zahlreiche Bücher entstanden. Baturich war ebenfalls Erzkaplan Ludwigs des Deutschen und damit als Vorsteher der königlichen Hofkapelle – eines der wichtigsten Organe der Regierung – ein Mann von hohem politischen Rang, aber auch von kulturellem Format. Die St. Emmeramer Schreibschule erlebte unter ihm ihre erste Blüte, 60 der 80 erhaltenen Handschriften aus dieser Epoche entstanden durch Baturichs Initiative. Auch König Ludwig schenkte wertvolle Handschriften. Kaiser Arnulf, der letzte tatkräftige ostfränkische Karolinger – er herrschte von 887 bis 899 –, schenkte dem Kloster St. Emmeram eines der berühmtesten Denkmäler karolingischer Buchkunst: den *Codex Aureus*, ein westfränkisches Werk aus dem künstlerisch hochstehenden Buchzentrum König Karls des Kahlen; er war der Stiefbruder Ludwigs des Deutschen und Herrscher des westfränkischen Reiches, des Kernlands des späteren Frankreich. Desgleichen schenkte Arnulf dem Kloster ein Altarziborium, das heißt ein Reisealtärchen, aus getriebenem Goldblech. Wie der *Codex Aureus* stammt es aus dem Westfrankenreich, wohl aus Reims, ein schönes Beispiel für die großräumigen kulturellen Verbindungen innerhalb des Karolingerreiches – und dies trotz der Jahrzehnte währenden

Bruderkriege der Enkel Karls des Großen, die schließlich dazu führten, daß sowohl die Normannen vom Norden aus wie die Sarazenen vom Süden her das Frankenreich bestürmten und brandschatzten. Mit ihrer modernen Segeltechnik – sie konnten gegen den Wind kreuzen und gelangten 882 rheinaufwärts und die Mosel entlang bis Trier – bedrohten die Normannen das gesamte Reich, setzten sich schließlich im nordwestlichen Frankenreich endgültig fest und gaben einer Landschaft bis heute den Namen: der Normandie. Blieb Bayern auch von diesen Invasionen weitgehend verschont, so geriet das Land zwischen Lech und Theiß gegen Ende des 9. Jahrhunderts in andere schwere Turbulenzen, und zwar von Osten her: Die Madjaren überrannten mit ihren Reiterheeren zuerst das Großmährische Reich, den östlichen Nachbarn Bayerns, und brachen sodann in das Land selbst ein. Sie kamen in verheerenden Streifzügen bis in die Bodensee-Gegend. Für Bayern wie für das Reich insgesamt leiteten diese Invasionen das Ende der ersten Blütezeit des Mittelalters ein.

Dieser schwere Bruch in der Kulturentwicklung knickte vorübergehend noch eine andere Blüte karolingischen Geisteslebens in Bayern: die althochdeutsche Literatur. Sie hatte gerade in Bayern Zentren von überregionaler Bedeutung, weil dieses Herzogtum und Königsland durch die Vielzahl seiner Klöster geradezu prädestiniert war, eine Wiege der deutschen Sprache zu werden; denn nur in den Klöstern als Zentren der Schriftkultur konnte die deutsche Sprache schriftliche Form annehmen. Neben Kloster Fulda und dem Bodenseegebiet mit St. Gallen und der Reichenau hat Altbayern die dichteste Überlieferung althochdeutscher Texte überhaupt. St. Emmeram in Regensburg steht mit 13 Handschriften – neben St. Gallen – an der Spitze der Überlieferung, gefolgt von der Reichenau mit 8, Fulda mit 7 und Freising mit 6 althochdeutschen Texten. Nicht mitgezählt sind die zahlreichen althochdeutschen Glossen in lateinischen Handschriften des 8./9. Jahrhunderts, die das Ringen um das richtige, treffende deutsche Wort – vor allem bei der Übertragung kirchlicher Texte – eindrucksvoll dokumentieren. Die Übertragung aus dem Kirchenlatein ins Althochdeutsche war zugleich der Beginn einer grammatikalischen Verfestigung und Vergeistigung der germanischen Sprachen. Man wird die Bedeutung dieses Vorgangs kaum überschätzen können.

In St. Emmeram befand sich auch eine kirchliche Handschrift mit den ältesten slawischen Wörtern zu lateinischen Texten, sie gehörte wahrscheinlich dem Slawenapostel und Erzbischof Methodius und wurde ihm bei seiner Verhaftung wohl abgenommen. Bayern spielte aber auch durch seine engen, politisch-kulturellen Beziehungen zum benachbarten Langobardenreich eine wichtige Rolle bei der Überlieferung des *Hildebrandsliedes*, jenem kostbaren, wenn auch fragmentarisch überlieferten Text aus der Epoche des germanischen Heldenliedes. Die bayerischen Sprachspuren sind unverkennbar, obwohl dieser einzige Rest germanischer Heldendichtung auf dem Kontinent erst um 830 in Fulda niedergeschrieben worden ist. Es schildert den Kampf zwischen Vater und Sohn, die beide durch Treuegelöbnisse an verschiedene Herren gebunden sind und deshalb gegeneinander zum Kampf auf Leben und Tod antreten müssen; ein tragischer Konflikt, für den es keine Lösung geben konnte.

Pracht der Bücher, Kostbarkeit der Kreuze und Kelche – dies alles hat mit den Klöstern zu tun, den eigentlichen kulturellen Zentren. Aber Klöster waren noch mehr, und durch die Tradition klösterlichen Lebens erfahren wir auch viel über das Leben außerhalb der Klostermauern, das ansonsten – sieht man von den Ergebnissen der modernen Siedlungsarchäologie ab – schwer zu fassen ist.

Die Rolle der Klöster und Kirchen für Land und Leute

Was war ein Kloster im Karolingerreich und damit auch im frühmittelalterlichen Bayern? Wir können es uns recht gut vorstellen, denn es gibt den St. Galler Klosterplan, eine Architektenzeichnung des frühen 9. Jahrhunderts, die im Bodenseekloster

Reichenau – dem Mutterkloster des bayerischen Klosters Niederaltaich an der Donau – entstand. Es ist ein Musterkloster, das hier entworfen wurde. Der Plan zeigt uns fast eine geistliche Stadt, eine mit Schutzmauern umgebene Siedlung, einen Kosmos von Gebet und Arbeit, von Forschung und Kunst, in dem Geistliches und Weltliches eng miteinander verbunden sind. Hier Mönchszellen und Refektorium – dort Knechte- und Mägdekammern; hier Küche, Bad, Stallungen und Schülerseminar – dort die Abtwohnung, getrennt vom Konvent, und die Kapelle. Auch gab es Werkstätten und Schmieden für Alltagsgegenstände wie Pflüge und Gefäße, aber auch für Waffen und kostbares Altargerät aus Gold und Silber. Hinzu kommen die in vielen Urkunden erwähnten Wassermühlen für das Klostergetreide und für das Korn der zinspflichtigen Bauern, die oft Tausende zählten. Schließlich und endlich war ein Kloster auch ein Vorratszentrum für Notzeiten, versehen mit Apotheke und Krankenhäusern für Mönche und Laien. Es war zugleich eine Stätte der Armenversorgung, also die erste Entwicklungsstufe dessen, was wir heute soziale Fürsorge nennen.

Ein Kloster mußte sicherlich in erster Linie ein religiöses Zentrum sein, Stätte des gemeinsamen Lebens der Mönche oder Nonnen nach der Regel des hl. Benedikt. Es war aber auch oft die Grablege und zumeist das Eigentum einer Adelsfamilie, des bayerischen Herzogs oder später des Karolingerkönigs. Damit wurde es auch Pfalzort für den Herrscher, wie das bedeutendste bayerische Kultzentrum, St. Emmeram in Regensburg, und als Pfalzort ein wichtiger, oft auch befestigter politisch-militärischer Stützpunkt. Wo die alte agilolfingische Pfalz lag ist ungewiß, aber spätestens seit Kaiser Arnulf, der ein besonderer Verehrer des Heiligen war, wurde 888 eine neue Pfalz bei St. Emmeram errichtet.

Das Reichskloster-Verzeichnis aus der Zeit Kaiser Ludwigs des Frommen nennt 819 insgesamt 15 bayerische Klöster, die dem Herrscher je nach ihrem Besitz Truppen und Geld für seine Feldzüge zu stellen hatten. Dazu mußten sie für den Kaiser und seine Familie pflichtgemäß beten – Gebet der Mönche, das war für die Frömmigkeit des Mittelalters eine äußerst wirksame Hilfe in Kampf und Krieg, genauso real wie Waffen und Geld.

Ein Kloster war aber auch ein Wirtschaftszentrum und konnte durch die frommen Schenkungen des landbesitzenden Adels zugleich eine ausgedehnte Grundherrschaft aufbauen und sorgfältig verwalten. Das bedeutete Verfügungsrecht über Land und Leute und damit politische wie wirtschaftliche Macht. In den oft umfangreichen klösterlichen Güterverzeichnissen des Früh- und Hochmittelalters sind minutiös die bäuerlichen Abgaben und pflichtmäßigen Arbeitsleistungen der an ihre Scholle gebundenen Hörigen verzeichnet. Es sind fast die einzigen Quellen, aus denen wir etwas über die bäuerliche Welt dieser Epoche erfahren, also über das Gros der Bevölkerung.

Im bayerischen Voralpengebiet und an der Donau haben sich die Spuren bäuerlicher Siedlungsarbeit unter klösterlicher Leitung noch gut erhalten. Die Klostergrundherrschaften waren Ausgangspunkt für das große Werk des mittelalterlichen Landesausbaus. Nur die Klöster waren anfangs in der Lage, für rodungswillige nachgeborene Bauernsöhne ihrer arbeitsteiligen Grundherrschaft auf Jahre hinaus Arbeitsgerät und Nahrung bereitzustellen, so lange nämlich, bis der gerodete Boden selbst Nahrung abwarf oder als Viehweide genutzt werden konnte und damit Milchwirtschaft auf Almen, auf den »Schwaighöfen« ermöglichte. So entstand im Alpenvorland ein Perlenkranz von Klöstern, die bis weit ins Gebirge hinauf rodeten und Land meliorisierten. Bleibende Ergebnisse sind die hinreißend schöne, parkartige Landschaft des Voralpenlandes und, als Werk mönchischer Arbeit und Leistung der Klosteruntertanen, die Stifte Schlehdorf, Wessobrunn, Polling, das berühmte Benediktbeuern, Schäftlarn im Isartal, Tegernsee und Chiemsee sowie im heutigen Österreich Mattsee, Mondsee und Kremsmünster. An der Donau im fruchtbaren Niederbayern waren es Niederaltaich und Metten – alles Stätten des Gottesdienstes, der Kultur und Literatur, aber auch Orte technischer Innovationen.

Denn von den Klöstern gingen moderne Agrarmethoden aus, die dann auch auf den Grundherrschaften des Königs und des grundbesitzenden Adels übernommen wurden. So vor allem die wesentlich ertragreichere Dreifelderwirtschaft, welche die ältere Feld-Graswirtschaft ablöste, ferner die planmäßige Milch-Käsewirtschaft, die auch das Hochgebirge mit seinen Almen und »Schwaigen« erschlossen. Käse war ein wichtiges Produkt, weil es hochwertige Nahrung konservierbar machte und leicht transportiert werden konnte; es taucht in vielen Klosterverzeichnissen als Abgabe neben Vieh, Geflügel und Getreide auf. Eine der wichtigsten Innovationen des Frühmittelalters war der Räderpflug mit metallener Pflugschar, mit Sech und Streichbrett, der tieferes Pflügen und Wenden der Schollen ermöglichte und damit höhere landwirtschaftliche Erträge erbrachte. Doch blieb auch der ältere Hakenpflug für leichte Böden weiterhin in Gebrauch. Sicher betrieben auch die weltlichen Grundherrschaften des Adels Rodung und Landesausbau, aber von diesen wissen wir erst seit viel späterer Zeit, nämlich aus dem 12. und frühen 13. Jahrhundert.

Vom Geist des benediktinischen Mönchtums

Damit erhebt sich die Frage, warum ausgerechnet geistliche Gemeinschaften, die sich einem asketischen, Gott geweihten Leben zugewandt hatten, einen so hervorragenden Anteil an der Landeskultur gewannen und damit aus dem gewollten Abseits des asketischen Rückzugs aus der »Welt« ins Zentrum der mittelalterlichen Gesellschaft rückten. Die letzte und wohl entscheidene Ursache hierfür liegt im Geistig-Ethischen, nämlich in der neuen positiven Wertung auch und gerade der körperlichen Arbeit, jener Arbeit, die in der Antike als Sache der Sklaven verachtet war. Der hl. Benedikt hat in seiner Regel und deren Lebenspraxis die Handarbeit fest in den mönchischen Tagesablauf eingebaut. Zwar steht die berühmte mittelalterliche Losung der Benediktiner: »Ora et labora – Bete und arbeite«, in dieser präzisen Form nicht in der Regel, aber diese ist ganz vom Geist dieser Devise durchtränkt. Dort heißt es: »Müßiggang ist aller Laster Anfang. Deshalb müssen sich die Brüder zu bestimmten Zeiten der Handarbeit und wieder zu bestimmten Stunden mit heiliger Lesung beschäftigen.« Nimmt man das Pauluswort hinzu: »Wer nicht arbeitet, soll auch nicht essen«, dann ahnt man etwas von der asketisch-christlichen Motivation, die eine neue, die Welt verändernde Arbeitsethik hervorbrachte, von der unsere abendländische Zivilisation bis heute lebt – auch wenn sie nichts mehr vom mönchischen Ursprung des Arbeitsethos weiß.

Sicher ist es auch kein Zufall, daß der arbeitende Mensch zuerst in klösterlichen und kirchlichen Handschriften und Bildwerken als Thema auftaucht. Eine der frühesten Darstellungen stammt aus Salzburg, der kirchlichen Metropole des mittelalterlichen Bayern. Es ist ein Kalender, der um 818 entstand und dessen Illustrationen das bäuerliche Jahr begleiten. Da gibt es den pflügenden Bauern, den Schnitter mit Sichel bei der Getreideernte, den Winzer bei seinen Reben, den Jäger mit dem Beizvogel und im Dezember das bäuerliche Schweineschlachten: der Mensch in seinem Arbeitsalltag – ein neues Thema der mittelalterlichen Kunst. Wie die Bajuwaren des Frühmittelalters, Männer und Frauen, sich kleideten, bewaffneten und schmückten, kann man aus den sogenannten Reihengräber-Friedhöfen des 6./7. Jahrhunderts erschließen, denn dort finden sich Bestattungen mit oft reichen Beigaben, mit Schmuck, Fibeln, Gürtelschnallen, Waffen und Gefäßen.

Wie ein bayerischer oder fränkischer Adeliger des frühen 9. Jahrhunderts aussah, kann man am besten auf einem zeitgenössischen Fresko in der winzigen alten Kirche St. Benedikt in Mals in Südtirol sehen: Es ist ein Krieger mit gewaltigem Langschwert, neben ihm ein Geistlicher mit einem Kirchenmodell in der Hand. Die Darstellung, wohl die wertvollste aus dem karolingischen Bayern, hat hohen Symbolwert: Adel und Kirche nebeneinander – sie sind in der Tat die beherrschenden Mächte. Beide verfügen über Land und Leute, und die obersten Ränge der kirchlichen Hierarchie – Bischöfe und Äbte – stammen überwiegend aus dem Adelsstand; sie sind und bleiben Adelige auch im geistlichen Gewand.

Die gesellschaftliche Entwicklung

Wissen wir über Adel und Kirche im Mittelalter relativ viel, so stößt unsere Kenntnis vom normalen Leben des Großteils der Bevölkerung auf schwer überwindliche Hindernisse, denn diese »Basisgesellschaft« – die Bezeichnung »Unterschichten« sollte man lieber meiden – ist in den Quellen des Frühmittelalters nicht leicht zu fassen. Sie tritt uns zumeist nur im Organisationsverbund der mittelalterlichen Grundherrschaft entgegen. Zweifellos war es so, daß die Königsherrschaft dieser Epoche nur deshalb so wirksam und dauerhaft sein konnte, weil sie im wesentlichen auf der Grundherrschaft über Land und Leute beruhte. In deren oft weitausgreifendem Verband waren etwa 90 Prozent der Bevölkerung des Frankenreiches wie Bayerns wirtschaftlich, rechtlich und bei kirchlichem oder klösterlichem Besitz auch kultisch integriert. In einer agrarisch bestimmten Gesellschaft wurde damit die Grundherrschaft mit ihrem gestaffelten System von Naturalabgaben, die später in Geldleistungen umgewandelt werden konnten, zur wichtigsten Organisationsform des flachen Landes. Mit regelmäßigen Dienstleistungen für den weltlichen oder kirchlichen Grundherrn entwickelte sie sich zum Zentrum aller technischen Innovationen. Sie konnte mit freigestellten Arbeitskräften Rodung und Landesausbau fördern, modernere Arbeitsmethoden wie die Dreifelderwirtschaft und bessere Pflüge einführen, und sie war nicht zuletzt auch in der Lage, ein Minimum an militärischem Schutz für die arbeitende Bevölkerung zu geben. Wenn beispielsweise das Erzbistum Salzburg Besitzungen grundherrschaftlich organisieren und damit nutzen konnte, die von der Donau bis nach Südtirol und vom Ammersee bis nach Ungarn reichten, dann war dies nicht nur ein wirtschaftliches Faktum, sondern bestimmte auch den politischen Rang, den die Salzburger Metropolitankirche in die Wagschale werfen konnte. Ende des 8. Jahrhunderts besaß das Hochstift Salzburg bereits 1613 Bauernstellen, die von 17 Fronhöfen aus geleitet wurden. Um 810 hatte das Bistum Augsburg

1507 Hufen, das heißt Bauernstellen. Reichen Besitz nannten auch die Bistümer Passau, Regensburg und Freising ihr eigen. Zwar waren die Hochstifte und Großklöster des Karolingerreiches verpflichtet, für Kaiser und Reich Abgaben zu leisten und sogar für den Krieg Truppen zu stellen, aber damit gewannen sie auch ein politisches Mitspracherecht auf höchster Ebene, das sich im Hochmittelalter zum ottonisch-salischen Reichskirchensystem verfestigen sollte. Andererseits bedeutete Heerfolge für die geistliche und ebenso für die adelige und dynastische Grundherrschaft auch eine drückende Last. Erzbischof Arn von Salzburg (ca. 740–821), ansonsten ein Freund und Günstling Karls des Großen, dem wir das wichtigste frühe Güterverzeichnis der Salzburger Kirche verdanken, beklagte sich in seinen Briefen bitter über die harte Last der militärischen Verpflichtungen, die seine Kirche, wie alle Reichskirchen, zu erfüllen hatte und die oft an die Substanz der grundherrschaftlich organisierten Güter Salzburgs gingen.

Freiheit, Unfreiheit und Arbeit

Über das Leben und die Arbeitsbedingungen bayerischer Grundhöriger in dieser Zeit wissen wir nur wenig, denn diese Personengruppen treten meist nur als »Zubehör« in den Tausenden von Schenkungsurkunden und in Abgabeverzeichnissen der Grundherrschaften als dienende Glieder der Arbeitsorganisation in Erscheinung, die man beliebig einsetzen, verkaufen oder an die Kirche schenken konnte. Das galt auch für Hörige, die mit ihrer Familie eine Hufe oder einen Teil derselben samt einem Bauernhaus vom Grundherrn zugeteilt bekamen. Deshalb heißen sie in den Quellen »servi casati« – Hörige mit einer »casa«, einem Haus. Bis zur Bauernbefreiung des 19. Jahrhunderts konnte der Grundherr solchen Bauern ihr Gut ohne weiteres wieder abnehmen, sie »abstiften«; doch haben die wittelsbachischen Landesherrn schon früh und dann immer erfolgreicher zugunsten der Landbevölkerung diese Praxis eingeschränkt, wo immer dies möglich war.

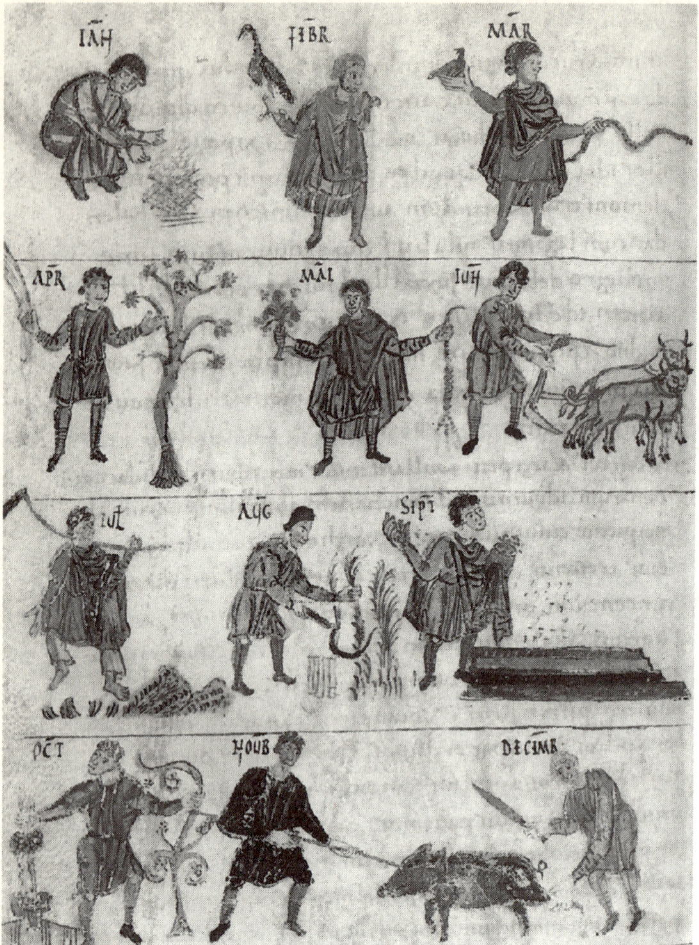

Älteste Darstellung des bäuerlichen Arbeitslebens in einem Salzburger Kalendar um 818.

Eine der reichhaltigsten Quellen nicht nur Bayerns, sondern ganz Deutschlands für die Erforschung der grundherrschaftlich organisierten Basisgesellschaft sind die zahlreichen Güterschenkungen an das Bistum Freising. Der wichtigste Teil derselben wurde in der ersten Hälfte des 9. Jahrhunderts unter Bischof Hitto (811–835) vom Mönch Kozroh zusammengefaßt; doch gehen die Freisinger Traditionen insgesamt bis ins 13. Jahrhundert. Auch ein Inventar für das Kloster Staffelsee bei Murnau vermittelt interessante Einblicke in die grundherrschaftliche Arbeitsorganisation. Aus solchen Quellen erfährt man manches über die »mancipia«, »ancillae« und »servi« – die Hörigen, Mägde und Knechte –, wobei diese aus den Güterverzeichnissen wie aus dem frühmittelalterlichen Stammesrecht stammenden Ausdrücke auf spätantike Rechtsterminologie zurückgehen. Das ist ein Umstand, der ihre Deutung erschwert, da der antike Sklavenbegriff die differenzierte soziale Wirklichkeit der mittelalterlichen Basisgesellschaft nur unvollkommen widerspiegelt. Immerhin kann man festhalten, daß im allgemeinen die »servi casati« mit einer eigenen Hofstelle besser situiert waren als die »servi non casati«, weil die ersteren trotz Abgaben und regelmäßiger Arbeit für den Grundherrn dennoch über Teile ihres Arbeitsertrags selbst verfügen konnten, während die Hörigen am Fron- und Herrenhof, der »curtis«, zu ungemessenem Dienst verpflichtet und auch nur in begrenztem Maße »ehefähig« waren; über letzteres entschied der Herr, meist ohne kirchliche Intervention. In den grundherrschaftlichen Verband wurden, weil er eben auch Schutz bot, auch zahlreiche Freie (liberi) eingegliedert, doch verlor sich der ursprünglich ungleiche Rechtsstatus von Freien und Unfreien später gegenüber der Funktion: Es kam zu einem einheitlichen Untertanenverband der Grundherrschaft.

Auch die Unfreiheit der »servi«, die am Herrenhof lebten und arbeiteten, war kein unabänderliches Schicksal, denn viele konnten im Zuge der zunehmenden Arbeitsteilung innerhalb der Grundherrschaften sozial aufsteigen: als Spezialhandwerker, in Sonderberufen als Förster oder Imker oder als Kaufleute im

Karawanenhandel, den die Grundherrn mit ihren Überschußprodukten organisierten. Auf diese Weise vermochten auch die ursprünglichen »servi non casati« in begrenztem Maße Kapital zu bilden, mit dessen Hilfe sie sich später oft freikauften. Als besonders günstig erwies es sich, wenn sich Abhängige als sogenannte »Wachszinser« (Cerocensuales) gegen eine jährliche Abgabe in den Schutz einer Bischofskirche begaben und nun in teilweiser Unabhängigkeit Handel treiben konnten. Dies ist in Bayerns Großkloster St. Emmeram in Regensburg belegt, dessen handeltreibende Wachszinser schon früh Beziehungen bis nach Rußland hatten.

Neben den »servi« im Grundherrschaftsverband gab es allerdings auch echte Sklaven, sie waren zumeist Kriegsgefangene. Christliche, jüdische und arabische Fernhändler tauschten bei westslawischen Völkern gegen fränkische Waffen und mittelmeerische Luxusgüter Sklaven ein, und auch im weiten friesischen Fernhandelsnetz des 7. bis 9. Jahrhunderts spielten sie als »Ware« eine große Rolle. Die Zollordnung von Raffelstetten in Oberösterreich nennt 903/06 als Importwaren nach Bayern Wachs, Pferde und Sklaven, wohingegen Salz und Luxusgüter nach Osten exportiert wurden. Selbst Klöster kauften für ihre Grundherrschaften Sklaven ein. Insgesamt jedoch dürfte der Anteil wirklicher Sklaven, also der Personen ohne Anspruch auf Recht und Schutz, an der Gesamtbevölkerung gering gewesen sein. Sie gehörten gewissermaßen zum Inventar des Herrenhauses, auch konnten sie einem Bauern als Arbeitskraft zugeteilt sein.

Familie und Ehe

Der Begriff Familie – familia –, der in der Antike sowohl das Gesamtvermögen einer Person einschließlich der Sklaven bezeichnete als auch allgemein eine Mehrzahl von Personen, die von Natur aus oder aufgrund des Rechts einem einzigen unterstand, wirkte auch im Mittelalter weiter. Zum einen bezog er sich auf den Verband der Abhängigen und Unfreien in der Grundherrschaft, über die der »pater familias« eine fast unumschränkte Verfügungsgewalt – sogar über Tod und Leben – hatte. Zum andern taucht »familia« als Bezeichnung der Gemeinschaft von Mönchen und Nonnen unter der Herrschaft von Abt oder Äbtissin auf. Der Begriff findet sich aber auch schon in den Freisinger Traditionen seit 762/64 in der heutigen Bedeutung von Kleinfamilie. Beispielsweise schenkte der Adelige Erchanpold der Freisinger Kirche aus seinem väterlichen Erbgut drei Familien – tres familias; dabei wird das jeweilige Oberhaupt der Familie namentlich genannt, Frau und Kinder sowie zum Haus gehörende Arbeitskräfte (coloni) sind ohne Namen erwähnt. Zweifellos handelt es sich dabei um drei Bauernstellen von »servi casati« mit Gesinde.

Damit stellt sich auch die Frage nach den Formen der Ehe im Frühmittelalter, die für den Adel und die grundbesitzenden Freien schon aus erbrechtlichen Gründen große Bedeutung hatte und daher in den Quellen gut faßbar ist. Anders verhält es sich bei den Abhängigen, deren Heiratsmöglichkeit grundsätzlich von der Erlaubnis ihres Herrn abhing, der sogar Ehepartner wieder trennen konnte, obwohl dies kirchlichen Bestimmungen zuwiderlief. Im allgemeinen war es wohl so, daß die »servi casati« als Inhaber von Bauernstellen die Heiratserlaubnis erhielten, da die Frau der wichtigste Partner und Arbeitsgehilfe des Mannes war und mit ihren Kindern auch neue Arbeitskräfte für Hof und Herrenhaus heranwuchsen. Da sich die Kirche als schriftlich dokumentierende Instanz erst seit dem 9. Jahrhundert stärker in Ehefragen einschaltete und dann auch für die Eheschließung einen festen Ritus entwickelte, ist es für die Zeit davor oft schwer, Legitimität und Naturhaftigkeit der Lebensgemeinschaft von Mann und Frau klar zu trennen. Dies gilt besonders für die Hörigen am Herrenhof, wo Knechte und Mägde oft in den Stallungen untergebracht waren. Dem entspricht der archäologische Befund frühmittelalterlicher Reihengräberfriedhöfe. Nur in den reich ausgestatteten Grablegen der Oberschicht gibt es eine klare Zuordnung von Mann und Frau als Ehepartner. Die armen Gräber liegen wahllos durcheinander und lassen keine Paare erkennen.

Was die Kinder betrifft, so dürfte die bäuerliche Familie wie auch die anderen Geschlechtsgemeinschaften wegen der hohen Kindersterblichkeit nur zwei bis drei Kinder aufgezogen haben. Anders als in der heidnischen Antike wurde Abtreibung jetzt bestraft: vor dem 40. Tag nach der Empfängnis nur mit einjähriger Kirchenbuße, danach aber als Mord. Armut galt als strafmildernd, die Kirche ließ somit bis zu einem gewissen Grade eine soziale Indikation gelten. Kindesaussetzung und Tötung weiblicher Säuglinge sind zwar noch im 9. Jahrhundert bezeugt, da es aber solche Delikte noch im 18. Jahrhundert gab, sollte man daraus nicht schließen, es habe den Eltern im Mittelalter generell an Liebe zu ihren Kindern gemangelt; dagegen sprechen schon hagiographische Texte.

Die Grundherrschaft

Da Schriftlichkeit fast ausschließlich eine Sache des Klerus war, haben wir zwar Schenkungsurkunden für Kirchen und Klöster seit dem 8. Jahrhundert und ebenso Güterverzeichnisse kirchlichen Besitzes, aber erst mit der Besitzauflistung, dem »Urbar« des Grafen von Falkenstein aus der zweiten Hälfte des 12. Jahrhunderts, eine ausführliche Beschreibung adeligen Eigentums, der sich vor allem im Dreieck Chiemsee, Rosenheim und Weyarn befand. Die genauesten Angaben über die Organisation einer großen geistlichen Grundherrschaft in Bayern finden sich im Urbar von St. Emmeram in Regensburg aus dem Jahr 1031. Die etwa 1000 Hufen des Klosters lagen in rund 100 Ortschaften Nieder- und Oberbayerns, der Oberpfalz und Österreichs. Den größten zusammenhängenden Besitz hatte das Kloster in Vogtareuth bei Rosenheim, es war, wie der Ortsname verrät, eine klösterliche Rodungssiedlung aus dem 10. Jahrhundert mit 130 1/2 Hufen, doch war nicht einmal hier St. Emmeram in Regensburg der ausschließliche Grundherr. Jeweils mehrere Höfe unterstanden einem klösterlichen Verwalter; er war mit seinem Meierhof die Zwischeninstanz zwischen Kloster und Bauern und hatte die Dienste und Abgaben zu kontrollieren. Daneben wurden auch Waldhüter (forestarii) und Imker genannt. Naturalleistungen an den Grundherrn waren vor allem Getreide, Schweine, Hühner, ebenso Salz, Wein und Bier sowie Textilien als Hauswerk der Frauen. Vogtareuth hatte mehrere Klostermühlen, in denen die Bauern ihr Getreide mahlen lassen mußten. Bemerkenswert ist auch, daß es eine sozial gehobene Schicht von Reitern (equites) gab sowie Pferde (parafredi), die von den mit Grund und Boden ausgestatteten, aber abhängigen »Barschalken« für den Post- und Kurierdienst benutzt wurden und sicher auch für den Weinimport aus Tirol. Schmiede, sowohl freie (ingenui) wie unfreie (servi), sind 790 in Salzburger und 820 in Regensburger Schenkungsnotizen erwähnt. Da dies ein begehrter Spezialberuf war, gehörten sie zu den priviligierten Unfreien. Sie hatten auch eine bessere Besitzausstattung, und schon im 12. Jahrhundert tauchen sie als Zeugen bei Rechtsgeschäften auf. Besser gestellt als die servi und mancipia waren auch die Zensualen (censuales), die in den Quellen sehr oft vorkommen und offenbar außer ihren festgelegten Abgaben (census) keine weiteren Belastungen hatten. Insgesamt war vor allem die geistliche Grundherrschaft beruflich und sozial bereits stark differenziert und vermochte als Arbeitsorganisation jene Überschüsse an Lebensmitteln und anderen Bedarfsgütern zu produzieren, die in den Handel flossen, vor allem aber die materielle Grundlage für die Klostergemeinschaft, die Klosterschule und für die monastischen Skriptorien und damit für jede Art höherer Bildung sicherten.

Die Rechts- und Sozialordnung

Man hat immer wieder versucht, mit Hilfe des bayerischen Volksrechts – der »lex Baiuvariorum« –, das nach Vorstufen des 6. und 7. Jahrhunderts seine entscheidende Redaktion in der ersten Hälfte des 8. Jahrhunderts erfuhr, die gesellschaftlichen

Zustände des agilolfingischen und karolingischen Bayern zu rekonstruieren. Solchen Versuchen sind jedoch enge Grenzen gesteckt, weil einerseits spätantik-römisches Vulgarrecht ebenso in die juristische Substanz des Frühmittelalters eingeflossen ist und andererseits die Parallelen zum Rechtsbuch des Westgotenkönig Eurich (466–484) überdeutlich sind: Mehr als die Hälfte der Kapitel zeigen unverkennbare Übereinstimmungen. Das bedeutet aber, daß man nur mit größter Vorsicht aus der »lex Baiuvariorum« auf soziale Verhältnisse in Bayern schließen kann und daß es schwierig ist, bayerisches Sondergut auszuscheiden. Selbst die vielzitierte Gewohnheit, bei Besitzübertragungen die Zeugen an den Ohren zu ziehen, eine Sitte, die bereits 754 in einer Freisinger Urkunde erwähnt und später sogar als »Brauch der Bayern« bezeichnet wird, hat ihre Entsprechung im burgundischen Recht.

In einem wesentlichen Punkt unterscheidet sich jedoch die »lex Baiuvariorum« von allen anderen Volksrechten des Frühmittelalters, und hier dürften wohl ältere, festgeschriebene politische Konstellationen zugrunde liegen. Im Titel III des vom Merowingerkönig erlassenen Bayernrechtes findet sich eine für die innere Struktur des Landes zentrale Bestimmung: »Von den Geschlechtern (genealogiae), die Hosi, Drazza, Fagana, Hahilinga und Anniona heißen. Diese sind gleichsam die ersten nach den Agilolfingern, die von herzoglichem Geschlecht sind. Jenen gestehen wir nämlich doppelte Ehre zu, und so sollen sie auch doppelte Buße, das heißt Strafgeld, empfangen. Die Agilolfinger aber sollen bis hin zum Herzog vierfach gebüßt werden, weil sie die höchsten Fürsten (principes) unter euch sind.« Das bedeutet, daß die genannten Familien zwar dem vom Merowingerkönig eingesetzten Agilolfingergeschlecht untergeordnet, aber ebenfalls fürstlichen Ranges sind. Ob es sich bei den fünf »genealogiae« um die ehemaligen Häupter eigenständiger germanischer Gruppen in Bayern handelt, muß Vermutung bleiben; ausgeschlossen ist es nicht, da bereits in der Severin-Vita mehrere Germanenvölker auf dem Boden des späteren Stammesherzogtums erwähnt werden. Wichtiger ist aber, daß der Frankenkönig das

Verhältnis zwischen der von ihm eingesetzten Herzogsfamilie und den fünf herausragenden, namentlich genannten Geschlechtern rechtlich regelte. Daß diese Bestimmung einer älteren Zeitschicht der »lex Baiuvariorum« angehört, geht schon daraus hervor, daß in den Quellen seit der Mitte des 8. Jahrhunderts nur noch ein einziges Mal die Fagana, aber mehrmals und bis ins 9. Jahrhundert hinein die Hosi/Huosi auftauchen, dafür aber in Salzburger Güterverzeichnissen von 790 eine offenbar romanische »genealogia de Albina« zusätzlich genannt wird, die nicht im Bayernrecht auftaucht. Die Fagana treten 750 zusammen mit dem damals minderjährigen, unter König Pippins Vormundschaft stehenden Herzog Tassilo III. als Schenker in Erding bei Freising auf; eine Verwandtschaft mit dem Herzogshaus ist daraus nicht zu entnehmen. Mit den Hosi/Huosi fassen wir hingegen eine im westlichen Bayern mächtige Adelsgruppe, die, wie schon erwähnt, zwischen Inn und Lech eine Reihe von Klöstern stiftete, durch mehrere Generationen den Freisinger Bischofsstuhl besetzte und mit großer Wahrscheinlichkeit wegen ihrer reichsfränkisch-karolingischen Orientierung am Sturz Tassilos III. maßgeblich beteiligt war. So dürfte es auch kein Zufall sein, daß diese »genealogia« als einzige noch in Quellen aus der Zeit nach Tassilos III. Sturz, als Bayern Karl dem Großen gehörte, eine nach Besitz und Einfluß maßgebliche Rolle spielte und über Besitz von der Donau bis Südtirol verfügen konnte. Zu den Klöstern dieses Adelsclans gehörten unter anderem Scharnitz-Schlehdorf, Benediktbeuern und Schäftlarn.

Fast noch wichtiger, weil näher an der politischen Wirklichkeit als manche Aussagen der »lex Baiuvariorum« für die Gesellschaftsordnung, dürften aber Bestimmungen der Dingolfinger Synode Herzog Tassilos III. vom Jahre 770 sein, der wichtigsten Kirchenversammlung für die bayerische Verfassungsgeschichte des Frühmittelalters. Deren Statuten nennen nobiles, das heißt Adelige, liberi, also Freie, und schließlich die in zahlreichen grundherrschaftlichen Quellen erwähnten servi. Das ist zwar eine sehr einfache und schematische Gesellschaftsgliederung, doch wird sie in anderen Stellen des Textes differenziert. In §7 ist nämlich von Adalschalken und »weiteren Niedriggestellten« (ceteri minores«) die Rede, einer Schicht, die als Herzogsknechte (servi principis) den besonderen Schutz des Agilolfingerherzogs genossen und sogar in der Lage waren, mit dessen Genehmigung Land an Klöster zu schenken. Man hat mit Recht angenommen, daß es sich hier um eine expandierende Mittelschicht handelt – gewissermaßen um eine Vorform der hochmittelalterlichen Ministerialität –, die der Herzog und später wohl auch der Karolingerkönig zur Eindämmung der Adelsmacht bewußt förderte.

Abgesondert von der unteren Schicht der »servi cottidiani« und »mancipia«, die zu unbemessenem Hof- und Frondienst für den Herrn verpflichtet waren, und ebenso unterschieden von den etwas besser gestellten »servi manentes« oder »servi casati«, gibt es noch die Gruppe der Freigelassenen (frilaz), für deren Tötung doppelt soviel Bußgeld als für die »servi« entrichtet werden mußte. Das Bußgeld selber deutet auf eine generelle scharfe Scheidung zwischen Freien und Unfreien hin: Der Freie kann jedes Vergehen mit Geld oder dessen Gegenwert sühnen, der Unfreie jedoch hat brutale Körperstrafen oder den Tod zu gewärtigen. Diese klare Zweiteilung geht auf römische Rechtspraxis zurück, dürfte aber mit der wachsenden sozialen Differenzierung der Abhängigen an Bedeutung verloren haben, denn bereits im Wundbußenkatalog der »lex Baiuvariorum« ist den Freigelassenen eine spezielle Bestimmung gewidmet.

Was die Rechtsstellung der Frau anbelangt, so war sie der »Munt«, das heißt der Herrschaft des Mannes, unterworfen, die für Adel, Freie und Unfreie, soweit sie ehefähig waren, gleichermaßen galt und sogar das Recht auf körperliche Züchtigung mit einschloß. Aber es gab Sonderbestimmungen, die sich auf die Unfähigkeit der Frau stützten, sich mit der Waffe verteidigen zu können. Ihre Tötung wurde daher mit dem doppelten Bußgeld des Mannes geahndet. Doch gerade in diesem Punkt unterschied sich das Bayernrecht von den anderen frühmittelalterlichen Volksrechten: Das Bußgeld für die Tötung von Frauen reduzierte sich nämlich um die Hälfte, wenn dieselben »aus der Kühnheit ihres Herzens wie Männer kämpfen wollen«. Wie in den meisten Rechtsordnungen wurde Ehebruch nach zweierlei Maß behandelt. Die Ehebrecherin durfte zusammen mit ihrem Liebhaber vom Manne ohne Buße getötet werden, während der Mann bei Untreue mit einer Bußzahlung davonkam. Es liegt auf der Hand, daß dabei die Angst vor falscher Nachkommenschaft eine entscheidende Rolle spielte. Der großen Bedeutung von (legitimen!) Kindern entspricht der stärkere Schutz, der Schwangeren oder gebärfähigen Frauen zugebilligt wurde.

Aufschlußreich für den wachsenden Einfluß der Kirche auf das Rechtsleben sind eine Reihe weiterer Bestimmungen der »lex Baiuvariorum«. Das gilt nicht nur für das extrem hohe Bußgeld für die Tötung eines Bischofs, das wesentlich höher ist als die Sühne für Herzogsmord. Man hat diese Bestimmung mit der Ermordung des heiligen Emmeram durch den Sohn des Herzogs Theodo in Verbindung gebracht. Wesentlich aufschlußreicher sind aber die generell schweren Geldbußen für die Tötung von Klerikern. Ob es sich hier um einen Reflex auf den heidnischen Widerstand gegen die Christianisierung handelt, bleibe dahingestellt, doch sprächen für eine solche Deutung auch die schweren Sanktionen, die für Verletzungen der Sonntagsheiligung verhängt werden. Auch die Hagiographie kennt dieses Thema in mancherlei Variationen: zumeist in der Form, daß denjenigen die göttliche Strafe – Krankheit oder Tod – trifft, der entweder als Grundherr seine Hörigen am Sonntag zur Arbeit zwingt oder als Bauer von sich aus die religiös begründete Arbeitsruhe verletzt. Auch den Schutz der Pilger brachte die Kirche in die Lex ein, ebenso die schärferen Bestimmungen gegen Verwandtenheirat, die sich deutlich vom germanischen Gewohnheitsrecht unterscheiden. Karl der Große hat den Trend zur Verkirchlichung des Rechts noch verstärkt, als er nach 800 Ergänzungen einfügen ließ, die unter anderem dem Schutz der Kirche, der Witwen und Waisen sowie aller Schwachen galten. Das waren Staatsmaximen des christlichen Kaisers; ob sie durchgesetzt werden konnten, bleibe dahingestellt.

Für die gesellschaftliche Entwicklung der folgenden Jahrhunderte wurde insgesamt bedeutsam, daß sich innerhalb der Grundherrschaften trotz verschiedenen Rechtsstandes der Abhängigen doch schrittweise ein relativ homogener Bauernstand herausbildete, dem es mehr und mehr gelang, alte Arbeits- und Abgabepflichten mit Geld abzulösen. Dieser Bauernstand, ein Grundelement der bayerischen Geschichte bis zur Gegenwart, konnte sich dann seit wittelsbachischer Zeit in steigendem Maße des herzoglichen und später kurfürstlichen Schutzes erfreuen. Handel, Handwerk und Ständewesen wandelten schließlich die gesamte Sozialstruktur Bayerns in grundlegender Weise, wobei die Stadt zwar als zentraler Ort, Produktionszentrum und Residenz machtvoll in den Vordergrund trat, ohne der überwältigenden Bedeutung des Landvolks entscheidend Abbruch tun zu können.

Bruch und Neubeginn

Kaiser Arnulf hatte die drohende Ungarngefahr offensichtlich unterschätzt. Er benützte zeitweise sogar madjarische Hilfstruppen gegen das Großmährische Reich. Nach Arnulfs frühem Tod im Jahre 899 brandeten madjarische Reiterheere mit voller Wucht gegen Bayern und seine Grenzmarken im Osten. Das Kriegsglück wechselte, aber im Jahre 907 erlitt der bayerische Heerbann bei Preßburg eine vernichtende Niederlage. Es fielen in der Schlacht der Markgraf Luitpold, Erzbischof Thietmar von Salzburg und die Bischöfe Udo von Freising und Zacharias von Säben. Bayern stand den feindlichen Heeren offen, die sengend und plündernd bis nach Alamannien vordrangen. Die alamannischen Annalen bemerken zu diesem Jahr: »Gewaltige Schlacht der Bayern mit den Ungarn, und Herzog Luitpold und ihr abergläubischer Hochmut ist vernichtet worden.«

Ein hartes Urteil! Markgraf Luitpold, der mit den Karolingern verwandt war, hatte sich bis 907 eine beträchtliche Machtposition aufgebaut, so daß er faktisch nach dem König der mächtigste Mann in Bayern war; ebenso in den angrenzenden Ostgebieten. Eine Urkunde von 903 nennt ihn »dux Boemanorum« – Herzog der Böhmen. Bei der Schwäche des Reiches nach dem Tode Kaiser Arnulfs schien Markgraf Luitpolds weiterer Aufstieg unaufhaltsam. Sein Tod machte diese Chance zwar für ihn zunichte, aber sein Sohn Arnulf, der zu Unrecht den Beinamen des »Bösen« erhielt, vollendete sein Werk. Er stieg in Bayern zu königsgleicher Stellung auf und wurde 919 vom bayerischen und teilweise auch vom alamannischen Adel als Gegenkönig gegen den Sachsenherzog Heinrich – den späteren König Heinrich I. – aufgestellt.

Nach einer Belagerung Regensburgs durch Heinrich I. arrangierte sich aber Arnulf mit dem ersten Ottonen, behielt dafür sein Herzogtum Bayern sowie freie Hand in der bayerischen Kirchenpolitik – er übte vor allem das Recht der Einsetzung von Bischöfen aus – und konnte sogar eine eigene Politik gegenüber Italien betreiben. Allerdings gelang es ihm nicht, seinen Sohn Eberhard zum König im Regnum Italien zu machen, und nach Arnulfs Tod 937 konnte sich Eberhard auch in Bayern nicht mehr halten. Sein Oheim Berthold wurde Herzog. Nach dessen Tod im Jahre 947 zog König Otto I., der spätere große Kaiser und Sohn Heinrichs I., die Zügel straff an. Er festigte die Reichsherrschaft in Bayern durch die Heirat seines Bruders Heinrich mit Judith, der Tochter Arnulfs des »Bösen«. Damit war das luitpoldingische Herzogshaus eine luitpoldingisch-ottonische Dynastie geworden, die – trotz mancher Irritationen – bis 1024 ein fester Bestandteil des ottonischen Reichsverbandes blieb.

Nachdem die Ungarn 955 von Otto dem Großen in der Lechfeldschlacht bei Augsburg vernichtend geschlagen und an Theiß und Donau seßhaft gemacht worden waren, begann sich Bayern und seine Ostmark wieder mächtig über die alte Enns-Grenze und über die Barriere des Wienerwaldes und des Leithagebirges hinaus nach Osten auszudehnen.

Kaiser Heinrich II.

Mehr noch: Nach dem Tode Kaiser Ottos III. – er war einer der ungewöhnlichsten, widersprüchlichsten Herrscher des Mittelalters – wurde 1002 der letzte bayerische Herzog, Heinrich IV. aus dem Geschlecht der Luitpoldinger-Ottonen, König im Reich (siehe Farbtafeln). Bayern wurde damit in besonderer Weise Königsland; gleichzeitig entstand aus dem ostfränkischen ein deutsches Reich – das »Regnum Teutonicorum«, wie es jetzt in den Quellen genannt wurde. Herzog Heinrich IV. war als Kaiser zweifellos nach Otto dem Großen der bedeutendste Herrscher des ottonischen Jahrhunderts. Seine zupackende Energie verrät schon die Art und Weise, wie er sich gegen andere Bewerber um die Königskrone durchgesetzt hatte. Als der Heereszug mit der Leiche Kaiser Ottos III., von Verona über die Alpen kommend, bayerischen Boden betrat, vollführte der Bayernherzog Heinrich eine Art Handstreich. Der Chronist Thietmar von Merseburg weiß darüber folgendes zu berichten:

»Als sie [die Truppen und das königliche Gefolge Ottos III.] von dort [Verona] aus den Hof Polling des Augsburger Bischofs Siegfried erreichten, empfing sie Herzog Heinrich, dessen Tränen sie wiederum tief erschütterten. Unter großen Versprechungen ersuchte er sie einzeln, ihn zu ihrem Herrn und König zu wählen. Auch übernahm er die Leiche des Kaisers und die kaiserlichen Insignien mit Ausnahme der [heiligen] Lanze, die Erzbischof Heribert [von Köln] heimlich an sich gebracht und vorausgesandt hatte. Der Erzbischof wurde vorübergehend in Haft genommen, durfte dann aber unter Hinterlassung seines Bruders als Bürgen weiterziehen und schickte die heilige Lanze bald zurück.«

Im Besitz der Reichsinsignien gelang es dann Herzog Heinrich IV., gegen andere Konkurrenten seine Königswahl zu sichern – es war sein erstes politisches Meisterstück, und es blieb nicht das einzige. Nach den Katastrophen der letzten Jahre Kaiser Ottos III. stabilisierte er umsichtig die Reichsherrschaft und stellte mit großer Energie die Verfügungsgewalt des Königs über die Reichskirche wieder her. Heinrich II. ist der eigentliche Begründer des sogenannten Reichskirchensystems, das sich besonders stark in Deutschland ausgebildet hatte, und zwar schon seit der Karolingerzeit. Es wurde wieder die stärkste Säule der Königsherrschaft: Man kann die Effizienz dieses Reichskirchensystems schon daran ablesen, daß etwa zwei Drittel des Reichsheeres, das der König und römische Kaiser für seine Feldzüge aufbieten konnte, Truppen waren, die von den Erzbischöfen, Bischöfen und Reichsäbten gestellt werden mußten. Die Einheit von weltlicher und geistlicher Macht könnte nicht besser demonstriert werden als durch dieses Faktum.

Kaiser Heinrich II. (1002–1024) – seit dem 12. Jahrhundert wegen der Kinderlosigkeit seiner Ehe mit Kunigunde »der Heilige« genannt; man deutete dies als keusche Josephs-Ehe! – ist für die Geschichte Bayerns sowohl als dessen Herzog wie auch als Gründer des Bistums Bamberg im Jahre 1007 wichtig. Ursprünglich zum Geistlichen bestimmt, dann Mitregent seines Vaters, des Herzogs Heinrich, dem die Geschichte den Beinamen des »Zänkers« verliehen hat, war dieser Kaiser hochgebildet, ein Bücherfreund und als Schüler des hl. Bischofs Wolfgang von Regensburg ein Förderer der Reichsklosterreform, die vom lothringischen Kloster Gorze bei Metz ausging und über Trier-St. Maximin durch Abt Ramwold von St. Emmeram Bayern erreichte. Der Kaiser plante auch eine allgemeine Kirchenreform, doch hinterließ er bei seinem Tod dieses wichtige Werk seinen Nachfolgern.

Das Reichsbistum Bamberg

Bamberg ist in besonderer Weise die geistlich-politische Krönung seiner Werke, und da der Zweite Weltkrieg diese Stadt verschonte, ist sie ein Juwel im mittelalterlichen Erbe Deutschlands: als geistliches Zentrum wie auch als Stadt. Obwohl erst während seiner Königsjahre erbaut und ausgestattet, gehört Bamberg – neben Regensburg, Magdeburg und dem alten ottonischen Herrschersitz Merseburg – zu den Orten, die Heinrich auf seinen Reisen am häufigsten besuchte. Es wurde faktisch Königsresidenz. In einem zwischen 1002 und 1014 entstandenen Bamberger Pontifikale – einer liturgischen Handschrift, die

Der Bamberger Dom, einer der schönsten romanischen Sakralbauten Deutschlands. Er zeugt mit der Grablege seines Gründers von der Macht und Bedeutung der mittelalterlichen Reichskirche, aus der Heinrich II. hervorging.

Heinrich II. der Bamberger Kirche schenkte – ließ er sich selbst zwischen zwei Bischöfen darstellen, die ihn – mit Krone und Reichsapfel – in den Dom geleiten: Symbol seiner Verbundenheit mit der Kirche, aber auch seiner Herrschaft über sie. In einem anderen, gleichzeitig geschriebenen Codex, einem Sakramentar, kommt Heinrichs II. herrscherliches Selbstverständnis noch klarer zum Ausdruck. Er wird von zwei Heiligen, die aber kleiner dargestellt sind als der Kaiser, geleitet: von St. Ulrich, dem Augsburger Bischof und mutigen Verteidiger seiner Stadt gegen die anstürmenden Ungarn im Jahre der Lechfeldschlacht 955, und von St.Emmeram, dem Heiligen seiner bayerischen Residenz Regensburg. Christus krönt den König, zwei Engel reichen ihm die heilige Lanze – Symbol für die Herrschaft über Italien und zugleich Gedenken an die Lechfeldschlacht – sowie das Schwert als Herrschaftszeichen. Das Schwert als Symbol königlicher Macht wußte Heinrich II. auch sehr real zu gebrauchen. Am Anfang des geistlichen Bamberg steht ein Aufstand der Grafen von Schweinfurt – man nennt sie die älteren Babenberger –, deren Besitztum, eben die Babenburg, der Herrscher beschlagnahmte, ebenso ihre großen Ländereien, mit denen der König seine neue geistliche Stadt und Residenz ausstattete. Neben der Domkirche, einer Basilika mit zwei Apsiden, entstand das bischöfliche Palatium, das Aufenthaltsort der Könige wurde. Nachfolgerin der Königspfalz wurde die malerische »Alte Hofhaltung«, ein Werk des Spätmittelalters und der Renaissance. Heinrich II. liebte seinen Pfalzort Bamberg. Klöster entstanden – so St. Stephan 1009, St. Michael 1015; letzteres krönt einen Berg außerhalb Bambergs und war die wichtigste Klosterstiftung des Königs und Kaisers. Mönche der Gorzer Reform besiedelten es. Die Bamberger Domschule entwickelte sich im 11. Jahrhundert zu einer Pflanzstätte für den Reichsklerus der Hofkanzlei. Hier begannen große Karrieren im Dienste des Reiches, aber auch hohe Gelehrsamkeit wurde hier gepflegt, so wie es sich der Kaiser – selbst ein Mann der Bildung – vorgestellt hatte. Er schenkte dem Bistum wertvolle Bücher, die teilweise aus den Bibliotheken Kaiser Ottos II. und Kaiser Ottos III. stammten. Darunter waren auch solche antiker Autoren, die noch heute im Besitz der Staatsbibliothek Bamberg sind, zum Beispiel das Geschichtswerk des römischen Historikers Livius. Mit seinen Bücherschätzen wurde Bamberg ein Ort der Pflege antiker Geistigkeit. Der Kaiser selbst gab dann Reichenauer Mönchen den Auftrag für eines der kostbarsten und schönsten Schrift- und Bildwerke des Hochmittelalters, für das Perikopenbuch, eine reich illustrierte liturgische Handschrift, die er ebenfalls seinem Bistum schenkte.

Auch politisch nahm Bamberg eine Sonderstellung ein. Kaiserliche Hof- und Reichstage fanden hier statt. Der erste Bischof Bambergs, Eberhard, war zugleich Heinrichs Kanzler für Deutschland und wurde 1013 als Erzkanzler für Italien eine Schlüsselfigur der kaiserlichen Politik. Manche italienischen Bistümer wurden mit Bischöfen aus Bamberg besetzt, und unter Kaiser Heinrich III., dem zweiten Salierkaiser, bestieg Bischof Suidger von Bamberg als Papst Clemens II. den Stuhl Petri.

Ein anderer Gründungszweck Bambergs war die Mission in den angrenzenden, von Slawen besiedelten Gebieten. Weit ausgreifende Mission betrieb dann in der ersten Hälfte des 12. Jahrhunderts Bischof Otto I.; er wurde der Missionar der Pommern. Die Schatzkammer des Doms birgt kostbare Erinnerungsstücke aus der Gründungszeit: den berühmten Sternenmantel Heinrichs II., den Mantel der Kaiserin Kunigunde und die Dalmatica des Kaisers, ein liturgisches Gewand, das er als Mitglied des Bamberger Domkapitels tragen durfte. Ferner befinden sich dort Schale, Lampe und Gürtel der Kaiserin und der Grabornat Suidgers, des Papstes Clemens II., der aus dessen Grab genommen wurde. Zwei Kaisergräber beherbergt der Dom: das Heinrichs II. und König Konrads III., des ersten Stauferherrschers. Ob der berühmte Bamberger Reiter Konrad III. darstellt oder den hl. Stephan von Ungarn, wie eine ältere Tradition will, ist umstritten. In jedem Fall ist es ein Werk auf dem Zenit hochmittelalterlicher Kunst, zugleich eine Symbolfigur sakraler Herrschaft. Von anderer Art ist das Grabmal Heinrichs II. und seiner Gemahlin Kunigunde von Tilman Riemenschneider – ein Monument der spätmittelalterlichen Heinrichslegende, wonach Kunigunde als Keuschheitsprobe über glühende Pflugscharen laufen mußte. Aber die legendenfromme Erzählfreude dieses Meisterwerks hat wenig mit dem wirklichen Leben des Kaiserpaares zu tun, dafür um so mehr mit der virtuosen Bildersprache der Kunst zwischen Spätmittelalter und Renaissance. Noch heute drückt sich im Stadtbild Bambergs in beispielhafter Weise die Einheit von Kirche und Reich aus, die bis 1803 bestand: Es war – neben Salzburg und Würzburg – der wohl ausgeprägteste Typus der geistlichen Fürstenstadt auf Bayerns Boden.

Bayern als Königsland

Fast scheint es so, als hätte mit dem Übergang Herzog Heinrichs IV. von Bayern auf den Königsthron Bayern seine politische Individualität verloren. Völlig falsch ist dies nicht, denn in der Tat haben bald darauf die Salierkaiser für 53 Jahre ihre Hand auf das Land gelegt: Es wurde Reichsland – terra imperii. Niemals davor und danach ist der Verbund Bayerns mit dem Reich enger gewesen. Allerdings hat Kaiser Heinrich II. dieser Entwicklung insofern vorgearbeitet, als er bis 1018 selbst noch bayerischer Herzog blieb, das Land weiterhin kraftvoll beherrschte, aber durch üppige Landschenkungen an seine Lieblingsstiftung Bamberg die materielle Basis des bayerischen Herzogtums schwächte. Die letzten sechs Jahre seiner Regierungszeit gab er Bayern dann seinem Schwager, der es zwischendurch schon einmal besessen hatte. Das Beispiel königlicher Direktherrschaft machte aber unter seinen Nachfolgern Schule. Für die reiche kulturelle Entfaltung des Landes im 11. Jahrhundert war dies jedoch kein Hindernis, im Gegenteil: Bayern öffnete sich weit den Kulturströmungen West- und Südeuropas sowie der Kloster- und Kirchenreform des Hochmittelalters.

Die Kehrseite der Medaille: Im Investiturstreit, einem Jahrzehnte währenden Streit zwischen Papsttum und Kaisertum, der im Reich zu einem blutigen Bürgerkrieg eskalierte – er dauerte von 1075 bis 1122 –, wurde auch Bayern schwer in Mitleidenschaft gezogen. Der Salier Heinrich IV., der gewaltige Herrscher dieser Epoche, übertrug während dieses Kampfes, nämlich 1077, das Herzogtum Bayern einer der mächtigsten Adelsfamilien des Reiches: den Welfen. Sie sollten es mehr als hundert Jahre innehaben. In dieser Epoche schien es eine Zeitlang, als würde die durch Handel reich gewordene Stadt Regensburg durch den Welfenhof wiederum, wie im Frühmittelalter, Hauptstadt des Herzogtums werden. Aber noch vor dem Sturz Heinrichs des Löwen im Jahre 1180 war diese Chance vertan.

3. KAPITEL

Das welfische Jahrhundert und die Frühzeit des wittelsbachischen Bayern

Die politische Entwicklung

»Herzog Heinrich, der zwölfte in Bayern Herzog [= Heinrich der Löwe] hat die Stadt Mönchen gebauwet auf das Kloster von Schäftlarn Grund. Darumb man es die Stadt Mönchen hat genennet und führet ein Mönch für ihr Wappen. Damals war des Salzhandels Niederlag zu Pfering [= Oberföhring] underhalb Mönchen, ging die Straß von Reichenhall durch Wasserburg, gehört dem Stift Freising zu. Herzog Heinrich verbrennet die Stadt Pfering, brach die Brück über die Isar ab, legt Maut und Zoll, die Straß und allen Handel in seine Stadt Mönchen. Die hat in kurzer Zeit dermaßen aufgenommen [= zugenommen], daß ihr kein Fürstenstadt gleich ist.«

Die Gründung Münchens, so wie sie Aventinus hier schildert, darf man als *die* herausragende und bleibende Tat der hundertjährigen Welfenherrschaft in Bayern bezeichnen. Insgesamt jedoch war den Welfen im Lande kein dauerhaftes Glück beschieden – sie kamen und gingen; am Beginn schien es anders. Obwohl sie ursprünglich ein reichsfränkisches, später ein süddeutsches Adelsgeschlecht mit einem italienischen Zweig gewesen sind, wurde doch Niedersachsen – Braunschweig – letztlich das Zentrum der Macht, die ihnen im Laufe der weiteren Geschichte verblieb. Das Jahr 1070 war für Bayern ein Neubeginn; bald darauf sollte der erbitterte Kampf zwischen Kaiser – damals noch König – Heinrich IV. und Papst Gregor VII. ausbrechen, der »Investiturstreit«. Es ging vor allem um die bislang unangefochtene Herrschaft des Königs über die Reichskirche und besonders um dessen bisheriges Recht, Bischöfe nach eigener Wahl einzusetzen. Heinrich IV. brauchte Bundesgenossen im Reich; denn viele Fürsten waren abtrünnig geworden, und so belehnte er 1070 Welf I. mit dem Herzogtum Bayern. Die Welfen waren eine alte Adelsfamilie, die schon im 8. Jahrhundert im schwäbischen und bayerischen Voralpenland und in Kärnten Fuß gefaßt hatten. Judith, die Tochter des ersten namentlich genannten Welfen, wurde 819 die zweite Gemahlin Kaiser Ludwigs des Frommen, und da sie willensstark und schön war, gelang es ihr, auf Kosten der älteren Söhne Ludwigs ihrem eigenen Sohn, Karl »dem Kahlen«, die Herrschaft im Westfrankenreich zu sichern. Jahrzehntelange karolingische Bruderkämpfe waren die Folge. Bald erlangten die Welfen auch europäischen Rang als Könige von Burgund, und in Italien faßten sie in der Toskana Fuß. Der erste Welfenherzog Bayerns stammt aus der italienischen Linie der Este, seine Mutter war eine Welfin.

Der Aufstieg oder Wiederaufstieg des Welfenhauses in Bayern wie im Reich war nicht leicht. Zwar hatten die jüngeren Welfen zwischen 1047 und 1095 einen Herzog von Kärnten gestellt, doch war dessen Herrschaft eher nominell und auf keinen Fall im Lande fest verankert, denn damals stand der Salierkaiser Heinrich III. auf dem Gipfel seiner Macht und konnte sich in den frühen Territorien einen bemerkenswert häufigen Austausch der Herzöge oder Markgrafen erlauben. Nach dem Tod Welfs III., der keine Kinder hinterließ, kam der Sohn seiner Schwester Kunigunde und des Markgrafen Azzo von Este als Erbe nach Deutschland, um das reiche, durch systematischen Landesausbau vergrößerte welfische Hausgut der Welfen im schwäbisch-bayerischen Grenzraum mit dem Hauskloster Altdorf-Weingarten in Besitz zu nehmen. Welf IV. war ein wendiger Politiker, doch als ihn Kaiser Heinrich IV. anstelle Ottos von Northeim zum Herzog in Bayern erhob, geriet auch er in den Strudel und in die taktischen Frontwechsel der Dynasten während des Investiturstreits und verlor zwischen 1077 und 1096 wiederum sein Herzogtum an die Babenberger. Die fast skandalöse Zweckheirat seines siebzehnjährigen Sohnes Welf V. mit der ältlichen Mathilde von Tuszien brachte durch päpstliche Winkelzüge dem Welfenhaus zwar nicht deren reichen mittelitalienischen Besitz, dafür sicherte die Ehe des jüngeren Sohnes Welfs IV., Heinrichs des Schwarzen, mit einer Erbtochter der Billunger Herzöge deren reiches Erbgut in Sachsen. In einem nächsten Schritt vermochten die Welfen, da sie mit Kaiser Lothar von Supplinburg verschwägert waren, das Herzogtum Sachsen insgesamt zu erwerben. Damit hatte das Welfenhaus einen Gipfel seiner Macht erreicht, doch bewirkte gerade dies, daß nach dem Tode Kaiser Lothars 1137 die deutschen Fürsten statt des Welfen Heinrich († 1139), der den aufschlußreichen Beinamen »der Stolze« trug, den Staufer Konrad III. zum König wählten. Damit war ein jahrelanger Kampf zwischen den beiden großen und überdies verschwägerten Fürstenhäusern vorprogrammiert, der das Reich insgesamt schwächte und damit auch für Bayern von Nachteil war.

Der Welfe Heinrich der Stolze (1100–1139) hatte dann im Reich eine schier unangreifbare Position: Die Herzogtümer Sachsen und Bayern und der italienische Welfenbesitz waren ein Machtblock, der im Reich nicht seinesgleichen hatte; mit ihm mußte auch die neue Königsdynastie der Staufer rechnen. Eine der Schlüsselstellungen in dieser Auseinandersetzung, bei der es letztlich um die Stabilität der Reichsherrschaft ging, hatte das Herzogtum Bayern, da es unmittelbar an den alten Welfenbesitz in Schwaben anschloß.

Den ersten Schicksalsschlag erlitten die Welfen, als 1167 der junge Welf VII. auf Friedrich Barbarossas Romzug wie viele andere Häupter des Reiches von der Malaria hingerafft wurde. Da er der einzige Sohn und Erbe Welfs VI. war, verkaufte dieser zuerst seine Lehen in Italien – er war Markgraf von Tuszien und Herzog von Spoleto – an den Staufer und bald darauf auch seinen großen Eigenbesitz in Schwaben. Da Herzog Heinrich der Löwe entweder nicht willens oder nicht in der Lage war, die geforderte gewaltige Summe sofort bar zu zahlen, griff Barbarossa zu. Welf VI. zog mit diesem Barvermögen von da ab als

Bonvivant durch Europa: ein fast modern anmutender Typ. Für die Staufer war der Erwerb von Oberschwaben, großer Teile von Bayerisch-Schwaben, dem Lechrain bis zum Ammersee, ferner des oberen Lechtals mit dem Fernpaß, des Oberinntals mit Finstermünzpaß und Reschenpaß sowie des reichen Vinschgaus mit Meran bis hinab nach Bozen und Trient ein gewaltiger Machtzuwachs, der wegen der Pässe auch strategische Bedeutung hatte. Friedrich Barbarossa, dem ein gesunder Sinn für Gelderwerb nachgesagt wurde, konnte aus den Einnahmen in den florierenden oberitalienischen Städten diesen Kauf tätigen. Damit schob sich eine breite staufische Barriere im Westen vor das bayerische Herzogtum. Vermutlich schwächte dieser Erwerb innenpolitisch auch die Position Heinrichs des Löwen, als ihm 1156 das um die babenbergische Ostmark verkleinerte Bayern übertragen wurde.

Die mächtigen Babenberger hatten seit dem 10. Jahrhundert an der Ostgrenze Bayerns als Markgrafen Schritt für Schritt ein eigenes starkes Territorium aufgebaut, das zwar bis 1156 noch zu Bayern gehörte, doch standen die Babenberger faktisch schon lange an der Schwelle zur Selbständigkeit innerhalb des Reichsverbandes. Durch planmäßigen, mit Burgen und Ministerialen gesicherten Landesausbau hatte sich die Ostmark bis an die Grenze Ungarns erweitert. Nach langem, teilweise kriegerischen Hin und Her zwischen Babenbergern und Welfen schlichtete 1156 Kaiser Friedrich Barbarossa bei Regensburg den Streit um Bayern, und zwar zugunsten seines welfischen Vetters Heinrichs des Löwen. Bayern wurde dabei jedoch fast um die Hälfte – den Ostteil – verkleinert. Den erhielten die Babenberger als Entschädigung, gleichzeitig wurden sie zu Herzögen erhoben. Bischof Otto von Freising, der bedeutendste Geschichtsschreiber des deutschen Mittelalters – er war sowohl mit den Babenbergern wie mit den Staufern verwandt-, schildert uns als Augenzeuge die von Kaiser Barbarossa auf den Wiesen von Barbing, östlich von Regensburg, vorgenommene Teilung Bayerns und vor allem das lehnsrechtliche Ritual, das dabei vollzogen wurde, folgendermaßen: »Mitte September [1156] kamen dann die Fürsten in Regensburg zusammen und warteten einige Tage auf die Ankunft des Kaisers. Als der Kaiser sich dann im Feldlager mit seinem Oheim [Herzog Heinrich Jasomirgott] getroffen hatte – jener blieb nämlich etwa zwei deutsche Meilen entfernt im Zeltlager – und alle Vornehmen und Großen herbeigeeilt waren, wurde der Beschluß [des sogenannten ›Privilegium minus‹] verkündet, der schon lange im geheimen bestanden hatte. Die wichtigsten Punkte dieser Einigung waren, wie ich mich erinnere, folgende: Heinrich der Ältere [der Babenberger] gab die Herzogsgewalt in Bayern durch sieben Fahnen zurück. Sie wurden dem jüngeren Heinrich [Heinrich dem Löwen] übergeben, und dieser gab durch zwei Fahnen die Ostmark mit den seit alters dazugehörigen Grafschaften zurück. Dann machte er [Barbarossa] aus dieser Mark und den Grafschaften ... auf Grund eines Beschlusses der Fürsten ein Herzogtum und übertrug es mit zwei Fahnen nicht nur ihm [dem Babenberger] selbst, sondern auch seiner Gemahlin ...«

Anders als dem neuen Herzogtum Österreich der Babenberger war damit dem restlichen Bayern die Expansion nach Osten verwehrt, es sollte daher niemals über den Rang eines deutschen Mittelstaates hinauskommen, trotz aller Anläufe in späterer Zeit. Die Babenberger hingegen nutzten ihre Chance. Ihr Land, das seit dem 10. Jahrhundert »Ostarrichi« hieß, konnte sich im Zuge der Ostkolonisation weiter nach Osten und Südosten ausbreiten und entwickelte sich später zur deutschen Vormacht Österreich; dies allerdings erst seit dem 13. Jahrhundert unter dem Banner Habsburgs.

Heinrich der Löwe konnte bis 1180 seine Macht im Reich ausbauen, vor allem in Norddeutschland. Während der langjährigen Italienaufenthalte Friedrich Barbarossas schaltete Heinrich als Vizekönig im Reich, doch schuf er sich mit seiner gewalttätigen Politik gegenüber geistlichen und weltlichen Territorien viele Feinde.

Auch in Bayern wollte Heinrich der Löwe seine Herzogsmacht energisch durchsetzen. Das führte unter anderem 1158 zum Streit mit dem Bischof von Freising um den einträglichen

Oberföhringer Brückenzoll über die Isar. Heinrich zerstörte die Zollbrücke des Bischofs und gründete etwas oberhalb eine neue Zollstation bei einer schon bestehenden Siedlung, in der welfische Ministerialen, das heißt Amtsträger der Herzöge, schon vor dem Streit um die Oberföhringer Brücke das Sagen hatten. Das war der spektakuläre Anfang Münchens.

In Regensburg, dem Hauptsitz der bayerischen Herzöge, hatten die Welfen im Zusammenwirken mit der Bürgerschaft seit 1135 eine steinerne Brücke erbaut, die 1146 vollendet war und mit ihren 330 Metern Länge von den Zeitgenossen als Weltwunder bestaunt wurde. Allerdings konnte selbst Heinrich der Löwe, als er 1156 endgültig das bayerische Herzogtum durch seinen Vetter Friedrich Barbarossa erhielt, nicht in gleichem Maße im Lande Fuß fassen, wie ihm dies im sächsischen Herzogtum gelungen war. Schon der Vergleich beider Residenzen zeigt dies. Braunschweig konnte er als unumschränkter Stadtherr mit Wall und Graben befestigen, als Zentrum der Macht seine Pfalz mit dem bronzenen Löwen davor erbauen – hier ahmte er bewußt eine weiträumige Kaiserpfalz nach. Mit dem Bau der Braunschweiger Domkirche St. Blasius zwischen 1173 und 1195 gab Heinrich der Stadt auch ein Zentrum geistlicher Herrschaft, das zugleich seiner weltlichen Macht religiöse Weihe verlieh. War das Löwendenkmal von 1166 im Braunschweiger Burgbezirk Dankwarderode – wohl die erste, frei im Raum stehende Großplastik des deutschen Mittelalters – Ausdruck säkularen welfischen Herrscherbewußtseins, so kann das von Heinrich dem Löwen dem Kloster Helmarshausen in Auftrag gegebene kostbare, »von Gold glänzende« Evangeliar zugleich als eine sakrale Verherrlichung der königlichen Familie gelten, die weit in die Geschichte der Welfen zurückgriff, um deren Rang in ähnlicher Weise zu demonstrieren, wie dies die im süddeutsch-schwäbischen Herrschaftsbereich entstandene Historia Welforum tat, das Werk eines Geistlichen.

Aber wie sah es in Wirklichkeit mit der welfischen Macht in Bayern aus? Im herzoglichen Regensburg, der alten Hauptstadt, lagen die Dinge aufgrund ihrer langen Geschichte ganz anders als in Braunschweig. Sie war gewissermaßen eine mehrgliedrige Stadt. Schon hundert Jahre früher, um 1050, teilt der Mönch und Geschichtsschreiber Otloh vom Kloster St. Emmeram Regensburg in drei Bezirke: den »pagus regius« – die Königsstadt, den »pagus clericorum« – die geistliche Stadt, und den »pagus mercatorum« – die Stadt der Kaufleute und Bürger. Auch im 12. Jahrhundert, einer Blütezeit Regensburgs, finden sich als Stadtherren gleichzeitig der König, der Bischof, das Reichskloster St. Emmeram und die Herzogspfalz der Welfen, das heißt, selbst in der eigenen Residenz war Heinrich der Löwe nicht der alleinige Herr, und die durch Fernhandel reich gewordene Bürgerschaft strebte überdies mit staufischer Unterstützung den Status einer freien Reichsstadt an. Vielleicht bewog gerade dieser Stand der Dinge Heinrich dazu, sich an der Isar mit München ein eigenes neues und unangefochtenes Machtzentrum zu schaffen.

Von einer wenigstens teilweise flächendeckenden welfischen Herrschaft in Bayern kann jedenfalls nicht die Rede sein; in Sachsen saß man ganz anders im Sattel. Sieht man von Heinrich dem Löwen ab, so zeigen sich von Anbeginn noch andere Schwachstellen welfischer Macht. Vor dem letzten Welfenherzog in Bayern hatten noch zwei andere aus diesem Hause das Herzogsamt verloren: Welf IV., der zwar von Kaiser Heinrich IV. 1070 als Herzog eingesetzt worden war, aber wegen seines Wechsels zur Partei Papst Gregors VII. schon sieben Jahre später abgesetzt wurde, zwanzig Jahre lang dem Lande fernbleiben mußte und lange Zeit schwere, aber vergebliche Kämpfe gegen Bayern führte, die nicht dazu angetan waren, dort Sympathien zu wecken. Auch Herzog Heinrich der Stolze verlor Bayern, und in allen drei Fällen regte sich keine Hand für die abgesetzten Herzöge.

An Versuchen dieses Hauses, dennoch im Lande selbst Fuß zu fassen, fehlte es indessen nicht. Schließlich bot das Herzogsamt, so sehr es auch im Vergleich zum Frühmittelalter an Macht verloren hatte, doch einige Möglichkeiten, Einfluß zu gewinnen. Da gab es die bayerischen Landtage, zu welchen der Herzog Bischöfe, Äbte und Grafen berief; es gab die Kriegszüge des Herzogs für Kaiser und Reich oder für eigene Zwecke, die wenigstens zeitweise ein großes Machtpotential bedeuteten; und auch die herzogliche Gerichtshoheit sowie die Lehnshoheit des Welfen ermöglichten den Ausbau herzoglicher Macht. Dieses Instrumentarium intensiver fürstlicher Rechtspflege und Festigung der Lehnshoheit wurde bald danach von den Wittelsbachern Schritt für Schritt erweitert und zielbewußt genutzt. Heinrich der Löwe hatte dies allerdings auch schon versucht, als im Jahre 1164 Graf Gebhard von Burghausen starb und der Herzog mit der Burg auch die Grafenrechte und den sehr einträglichen Zoll auf der Salzstraße nach Passau an sich ziehen konnte. Auf ähnliche Weise gewann er die Grafschaftsrechte in Reichenhall und die Zollstation beiderseits der Reichenhaller Brücke, als der Hallgraf Gebhard in das Chorherrnstift Reichersberg am Inn eintrat. Rechtmäßig war dies allerdings kaum, denn der Graf hatte noch einen Bruder; dennoch machte der Herzog das Heimfallrecht von Lehen geltend, und zwar ohne Rücksicht darauf, ob dieses Recht noch dem König zustand oder schon ihm als Herzog; letzteres war aber schon der Trend im Reich.

An Herzogsgut konnte der Löwe 1156 relativ wenig übernehmen, hier hatten sogar die Wittelsbacher als bayerische Pfalzgrafen schon eine breitere Basis. Immerhin gab es um Regensburg altes Herzogsgut, desgleichen im Salzkammergut, ferner den beträchtlichen Güterkomplex um das Chorherrnstift Ranshofen, dessen Vogtei Heinrich erlaubte, in diesem Bereich seine Ministerialen einzusetzen. Negativ wirkte sich hingegen aus, daß er am welfischen Lechrain nur wenig Eigengut besaß. Den Großteil hatte dort sein Onkel Herzog Welf VI., der auch die einträglichen Vogteien über die Klöster Steingaden, Rottenbuch, Altomünster und Füssen nutzen konnte. So gelang es nicht einmal in dieser Region, ein geschlossenes welfisches Territorium zu schaffen, und als Welf VI. seine Güter an Friedrich Barbarossa verkaufte, war diese Chance endgültig vertan.

Bayern als Adelslandschaft

Die Geschichte adeliger Machtentfaltung und ihrer rechtlichen Verfestigung im Laufe des Mittelalters ist vor allem deshalb wichtig, weil in dieser Epoche mehr als 90 Prozent der Bevölkerung unter der Herrschaft des Adels und der ebenfalls weitgehend vom Adel beherrschten Kirche standen. Das bedeutete konkret, daß diese in sich sehr heterogene und doch wieder in ihren Wertvorstellungen relativ geschlossene »politische Klasse« existentiell entscheidende Verfügungsrechte über Land und Leute hatte. Die konnte der Landesherr nur schrittweise und in einem jahrhundertelangen Prozeß abbauen beziehungsweise an sich ziehen, um einen einheitlichen Untertanenverband zu formen. Bis dahin war

Der Adelskrieger, dem in diesem karolingischen Fresko in St. Benedikt in Mals, Südtirol, ein geistlicher Stifter beigesellt ist, repräsentiert in eindrucksvoller Weise die »politische Klasse« des Mittelalters.

es der überwältigenden Mehrheit der Landesbewohner gar nicht oder nur sehr schwer möglich, mit der jeweiligen Staatsspitze – Kaiser oder Fürst – unmittelbar in Verbindung zu treten, vielmehr bestimmte der adelige oder geistliche Grundherr seine Lebensumstände bis in Einzelheiten hinein.

Adelsherrschaft prägte nicht nur die strengen Rechtsformen, denen die Untertanen unterworfen waren, sondern sie war auch weitgehend für das wirtschaftliche Wohl und Wehe derselben entscheidend. Das bezog sich auf regelmäßige Abgaben sowie auf kostenlose Hand- und Spanndienste für die Herrschaft, bedeutete aber auch, daß der Herr jederzeit Bauern bei widersetzlichem Verhalten von ihrem Hof jagen konnte. Die Bauernkriege der frühen Neuzeit haben in diesen Zuständen beziehungsweise in deren willkürlicher Verschlechterung ihre Ursachen. Bauernschutz war daher eines der Mittel des Fürsten, sich gegen die Auswüchse adelig-ständischer Herrschaft durchzusetzen. Dies vielleicht weniger aus »Menschenliebe« als vielmehr mit dem Ziel, die Fürstenmacht gegenüber dem Adel zu stärken.

Als sich seit dem zwölften Jahrhundert relativ klar abgrenzbare Adelsterritorien bildeten, gab es auch genealogisch klar faßbare Adelsfamilien, die mit eigenen Hausklöstern sakrale Zentren ihrer Herrschaft schufen, in denen das »geistliche Gedächtnis«, die »memoria« der Familie, gefeiert und gepflegt wurde. Diese Adelsstiftungen gewannen für das kulturelle Leben eine ebenso große Rolle, wie dies zuvor schon bei den alten Reichsklöstern der Könige und Kaiser der Fall gewesen war. Seeon, Ebersberg, Scheyern, Fürstenfeldbruck sowie Waldsassen und Andechs sind dafür gute Beispiele. Mit einem Wort: Adelsherrschaft und adelig-kirchliche Grundherrschaft prägten bis zur Französischen Revolution Leben und Bewußtsein der überwältigenden Mehrheit der Landesbewohner. Dies gilt auch und gerade für Bayern.

Der Machtwechsel des Jahres 1180, als Pfalzgraf Otto von Wittelsbach, der zuverlässige Paladin und Parteigänger Friedrich Barbarossas, das Herzogtum Bayern übernahm, verhieß im ersten Augenblick wenig grundsätzlichen Wandel, denn der Adel des Landes hatte im Laufe des 12. Jahrhunderts seine jeweiligen

Machtbereiche abgesteckt und so weit wie möglich konsolidiert. Eine Reihe adeliger Hausklöster, allen voran das wittelsbachische Scheyern, waren als sakrale Zentren der großen Familien entstanden, letztere nicht selten in alten, aufgegebenen Burgen. In den drei Jahren, die Otto von Wittelsbach als Herzog regierte (1180–1183), traten keine entscheidenden Änderungen ein, doch wirkte es sich von Anfang an positiv aus, daß nunmehr eine schon lange landsässige Familie, die ihre Ursprünge auf die luitpoldingischen Herzöge zurückführen konnte, das Land regierte. Es gelang ihr dann innerhalb eines Jahrhunderts, die Herzogsmacht im Lande sowohl quantitativ als auch qualitativ grundlegend zu erweitern, und dies mit großer Zähigkeit und Zielstrebigkeit, aber auch mit List und Gewalt. Doch spielten Glück und Zufall, nämlich das Aussterben großer Familien, dabei eine nicht unwesentliche Rolle. Erst vor der Folie altbayerischer Adelsmacht kann die integrative politische Leistung der Wittelsbacher voll verstanden und gewürdigt werden, eine Leistung, der Bayern bis in die Gegenwart seine unverwechselbare politische und kulturelle Physiognomie, sein Einheits- und Sonderbewußtsein zu einem beträchtlichen Teil mit verdankt.

Für den Ausbau wittelsbachischer Herrschaftspositionen war es zweifellos vorteilhaft, daß sich mit dem großen Besitzverkauf Welfs VI. nach dem Tode seines einzigen Sohnes im Jahre 1167 und mehr noch 1180, nach dem Ende der Welfenherrschaft in Bayern, eine völlig neue Ausgangslage ergab, die vorerst von den Wittelsbachern nur im Kielwasser staufischer Territorialpolitik genützt werden konnte, danach jedoch, als die Wittelsbacher Erben staufischer Herrschaftsrechte wurden, sich erst in ihrer ganzen Tragweite auswirken sollte. Als echte Konkurrenten blieben im oberbayerischen Raum wie im bayerisch-schwäbischen Grenzbereich nur noch die Andechs-Meranier übrig, ein Dynastengeschlecht, das von derselben politisch-herrschaftlichen Ausgangslage wie die Wittelsbacher profitiert hatte, aber darüber hinaus schon erfolgreicher in den »internationalen« europäischen Hochadel hineingewachsen war und damit einen entschiedenen Positionsvorsprung besaß.

Wenn man, vom Westen ausgehend, die dynastische Landkarte Altbayerns im 12. und 13. Jahrhundert betrachtet, dann fällt zuerst der relativ geschlossene, nordsüdlich verlaufende Riegel welfischer Macht vom Lechrain bis zu den Alpen ins Auge. Der Welfenbesitz, ausgezeichnet durch eine frühentwickelte ministerialische Verwaltung, umgab hier, an der Grenzscheide zwischen dem bayerischen und dem alamannischen Siedlungsbereich, das Territorium des Bistums Augsburg und erstreckte sich mit den Burgen Gunzenlee, Mering, Landsberg und Raisting auch auf das rechte Lechufer. Dort hatten sich die Welfen in den Klöstern und Stiften St. Mang, Altomünster, Wessobrunn, Polling, Rottenbuch, Steingaden festgesetzt und besaßen Klostervogteien sowie Klostergüter. Es bedeutete für die Territorialpolitik des welfischen Gesamthauses einen schweren Schlag, als Welf VI., der 1167 seinen einzigen Sohn verloren hatte, in einem Kaufvertrag mit Barbarossa diesem seinen großen lechrainischen Besitz samt den welfischen Dienstmannen, den Ministerialen, übertrug.

Ausgangspunkt der Wittelsbacher wie der benachbarten Andechs-Meranier waren die Landstriche, die sich östlich an den welfischen, ab 1180 staufischen Lechrain anschlossen. Seit 1115 nannten sich die 1079 erstmals in den Quellen auftauchenden Grafen von Scheyern, deren Stammsitz südwestlich von Pfaffenhofen an der Ilm lag und die nach Otto von Freising einem Seitenzweig der Luitpoldinger entstammten, nach ihrer neuen Burg Wittelsbach bei Aichach. Sie gründeten, wie so viele andere Adelsgeschlechter des Hochmittelalters, auf ihrer alten Burg Scheyern ein Familienkloster.

Schon im 11. Jahrhundert und dann im Verlauf des 12. Jahrhunderts schufen sich die Wittelsbacher zwischen Lech und Isar ein relativ dichtes Netz von Herrschaftszentren und ein gebietsmäßig fast geschlossenes Territorium im Westergau an Paar und Ilm. Ihren militärischen Rückhalt hatten sie vor allem in den Burgen Wittelsbach, Dachau und Haimhausen sowie Wartenberg. Außerdem garantierten ihnen die Vogteien im Bistum Freising und ihre eigenen Klostergründungen Scheyern, Inders-

Das um 1123 von den Wittelsbachern gegründete Benediktinerkloster Scheyern war das früheste Hauskloster und die Grablege dieses Geschlechts.

dorf, Bernried und Ensdorf bedeutenden Einfluß auf Kirchenbesitz und Bistumsangelegenheiten. Für die Grafen von Scheyern war es dann ein großer Sprung nach vorn, als 1045 das Adelsgeschlecht der Grafen von Ebersberg mit dem Comes Adalbert ausstarb und die Scheyerner als Grafen und Freisinger Hochstiftsvögte in deren Erbe eintraten. Erst damit hoben sie sich endgültig aus der breiten Schicht des zum Grafenamt befähigten Adels heraus.

Der Erbfall von Ebersberg war gleichsam ein Vorklang auf das 13. Jahrhundert, als die Wittelsbacher eine Reihe bedeutender Herrschaftskonkurrenten in Bayern überleben und teilweise beerben konnten. Die Ebersberger hatten bis zu ihrem Aussterben 1045 ein Gebiet in der Hand, das zwar nicht übermäßig groß, aber herrschaftlich recht geschlossen war, und in dem ihre Hausklöster Ebersberg, Kühbach und Geisenfeld lagen. Überdies nahmen sie bereits mit Erfolg am Landesausbau in der Ostmark teil. Die Grafschaft Persenbeug in Österreich besaßen die Ebersberger wahrscheinlich als Reichslehen, hier war für sie der Ausgangspunkt für den Landesausbau im Osten. Wenn auch der Erbgang von 1045 quellenmäßig schlecht zu erschließen ist, darf man doch annehmen, daß die ausgedehnten wittelsbachischen Besitzungen im Semptgebiet, die sich an der Wende des 11./12. Jahrhunderts nachweisen lassen, auf die Ebersberger zurückgehen; das nämliche gilt für das Gebiet um Kühbach, in dessen Bereich die Burg Wittelsbach entstand, und ebenso für den Raum Scheyern-Pfaffenhofen. Dagegen kam die Vogtei über die ebersbergische Klostergründung Geisenfeld an die Herren von Ratzenhofen (Landkreis Mainburg) und die Herren von Abensberg. Erst 1130 ging sie unter Pfalzgraf Otto I. in die Hände der Wittelsbacher über. Den Ebersberger Besitz im östlichen Markenbereich erbten hingegen die Babenberger.

Nur vorübergehend bekamen die Wittelsbacher 1156 nach dem Aussterben der Herren von Wörth deren Stiftung Heiligenkreuz in Donauwörth als Vögte in ihre Gewalt, denn schon 1167 trat Barbarossa durch Kauf an ihre Stelle. Auch in Niederbayern, das bis zur Güterausstattung des Bistums Bamberg durch Kaiser Heinrich II. die bayerische Herzogs- und Königslandschaft schlechthin war, hatten die Wittelsbacher schon vor 1180 Fuß gefaßt, und zwar jenseits der Barriere der Grafschaft Abensberg, auf der Burg Kelheim mit Besitz im alten Kels- und Donaugau. Ebenso gehörten die Festungen Schaumburg und Wolfstein an der Isar zum altwittelsbachischen Hausgut. Um München waren die Wittelsbacher jedoch nur schwach neben den Welfen vertreten; hier findet sich vor 1200 nur Garching und Aubing in ihrem Besitz.

Stärkste Konkurrenten der Wittelsbacher waren in Westbayern die Grafen von Andechs, seit 1173 Markgrafen von Istrien, spätere Herzöge von Meranien, deren Ausgangspunkt ein relativ dichter Herrschaftsbereich zwischen oberem Lech und oberer

Isar war, die aber dann im Pustertal, in Kroatien, Dalmatien und Istrien Fuß faßten und 1208 Pfalzgrafen von Burgund wurden. Seit 1132 nannten sie sich nach ihrer Burg Andechs am Ammersee. Der zweite große Stützpunkt ihrer bayerischen Macht war Burg und Grafschaft Wolfratshausen. Burg Merching südöstlich von Augsburg bildete die nordwestliche Bastion der Andechser gegen den welfisch-staufischen wie auch gegen den wittelsbachischen Bereich, während sich das Zentrum andechsischen Besitzes um Ammer- und Würmsee befand. Dießen am Ammersee war das gräfliche Hauskloster, hinzu kam die Vogtei über Benediktbeuern und Tegernsee sowie über Brixen-Neustift. Ein weiteres Zentrum der Andechser bildete sich in Oberfranken um die Plassenburg, um Kloster Langheim sowie um Giech und festigte sich durch Grafschafts- und Vogteirechte in der Diözese Bamberg. Im Süden erhielten die Andechser das Grafenamt im Unterinntal und im Pustertal verliehen, ebenso erlangten sie die Brixener Hochstiftsvogtei und durch Heiratspolitik reichen Grundbesitz in Krain und in der karantanischen Mark. Berthold IV. († 1204) hatte sieben Grafschaften inne; der Aufbau einer eigenen andechsischen Ministerialität läßt die Bedeutung dieses neben den Wittelsbachern mächtigsten bayerischen Geschlechtes erkennen. Einen besonders fühlbaren Machtzuwachs erhielten die Andechser, als 1158 mit dem Tod des Vornbacher Grafen Ekbert III. von Mailand das Erbe dieses Geschlechtes über seine Schwester Kunigunde an deren Stiefsohn, Berthold II. von Andechs, fiel. Zentren der Vornbacher waren Neuburg am Inn, Schärding, Windberg an der Donau und Pitten sowie die Familienklöster Vornbach und Suben.

Teile des Vornbacher Erbes fielen an die Grafen von Ortenburg, die nach den Andechsern und Wittelsbachern das einflußreichste Dynastengeschlecht Bayerns wurden. Aus dem rheinfränkischen Hause der Spanheimer hervorgegangen, die von 1090 mit kurzen Unterbrechungen bis 1170 die Markgrafschaft Istrien und von 1122 bis 1276 das Herzogtum Kärnten innehatten, die dortigen wichtigen Alpenpässe kontrollierten und das Hospital Spittal an der Drau gründeten, kamen sie zur Zeit Kaiser Heinrichs IV. und V. nach Bayern, erwarben Besitz und Grafschaftsrechte im Rottachgau sowie Lehen vom Hochstift Salzburg im Chiemgau. Hauptsitze des Geschlechtes waren neben der Stammburg Ortenburg westlich von Passau die Kraiburg am Inn südlich von Mühldorf und Marquartstein; hinzu kamen Lehen von Passau und Bamberg sowie von Aldersbach (seit 1139). Im Oberinntal setzten sich die Ortenburger in Schindelburg, in Itter, ferner in Sperten nördlich von Kitzbühel fest. Damit legten sich die Besitzungen der Ortenburger wie ein Sperrgürtel von Tirol über den Chiemgau und das Rottal bis zur Donau, wo sie mit Hilgartsberg, Pleinting und Vilshofen eine feste Stellung besaßen. Sie hemmten somit das weitere Vordringen der Wittelsbacher und Andechser in östlicher Richtung, was für die weitere Geschichte dieser beiden Häuser und Bayerns insgesamt von Bedeutung werden sollte.

Zwischen die Herrschaftsbereiche der Wittelsbacher und Andechser einerseits – teilweise in Gemengelage mit denselben – und die Besitzungen der Ortenburger andererseits schiebt sich eine Zone mittlerer und kleinerer Grafengeschlechter: nämlich im Süden die Falkensteiner mit den Grafen von Weyarn, nördlich anschließend die Wasserburger, dann die Grafen von Mödling, die Dornberger, die Frontenhausener und die Grafen von Altendorf und Leonberg.

Die Grafen von Falkenstein-Herrenstein, seit dem Ende des 11. Jahrhunderts als Adelsgeschlecht faßbar, verdienen ein näheres Eingehen, weil bei ihnen besonders deutlich die Art und Weise adeliger Herrschaft und Güterverwaltung zu erkennen ist. Sie hatten sich einen relativ geschlossenen Herrschaftsbereich zwischen Chiemsee und Hochgebirge im Unterinntal und im Sunder- und Chiemgau mit den Hauptsitzen Falkenstein bei Brannenburg, Neuburg und Mangfalltal sowie Hadmersberg westlich des Chiemsees aufgebaut. Hinzu kamen Vogteien über das Hauskloster Petersberg (St. Peter am Madron) bei Falkenstein und über Stift Herrenchiemsee. Als Vögte verwalteten die Falkensteiner ausgedehnten Salzburger Besitz, vor allem im Pinzgau, wo sie auch reiches Eigengut besaßen, ebenso in der Ostmark. Als gräfliche Verwalter amtierten Pröpste in Neuburg, Falkenstein und Oberaudorf sowie in Herrnstein in Niederösterreich, dem vierten Herrschaftszentrum der Familie am Ostrand des Wienerwaldes bei Baden. Genealogisch eng mit den Falkensteinern verbunden sind nach dem berühmten, kurz nach 1166 begonnenen und etwa 1196 abgeschlossenen *Codex Falkensteinensis*, dem einzigen uns vollständig erhaltenen Urbar einer weltlichen Grundherrschaft des Hochmittelalters, die Herren von Haunsberg und Bruckberg sowie die Grafen von Weyarn, die uns zuerst 1008/17 als Vögte von Tegernsee entgegentreten. 1133 gründete Graf Sigiboto II. ein Augustinerchorherrenstift in seiner Stammburg Weyarn.

Der *Codex Falkensteinensis* ist für die Sozial- und Rechtsgeschichte des Adels von hoher Bedeutung, da in ihm unter anderem das Institut des Hantgemals (cyrographum quod Teutonica lingua hantgemalehe vocatur) beschrieben wird, ein durch ein Familienzeichen besonders markiertes Grundstück, an dem die Adelsqualität einer Familie hing. Überdies vermittelt der *Codex Falkensteinensis* interessante Einblicke in die Organisationsform adeligen Grundbesitzes mit weit auseinanderliegenden Verwaltungsmittelpunkten. Am Beispiel der Falkensteiner kann man überprüfen, inwiefern die Dynasten – freilich meist wider Willen – der umfassenderen wittelsbachischen Herrschaftsorganisation vorgearbeitet haben.

Auf den ersten Blick scheint diese einzigartige bayerische Geschichtsquelle eine trockene Sache zu sein, denn es ist vor allem von Abgaben die Rede, die den Grafen von Falkenstein, ihren Verwaltern und Vögten zu leisten sind, darunter viele Schweine, die oft nach Alter und Größe genau bezeichnet werden. Sieht man aber den Text insgesamt genauer an, dann enthüllt sich hier das Schicksal einer alten bayerischen Adelsfamilie, ihre Existenzsorgen und Erbstreitereien, ihre Feindschaften und politischen Verbindungen und schließlich ihre Vorsorge für das ewige Heil, dem das Hauskloster St. Peter am Madron diente. Von Anstiftung zum Mord durch den Grafen Siboto IV. ist aber auch die Rede; das Opfer war Rudolf von Piesting, ein niederösterreichischer Feind Sibotos; und sogar Rezepte gegen Gallensteine sind in die Handschrift eingetragen.

Anlaß für diese einzigartige Rechtsaufzeichnung war vermutlich die Teilnahme Graf Sibotos IV. am dritten Romzug Kaiser Friedrich Barbarossas im Jahre 1166. Der Graf trifft für den Fall seines Todes genaue Verfügungen über die Aufteilung seines Besitzes in Oberbayern, in Tirol und in Niederösterreich. Die Handschrift ist durch etwa fünfundzwanzig, teils farbige Federzeichnungen, die uns anschauliche Einblicke in das adelige Landleben des 12. Jahrhunderts gewähren, besonders wertvoll. Neben Porträts der gräflichen Familie gibt es Abbildungen der Burgen Neuburg an der Mangfall, Falkenstein, Herrnstein und Hartmannsberg, letztere von einem Gewässer umgeben, das vom Burgfenster aus bequem befischt wird. Ferner sind die Burgkapellen der Grafen festgehalten, aber auch die Zeremonie der Belehnung eines gräflichen Untergebenen. Ein Bauer schlachtet eines der zahllosen, im Text erwähnten Schweine, ein anderer bereitet Käse, ein dritter bringt Geld – ein Hinweis auf die in der Quelle vielfach erwähnten Geldabgaben an die Herrschaft und vieles andere mehr.

Der *Codex Falkensteinensis* hält den Besitzstand der Familie auf dem Höhepunkt ihrer Macht fest, denn bereits am Ende des 12. Jahrhunderts geraten die Falkensteiner zwischen die Mühlsteine des Machtkampfes zwischen den wittelsbachischen Herzögen und dem mächtigsten Adelsgeschlecht Altbayerns: den Andechs-Meraniern. Graf Siboto VI. fiel dann 1266, wohl auf andechsischer Seite, bei einem Kriegszug Herzog Ottos II.; Sibotos Bruder Kuno geriet dabei in Gefangenschaft. Die Folge war der Verlust der einträglichen Salzburger Kirchenlehen, die die Wittelsbacher einstrichen. Graf Kuno verkaufte 1245 nach seiner Freilassung sein gesamtes Eigengut unter Vorbehalt des Nießbrauchs zu Lebzeiten an den Freisinger Bischof. Als er 1259/60 kinderlos starb, erzwangen wiederum die Wittelsbacher vom Freisinger Bistum die Belehnung mit diesen ehemals falkensteinensischen Gütern. Es kam ihnen dabei zustatten, daß der damalige Bischof, Konrad II. von Freising, selbst Wittelsbacher war, als Oberhirte der Diözese also, wie damals allgemein üblich, die materiellen und politischen Interessen seiner Familie kraft seines hohen geistlichen Amtes erfolgreich durchsetzen konnte. Gerade aus diesem Grunde, wegen des Zugriffs auf kirchlichen Besitz, wurde ja überall im Mittelalter der Kampf um die Besetzung von Bistümern mit Familienmitgliedern so erbittert geführt.

Die Trienter Lehen der Falkensteiner und deren niederösterreichischer Lehensbesitz gerieten 1263 und 1277 in wittelsbachische Hände; damit war in diesem Bereich mit dem Aussterben der Grafenfamilie der bayerische Herzog überall in deren Machtpositionen eingerückt: ein Paradebeispiel wittelsbachischer Territorialpolitik am Schicksal der Falkensteiner. Sie hatten, nach einem politischen Höhepunkt unter Friedrich Barbarossa, im Kampf der Dynasten offenbar auf die falsche Karte gesetzt. Wenn wir nicht ihren berühmten Codex hätten, wären sie wohl selbst aus dem Bewußtsein der Historiker verschwunden als eine jener vielen Familien, die – wie man so schön abstrakt zu sagen pflegt – dem Aufbau der wittelsbachischen Landeshoheit zum Opfer fielen. Die ehrwürdige Handschrift selbst verrät aber in ihrem trockenen Berichts- und Registrierstil auch viel von den menschlichen Schicksalen, die jenen zugedacht sind, die Geschichte mitgestalten, aber auch miterleiden und ans unerbittliche Rad der Fortuna gebunden sind.

Wenden wir uns nach diesem exemplarischen Fall wieder jener buntscheckigen adeligen Landschaft zu, die Bayern war, als die Wittelsbacher Herzöge wurden. Der schütteren Zone der oben erwähnten kleineren Adelsherrschaften zwischen den großen Herrschaftsbereichen der Wittelsbacher und Ortenburger gehören schließlich die Moosburger, die Leonberger und die Frontenhausener an; alle drei Herrschaften gruppieren sich nacheinander an der Isar unterhalb Freising und stoßen in deren Mündungsgebiet auf den großflächigen Besitzkomplex der Grafen von Bogen. Zwischen die Lechmündung und Regensburg schieben sich ebenfalls einige Adelsherrschaften, und zwar in den welfischen und wittelsbachischen Bereich südlich der Donau einerseits und in den Bereich der Pappenheimer, des Bistums

Eichstätt sowie in die Herrschaft der Hirschberger, Diepoldinger und Bogener andererseits.

An der oberen Altmühl bauten seit dem 11. Jahrhundert die Grafen von Grögling-Hirschberg einen mächtigen Herrschaftskomplex mit den Zentren Thalmässing, Greding, Hirschberg, Beilngries, Altenburg, Hemau, Grögling und dem Hauskloster Plankstetten (1138) auf, zu dem dann nördlich davon, nach dem Aussterben der Sulzbacher im Jahre 1188, deren reiches Erbe teilweise hinzukam. Im Verlauf des 12. Jahrhunderts erfolgte eine weitere Besitzkonzentration der Grögling-Hirschberger, die von einem schrittweisen Zurückweichen aus dem Bereich des Bistums Freising begleitet war. Im Raum Regensburg und besonders nördlich davon finden wir die Burggrafen von Regensburg, Landgrafen von Stefling, Grafen von Sinzing, Regenstauf, Rohrbach und Riedenburg; bei ihrem Aussterben 1196 erbten die Wittelsbacher Burg und Herrschaft Regenstauf und Stefling.

Das geschlossenste adelige Machtgebiet bildete sich jedoch zwischen Regensburg und Passau. Donauabwärts und an beiden Ufern des Stromes bauten von der Mündung der Großen Laaber bis Niederalteich hinab und nach Norden bis zum Regen sowie nordöstlich nach Böhmen hinein bis zum Kloster Rinchnach und bis nach Schüttenhofen die schon erwähnten Grafen von Windberg-Bogen, Domvögte von Regensburg, ihr dichtes, für andere Herrschaftsträger so gut wie undurchdringliches Territorium auf. Es ging 1242 mitsamt ihrer Ministerialität in wittelsbachischen Besitz über, wobei übrigens das bogensche Rautenwappen wittelsbachisches und bayerisches Hoheitszeichen wurde. Durch umfangreiche Rodungen dehnten die Bogener ihren Machtbereich weit in den Bayerischen Wald hinein aus, festigten ihre Stellung als Vögte auf reichem Bamberger und Passauer Kirchgut, stifteten die Klöster Oberaltaich und Windberg und bevogteten außerdem die Alte Kapelle zu Regensburg sowie die Klöster Mallersdorf, Niederaltaich und Prüfening. Zahlreiche Ministerialen unterstanden ihnen; auch besetzten die Bogener beim bayerischen Herzog das Marschall-, Truchseß- und Schenkenamt. Der erste näher faßbare Angehörige der Grafenfamilie ist ein »Aschwinus comes de

Bogen« und »advocatus Altahensis ecclesiae«, den Abt Hermann von Niederaltaich (1242/73) als Sieger über eingefallene Böhmen rühmt und der wohl um 1082 gelebt hat. Schon 1094 knüpften die Bogener dann Heiratsverbindungen zu den Przemysliden nach Böhmen und verstärkten dieselben im 12./13. Jahrhundert. Beim Aussterben der Grafen von Vornbach erwarben die Bogener die Grafschaft im Künziggau. Die Regensburger Nebenlinie, deren genealogischer Zusammenhang mit den Grafen von Bogen ungeklärt ist, nannte sich als Inhaberin der Domvogtei »advocatus Ratisponensis« und starb schon 1148 aus, wohingegen die Hauptlinie noch ein weiteres Jahrhundert blühte und erst 1242 mit Graf Albert IV. endete. Die Wittelsbacher übernahmen mit dem Erbe der Bogener auch deren böhmische Heiratspolitik, denn Herzog Ludwig I. (1183–1231) heiratete die przemyslidische Prinzessin Ludmilla; letztere wurde damit eine Stammutter aller späteren Wittelsbacher.

Während die Bogener im Verlaufe des 12. Jahrhunderts und auch noch im 13. Jahrhundert einen starken Machtanstieg erlebten, begann für die Diepoldinger, Markgrafen von Cham-Vohburg-Nabburg, nach ihrem Leitnamen auch Rapotonen genannt, in der Stauferzeit schon der politische Abstieg. Mit Diepold III. († 1146) hatte das Markgrafenhaus den Gipfel seiner Macht erreicht. Als König Konrad III. bei dessen Tod das an die diepoldingische Mark Nabburg angeschlossene Egerland als Reichsgut einzog, bedeutete dies eine Begrenzung des diepoldingischen Herrschaftsausbaus; der König leitete damit die Organisation eines staufischen Reichslandes mit Hilfe der Reichministerialität im Egerland ein, das eines der stärksten Bollwerke staufischer Macht im Reiche werden sollte. Die Machtbasis der Diepoldinger Markgrafen erstreckte sich daher wegen dieser zielbewußten Reichslandpolitik schon in der ersten Hälfte des 12. Jahrhunderts nur wenig über Nabburg in der Oberpfalz hinaus; ihr Machtbereich konzentrierte sich vornehmlich um das Chamer Becken.

Scharfe Konkurrenten der Diepoldinger in der Oberpfalz und im Egerland waren die Grafen von Sulzbach (Rosenberg)-Habsberg-Kastl, die mit ihren Burgen die Nabburg im Norden und Osten umklammerten. Als Lehen vom Hochstift Bamberg trugen die Sulzbacher die Vogtei Nittenau in der Oberpfalz, die 1185 an die Staufer kam, dann die Vogtei Winzer und die Burg Hilgartsberg an der Donau, ferner die Vogtei über den Salzburger Lungau, über Aibling und über Ebbs in Tirol sowie in Niederösterreich Hainburg, Pottendorf und Kalksburg-Liesing. Graf Berengar von Sulzbach, der zusammen mit Graf Friedrich von Kastl-Habsberg und dessen Sohn Otto um 1103 das Stammkloster Kastl gründete, besaß im Egerland die Burg Tirschenreuth. Die Stammburg Sulzbach wurde wohl noch vor der Mitte des 11. Jahrhunderts von Graf Gebhard errichtet. Beim Aussterben des Kastler Zweiges der Sulzbacher nach 1108 fiel das Erbe der Kastler testamentarisch teils an Kaiser Heinrich V., der einige Besitzungen daraus an Otto (V.) von Wittelsbach weitergab, teils kam es an die Babenberger, die es 1159 dem Hauskloster Kastl schenkten. Bei dieser Gelegenheit nennt der Babenberger Herzog Heinrich Jasomirgott die Klostergründer seine Ahnen.

Die Sulzbacher Hauptlinie erreichte ihren Höhenpunkt in spätsalischer und frühstaufischer Zeit unter Berengar I., einem einflußreichen Parteigänger und Rat Kaiser Heinrichs V., der die Klöster Berchtesgaden und Baumburg stiftete, sowie unter dessen Sohn Gebhard II., der die Schwester des Welfenherzogs Heinrich des Stolzen heiratete. Da dieselbe aber auch Witwe Diepolds III. (1146) und ihr Gatte Gebhard der Schwager des ersten Stauferkönigs war, traten die Sulzbacher in staufischen Dienst und teilweise anstelle der Diepoldinger in deren Positionen im Nordgau und im alten Egerland ein. Gebhard II. war zugleich Regensburger Domvogt und Vogt von Niedermünster sowie von Passau-Niedernburg; mit ihm erlosch die Familie 1188, deren Bedeutung auch daraus erhellt, daß zwei Sulzbacherinnen Kronen trugen: die Gattin Konrads III. und ihre Schwester, die Gemahlin Kaiser Manuels I., Komnenos von Byzanz.

Übergehen wir kleinere Adelsfamilien in der Oberpfalz wie die Herren von Waldeck, die Edlen von Pfreimd und Parkstein, und beschließen wir unseren Überblick mit den Landgrafen von Leuchtenberg; sie sind erstmalig zu Beginn des 12. Jahrhunderts als Urkundenzeugen bei der Gründung des Klosters Reichenbach (1188) erwähnt, ebenso 1143 bei einer Güterschenkung an das Zisterzienser-Kloster Waldsassen. 1158 erhielten sie den Grafentitel, 1196 wurden sie Landgrafen. Ihre Hauptbesitzungen, die teilweise von den Waldeckern stammten, sind außer Leuchtenberg, Kemnath und Waldeck die Burg auf dem Rauhen Kulm, Pleystein, Schirmitz südlich von Weiden, Stein bei Pfreimd, Schmidgaden, Schwarzenfeld und das spätere Amt Wernberg. Nördlich des leuchtenbergischen Herrschaftsbereiches begann das geschlossene staufische Reichsland, dessen zahlreiche Ministerialenburgen sich in tiefer Staffelung um die gewaltige staufische Reichsburg Eger gruppierten. Welches Bild der adeligen Herrschaftsstruktur Bayerns ergibt sich insgesamt, und welche Entwicklungszüge werden sichtbar?

Zuerst fallen einige bedeutsame regionale Unterschiede ins Auge. Da ist vor allem die Erscheinung zu nennen, daß sich in den zentralen Räumen intensiver Herrschaftsbildung, im welfischen Lechrain, im östlich anschließenden Kerngebiet der Wittelsbacher und der Andechser, aber auch im Bereich der Grafen von Bogen sowie der Diepoldinger entweder gar keine oder relativ wenige edelfreie Herrschaften bilden konnten. Diese Beobachtung muß in Verbindung mit der Tatsache gesehen werden, daß in Niederbayern im 12. Jahrhundert viel mehr kleine Adelsherrschaften entstanden oder sich zu halten vermochten als in Oberbayern. Die spätere, komplizierte Hofmarkenstruktur Niederbayerns dürfte darauf zurückzuführen sein. Ursache dieser Erscheinung ist die Anlehnung vieler Edelfreier, das heißt kleinerer Adeliger, an die Bistümer Regensburg und Passau sowie an den reichen Bamberger Kirchenbesitz in Niederbayern, der durch Übernahme von Reichskirchenlehen und Hochstiftsvogteien in adelige Hand kam. Auch in Altbayern bestätigt sich damit die entscheidende Rolle, die der Vogtei über Kirchengut beim Herrschaftsaufbau des Adels überall im Reich zukommt. Dies gilt auch für die größeren Dynasten. So sind die Grafen von

Sulzbach als Bamberger Vögte groß geworden, die Ortenburger entwickeln sich in Verbindung mit dem Hochstift Passau, die Bogener als Regensburger Domvögte und als Klostervögte. Damit fördern die Bistümer vor allem in Niederbayern auf der einen Seite die Konsolidierung kleiner und mittlerer Adelsherrschaften in ihrem Bereich, verhindern aber gleichzeitig die Bildung großer Flächenherrschaften, die sich dann weiter zu landesherrlichen Territorien hätten entwickeln können.

Betrachtet man insgesamt den altbayerischen wie den östlich anschließenden österreichischen Raum, so fällt auf, daß dieser Bereich im 12. Jahrhundert vom Westen her durch die welfische, später staufische Reichsministerialität eingeschlossen wird, im Inneren jedoch nur wenige Stützpunkte von Reichsministerialenburgen und -zentren aufweist. Bayern ist niemals eine »terra imperii«, ein »Reichsland« im Sinne salisch-staufischer Politik gewesen. Der politische Rahmen des alten Herzogtums blieb erhalten, so reichsnah sich auch die Verhältnisse in ottonischer und salischer Zeit entwickelt hatten.

Schließlich sei noch eine letzte wesentliche Unterscheidung innerhalb der bayerischen Adelsgesellschaft erwähnt. Insgesamt vermag man den Adel in Bayern in die Gruppe des Großadels aufzuteilen, dem der Sprung in den herrschaftsbildenden Landesausbau der östlichen Marken gelang: so die älteren Aribonen und Otakare, die Andechser, Bogener und Babenberger. Davon ist eine zweite Gruppe abzuheben, die den mittleren und kleineren Adel umfaßt, der seine Herrschaft vornehmlich im Altsiedelland aufbaute und deshalb keine großflächigeren Territorien erlangen konnte.

Die charakteristische, jedoch entscheidende Ausnahme in dieser zweiten Gruppe sind jedoch die Wittelsbacher, deren großräumige Herrschaft sich schon im 12. Jahrhundert fast ausschließlich im Altsiedelland bildete. Die Pfalzgrafenwürde war ein weiteres förderndes Moment für die Sonderentwicklung dieses Geschlechtes. Die Diepoldinger-Vohburger sind wiederum ein Beispiel dafür, daß der »rettende Sprung« in die östlichen Landesausbaugebiete dort nicht glückte, wo sich in unmittelbarer Nachbarschaft die königliche Marken- und Reichslandpolitik mit ihren ungleich reicheren Machtmitteln und Möglichkeiten etabliert hatte. Die Babenberger hingegen vermochten von der Plattform eines königlichen Markenbereichs aus ihre eigene Herrschaft so lange im Dienste und Schutze des Reiches aufzubauen und zu kräftigen, bis die grundlegende Erschütterung der Königsgewalt im Investiturstreit Gelegenheit zum Absprung und zur unverhüllten eigenen Territorialpolitik gab, einer Politik, die noch einmal in frühstaufischer Zeit unter Heinrich Jasomirgott in die Bahnen des königlichen Interesses zurücklenkte, aber dessen ungeachtet sich bereits in Rückwendung nach Westen vornehmlich auch gegen die kleineren, konkurrierenden Herrschaftsbildungen zwischen den Babenbergern und dem Bereich des bayerischen Herzogtums richtete.

In dieser Zwischenzone zwischen Alpenrand und Südböhmen einerseits, babenbergischer Mark und altbayerischem Herzogtum andererseits war es vor allem der Landesausbau, der es einigen Dynasten dennoch ermöglichte, von einer relativ schmalen Basis im Altsiedelland ausgehend, größere Herrschaftsbereiche aufzubauen. Zweifellos am erfolgreichsten waren hierbei die Grafen von Bogen mit ihrer wohlorganisierten Ministerialität, deren Landesausbau vom Donaugau nordwärts in den Bayerischen Wald hinein vorgetrieben wurde und den Gebirgskamm überstieg, so daß aus der unbestimmten Waldzone zwischen Bayern und Südwestböhmen allmählich sich ein festerer Grenzraum zwischen bogenschem und przemyslidischem Herrschaftsbereich herauskristallisierte. Die frühesten Familienverbindungen zu den Przemysliden knüpften sich schon seit dem Ende des 11. Jahrhunderts an. Cosmas von Prag berichtet in seiner Chronik, daß Herzog Brzetislav II. 1094 eine Liutgard aus Bayern, die Schwester des Grafen Albert (von Bogen), geheiratet habe.

Die schon oben erwähnte Geschlossenheit des bogenschen Machtbereichs gründete sich sowohl auf die Herrschaft über zahlreiche Vogteien und Kirchenlehen als auch auf eine offenbar planmäßig vorangetriebene Rodungstätigkeit. So zeugen die zahlreichen Zell-Orte im Bayerischen Wald nördlich von Pfaffmünster bis Viechtach für Rodungstätigkeit des domvögtisch-bogenschen Hauses, und ein weiterer bedeutender Besitzkomplex gräflicher Allodien jenseits des Hohen Bogen an der böhmischen Grenze gab wohl den Anlaß für die engen Beziehungen der Bogener zu den Przemysliden.

Gewiß wäre es reizvoll, im einzelnen den Sprung altbayerischer Adelsfamilien in die östlichen Ausbauräume Bayerns aufzuzeigen, die sich dann 1156 zum Herzogtum Österreich zusammenschlossen, doch sei hier abgebrochen, um aus der Fülle der Einzelerscheinungen einige Beobachtungen anzufügen, die sich im Hinblick auf den Wandel vom 12. und 13. Jahrhundert geradezu aufdrängen und die von überregionaler Bedeutung sind.

Die Ausgangslage für die Wittelsbacher war zwar am Ende des 12. Jahrhunderts nicht ungünstig, keineswegs aber für einen großen Aufschwung prädestiniert, denn einerseits behinderte der staufische Zugriff auf das Welfenerbe weit bis ins 13. Jahrhundert hinein eine Konsolidierung im Westen, und andererseits hatte es das neue Herzogshaus innerhalb des bayerischen Dukats mit kräftigen Rivalen wie den Andechsern, den Hirschbergern und Ortenburgern zu tun, die mit ihren Vasallen und Ministerialen den Wittelsbachern nicht nur ebenbürtig, sondern, was ihre Stellung im Reich betraf, vielleicht sogar überlegen waren; zumindest für die Andechs-Meranier wird man dies annehmen dürfen. Der *Codex Falkensteinensis* zeigt überdies, daß die konkurrierenden Dynasten bei der Organisation ihrer Herrschaft sich ebenso »moderner« Mittel bedienten wie das neue Herzogshaus. Aber auch hier erwies sich, daß alle aus dem Herzogsamt erfließenden Rechtsansprüche, mochten sie auch anfänglich kaum mehr als nominelle Ansprüche sein, mit der Zeit realisiert und wichtige Instrumente zur Durchsetzung der wittelsbachischen Landesherrschaft werden konnten.

Hinzu kam das für die Herzöge so günstige »Dynastensterben« des 13. Jahrhunderts; es ging Hand in Hand mit einem teilweise recht brutalen »Dynastenlegen«, so daß im oberbayerischen Bereich 1189 die Herrschaft Riedenburg, nach 1196 Burg und Herrschaft Regenstauf, nach 1204 die Grafschaft Vohburg, 1248 das Andechser Erbe, 1249 das Wasserburger Erbe mit Burg und Stadt Wasserburg, Markt Schwaben und die Grafschaft Kling an die Wittelsbacher gingen. Etwa zur gleichen Zeit eroberten sie die Reichsvogtei Neuburg, dann folgten 1268 endlich das welfisch-staufische Erbe am Lechrain sowie Gundelfingen und Donauwörth, 1248 bis 1277 die Herrschaft der Grafen von Falkenstein.

Vergleicht man die reichgegliederte Adelslandschaft Bayerns um 1200 mit der politischen Struktur des Landes um 1350 oder 1450, dann kann man am Wandel des Kartenbildes adeliger Herrschaften in Bayern den Übergang vom früh- und hochmittelalterlichen »Personenverbandsstaat« zum »institutionellen Flächenstaat« ablesen: Die Herzöge beherrschen das Bild, nur in Niederbayern und der Oberpfalz sind noch Adelsterritorien in größerer Zahl vorhanden. Erst vor dem Hintergrund der erfolgreichen Einverleibung so vieler Adelsherrschaften – die sich allerdings selbst schon durch Reichs- und Kirchenlehen, Klostervogteien, zahlreiche Klostergründungen, Vasallen und Ministerialen in ihrer Herrschaftsorganisation modernisiert hatten – vermag man der politisch-organisatorischen Leistung der Wittelsbacher gerecht zu werden. Die Tatsache aber, daß sich in Niederbayern gleichsam »im Windschatten« der Bistümer Regensburg und Passau sowie des Bamberger Kirchenbesitzes kleinere Adelsherrschaften besser halten konnten als in Oberbayern, zeigt wiederum, daß auch der energischen Initiative wittelsbachischer Territorialpolitik durch die vorgegebene Herrschaftsstruktur gewisse Grenzen gesetzt waren, die erst viel später überwunden werden konnten.

Will man Machtkonzentration und Aufbau eines planmäßig durchorganisierten Behördenapparates und einer Finanzverwaltung als historischen Fortschritt anerkennen (wozu im Zeitalter Parkinsons sicher nicht mehr alle bereit sind), dann wird man den Übergang von einer quasi »parataktischen« altadeligen Herrschaftsordnung, das heißt einem mehr oder weniger gleichberechtigten Nebeneinander von Adelsterritorien, zum gleichsam »hypotaktisch« strukturierten, nämlich auf Unterordnung des

Adels unter die Herzogsgewalt sich entwickelnden wittelsbachischen Territorialstaat als eine bedeutende historische Leistung jener Dynastie betrachten dürfen, die seit 1180 bis zum Ende des Ersten Weltkrieges die Geschicke Bayerns wesentlich bestimmte.

Kirchen, Klöster und Reformen

Das Hochmittelalter war auch in Bayern, wie überall im christlichen Europa, eine Epoche teils konkurrierender, teils einander ablösender Klosterreformen. Sie waren die Vorläufer und Begleiter der Anläufe zur allgemeinen Kirchenreform des 11. und 12. Jahrhunderts und führten zu einer Flut monastischer Neugründungen. Die alten Reichsklöster erlebten dabei eine neue Blüte. So das 975 vom Hochstift getrennte St. Emmeram in Regensburg, das 978 reformierte Tegernsee und das Ende des 10. Jahrhunderts wiederhergestellte Niederalteich. Das galt auch für das von Kaiser Heinrich II. zur Reichsabtei erhobene Kloster Niedernburg in Passau, für Frauenchiemsee und das 1033 erneuerte Benediktbeuern, ferner für das von der Dynastenfamilie der Aribonen 999 gestiftete Kloster Seeon mit seiner bedeutenden Buchmalerei sowie für Ober- und Niedermünster und das Schottenkloster in Regensburg. Letzteres wurde durch Kaiser Heinrich IV. 1089 reichsunmittelbar und entwickelte sich zum Zentrum der neuen iroschottischen Klostergründungswelle in Bayern und Deutschland. Unter unmittelbarem Königsschutz standen die Benediktinerinnenklöster Ebersberg, Kühbach und Geisenfeld, Stiftungen der Grafen von Ebersberg, ferner das von Heinrich II. wiederbegründete Polling. Ebenso gilt dies für das von Kaiser Arnulf 898 gegründete Kanonikerstift Ranshofen sowie für die Zisterzienserklöster Waldsassen und Zwettl, die 1133 und 1139 als adelige Gründungen der Diepoldinger-Vohburger beziehungsweise der Kuenringer ins Leben gerufen wurden.

Wohl das bedeutendste Reichskloster Süddeutschlands wurde Tegernsee, dessen großer Grundbesitz sich bis Tirol und Niederösterreich erstreckte. Seine Blütezeit begann, als Kaiser

Otto II. aus St. Maximin in Trier, einem Zentrum der lothringischen Klosterreform, Mönche nach Tegernsee kommen ließ. Unter den Äbten Froumund (960–1008) und Ellinger (1018–1041) war Tegernsee ein Mittelpunkt literarischer Bildung, der Goldschmiedekunst und der Glockengießerei; gleichzeitig wurde es seinerseits Ausgangspunkt der Gorzer Klosterbewegung in Bayern. Ebenso entwickelte sich St. Emmeram in Regensburg seit Abt Ramwold (974–1001), den Bischof Wolfgang auch aus St. Maximin in Trier berufen hatte, zum Promotor der lothringischen Klosterreform in St. Peter in Salzburg, in Seeon, in Weltenburg am Donaudurchbruch und in Passau. Als Nebenzweig der Regensburger Reformgruppe wirkte unter Abt Godehard (996) Niederalteich sowohl in Hildesheim, wo derselbe zwischen 1022 und 1038 Bischof wurde, als auch in der Ostmark, in Böhmen wie in Ungarn.

Die nächste monastische Reformwelle, die teilweise mit der lothringischen konkurrierte, kam aus dem burgundischen Großkloster Cluny beziehungsweise aus dessen bedeutender Filiation Hirsau im Schwarzwald. Neben der geistlich-asketischen Erneuerung, deren Ausdruck eine prachtvoll entfaltete Liturgie war, kämpften die Cluniazenser gegen die Abhängigkeit der Klöster von König und Adel. Diesem Ziel diente die unmittel bare Unterstellung der Konvente unter Rom. Die »römische Freiheit – libertas Romana« sollte den Schutz vor Eingriffen der weltlichen Klosterstifter und ihrer Nachkommen sowie der adeligen Vögte gewährleisten. Nichtsdestoweniger entstanden die meisten Klöster dieser Richtung als Gründungen jener Adelsgruppen, die sich im Investiturstreit auf die Seite Papst Gregors VII. (1073 bis 1085) in dessen Kampf gegen Heinrich IV. geschlagen hatten.

Reform der Kirchen und Klöster, das war Aufruf der Zeit und die Folge einer vertieften Christianisierung Europas. Es wäre aber falsch anzunehmen, daß nur im gregorianischen Lager Reformer standen, denn auch unter dem hohen Reichsklerus, der Heinrich IV. treu geblieben war, gab es Kirchenfürsten und Äbte, denen es mit einer grundlegenden Erneuerung des geistlichen Lebens ernst war. Umgekehrt finden sich auch auf Papst

Gregors VII. Seite Bischöfe und Äbte, die dem hohen Anspruch der echten Reformer in keiner Weise entsprachen und die nur politische Ziele verfolgten.

Obwohl man keinen Grund hat, an der Frömmigkeit adeliger Klostergründer und an ihrem Bedürfnis zu zweifeln, auf diese Weise durch Gebetshilfe und Totenkult ihrer Familie geistliches wie weltliches Heil und dauerndes Gedenken zu sichern, hatten die Stiftungen der Dynasten auch eine politische Seite: Durch die Vogtei über Klöster und Kirchen, das heißt durch die Wahrnehmung gerichtlicher und weltlicher Rechte auf Kirchen- und Klosterbesitz vermochten sie ihre Herrschaft schrittweise über einen Bereich auszudehnen, der ihnen ansonsten kaum zugänglich war. Das stärkte ihre Territorialmacht.

In Bayern wurde 1119 das Kloster Scheyern in einer wittelsbachischen Burg als Tochterkloster Hirsaus gegründet; es wurde Grablege und Hauskloster der Familie, die sich seit 1115 Grafen von Wittelsbach nannten. »Kein bayerisches Kloster hat so intensiv in Gebet, Architektur und Kunst das Gedenken der wittelsbachischen Fürstenfamilie durch die Jahrhunderte wachgehalten wie gerade Scheyern« (Wilhelm Störmer).

Eine weitere Stiftung dieser Familie, Ensdorf in der Oberpfalz, war ebenfalls hirsauisch geprägt, desgleichen die Diepoldingergründungen Kastl und Reichenbach. Ein bedeutendes Zentrum cluniazensischer Frömmigkeit wurde dann Prüfening vor den Toren von Regensburg; Bischof Otto I. von Bamberg hatte es 1109 gegründet und Erminold als Abt aus Hirsau berufen. Prüfening besetzte 1114 auch das dem Bistum übertragene adelige Eigenkloster Banz bei Bamberg. Besonderen Einfluß hatten die Hirsauer in der bayerisch-babenbergischen Ostmark, dem späteren Herzogtum Österreich. Hier war es vor allem Kloster Admont in der Steiermark. Es hatte eine berühmte Schreib- und Miniaturschule und rief eine Reihe von Filiationen ins Leben. Ursprünglich 1074 von St. Peter in Salzburg als Benediktinerkloster gegründet, wurde es 1122 hirsauisch-cluniazensisch.

Parallel zur Klosterreform entfalteten sich als strengere Lebensform des Klerus die Augustinerchorherrnstifte. Bischof Altmann von Passau (1065–1091) war in Bayern der tatkräftigste Förderer dieser geistlichen Bewegung, ebenso sein Nachfolger Ulrich (1091–1121). Altmanns erste Gründung wurde St. Nikola in Passau, aber seine folgenreichste Stiftung war Rottenbuch, das er mit Herzog Welf I. 1073 ins Leben rief. Dieses dem Papst übereignete Kloster wurde im Investiturstreit der Zufluchtsort vieler Anhänger Papst Gregors VII. Rottenbuch besiedelte dann die Stifte Berchtesgaden und Baumburg, wie auch 1120 Dießen am Ammersee, eine Gründung der Grafen von Andechs, sowie 1121 Bernried am Starnberger See, eine Stiftung der Wittelsbacher. Letztere riefen 1120 auch das Chorherrnstift Indersdorf ins Leben. Mindestens ebenso bedeutend für den Aufstieg der Augustinerchorherrn wurde Salzburg unter Erzbischof Konrad I. (1106–1147), der sein Hochstift zum Ausgangspunkt neuer Kongregationen in Bayern und der Ostmark machte. Dazu gehörte auch Reichersberg am Inn, dessen Propst Gerhoh (1169) einer der fruchtbarsten kirchlichen Schriftsteller des zwölften Jahrhunderts wurde.

Aus einer offenbar nötig gewordenen Reform der Observanz der Augustinerchorherrn entstand dann der von Norbert von Xanten 1120 gegründete Praemonstratenserorden, dessen Schwerpunkt allerdings in Nordfrankreich lag. Vom Mutterkloster Prémontré wurden Schussenried und Rot bei Leutkirch ins Leben gerufen, aber sein bayerisches Zentrum hatte der Orden in Freising, und zwar unter Bischof Otto, dem großen Geschichtsschreiber des zwölften Jahrhunderts. So entstand nahe der alten Bischofsstadt Kloster Neustift. Herzog Welf VI. stiftete 1147 Steingaden als Hauskloster der Familie. Die Grafen von Bogen gründeten im Regensburger Sprengel unter Mitwirkung Bischof Ottos I. von Bamberg auf ihrer alten Stammburg den Praemonstratenserkonvent Windberg, der im bayerischen Wald eine rege Rodungstätigkeit entfaltete; Otto erneuerte 1138 auch das alte Chorherrnstift Osterhofen bei Passau im Geiste des neuen Ordens.

Etwa gleichzeitig mit den Praemonstratensern begann der große Reformorden der Zisterzienser seine Wirksamkeit; auch er kam aus Frankreich, wo ihn 1098 Robert von Molesmes mit dem Kloster Cîteaux ins Leben rief. Der streitbare Heilige Bernhard von Clairvaux wurde sein berühmtestes Haupt. Obwohl der Orden straff zentralisiert war, erwiesen sich die Bischöfe doch als wichtige Wegbereiter dieser neuen, zur strengen benediktinischen Tradition zurückkehrenden Lebensform, die in offensichtlichem Gegensatz zu Cluny und seinem reich ausgeformten liturgischen und künstlerischen Selbstverständnis stand. Die Schlichtheit der zisterziensischen Architektur wurde ostentativ betont, ebenso – jedenfalls in der Frühphase – die Arbeit in der Landwirtschaft, die der Rodung und dem Landesausbau zugute kam. Sehr früh entwickelten die Zisterzienser eine mustergültige, rationale Haushalts- und Buchführung. Für Bayern wurde vor allem die 1115 gegründete »Primarabtei« Morimond in der Diözese Langres wichtig, die mit Clairvaux und zwei anderen Klöstern an der Spitze des Ordens stand. Dort trat 1130 der junge Babenberger Otto mit dreizehn Studiengenossen ein, wurde 1138 Abt und noch im selben Jahr Bischof von Freising. Seltsamerweise stiftete er in seiner eigenen Diözese keine Zisterze, regte aber seinen Vater Leopold III. zur Gründung des Hausklosters Heiligenkreuz im Wienerwald an. Von Morimond aus entstand 1127 Ebrach im Steigerwald. Hingegen erfolgte die Gründung von Raitenhaslach an der Salzach 1143 durch das Bodenseekloster Salem. Eine der spätesten Gründungen war das Kloster Fürstenfeldbruck, die Herzog Ludwig der Strenge zwischen 1258 und 1266 stiftete, und zwar als Sühne für die Hinrichtung seiner Frau Maria von Brabant, die er im Jähzorn des Ehebruchs verdächtigt hatte.

In der Oberpfalz stiftete Diepold III. 1133 Waldsassen, dessen Zisterziensermönche aus dem thüringischen Valkenrode kamen. Schon zehn Jahre später gründeten Waldsassener Mönche die Zisterze Walderbach bei Roding, und im Zuge des Landesausbaus nach Böhmen entstanden die Zisterzienserklöster Sedlitz bei Kuttenberg und Ossegg am Fuße des Erzgebirges.

Das gesamte reiche Spektrum der Reformorden ist auf dem Hintergrund der breiten religiösen Volksbewegungen seit dem

11. Jahrhundert zu sehen. Es kam zu einer stärkeren Hinwendung der Orden zur Seelsorge und Predigt, zur engeren Heranziehung nichtadeliger Schichten an Kirche und Kloster, besonders durch das sogenannte Konversentum der Cluniazenser und Zisterzienser. Konversen waren Laienbrüder, die ohne klerikale Weihen in begrenzter Askese lebten und die vor allem praktische Arbeiten im Klosterbereich zu verrichten hatten. Bei den Zisterziensern bewirtschafteten sie den Landbesitz und hatten am Handel der klösterlichen Stadthöfe großen Anteil. Durch Barttracht und Kleidung waren sie von den Mönchen deutlich unterschieden. Es gab auch weibliche Konversen für die Handarbeit in Haus und Grundherrschaft. Noch enger wurde die Verbindung der Klöster mit der Laienwelt und ihren sozialen und religiösen Problemen mit den Bettelorden der Franziskaner und Dominikaner, die seit dem 13. Jahrhundert im städtischen Leben als Prediger eine große Rolle bei der Bekämpfung häretischer Volksbewegungen spielen sollten.

Der erstaunliche monastische Frühling Europas, den die Reformorden des Hochmittelalters bis zum Ende des 12. Jahrhunderts bewirkten, hat in Bayern zu etwa 140 Klostergründungen geführt. Damit und mit der Reformierung weiterer Konvente war ein dichtes Kommunikationsnetz innerhalb der Kirche und ihrer Orden entstanden, auf dem die geistige Blüte mittelalterlicher Kultur beruhte. Manuskripte, Ideen und materielle Innovationen wanderten von Kloster zu Kloster, eine Entwicklung, die auch für die Bildung und geistige Schulung der Laienwelt von großer Bedeutung wurde. Aus diesem sich immer reicher und differenzierter entfaltenden Kommunikationsnetz, an dem die großen Domschulen wie Bamberg, Freising und Salzburg einen wesentlichen Anteil hatten, sollten sich dann seit dem 13. Jahrhundert die europäischen Universitäten und der Gelehrtenstand entwickeln. Latein als Sprache der Kirche und der Gebildeten erleichterte als »internationales Medium« den Austausch von Gedanken, religiösen Erfahrungen und wissenschaftlich-technischen Kenntnissen. Seit dem Investiturstreit entwickelte sich eine heftige öffentliche Diskussion über theologische und politische Fragen, an der sich fast ganz Europa beteiligte. Es gab aber auch Konsens über Grundwerte des menschlichen Lebens aus christlicher Sicht.

In diesem immer dichter werdenden kommunikativen Geflecht nahm Bayern mit Persönlichkeiten wie Otto von Freising, Gerhoh von Reichersberg (1093–1169) und Abt Williram von Ebersberg (1048–1085) mit seiner dichterisch ausdrucksstarken, lateinisch-deutschen Paraphrase des Hohenliedes einen ehrenvollen Platz ein. Das geistliche Spiel blühte in den Klöstern. Wohl in Tegernsee und vielleicht als Festspiel für den ersten Reichstag, den Friedrich Barbarossa in Regensburg abhielt, entstand um 1150 das großartigste geistliche Drama des Mittelalters: das *Spiel vom Antichrist*, eine eschatologische Dichtung mit politisch-zeitgeschichtlichem Gehalt. Bemerkenswert ist die deutsche Gesinnung des unbekannten Autors und dessen Sympathie für den Stauferkaiser. Dem bayerischen Sprachraum gehört auch eine von Christoph von Aretin 1803 bei der Säkularisation im Kloster Benediktbeuern sichergestellte Handschrift des frühen 13. Jahrhunderts an; sie gibt in überzeugender Weise den »internationalen« Charakter der mittelalterlichen Kultur und deren geistige Vielgestaltigkeit zu erkennen: Es sind die berühmten *Carmina Burana*, ein teilweise mit Noten (Neumen) versehenes Sammelwerk von höchstem Rang. In Latein und Deutsch werden moralisch-satirische Texte aus verschiedenen Ländern – oft sprachlich gemischt – geboten, desgleichen zarte, doch auch sehr deutliche Liebeslieder, derbe, weltfrohe, aber auch pessimistische Trinklieder, ebenso aber geistliche Dramen: ein bedeutendes Stück Weltliteratur.

Frühe bayerische Epik am Welfenhof

Mag auch Heinrich der Löwe gestürzt und verbannt worden sein, die Welfen sind für Bayerns Kultur wichtig geworden, denn im 12. Jahrhundert – als sich in ganz Europa neben der kirchlichen Kultur erstmals eine höfisch-ritterliche Laienkultur entfaltete – wurde der Welfenhof in Regensburg in Konkurrenz zum Hof des Bischofs ein Musenhof und Mittelpunkt mittelhochdeutscher Literatur.

Dabei ist aufschlußreich, daß gerade hier weltlich-ritterliche Themen von geistlichen Dichtern aufgegriffen werden. Das gilt für die in Regensburg entstandene *Kaiserchronik* eines namentlich nicht bekannten Regensburger Klerikers. Diese Chronik, deren inhaltliche Bezüge zum Welfenhaus unübersehbar sind, reiht Herrscherbiographien von Julius Caesar bis König Konrad III. aneinander. Das Werk bricht mit der Predigt Bernhards von Clairvaux zum Zweiten Kreuzzug 1146 ab. Die Art und Weise, wie der Dichter den Welfenherzog Heinrich den Stolzen, der zur Zeit der Abfassung des Werks schon verstorben war, als dessen eigentlichen Förderer und als Gönner des Dichters preist, weist die Kaiserchronik als welfische Auftragsarbeit aus; allerdings hat man neuerdings auch die wittelsbachischen Pfalzgrafen Otto V. und Otto VI. als Auftraggeber vermutet, ob zu Recht, bleibe dahingestellt.

Auch der Verfasser des *Rolandsliedes* ist ein Geistlicher namens Konrad; diese mittelhochdeutsche Dichtung entstand um 1170 ebenfalls am Regensburger Welfenhof auf dem Höhepunkt der Macht Heinrichs des Löwen. Der Held und Paladin Karls des Großen, Roland, der als Märtyrer im Tal von Ronceval im Kampf gegen die Sarazenen fällt, wird mit Heinrich dem Löwen in Beziehung gesetzt – damit enthüllt sich auch dieses Werk als welfische Auftragskunst. Das Epos vom *Herzog Ernst* – es entstand um 1170/80 – weist ebenfalls auf die welfische Geschichte. Der vom Kaiser vertriebene Herzog Ernst ist ein Bayernherzog, so daß man vermutet hat, es handle sich um einen literarischen Wunschtraum eines Anhängers Heinrichs des Löwen, denn Herzog Ernst versöhnt sich am Schluß des Epos mit dem Kaiser. Sollte das Werk eine Widerspiegelung des tragischen Bruchs zwischen Heinrich dem Löwen und Kaiser Friedrich Barbarossa sein?

Wie dem auch sein mag, es kann kein Zweifel darüber bestehen, daß im deutschen Sprachraum Bayern als Ursprungsland früher mittelhochdeutscher Epik eine bedeutende Rolle spielt. Auf jeden Fall zeigt sich hier wiederum, wie beim donauländischen Minnesang, die Eigenständigkeit bayerischer Literatur, mögen auch deren Themen aus der gesamteuropäischen Geschichte und Tradition stammen.

Der Endkampf zwischen Heinrich dem Löwen und dem Kaiser

Der Sturz Herzog Heinrichs im Jahre 1180 veränderte schlagartig die Situation Bayerns. Der Herzog und zeitweise Vizekönig war sicherlich neben Friedrich Barbarossa, seinem Vetter, der mächtigste Mann im Reich gewesen. Er hatte seine Macht gewaltig ausgedehnt und sich damit viele erbitterte Feinde geschaffen. Ein Zeitgenosse nennt ihn »einen harten und wilden Charakter«, der »unter allen Menschen wohl der übermütigste und grausamste« gewesen sei. Dennoch war er bei aller Selbstsucht und Härte weitblickend und kühn, ein erfolgreicher Städtestifter. So gründete er in Bayern 1158 München und 1160 Landsberg am Lech, im Herzogtum Sachsen Schwerin und Braunschweig. Ebenso entriß er Lübeck den Grafen von Schauenburg und förderte es auf mannigfache Weise, so daß es bald danach Vorreiter des Ostseehandels und Haupt der Hanse werden konnte. Aber irgendwann mußte das Faß überlaufen. Als es zum Bruch mit dem Kaiser kam, fielen seine Feinde über Heinrich her. In zwei spektakulären Prozessen nach Landrecht und Lehnsrecht wurde Heinrich verurteilt und mußte zu seinem Schwiegervater, König Heinrich II. von England, emigrieren. Die Katastrophe Heinrichs des Löwen begann im Herbst 1176, als der Kaiser in Chiavenna einen Fußfall vor Heinrich getan haben soll, damit er ihm militärisch im Krieg gegen den oberitalienischen Städtebund Heeresfolge leiste. Heinrich forderte dafür die Reichsstadt Goslar, und das wiederum konnte Friedrich Barbarossa nicht bewilligen, denn Goslar mit seinem ertragreichen Silberbergbau war ein finanzielles Kernstück der Königsmacht in

Deutschland. Es kam, wie es kommen mußte. Der Kaiser zog mit einem viel zu schwachen Heer in die Lombardei und erlitt dort am 29. Mai bei Legnano nordwestlich von Mailand seine schwerste Niederlage. Er brauchte Jahre, um in Italien wieder Herr der Lage zu werden, aber nach seiner Rückkehr rechnete er gnadenlos mit Heinrich dem Löwen ab. Damit war es auch mit dem Welfenhof in Regensburg vorbei. Der Kaiser stärkte die längst reich gewordene Bürgerstadt durch Privilegien; sie wurde dann im 13. Jahrhundert Reichsstadt, blieb aber auch bischöfliche Stadt, kurz, eine Metropole mit komplizierten Herrschaftsverhältnissen: Grund genug für die Wittelsbacher, ihre Residenzen anderswo aufzubauen, etwa in Landshut, oder die Welfengründung München zur neuen Machtbasis auszubauen. Es wurde in den kommenden Jahrhunderten das Schicksal Regensburgs, zwar Reichsstadt zu sein, aber zugleich geistliche Stadt zu bleiben.

Die frühen Wittelsbacher Herzöge

»Da Keyser Friedrich Herzog Heinrichen den zwölften [= Heinrich der Löwe] aus Bayern vertrieben hett, verlieh er das Herzogthumb Bayern Otto dem fünften dieses Namens, Landgraffen von Wittelspach und Pfalzgraffen von Scheyern, als man zehlet von Christi unsers Herrn Geburt eintausendeinhundertundachzig zu Regenspurg im Heumonat an Herrn Heinrichs des heiligen Keysers Tag [16. September]...« (Aventin)

Wer war dieser Herzog Otto, der als treuester Paladin Kaiser Friedrich Barbarossas aufstieg, wie sein Vater Pfalzgraf im welfischen Herzogtum Bayerns wurde – also *der* Vertrauensmann des Stauferkaisers in Bayern – und jetzt, 1180, Herzog des Landes? Für die staufische Partei im Reich war er sicher ein wichtiger Mann, dem Kaiser ergeben, kampferprobt, aber auch jähzornig. Wie sein Konkurrent, Berthold III. von Andechs-Meranien, war Otto an fast allen wichtigen politischen Ereignissen der Zeit maßgeblich beteiligt; er wirkte auch in der Kommission mit, die

die Italienpolitik des Königs und Kaisers in die Wege leitete und durchführte. Er stammte aus der alten bayerischen Herzogsfamilie der Luitpoldinger, gehörte aber auch in die weitere staufische Verwandtschaft. Mit seinen zahlreichen Töchtern betrieb er eine kluge Heiratspolitik, die Wittelsbachs Stellung stärkte und ausweitete. Ottos Bruder Konrad war bereits der mächtige Erzbischof von Salzburg, der geistlichen Metropole Altbayerns seit der Zeit Karls des Großen. Ottos gleichnamiger jüngerer Bruder trat an dessen Stelle als bayerischer Pfalzgraf – die wittelsbachische Ausgangsposition war also günstig, sie stand nicht nur auf einem Bein.

Wie sahen das die Zeitgenossen Ottos I. von Wittelsbach? Das Echo war geteilt, auch hier verzerrte »der Parteien Haß und Gunst« sein Charakterbild.

Als es im Oktober 1157 auf einem Reichstag in Besançon zu einer schweren Konfrontation zwischen Barbarossa und dem päpstlichen Legaten Roland – es war dies der spätere Bandinelli-Papst Alexander III. (1159–1181) – kam, machte der damalige Pfalzgraf Otto von Wittelsbach von sich reden. Es ging um die Streitfrage, ob der Staufer sein Kaisertum als »beneficium«, also als Lehen, vom Papst erhalten habe, wie die päpstliche Delegation behauptete, und damit ein Lehnsmann des Papstes und ihm untertan sei. Rahewin, der in seiner Weiterführung der Biographie Friedrich Barbarossas, die Bischof Otto von Freising verfaßt hatte, dieses spektakuläre Ereignis von Besançon schildert, berichtet dies so:

»Als man all dies nun zusammenfaßte und unter den Großen des Reiches Lärm und Tumult über eine so ungewöhnliche Botschaft mehr und mehr anschwoll, soll einer der Legaten, als fügte er zum Feuer noch das Schwert hinzu, gesagt haben: Von wem hat er [Barbarossa] denn das Kaisertum, wenn er es nicht vom Herrn Papst hat? Wegen dieses Wortes stieg der Zorn so an, daß einer von ihnen, nämlich der Pfalzgraf Otto von Bayern, beinahe mit dem gezückten Schwert den Nacken des Legaten bedroht haben soll. Friedrich aber machte das Gewicht seiner Anwesenheit geltend und beschwichtigte so den Tumult.«

Aventinus faßt diese Szene im 16. Jahrhundert folgendermaßen zusammen: »... und da der Bapst und Keyser uneinig waren, des Bapstes Boten vor dem Keyser stolz und trotzlich sagten, das Reich wär Lehen vom Bapst, thet Landgraf Otten solcher Stolz des Bapsts und Schmach des Keysers gar wehe, wollt' mit dem Schwerdt, so er bloß vor dem Keyser hielt, die bäpstliche Botschaft erstochen haben, meynet, die gantze Teutsche Nation war geschmeht und geschändt, daß der Keyser, der mannlichste Held, aller Krieger Vatter und Herr, eines ohnmächtigen Pfaffen Lehensmann seyn sollt...« Der Wittelsbacher war aber klug genug, sich später wieder mit Papst Alexander III. (1159–1181) zu versöhnen, der niemand anderes war als der päpstliche Kanzler und Legat Roland Bandinelli, der in Besançon so provozierend aufgetreten war. Otto von Wittelsbach konnte sich nunmehr mancher Gnadenerweise Alexanders III. erfreuen.

Ganz anders klingt aber, was Bischof Otto von Freising in seiner berühmten Weltchronik über Ottos Familie schreibt. Er beschuldigt nicht nur einen Grafen von Scheyern, einen Vorfahren Ottos von Wittelsbach, 955 verräterisch die Ungarn ins Reich gerufen zu haben, sondern charakterisiert dessen Nachkommen als »Gewaltmenschen« (tyranni) und den Pfalzgraf Otto – den späteren Herzog – folgendermaßen:

»... Aber der Pfalzgraf Otto, des treubrüchigen, unbotmäßigen Vaters sehr ähnlicher Sohn, übertrifft alle seine Vorfahren an Bösartigkeit und drangsaliert bis zum heutigen Tage unablässig die Kirchen Gottes. So ist seltsamerweise fast die gesamte Nachkommenschaft, ich weiß nicht nach welchem göttlichen Ratschluß, in verkehrtem Sinne hingegeben, so daß man in ihr keinen oder doch nur ganz wenige beiderlei Geschlechts, welches Ranges oder Standes auch immer, findet, die sich nicht in offener Gewalttätigkeit austoben oder völlig verblendet, jedes kirchlichen oder weltlichen Ranges unwürdig, sich dem Diebstahl oder Straßenraub ergeben und ein elendes Bettlerdasein fristen.«

Wahrlich eine auffällige Haßtirade in dem berühmten Werk des Bischofs Otto von Freising, die so gar nicht zu dem ansonsten gemessenen Stil dieses Werkes passen will. Der Bischof und Geschichtsschreiber hatte seine ganz persönlichen Gründe für solche ungerechten Ausfälle, denn erstens gehörte er dem Hochadelsgeschlecht der Babenberger an, die zwar vor kurzem Herzöge des eben 1156 entstandenen Herzogtums Österreich geworden waren, aber dabei ihren Anspruch auf ganz Bayern verloren hatten. Das kränkte Bischof Otto. Zweitens aber war Pfalzgraf Otto V. von Wittelsbach († 1156) der Vogt des Freisinger Bistums geworden. Die Kirche durfte nach kanonischem Recht keine politische Gewalt und keine Gerichtsbarkeit ausüben, und deshalb waren Vögte nötig, die diese weltlichen Geschäfte ausüben mußten. So weit, so gut, aber alle Vögte des Mittelalters benutzten ihre Vogteirechte über Kirchenbesitz, um ihre eigene Macht auszudehnen und Kirchengut an sich zu ziehen – ein schier endloser Streit zwischen Kirche und Vogt. Otto von Wittelsbach, der Vater des ersten Herzogs, machte hier nicht nur keine Ausnahme, sondern setzte mit größter Energie die Vogteirechte ein, um seine politische Herrschaft auf Kosten der Freisinger Kirche zu erweitern. Das gelang ihm auch. Nur hatte er das Pech, dabei an den größten Geschichtsschreiber des deutschen Mittelalters zu geraten, und das brachte ihm jene »schlechte Presse« ein. Ebenso ist es kein Zufall, daß in manchen Handschriften von Ottos Weltchronik dieser häßliche Ausfall gegen die Wittelsbacher sorgfältig getilgt wurde.

Ganz anders hört sich die Überlieferung des wittelsbachischen Hausklosters Scheyern an: »... der Pfalzgraf Otto, ein vom Glück begünstigter und sehr kluger Mann, verdiente sich auf rühmliche Art das Herzogtum Bayern, weil er damals als Krieger und Ratgeber groß war.«

In der Tat gehörte Otto zu dem engsten Kreis um Friedrich Barbarossa, und als kriegerischer Haudegen hatte er sich bewährt, als Friedrich Barbarossa bei der Rückkehr von seinem ersten Italienzug in eine Falle zu geraten drohte. Pfalzgraf Otto erstürmte mit seinen Bayern die von Feinden des eben gekrönten Kaisers besetzte Veroneser Klause im Etschtal und kämpfte so den Heimweg des Kaisers frei. Seither war er Friedrichs verläßlichster Paladin. Als Herzog regierte er Bayern dann nur dreieinhalb Jahre, aber es wird berichtet, daß er – wie einst der erste Salierkaiser Konrad II. – mit Vorliebe selbst in seinem Lande Recht sprach und für Frieden sorgte. Er wußte wohl, daß ein Land ohne Rechtsordnung nur – um mit dem Kirchenvater Augustinus zu sprechen – eine »große Räuberhöhle« ist.

Im Hauskloster Scheyern gibt es einen Bilderzyklus zur wittelsbachischen Geschichte, der zwar erst im frühen 17. Jahrhundert gemalt wurde, dessen Bildprogramm aber nachweislich auf einen Zyklus des 14. Jahrhunderts zurückgeht. Das größte Bild stellt den ersten Herzog Otto – Otto Magnus Wittelspacensis – dar, neben ihm seine Gattin, Agnes von Loon, und beider Sohn, den späteren Herzog Ludwig I., den »Kelheimer«, der vom Vater in die Kunst des Herrschens eingeführt wird. Agnes von Loon (Looz bei Lüttich) ist es weitgehend zu verdanken, daß nach Ottos frühem Tod 1183 das Herzogtum den Wittelsbachern nicht verlorenging. Sie war energisch, politisch begabt und überdies eine hochgebildete Frau. Sie führte die Vormundschaft für das Kind Ludwig, reiste von Burg zu Burg zu den mächtigen bayerischen Dynasten, um für ihren Sohn zu werben – und es gelang ihr auch. Mit Ludwigs I. Mündigkeit war die Gefahr gebannt, seither herrschte das Haus Wittelsbach so gut wie unangefochten.

Das 13. Jahrhundert wurde für die Wittelsbacher ein Jahrhundert der Erfolge, aber zugleich durch Erbteilungen auch eine Epoche der inneren Schwächung durch Bruderzwist. Neben Umsicht, Zähigkeit und Energie kam den bayerischen Herzögen des 13. Jahrhunderts das Glück zu Hilfe. Der Niedergang des staufischen Kaiserhauses ließ die Territorien erstarken, nicht zuletzt Bayern. Nach 1198 erlosch auch eine Nebenlinie des neuen Herzoghauses, und die Grafschaften Dachau und Valley fielen an Ludwig den Kelheimer. Bald darauf gingen die Burggrafschaft Regensburg, 1204 die Markgrafschaft der Diepoldinger um Cham und Vohburg an die neue Dynastie. 1256 kam Nabburg an das Haus Wittelsbach, und 1242 erloschen die in Ostbayern mächtigsten Grafen von Bogen, deren Besitz den

Großteil des Bayerischen Waldes umfaßte. Schon Ludwig I., der Kelheimer (1183–1231), hatte in Konkurrenz mit den Bogener Grafen Beziehungen zum przemyslidischen Böhmen geknüpft. Damals ging dieses böhmische Herrschergeschlecht dem Höhepunkt seiner Königsmacht entgegen. Ludwig I. heiratete die Witwe des kinderlosen Grafen Albert III. von Bogen, die Przemyslidin Ludmilla. Durch sie fiel der Großteil des Bogener Erbes an Bayern, der andere Teil ging an die Könige in Prag. Die Erbteilung legte für lange Zeit die Grenze zwischen Bayern und Böhmen fest.

Herzog Ludwig I. wurde von Kaiser Friedrich II., der im fernen Unteritalien und Sizilien einen modernen Königsstaat aufbaute, zum Reichsverweser für dessen Sohn Heinrich (VII.) bestellt. Damit stand das Haus Wittelsbach in der vordersten Linie der großen Fürstenfamilien, die bald darauf, nach dem Aussterben des staufischen Kaiserhauses, um die Macht im Reich kämpften. Ludwigs Sohn Otto II. konnte durch seine Heirat mit Agnes, einer Enkelin Heinrichs des Löwen, die Pfalzgrafschaft bei Rhein erwerben, den zweiten Machtblock der Wittelsbacher neben Bayern. Mit einem Wort, es war eine Erfolgsstory, allerdings nicht ohne Brüche und Katastrophen im Menschlichen: 1231 wurde Ludwig I. auf der Kelheimer Donaubrücke von einem Meuchelmörder erstochen. Da der Täter auf der Stelle totgeschlagen wurde, konnten seine Hintermänner nicht ermittelt werden – Vermutungen, daß Kaiser Friedrich II. seine Hand im Spiel hatte, sind wohl haltlos, aber dem Ermordeten gab die Geschichte den Namen »der Kelheimer«. Seine Witwe Ludmilla gründete zur Erinnerung an diesen Mord das Kloster Seligenthal in Landshut.

War der wittelsbachische Sprung in die Pfalz gewissermaßen ein außenpolitischer Erfolg, so konnten die Herzöge ihren innenpolitischen Siegeslauf als lachende Erben ausgestorbener Dynastenfamilien 1248 mit dem Erbe der Titularherzöge und Grafen von Andechs-Meranien krönen, einem mächtigen Besitz, der diese Familie, die zeitweise bedeutender als die Wittelsbacher war, ebenfalls weit über andere Adelsfamilien emporgehoben hatte. Mit der hl. Hedwig besaßen die Andechser eine Heilige († 1243) aus ihrer Familie, und das erhöhte die charismatische Würde ihrer Herrschaft. Seit 1208 waren die Andechser auch Herzöge von Burgund.

Für die Wittelsbacher war das Andechser Erbe wohl der wichtigste territoriale Erwerb in Altbayern, aber noch wurde er im Westen am Lechrain eingegrenzt von den umfangreichen Besitzungen, die einst Friedrich Barbarossa Herzog Welf VI. abgekauft hatte.

Zwanzig Jahre später – 1268 – konnten die Wittelsbacher auch dieses Gebiet gewinnen, und das kam so: Herzog Otto II., der »Erlauchte« (illustris), verheiratete seine Tochter Elisabeth mit König Konrad IV., dem Sohn Kaiser Friedrichs II. Elisabeths Sohn, der junge Konradin, scheiterte 1268 bei dem kühnen Versuch, gegen Karl von Anjou das Stauferebe in Italien zurückzuerobern. Er mußte in Neapel sein Haupt aufs Schafott legen. Mit dieser Tragödie endete die Geschichte der Staufer. Für Bayern war jedoch die Folge, daß jetzt auch das konradinische Erbe in der Oberpfalz und am Lechrain den Wittelsbachern zufiel.

Herzog Otto II. – er starb 1253 – war nicht nur ein wendiger Politiker, sondern machte sich wie sein Vater Ludwig I. auch als Städtegründer einen Namen. Nachdem die Wittelsbacher nur schwer in Regensburg Fuß fassen konnten, gründeten sie eigene Städte, oft in Opposition gegen die älteren, mächtig gewordenen Bischofsstädte. So entstand München gegen Freising; Landshut, Landau an der Isar und Dingolfing gegen Regensburg und Friedberg gegen Augsburg. Es folgten Ingolstadt, Burghausen und Straubing als herzogliche Stadtgründungen. Das reiche fruchtbare Niederbayern tritt hier deutlich hervor, nicht umsonst wurden später die Landshuter Herzöge die »reichen Herzöge« genannt. Unter Kaiser Ludwig IV., dem »Bayern«, erreichte die erfolgreiche wittelsbachische Städtepolitik einen neuen Höhepunkt. Städte waren für die Herzöge wirtschaftlich interessant, sie stellten gleichzeitig aber auch volkreiche Großfestungen dar und wurden Zentren der fürstlichen Landesherrschaft.

Seit der zweiten Hälfte des 13. Jahrhunderts kam mit den wittelsbachischen Erbteilungen eine gewisse Gegenbewegung in Gang. Die Söhne Ottos des Erlauchten, Ludwig II., der »Strenge«, und Heinrich XIII. teilten die Wittelsbacher Lande: Ludwig herrschte in der Pfalzgrafschaft bei Rhein und in Oberbayern, Heinrich in Niederbayern mit den Residenzen Landshut, Straubing und Burghausen.

In der nächsten Generation, an der Wende vom 13. zum 14. Jahrhundert, wurde noch einmal geteilt, vor allem wurden jetzt die Rheinpfalz und Oberbayern eigenständige wittelsbachische Herrschaften. In München-Oberbayern kam 1294 jener Wittelsbacher ans Ruder, mit dem die Dynastie erstmals die Königsherrschaft erlangte: Ludwig »der Bayer«.

Die Blüte mittelhochdeutscher Literatur in Bayern

Das 13. Jahrhundert war ein großes Jahrhundert bayerischer Kultur und Kunst, die sowohl in die gesamteuropäische Kultur eingebettet war als auch klare eigenständige Züge entfaltete. Schon um die Mitte des 12. Jahrhunderts war in Bayern eine besondere Form des Minnesangs entstanden, die sich inhaltlich deutlich vom westeuropäischen Minnelied höfischer Prägung unterschied: der »donauländische Minnesang«. Nicht die hohe, stilisierte Herrin des klassischen Minneliedes wird besungen, sondern die wirkliche Liebe zwischen Mann und Frau; es geht um Sehnsucht, Hingabe und Abschiedsschmerz.

Der Kürnberger (um 1160) aus der Gegend von Linz, das heißt aus der babenbergischen Ostmark stammend, dichtete damals ein unsterbliches Liebeslied, und – was besonders auffällt – es sind die Gefühle einer Frau, die er besingt, ihr Schmerz:

»Swenne ich stan aleine in mînem hemede und ich an dich gedenke, ritter edele, so erblüet sich min varwe, als der rôse in touwe tuot und gewinnet daz herze vil mangen trûrigen muot«.

Auch Dietmar von Aist, der in der 2. Hälfte des 12. Jahrhunderts in Passauer, Berchtesgadener und Aldersbacher Urkunden auftaucht, sang in dieser menschlichen, unverstellten Weise, die uns viel näher ist als der hochartifizielle Minnesang klassischer Prägung. Einen Nachklang dieses altbayerischen Minneliedes findet sich noch im spätmittelalterlichen Liederbuch der Clara Hätzlerin in Augsburg. Dort heißt es:

»Hab ich lieb, so hab ich not,
Meid ich lieb, so bin ich tot!
Nun ee ich lieb durch laid wolt lân,
Ee will ich lieb in leiden hân!«

Noch enger mit Altbayern verbunden ist das *Nibelungenlied* – wohl das gewaltigste Epos der mittelhochdeutschen Literatur, desgleichen das *Kudrun-Epos*. Neben dem *Parzifal* Wolfram von Eschenbachs – Wolfram stammt ebenfalls aus dem Bayerischen – und neben den Gedichten Walthers von der Vogelweide ist das *Nibelungenlied* Bayerns wichtigster Beitrag zur deutschen Klassik des Mittelalters. Das Werk wurde von einem namentlich nicht bekannten Dichter um 1200 am Hofe des Passauer Bischofs Wolfger aufgezeichnet, und zwar in einer eher altertümlichen Strophenform mit überlanger Schlußzeile. Ein Liederdichter von bemerkenswerter Eigenart war Neithart von Reuenthal. Er lebte zwischen 1180 und 1240, zuerst am Hofe Herzog Ludwigs I., »des Kelheimers«, in Landshut, dann, nach dessen Tod 1231, bei Herzog Friedrich dem Streitbaren, dem letzten Babenberger in Österreich. Als Lyriker steht Neithart fast ebenbürtig neben Walther von der Vogelweide; viele seiner Lieder wurden noch im Spätmittelalter gesungen, verbreitet und nachgeahmt. Er war mit seinen Dichtungen oft sehr volkstümlich und trug so die donauländische Minneliedtradition weiter und damit die Motive der einfachen Liebe – unverstellt von höfischer Stilisierung. Gleichzeitig verspottet er aber auch die Bauern – ein erstes Aufflackern von Standeskritik, diesmal »von oben«.

Neithart weilte auch am Hofe Herzog Ottos II., des »Erlauchten«; dort fand sich auch Reinbot von Dürne ein, der im Auftrag des Herzogpaares um 1235 eine Georgs-Legende ganz im Stil mittelalterlicher Ritterdichtung schrieb; St. Georg ist hier als Patron des neuen Ritterstandes dargestellt.

Eher aus Bayerisch-Franken als aus der Oberpfalz stammte der Tannhäuser, der Herzog Otto II. überschwenglich in seinen Gedichten feierte. Auch seine Lieder sind voller Sinnlichkeit und unverhüllter Liebesfreude, weshalb ihm das Spätmittelalter nachsagte, er sei »Frau Venus« hörig gewesen – ein Motiv, das im 19. Jahrhundert sowohl Richard Wagner wie König Ludwig II. faszinierte und inspirierte.

Die *Carmina Burana* – weltberühmt durch Carl Orffs kongeniale Vertonung, benannt nach ihrem Fundort im Kloster Benediktbeuern – wurden im ersten Drittel des 13. Jahrhunderts im altbayerischen Sprachraum in Tirol oder Kärnten geschrieben. Unter den Nachträgen der Benediktbeuerner Handschrift findet sich auch mittelhochdeutsche Spruchweisheit:

Minne, schatz, groz gewin
vercherent gutes mannes sin.
(Minne, Schatz, großer Gewinn
verkehren guten Mannes Sinn.)

*

Man sieht vil selten richez hus
ane dieb und ane mus.
(Kaum sieht man ein reiches haus
ohne Dieb und ohne Maus.)

*

Swa man den esel chronet
da ist daz land gehoenet.
(Überall, wo man den Esel krönt,
da ist zugleich das Land verhöhnt.)

*

Swer lieb hat, der wirt selten vrei
vor sorgen, daz ez unstaete sei.
(Wer ein Liebchen hat, wird selten frei
von Sorge, daß sie untreu sei.)

Eine eher skeptische Welterfahrung spricht sich hier aus, Zeichen einer reif gewordenen Kultur.

Auch die geistliche Dichtung, lange Zeit eine Domäne des Kirchenlateins, meldet sich in Bayern mit bedeutenden Werken zu Wort. Die sogenannte *Wiener Genesis,* welche die Weltschöpfung sowie Leben und Wirken der biblischen Patriarchen in einem Epos von mehr als 6000 Versen schildert, steht sogar am Beginn der mittelhochdeutschen Versepik. Sie entstand um

Die »Carmina Burana«, in Benediktbeuern aufgefunden – daher der Name –, sind die berühmteste »internationale« Liederhandschrift des Hochmittelalters. Sie entstand im 13. Jahrhundert in Tirol oder Kärnten.

1060, wurde aber im 12. Jahrhundert ergänzt und umgedichtet. Vor 1127 schreibt in der Gegend von Melk eine Frau – die erste deutschsprachige Dichterin: Frau Ava. Ihr Thema ist das Leben Jesu. Sie schließt mit einem rührenden Epilog, in dem sie der beiden Söhne gedenkt, die ihr bei ihrer Dichtung halfen. Einer starb bereits, und so bittet Frau Ava um Gebete für ihn. In Kloster Windberg, am Rande des Bayerischen Waldes, schrieb um 1190 der Geistliche Alber seine Tundaluslegende: die Vision eines irischen Ritters, der in todesähnlichem Zustand Hölle, Fegfeuer und Himmel erlebt; eine eindrucksvolle Jenseitsvision, die den Lebenden zur sittlichen Besserung dienen soll. Geistliche und sinnlich-weltfrohe Dichtung könnte man als Wesen der bayerischen Literatur des Hochmittelalters betrachten, desgleichen die Hinwendung zur Heroenwelt der Vorzeit, wie sie am eindrucksvollsten das *Nibelungenlied* gestaltete.

Architektur und Kunst

Führte im Europa des 10./11. Jahrhunderts die ottonische Kunst, so war zu dieser Zeit innerhalb Bayerns Regensburg schlechthin tonangebend: als geistliche Metropole wie als Königs- und Herzogstadt, wobei das Reichskloster St. Emmeram ein geistiges Zentrum besonderer Art war. Hier feierte Kaiser Otto der Große mit Abt und Mönchen einst ein großes Fest, bei dem sich – wie der Mönch Otloh berichtet – der heilige Emmeram selbst wunderbar kundtat. Einer aus dem kaiserlichen Hofstaat hatte es im Weinrausch gewagt, die Wunderkraft St. Emmerams zu bezweifeln, worauf ihm der Heilige höchst persönlich aus der Mauer heraus eine solche Maulschelle (Watschn) verabreichte, daß der Mann scheinbar tot umfiel und erst durch das Gebet der Mönche wieder zum Leben erweckt werden konnte. Otto der Große selbst muß bei diesem Festmahl auch kräftig gebechert haben, denn zur Erheiterung der bayerischen Mönche begann er plattdeutsch zu reden (»iucundissime saxonizans«).

Neue Großbauten entstehen: die wohl schon unter dem hl. Wolfgang (Bischof von 972 bis 994) erbaute Ramwoldkrypta östlich von St. Emmeram; das neue Westquerschiff des Domes; die Klosterkirche Obermünster; das Kloster Prüfening vor der Stadt, ein Zentrum der Hirsauer Klosterreform, berühmt durch seine Wand- und Buchmalerei; und schließlich der Westbau von St. Emmeram selbst.

In Salzburg wird der alte Virgildom an der Wende vom 10. zum 11. Jahrhundert von Grund auf erneuert und vergrößert. Im 12. Jahrhundert tritt die Stadt als Zentrum von Baukunst und Buchmalerei ebenbürtig neben Regensburg. Unter dem wittelsbachischen Erzbischof Konrad III. kommt es zum Neubau des Domes. Grabungen lassen erkennen, daß dieser Bau einer der größten romanischen Kirchen Deutschland gewesen sein muß. Die Malerei Salzburgs leistete im 12. Jahrhundert in der Bibelillustration Hervorragendes. Sowohl Regensburg wie Salzburg folgten vielfach den Vorbildern byzantinischer Kunst, die schon die ottonische Epoche stark beeinflußt hatte.

Freising begann unter Bischof Albert, dem Nachfolger des großen Historikers Otto von Freising, den Domneubau, ein Werk, das durch die frommen Stiftungen Friedrich Barbarossas und seiner Gemahlin Beatrix von Burgund ermöglicht wurde. Das Kaiserpaar ist auf den Rahmenpfeilern des romanischen Innenportals – es entstand nach 1160 – verewigt; der bischöfliche Begleiter könnte Bischof Albert sein. In der Krypta steht die rätselhafte »Bestiensäule«, die französische Vorbilder haben dürfte: Es ist wohl der Kampf des Menschen mit Dämonen und Drachen dargestellt, ein ewiges Thema der menschlichen Seele.

Aber auch überall im Lande entstanden im 12. bis 13. Jahrhundert große Gotteshäuser: so in Altenstadt bei Schongau eine Kirche des ritterlichen Templerordens in reinster Romanik. Berühmt ist der »große Gott«, ein überdimensionaler Holzkruzifixus, der um 1200 entstand. Ein besonders markanter Bau ist in Regensburg die Schottenkirche St. Jakob aus der zweiten Hälfte des 11. Jahrhunderts. Ihre berühmte Portalwand zeigt ein bis heute rätselhaftes Bildprogramm: Um den Mittelpunkt –

Christus, Jakobus, der Pilgerheilige, und Johannes – sind wiederum Dämonen und Fabelwesen, Menschenpaare und Sirenen gruppiert: Symbole verwerflicher Sinnenlust? Wir wissen es nicht.

Die Schottenkirche St. Jakob in Regensburg.

Kirche und Welt bis zum Ausgang des Spätmittelalters: Das Beispiel Regensburg

Die Armut Christi und seiner Jünger, das war ein großes, alle bewegendes Thema der Zeit. Seit dem 11. Jahrhundert schon klagten Wanderprediger und als Häretiker Verschriene die reiche, zu politischer Herrschaft aufgestiegene und mit fetten Pfründen ausgestattete Prälatenkirche leidenschaftlich an: Der hohe Klerus und das Papsttum hätten Christus und die Lebensideale der Jünger, Apostel und der Urgemeinde aufgegeben, ja verraten. Kirchenkritik und Abfallbewegungen von der Herrschaftskirche alten Stils nahmen seither bedrohliche Formen an. Fast gleichzeitig gründeten an der Wende vom 12. zum 13. Jahrhundert der Spanier Dominikus und der Italiener Franziskus von Assisi Lebensgemeinschaften, in denen mit dem Gebot der Armut, der Keuschheit und der wahren Brüderlichkeit radikal Ernst gemacht wurde. Innozenz III. (1198–1216), wohl der bedeutendste Papst des Hochmittelalters, bestätigte gegen die Bedenken des Kardinalskollegiums diese Gemeinschaften als neue Orden. Das waren die erfolgreichen Bettelorden: Dominikaner und Franziskaner, desgleichen die Augustinereremiten. Sie sollten gegen die um sich greifende Häresie der Massen durch ihr Lebensvorbild und vor allem durch ihre Predigt ankämpfen. Innerhalb weniger Jahre entstanden in ganz Europa Hunderte von Konventen, deren Missionsgebiet vor allem die aufblühenden Städte waren, in denen die immer reicher werdende Kaufmannschaft das Sagen hatte und gleichzeitig große Armut herrschte.

Schon 1221, als sich Franziskaner das erste Mal in Deutschland niederließen, kamen sie nach Regensburg; sicher nicht zufällig, denn die Stadt war die größte Handelsmetropole Süddeutschlands. Schon 1226 wurde das Minoritenkloster gegründet; es erhielt einen kargen, fast spartanischen Bau. Seit 1230 waren dann auch die Dominikaner am Ort, ihre gewaltige Gewölbekirche ist neben der Erfurter Dominikanerkirche der reinste und bedeutendste frühgotische Bettelordensbau Deutschlands. Vielleicht war an der Gründung schon Albertus Magnus beteiligt: ein Schwabe, der bedeutendste Universalgelehrte seiner Zeit, Mystiker, Philosoph, Naturwissenschaftler, aber auch erfolgreicher Ordenspolitiker, zwischenzeitlich (1260–1262) auch Bischof von Regensburg. Er lebte einige Zeit im dortigen Dominikanerkloster.

Sein Freund war der größte Prediger des Jahrhunderts, der Franziskaner Berthold von Regensburg, wohl ein Kind dieser Stadt, der in allen Sprachen Europas predigend durch die Lande zog, von Königen und Fürsten gerufen wurde, aber doch in erster Linie ein Anwalt des Volkes, der Mühseligen und Beladenen blieb. Er predigte oft im Freien; Zeitgenossen berichten – wohl übertreibend – von 200000 Menschen, die sich zu seinen Predigten einfanden. Seine deutschen Predigttexte sind zumindest teilweise als Nachschriften erhalten oder aus seinen lateinischen Texten zu ergänzen. Unverkennbar ist sein suggestiver Stil: plastisch, voller Vergleiche, Sprichwörter, Wortspiele und Anekdoten; ein Redestrom, der im leidenschaftlichen Aufruf zu Barmherzigkeit, zu Buße und Sühne gipfelt.

Ein Hauptthema seiner Predigten ist der Geiz, die Habsucht, avaritia, mittelhochdeutsch: die »gîtekeit«. Sicher war dies angesichts der reichen Kaufleute in Regensburg ein hochaktuelles Thema, mit dem man viele Zuhörer gewinnen konnte.

Die Stadt lag am Kreuzungspunkt großer Fernstraßen, die berühmte Steinerne Brücke, 1146 vollendet, hatte den Handelsverkehr geradezu gebündelt, der nach dem Orient, nach Kiew, Italien, Frankreich, Norddeutschland und Böhmen führte. Dieses Bauwerk, das im Zusammenwirken der Bürger, des Königs sowie des Herzogs und Bischofs entstand, gilt als Meisterleistung mittelalterlicher Ingenieurskunst, die sowohl in Deutschland wie in Frankreich Nachahmung fand. Die weitverbreitete Regensburger Münze richtete sich im Silbergewicht nach Frankreich und nach der byzantinischen Geldrechnung. Seide aus Regensburg, die aus dem Orient kam, war ein Qualitätsartikel, und im Handelszentrum der Deutschen in Venedig, dem Fondaco dei Tedeschi, führten die Regensburger »Pfeffersäcke« den Vorsitz. Auch im Finanzgeschäft waren sie tätig, vor allem als Geldverleiher, wobei sie bald die Juden überrunden konnten, die seit dem Früh- und Hochmittelalter auf diesem Gebiet erfolgreich tätig gewesen waren.

In der Architektur der Stadt hat sich der Reichtum und damit die Macht der Regensburger Kaufleute und Patrizier Denkmäler besonderer Art geschaffen. Die mächtigen Wohntürme – Wehrburgen mitten in der Stadt wie in Siena, San Gimignano und Genua! – sind Zeichen dafür, wer das Sagen in der Stadt hatte; denn die Regensburger spielten im 13. und 14. Jahrhundert auch kräftig in der Reichspolitik mit. Aus dem 14. Jahrhundert ist uns mit dem *Runtingerbuch* das erste Geschäftsbuch eines Regensburger Fernhändlers mit dessen weitreichenden Handelsverbindungen erhalten, desgleichen der gotische Wohnpalast der Runtinger.

Macht und Reichtum des Regensburger Handelspatriziats waren auch schon in der zweiten Hälfte des 13. Jahrhunderts vorhanden. Berthold, der Bettelmönch und Volksprediger, wußte genau, wer ihm zu Füßen saß, wenn er das Publikum seiner Heimatstadt zusammendonnerte und gegen Geiz, Habsucht und Betrug wetterte. Es gab auch Handwerkeraufstände gegen die Patrizier, und als Anwalt der Armen hatte Berthold sicher viel zu tun und zu schlichten. Er gehört zu den frühesten Gesellschaftskritikern des Mittelalters. So wurmte ihn beispielsweise tief, daß selbst am Feiertage »der Pflug des Habgierigen, des Geizigen nicht ruht«, wie er sich bildlich ausdrückt, denn auch am Tag des Herrn, am Sonntag, wächst der Zinsgewinn des Geldverleihers:

»Nu wis frô, gîtiger, du versumest einen hebelinc niht an dirre predige. Ir andern liute, ir versumet iuch iezu gar sêre an iuwer Arbeit« (Nun sei froh, Habgieriger, du versäumst keinen Heller bei dieser Predigt. Ihr anderen Leute aber, ihr versäumt gar viel bei eurer Arbeit), nämlich beim Zuhören, weil sie dann mit ihrer Hände Werk kein Geld verdienen konnten. Weiter heißt es im Predigttext:

»Wan da sitzet maniger vor mînen ougen, der ietzuo hundert pfunt sollte hân von sînen arbeiten, der hat sô vil niht, daz er sich des frostes müge ernern«. (Denn es sitzt mancher vor meinen Augen, der jetzt hundert Pfund Geld haben müßte von seiner Arbeit; aber er hat nicht so viel, um sich gegen den Frost zu schützen.)

Regensburg, Vorreiter Süddeutschlands und Bayerns, war damals geistig lebendig wie wenige Städte im Reich. Es war eine Welt im Aufbruch: großes Geld, Gewinn, der Warenfluß in alle Himmelsrichtungen, technische und wirtschaftliche Innovationen und bedeutende Bauwerke auf der einen Seite – wachsende Stadtarmut, Handwerkerrebellionen und der gewaltige Anruf einer neuen Volksfrömmigkeit, der den unerhörten Erfolg der Bettelorden in ganz Europa bewirkte, auf der anderen Seite. Sprachrohr für die drängenden religiösen und sozialen Fragen wurden vor allem diese mönchischen Gemeinschaften völlig neuer Art mit ihren Predigten und der Wiederbesinnung auf alte kirchliche Pflichten, die schon die spätantiken Kirchenväter formuliert hatten: Schutz der Armen, der Witwen und Waisen. Wer aber hörte diesen Anruf? In Bayerns alter Metropole wird dies alles im 13. Jahrhundert aktuell, wird »auf den Begriff gebracht« und leidenschaftlich diskutiert.

In der folgenden Epoche, dem 14. und 15. Jahrhundert, dem »Herbst des Mittelalters«, der auch in Bayern leuchtende Farben hatte und mit glanzvoller gotischer Architektur, Plastik und Malerei in Regensburg, Landshut, Passau, Burghausen, Ingolstadt und anderen Orten herrliche Stadtbilder schuf, fehlte es aber auch nicht an schweren Auseinandersetzungen zwischen den einzelnen Gruppen der städtischen Gesellschaft und zwischen Fürst und Stadt. Regensburg, die »Metropolis« Altbayerns, ist dafür das eindrucksvollste Beispiel. Der Ruf nach kirchlichen Reformen wurde immer lauter und deckte auch soziale Krisenherde auf. Einerseits intensivierte sich die Volksfrömmigkeit mit geistlichen Bruderschaften, Mirakelwesen und Wallfahrten, andererseits stand es um die klösterliche Zucht in der Stadt schlecht. Im Großkloster St. Emmeram mußte der Rat mehrfach kontrollierend eingreifen, die Domherren galten als besonders zuchtlos, und der berühmte Kardinal Nikolaus von Kues, ein bedeutender Philosoph und Naturwissenschaftler, versuchte als päpstlicher Legat vergeblich, die skandalösen Zustände in den drei Damenstiften zu beseitigen. Gleichzeitig verschärften sich die Spannungen zwischen Zünften und reichem Patriziat, wobei auch die alte jüdische Gemeinde Regensburgs in die schweren Auseinandersetzungen hineingezogen wurde.

War die Stadt noch im Pestjahr 1348/49 neben Wien die einzige Großstadt im deutschen Bereich gewesen, die keine Juden verfolgte, änderte sich dies im 15. Jahrhundert radikal. Das hing mit dem völligen Zusammenbruch der Regensburger

Wirtschaft und Finanzen zusammen, der sehr zu Unrecht den Juden in die Schuhe geschoben wurde. Seit 1450 taucht die Forderung nach deren Vertreibung oder »Bekehrung« auf. Unaufgeklärte Kindsmorde peitschten die antisemitische Stimmung zusätzlich hoch. Der Rat, bislang noch zurückhaltend, schwenkte schließlich auf die »Volksstimmung« ein, das Ghetto wurde jetzt versperrt, harte Maßnahmen ergriffen. Das alles hätte wohl vermieden werden können, wenn Herzog Albrecht der Weise Stadtherr geblieben und die katastrophale Schuldenlast der Stadt durch ihn getilgt worden wäre. Nachdem er aber der kaiserlichen Gewalt weichen und die Stadt 1492 wieder aufgeben mußte, verschlechterte sich die Lage der Judengemeinde wieder. Nach dem Tod Kaiser Maximilians I., der »lieber ganz Österreich aufgeben wollte als Regensburg fahren zu lassen«, kam es 1519 zu blutigen Ausschreitungen und zur brutalen Vertreibung aller Juden. Das Ghetto wurde zerstört, die jüdischen Grabsteine herausgerissen und über die ganze Stadt verstreut. Anstelle der abgerissenen Synagoge errichtete man wegen eines Wunders die Wallfahrtskapelle zur »Schönen Maria«, die heutige evangelische Neupfarrkirche. Aus der wachsenden Kritik an dieser inszenierten Wallfahrt entstand dann sehr früh die Reformation in Regensburg; sie wurde aber erst 1542 mit dem offiziellen Übertritt des Stadtbürgertums zur Lehre Luthers abgeschlossen.

Die wirtschaftliche und soziale Misere der Stadt, ihre inneren Kämpfe und Exzesse verhinderten jedoch keineswegs ein reges geistiges und künstlerisches Leben. Am Ende des 15. Jahrhunderts öffnete der gebildete Abt Erasmus Münzer von St. Emmeram seine Bibliothek der gelehrten Welt. Dort konnte Hartmann Schedel, der Nürnberger Humanist und Historiker, für seine berühmte Weltchronik arbeiten; desgleichen der deutsche »Erzhumanist« Konrad Celtis, der hier die Dramen Hrotsviths von Gandersheim entdeckte. Und Aventin fand hier die einzige Handschrift der Lebensbeschreibung Kaiser Heinrichs IV., des gewaltigen Kaisers des Investiturstreits, die ein bewußt anonym gebliebener, prokaiserlicher Geistlicher in Regensburg verfaßt hatte. Aventin selbst verbrachte seinen Lebensabend in der Stadt. Im 18. Jahrhundert sollte das Kloster St. Emmeram mit seiner berühmten Sternwarte als Zentrum exakter Wissenschaften, der Geschichtsschreibung und katholischen Aufklärung wieder eine bedeutende Rolle im deutschen Geistesleben spielen.

Neben Passau, wo Wolf Huber wirkte, war Regensburg in der ersten Hälfte des 16. Jahrhunderts Zentrum der »Donauschule«. Hier entdeckte der geniale Künstler Albrecht Altdorfer (1480–1538), Maler und Baumeister, Ratsmitglied und Kämmerer der Stadt, die Schönheit der Landschaft, hier schuf er sein gewaltiges historisches Panorama der »Alexanderschlacht«, das den Kampf der ungeheuren Heermassen des Perserkönigs Dareios mit Alexander dem Großen in einer weiträumigen Gebirgs- und Seelandschaft unter einem kosmisch überhöhten Himmel darstellt: eine grandiose Komposition von symbolischer Kraft.

Der Donauschule zugerechnet wird auch der Landshuter Hans Leinberger (1480/85–1531/35), neben Tilman Riemenschneider der bedeutendste Bildhauer Süddeutschlands in dieser Epoche. Zwischen Spätgotik und Renaissance hat er einen eigenen, kräftigen, fast schon barock bewegten Stil von großer Innerlichkeit entwickelt. Der Hochaltar im Stiftsmünster zu Moosburg, die große Bronzefigur des Grafen Albrecht von Habsburg in der Innsbrucker Hofkirche, der Christus von St. Nikola und die majestätische Gottesmutter von St. Martin in Landshut sowie der mächtige Jakobus spiegeln manches vom altbayerischen Wesen, seiner Bildhaftigkeit, Sinnesfreude und verletzlichen Bodenständigkeit wider.

4. KAPITEL

Im Zentrum der Reichspolitik: Die Epoche Ludwigs des Bayern

Der schwierige Beginn als deutscher König

In welch schwere Bedrängnis ein christlicher Fürst durch die oft berufenen Sachzwänge der Politik geraten kann, zeigt das Schicksal jenes Wittelsbachers, dessen entschlossener Griff nach der deutschen Königskrone wie nach der Kaiserkrone ihm eine jahrzehntelange und zuletzt verhängnisvolle Konfrontation mit dem Papsttum einbrachte; es war der letzte dramatische Konflikt des Mittelalters zwischen Imperium und Sacerdotium, Reich und Kirche. Damit beteiligte sich Ludwig, anfangs eher zufällig und wider Willen, an einem gewaltigen Geisteskampf innerhalb der Kirche, dessen Protagonisten vor allem Mitglieder des Franziskanerordens wie der Pariser Universitätsintelligenz und auf der anderen Seite die Kurie in der »babylonischen Gefangenschaft« des avignonesischen Exils waren. Das Papsttum seinerseits wollte damals sowohl innerhalb der Gesamtkirche wie auch in Italien und besonders gegenüber dem mächtigen Einfluß des französischen Königs Terrain zurückgewinnen und wieder unabhängig werden. Der Konflikt mit Ludwig dem Bayern war deshalb keineswegs zwangsläufig, am Ende aber unlösbar, jedenfalls für den Bayern.

Ludwig IV., mütterlicherseits ein Enkel Rudolfs von Habsburg – seine Mutter war dessen politisch ehrgeizige Tochter Mechthild –, wurde 1283 als Sohn Herzog Ludwigs des Strengen, des Pfalzgrafen bei Rhein (1253–1294), geboren. Beim Tode des Vaters erbte er zusammen mit seinem älteren Bruder Rudolf Oberbayern und die Rheinpfalz, doch da er damals erst elf Jahre alt war, sah es um seine Ansprüche eher schlecht aus. Deshalb hielt er sich auch zumeist am Hofe König Albrechts I., seines Oheims, in Wien auf. Dort hatte seine Mutter starken Einfluß auf seine ersten politischen Schritte. Der Zwist mit dem älteren Bruder Rudolf war damit schon vorgezeichnet, Ludwig vertrat damals ganz eindeutig habsburgische Interessen. Nachdem 1308 König Albrecht I. durch Mörderhand gefallen war und die Habsburger keinen geeigneten Thronkandidaten aufstellen konnten, kam der Luxemburger Heinrich VII. als deutscher König zum Zug; für ihn trat auch Ludwigs Bruder Rudolf ein. Erst 1313, beim Tode des Luxemburgers, nahm der jüngere Wittelsbacher seine politische Chance wahr. Im Streit um die Vormundschaft und damit Regentschaft über die unmündigen Söhne Herzog Ottos III. von Niederbayern hatte sich Ludwig mit seinem Vetter und Jugendgefährten Friedrich dem Schönen von Österreich entzweit und ihn am 9. November 1313 in der Schlacht von Gammelsdorf westlich von Landshut geschlagen. Mit diesem Sieg gelangte Ludwig endgültig politisch in die vorderste Reihe der Thronkandidaten und trat im folgenden Jahr gegen Friedrich als Bewerber um die Königskrone an. Die Situation war günstig, denn Johann der Luxemburger, Sohn des verstorbenen Königs Heinrich, war noch unmündig und das Papsttum in Avignon nach dem Tode Clemens V. (1314) durch eine mehr als zwei Jahre währende Sedisvakanz nicht in der Lage, in den deutschen Thronstreit wirksam einzugreifen. So kam es zu einer Doppelwahl, von jeher ein Verhängnis in der deutschen Geschichte. Am 19. Oktober 1314 wurde in Sachsenhausen bei Frankfurt Friedrich der Schöne mit den Stimmen Kur-Kölns und des wittelsbachischen Pfalzgrafen Rudolf zum deutschen König gewählt. Dieser Wahl schlossen sich der Meinhardinger Heinrich von Kärnten-Tirol und Herzog Rudolf von Sachsen-Wittenberg an. Friedrich konnte also für sich zwei »echte« Stimmen und zwei zusätzliche mit zweifelhaftem Kurrecht verbuchen. Ludwig von Oberbayern hingegen, dessen Wahl am folgenden Tage am legitimen Wahlort Frankfurt erfolgte, erhielt die Stimmen der

Erzbischöfe von Mainz und Trier sowie die böhmische und brandenburgische Kurstimme, besaß also eine Majorität von vier echten Stimmen. Der militärische Austrag des Kampfes um die Krone war dennoch unvermeidlich geworden. Ludwig verdrängte zuerst seinen Bruder Rudolf aus der Pfalz und fügte den Habsburgern in Vorderösterreich, ihrem Stammland, dadurch schweren Schaden zu, daß er der sich bildenden Schweizer Eidgenossenschaft ihre Reichsfreiheit ebenso bestätigte, wie dies schon sein Vorgänger, Heinrich VII., aus demselben Grunde getan hatte: Es galt, habsburgische Positionen zu schwächen. Die spätere Schweizer Freiheit war zumindest teilweise eine unbeabsichtigte Spätfolge dieser Politik. Der Kampf um die Alleinherrschaft wogte lange hin und her, bis Ludwig am 28. September 1322 in der Schlacht bei Mühldorf mit der Gefangennahme Friedrichs des Schönen der entscheidende Sieg gelang. Er suchte nun einen Kompromiß mit den habsburgischen Verwandten und erreichte in der »Trausnitzer Sühne« vom 13. März 1325 den Verzicht Österreichs auf das Königtum und einen festen Bund zwischen Habsburg und Wittelsbach. Friedrichs Brüder, besonders Herzog Leopold, nahmen aber den Vertrag nicht an. Die rührende Erzählung, daß Friedrich der Schöne daraufhin wieder in die Gefangenschaft auf der Burg Trausnitz zurückgekehrt sei, ist eine spätere Sage. Ludwig suchte nun auf andere Weise, nämlich durch Teilung der Reichsherrschaft, einen Ausgleich mit Habsburg, aber erst der Tod Herzog Leopolds am 28. Februar 1326 brachte ihm für zwei Jahrzehnte die faktisch unbestrittene Königsmacht im Reich. Parallel zum Thronstreit und in engster Verquickung mit ihm lief die Auseinandersetzung Ludwigs mit seinem Bruder Rudolf, der sich folgerichtig bis zu seinem Tode 1319 mit Habsburg verbündete, zeitweise (1317) aber ganz auf die Herrschaft über Bayern verzichtete und dann doch wieder gegen Ludwig kämpfte. Es zeugt vom Geschick des letzteren, daß es ihm mit großer Geduld und Zähigkeit, aber auch mit zupackender Härte schließlich doch gelang, das reiche Niederbayern und die Pfalz in die Hand zu bekommen, diesen großen Erfolg im Hausvertrag von Pavia 1329 zu sichern und damit einen geschlossenen Block wittelsbachischer Hausmacht zu schaffen. Die Rheinpfalz und die Oberpfalz gingen an die beiden Söhne seines älteren Bruders: So entstand die bayerische und die pfälzische Hauptlinie des Hauses Wittelsbach; gegenseitige Beerbung war vorgesehen. Diese trat erst 1777 zugunsten der Pfälzer ein. Das nunmehr vereinte bayerisch-pfälzische Territorium arrondierte er durch den Erwerb Brandenburgs (1323) und Tirols (1341) und schließlich, durch seine letzte Ehe mit Margarete, mit dem Erwerb der reichen Grafschaft Holland (1346). Seine Leistung als Territorialpolitiker ist lange Zeit zu Unrecht gegenüber den noch größeren Erfolgen seines Gegners und Nachfolgers Karl IV. unterschätzt worden.

Die Auseinandersetzung mit dem Papsttum in Avignon

Ähnliches gilt auch für Ludwigs Reichspolitik, die in wesentlichen Punkten der Stabilisierung der Reichsverfassung vorgearbeitet hat, wie sie dann Kaiser Karl IV., hier durchaus in den Fußstapfen seines wittelsbachischen Gegners, mit der Goldenen Bulle (siehe Farbtafeln) von 1356 endgültig sicherte. Höhepunkt der Königspolitik Ludwigs war der sogenannte »Rhenser Kurverein« um den 16. Juli 1338, der mit einem Weistum der Fürsten abschloß, worin es als Recht »seit Menschengedenken« erklärt wurde, daß der von den Fürsten des Reiches oder ihrer Mehrheit, sei es auch im Zwiespalt, gewählte König keiner päpstlichen Bestätigung (Approbation) bedürfe, um im Regnum und im Imperium die vollen Reichsrechte als Herrscher auszuüben, das Reichsgut zu verwalten und den Königstitel zu führen. Blieb in diesem fürstlichen Weistum auch die aktuelle Situation, Ludwigs schwerer Konflikt mit der Kurie, sein umstrittener Kaisertitel, die Kaiserkrönung in Rom und überhaupt die Person des Wittelsbacher, unerwähnt, so konnte der Bayer dennoch diese fast einmütige Willensbekundung der Fürsten, an der auch das politische Haupt der luxemburgischen Partei, Erzbischof Balduin von

Trier, maßgeblichen und wohl auch mäßigenden Anteil hatte, als einen großen Erfolg buchen. Ludwigs Rhenser Weistum war ein wichtiger reichspolitischer Erfolg, den sein Feind und Nachfolger, der Luxemburger Kaiser Karl IV., 1356 in der »Goldenen Bulle« in den wesentlichen Punkten festschrieb, dem ersten, bis 1803 gültigen Grundgesetz des Alten Reiches.

Ludwig überzog allerdings seine Möglichkeiten, als er auf einem folgenden Reichstag in Frankfurt, am 4. August 1338, ein Reichsgesetz mit den Anfangsworten »Licet juris« verkündete, wonach allein die deutsche Königswahl ohne jede päpstliche Mitwirkung den Anspruch auf das universale Kaisertum begründe, das unmittelbar von Gott sei und nicht vom Papst. Wer diesem Gesetz widerspreche oder sich ihm widersetze, mache sich des Majestätsverbrechens schuldig. Ein weiterer Frankfurter Reichstag vom März 1339, der in Anwesenheit eines päpstlichen Legaten stattfand, stellte fest, daß bei einer Weigerung des Papstes, den von den Kurfürsten gewählten König zum Kaiser zu krönen, dieser die Kaiserkrone auch von einem Erzbischof oder Bischof außerhalb Roms empfangen dürfe. Nach dem Zeugnis zeitgenössischer Chronisten herrschte damals im Reich eine kampfbereite Begeisterung für den Kaiser, die auch von Erzbischof Balduin mitgetragen wurde. Auf dessen Initiative schloß sich auch Johann von Böhmen dieser prowittelsbachischen, reichstreuen Stimmung an, sehr zum Ärger seines Sohnes Karl von Mähren, des späteren Kaisers. Karls Stunde sollte erst einige Jahre später kommen, als Clemens VI. (1342–1352) die Tiara erhielt. Der neue Papst, ein Franzose, war einst Karls Erzieher gewesen und blieb sein bester Freund; beide hatten sich in der Jugend lachend geschworen, Kaiser und Papst zu werden, und die Geschichte erfüllte prompt ihren Wunsch. Das hatte schwerwiegende Folgen für Ludwig den Bayern, der schon früher auf dem Boden Italiens in Gegensatz zur Kurie geraten war und jetzt mehr und mehr in einen harten Konflikt hineinschlitterte.

Wie war es zur schicksalhaften, ja verhängnisvollen Konfrontation Ludwigs mit dem Papsttum in Avignon gekommen? Man würde den persönlich frommen Kaiser Ludwig mißverstehen, wenn man ihn zu einer grundsätzlichen antiklerikalen oder gar »kulturkämpferischen« Figur im Sinne der Bismarckzeit stilisieren wollte. Frömmigkeit und praktischer Sinn traten gleicherweise bei Ludwigs großzügiger Förderung und Privilegierung der Klöster zutage, bei der er besonders die Zisterzienser begünstigte. Seine Klosterpolitik diente allerdings auch der konsequenten Stärkung seiner landesherrlichen Position. Zu den achtzehn durch Ludwig privilegierten Klöstern gehörten auch die drei Reichsabteien Tegernsee, Benediktbeuern und Ebersberg, die er damit seiner landesherrlichen Gerichtsbarkeit unterstellte. Scheyern, Seligenthal und Fürstenfeld waren als alte wittelsbachische Hausklöster zugleich Grablegen der Dynastie. Besonders Fürstenfelder Mönche standen Ludwig treu in seinem Kampfe zuerst gegen Österreich und dann gegen Avignon bei. Während des Streites mit Friedrich dem Schönen fingen sie sogar dessen österreichische Kuriere ab und gaben deren geheime Nachrichten an Ludwig weiter. Daraufhin vermochte dieser seine militärischen Gegenmaßnahmen so zu lenken, daß er noch vor der geplanten Vereinigung zweier habsburgischer Heere 1322 bei Mühldorf Friedrich vernichtend schlagen und gefangennehmen konnte. Ludwigs Herz fand in der Klosterkirche Fürstenfeld seine letzte Ruhe – es war dies ein Zeichen seiner tiefen Verbundenheit mit den Mönchen –, während sein Leichnam in der Pfarrkirche zu Unserer lieben Frau in München neben seiner ersten Gemahlin Beatrix von Schlesien beigesetzt wurde. Bei seiner Rückkehr aus Italien stiftete Ludwig 1330 das Kloster Ettal. Hier sollten zwanzig Benediktiner mit ihrem Abt und zwölf Ritter mit ihren Familien unter der Leitung eines ritterlichen Meisters Gott und der heiligen Jungfrau dienen. Es spielten aber auch realpolitische Gründe bei der Stiftung eine Rolle, nämlich die Absicht, an einem wichtigen Alpenübergang nach Tirol einen durch ritterliche Mannschaft gesicherten Stützpunkt zu haben. Das Franziskanerkloster nahe seiner Münchner Residenz – es fiel der Neugestaltung Münchens unter König Max I. Joseph zum Opfer – war dann die geistige Hochburg des Kaisers im Kampfe gegen Avignon.

Nicht die Kirche als Verwalterin der Gnadenmittel und Hüterin des Glaubens war Ludwigs Gegnerin, sondern das Papsttum in einer Extremsituation, die ihm seit dem jähen Sturz Papst Bonifaz' VIII. (1294–1303) von außen aufgezwungen worden war, einer Situation, die sich für etwa hundert Jahre im Exil der Päpste in Avignon – und damit im Einflußbereich der französischen Könige – verfestigte. Sicherlich hatte sich seit den Tagen Gregors VII. und Innozenz' III. das Ansehen der römischen Kirche durch den allzu reichlichen Gebrauch kirchlicher Strafmittel für rein politische Zwecke bedenklich reduziert. Dennoch war es ein Kardinalfehler des Bayern, das Papsttum in Avignon zu unterschätzen. Vielleicht hatte zu dieser Fehleinschätzung beigetragen, daß Ludwigs Anfänge als deutscher König durch die erwähnte lange Sedisvakanz zwischen Clemens V. und Johann XXII. erleichtert wurden. Der letztere hielt sich anfangs im deutschen Thronstreit zurück und erklärte beide Gegner als erwählte römische Könige. Vermutlich glaubte er auf diese Weise Deutschland von Italien fernhalten zu können, wohin zurückzukehren er bestrebt war. Die päpstliche »Neutralität« änderte sich jedoch, als Ludwig nach seinem Sieg bei Mühldorf den Grafen Berthold von Neiffen im Frühjahr 1323 als seinen Generalvikar nach Italien sandte, um die alte ghibellinische, reichsfreundliche Partei unter sein Banner zu versammeln. Johann XXII. eröffnete darauf am 8. Oktober 1323 einen Prozeß gegen den König, den er wegen Anmaßung der Königs- und Kaiserwürde anklagte. Der Papst forderte Ludwig auf, die Regierung binnen drei Monaten niederzulegen, verlangte Unterwerfung unter das päpstliche Approbationsrecht – eine Art »Genehmigung« der Königswahl des Wittelsbachers. Er verbot unter Androhung von Bann und Interdikt Ludwig, den er verächtlich nur Bavarus, den »Bayern«, nannte, Gehorsam zu leisten. Der Streit eskalierte mit mehreren Appellationen Ludwigs, die Johann XXII. am 23. März 1324 durch Verhängung des Bannes über den König und seine geistlichen Anhänger beantwortete. Daraufhin holte der Bayer in der berühmten Sachsenhausener Appellation vom 22. Mai 1324 zu einem Schlag aus, der ihm später trotz eifriger Bemühungen keine Verständigung mit der

Kurie mehr ermöglichte. Hatte Ludwig schon zuvor Johann XXII. als Schützer und Gehilfe ketzerischer Bosheit angegriffen und als Instanz für die Schlichtung des Streites an ein künftiges Generalkonzil appelliert, so nahm er jetzt, unter dem Einfluß der franziskanischen Opposition gegen Avignon, die Armutsfrage als Waffe auf, ein zentrales Thema der Zeit, das ursächlich mit der Finanzwirtschaft des Papstes zusammenhing. Diese neue Wendung im Kampf war um so erstaunlicher, als Ludwig in der ersten Nürnberger Appellation vom 18. Dezember 1323 den Papst noch wegen rechtswidriger Förderung der Franziskaner, die damals in scharfer Konkurrenz zum weltlichen Pfarrklerus standen, angegriffen und der Ketzerei beschuldigt hatte. Jetzt, in der Sachsenhausener Appellation, wiederholte sich zwar in verschärfter Form der Vorwurf der Ketzerei, aber diesmal ergriff der Bayer im Armutsstreit zwischen Johann und den Franziskanern die Partei der Minoriten. Kernpunkt der Auseinandersetzung war die päpstliche Entscheidung auf dem Konzil von Vienne 1323, daß die Annahme, Christus und die Apostel seien arm gewesen, von nun ab als Ketzerei gelten sollte.

Armutsfrage und Papsttum: Ein europäischer Geisteskampf

Das war damals durchaus keine »akademische Frage«, sondern ein leidenschaftlich diskutiertes Problem, das an den Universitäten ebenso heftig erörtert wurde wie in den großen Städten, wo die Armutsfrage vor allem in den allenthalben aufbrechenden häretischen Bewegungen eine zentrale Rolle spielte. Der Zustand des Papsttums in der »babylonischen Gefangenschaft der Kirche« zwischen 1309 und 1377, als das Oberhaupt der Kirche statt in Rom in Avignon residierte, genauer gesagt, dessen dubiose finanzielle Praktiken waren die aktuellen Auslöser einer schon lange schwelenden Diskussion, die nun nicht mehr auf den rein theologisch-spekulativen Bereich eingegrenzt blieb. Papst Johann, ein Bürgerssohn aus Cahors, war ein Finanzgenie.

Eines solchen bedurfte es in der Tat, damit die Kirche wenigstens materiell von jenen Mächten unabhängig wurde, die sie bevormunden und beherrschen wollten – damals war dies besonders der französische König, in dessen Machtbereich Avignon lag. Gerade die virtuose Finanzpolitik des Papstes, ein ausgeklügeltes System von hohen Geldleistungen etwa bei der Vergabe kirchlicher Ämter, brachte die Kurie mit der stärksten und lebendigsten kirchlichen Kraft jener Zeit in Konflikt: mit den Bettelorden, besonders mit den Franziskanern, die ihr radikales Armutsideal in der gesamten Kirche verwirklicht sehen wollten. Evangelische Armut nach dem Vorbild der Apostel war die Parole der Zeit; das bedeutete die Lösung der Kirche und des Papsttums aus tausend Verstrickungen der Politik und weltlicher Geschäfte, es bedeutete aber auch den Abschied von päpstlicher »großer Politik«. Der Konflikt zwischen der franziskanischen Armutsbewegung und der auf Geld angewiesenen Papstkirche wurde, wie schon erwähnt, auf dem Konzil von Vienne 1323 ausgetragen. Er endete mit der Verurteilung der extremen Armutsforderung der Minoriten als Häresie. Der Orden schien damals auseinanderzubrechen, führende Köpfe flohen aus Avignon und suchten früher oder später Schutz und Hilfe beim Kaiser, dem stärksten Gegner des Papstes, wenn er dies auch aus ganz anderen Gründen war. So sammelte sich seit den 20er Jahren des 14. Jahrhunderts in München am Hofe Ludwigs des Bayern eine franziskanische intellektuelle Opposition gegen das Papsttum, das nun seinerseits der Häresie geziehen wurde, und zwar mit den schärfsten Argumenten, die jemals gegen das Oberhaupt der Kirche verwendet worden sind.

Wer waren diese berühmten »Zugereisten«, die sich dem König aus dem Hause Wittelsbach als »ideologische Büchsenspanner« antrugen und die seine Politik fast durch zwei Jahrzehnte mitbestimmen sollten? An der Spitze dieser kirchenpolitischen Opponenten stand der abgesetzte Ordensgeneral der Minoriten, Michael von Cesena, einer der härtesten Kämpfer in der bereits erwähnten »Armutsfrage«, die in der damaligen Kirche mit Häresievorwurf, Exkommunikation und Amtsenthebungen nicht nur alle Gemüter erregte, sondern auch sehr handfeste Folgen hatte. Gemeinsam mit Michael von Cesena floh im Mai 1328 der Franziskaner William von Occam aus Avignon, den man den ersten Philosophen der frühen Neuzeit genannt hat. Ein bedeutender und gelehrter Gegner Occams, der Regensburger Domherr Konrad von Megenberg, hat als polemischer Zeitgenosse, widerwillig genug, die Größe dieses Engländers anerkannt. Er verglich ihn in einem apokalyptischen Bilde mit dem Schwanz des Drachen, der ein Drittel der Sterne des Himmels mit sich gerissen habe, nämlich die Leuchten der Universitäten. William von Occam, der wie andere seiner exkommunizierten Mitbrüder vor dem Hochaltar der Münchener Franziskanerkirche bestattet worden ist, gilt als Mitbegründer des philosophischen Nominalismus, also jener Lehre, wonach die Allgemeinbegriffe (nomina) kein reales Wesen besitzen, sondern nur »Zeichen« sind. Damit schränkte er gegen die traditionelle Scholastik des Thomismus den Zugang zur Transzendenz erkenntnistheoretisch ein. Mit seiner Auffassung, daß Quantität und Relation, damit also auch Raum und Zeit subjektiv seien, wurde er sogar ein Vorläufer der kantischen Kategorienlehre. Allerdings waren es kaum solche Theoreme, die ihn in Gegensatz zur Kurie brachten, sondern seine Gesellschaftslehre, vor allem sein modernistischer, im Grunde schon konziliarer Kirchenbegriff, der einerseits klar unterschied zwischen dem geistlichen Primat göttlichen Rechts, das als eine freie Setzung des göttlichen Willens verstanden wurde, und andererseits einer historisch gewordenen und damit problematisierbaren kirchlichen Herrschaft. Da für ihn Kirche und weltliche Herrschaft, also der Staat, autonome Gebilde waren, traf er sich in diesem Punkte mit der Staatslehre seines Mitemigranten, des Juristen und Arztes Marsilius von Padua. Wie hoch William von Occam selbst seine schriftliche Parteinahme für die Sache Ludwigs des Bayern veranschlagte, geht aus einem berühmten, beschwörenden Diktum des Philosophen hervor: »O imperator, defende me gladio et ego defendam te verbo!« – Oh Kaiser, verteidige mich mit dem Schwerte, und ich will dich mit dem Wort verteidigen!

Die kirchliche und monastische Opposition, die sich am Münchner Hof sammelte, bedurfte in der Tat des Schutzes – vor allem vor den Fangarmen der Inquisition. Man hat das Münchner antipäpstliche Propagandazentrum eine »geistliche Hofakademie« genannt, sicher eine übertreibende, ja irreführende Bezeichnung, denn wenn es auch ein Kreis »hochkarätiger« Intellektueller und politisch versierter Ordensmänner gewesen ist, so waren sie doch nur durch den Wirbelsturm einer extremen kirchen- und reichspolitischen Situation, also eher zufällig, an den Hof des gebannten Wittelsbachers getrieben worden. Dort in München aber wurden die kirchenpolitischen Emigranten eine Art geistiger Planungsstab für den Kampf des Herrschers gegen den Papst in Avignon. Zimperlich war man in dem Münchner Franziskanerkloster und in der benachbarten Herzogs- und Königsburg nicht, wenn es darum ging, die Zustände am päpstlichen Hofe zu geißeln. Man warf Papst Johann XXII. nicht mehr und nicht weniger als Simonie vor.

Simonie, das war seit dem 11. Jahrhundert der schwerste Vorwurf, den Kirchenreformer erheben konnten. Damals galt er vor allem dem deutschen König, der seine Reichsbischöfe eingesetzt hatte, ohne den Papst zu fragen und der von ihnen hohe Abgaben, Reichsdienst und Gehorsam forderte. Simonie – nach der Apostelgeschichte der Kauf geistlicher Ämter – war ein schweres Vergehen. Nun wurde der Papst selbst dieses Deliktes angeklagt, und zwar wegen seines ausgeklügelten Systems der geistlichen Ämtervergabe gegen hohe, im voraus zu entrichtende Geldzahlungen an die Kurie, die sogenannten »Expektanzen«, die aber nicht mehr als eine Anwartschaft auf ein hohes geistliches und meist lukratives Amt begründeten. Erhielt man dann das erstrebte Amt, waren neuerliche hohe Zahlungen an die Kurie fällig.

Der schärfste Kritiker der päpstlichen Finanzpraxis war Marsilius von Padua: um 1280 in Padua, der bedeutenden Universitätsstadt geboren, von 1312 bis 1313 Rektor der Pariser Universität, 1319 als Gesandter des berühmten Stadtherrn Cangrande von Verona und des Matteo Visconti von Mailand am französischen Hof tätig, 1320 wieder an der Pariser Universität, wo er dem Studium der Naturphilosophie und Medizin nachging und damit in einem tieferregten und erregenden geistigen Milieu lebte, das keine Parallele in der damaligen abendländischen Welt hatte. Es war eine Kleriker- und Gelehrtenrepublik mit Kontakten bis weit hinein in die islamische Welt. Die Sorbonne hatte sich zum größten europäischen Diskussionsforum entwickelt. Eines der Hauptthemen der scharfen, bis an die Häresie heranreichenden Diskussion war Reichtum und weltlicher Machtanspruch der Kirche. Marsilius lernte in Paris profilierte Männer der franziskanischen Opposition gegen ein in Weltpolitik, Geldgeschäfte und Machtkämpfe verstricktes Papsttum kennen, so etwa Johannes von Jandun, der später mit ihm an den Hof Ludwigs des Bayern floh, Ubertino da Casale und vor allem Michael von Cesena, General des Franziskanerordens, dem er dann ebenfalls in München wiederbegegen sollte. In Paris schrieb Marsilius sein polemisches Hauptwerk, den *Defensor pacis* (Verteidiger des Friedens), eine gewaltige und gelehrte Streitschrift gegen die Papstkirche von Avignon, die er als »Räuberhöhle« geißelte. Gewidmet ist das Werk Ludwig dem Bayern, der damals, fast gegen seinen Willen, zur Integrationsfigur aller antipäpstlichen Kräfte und der antikurialen Opposition wurde.

Antipäpstlich und antikurial bedeutet aber keineswegs antikirchlich oder gar antireligiös, denn gerade die am Münchner Hof im Exil lebende franziskanische Emigrantenelite trat leidenschaftlich für eine erneuerte, spirituelle, wahrhaft katholische Kirche ein und hielt das finanzgewaltige Papsttum für den eigentlichen Hort der Ketzerei und des Abfalls von der wahren Kirche Christi. So jedenfalls drücken es die devoten Widmungsworte aus, die Marsilius seinem dem Kaiser dedizierten, umwälzenden Werk voranstellte:

»... Aus dem Trieb zur Verbreitung der Wahrheit, aus glühender Liebe zu Vaterland und Brüdern, aus Mitleid mit den Unterdrückten und zu deren Schutz, aus dem Wunsche, die Unterdrücker und die, die das erlauben, von dem Abweg des Irrtums zurückzurufen ... habe ich im folgenden die Hauptergebnisse meines Nachdenkens niedergeschrieben; ganz besonders auch im Blick auf Dich, der Du als Diener Gottes diesem Werk endgültige Erfüllung geben wirst, hochberühmter Ludwig, Römischer Kaiser. Dir ist ja aus altem, geradezu ganz besonderem Recht des Blutes und ebenso infolge Deiner einzigartigen heldenhaften Natur und Deiner herrlichen Tatkraft eingeboren und gesichert der Trieb, die Ketzer auszurotten, die Wahrheit des rechten Glaubens und jede wissenschaftliche Lehre zu fördern und zu erhalten, die Laster auszutilgen ... im Blick auf Dich habe ich diese Hauptergebnisse nach einer Zeit sorgfältiger und angespannter Forschung niedergeschrieben in der Überzeugung, aus ihnen könne eine Art Hilfe erwachsen für Deine wachsame Majestät...«

Manche von Marsilius' Gedanken klingen beklemmend modern. So ist etwa doktrinäre Wissenschaftsgläubigkeit mit im Spiel, und stutzig macht auch die an den Kaiser gerichtete Ermunterung, diejenige als Ketzer auszurotten, die nach Meinung des Autors nicht im Besitze der Wahrheit sind. Die Laster sollen getilgt werden. Der leidenschaftliche Angriff auf die gewiß reformbedürftige Papstkirche trägt deutliche Merkmale sektiererischer Unduldsamkeit und bewußter Parteilichkeit – Haltungen, die uns aus unserer Gegenwart in verschiedener ideologischer Drapierung nur allzubekannt sind. Noch erstaunlicher ist aber, *wen* Marsilius als das Haupthindernis für den Frieden in der Welt ansieht, nämlich den Papst, der geradezu als einzige Ursache allen Übels, allen Streites und Krieges erscheint. Es entbehrt nicht einer abgründigen geschichtlichen Ironie, daß ausgerechnet das Haupt der christlichen Kirche, der die Eindämmung, Problematisierung und im Grunde auch schon die Ächtung des Krieges zu danken ist, jetzt von Marsilius als Hauptursache des Unfriedens und aller Kriege in der Welt angeprangert wurde.

Dem massiven Angriff folgte rasch der Gegenschlag: 1324 hatte Marsilius sein Werk abgeschlossen und anonym in Umlauf gebracht. Bald gelang es aber der Inquisition, den Verfasser zu ermitteln. Ihm blieb, um deren Zugriff zu entgehen, nur die Flucht an den Hof Ludwigs des Bayern in München. Mit Marsilius floh sein Freund und Gesinnungsgenosse Johann von Jandun, dessen Einfluß auf die umstürzenden Ideen des Paduaners groß gewesen ist. Der Zeitpunkt der Flucht war günstig. Ludwig stand, wie schon erwähnt, in schwerster Auseinandersetzung mit dem Papst, der Bann und Interdikt gegen ihn geschleudert hatte. Nichts konnte dem Herrscher willkommener sein als die wortgewaltige Hilfe der geflüchteten franziskanischen Opposition und die Angriffe des Marsilius gegen einen Papst, der jetzt selbst zum Häretiker und Feind Christi erklärt wurde. Ein europäischer publizistischer Geisteskampf begann, wie er seit dem Investiturstreit nicht mehr entbrannt war. München – das Franziskanerkloster und die Herzogsburg – war die antipäpstliche Agitationszentrale, die für Ludwig den Bayern die geistigen Waffen gegen Avignon schmiedete. So wie einst Kaiser Heinrich IV. Papst Gregor VII. als »Hildebrand den falschen Mönch« bezeichnet hatte, so galt jetzt Johann XXII. für die königliche Partei in München nur als »Jakob aus Cahors, der sich fälschlich Papst nennt«. Er wurde für abgesetzt erklärt; dem publizistischen Kampf folgte bald der Krieg.

Ludwigs Romzug, seine Städtepolitik, seine Persönlichkeit

Auf dem Romzug des Bayern war Marsilius von Padua ein enger Berater, eine Art »Chefideologe« des Wittelsbachers. Gegen den schwachen Widerstand der italienischen Guelfen erreichte Ludwig Mailand, wo ihm zu Pfingsten 1327 italienische Bischöfe die eiserne Langobardenkrone aufsetzten; sie verfielen dafür dem päpstlichen Bann. Der Widerstand Pisas wurde gewaltsam gebrochen, die ghibellinische, das heißt kaiserliche Partei erhob überall ihr Haupt. Am 7. Januar 1328 konnte der König unter dem Jubel des Volkes in Rom einziehen. Dort hatte sich eine republikanische Regierung unter dem Volkskapitän Sciarra Colonna gebildet, jenes Colonna, der einst Papst Bonifaz VIII. in Anagni gefangengesetzt und damit den tiefsten Sturz des Papsttums eingeleitet hatte. Von ihm als dem Repräsentanten des römischen Volkes ließ sich Ludwig am 17. Januar in der Peterskirche zum Kaiser krönen. Es war also ein weltliches römisches Kaisertum, das nicht von dem seit Karl dem Großen praktizierten päpstlichen Recht kam, dem römischen König die Kaiserkrone aufs Haupt zu setzen. Dafür gab es Vorbilder, denn schon Barbarossa hatte im 12. Jahrhundert von einem antipäpstlichen stadtrömischen Senat unter dem berühmten Häretiker Arnold von Brescia das Angebot einer Kaiserkrone erhalten – nur war Barbarossa damals, anders als Ludwig der Bayer, nicht darauf eingegangen. Es kündigte sich darin auch eine Rückbesinnung der Römer auf das antike Kaisertum an, ein erstes Morgenlicht der Renaissance im Bereich der Politik, gefährlich für den Papst und seinen Anspruch, den Kaiser zu krönen oder gar zu kreieren. Die Krönung Ludwigs durch Beschluß des römischen Volkes lag damit ganz auf der Linie der Gedanken, die Marsilius im *Defensor pacis* entwickelt hatte. Für Marsilius war auch das Kaisertum, wie alle Staatsgewalt, nur auf den Volkswillen gegründet. Nicht umsonst gilt Marsilius deshalb als erster Theoretiker der »Volkssouveränität«, mag auch bei ihm der Begriff des »Volkes« noch mittelalterlichen Charakter haben und im Grunde auf eine politisch mündige Oberschicht beschränkt bleiben.

Avignon reagierte auf den Italienzug Ludwigs mit aller Schärfe. Da er der Ladung an den päpstlichen Hof nicht gefolgt war, wurde der Bayer als Ketzer verurteilt, die Kaiserkrönung als nichtig verworfen. Ludwigs Gegenschlag war die feierliche Absetzung Johanns XXII., weil er hartnäckig Rom fernbleibe, weil er Krieg und Rebellion gegen das Reich anstifte und Irrlehren verfechte. Der Kaiser erklärte Johann zum »mystischen Antichristen, der sich Papst nennt«. Fünf Tage später verkündete ein kaiserliches Dekret, kein Papst dürfe Rom verlassen, ohne sein Amt zu verlieren. Auch in diesen Maßnahmen und Dekreten verrät sich die Handschrift des Marsilius. Von seinem »Chefideologen« beraten, berief sich Kaiser Ludwig bei der Kaiserkrönung auf das Vorbild Ottos des Großen, der bekanntlich Papst Johann XII. abgesetzt und verjagt hatte – ein brisantes historisches Modell für die damalige Situation, auf das Marsilius bereits im *Defensor pacis* hingewiesen hatte.

Die von Marsilius mitverantwortete Absetzung des Papstes erforderte, daß man einen neuen Papst vom römischen Volke wählen ließ. Das geschah zu Himmelfahrt 1328. Dieser letzte kaiserliche Gegenpapst des Mittelalters war Petrus von Corvaro, ein frommer, weltfremder Franziskaner, der als Nikolaus V. den Stuhl Petri bestieg und der dem Kaiser noch einmal die Kaiserkrone aufsetzte. Mit dem Einfluß, den Marsilius damals auf die politischen Vorgänge und auf das bewußt gegen Avignon gerichtete Krönungszeremoniell gewann, erreichte und überschritt der Paduaner den Zenit seiner Stellung bei Hofe. Schon Anfang August 1328 mußten Kaiser und Gegenpapst, weil sie den Römern hohe Geldzahlungen auferlegt hatten, wegen eines drohenden Aufruhrs die Heilige Stadt verlassen; es war fast eine Flucht. Unter dem Einfluß des Marsilius und der franziskanischen Opposition erneuerte Ludwig von Pisa aus mit dogmatischer Radikalität die Absetzungssentenz gegen Johann XXII. wegen Häresie und Majestätsverbrechens. Doch dies änderte nichts daran, daß der großangelegte Italienzug des Kaisers letztlich ein Fiasko und die Politik der extremen Konfrontation mit Avignon gescheitert war.

Die Häupter der Franziskaneropposition, die in Avignon in Haft gesessen hatten, der Ordensgeneral Michael von Cesena, der gelehrte Kirchenrechtler und Ordensprokurator Bonagratia von Bergamo, der Oxforder Theologe William von Occam und andere hatten inzwischen nach Italien zu Ludwig fliehen können. Auch nach dem Rückzug des gebannten Kaisers – der damals aus trotziger Frömmigkeit das Kloster Ettal gründete – setzten diese antipäpstlichen Publizisten und Gelehrten von internationalem Rang vom Münchner Franziskanerkloster aus mit Streitschriften den Kampf für ihre Sache fort – die, wie sie noch lange meinten, zugleich die Sache Ludwigs sei. Doch das war im Grunde nur die Verlängerung einer bedingungslosen Gegnerschaft, an der dem gebannten Kaiser je länger desto weniger gelegen sein konnte. Der Wind sprang allmählich um, die politische Praxis löste sich von der radikalen, kirchenreformerischen und antipäpstlichen Theorie und steuerte auf einen Kompromiß mit der Kurie zu. Von 1331 an begann sich der Herrscher anders zu orientieren und zog Männer in seine Nähe, die für einen Ausgleich mit Avignon arbeiteten. Ludwig räumte Schritt für Schritt unhaltbare Positionen, distanzierte sich von seiner lautstarken antipäpstlichen Publizistik und suchte den realpolitischen Kompromiß auf Kosten seiner Parteigänger von gestern. Damit wurde es auch stiller um die franziskanischen Rebellen in München, sie wurden – politisch gesehen – zu »Unpersonen«, wenn sie der Kaiser auch immer noch vor dem Zugriff der Inquisition schützte und ab und zu ihren Rat einholte.

Marsilius verbrachte den Rest seines Lebens als Gebannter, wenn auch persönlich ungeschoren, in der Isarstadt; wahrscheinlich verdiente er sich seinen Lebensunterhalt als Arzt. Die kleineren Gelegenheitsschriften aus den Münchner Exiljahren zeigen aber, daß er ein unentwegter Parteigänger des Kaisers blieb. In dem Traktat *De iurisdictione imperatoris in causis matrimonialibus* – Über die Gerichtsbarkeit des Kaisers in Ehesachen – machte sich Marsilius auch zum Anwalt wittelsbachischer Haus- und Heiratspolitik, eine durchaus delikate Angelegenheit, die Ludwigs letzten territorialpolitischen Erfolg einleitete.

Margarethe Maultasch, die reiche Erbin Tirols, war nach zehnjähriger Ehe ihres Gatten, des Luxemburgers Johann Heinrich, überdrüssig geworden. Die bislang Kinderlose hatte ihr Auge auf Ludwig den Brandenburger, den Sohn des Kaisers, geworfen, der schon seit Jahren verwitwet war. Der Vater drängte den Sohn zur Ehe mit Margarethe, da man sich »einen solchen Bissen nicht entgehen lassen« könne. Man ging konspirativ zu Werke, versicherte sich der Mithilfe des tirolischen Adels, dem die tschechisch sprechende luxemburgische »Besatzungsmacht« auf Schloß Tirol längst ein Dorn im Auge war, und so kam es zu einer handstreichartigen Machtübernahme. Als Johann Heinrich am Abend des Allerseelentages, es war der 2. November 1341, von einem lustigen Jagdausflug in bester Laune nach Schloß Tirol heimkehrte, fand er die Tore verriegelt. Die böhmische Besatzung war von Tiroler Rittern mit Schimpf und Schande verjagt worden, und dem Herzog Johann Heinrich wurde hohnvoll bedeutet, er solle sich gefälligst eine andere Herberge suchen. Umsonst war allerdings die Mitwirkung des Landesadels an diesem Handstreich nicht zu haben gewesen: Die Herren ließen sich vom Kaiser Güter und Sonderrechte zusichern, die eigentlich dem Landesherrn zustanden. Es kam dann zu einer rauschenden Hochzeitsfeier im Schloß Tirol, alles schien gut zu laufen – bis auf die Tatsache, daß die erste Ehe Margarethens mit dem Luxemburger noch nicht rechtskräftig geschieden war. So wurden Rechtsgutachten erforderlich, die sich zwangsläufig gegen die Kurie in Avignon richteten. Das Gutachten des Marsilius von Padua war ein Politikum ersten Ranges und dementsprechend brisant. Auch William von Occam äußerte sich in dieser Angelegenheit zugunsten der legi-

Margarethe Maultasch, Herzogin zu Bayern, Kärnten, Krain und Tirol (1318–1369), ein Opfer des Kampfes zwischen den Häusern Luxemburg, Wittelsbach und Habsburg. Das Porträt stammt aus dem frühen 16. Jahrhundert.

timen Ansprüche des Kaisersohnes, freilich etwas vorsichtiger als der Paduaner. Genutzt haben beide Gutachten im Endeffekt wenig. Ludwig hatte zwar die Ehe mit der Tiroler Erbin durchgesetzt und dadurch dieses wichtige Land für das Haus Wittelsbach vorübergehend erworben, aber auch der neue Papst Benedikt XII. war aus politischen Gründen nicht bereit, die vorausgegangene Verbindung der Tiroler Erbin mit dem Luxemburger Heinrich zu lösen. Tirol fiel bis zum Tode Ludwigs des Brandenburgers 1361 an Bayern, dann jedoch bemächtigten sich die Habsburger sowohl der Witwe Margarethe, die im Wiener Exil ihr bewegtes Leben beschloß, als auch des Landes Tirol. Dessen zeitweiser Besitz hatte aber dem Kaiser sehr geschadet, denn die deutschen Fürsten, die ihn bis zum Kurverein von Rhense im großen und ganzen unterstützt hatten, rückten nun aus Besorgnis über Bayerns territoriale Expansion entschieden von Ludwig ab. Überdies hatten jetzt die Luxemburger ihren eigenen Thronkandidaten: Karl IV. Damit begann Ludwigs politischer Abstieg, der dann seit 1346 durch das päpstlich geförderte Gegenkönigtum Karls IV. beschleunigt wurde. Als Ludwig am 11. Oktober 1347 auf der Jagd bei Fürstenfeldbruck einem Schlaganfall erlag, war allerdings noch nichts entschieden, denn er war weder militärisch besiegt, noch erwies sich Karls Ausgangslage als besonders günstig. Beim Volk, in den von ihm sehr geförderten Städten wie auf dem flachen Lande, war der tapfere, leutselige, lebensfrohe und jähzornige Fürst beliebt, päpstlicher Bann und kirchliches Interdikt hatten ihm in seinem Stammland kaum geschadet, und so scheint es fast von symbolhafter Bedeutung, daß er in den Armen eines Bauern gestorben sein soll. Seine letzten Worte galten der Gottesmutter: »Süzze Künegin, unser Fraue, bis pei meiner Schidung.«

Die Luxemburger, letztlich erfolgreiche Gegenspieler des Wittelsbachers, im Reich durch ihr politisches Haupt, den Erzbischof Balduin von Trier, mächtig und durch den Besitz des Königreichs Böhmen einflußreich geworden, hätten es dennoch allein nicht geschafft, Ludwig in die Defensive zu drängen; bis zu dessen Tod blieb ihnen ein durchschlagender militärischer

Erfolg gegen den Wittelsbacher versagt: Dessen Reichsherrschaft war im Kern bis 1347 intakt. Mit seinem plötzlichen Tod scheiterte aber der erste und letztlich erfolgreichste Versuch eines Wittelsbachers, die Königs- und Kaiserkrone zu erringen und sie bei seinem Haus zu halten. Bayern verlor eine Chance, Zentrum des Reiches zu werden und zu bleiben, ein Faktum, das für die weitere Geschichte des Landes schicksalhaft werden sollte. Zwischen Bayern und dem Reich entwickelte sich seither ein geradezu dialektisches Verhältnis – bis heute. Der Chronist Matthias von Neuenburg hat Ludwigs Wesen und Schicksal wohl treffend erfaßt, als er, sich selbst anspornend, ihn feierlich folgendermaßen charakterisierte: »Jetzt schärfe deinen Geist, Schreiber! Denn ein schweres Stück Arbeit harret deiner, willst du schildern den langen und langsamen Flug eines gewaltigen Adlers, der töricht zugleich und klug, niedergeschlagen zugleich und heiter, kleinmütig zugleich und tapfer, bei allem Unglück noch glücklich, noch aufstieg, während ihm schon die Flügel versengt waren...«

Wie sieht das Fazit Ludwigs für Bayern selbst aus? Hier hat er als Gesetzgeber und als Förderer der aufblühenden Städte unvergängliche Spuren hinterlassen. Die Königsresidenz seiner frühen Herrscherjahre war Nürnberg und seine mächtige Burg. Diesen zentralen Ort des Reiches bedachte er mit 34 Privilegien. Die selbstbewußten Bürger dieser alten salischen und staufischen Reichsstadt unterstützten ihn militärisch wie finanziell. Beim Übergang der Reichsherrschaft an den Luxemburger Karl IV. kam es 1347 in der dem Wittelsbacher treu ergebenen Metropole sogar zu schweren Konflikten; man wollte bayerisch bleiben.

Wie die Staufer und wie seine Vorfahren betrieb Ludwig auch anderweitig städtefreundliche Politik; sie zahlte sich für ihn aus. Während seiner 33jährigen Herrschaft weilte Ludwig 74mal in Nürnberg, in Frankfurt hingegen nur 47mal. In Nürnberg hielt er vier Fürsten- und Reichstage ab. Dennoch gaben er und sein hohenzollernscher Burggraf die Herrschaft über die reiche Stadt nicht aus der Hand. Erst 1338/39 glückte es dem Stadtpolitiker und Schultheiß Konrad Groß († 1356), einst Bankier Ludwigs, durch große Vorschüsse an den in Bedrängis geratenen Kaiser das wichtige Reichschultheißamt für die Stadt zu gewinnen, später auch die Nürnberger Reichsmünze. Damit begann der kometenhafte Aufstieg Nürnbergs zur mächtigsten und später neben Augsburg auch kulturell bedeutendsten Stadt Süddeutschlands. Als Schutzherr der Juden erwarb sich Ludwig einen guten Namen, dies ganz im Gegensatz zur meist feindseligen Judenpolitik seines Nachfolgers Karl.

Etwas anders lagen die Dinge in Ludwigs späterer Hauptresidenz München, wo der Wittelsbacher von Anfang an Stadtherr gewesen ist. Daß er der Wohltäter seiner Residenz war, wußte noch 1444 der Stadtschreiber Rosenbusch, nämlich: daß sie – die Münchner – »... bey Kayser Ludwigen von Bayern am maisten aufkömen und die außer [äußere, von Ludwig vergrößerte] stat bey ihm von neuen dingen gepaut worden, wann [= denn] er hat große lieb zu der stat gehabt.«

Von 1324 bis 1350 hat man die Reichskleinodien – Kaiserkrone, Reichsapfel, Schwert – in der Kapelle des Alten Hofes, wo Ludwig residierte, aufbewahrt. Die Farben des Reiches, Schwarz-Gold, wurden die Farben Münchens. Schon 1315 stellte Ludwig der Bayer seine Stadt im ganzen Reich unter besonderen Schutz; das förderte Handel und Gewerbe der Residenz. 1340 erließ er ein Stadtrecht, das als einzige Kodifikation Münchner Rechts im Kern bis zum Ende des Alten Reiches gültig blieb.

Der gewaltige neue Mauerring Ludwigs, von dem heute nur noch einige Tore erhalten sind, umschloß das vergrößerte Areal der Stadt: Damit war die Stadtentwicklung fast für ein halbes Jahrtausend vorgezeichnet. In der Goldenen Bulle von 1332 wurde die wirtschaftliche Vorrangstellung Münchens – Salzmonopol und Stapelrecht – festgelegt. Kein Wunder, daß der Kaiser auch politisch in seiner Residenzstadt bei allen Fährnissen seiner großen Politik ebenso festen Rückhalt hatte wie in Nürnberg. Städtepolitik war zukunftsträchtige Politik, und so ist es kein Zufall, daß sein Nachfolger, Karl IV., auch hier durchaus in

Ludwigs Fußstapfen trat, wie er dies auch im Reichsrecht mit der »Goldenen Bulle« von 1356 getan hat.

Wie hat man sich Kaiser Ludwig als Persönlichkeit vorzustellen? Der italienische Chronist Alberto Mussato schildert ihn so: »Er war von schlankem und hohem Wuchs, hatte rötliches, schütteres Haar, sein Antlitz weckte dank seiner lebhaften Farbe den Anschein dauernden Lächelns. Er hatte große helle Augen, eine spitze, sich herabneigende Nase, ein glattes Kinn... Und er war gegen niemanden streng oder mißmutig, sondern bescheiden, umgänglich und gutmütig wie jemand, der von jedermann geliebt und nicht gefürchtet werden wollte.« Mussatos Bild wird man um so mehr glauben dürfen, als er ansonsten Ludwig wegen seiner antipäpstlichen Politik verurteilte. Andere Zeitgenossen schildern ihn ebenfalls als gütig, leutselig, heiter und maßvoll, dabei kriegstüchtig, klug und geduldig, wenn auch in seinen Entscheidungen oft voreilig. Den Tanz habe er so geliebt, daß er im vertrauten Kreise seine Gattin am Ellbogen gefaßt hätte und mit ihr wie ein Tänzer umhergeschritten sei. Der Kanzleischreiber Leonhard von München stellte den Kaiser in seinen Miniaturen einigermaßen realistisch dar, auch seine spitze Nase; Leonhard zufolge war er aber eher füllig – vielleicht ein Altersbild. Das Idealporträt des gebannten Kaisers in der Münchner Frauenkirche hat sich dieser Wittelsbacher wohl verdient, es war zugleich ein Bekenntnis der Dynastie zu ihrem umstrittenen Ahnherrn.

Es bleibt ein Paradoxon – aber Geschichte ist bis heute die Bühne des Paradoxen –, daß der Höhepunkt des frommen Fürstenhauses unter Ludwig dem Bayern zugleich der Tiefpunkt seines Verhältnisses zum Papsttum wurde. Das hatte noch ein Nachspiel.

Herzog Albrecht IV. von München-Oberbayern holte nämlich um 1490 mit einem repräsentativen Grabmal den gebannt verstorbenen Vorfahren nach etwa 140 Jahren in die rechtgläubige Tradition seines Hauses gleichsam offiziell zurück: Versöhnung war angesagt, und um Versöhnung geht es auch im unteren Teil der Grabplatte. Hier versöhnt sich nämlich der Herzog

Ernst mit seinem Sohn Albrecht III., dessen erste, kirchlich rechtmäßig angetraute Gemahlin – die berühmte Agnes Bernauer – er in der Donau hatte ertränken lassen. Auch das war ein spektakulärer Fall gewesen, aber anders als im Falle der schönen Bernauerin konnten die späteren Wittelsbacher es jahrhundertelang nicht erreichen, daß das Papsttum im Falle Ludwigs des Bayern mit einer versöhnlichen Geste den Bann über den toten Kaiser löste. Das gelang erst Kurfürst Maximilian I., der Ludwig 1622 in der Münchner Frauenkirche ein imposantes Denkmal errichten ließ.

5. KAPITEL

Der bunte Herbst des bayerischen Spätmittelalters Der Weg von den Teilherzogtümern zu neuer Einheit

Internationale Heiraten, die »schöne Isabeau«, Bruderzwist, Vielstimmigkeit der Kultur

Die deutsche Königskrone verlor das Haus Wittelsbach mit Ludwigs Tod. Aber die Dynastie insgesamt hatte inzwischen – trotz neuerlicher Teilungen des Erbes – europäisches Ansehen gewonnen. Das zeigt sich vor allem an der Wende vom 14. zum 15. Jahrhundert, als trotz heftiger Kämpfe der Wittelsbacher Teilherzöge untereinander eine Reihe »internationaler« Heiraten das Prestige des Herrscherhauses signalisierten, aber auch dessen gefährliche Einbeziehung in die Kämpfe der großen europäischen Dynastien verstärkte. 1379 hatte Katharina, die Tochter Herzog Albrechts von Niederbayern-Straubing, Wilhelm I. von Geldern geehelicht. Das war eher noch eine Heirat unter Standesgleichen. Aber am 12. April 1385 fand in Amiens die spektakuläre Vermählung der schönen Elisabeth von Bayern mit König Charles VI. von Frankreich statt. Sie war die Tochter Stephans III. von Oberbayern-Ingolstadt, mit dem Beinamen »der Kneißel«, weil er, wie ein Zeitgenosse berichtet, »alzeit in seinem Wesen köstlich [das heißt kostbar, prunkliebend] und wol gebuzt in seinen Kleidern« war; ein »froelich Mann«, ein Abenteurer, Kampfhahn, Weiberheld und Schuldenmacher. Letzteres wird wohl auch der Grund gewesen sein, daß er – wie sein Neffe Heinrich von Landshut – eine schwerreiche Tochter des Mailänder Stadtherrn Barnabò Visconti heiratete. Das Temperament des Vaters wie der Thaddäa Visconti hatte wohl auch die neue französische Königin »Isabeau de Bavière«, wie sie im Lande hieß, geerbt. Aber nicht genug mit dieser wittelsbachisch-französischen Heirat. Kurz zuvor hatte es eine ebenso glanzvolle Doppelhochzeit gegeben. Herzog Philippe von Burgund verheiratete seinen Sohn Jean mit Margarete, einer weiteren Tochter Albrechts von Niederbayern-Straubing, und seine Tochter Marguerite mit dem bayerischen Herzogssohn Wilhelm von Holland. Ungeachtet schwerer kriegerischer Wirren war Frankreich das kulturell reiche Land einer späten raffinierten Kunstblüte geworden, die ihresgleichen suchte: »Leuchtender Herbst des Mittelalters«. Isabeau verlebte einige glückliche Jahre mit ihrem Gemahl, dann fiel dieser in schwere geistige Verwirrung, so daß die Königin wohl oder übel und unter den schrecklichsten Konkurrenzkämpfen der französischen Lehnsfürsten die Regentschaft führen mußte, zeitweise gestützt von ihrem Bruder Ludwig »im Bart«. Es war die Epoche des »Hundertjährigen Kriegs« zwischen den Häusern Valois und den Plantagenets, den englischen Königen, die große Teile Frankreichs für sich beanspruchten. Isabeau stürzte von einer Katastrophe in die andere, setzte sich immer wieder und eine Zeitlang erfolgreich zur Wehr. Dabei wurde sie die vielgeschmähte Gegenspielerin der Jeanne d'Arc, die Isabeaus Sohn als König Charles VII. zum Siege führte. In Friedrich Schillers Drama *Die Jungfrau von Orléans* erscheint Isabeau als »Rabenmutter«, als »Wölfin« und als wutschnaubende Megäre und sogar als Verräterin ihrer französischen Nation. Dies sicher zu Unrecht, denn die furchtbaren Kriege der Zeit waren rein dynastischer und nicht nationaler Natur. Prachtliebe und Lebensfreude wird man der Königin nicht absprechen können, aber des Hasses ihrer siegreichen Gegner war sie immer sicher, und mit übelsten Verdächtigungen war man damals noch weniger zimperlich als heute.Christine de Pizan (1365–1430), die bedeutende französische Dichterin am Pariser Hof, setzte hingegen auf Isabeau ihre Hoffnungen für eine bessere Zukunft des politisch zerrissenen Frankreich. Sie widmete der Königin ihr berühmtes *Buch der Stadt der Damen*, einen weiblichen Tugendspiegel von geradezu feministischer Attitüde. Eine Kostbarkeit Pariser Goldschmiedekunst, die Isabeau einst ihrem Gatten geschenkt hatte, gelangte über ihren Bruder Ludwig als eines der ganz wenigen erhaltenen Hauptwerke dieser elegant-pretiösen Zeit in ihre bayerische Heimat: Es ist das »Goldene Rössl« (siehe Farbtafeln), eine Personengruppe, die König Charles VI. und seinen Marschall darstellt, die eine vom Rankenlaub umgebene Muttergottes verehren, etwas abseits ein Reitknecht mit dem Leibpferd. Heute wird diese goldstrotzende Szenerie als größte Kostbarkeit in der Schatzkammer von Altötting aufbewahrt: als Erinnerungsstück an die unglückliche Herrscherin, aber auch als Dokument weitausgreifender europäischer Ambitionen der spätmittelalterlichen Wittelsbacher.

Das 15. Jahrhundert war für Bayern ein ereignispralles Säkulum; da waren nicht nur die schweren Einfälle der Hussiten aus dem benachbarten Böhmen, sondern auch im Lande selbst gab es überraschende Wendungen, Katastrophen und Abenteuer, Mordtaten und Haupt- und Staatsaktionen von jener Art, wie sie Shakespeare in seinen Königsdramen aus der englischen Geschichte gestaltet hat. Da gibt es die Tragödie der Baderstochter Agnes Bernauer, die sich der oberbayerische Erbprinz Albrecht – der spätere Herzog Albrecht III. – gegen den Willen des Vaters Herzog Ernst heimlich antrauen ließ und mit der er seit 1431/32 in Blutenburg lebte. Vier Jahre später wurde Agnes Bernauer, die sich standhaft geweigert hatte, ihre legitime Ehe mit Albrecht zu lösen, am 12. Oktober 1435 von der Straubinger Donaubrücke lebendig in einem Sack in den Fluß geworfen; dies auf Veranlassung ihres Schwiegervaters, denn Herzog Ernst fürchtete um die rechtmäßige Nachfolge seines Sohnes im Herzogtum.

Albrecht III. war ein »Liebhaber zarter Frauen«. In der harten politischen Wirklichkeit hatte aber die Liebesheirat gegen die Staatsraison keine Chance: Der Sohn beugte sich nach erstem Aufbrausen dem Willen des Vaters, allzu schnell, wie manche meinen.

Daß der »Fall Agnes Bernauer« noch lange die Gemüter bewegte, beweist die *Bayerische Chronik* des Historikers Veit

Arnpeck von 1495. Dort schildert er die schreckliche Tat Herzog Ernsts so:

»Herzog Ernst ließ ertrenken zu Straubing Agnes Pernauerin, eines Barbiers Tochter, ein wunderschöne Frauen, umb das sie sein Suhn Albrecht zu der Eh' genommen hatt, und das nicht widersprechen wollt, anno 1436 an Sant Maximilianstag. Solichs tät dem Suhn vast [sehr] weh auf den Vater und ward des vast leidig. Es hett auch, so bald es geschach, den Vater hart gereuen. Sie ward herrlich begraben mit einem schönen Stein ob ihrem Grab, als doch ein Fürstin. Man sagt, daß sie so hübsch gewesen sei, wann sie roten Wein getrunken hett, so hett man ihr den Wein in der Kehl hinab sehen gehn.«

Über die persönliche Tragik der schönen, grausam geopferten Frau hinaus zeigt das Schicksal der Bernauerin, wie stark alle Fürsten und Dynasten am Erhalt ihrer Herrschaft durch Erbfolge interessiert waren, denn überall dort, wo es an legitimen Nachkommen fehlte, lauerten schon die Nachbarn, um ihre mehr oder weniger berechtigten Ansprüche militärisch durchzusetzen. Der bayerische Erbfolgekrieg von 1503 um Niederbayern ist

Zeitgenössisches Bildnis der Agnes Bernauer auf dem Grabmal in der Friedhofskapelle von Straubing.

hierfür ein beredtes Beispiel. Machtspiele solcher Art bestimmen sowohl das Mittelalter als auch die Neuzeit bis 1789. Damit hängt auch das Phänomen der fürstlichen Kinderverlobungen, ja Kinderehen zusammen, mit denen vorzeitig dynastische Verbindungen und damit Erbgänge festgeschrieben werden sollten.

Fürstensöhne als spannendes Thema der Geschichtsschreibung; hier haben die Wittelsbacher reichlichen Stoff geliefert, auch und gerade im 15. Jahrhundert. Da gibt es den streitsüchtigen baumlangen Christoph, Herzog Albrechts III. Sohn, ein lebenslustiger Charmeur und Turnierer, an dessen chaotischer Existenz sich die Volksphantasie entzündete, der gegen seinen Bruder Herzog Albrecht den Weisen revoltierte und der so stark gewesen sein soll, daß er jenen gewaltigen Stein schleudern konnte, der noch heute am Eingang der Münchner Residenz liegt.

Für Christophs Vater, Herzog Albrecht III., kam 1440 die große Chance, auf Einladung der böhmischen Stände die Krone des Königreichs Böhmen zu erhalten, doch lehnte er aus Skrupelhaftigkeit und aus einer nicht unbegründeten Furcht vor unabsehbaren kriegerischen Verwicklungen die Krone Böhmens ab. In den Hussitenkriegen hat Albrecht Tapferkeit bewiesen, doch war er kränklich und mehr den Reformanliegen der bayerischen Kirche zugetan. Für eine kirchliche Erneuerung lud er auch eine der bedeutendsten Persönlichkeiten seines Jahrhunderts ein: den späteren Kurienkardinal und Bischof von Brixen, Nikolaus von Kues, der als Philosoph und streitbarer Kirchenpolitiker Karriere gemacht hatte. Sohn eines Fischers an der Mosel, kämpfte er für die Reform der Kirche »an Haupt und Gliedern«: Das wurde der Kampfruf der Zeit; es war auch ein Herzensanliegen Herzog Albrechts III. Im Kloster Indersdorf, in das er sich oft zur geistlichen Sammlung zurückzog, ließ er sich in die Bruderschaft des Konvents aufnehmen. Aventin rühmt ihn als friedfertig, demütig, freundlich und gnädig gegen jedermann.

Oberbayern und die reichen Landshuter Herzöge

Bei seinem Tode 1460 schien die Erbfolge geregelt; die zwei ältesten Brüder, Johann und Sigismund, übernahmen gemeinsam die Regierung. Das ging drei Jahre lang gut, dann wurde Johann von der Pest hingerafft, und sein jüngerer Bruder Albrecht, den man wohlweislich zum Studium nach Pavia geschickt und für eine geistliche Laufbahn bestimmt hatte, eilte sofort nach München, um für sich die Mitregentschaft durchzusetzen. Das gelang ihm rasch, und bald danach verdrängte er Sigismund völlig aus der Regentschaft. Sigismund, der Erbauer der Blutenburger Schloßkapelle, liebte festliche Gottesdienste, war sehr fromm, aber auch – typisch spätmittelalterlich – hin- und hergerissen zwischen ernster Bußgesinnung und extremer Lebensfreude. In seinen Schlössern Blutenburg, Dachau, Grünwald und Starnberg lebte er »dolce vita«, dort war's ihm – wie wiederum der zeitgenössische Chronist Veit Arnpeck schreibt – »wohl mit schönen Frauen und mit weißen Tauben, Pfauen, Schweinchen, Vögeln und allerlei seltsamen Tierlein, auch mit Saitenspiel«.

So ging ihm bald das Geld aus, weshalb er nicht einmal eine standesgemäße Ehe mit der Tochter des Kurfürsten Friedrich II. von Brandenburg eingehen konnte. Aus diesem Grund trat er wohl nicht ungern seinem ehrgeizigen, klugen Bruder Albrecht die Gesamtherrschaft ab und begründete dies offiziell so:

»Infolge der Blödigkeit [= Schwäche] seines Leibes nicht gern Mühe und Arbeit tragend und mehr geneigt, sich ein geruhiges Wesen ohne alle Bekümmernis zu machen, wolle er sein Regiment in eine Hand stellen, unter der für Land und Leute besser und fleißiger gesorgt sei.« Eine Generation später urteilt jedoch Aventin strenger: »Herzog Sigmund ist ein liederlicher Fürst gewesen.« Ein Schuldenmacher war er gewiß, denn Albrecht IV. (1447–1508) hatte genug zu tun, die Finanzen des Herzogtums Oberbayern wieder in Ordnung zu bringen.

Reich waren die oberbayerischen Herzöge damals noch nicht, das zeigt ein Vergleich mit den in Landshut regierenden Vettern, den »reichen Herzögen« Heinrich XVI. (1386–1450), Ludwig IX. (1417–1479) und Georg »dem Reichen« (1479–1503), die im fruchtbaren Niederbayern herrschten. Auch sie waren mit den steinreichen Visconti, den Herren von Mailand, verschwägert und ebenso mit den Königen von Frankreich.

Heinrich XVI., der erste der »reichen Herzöge«, Sohn einer Visconti, ahmte den politischen Stil italienischer Stadttyrannen nach. Er baute die Burg Trausnitz über Landshut modern aus und scharrte Geld, Geld und noch einmal Geld zusammen – nicht zuletzt 1410 durch die Hinrichtung der aufmüpfigen Häupter der Bürgerstadt Landshut, deren großes Vermögen er beschlagnahmte. Das war der Auftakt des Reichtums der Landshuter; aber auch das rücksichtslose Auspressen der Zinsbauern brachte ihm viel Geld.

Sein Sohn Ludwig, seit 1450 Herzog, konnte großzügiger sein. Er hatte mit dem Pfälzer Martin Mayr einen klugen politischen Berater, der zugleich einer der frühesten Humanisten Deutschlands war. Mayr war auch die treibende Kraft bei der Gründung der Universität, die Herzog Ludwig 1472 in Ingolstadt ins Leben rief. Papst Pius II., der berühmte Humanist Enea Silvio Piccolomini, privilegierte die Gründung. Die Renaissance zog damit in ein Land blühender Spätgotik ein. Für seinen Sohn Georg ließ Herzog Ludwig 1475 die spektakuläre »Landshuter Hochzeit« ausrichten, an der auch Kaiser Friedrich III. und sein Sohn Maximilian teilnahmen, ebenso Kurfürst Albrecht Achilles von Brandenburg, der mit 1300 Rittern kam. Die Hochzeit wurde mit großem Gepränge, Volksbelustigungen, gewaltigen Turnieren, Freß- und Saufgelagen gefeiert: Das mochte kaum zu der zarten Braut Jadwiga/Hedwig passen, der Tochter König Kasimirs IV. von Polen.

Besser paßt dieser Stil zu ihrem Gatten Georg, dem letzten der Landshuter »reichen Herzöge«, der 1503 ohne männliche Erben starb. Georgs Versuch, seine Tochter Elisabeth, die er mit dem Pfälzer Wittelsbacher Rupprecht verheiratet hatte, zur Erbin zu machen, löste 1503 den blutigen »Landshuter Erbfolge-

Das Landshut der »reichen Herzöge« des 15. Jahrhunderts: Burg Trausnitz und die Bürgerkirche St. Martin, einer der schönsten Kirchenbauten der bayerischen Backsteingotik.

krieg« aus, der um ein Haar zu einer politischen Katastrophe Altbayerns geführt hätte.

Aber da war noch die bislang bescheidenere Münchner Linie. Dort hatte sich inzwischen Herzog Albrecht IV. zum Alleinherrscher aufgeschwungen. Wenn ihm schon die Zeitgenossen den Beinamen des »Witzigen« (Klugen) oder »Weisen« gegeben haben, dann war dies sicher keine Übertreibung.

Herzog Albrecht IV., der »Weise«

Albrecht IV. (1465–1508) war ein Mann des kalten politischen Kalküls, der zähen Geduld bei der Verfolgung seiner Ziele, ein Fürst der schlauen Winkelzüge und – wenn nötig – der Härte; kurz, ein modern anmutender Herrscher, der seinem großen Nachkommen im 17. Jahrhundert, Kurfürst Maximilian I., in vielen Stücken ähnelte. Die Rechtssprechung handhabte er streng, er schützte die Bauern gegen Willkür von Adel und Prälaten und hielt die Macht der Stände in Schach, jener Stände, in denen ihm der Landesadel und die Vorsteher der landsässigen Benediktiner-, Zisterzienser- und Prämonstratenserabteien sowie der Augustinerchorherrnstifte, aber auch die Städte als korporier-

Herzog Albrecht IV. stellte die Einheit Bayerns wieder her, er war einer der bedeutendsten Wittelsbacher. Gemälde von Hans Wertinger.

te Macht entgegentraten. Ständemacht war in Bayern – wie überall in Europa – das Gegengewicht zur Fürstenmacht; das Recht der Steuerbewilligung war eine scharfe Waffe gegen fürstliche Selbstherrlichkeit.

Albrecht IV. war kein Haudegen und Turnierer, sondern ein »princeps doctus«, ein gelehrter Fürst, eher ein »Federfuchser«, der Akten studierte und die Finanzen wieder in Ordnung brachte. In den ersten Jahrzehnten gelang es ihm, sein Territorium planmäßig auszubauen, zumeist auf Kosten Österreichs. Höhepunkt dieser planmäßigen, mit Macht- und Geldmitteln vorangetriebenen Expansionspolitik Bayerns war das Jahr 1487. Es eröffnete sich die durchaus reelle Aussicht, ein »süddeutsches Reich der Wittelsbacher« (Andreas Kraus) zu begründen: Die konkreten Schritte auf dieses Ziel hin waren folgende: Schaffung einer dauerhaften Landbrücke von der Kurpfalz über das wittelsbachisch regierte Bistum Straßburg bis zu den Westausläufern der habsburgischen Vorlande im Sund- und Breisgau. Kernstück dieses hegemonialen Konzepts Albrechts IV. in Süddeutschland war die damals scheinbar gesicherte Wiedergewinnung Tirols, jenes Brückenlandes nach Italien, das einst Ludwig der Bayer erworben hatte, das aber nach dem Tod seines Sohnes Ludwig des Brandenburgers an die Habsburger verloren gegangen war. Die Anwartschaft auf Tirol war mit beträchtlichen Geldzahlungen an den kinderlosen, hochverschuldeten Erzherzog Sigismund begründet worden, eine kostspielige »Investition auf die Zukunft«, an der sich seit 1487 auch das Finanzhaus der Fugger durch Verschreibung von Sicherheiten lukrativ beteiligte. In diesen Plan, das durch Silberbergbau reiche Tirol den Habsburgern zu entwinden, gehört auch der Bau der Kesselbergstraße zwischen 1486–92, womit der venezianische Warenstrom auf kürzestem Wege nach München als neuem Verteilerzentrum umgeleitet werden sollte. Schließlich kamen weitere Besitzungen in Schwaben hinzu, die zuvor in österreichischer Hand gewesen waren, sowie die Beherrschung der kranzförmig um Tirol liegenden Hochstifte Konstanz, Augsburg, Brixen und Trient. Auch in Franken konnte Albrecht durch Bündnisse mit den Bischöfen von Würzburg und Eichstätt seinen Einfluß verstärken. Alles schien darauf hinauszulaufen, – wie der Herzog selbst bekannte –, »das lobliche Haus Bayern zu erweitern, zumal an den Enden, die vormals dazu gehörten«. Flankiert wurde die Erwerbspolitik durch ein scheinbar effektives Bündnissystem des geeinten Bayern durch weitere Bündnisverhandlungen mit den Eidgenossen, womit die habsburgische Stellung in den Stammlanden gleichsam von unten ausgehebelt werden sollte. Hinzu kamen Verhandlungen mit Frankreich und Ungarn. Dies alles zusammen mußte Habsburgs Macht und Prestige schwer bedrohen und rief Kaiser Friedrich III. (1440–1493) auf den Plan. Das war jener oft unterschätzte Habsburger, der in Wirklichkeit der Begründer der europäischen Großmachtstellung seines Hauses wurde. Seit 1488 braute sich gegen Albrecht IV. eine fürstliche Koalition zusammen. Friedrich III. führte gegen ihn den immer mächtiger werdenden »Schwäbischen Bund« ins Feld, in dem viele Fürsten und Reichsstädte zusammengeschlossen waren. Als es der kaiserlichen Diplomatie schließlich noch gelang, den Landshuter Vetter Georg auf die kaiserliche Seite zu ziehen, und in Oberbayern der Ritterbund der »Löweler« unter Anführung von Albrechts jüngerem Bruder Christoph gegen den Herzog rebellierte, schien eine Katastrophe fast unausweichlich. Albrecht verfiel der Reichsacht, deren Exekution dem »Schwäbischen Bund« übertragen wurde. So blieb dem Bayern nichts anderes übrig, als einen Ausgleich zu suchen. Er mußte dabei auch Regensburg wieder herausgeben. Erst 1486 hatte er die vom Kaiser finanziell schwer ausgebeutete Reichsstadt durch großzügige Angebote gewonnen und deren drückende Schulden übernommen. Vom Papst hatte er sogar ein Stiftungsprivileg zur Gründung einer Universität erlangt. Kein Zweifel: Regensburg sollte die neue Hauptstadt Bayerns werden. Das alles mußte Albrecht 1492 wieder rückgängig machen; eine große Chance des Wiederaufstiegs war damit der altehrwürdigen Metropole Bayerns entgangen.

Es schien noch schlimmer zu kommen, denn als Albrechts Landshuter Vetter Georg 1503 ohne männlichen Erben starb, mußte der Münchner Herzog wiederum gegen eine gefährliche

Koalition zum Verteidigungskampf antreten: gegen die wittelsbachische Pfalz, gegen Böhmen und auch gegen die Stände Niederbayerns. Aber das Blatt wendete sich bald, denn der neue deutsche König, Maximilian I., »der letzte Ritter«, wie er genannt wurde, trat auf Albrechts Seite, ebenso der »Schwäbische Bund«. Uneigennützig war diese Hilfe allerdings nicht, denn Bayern hatte an Österreich für dessen militärische Hilfe Kufstein, Kitzbühel, Rattenberg und das Zillertal abzutreten, an die Reichsstadt Nürnberg Lauf, Hersbruck und Altdorf.

Dennoch, das reiche Niederbayern blieb bei der jetzt allein regierenden Münchner Linie, und Albrecht IV. war klug genug, diesen neuen Stand der Dinge rechtlich abzusichern: Das »Primogeniturgesetz« von 1506 garantierte Bayerns Einheit für die Zukunft. An der Schwelle der Neuzeit und des Reformationszeitalters hatte das Land eine feste staatliche Form erhalten, die auch den schweren Belastungen der künftigen Konfessionskriege standhalten sollte.

Mit Albrecht »dem Weisen« beginnt auch eine folgenreiche sozialpolitische Konsolidierung im Innern Bayerns, denn er war als Beschützer und Förderer des Bauernstandes ein Vorbild für künftige wittelsbachische Landespolitik bis ins 19. Jahrhundert: Der Bauernstand wurde und blieb jahrhundertelang eine feste Stütze der Dynastie in allen politischen Fährnissen. Die landesherrlichen Gerichte und Ämter schützten traditionell das bayerische Landvolk gegen die Ausschreitungen und finanziellen Bedrückungen durch die adeligen Grundherren. Dies wurde eine Leitlinie wittelsbachischer Politik, die Bayern und seiner ausgeprägten bäuerlichen Kultur bis an die Schwelle der Gegenwart zugute kam und innere Stabilität sicherte. Es war daher kein Zufall, daß in Altbayern, anders als in Österreich, Tirol, Schwaben, Franken und Thüringen, 1525 kein Bauernkrieg ausbrach. Die Bauernschaft blieb bis auf wenige Ausnahmen ruhig.

6. KAPITEL

Das große Jahrhundert der Städte und Residenzen: 16. bis 17. Jahrhundert

Die Stadt als Lebensform

Bayern, von »außen« gesehen, mag einen viel einheitlicheren Eindruck erwecken, als es der »Polyphonie« seiner Lebensstile und historischen Erinnerungen entspricht. Für diese Vielgestaltigkeit bayerischer Kultur war es ein Glücksfall, daß im Zuge der »napoleonischen Flurbereinigung« Deutschlands zwei der bedeutendsten Reichsstädte an den neuen bayerischen Staat – die Schöpfung des Maximilian von Montgelas – gefallen sind: Nürnberg und Augsburg. Mit ihnen ging die sehr verschiedenartige und oft kleinteilige Territorien- und Residenzenwelt Frankens und Schwabens an Altbayern.

Es waren traditionsreiche Städte und Landschaften, die schon eine lange und ruhmreiche Geschichte hatten und ebenso ein gewachsenes Kulturbewußtsein besaßen, das für Deutschland insgesamt prägend wurde: Sowohl Augsburg als auch Nürnberg waren Hochburgen des europäischen Humanismus, sie waren Zentren der deutschen Kunst im Spätmittelalter und dann besonders in der frühen Neuzeit Vorreiter der Renaissance nördlich der Alpen und zugleich Bannerträger der bürgerlichen Arbeits- und Lebenswelt, des Handels in der Alten und Neuen Welt und der technischen Innovationen des »Zeitalters der Entdeckungen«.

Die Stadt als weltgeschichtliches Phänomen trat schon früh auf und nahm als Zentrum politischer und religiöser Herrschaft wie auch als Produktionsstätte und Handelsplatz seit dem 4. vorchristlichen Jahrtausend vom Zweistromland wie von Ägypten als Lebensform ihren Ausgang: Seither hat sie eine Vielfalt von Ausprägungen entwickelt, an denen auch Deutschland und Bayern beteiligt waren. Da gab es die alte Römerstadt, die sich, wie Augsburg und Regensburg, nach dem Ende des Imperium Romanum in rudimentärer Form ins Mittelalter hinüberretten konnte, um dann erneut als Bischofsstadt und Fürstensitz aufzublühen.

Das weltoffene Regensburg mit seiner steinernen Brücke war zugleich seit dem 12. Jahrhundert eine führende Handelsstadt Süddeutschlands mit engen Wirtschaftsbeziehungen nach Italien wie donauabwärts und bis nach Rußland. Zahlreiche wittelsbachische Stadtgründungen wie Kelheim, Burghausen, Wasserburg, Landshut, Straubing, Landau an der Isar und Deggendorf blühten unter fürstlichem Schutz auch zu Wirtschaftszentren der weiteren Umgebung auf, wovon die geräumigen, malerischen Marktplätze noch heute Zeugnis ablegen.

Die Stadt als Großfestung – ganz gleich, ob sie unter der Herrschaft eines Fürsten, Grafen oder Prälaten stand – wurde aber auch der Geburtsort des europäischen frühen Bürgertums, der ersten gesellschaftlichen Formation, die ihren Herrschaftsanspruch nicht auf adelige Herkunft oder kirchliche Autorität gründete, sondern auf Arbeit, Kapital und Leistung. Sowohl im Zusammenwirken mit der fürstlichen oder kirchlichen Stadtherrschaft wie auch oft in Konfrontation mit ihr bildete das städtische Patriziat und Wirtschaftsbürgertum eigene genossenschaftliche Formen politischer Repräsentation aus, die in den mannigfaltigen Stadtrechten ihren Niederschlag fanden: So entstand die Bürgergemeinde als etwas weltgeschichtlich Neues, auch wenn sie noch lange nicht »egalitär« im Sinne des Jahres 1789 – der Französischen Revolution – gewesen ist. Mit dem Prinzip der Wahl der städtischen Autoritäten auf Zeit und deren Kontrolle durch den Rat und die Bürgergemeinde entstand aber hier seit dem Spätmittelalter ein von Adel und Klerus grundsätzlich unterschiedenes Politikverständnis, aus dem schließlich die bürgerliche Welt der Neuzeit hervorging.

Es kam auch in Bayern immer wieder zu harten Auseinandersetzungen mit den alten Stadtherren, wie etwa mit den reichen Landshuter Herzögen oder in Nürnberg mit den hohenzollernschen Burggrafen. Ebenso gab es schwere Auseinandersetzungen mit den politisch zur Mitherrschaft nachdrängenden Handwerkern und ihren Zünften, die in jeder Stadt anders verlaufen konnten und oft durch fürstliches Eingreifen entschieden wurden.

Das war etwa in München beim sogenannten Katzmair-Aufstand zwischen 1373 und 1403 der Fall, der von angesehenen reichen Bürgern ausging, die an der Korrektheit des städtischen Finanzgebarens zweifelten. Zu denen gehörte auch der Ratsherr Jörg Katzmair, dem wir den genauesten Bericht über die Ereignisse verdanken, obwohl er selbst, trotz seiner Flucht aus der Stadt, nicht in deren Zentrum stand. Da er aber seine Erlebnisse niederschrieb und Anna Reitmor diesen Text abschrieb und damit für die Nachwelt rettete, wird gemeinhin vom »Katzmair-Aufstand« gesprochen. Andere Faktoren spielten dabei auch ein Rolle. Hinzu kam nämlich, daß die Stadt nicht dem neuen Herzog Ernst (1373–1428) huldigen wollte, weil dieser sich weigerte, die bis zu diesem Zeitpunkt erreichten stadtbürgerlichen Privilegien anzuerkennen. Wie öfter in solchen Fällen innerstädtischer Konfrontationen geriet dabei die jüdische Gemeinde Münchens in Gefahr. Durch einen Schiedsspruch unter dem Vorsitz des Burggrafen Friedrich von Nürnberg konnte der Aufstand angesichts der Belagerung durch ein herzogliches Heer 1403 beigelegt werden. Darin wurde die Gerichtsbarkeit der Münchner Bürger innerhalb der Stadt anerkannt. Unter Mitwirkung der Herzöge und der herzoglichen Räte entstand dann eine neue und dauerhafte Stadtverfassung, in der aber die Zünfte kein politisches Mitspracherecht mehr besaßen. Wie in vielen anderen mittelalterlichen Städten wurde ein »Einungsverbot« ausgesprochen, das künftige Verschwörungen verhindern sollte. Dies ging so weit, daß aufgrund des Bürgereides, den jeder vollgültige Bürger schwören mußte, die Verpflichtung bestand, Kenntnis von geplanten Verschwörungen dem Stadtregiment zu melden, andernfalls man selbst schwerer Strafe verfiel, wenn nachgewiesen werden konnte, daß man von derselben gewußt habe. Bemerkenswert ist beim Aufstand des Jörg Katzmair und seiner Genossen einerseits, wie groß die Rolle des Fürsten bei der Beilegung des Aufstandes in seiner Residenz gewesen ist, und andererseits die Schlichterrolle, die der Nürnberger Burggraf bei dem gesamten Vorgang spielte. Letzteres war sicher kein Zufall, denn die machtvoll aufstrebende Reichsstadt mit ihrem alten staufischen Amtspatriziat und der Nürnberger Burggraf hatten reiche Erfahrungen in der Regelung schwerer Konflikte zwischen Herrschaft und selbstbewußtem Bürgertum. Auch galt das Nürnberger Stadtrecht – neben dem Magdeburger – als das angesehenste im Reich, das auch die Prager Altstadt übernommen hatte. Es war gerade um diese Zeit, als die Stadt an der Pegnitz als weitausgreifende Handels- und Wirtschaftsmacht Süddeutschlands das ältere Regensburg überrundete.

Nürnberg: Zentrum der Kunst und Technik

Auf ursprünglich altbayerischem Siedlungsboden als königliche Burg um 1000 entstanden, wurde Nürnberg rasch ein Hauptstützpunkt salischer Reichslandpolitik: 1050 hielt Kaiser Heinrich III. hier einen Hoftag ab. Als ältester Bauteil ist der fünfeckige Turm – der »Altnürnberger« – aus salischer Zeit noch erhalten. Seit 1191 saßen auf der Burg als Grafen und Sachwalter des Kaisers die Hohenzollern, ein ursprünglich schwäbisches Geschlecht. Schon 1062 ist Nürnberg als Marktort erwähnt, 1070 als Wallfahrtsort zu den Gebeinen des hl. Sebald. Über dessen Grab entstand im 13. und 14. Jahrhundert die dreischiffige, doppelchörige Pfeilerbasilika.

Unter staufischer Herrschaft nahm Nürnberg einen entscheidenden Aufschwung, wenn es auch noch lange unter der Oberherrschaft des hohenzollernschen Burggrafen bleiben sollte. Der *Freiheitsbrief Kaiser Friedrichs II.* von 1219 sicherte aber die städtische Entfaltung, in deren Verlauf sich das ummauerte Areal der

Die Kaiserburg über der Reichsstadt Nürnberg, dem Kunst- und Technologiezentrum Deutschlands in der frühen Neuzeit.

Großsiedlung auf das andere Pegnitz-Ufer erweiterte: 1245 werden erstmals beide Stadtkerne als »universitas civium«, das heißt als Einheit der Bürgerschaft, genannt; 1323 entstand die gemeinsame Stadtmauer, die dann immer stärker und imposanter wurde, je mehr sich die Stadt politisch entfaltete.

Nürnberg wurde als Handelsstadt wie als Produktionszentrum der Metallindustrie die »königliche« unter den deutschen Städten. Das »Handlungsbuch« der Patrizierfamilie Holzschuher von 1304 bis 1307 ist ein Zeugnis modernen, frühkapitalistischen Wirtschaftsgeistes. Die Reichsstadt unterhielt weiträumige Verbindungen mit den Hansestädten bis in die Niederlande, aber auch mit Genua, Mailand und Venedig sowie mit der Seidenstadt Lyon und löste damit die Vorrangstellung Regensburgs in Süddeutschland ab. Hauptschlagadern des Handelsverkehrs gingen über Prag nach Ostmitteleuropa und über Wien bis Byzanz, später ins Osmanische Reich. Polen gehörte ebenfalls zum Einzugsbereich des Nürnberger Großkapitals. Durch den weitgespannten Wirtschaftsverkehr wurde die Stadt das Informationszentrum Deutschlands; nicht zufällig erlebten im 15. und 16. Jahrhundert Geographie, Kartographie und eine hochentwickelte Drucktechnik hier eine erstaunliche Blüte. Am Ende des 15. Jahrhunderts war Nürnberg lukrative Handelsmetropole für sächsische und böhmische Silbergruben, für Mansfelder und ungarische Kupfergruben, für böhmisches und siebenbürgisches Quecksilber. Die urspünglich familiär organisierten Handelshäuser wandelten sich dabei in rational organisierte Aktiengesellschaften. Geräumige Magazinhäuser mit riesigen Dächern geben vom Handel der Metropole noch heute Kunde. Vom Gemeinsinn der Bürger zeugt das Heiliggeist-Spital über der Pegnitz, 1331 bis 1341 erbaut, 1488 bis 1527 beträchtlich erweitert. Konrad Groß, ein versierter Finanzmann und Stadtpolitiker, löste das bislang Ludwig dem Bayern und den hohenzollernschen Burggrafen unterstellte Reichsschultheißenamt gegen viel Geld aus, wurde selbst Schultheiß und konnte 1349 sogar die Reichsmünze für Nürnberg und damit ein wichtiges Hoheitsrecht erwerben. Das Nürnberger Stadtrecht von 1484 wurde Vorbild für viele andere Städte, unter anderen für Bamberg, Eger, Rothenburg ob der Tauber, Schweinfurt, Bayreuth und auch für die Prager Altstadt.

Die Bedeutung der Reichsstadt schlug sich auch in der Bestimmung der Goldenen Bulle Kaiser Karls IV. von 1356 nieder, wonach jeder deutsche König seinen ersten Reichstag in Nürnberg abzuhalten hatte. Sowohl Kaiser Ludwig der Bayer als auch Kaiser Karl IV. waren im 14. Jahrhundert die größten Förderer der Stadt. In dieser Epoche entstand auf dem linken Pegnitz-Ufer die Hauptkirche St. Lorenz mit ihrem mächtigen spätgotischen Hallenchor, ebenso das Heiliggeist-Spital, das den Fluß überspannt, und 1352 die Frauenkirche mit ihrer hochpolitischen kunstvollen Uhr: Die Kurfürsten huldigen dem Herrscher und Stifter der Kirche, Kaiser Karl IV. Das ist das »Männleinlaufen«, wie es die Nürnberger nennen: Mittelalterliche Staatssymbolik und stündliches Spektakel sind hier einprägsam verbunden. 1427 erwarb die reich und mächtig gewordene Stadt die Burg und die wichtigsten Rechte des Burggrafen. Damals erhielten die Hohenzollern vom Kaiser die Mark Brandenburg, das künftige Herzstück preußisch-hohenzollernscher Geschichte.

Der Höhepunkt Nürnbergs, wo von 1424 bis 1796 die Reichskleinodien – Reichskrone, Szepter, Reichsapfel und Schwert – aufbewahrt wurden, lag vor und nach 1500. Es war eine wahre Explosion von Genialität, wissenschaftlich-technischer Innovationen, humanistischer Gelehrsamkeit und merkantiler Sachkompetenz.

Nürnbergs Gewerbe florierten, vor allem das Metallhandwerk, die Feinmechanik und der Metallhandel, was für die Kunst ebenso bedeutsam wurde wie für technische Erfindungen, die auch wirtschaftlich wichtig wurden. Das gilt für den Instrumentenbau und für die Entwicklung von Navigationsgeräten. Ebenso entwickelte man effektivere Pumpen, die den Bergbau durch bessere Entwässerungssysteme ertragreicher machten; viele ältere stillgelegte Erzgruben konnten jetzt wieder ausgebeutet werden.

Kein Wunder, daß dieses europäische Wissenschafts- und Technologie-Zentrum kreative Geister auf allen Gebieten anlockte: Aus Königsberg in Franken stammte der Mathematiker und Astronom Regiomontanus – Johannes Müller (1436 bis 1476) –, der aufgrund griechischer und arabischer Quellen acht Druckwerke über die Planeten verfaßte, ein gewaltiges Opus, das nur mit Hilfe der modernen Nürnberger Drucktechnik geschaffen werden konnte. Aufgrund seiner verbesserten Berechnungen der kirchlichen Feiertage berief Papst Sixtus IV. Regiomontanus für eine Kalenderreform 1475 nach Rom. Die wichtigste Stätte seines Wirkens war aber Nürnberg, das damals einzigartige Voraussetzungen bot, weshalb ihn der Ungarnkönig Matthias Corvinus dorthin geschickt hatte, »da man« – so Regiomontanus – »von einer so verkehrsgünstig gelegenen Stadt aus leicht auch mit anderen Orten in Verbindung treten könne, sich in einem Geschäftszentrum befinde und von den Handwerkern besonders taugliche Beobachtungsinstrumente zu erwarten habe«. Das in der Stadt konzentrierte technisch-wissenschaftliche Potential zog also den Gelehrten an, aber auch die weitläufigen Verbindungen, die durch das Nürnberger Handelsnetz entstanden waren. Nürnberger Produkte gingen nach Italien, Flandern, den Donauländern Österreich und Ungarn, ins benachbarte Böhmen und nach Schlesien und Polen.

Neben der Astronomie entwickelte sich in Nürnberg die Geographie und Kartographie. Martin Behaims (1459–1507) Weltglobus, der auf den Vorarbeiten des Philosophen und Mathematikers Nikolaus von Kues und des Regiomontanus beruhte, wurde ein internationaler Exportschlager. Das neue Weltbild dieser Globen regte dann Christoph Columbus zu seiner großen Fahrt an, die zur Entdeckung Amerikas führte. Gleichzeitig entstanden in Nürnberg die ersten Weltkarten, aber auch erste geographische Standardwerke: Der »Erzhumanist« Konrad Celtis (1459–1508) – er gab als erster die »Germania« des antiken Historikers Tacitus heraus und formulierte am frühesten ein deutsches Nationalbewußtsein – verfaßte auch die erste kulturgeographische Beschreibung Nürnbergs und seines Umlandes. Nach ihm wurde Johannes Cochläus (1479–1552), Humanist und Rektor der St. Lorenzer Schule, der Autor der ersten Beschreibung Deutschlands aus der Feder eines Deutschen. Etwa gleichzeitig gab der große Nürnberger Humanist Willibald Pirckheimer (1470–1530), Sohn einer Patrizierfamilie der Stadt, die erste kritische Edition der antiken Erdbeschreibung des Ptolemäus heraus, wobei er sich um die Identifizierung der dort genannten Orte, Berge und Flüsse große wissenschaftliche Verdienste erwarb.

Kein Wunder war es, aber dennoch bewundernswert, daß die weltoffene Stadt an der Pegnitz – selbstbewußt und doch dem Reich eng verbunden – ein Vorreiter der Renaissance und des Humanismus geworden ist. Pirckheimer, der Freund Albrecht Dürers, war hier die herausragende Gestalt, ein Gelehrter, der sich auch als Diplomat und Heerführer für seine Heimatstadt einsetzte.

Schon vor Dürer war Nürnberg eine Heimstätte der Kunst. Hans Pleydenwurf und Michael Wolgemuth wirkten dort als

Maler. Dann, in der Epoche Albrecht Dürers, erreichte die Stadt ihren künstlerischen Höhepunkt: Veit Stoß schuf für die Kirche St. Lorenz seinen »Englischen Gruß« und für St. Sebald seine Kreuztragung. Adam Krafft meißelte das Sakramentshaus in der St.-Lorenz-Kirche, an dessen Fuß er sich als Künstler und Handwerker ebenso selbstbewußt wie demütig vor Gott darstellte. Der Erzgießer Peter Vischer gestaltete zusammen mit seinen Söhnen Peter und Hermann das monumentale Sebaldusgrab; auch dieser Künstler stellte sich selbst im schlichten Arbeitsgewand als Meister in seinem Werk dar – Zeichen der hohen Selbsteinschätzung der Renaissance-Künstler.

Daß Nürnberg als Vorreiter deutscher Erzgießerei zugleich ein Zentrum des Kanonengusses und der Harnisch-Herstellung gewesen ist, sei nicht vergessen. Auch Albrecht Dürer hat Entwürfe für Kanonen gezeichnet und angesichts der Türkengefahr, die damals ganz Europa in Schrecken versetzte und die Martin Luther zu einem flammenden Appell an die Christenheit veranlaßte, schrieb der große Künstler auch eine *Befestigungslehre*, die er König Ferdinand von Ungarn und Böhmen widmete. Er wäre kein Renaissance-Künstler gewesen, wenn er nicht diesem aktuell militärisch-fortifikatorischen Werk den Plan einer idealen Stadt beigefügt hätte. Utopie in Gesellschaft und Architektur war ein großes Thema der Zeit; auch die Utopia des Engländers Thomas Morus – ein frühneuzeitlicher, rationaler Gesellschaftsentwurf – gehört in diese Epoche.

Gegenüber Wirtschaft, Wissenschaft, Humanismus und bildender Kunst fällt das literarische Nürnberg des 16. Jahrhunderts stark zurück: Nur Hans Sachs – »Schuhmacher und Poet dazu« – ist uns heute noch mit seinem lehrhaften Volkstheater ein lebendiger Begriff. Weit davon entfernt, nur ein schnurriger Fastnachtspoet zu sein, erfaßte auch ihn die große, hoffnungsvolle Begeisterung, die Martin Luthers gewaltige Frühschriften *Von der Freiheit eines Christenmenschen* und *An den christlichen Adel teutscher Nation* in ganz Deutschland ausgelöst hatten. Diese Aufbruchstimmung klingt auch aus Hans Sachsens kämpferisch scharfem Gedicht von 1523 *Die Wittenbergische Nachtigall*, einem mächtigen Kampfgesang für Luther, der in Richard Wagners *Meistersinger* nachgestaltet, aber seines politischen Gehalts beraubt worden ist:

»Wach auf, es nahet gen dem Tag.
Ich hör singen im grünen Haag
Ein wunnigliche Nachtigall.
Ihr Stimm' durchklinget Berg und Tal
Die Nacht neigt sich gen Occident.
Der Tag geht auf von Orient...
Wer die lieblich Nachtigall sei,
Die uns den hellen Tag ausschrei,
Ist Doktor Martinus Luther
Zu Wittenberg Augustiner...«

Ein Jahr danach, 1524, schrieb Sachs seinen »Reformationsdialog«, in dem er – der Schuster – Luthers Anliegen gegen einen Chorherrn verteidigt. 1527 beschlagnahmte der konfessionell noch sehr vorsichtige Rat der Stadt Nürnberg eine von Hans Sachs mit Reimen versehene Bilderfolge gegen den Papst und vermahnte den Dichter ernstlich, »seines Handwerks und Schuhmachens zu warten« und sich »des Reimemachens und Bücherschreibens jedoch hinfort zu enthalten«. Da die Reichsstadt Nürnberg bald danach sehr entschieden die Reformation durchführte, hatte die Vermahnung für Hans Sachs keine nachteiligen Folgen.

Epochen, die einer großen Zeit folgen, haben es schwer, gerecht beurteilt zu werden. Das gilt auch für Nürnberg nach dem verlustreichen Krieg von 1552/53 mit dem hohenzollernschen Markgrafen Albrecht Alkibiades. Die Wirtschaftskraft war aber ungebrochen, und dank des Eingreifens der Nürnberger Humanisten blieb die Stadt auch von den extremen reformatorischen Bilderstürmern verschont und damit auch ihr großes Kunsterbe. Zu diesem Erbe gehören auch die berühmten »Vier Apostel«, die Albrecht Dürer seiner Heimatstadt feierlich schenkte und die etwa hundert Jahre später Kurfürst Maximilian I. mehr oder weniger gewaltsam nach München entführte. Von faszinierender

Modernität sind Dürers Landschaftsaquarelle, er ist überhaupt unter den Künstlern der Epoche der Entdecker der Landschaft als eigenständiges Motiv im Unterschied zur bloßen Staffage. Berühmt sind die Kalchreuth-Blätter und die »Weidenmühle«, die Ansichten der Alpen (»Welsch Purg«), von Innsbruck und Trient sowie die Szenarien aus der Umgebung Nürnbergs. Was vor allem besticht, ist ihr unverstellter Blick auf die Natur, ihr poetischer Realismus, der erst im 19. Jahrhundert eingeholt wurde. Dem Malerkreis um Dürer gehörten Hans Schäuffelein, Hans Baldung Grien, Hans Süß von Kulmbach und Wolf Traut an. 1616 entstand das monumentale Renaissance-Rathaus. Bald danach fügte der Dreißigjährige Krieg der Stadt schwersten Schaden zu, von dem sie sich nur langsam erholen konnte. Für die deutsche Literatur wurde der »Hirten- und Blumenorden an der Pegnitz« von Bedeutung, dessen bedeutendster Repräsentant Georg Philipp Harsdörffer (1607–1658) gewesen ist, Sohn einer städtischen Patrizierfamilie. Es war eine Sprach- und Poeten-

Selbstbildnis des jungen Albrecht Dürer um 1492/93, ein psychologisches Porträt von bestürzender Modernität.

gesellschaft nach dem Vorbild italienischer Dichterakademien. Auch Sigmund von Birken (1626–1681), Sohn eines böhmischen Geistlichen, der wegen der harten Gegenreformation nach Nürnberg ins Exil gegangen war, gehörte dem Orden an. 1662 wurde er Harsdörffers Nachfolger als Präses desselben. Was nicht vergessen werden darf: Nürnberg blieb nach wie vor ein bedeutendes Technologie-Zentrum, aus dem sich Kaiser Rudolf II. (1576 bis 1612) Spezialisten in seine Residenzstadt Prag holte. Es zeugt für die geistige Lebendigkeit der Reichsstadt Nürnberg, daß sie auf ihrem Territorium in Altdorf 1622 eine Universität gründete, die bis 1809 bestand und zeitweise große Anziehungskraft über Süddeutschland hinaus besaß. Sie sollte der Ausbildung evangelischer Theologen, von Juristen und Schulmännern dienen, doch war die humanistische Tradition in der neuen Bildungsstätte stärker als die Kontroverstheologie der Zeit. Vorläuferin der Universität war eine Akademie, an der einst Albrecht von Wallenstein 1599 ein wenig rühmliches Debüt als Student gegeben hatte. Gottfried Wilhelm Leibniz, der berühmteste Polyhistor des Barock, erwarb in Altdorf 1667 den juristischen Doktorgrad, verzichtete aber auf eine ihm dort angebotene Professur. Im 18. Jahrhundert hatte die städtische Universität eine bedeutende medizinische Schule, aber auch der Altdorfer Mathematiker Leonhard Christoph Sturm erfreute sich internationaler Anerkennung. Nach der Mitte des 18. Jahrhunderts lief die Neugründung der Universität Erlangen Altdorf sehr bald den Rang ab.

Im Jahr 1806 kam Nürnberg an das neue Königreich Bayern, und aufgrund seiner langen liberal-bürgerlichen Tradition als alte protestantische Reichsstadt war es 1848/49 – neben München, Augsburg und der Pfalz – ein Zentrum der Revolution. Die Stadt stellte sich hinter die Reichsverfassung der Frankfurter Nationalversammlung; die radikalen Demokraten der Stadt drohten sich von Bayern zu lösen, falls sich die Regierung gegen die Paulskirchen-Konstitution wenden sollte; doch war dies eine bald vorübergehende Bewegung gegen das Königtum. Daß der innovative, industrielle Geist Nürnbergs nicht erloschen war, zeigt die erste Eisenbahnstrecke Deutschlands zwischen der Stadt und Fürth. Ein Konsortium Nürnberger Kaufleute war der Träger des Unternehmens; am 7. Dezember 1835 fand die feierliche Eröffnung statt.

Auch die Reichstradition meldete sich damals zu Wort: Hans von Aufseß, der Gründer des Germanischen Nationalmuseums, schlug in seiner Flugschrift *Patriotische Fragen Deutschlands* vor, die Nürnberger Burg zum Sitz des zu wählenden Kaisers zu machen und auch dem künftigen Reichstag im großen Rathaussaal seinen Platz zu geben. Scheiterten auch 1848/49 solche Pläne, so erlebte die Stadt doch seit der Mitte des 19. Jahrhunderts einen erstaunlichen industriellen Aufschwung, der auch die mentale Einordnung in den bayerischen Staat förderte: Man war das Industriezentrum des Landes. Gleichzeitig wurde die Stadt – neben Augsburg und München – Träger der industriellen Revolution im ansonsten noch stark agrarischen Bayern.

Augsburg: Tor zur Welt und Stadt des Humanismus

Die alte Reichsstadt, Metropole Bayerisch-Schwabens, trat schon früh ebenbürtig neben Nürnberg als ein merkantiles und kulturelles Zentrum des Alten Reiches. Als bedeutende Römerstadt Augusta Vindelicum, Hauptort der Provinz Raetien, begann ihre Geschichte, ihr Legionslager war wichtig für die römische Herrschaft südlich der Donau. Kaiser Hadrian – er regierte zwischen 117 und 138 n. Chr. – erhob die befestigte Siedlung zum »municipium«, das heißt zur Stadt im Vollsinn. Um 303/5 erlitt hier die Christin Afra den Märtyrertod; ihre Kultstätte überdauerte die Völkerwanderung. Im 7. Jahrhundert, also in fränkisch-merowingischer Zeit, ließen sich Adelige an ihrem Grabe bestatten. Spätestens im 8. Jahrhundert ist Augsburg als Bischofsstadt bezeugt. Die Domkirche, 1065 geweiht, im Spätmittelalter gotisch erneuert und vergrößert, ist wegen ihrer Bronzeportale aus dem 11. und der Glasfenster aus dem 12. Jahrhundert berühmt. Der Aufstieg Augsburgs als bürgerliche

Reichsstadt fand mit dem Stadtrechtsbuch von 1276 einen gewissen Abschluß und seine endgültige Organisationsform; 1316 sicherte Kaiser Ludwig der Bayer Augsburg die Reichsfreiheit im weitesten Sinne. Damals entstand das Handwerkerviertel in der Unterstadt mit seiner überregional bedeutenden Leinen- und Barchentweberei, aus der sich die Augsburger Textilindustrie der Neuzeit entwickelte. Seine Blüte und sein internationales Renommée verdankt Augsburg aber dem Fernhandel über die Alpenpässe nach Mailand und Venedig. Aber auch Südosteuropa, etwa die ergiebigen Kupfergruben Ungarns, und die Neue Welt mit ihren Schätzen wurden eine Domäne Augsburger Unternehmertums. Neben Antwerpen und Lissabon entwickelte sich die Stadt zu einem Zentrum des internationalen Geldhandels; bis zur Mitte des 19. Jahrhunderts war die Stadt der wichtigste Börsenplatz Süddeutschlands, erst dann trat München an dessen Stelle.

Zwei große Familien ragen mit ihren Handelsimperien aus dem Kreis Augsburger Frühkapitalisten hervor: die Fugger und die Welser. Die Fugger waren ursprünglich Barchentweber, dann Gründer einer weltumspannenden Handelsgesellschaft, schließlich Pächter und Besitzer von Silber-, Kupfer- und Bleibergwerken in Spanien, Tirol, Kärnten und Ungarn; aber auch im Ostasienhandel betätigten sie sich. Es konnte nicht ausbleiben, daß sie auch in die große Politik einstiegen, und zwar schon als Finanziers Kaiser Friedrichs III., jenes Kaisers, der einst als des »Heiligen Römischen Reiches Erzschlafmütze« verspottet wurde, in Wahrheit jedoch – wie die Spinne im Netz – durch kluge Heiratspolitik den Aufschwung des Hauses Habsburg zur Weltmacht vorbereitete. Die Verbindung mit dem Kaiserhause sollte dem Handelshaus im 16. Jahrhundert zum Schicksal werden. Jakob Fugger »der Reiche« war ursprünglich Geistlicher gewesen, trat aber dann ins väterliche Geschäft ein und wurde von 1511 an dessen alleiniger Inhaber. Er gewann als Bankier der Päpste und Kaiser Einfluß. Kaiser Maximilian I., der besonders gern in Augsburg weilte und dessen Glanzepoche eröffnete, erhielt von Jakob Fugger Subsidien in Höhe von 170000 Gulden, die Wahl Karls V. zum deutschen Kaiser finanzierte er mit 300000 Gulden – die Kurfürsten waren stets in Geldnot und nahmen gern sein Geld. Berühmt ist Jakobs stolzes Wort zu Karl V., »ohne meine Hilfe hätten Eure Majestät die römische Krone [das heißt das Kaisertum] nicht erlangen können«. Kein Wunder, daß Fugger Gegenleistungen erhielt: Bergbaurechte und Ländereien. Schon 1504 war Jakob in den Adelsstand erhoben worden. Ferner finanzierten die Fugger den schwungvollen Ablaßhandel, mit dessen Hilfe Kardinal Albrecht von Brandenburg die Riesensumme aufbringen wollte, die er an die Kurie für die Erlangung der Kardinalswürde bezahlen mußte. Albrechts »Ablaßkrämer« Tetzel, der das Geld für den bei Fugger hochverschuldeten Kardinal zusammenschnorren sollte, war es dann bekanntlich, der Martin Luthers flammenden Zorn und damit ungewollt die Reformation auslöste.

Jakob Fugger erbaute auch das gewaltige Palais in seiner Heimatstadt, sorgte aber zugleich in vorbildlicher Weise für seine Mitarbeiter und Mitbürger: Er stiftete die »Fuggerei«, eine geschlossene Siedlung mit 53 Doppelhäusern für mittellose katholische Augsburger; sie besteht noch heute. Unter seinem Neffen Anton erlebte das Haus Fugger einen letzten Höhepunkt, aber auch bereits den beginnenden Abstieg. Anton Fugger (1493–1560), der »König der Kaufleute« und wohl der genialste Vertreter der augsburgisch-schwäbischen Großwirtschaft, erlangte 1526 die Reichsgrafenwürde und schuf sich ein eigenes Fuggersches Territorium in Oberschwaben und im Elsaß. Politik machte er in enger Anlehnung an Kaiser Karl V., der ihm zum Einstieg in das Amerika-Geschäft verhalf. Auch die Königswahl Ferdinands I. finanzierte er und den ersten großen Türkenkrieg 1529. Als Freund des großen Humanisten Erasmus von Rotterdam war Anton Fugger, wie viele seiner Zeit, lange um einen Brückenschlag zwischen den sich immer mehr verhärtenden konfessionellen Fronten bemüht: sicher aus Überzeugung, aber auch seiner Geschäftsverbindungen wegen. Infolge seiner engen Bindung an das katholische Kaiserhaus mußte er 1547 dennoch für Karl V. den Schmalkaldischen Krieg gegen die evangelischen

Jakob Fugger »der Reiche« (1459–1525), eine Schlüsselfigur in Wirtschaft und Politik. Gemälde von Christoph Amberger.

Fürsten finanzieren. Spaniens Staatsbankrott brachte sein Wirtschaftsimperium ins Wanken, 1547 zog er sich vom Geschäft zurück und wurde unter dem Einfluß des Jesuiten Petrus Canisius – der zentralen Figur der Gegenreformation in Bayern – ein Vorkämpfer der katholischen Erneuerung. Ein Zweig der Familie Fugger blüht noch heute.

Ein weltumspannendes Wirtschaftsimperium bauten auch die Welser auf, ein seit 1330 in Augsburg nachweisbares Patriziergeschlecht, dessen Handelsagenten schon im 15. Jahrhundert in Italien, Spanien, in Genf und in der Seiden-Stadt Lyon tätig waren; ein blühender Levantehandel kam hinzu. 1503 erhielt Anton Welser der Ältere vom Kaiser das Recht, eigene, in Portugal gebaute Schiffe nach Indien fahren zu lassen. Sein Schwiegersohn war der große Augsburger Humanist, Stadtschreiber und Diplomat in kaiserlichem Dienst, Konrad Peutinger (1465–1547), der die Augsburger Politik im Sinne der großen Handelshäuser lenkte. Als enger Berater und Freund Kaiser Maximilians I. überwachte er auch den Bau des Innsbrucker Grabmals der habsburgischen Familie. Das Grabmal Maximilians I. – er selbst wurde dann aber in der Wiener Neustadt bestattet – ist mit seinen 28 überlebensgroßen Statuen zwar ein Torso geblieben, aber seit der Antike das erste große Monument europäischer Erzplastik. Konrad Peutinger, der sich als Humanist um den Druck antiker Texte verdient gemacht hat, förderte auch den Druck von Maximilians Prachtwerken autobiographischen Charakters: *Weißkunig* und *Theuerdank*. Als 1534 in Augsburg die Reformation eingeführt wurde, legte er sein politisches Mandat als »Stadtschreiber« nieder; er war Luther gegenüber skeptisch. Gerade in dieser Epoche erreichte die Welsersche Handelsgesellschaft unter Bartholomäus und Anton Welser dem Jüngeren ihren Höhepunkt. Das große Geld kam damals vom Handel mit dem spanischen Amerika und vom Kupferbergbau in Haiti. Wie die Fugger finanzierten auch die Welser den Kampf Kaiser Karls V. gegen die Protestanten: den Schmalkaldischen Krieg. Anton der Jüngere wurde schon 1532 geadelt; wenige Jahre zuvor hatte er das gewiß zweifelhafte Privileg erhalten, aus Afrika Sklaven nach Amerika einführen zu dürfen, vornehmlich für den Bergbau, aber auch als rechtloses »Menschenmaterial« für die Kolonisation Venezuelas.

Das 15. und 16. Jahrhundert bedeutete in den großen Reichs- und Hansestädten wie Lübeck, Köln, Nürnberg und Augsburg zugleich den stürmischen Aufbruch bürgerlicher Wirtschaftseliten in die Sphäre von Politik und Kultur. Daß es dennoch nicht leicht war, in die oberste Etage adelig-dynastischer Herrschaft vorzustoßen, beweist die spektakuläre Liebesheirat der eleganten und reichen Bürgerstochter Philippine Welser (1521–1580). Sie durfte zwar 1557 einen Kaisersohn ehelichen, nämlich Erzherzog Ferdinand, aber dessen Vater, Kaiser Ferdinand I., der dem Hause Welser in vieler Hinsicht verpflichtet war, bestand doch darauf, daß diese Ehe geheimgehalten wurde und sein Sohn auf die Erbfolgerechte im Hause Habsburg für die Kinder aus dieser

Verbindung verzichtete. Wie so manches frühneuzeitliche Handelshaus endete die Wirtschaftsmacht des Hauses Welser 1614 abrupt mit dem Bankrott. Als Familie lebten die Welser aber weiter, und zwar in den Konkurrenz-Städten Nürnberg und Ulm. Augsburger Glanz beruhte aber nicht nur auf den großen Handelsimperien. Die Unterstadt war ein deutsches Zentrum der Barchentweberei und der Edelmetallverarbeitung. Augsburger Gold- und Silberschmiedekunst konkurrierte erfolgreich mit Nürnberg. Desgleichen trat es mit kunstvollen Uhren und technischen Instrumenten neben die Stadt an der Pegnitz. Edles Tafelgeschirr aus Augsburg wurde im 16. und 17. Jahrhundert ein Weltexportartikel.

In der Welt der Gelehrsamkeit hat sich der Augsburger Großkaufmann, Stadtpfleger und Humanist, Markus Welser (1558 bis 1614), einen Namen gemacht: 1602 erschienen die ersten fünf Bände seiner *Bayerischen Geschichte*, der bei seinem Tod vollendete sechste Band wurde erst 1777 gedruckt. Nach sachkundigem Urteil war es »das erste im heutigen Sinne kritische Geschichtswerk Bayerns«. Es steht ebenbürtig neben Aventins *Bayrischer Chronik*.

Augsburg war eng mit der Reformationsgeschichte Deutschlands verbunden, ja, im politischen Sinne war die Stadt – obwohl bikonfessionell – die Hauptstadt der Reformation. Das zeigte sich schon 1530 auf dem Augsburger Reichstag, als mit der berühmten Confessio Augustana – der Augsburgischen Konfession der evangelischen Reichsstände – die Sache der Reformation auch vom Kaiser anerkannt werden mußte, wenn auch höchst widerwillig und vorläufig, denn Karl V. brauchte die militärische Hilfe der evangelischen Reichsstände gegen die Türken. Damals kam es zu einem – allerdings labilen – Religionsfrieden im Reich. Nach dem für den Habsburger siegreichen Schmalkaldischen Krieg fand aber 1548 auch der sogenannte »geharnischte Reichstag« in Augsburg statt, auf dem Karl V. die protestantische Partei zur Rückkehr zum alten Glauben aufforderte. Immerhin wurde den Protestanten damals noch der Laienkelch und die Priesterehe zugestanden. Dieser aufgezwungene Kompromiß hatte aber – weil er eben aufgezwungen war – keinen Bestand. Endlich einigten sich nach dem Rückzug des kranken und pessimistisch gewordenen Kaisers aus der Politik die friedenswilligen Kräfte im Reich auf einen nunmehr sorgfältiger ausgehandelten Religionsfrieden – wiederum in Augsburg: am 25. September 1555. Damit war die Augsburgische Konfession reichsrechtlich anerkannt und gesichert. Für Augsburg, aber auch für andere deutsche Städte wurde § 27 des Reichsabschieds von 1555 wichtig. Dort war festgelegt: »daß in denen Reichs-Städten, in welchen beide Religionen eine Zeit her in Gang und Gebrauch gewesen, solches hinfüro auch also bleiben und gehalten werden, und derselben Bürger und Inwohner, geist- und weltlichen Stands, friedlich und ruhig bei einander wohnen, und kein Teil des anderen Religion abzutun oder ihn davon zu bringen befugt sein solle«. Das war ein zartes Pflänzchen der Hoffnung für die Zukunft; in Augsburg gab es seither eine Art kleinen, nämlich städtischen Religionsfrieden. Für das Reich insgesamt blieb der generelle Augsburger Religionsfriede mehr als sechzig Jahre im wesentlichen erhalten. Er wurde dann – nach den unsäglichen Leiden des Reiches im Dreißigjährigen Krieg – im Westfälischen Frieden 1648 erneut bestätigt und besiegelte damit endgültig die Glaubensspaltung. Sie war ursprünglich nicht beabsichtigt, vor allem nicht von Philipp Melanchthon, der von 1530 an in Augsburg gegen Luthers Bedenken eine kompromißbereite Linie vertreten hatte – leider ohne Erfolg.

Es gehört bis heute zum Signum der schwäbischen Metropole, daß sich in ihr beide Konfessionen, die katholische wie die »augsburgisch-evangelische« in einem labilen, zeitweise spannungsreichen Zustande erhielten. Augsburg wurde bald nach der Katastrophe Nürnbergs ebenfalls in den Vernichtungsstrudel des Dreißigjährigen Krieges gezogen. Nürnberg hatte bei der langen Belagerung der Stadt durch Wallenstein im Sommer 1632 schwere Verluste durch den Krieg, aber auch durch Hunger und Seuche erlitten. Augsburg blieb vorerst noch von der Kriegsfurie verschont, doch wütete 1627/28 eine Pestepidemie in der Stadt, der 1634/35 eine neue Welle folgte. Die Katastrophe verstärkte sich, als 1635 Augsburg, wie 1632 Nürnberg, während der Belagerung durch Truppen des bayerischen Kurfürsten Maximilian I. dem blanken Hunger ausgeliefert wurde. Damals gelang nicht mehr, was man bislang erfolgreich praktiziert hatte, nämlich die Repräsentanten jener Konfession, deren Heer gerade die Stadt bedrohte, zu Unterhandlungen ins feindliche Feldlager zu schikken, um günstigere Kapitulationsbedingungen zu erlangen.

Am besten glückte dies noch bei Gustav Adolf von Schweden, der im Frühjahr 1632 Augsburg zur Übergabe aufforderte. Der Schwedenkönig bemerkte zwar in seiner schriftlichen Aufforderung zur Kapitulation mißbilligend, er habe »mit höchster Verwunderung erfahren, daß die Stadt ohne erhebliche Ursache nicht allein seine offenen Feinde eingenommen [das heißt deren Partei ergriffen], sondern [sei] auch darauf ungescheut in Feindthätlichkeiten wider ihn ausgebrochen. Nun hätte er zwar genugsam Ursache, der Stadt ab sofort nach Verdiensten zu begegnen; und würde er vor der ganzen Welt entschuldiget seyn, wann er ohne einige vorgehende Warnung derselben mit selbsterwählter Feindschaft zusetzte«. Gustav Adolf ließ aber – nicht zuletzt durch die Fürbitte der evangelischen Geistlichkeit – Gnade walten: Gegen beträchtliche Zahlungen blieb die Stadt von Plünderung verschont.

Für das erste Jahrzehnt des Dreißigjährigen Krieges, der Deutschland bevölkerungsmäßig, politisch und kulturell gewaltig zurückwarf, konnte Paul von Stetten in seiner zweibändigen monumentalen *Geschichte der Heiligen Römischen Reichs-Freien Stadt Augspurg* von 1743/1758 mit Recht noch folgendes feststellen: »In dem ersten Viertel des XVII. Seculi, als so weit sich ungefähr dieser Periodus der Augspurgischen Geschichten erstrecket, ereigneten sich zu Augspurg nicht so viele anmerckenswürdige Begebenheiten, als in denen vorigen Zeiten, und war diese Stadt sonderlich darinnen glücklich, daß, da an so vielen Orten, auch so gar in der Nachbarschaft, während dieser Zeit beschwehrliche Unruhen entstanden, selbe dannoch sowohl in als ausser ihren Mauern des edlen Friedens genossen, wiewohl selbe in denen nachfolgenden Zeiten diese Ruhe theuer genug [hat] bezahlen

Das Augsburger Rathaus des Elias Holl (1573–1646), ein erster Höhepunkt frühbürgerlicher Renaissance-Architektur.

müssen.« Die konfessionell schwierige Balance konnte im weiteren Verlauf des Krieges und seiner zunehmenden Brutalisierung nicht mehr zum Wohl der Stadt eingesetzt werden, so daß Augsburgs Gesamtschicksal im Dreißigjährigen Krieg letztlich doch demjenigen Nürnbergs und vieler anderer deutschen Städte ähnelte.

Immerhin, in den ersten Kriegsjahren blühte die Stadt noch einmal auf und ließ durch den genialen Renaissance-Baumeister Elias Holl (1573–1646), neben anderen bedeutenden Bauten in der Stadt, zwischen 1615 und 1620 das gewaltige Rathaus errichten. Halbwegs zwischen Dom und St. Ulrich und Afra an der Hauptstraße erbaut, hat man dieses Werk als »Sinnbild bürgerlicher Macht und Freiheit«, ja, als »Kathedrale des Bürgertums« bezeichnet. Elias Holl selbst, der »Stadtwerkmeister«, nannte seinen Bau »heroisch«, und zweifellos überragt es an architektonischer Finesse das bedeutende Nürnberger Rathaus derselben Epoche ebenso wie das herzogliche Stadthaus in Landshut. Unersetzlich ist der Verlust der bilderreichen Selbstinterpretation der Stadt durch Matthias Kagers kostbare Innenausstattung des Rathauses; sie ging im Bombenhagel des Zweiten Weltkrieges zugrunde und ist nur noch in farbigen Reproduktionen einigermaßen überliefert.

Was das musikalische Leben der beiden Reichsstädte anbelangt, so war vergleichsweise die Residenzstadt München im 16. Jahrhundert mit den Kapellmeistern Ludwig Senfl (um 1486 bis 1542/43) und Orlando di Lasso (1532–1594) zweifellos ein Ort von europäischem Rang. Aber auch Nürnbergs und Augsburgs Musikkultur nahm innerhalb Deutschlands einen herausragenden Platz ein. An der Pegnitz war es vor allem der Nürnberger Hans Leo Haßler (1564–1612), der als Kammer- und Domorganist Octavian Fuggers in Augsburg begann und dann als städtischer Musikleiter in seine Heimatstadt zurückkehrte, um später nach Ulm und an den kurfürstlichen Hof in Dresden zu gehen. Von Kaiser Rudolf II. geadelt, war Haßler als Meister der Motette und des Madrigals berühmt geworden. Ein Zeitgenosse schrieb, »daß dießer Zeit seinsgleichen in Teutschland nit ist und auch unter den Teutschen bis auf diese Zeit kein solcher Componist gefunden worden«. Im 17. Jahrhundert war dann der Nürnberger Johann Pachelbel (1653–1706) Organist in St. Sebald, dessen Triosonaten, Orgel- und Klavierwerke noch heute zum Konzertrepertoire gehören. Augsburgs musikalische Blüte begann schon zur Zeit des musischen Kaisers Maximilian I., dessen Hofkomponist der Flame Heinrich Isaac (um 1450–1517) war. Sein Schüler und Nachfolger als Hofkapellmeister wurde Ludwig Senfl, den die Mitwelt den »Fürsten der Musik« nannte. Schon 1523 ging er jedoch als Hofkapellmeister nach München. Im Dienste Kaiser Maximilians wirkte in Augsburg auch der Salzburger Paul Hofhaimer (1459 bis 1537), der als der größte Orgelmeister seiner Zeit galt. Es ist sicher kein Zufall, daß alle diese Komponisten auch Meister des heiteren Gesellschaftsliedes waren, in dem eine frühbürgerliche Welt in ganz besonderer Weise ihren musikalischen Ausdruck fand.

Mit Augsburg, Nürnberg, Rothenburg ob der Tauber und anderen ehemals freien Reichsstädten erwarb Bayern an der

Wende vom 18. zum 19. Jahrhundert ein gewaltiges kulturelles Erbe, zugleich die Traditionen und das Selbstbewußtsein von volkreichen Städten, die den Geist bürgerlicher Freiheit und Reichsverbundenheit in das neue Bayern einbrachten. Eine große Bereicherung für den Staat und die Gesellschaft Bayerns und für das Haus Wittelsbach war der heilsame Zwang, nunmehr über den Konfessionen zu stehen.

Das 19. und 20. Jahrhundert brachten Augsburg einen beträchtlichen industriellen Aufschwung, nun konnte es sich wiederum mit der alten Konkurrentin Nürnberg messen. Die *Augsburger Allgemeine Zeitung* war in der ersten Hälfte des 19. Jahrhunderts das führende Organ des deutschen Liberalismus, hier hatte der bürgerliche Geist schon lange tiefe Wurzeln geschlagen, und von hier aus erhob er 1848 während der deutschen Revolution kraftvoll seine Stimme.

Neuburg an der Donau: Eine Fürstenresidenz im Zeichen von Reformation und Gegenreformation

War mit den Münchner Herzögen Albrecht V. und Wilhelm V. die Konfessionsfrage endgültig zugunsten der katholischen Kirche entschieden, entwickelte sich diese Kardinalfrage des Jahrhunderts in anderen wittelsbachischen Territorien wesentlich anders. Dies gilt vor allem für Pfalz-Neuburg.

Der Landshuter Erbfolgekrieg, der 1505 mit dem »Kölner Schiedsspruch« Kaiser Maximilians beendet wurde, hatte die politische Einheit Bayerns wiederhergestellt; insofern war dies ein großer Erfolg für den oberbayerischen Herzog Albrecht IV., »den Weisen«. Diese neue Einheit mußte aber mit empfindlichen Gebietsabtretungen sowohl an den Kaiser wie an die wittelsbachischen Vettern in der Kurpfalz bezahlt werden. Der Pfälzer Kurfürst erhielt damals – statt Niederbayern – ein neu zusammengezimmertes Territorium: Pfalz-Neuburg, die sogenannte »Junge Pfalz« um Neuburg an der Donau. Es war ein

Kompromiß. Friedrich von der Pfalz übertrug dieses Gebiet seinen Neffen Ottheinrich und Philipp.

Ottheinrich war ein typischer Renaissance-Fürst, ein leidenschaftlicher Kunstsammler und Bauherr. Er unterhielt eine kostspielige Hofhaltung, die seine finanziellen Möglichkeiten bei weitem überstieg. Seine ehrgeizigen politischen Pläne scheiterten vorerst alle, dafür entstand seit 1537 in Neuburg, hoch über der Donau und an der Stelle, wo einst Kaiser Heinrich II. ein Benediktinerinnen-Kloster gestiftet hatte, eine wahrhaft fürstliche Residenz. Der älteste Ottheinrich-Bau, an der Außenfront mit prachtvollen Sgraffiti-Malereien versehen, zeigt Themen aus dem Alten Testament. Es ist Bibeldeutung aus evangelischer Sicht, denn Ottheinrich hatte 1542 unter dem geistigen Einfluß Philipp Melanchthons die Reformation in Neuburg eingeführt. Zwar endete die Regierungszeit dieses Fürsten 1544 im finanziellen Fiasko, aber Ottheinrich selbst konnte 1557 Pfälzer Kurfürst werden. Als Herrscher über ein großes und auch wirtschaftlich reiches Territorium baute er nunmehr in Heidelberg den schönsten Teil des kurpfälzischen Schlosses, den nach ihm benannten Ottheinrichbau, ein Hauptwerk der deutschen Renaissance. Noch als Ruine eindrucksvoll – im Pfälzer Erbfolgekrieg wurde das Schloß von den Truppen Ludwigs XIV. gesprengt – bleibt es ein Denkmal großer europäischer Architektur.

Ottheinrichs Nachfolger in Neuburg wurde der Zweibrückner Pfalzgraf Wolfgang (1557–1569), der seine Herrschaft als strenger Lutheraner und ehrgeiziger Politiker in spanischen, habsburgischen und französisch-hugenottischen Diensten auszuweiten suchte. Mehr Erfolg hatte er aber mit seiner Heiratspolitik. Wolfgangs Sohn Philipp Ludwig (1569–1614) erbaute die riesige Hofkirche St. Michael. Sie war bewußt als Gegenstück zur neuen Jesuitenkirche St. Michael in München gedacht: »Trutzmichael«! Hatte Wilhelm V. seine Michaelskirche als Symbolbau einer erneuerten katholischen Kirche errichten lassen – St. Michael, der Erzengel, bekämpft zusammen mit Herzog Wilhelm und den katholischen Kaisern Karl V. und

Das Renaissance-Schloß Neuburg an der Donau. Fürstensitz jener Wittelsbacher, welche die Pfälzischen Kurfürsten und deren Nebenlinien hervorbrachten. Sie kamen 1799 nach München und regierten Bayern bis 1918.

Ferdinand I. den Drachen der Ketzerei –, so zeigte das gewaltige Ausmaß der Neuburger Hofkirche, daß sich ein evangelischer Wittelsbacher ebenso als Hüter der Reformation und des neuen Glaubens verstand. Die Fronten waren klar, hier stand Glauben gegen Glauben.

Bald zeigte sich aber, wie sehr seit dem Reichstag von Augsburg 1555 die Konfession eines Territoriums vom Willen des jeweiligen Herrschers abhing: Philipp Ludwigs Sohn, Pfalzgraf

Wolfgang Wilhelm (1614–1653), der mit einer Schwester Kurfürst Maximilians I. von Bayern verehelicht war, trat 1613 zum katholischen Glauben über. Das hatte zur Folge, daß 1617 die Hofkirche dem Jesuitenorden übergeben und nach deren Fertigstellung der Gottesmutter statt dem Erzengel Michael geweiht wurde. Die prachtvolle Innenausstattung mit italienisch-süddeutschen Stukkaturen entstand bereits unter jesuitischer Ägide. Wertvolle Altarblätter stammen von Peter Paul Rubens; sie befinden sich heute in der Münchner Alten Pinakothek. So ist die Hofkirche nicht nur ein Denkmal der wechselnden Fronten im konfessionellen Zeitalter, das Bayern, Deutschland und Europa schließlich die Katastrophe des Dreißigjährigen Krieges bescherte, sondern zugleich ein Monument fürstlichen Willens auch und gerade in Religionsfragen.

Neuburg – die »Junge Pfalz« – war gewiß ein kleines Territorium, eine schmucke Renaissance- und Barock-Stadt, Sitz einer wittelsbach-pfälzischen Nebenlinie. Aber für die bayerische Geschichte insgesamt wurde es doch bedeutungsvoll. Allein schon dadurch, daß vom zweiten Neuburger Pfalzgrafen Wolfgang aus dem Haus Zweibrücken nicht nur alle folgenden Neuburger Pfalzgrafen abstammen, sondern auch alle späteren kurpfälzischen Wittelsbacher bis hin zum heutigen Haus Wittelsbach. Darüber hinaus aber wurde es für die bayerische wie für die Reichspolitik wichtig, daß Wolfgangs Sohn Philipp Ludwig sich mit Anna, der Tochter Herzog Wilhelms IV. von Jülich-Kleve-Berg, vermählte. Als dieses Haus 1609 ausstarb, gingen Jülich und Berg mit Düsseldorf als Erbe an die Neuburger Pfalzgrafen. Die Düsseldorfer St. Andreaskirche wurde nach dem Vorbild der Neuburger Hofkirche 1622 bis 29 für den Jesuitenorden erbaut.

Nachdem das Haus Wittelsbach schon vor Beginn des Dreißigjährigen Krieges das geistliche Kurfürstentum Köln im Zuge der Gegenreformation als Sekundogenitur erwerben konnte und fast gleichzeitig sich die Herrschaft in Jülich-Berg gesichert hatte, bedeutete dies einen spektakulären wittelsbachischen Ausgriff an den Niederrhein. Es war ein territorialpolitischer Erfolg, wie er seit den Tagen Kaiser Ludwigs des Bayern nicht mehr zu verzeichnen gewesen; Bayerns Gewicht in der Reichspolitik verstärkte sich damit erheblich.

Aus der Pfalz-Neuburger Linie stammte Kurfürst Johann Wilhelm (1690–1716), jener »Jan Willem«, dessen Bronzestandbild in Düsseldorf steht. Er wurde ein großer Kunstmäzen, seine berühmte Düsseldorfer Galerie bildet heute den Grundstock der Alten Pinakothek in München. In Neuburg ließ er den Ostflügel des Schlosses erbauen. Schon Johann Wilhelms Vater, Philipp Wilhelm, hatte nach dem Tod des Kurfürsten Karl von der Pfalz 1685 dieses wichtige Territorium übernommen, die »Nebenlinie« war damit eine »Lebensader« des Hauses Wittelsbach geworden.

Blicken wir zurück auf das 16. Jahrhundert: Neben die Fürstenmacht und fürstliches Mäzenatentum traten jetzt entschieden bürgerliches Unternehmertum und bürgerlicher Geist, die sich in Kunst und technischen Innovationen äußerten und als Geldmacht in das Rad der Geschichte einzugreifen begannen. Vom Geist und Lebensgefühl der Renaissance und des Humanismus sind die dynastische wie die frühbürgerliche Welt Bayerns gleichermaßen geprägt, ja, diese zwei Strömungen überwölben beide Lebensordnungen. Es gehört aber auch zur Tragik dieser großen Aufbruchsepoche der bayerischen wie der deutschen Geschichte, daß sich die Reformation nicht nach ihrer ursprünglichen Intention innerhalb der lateinischen Gesamtkirche vollziehen konnte, sondern es zur Ausbildung konträrer Kirchenbegriffe und Lebenswelten kam, für die Martin Luther und Ignatius von Loyola Symbolfiguren wurden.

7. KAPITEL

Bayerns Weg vom Renaissance-Fürstentum in die große europäische Politik

Der Bauernkrieg vor der Haustür

Durch sein Primogeniturgesetz von 1506 hatte Herzog Albrecht IV., der Weise, mit der Einheit Altbayerns auch eines der organisatorisch geschlossensten deutschen Territorien geschaffen, dessen Substanz – von einigen Einbußen abgesehen – bis 1789 etwa gleich blieb. Das war eine solide Grundlage für Bayerns Weg in die »große Politik«.

Die konsequente wittelsbachische Bauernschutzpolitik – fast eine Konstante der Entwicklung, die nur in der Epoche des Kurfürsten Max II. Emanuel unterbrochen wurde – bewahrte das Land vor den blutigen Exzessen des Bauernkrieges von 1525, der in Schwaben, Franken, der Pfalz und in Thüringen sowie in Tirol und Salzburg, also in der nächsten Nachbarschaft, tobte. Schon im 15. Jahrhundert war es dort zu Unruhen gekommen: 1476 wurde der im Taubertal predigende Hans Böhm, der »Pfeiffer von Nicklashausen«, wegen aufrührerischer Predigten in Würzburg gefangengesetzt. Eine große Menschenmenge, die ihn mit einer »Trutzwallfahrt« aus bischöflicher Haft befreien wollte, wurde unterwegs von Leuten des Würzburger Bischofs blutig zusammengeschlagen.

Schon viel früher, 1439, hatte eine Flugschrift, die *Reformatio Sigismundi* – sie wurde dem letzten luxemburgischen Kaiser zugeschrieben – weite Verbreitung gefunden. Es waren revolutionäre Gedanken, die teilweise aus hussitischer Tradition stammten. Gefordert wurde die Abschaffung der als unchristlich verurteilten bäuerlichen Leibeigenschaft, die Ablösung aller Zinsen und Abgaben, die freie Nutzung von Wald, Wasser und Weide sowie die Einziehung aller Klostergüter zugunsten des Kaisers, von dem man sich die Wiederherstellung des »alten, guten Rechts« erwartete. Das war eine rückwärts gerichtete Utopie, vergleichbar mit der alten Forderung nach Wiederherstellung der herrschaftsfreien Urkirche der Apostel und sicher von dieser Vorstellung tief beeinflußt. Christi Erlösertod hat alle Menschen frei und gleich gemacht – so hieß es –, und so ist auch des Bauern »gutes altes Recht« göttlichen Ursprungs. Schon in den Jahren 1512 bis 1514 hatten sich die Bauernbünde des »Bundschuh« und des »Armen Konrad« zusammengeschlossen; 1524 begann der generelle Bauernaufstand im Schwarzwald und am Bodensee; er weitete sich dann mit dem »Revolutionsmanifest« der *Zwölf Artikel* in Oberschwaben und im Allgäu aus und griff auf Main, Neckar, Odenwald und Franken über.

Die Ursachen der Aufstände waren verschiedener Art. Einerseits waren die Bauern durch den Lebensmittelhandel mit den aufblühenden Städten wohlhabender und selbstbewußter geworden, andererseits war ihre steuerliche Belastung unverhältnismäßig stark angestiegen: Neben die alten Abgaben an ihre geistlichen und weltlichen Grundherren traten die steigenden und daher drückenden Steuern für den Landesherrn, dessen Finanzbedarf durch den Ausbau der Verwaltung und durch das wachsende fürstliche Repräsentationsbedürfnis in die Höhe geschnellt war. Der berühmte Basler Humanist und Kosmograph Sebastian Münster (1488–1552) – ihm verdanken wir die erste Landesbeschreibung Deutschlands mit 471 Holzschnitten und 26 Karten – war gewiß kein blindwütiger Revoluzzer. Dennoch lesen wir in seiner *Cosmographia* von 1544 folgendes über die Lage des Landvolks und über die Ursachen des Bauernkriegs von 1525:

»...Da ist nichts daß das arm Volk [die Bauern] nicht tun muß und ohn Verlust nicht aufschieben darf. Was solche harte Dienstbarkeit in dem armen Volk gegen ihren Obern bringe, ist man in kurzen verruchten Jahren [Bauernkrieg!] wohl inne worden. Es ist kein Stahlbogen so gut, wann man ihn zu hoch spannen will, so bricht er...«

In dieser Situation der Unterdrückung wirkte dann Martin Luthers große geistliche Schrift *Von der Freiheit eines Christenmenschen* wie ein Funke im Pulverfaß. Man kann nicht genug betonen, daß es ein geistlicher Text war, der ganz auf Luthers Lehre von der unverdienten, erlösenden Gnade Gottes beruhte, aber die hinreißende Kraft dieses Traktats überstieg von selbst die Grenzen eines allein religiös gemeinten Freiheitsbegriffs. Wenn Luther gleich eingangs thesenhaft formulierte: »Ein Christenmensch ist ein freier Herr über alle Ding und niemand untertan. Ein Christenmensch ist ein dienstbar Knecht aller Ding und jedermann untertan!« – so war es kaum verwunderlich, daß sich die Leser oder Hörer dieser dialektischen rhetorischen Kunstfigur genau das aussuchten, was ihnen auf der Seele brannte. Und für die Bauern war es die Bedrückung durch Fron und Steuer sowie durch wachsende Abgaben an den Fürsten, das heißt den Staat: »Freiheit« wurde dabei etwas sehr Konkretes und »niemand untertan sein« ebenfalls.

Im Kramerzunfthaus von Memmingen traten die Abgeordneten von drei großen schwäbischen Bauernhaufen zusammen und beschlossen am 14./15. März 1525 das von dem Kürschner Sebastian Lotzer entworfene Bundesprogramm der *Zwölf Artikel*, die sich rasch in mehr als zwanzig Drucken verbreiteten. Die Hauptforderungen – oft regional modifiziert – waren folgende: freie Pfarrerwahl; Predigt des reinen Evangeliums; Abschaffung des Viehzehnts; persönliche Freiheit bei Anerkennung einer Obrigkeit; freie Jagd und freier Fischfang; freie Holzentnahme aus den Wäldern; ferner Rückführung der Dienste für die Herrschaft auf das seit alters her übliche Maß; Rückgabe der Allmende; keine Abgabe an den Herrn bei »Todfall«: »nimmermehr sollen Witwen und Waisen also schändlich wider Gott und Ehre beraubt werden.« Insgesamt ging es den Bauern anfangs wirklich nur um die Wiederherstellung des alten guten »göttlichen Rechts«, dessen Kern nach ihrer Überzeugung Freiheit gewesen sein mußte.

Leonhard von Eck (1480–1550), bedeutender bayerischer Kanzler im Zeitalter der Reformation und des Bauernkriegs. Stich von Bartel Beham.

In Tirol organisierte Michael Gaismair den Bauernkrieg und brachte sogar ein Bündnis mit oberitalienischen Städten zusammen, das Tiroler und »Welsche« gleichermaßen umfaßte: eine für die Feudalherrschaft bedrohliche Situation. Dies löste den Gegenschlag der Fürsten und Herren aus, hinter dem der bayerische Kanzler Leonhard von Eck als Organisator stand, der – wie er sarkastisch schrieb – den »lustigen Krieg wider die Türken im Land« (nämlich die Bauern) vorbereitete. Schon am 15. Februar 1525 hatte Eck, der damals Bayerns Vertreter beim Schwäbischen Bund in Ulm war, an Herzog Ludwig X. (1495–1545) geschrieben, man müsse scharf gegen die aufrührerischen Bauern vorgehen.

»...Ich kan nit anderst sehen und merken, daß dieser Handl [der Bauernkrieg in Schwaben] zu Unterdrückung der Fürsten und des Adels fürnommen, und hat entlich seinen Ursprung aus den luterischen Leren, dann den merernteils so [be]ziehen die Paurn ire Begern auf das Gotswort, Evangeli und pruederliche Lieb... Aller Paurn Fürnemen ist weder Rent noch Zins ze geben, daß auch alle Fischwasser, Wildpret und Holz [all]gemein sein sollen und ander viel mehr beschwerlich Artikel.«

Offenbar befürchtete Leonhard von Eck ein Übergreifen der bäuerlichen Revolution auf Bayern, aber die relativ bauernfreundliche Politik der Herzöge ließ das zweifellos auch hier vorhandene Konfliktpotential nicht zum Ausbruch kommen. Nur in Traunstein kam es kurz zu offener Rebellion. Anderswo gab es zu diesem Zeitpunkt schwere Aufstände. 60 Burgen und 20 Klöster waren im Bistum Würzburg in Flammen aufgegangen, 150 Burgen und sechs Klöster im Bistum Bamberg. Vor

Würzburg, Festung Marienberg.

allem die Adelsarchive mit den verhaßten Zinsbüchern wurden vernichtet. Die Stadt Würzburg verbündete sich am 7. Mai 1525 mit den Bauern; einer der Anführer war hier der geniale Holzschnitzer Tilman Riemenschneider, der es 1520/21 zum Bürgermeister gebracht hatte. Als der Marienberg, die Feste des Würzburger Bischofs, von den Revolutionären unter Florian Geyer und Götz von Berlichingen nicht erobert werden konnte und Landsknechte unter Truchseß Georg von Waldburg die Aufständischen erbarmungslos niedermetzelten, wurde auch Riemenschneider gefangen und »peinlich befragt«, also doch wohl der Folter ausgesetzt; aber er kam mit dem Leben davon und konnte – anders als die Bauern – nach der Freilassung seine künstlerische Arbeit fortsetzen.

Damals schrieb Martin Luther, der anfangs für die Beschwerden der Bauern viel Verständnis gezeigt und die Fürsten ernstlich zum Einlenken ermahnt hatte, seine schrecklichste Schrift *Wider die räuberischen und mörderischen Rotten der Bauern* – mit der Aufforderung an die Herren, dem blutigen Treiben ein Ende zu bereiten: »Drum, liebe Herren, erlöset hier, rettet hier, helft hier, erbarmt Euch der armen Leute, steche, schlage, würge hier, wer da kann. Bleibst Du drüber tot, wohl Dir, seligeren Tod kannst Du nimmer mehr erlangen. Denn Du stirbest im Gehorsam göttlichen Wortes und Befehls (Römer 13,5ff.) und im Dienst der Liebe, Deinen Nächsten zu retten aus der Hölle und des Teufels Banden.«

Diese Schrift ging allerdings erst zum Druck, als die Herren bereits die Bauernheere vernichtet und grausame Vergeltung geübt hatten – so etwa Georg Truchseß von Waldburg, der gefürchtete »Bauernjörg«. Dem bayerischen Herzogtum blieben solche Greuel erspart. Am 14. Mai 1525 schrieb Herzog Wilhelm IV. an seinen Bruder Ludwig über das Verhalten der bayerischen Bauern am Lechrain, die offensichtlich zu ihrem Fürsten standen: »Sollich aufpot [Aufgebot] haben wir darumb gethan, daß sich die paurn öffentlich lassen mercken, man welle ihnen nit trauen und sie wollten doch gern ihr leib und leben zu eurer lieb und uns als ihrn Landsfürstn setzen, dann ihr gemüet sei gar nit, sich unter die Swabpauern [schwäbischen Bauern] zu begeben, wellen ee [eher] darob sterben und verderben und sie aus dem land helfen slahen, wo [wenn] wir sie allain beschützen und beschirmen, hilf und rettung thun...« Am Peißenberg hatten sich bereits Hunderte von Bauern versammelt, »damit die Swabischen pauern den nit einnehmen...«. Immerhin war der Herzog vorsichtig und stellte gleichzeitig in Aussicht, wenn sie, die Bauern, Beschwerden wegen Wildpret – also freier Jagd – und anderer Sachen hätten, solle »genedige Einsehung« [Einsicht] und Änderung des bisherigen Zustands erfolgen; das war sicherlich ein kluges, vorbeugendes Entgegenkommen und vorausschauende Bauernpolitik. Allerdings ist dabei auch zu bedenken, daß das bayerische Landvolk zwar relativ viele Freiheiten und Besitzrechte hatte, aber anders als die Bauern Tirols und Südwestdeutschlands keine im engeren Sinne politischen Mitbestimmungsrechte; sie waren nicht im bayerischen Landtag vertreten und damit auch nicht an gemeinsames politisches Handeln gewöhnt.

Die reformatorische Bewegung in Altbayern: Städte und Stände

Dieser Stand der Dinge trug auch wesentlich dazu bei, daß es im bayerischen Herzogtum zwar kräftige, bislang unterschätzte Anläufe zur Reformation gegeben hat, aber keine grundsätzliche, massive Bewegung politisch-sozialer Art gegen die wittelsbachische Landesherrschaft oder die landständische Ordnung an sich. Dazu hat sicher auch beigetragen, daß die letzte Kirchenvisitation vor dem Auftreten Luthers für Altbayern ein relativ günstiges Bild der kirchlichen Verhältnisse ergeben hatte. Viele Klöster Bayerns hatten sich im 15. Jahrhundert der Melker Klosterreform angeschlossen, einer frühhumanistischen geistlichen Erneuerungsbewegung, von der auch das altehrwürdige Benediktinerkloster Tegernsee nachhaltig geprägt wurde. Von Verfall konnte hier keine Rede sein. Nichtsdestoweniger gab es in Stadt und Land ein gewisses Potential an Reformbereitschaft. Es waren sicher nicht die Schlechtesten in Hierarchie und Kloster, die den alten Ruf nach Reform der Kirche »an Haupt und Gliedern« aufnahmen, einen Ruf, den schon das 14. Jahrhundert kannte und den die beiden großen Reformkonzile von Konstanz und Basel in der ersten Hälfte des 15. Jahrhunderts nicht zum Verstummen gebracht hatten. Im Gegenteil: Das kirchliche Erneuerungsstreben in der Hierarchie, im Klerus und in den Klöstern verband sich jetzt mit einem sozialen Konfliktpotential, das parallel zum Bauernkrieg und seinen Vorläufern

Das Grabmal des großen bayerischen Historikers Aventinus, der 1534 in der Vorhalle von St. Emmeram in Regensburg beigesetzt wurde.

zum Ausbruch gekommen war. Die Wirkung des reformatorischen Impetus war überall im Reich spürbar und meist im ersten Anlauf durchschlagend. Für Bayern bezeugt dies schon 1520 der gelehrte Abt Wolfgang Marius von Aldersbach:

»So furchtbare Geschehnisse fielen in diese Zeiten, und in solcher Anzahl, daß sie kaum ein Demosthenes oder Cicero vollständig hätte aufzeichnen können. Als gewaltigstes aber von allem erschütterte die Lehre Martin Luthers die Welt und erfüllte sie mit Aufruhr und Unruhe.«

Daß in dieser machtvollen Umbruchzeit die geistige Elite der Humanisten eine Rolle spielte, gilt auch für Altbayern: Der größte bayerische Geschichtsschreiber und Humanist, Aventinus, mußte wegen seiner offenen Sympathie für Martin Luther den Herzogshof verlassen und in der Reichsstadt Regensburg Schutz suchen. Sein Beispiel zeigt, daß die Humanisten nicht nur, wie Luther enttäuscht meinte, »fürstliche Tellerlecker« waren. Das gilt in noch höherem Maße für den Theologen und Humanisten Sebastian Franck (1499–1543) aus Donauwörth, einem der selbständigsten kreativen Geister des Reformationszeitalters, dessen kritische Religionsphilosophie ihm ein Leben voller Verfolgungen einbrachte.

Glanzvolle Reichsstädte wie Nürnberg und Augsburg, die an die 40000 Einwohner zählten, wurden Vorreiter der Reformation. Wie aber sah es in den wittelsbachischen Residenzstädten aus? Hier erreichten die Einwohnerzahlen nach 1500 kaum 10000; das dürfte auch für die Residenzstadt des wiedervereinigten Bayern, München, gelten, ebenso für das Landshut der »reichen Herzöge«.

Einem glücklichen Zufall ist es zu verdanken, daß wir dennoch ein buchstäblich plastisches Bild vom Zustand der wittelsbachischen Städte haben. Der Straubinger Drechslermeister Jakob Sandtner hat nämlich für Herzog Albrecht V. zwischen 1568 und 1574 fünf prachtvolle Holzmodelle von Straubing, Landshut, Ingolstadt, Burghausen und München geschaffen. Es sind Stadtbilder von erstaunlicher Treue, wobei sich München – das Modell hat ca. 200 mal 190 cm Durchmesser – hinsichtlich seiner

Größe nur wenig von den anderen Residenzen unterscheidet. Aufschlußreich ist aber, daß im Falle Münchens am Beginn des 17. Jahrhunderts zwei markante Ergänzungen hinzugefügt wurden: die herzogliche Residenzerweiterung an der »Neuveste« und die berühmte Michaelskirche mit dem Jesuitenkolleg, einem Bau, bei dem sich deutsche Spätrenaissance und Gegenreformation zu einem Monument bayerischer Geschichte in klassischer Form verbanden.

Konnten sich aber auf diesen Schauplätzen konzentrierter fürstlicher Macht reformatorische Kräfte in ähnlicher Weise entfalten wie in den wirtschaftlich und kulturell mächtigen Reichsstädten Nürnberg und Augsburg? War Reformation überhaupt möglich, wenn das Fürstenhaus nach einigem Zögern konsequent am alten Glauben festhielt? Dr. Johann Eck, Professor an der Ingolstädter Universität, hatte zwar eifrig an der Luther von Rom angekündigten Bannandrohungsbulle *Exsurge Domine* mitgewirkt, aber vor dem entscheidenden Wormser Reichstag von 1521 verhielten sich die Herzöge Wilhelm und Ludwig doch sehr zurückhaltend: »Man solle gemach tun«, hieß es, und auch die bayerischen Bischöfe hatten keine Eile, gegen Luther vorzugehen, da sie von der Notwendigkeit durchgreifender Reformen überzeugt waren und vorerst die Sache Luthers für eine innerkirchliche Angelegenheit hielten. Nachdem 1519 die Leipziger Disputation des Johann Eck mit Martin Luther, der nach seinem festen Auftreten auf dem Reichstag zu Worms 1521 zusätzliche Publizität erlangt hatte, in der Meinung der Zeitgenossen eher zuungunsten Ecks verlaufen war, kursierte in Deutschland eine für die Haltung Herzog Wilhelms IV. aufschlußreiche Episode: Nach dem Reichstag »hat der Herzog in Bayern Dr. Ecken samt andere 20 Doctoribus zu sich fordern lassen und sprach: kann man dann des Luthers Lehr mit gutem Grund Heiliger Schrift nit widerlegen? Darauf Dr. Eck samt den 20 Doctoribus einhellig geantwortet haben: Mit den Propheten und Apostelschriften wissen sie diese Lehr nicht zurück zu treiben – Aber mit den Patribus [= Kirchenvätern] und Conciliis wollten sie es leichtlich widerlegen. Da hat sich der Herzog von ihnen gewandt und sie stehen lassen«. Es gab also mehr an Unschlüssigkeit und Zögern, als es im Rückblick auf ein später wesentlich katholisch geprägtes Land erscheinen mag.

Die erste Welle der Reformation ergriff zwischen 1520 und 1530 das Volk in Stadt und Land, die niedere Geistlichkeit und zum Teil auch das städtische Patriziat. Die zweite Welle zwischen 1550 und 1565 wurde vornehmlich eine Sache der Stände, des Adels in seinen rechtlich gegen die herzogliche Gewalt abgeschirmten Hofmarken. Dabei verband sich – wie in Böhmen und Österreich – das reformatorische Anliegen mit dem ständisch-adeligen Widerstand gegen das erstarkende Landesfürstentum. Zentren der ständischen Reformation waren die Adelsherrschaften Ortenburg, Haag und Hohenwaldeck. Graf Joachim von Ortenburg war der politische Kopf des bayerischen ständischen Luthertums. Herzog Albrecht V. glaubte ihn aufgrund eines Briefwechsels als Verschwörer überführen zu können, doch ergab die gerichtliche Untersuchung keine überzeugenden Anhaltspunkte. So konnte der Graf, da er eine reichsunmittelbare, das heißt vom Herzogtum unabhängige, Herrschaft innehatte, die Reformation in seinem Bereich durchführen, so daß Ortenburg bis heute eine evangelische Enklave Niederbayerns ist. In der ebenfalls reichsunmittelbaren Herrschaft Hohenwaldeck öffnete Graf Wolfdietrich von Maxlrain der neuen Lehre Tor und Tür, doch konnte sie sich dort nicht halten.

Ihren Ausgang nahm die reformatorische Bewegung Bayerns in den Städten. Der Verleger Hans Schobser druckte in München zwischen 1519 und 1521 mehrere Schriften Luthers, aus dem Salzburgischen kam reformatorisches Gedankengut ins Land, ebenso aus Regensburg, Nürnberg und Augsburg. Kein Geringerer als der Kanzler Herzog Wilhelms IV., Leonhard von Eck, hat die Wucht der ersten reformatorischen Welle und ihre sozialrevolutionären Treibsätze von Anfang an richtig eingeschätzt. Ein Jahr vor Ausbruch des Bauernkrieges, 1524, schrieb er warnend folgendes: »Ist's den Fürsten je not gewesen, ihr Ansehen zu haben [= zu bewahren], so ist es jetzt, und es gilt nimmer Lachens und mit halbem Wind zu fahren ... Es steht gleich an: hupfen oder springen«.

Leonhard von Eck war entschieden für »springen«; er stand hinter dem scharfen Religionsmandat Herzog Wilhelms IV. vom 5. März 1522, einer Antwort auf Luthers Weigerung, vor Kaiser Karl V. auf dem Wormser Reichstag seine Lehre zurückzunehmen. Das Schlußwort des Wittenbergers vor den versammelten Fürsten: »Wenn ich nicht durch Schriftzeugnisse oder einen klaren Grund widerlegt werde – denn allein dem Papst oder den Konzilien glaube ich nicht, da es feststeht, daß sie häufig geirrt und sich auch selbst widersprochen haben –, so bin ich durch die von mir angeführten Schriftworte bezwungen. Und solange mein Gewissen durch die Worte Gottes gefangen ist, kann und will ich nicht widerrufen, weil es unsicher ist und die Seligkeit bedroht, etwas gegen das Gewissen zu tun. Gott helfe mir. Amen.«

Damit waren die Fronten abgesteckt und ein »Rubicon« unwiderruflich überschritten. Für Herzog Wilhelm IV. war das Religionsmandat gegen Luther vor allem eine politische Entscheidung. Sein in Landshut residierender Bruder Ludwig X. verhielt sich dagegen lange zurückhaltend und abwartend, wahrscheinlich unter dem Einfluß seines Erziehers Aventin, der dem neuen Glauben zuneigte. So war es kein Zufall, daß in Niederbayern, in Landshut und Straubing die evangelische Bewegung mehr Fortschritte machte als in Oberbayern. Auch die bayerischen Bischöfe meldeten kirchenrechtliche Bedenken gegen das herzogliche Religionsmandat an und forderten, es müßten erst die »Beschwerungen« der Kirche durch die Herzöge beseitigt werden. Nicht ohne Grund befürchteten sie eine Verschärfung der ohnehin straffen wittelsbachischen Landeskirchenherrschaft.

In seinem Bereich jedoch begann Herzog Wilhelm IV. seit dem Religionsmandat energisch durchzugreifen. Das richtete sich gegen die Anhänger Luthers ebenso wie gegen die Wiedertäufer, denen bald auch der Zorn des Reformators galt. Scharf vorgegangen wurde gegen den Ingolstädter Magister Arsacius Seehofer, den Augustiner Stephan Agricola, den Eichstätter

Domherrn Bernhard Adelmann von Adelmannsfelden und besonders gegen Johann Ökolampad, der 1521/22 an das Kloster Altomünster reformatorische Schriften verschickt hatte und später der Reformator Basels wurde, aber auch in Ulm, Memmingen und Biberach die neue Lehre durchsetzte.

Bald kam es auch zu Todesurteilen, vor allem in München. Dort mußte der Pfarrvikar Leonhard Käser sterben, den Luther als wahren Glaubenshelden feierte und dessen Hinrichtung in ganz Deutschland Aufsehen erregte. Hans Denk, eine Leitfigur der oberdeutschen Täufer, konnte zwar in München eine Täufergemeinde ins Leben rufen, doch als dort 1527/28 sechzehn seiner Anhänger verbrannt, enthauptet oder ertränkt wurden – es waren sowohl Adelige wie Handwerker –, war die Macht der Bewegung hier wie auch in Landshut, Aibling und Burghausen gebrochen; inzwischen waren etwa achtzig bis hundert Täufer hingerichtet worden.

Der Kampf und Sieg der bayerischen Herzöge gegen die zweite reformatorisch-ständische Welle beendete auch diesen letzten Anlauf nach 1565. Seltsamerweise gab es damals aber noch immer eine gewisse überkonfessionelle Solidarität der politischen Führungsschicht des Herzogs wie des Adels: Noch 1567 wurde der Sohn Pankraz' von Freybergs im Münchner Ständehaus durch einen sächsischen Hofprediger evangelisch getraut. Seine Großmutter war die Beschützerin der Augsburger Täufergemeinde, sein Vater ein führender Kopf des protestantischen Widerstandes gegen den vom Fürsten organisierten Gegenschlag der katholischen Reform. Anwesend waren: Herzog Albrecht V. mit Gemahlin und Kindern und sogar der Erzbischof von Salzburg. Noch standen die Zeichen nicht auf radikale Konfrontation, noch schien Ausgleich und Rettung vor dem dreißigjährigen Blutbad der Zukunft möglich.

Katholische Reform, Aufstieg des Fürstentums und die Kunst im Dienste beider Kräfte

Kaum fünfzehn Jahre nach Luthers Auftreten setzte der spanische Edelmann Ignatius von Loyola (1491–1556) mit der Gründung des Jesuitenordens eine betont macht- und bildungspolitische katholische Kirchenreform in Gang. Sie war zwar konkret auf die Wiedergewinnung des durch die Reformationen Ulrich Zwinglis, Martin Luthers und Johannes Calvins verlorenen Terrains ausgerichtet, doch geschah dies mit völlig anderen Mitteln, als sie bislang in der Mission angewandt wurden. Die spektakulären Erfolge des Ordens und seine Praktiken, die auch innerhalb der katholischen Kirche von Anfang an nicht unumstritten waren, beruhten zum einen auf seiner straffen, fast militärischen Organisation, zum anderen auf seinen großen Erfolgen in Erziehung und Unterricht. Das große humanistische Erbe hatte im Orden eine neue Heimstatt und Pflege gefunden. Selbst protestantische Fürsten und Adelige ließen ihre Kinder in den modernen Schulen des Ordens erziehen, und auf diesem Felde der Fürstenerziehung wie auch als Beichtväter bei Hofe gelang dem Orden im Kampf gegen die reformatorischen Kräfte ein erfolgreicher Einstieg in die hohe Politik. Damit erhielt die katholische Kirchenreform eine spezifisch politisch-kämpferische, ja, strategische Note, über der oft die großen Leistungen des Ordens in Theologie, Wissenschaft und Dichtung übersehen werden. Hier wirkte ein völlig neuer, politisch kämpfender Seelsorger- und Erziehertyp. Die Jesuiten hatten keine eigene Ordenstracht, sondern trugen – je nach Rang – das Kleid der Weltgeistlichen. Sie kannten zwar eine strenge Selbstdisziplinierung nach dem Exerzitienbüchlein Loyolas, aber kein mönchisches Chorgebet. Schon 1544 gab es eine erste jesuitische Niederlassung in Köln; in Süddeutschland war der Augsburger Bischof und Kardinal Otto Truchseß von Waldburg ein früher Förderer; auf weltlicher Seite traten König Ferdinand I. und die bayerischen Herzöge hinzu. Führende Gestalt des Ordens war im Reich Petrus Canisius (1511–1597); er gründete Jesuitenkollegien in Wien (1552), in Köln, Ingolstadt, Prag (1556) und in München (1559).

Hatten bislang die bayerischen Herzöge den Kampf gegen die reformatorische Bewegung seit dem strengen »Religionsmandat« von 1522 vor allem defensiv und mit allerdings harten administrativen Mitteln geführt, gewann jetzt die konfessionelle Auseinandersetzung durch den Jesuitenorden eine völlig andere, aktive Qualität. Das sollte vor allem die Landesuniversität Ingolstadt spüren, die seit Konrad Celtis Hochburg eines weltoffenen Humanismus und »Hort klassischer Erneuerung« war, seit Dr. Johannes Eck aber immer mehr in den Strudel konfessioneller Konfrontation geraten war. Schon 1542 hatte Herzog Wilhelm IV. Jesuiten nach Bayern berufen, 1549 kamen Petrus Canisius, Alfonso Salmeron und Claudius Le Jay und übernahmen an der Universität Ingolstadt theologische Professuren. Die theologische Fakultät war durch den Weggang konfessionell unzuverlässiger Professoren stark dezimiert. 1556 stiftete dann Herzog Albrecht V. das Ingolstädter Jesuitenkolleg, gleichzeitig übernahmen die Jesuiten die gesamte theologische Fakultät, 1588 auch die artistische, das heißt die Philosophische Fakultät.

Große Bedeutung erlangte dann die Gründung der Universität Dillingen durch Kardinal Otto Truchseß von Waldburg; sie wurde ein weiteres Zentrum jesuitischer Gelehrsamkeit im katholischen Deutschland. Auch die damals errichtete Dillinger Druckerei gewann durch die Verbreitung gegenreformatorischer Schriften überregionales Gewicht. Hier holten die Jesuiten auf einem Felde, das der Reformation einst zu ihrer schlagartigen Wirkung verholfen hatte, rasch auf.

In der Residenzstadt München wurde durch Canisius kurz vor seinem Tode auf Drängen Herzog Albrechts V. 1559 ebenfalls ein Jesuitenkolleg eingerichtet. Mit dem rasch zu Ansehen gelangenden jesuitischen Wilhelmsgymnasium bildete der repräsentative Neubau des Jesuitenkollegs und der gewaltigen Michaelskirche – ein glanzvolles Monument gegenreformatorischer Architektur – ein Ensemble, das den religiösen und konfes-

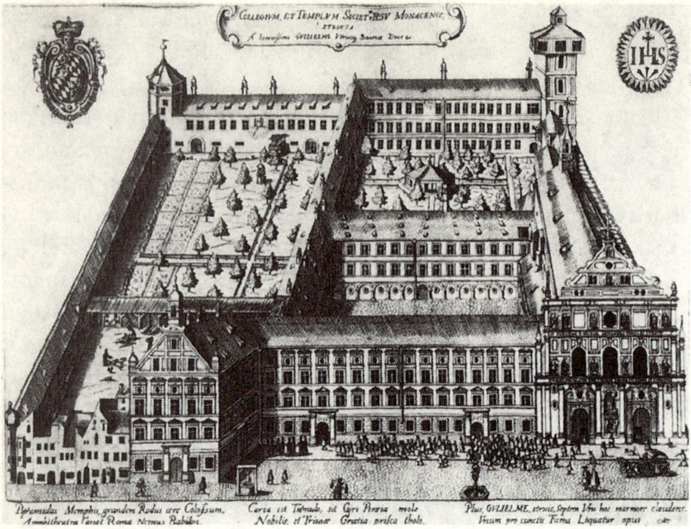

St. Michael in München war der erste Kirchenbau der Renaissance nördlich der Alpen.

sionspolitischen Erneuerungswillen des Ordens wie des Herzogs sinnfällig demonstrierte. Das Programm der Fassade an der Neuhauserstraße ist sowohl konfessionspolitisch wie dynastisch-wittelsbachisch bedeutsam. Herzog Wilhelm V. war als Bauherr konzeptionell beteiligt: Neben der berühmten Figur des Erzengels Michael, der hier als Kämpfer gegen Unglauben und Häresie im Mittelpunkt steht, sind vor allem bayerische Herzöge – einschließlich des Bauherrn Wilhelm V. – und die führenden Herrscher der Gegenreformation dargestellt: Kaiser Karl V. und Ferdinand I.

Das Innere – licht und farbenfroh –, ein Werk des Hofbaumeisters Friedrich Sustris, gehört zwar, ebenso wie die Gesamtarchitektur, der Spätrenaissance an, atmet aber zugleich den Geist und die Absicht des Jesuitenordens, wie sie sich dann im süddeutsch-katholischen Barock besonders ausdrucksvoll manifestieren sollten. Es entstand ein religiöser Festraum in Gold und Farben – eine Predigt für die Augen, verbunden mit einer entsprechenden Kirchenmusik, die ebenfalls Herz und Sinne anspricht, überredet und für den erneuerten alten Glauben wirbt: eine wahrhaft ästhetische »Propaganda Fidei«, nämlich Verbreitung und Verkündung des Glaubens in neuer, suggestiver Form, auch dies eine vom Jesuitenorden inspirierte Strategie zur Rückgewinnung der Seelen und Herzen. Auch die Musik diente diesem Ziel. So war es sicher kein Zufall oder nur fürstliche Laune, daß seit 1556 Orlando di Lasso aus Mons im Hennegau (1561–1623) – neben Giovanni Palestrina der berühmteste Musiker seiner Zeit – am Hofe der bayerischen Herzöge Albrecht V. und Wilhelm V. wirkte. Mit ihm wurde der Münchner Hof ein europäisches Zentrum der Musikkultur der Spätrenaissance. Die Herzöge ehrten den berühmten Komponisten mit prachtvollen illustrierten Handschriften seiner Vokalwerke. Auch seine Musik war »Propaganda Fidei« – Verkündung des Glaubens der Gegenreformation.

Was die konfessionelle Situation insgesamt betraf, so war Konfrontation vor allem nach dem Ende des Konzils von Trient 1563 angesagt; aber noch blieb vieles in der Schwebe, ehe dann der Dreißigjährige Krieg die radikale Eskalation brachte. Das hing auch mit der kaiserlichen Politik zusammen, denn weder der protestantenfreundliche Kaiser Maximilian II. noch sein wankelmütiger Nachfolger Rudolf II. stellten sich entschieden auf die katholische Seite.

Zwangsläufig war das blutige Ende in einem europäischen Großkrieg also nicht, vor allem wenn man bedenkt, daß gerade Herzog Albrecht V., ein prachtliebender Kunstmäzen, lange einen konfessionellen Mittelweg anstrebte, der unter anderem auf eine von Rom genehmigte Tolerierung des Laienkelchs hinauslief. Erst mit dem Religionsmandat von 1558 und der Berufung der Jesuiten schlug Albrecht endgültig einen harten Kurs ein, der sich unter Herzog Wilhelm V. (1579–1597/98) noch wesentlich verschärfte. Auch Wilhelm war, wie sein Vater, ein großer Mäzen; in der Konfessionsfrage bezog er aber eine klare und folgenreiche Position, unter ihm wurde Bayern die stärkste katholische

Führungsmacht im Reich. Mit spanischer Hilfe gelang es ihm 1583 im Kölner Krieg, das Erzbistum als geistliche Sekundogenitur für das Haus Wittelsbach zu gewinnen. Damit erhielt das katholische Lager die Mehrheit im Kurfürstenkollegium – ein bedeutender dynastischer wie konfessionspolitischer Erfolg.

Im Rückblick auf die Entwicklung der Konfessionen konnte daher später der bedeutende jesuitische Theologe Gregor von Valencia, ein Erzieher und enger Vertrauter Herzog Maximilians I. – des späteren Kurfürsten –, in einem Bericht nach Rom mit Recht feststellen, daß in Bayern vor allem Herzog Wilhelm V. den alten Glauben gerettet und gestärkt habe.

Auf der Verlustseite dieser Entwicklung stand die Abwanderung oder Vertreibung bedeutender Geister: Aventinus, der größte Geschichtsschreiber Bayerns, mußte nach kurzer Haft, aus der ihn aber sein Jugendfreund, der Kanzler Leonhard von Eck, befreite, in die evangelische Reichsstadt Regensburg emigrieren. Philipp Apian, der im Auftrag Albrechts V. die erste und wichtigste Landesaufnahme Bayerns durchführte – sein Werk war ein Meilenstein in der Entwicklung der Kartographie –, mußte Ingolstadt aufgeben und ging 1568 an die Universität Tübingen. Ebenso erhielt der berühmte Mediziner, Botaniker und Naturwissenschaftler Leonhard Fuchs wegen seines lutherischen Bekenntnisses Berufsverbot und verließ Ingolstadt; auch er ging nach Tübingen. Bayern insgesamt erlebte jetzt eine kulturelle Umpolung nach Südeuropa; man könnte fast sagen, daß das spätere 16. und das 17. Jahrhundert eine Epoche der »Südlichter« gewesen ist, die sich von den vorausgegangenen »gesamtdeutschen« Jahrzehnten eines weltoffenen bayerischen Humanismus wesentlich unterschied.

Im Bereich der exakten Wissenschaften entstand ein negativer Trend, der sich im 17. und 18. Jahrhundert fortsetzte und den man folgendermaßen beschrieben hat: »Einerseits kann man sich das Absterben der Kontinuität eigenständiger kirchlicher Kultur auf bayerischem Boden in den mittleren Jahrzehnten des 16. Jahrhunderts wohl kaum einschneidend genug vorstellen. Das Entstehen eines solchen Vacuums bedingte nicht nur einen tiefgehenden Wandel, ja in mancher Beziehung sogar einen Bruch zwischen der spätmittelalterlichen und humanistischen Geisteswelt in Bayern und dem Neuwerden der tridentinischen Reform. Es vertiefte auch die Unterschiede gegenüber der Kulturentwicklung in den evangelischen Gebieten Deutschlands« (Heinrich Lutz). Goethe hat in diesem Zusammenhang sehr pointiert und vereinfachend für den protestantischen Bereich vom »gebildeten, aber bildlosen Teil Deutschlands« gesprochen.

Ganz anders sieht die Bilanz Bayerns im Bereich der bildenden Künste und der Musik aus. Die Jesuitenkirche St. Michael war ein »Kultbau« in mehr als einer Hinsicht: als symbolträchtige Architektur der katholischen Reform des späteren 16. Jahrhunderts wie als religiöses Monument der Dynastie. Die weltliche Baukunst stand dem nicht nach. Schon Herzog Albrecht V. hatte für seine Antikensammlung das Antiquarium in der alten Residenz zu bauen begonnen. Es war einer der ersten großen Museumsbauten überhaupt. Vollendet und verändert wurde das imposante, reich ausgemalte Gewölbe unter seinem Sohn, und zwar durch den Hofbaumeister und Maler Friedrich Sustris. Der Münchner Hofmaler Hans Mielich (1516–1573) illuminierte die prachtvollen, üppig ausgestatteten Musikfolianten Orlando di Lassos, des gefeierten Hofkomponisten der bayerischen Herzöge, die den Komponisten damit besonders ehren wollten (siehe Farbtafeln). Der Niederländer Friedrich Sustris (um 1540–1599) war über die Fugger in Augsburg und über Landshut, wo er für den Erbprinzen Wilhelm, den späteren Herzog, arbeitete, 1579 nach München gekommen. Sustris ist der große Anreger für ideenreiche Maler, Bildhauer und Kunsthandwerker geworden; er war ein Allround-Genie. Das Fuggerpalais in Augsburg, der Fürstenbau der Burg Trausnitz in Landshut, das Antiquarium und der Grottenhof der Münchner Residenz sowie die Michaelskirche sind nachhaltig durch seinen Ideenreichtum geprägt. Damals erreichte der Glanz der bayerischen Renaissance – im Wettstreit mit dem kulturellen Feuerwerk Prags unter Kaiser Rudolf II. – seinen Höhepunkt. Es war zugleich der Abgesang des optimistischen Zeitalters des Humanismus, ein Abgesang, dem der jähe Sturz in die Schrecken des Dreißigjährigen Krieges folgte.

Freilich, die glanzvolle Entfaltung der Spätrenaissance, ihre Kultur, kostete Geld, sehr viel Geld sogar, und sowohl Albrecht V. wie Wilhelm V. gerieten in eine schier ausweglose Schuldenwirtschaft. Bayern war eben kein reiches Land, vor allem im Vergleich mit der phantastischen und von europäischer Kunst erfüllten Hofhaltung Kaiser Rudolfs II. in Prag, mit der man in München wetteiferte – etwa in der Jagd nach Werken Albrecht Dürers. Aber Bayern hatte nicht die Ressourcen des habsburgischen Imperiums zur Verfügung, in dem »die Sonne nicht unterging«.

Auch die expansive Außenpolitik Herzog Wilhelms V., vor allem der »Sprung nach Köln«, hatte viel Geld gekostet. So bahnte sich eine Entwicklung an, die 1597 – mehr oder weniger erzwungen – zur völligen Übernahme der Regierung durch den ehrgeizigen Erbprinzen Maximilian führte, der aber schon seit 1591 an der Regierung beteiligt war. Er wurde der große Herzog und Kurfürst Bayerns, und er verband Kunstliebe, Mäzenatentum und staatliche Reorganisation, Finanzplanung und Machtpolitik überzeugend in seiner Person. Daß er den mitverantworteten schrecklichen Dreißigjährigen Krieg bis über dessen bitteres Ende hinaus als Fürst durchstehen mußte, verleiht seinem Leben einen Schatten düsterer Tragik.

Kurfürst Maximilian I. und Bayerns Weg in die große europäische Politik

Wer die vielen Porträts Maximilians I. betrachtet – kaum ein zeitgenössischer deutscher Fürst hat sich so oft malen lassen –, gewinnt sogleich den Eindruck einer komplizierten Persönlichkeit: Elegant-stutzerhaft, aber voll Selbstbewußtsein war dieser Erbprinz, der schon früh an den Regierungsgeschäften teilnimmt und dann sehr bald den neunundvierzigjährigen Vater gütlich aber nachdrücklich aufs Altenteil setzt. Dann die Porträts der

Mannesjahre und des Alters, oft im martialischen schwarzen Harnisch, obwohl er stets von labiler Gesundheit gewesen ist und anders als sein Gegner Wallenstein – dessen schreckliche Kriegspraktiken er jedoch bewußt nachahmte – selbst kein Feldherr war. Am Beginn des großen Krieges sind es seine Truppen, die 1620 in der Schlacht am Weißen Berge bei Prag gegen den kurpfälzischen Vetter Friedrich – den »Winterkönig« – die Schlacht entscheiden. Das bedeutet die Rettung Habsburgs, mit dem man ansonsten, wie der weitere Verlauf des mörderischen Krieges zeigt, in vielen Belangen konkurrierte. Aber der gemeinsame katholische Glaube hielt die Allianz schließlich doch zusammen.

Maximilian I. (1598–1651), der »Große Kurfürst« Bayerns. Porträt um 1640.

Ernst und düster erscheint Maximilian fast auf jedem Bild, ein Mann der Politik, mit eiskaltem Kalkül, der Sache seines Glaubens treu ergeben, doch ebensosehr auf die Interessen des Hauses Wittelsbach bedacht. Mitverursacher des großen Krieges war er zweifellos, wenn er auch später, als die Schweden sein eigenes Land verwüstet hatten, energischer als andere Fürsten für dessen Beendigung eintrat. Kurz: ein Politiker aus Leidenschaft, ein eiserner Reorganisator von Staat und Kirche, der seinen Leuten genau auf die Finger schaut und damit die zerrütteten Finanzen in Ordnung bringt; im katholischen Lager Deutschlands der konsequenteste Absolutist. Er drängt die Stände und ihr politisches Mitspracherecht entschieden zurück, beruft keine Landtage mehr ein, sondern betreibt Innenpolitik mit einem Ausschuß der Landstände, der sich im allgemeinen als ein willfähriges Gremium erwies. Die politische »Großwetterlage« – der Dreißigjährige Krieg – erleichtert ihm allerdings sein energisches Durchgreifen im Inneren. Da gab es die allgemeine Landesnot, die ständige Rüstung und Nachrüstung, um sich gegen die Heere des protestantischen Lagers behaupten zu können. Mit diesem gewichtigen Argument rechtfertigte Maximilian immer wieder seine rapid wachsenden Geldforderungen, wobei die Stände energisch zur Kasse gebeten wurden.

Anders als sein Vater und Großvater ist Maximilian – seit 1623 Kurfürst – ein fleißiger Fürst: Schon um vier Uhr früh sitzt er oft über den Akten, schreibt mürrische Randglossen, nimmt dann auf dem Weg zur Frühmesse Bittschriften entgegen. Ein enger Mitarbeiter seufzt: »Wir werden über die Maßen mit dem Laborieren [d.h. mit Arbeit] überhäuft, sonderlich bei einem fleißigen Herrn, der Tag und Nacht keine Ruhe sich gönnt, sich und andere consumiert.« Maximilian selbst sieht sich ebenso: »Eiferige, arbeitsame Potentaten und Fürsten werden recht prennenden Kerzen verglichen, welche sagen khündten: Aliis lucendo consumor – ich brauch mich auf, um anderen zu leuchten.« Auch manchem Gegner hat er »heimgeleuchtet«. Ein Fanatiker der Arbeit, des Wirkens, der auch seinen Mitarbeitern Gleiches abverlangte. Sarkastisch sind seine Randbemerkungen auf Akten: »an wemb lauth das Schreiben? Man kanns nit schmöckhen!« »Man muß nit zweimal schreiben, was zu rechter Zeit auf einmal geschehen kann.« »Es ist zum Erbarmen, daß so wenig Hirn in so dicken Köpfen!« Der päpstliche Nuntius, Carlo Caraffa, hat wohl richtig beobachtet, wenn er 1628 berichtet, daß Maximilian »einfach mit einer Handbewegung befehle«. In seinen *Monita paterna* von 1639, einer Art politischem Vermächtnis für den Erbprinzen Ferdinand Maria, hat der Kurfürst seine Regierungsmaximen in kürzester Form zusammengefaßt:

»Die vornehmsten Grundfesten zur Erhaltung der fürstlichen Macht und Gewalt werden, nach Gott, in vier Hauptstücke abgeteilt:

1. ist das Kriegsvolk, dessen Anzahl nach Notdurft proportioniert sein soll;
2. das bare Geld in genügsamer Menge;
3. die Schanzen oder Festungswerke, um nicht allein dem Feind den Eingang zu verwehren, sondern auch die unruhigen Bürger und Untertanen im Zaum zu halten;
4. die Wohlgewogenheit des Volks oder der Untertanen – und diese letzte Grundfeste ist die sicherste und stärkste vor allen anderen.«

Punkt drei und vier sind am aufschlußreichsten. Einerseits weiß Maximilian genau um den Nutzen einer Armee für den Machterhalt im Inneren; andererseits ist er sich darüber im klaren, daß man nicht »auf Bajonetten sitzend« regieren kann, sondern auf einen Grundkonsens der Untertanen angewiesen ist. Deshalb ist ihm die Innenpolitik wichtig, das heißt eine wohlüberlegte Abfolge von Reformen, die Bayern innerhalb kurzer Zeit in einen effektiven, frühabsolutistischen Staat verwandelten.

Mit Maximilian I. erreichte das konfessionelle Zeitalter Bayerns seinen Höhepunkt, sowohl außenpolitisch wie im Inneren. Er war die zentrale Figur der »Liga«, des Bundes katholischer Fürsten, verschloß sich aus Glaubensgründen dem Plan der evangelischen Reichsstände, ihn nach dem Tode Kaiser Matthias gegen Habsburg als Thronkandidaten zu favorisieren. Das schien ein verlockendes Angebot, denn Habsburg war seit Jahrhunderten der schärfste Machtkonkurrent Bayerns, auch wenn man mit dem Erzhause mehrfach verschwägert war. Maximilians wohlgerüstete Armee entschied 1620 die Schlacht am Weißen Berg bei Prag, mit der die ständisch-protestantische Revolte in den Böhmischen Ländern und in den österreichischen Erbländern zusammenbrach. Dann folgte Schlag auf Schlag: Maximilian I. besetzte Oberösterreich, wo er einen großen Bauernaufstand blutig niederschlug und die evangelischen Pfarrer vertrieb. Gleichzeitig erhielt er als Entgelt für seine Kriegshilfe vom Kaiser die protestantische Oberpfalz, die rücksichtslos rekatholisiert wurde, sowie die Kurfürstenwürde.

Der Erwerb der Oberpfalz

Die Oberpfalz, das war ursprünglich der alte, früh- und hochmittelalterliche »Nordgau« Bayerns, der bis vor die Tore Nürnbergs reichte; weitgehend Rodungsland, in staufischer Zeit ein dicht mit Burgen besetztes Reichsland. 1322 verpfändete Kaiser Ludwig der Bayer in seiner Geldnot den nordöstlichen Teil, das Egerland, an die Krone Böhmen. Wenige Jahre später, 1329, ging das verbliebene Gebiet mit der Hauptstadt Amberg als Nebenland und »obere Pfalz« an die wittelsbachischen Pfalzgrafen bei Rhein. Zwischen 1388 und 1621 war Amberg Residenz der Oberen Pfalz gewesen, die bis zu diesem Zeitpunkt zur wittelsbachischen Rheinpfalz gehört hatte und mit derselben evangelisch, das heißt lutherisch und später calvinistisch geworden war. Maximilian stiftete 1631 ein Jesuitenkolleg als Fürstenschule und zur Durchsetzung der Gegenreformation. Für ihn bedeutete es aber den größten Gewinn, daß Bayern mit der Oberpfalz das wichtigste Montangebiet Deutschlands in die Hand bekam. Zwar hatte es durch den Weggang beziehungsweise die Vertreibung des protestantischen Adels und eines Teils der Hammerwerk-Besitzer nach 1621 schwere wirtschaftliche Einbußen erlitten, für die Rüstung im weiteren Kriegsverlauf aber war die

Oberpfalz nach wie vor wichtig. Schon Anfang des 14. Jahrhunderts gab es in der Oberpfalz 34 Hüttenwerke, man hat deshalb diese Region das »Ruhrgebiet des Mittelalters« genannt. In der frühen Neuzeit schlossen sich die Bergwerksbesitzer und Eisenproduzenten – die »Hammermayer« – zur »Hammerinnung« zusammen, deren Zentren Amberg und Sulzbach waren, in die aber auch Nürnberger Kaufleute aufgenommen wurden. Regensburg entwickelte sich zu einem wichtigen Umschlagplatz des Oberpfälzer Eisens, gleichzeitig kam es zur Verarbeitung des Metalls zu Blechen und zur Verzinnung von Schwarzblech in der Region selbst, dies allerdings in scharfer Konkurrenz zu der hochentwickelten Nürnberger Metallverarbeitung. Noch im 16. Jahrhundert schaltete sich Pfalzgraf Friedrich II. mit einer eigenen »Zinnblechhandelskompagnie« in das lukrative Geschäft ein, um die Gewinne im Lande zu behalten. Kurz vor dem Übergang der Oberpfalz an Bayern lebten 20 bis 25 Prozent der Bevölkerung von der Montanindustrie, das heißt mehr als 36000 Menschen. Das Land galt als »die Geldgrube, aus der die Landesfürsten in ihrer Klemme schöpfen konnten«, aber schon 1636 war die Oberpfalz durch Abwanderung protestantischer Unternehmer und durch die Zerstörungen des Krieges derart ruiniert, daß der Kurfürst für längere Zeit Steuerfreiheit bewilligen mußte. Die reiche Pfalz war zur »Steinpfalz« geworden. Viele der verbliebenen Hammerwerke gingen in landesherrliche Regie über, so daß durch merkantilistische Förderungsmaßnahmen allmählich eine Erholung einsetzte, doch konnte die Blüte des 16. Jahrhunderts nie wieder erreicht werden. Aus vielen leerstehenden Produktionsstätten wurden im 18. Jahrhundert Glas- und Spiegelschleifereien, die teilweise mit Wasserkraft betrieben wurden und für die man das Rohglas aus dem Bayerischen und dem Böhmerwald bezog. Aber die Not blieb nach wie vor groß, und es war kein Zufall, daß die Oberpfalz maßgeblich am Aufstand von 1705 beteiligt war.

Krieg und Kriegsnot

Mit dem Sieg der katholischen Liga in der Schlacht am Weißen Berg war allerdings der Erwerb der Oberpfalz für Bayern noch keineswegs sicher; das Kriegsglück blieb schwankend. Zwar folgten noch der Sieg der Ligaheere über König Christian IV. von Dänemark und der Einmarsch in Heidelberg. Ein Höhepunkt war der Regensburger Kurfürstentag von 1630, auf dem der bayerische Kurfürst vom Kaiser die Absetzung Wallensteins, seines schärfsten Gegners im katholischen Lager, erzwingen konnte. Das sollte sich als verhängnisvoller Fehler erweisen, denn kurz darauf brachte der Eintritt des kriegserfahrenen Schwedenkönigs Gustav Adolf eine Wende zugunsten des protestantischen Lagers. Paradox genug: Der nordische Degen der evangelischen Sache kam als Verbündeter Frankreichs, dessen herausragender Politiker ein hochrangiger katholischer Kirchenmann war: Kardinal Richelieu. Mit französischen Geldern begann Gustav Adolf seinen Siegeszug durch Deutschland. Zwar kam er mit seinem Vormarsch zu spät, um Magdeburg vor seinem Gegner Tilly zu retten; die berühmte und damals wohl größte Stadt Deutschlands wurde ein Raub der Flammen. Aber bald darauf besiegte der Schwede die katholische Liga bei Breitenfeld. Schwedische Verbände eroberten die Oberpfalz und Franken, erreichten den Rhein und besetzten Schwaben. Im Frühjahr 1632 stieß Gustav Adolf zum Schrecken Frankreichs von Mainz aus auch ins Linksrheinische vor, wendete sich aber dann mit aller Wucht Bayern zu, um das Haupt der katholischen Liga, Kurfürst Maximilian, zu besiegen. Bei Rain am Lechübergang schlug Gustav Adolf den Feldherrn der Liga, Tilly, der tödlich verwundet wurde. Einen Augenblick schien es, als wollten die Kriegsparteien Frieden schließen. Da nun sein eigenes Land in Schutt und Asche sank, neigte auch Maximilian zu einer Beendigung des Kampfes. Aber die Eigengesetzlichkeit des Krieges erwies sich als stärker. Der Schwedenkönig erzwang die Übergabe Augsburgs, doch gelang ihm nicht die Eroberung der Festung Ingolstadt, in die sich Maximilian mit den Resten von Tillys

Armee zurückgezogen hatte. Vor Ingolstadt wurde Gustav Adolf das Lieblingspferd weggeschossen, es steht heute präpariert im Ingolstädter Stadtmuseum. Am 8. Mai besetzten schwedische Truppen Landshut, dann Freising, es kam zu Übergabeverhandlungen für München, an denen sich auch Frankreich beteiligte. Über Friedberg, Aichach, Schrobenhausen und Pfaffenhofen rückte Gustav Adolf gegen die vom Kurfürsten schweren Herzens preisgegebene Residenz München vor. Dort marschierte er am 16. Mai 1632 ein. Der König bediente sich, wie dies vor ihm Maximilian mit den Kunstschätzen Heidelbergs getan hatte, an den Schätzen der Münchner Kunstkammer, soweit dieselben nicht versteckt worden waren. Die Stadt selbst kam relativ glimpflich davon. Der Schwedenkönig streute zum Jubel des Volkes Goldstücke unter die Menge, besuchte sogar die Jesuitenväter in St. Michael und bemerkte dort gönnerhaft: Wenn er ein katholischer Fürst wäre, würde er sich vor allem Jesuiten halten: barocke Courtoisie zwischen den Schlachten.

Dann kam die neuerliche Wende mit Albrecht von Wallensteins zweitem Generalat, das der Habsburger Ferdinand II. zähneknirschend dem Retter in der Not bewilligen mußte. Der Böhme hatte dem Kaiser nämlich nicht nur umfassende militärische, sondern auch diplomatische Vollmachten abgepreßt. Das sollte ihm zwei Jahre später zum Verhängnis werden. Vorläufig aber setzte er mit einer gewaltigen Heeresmacht Gustav Adolf unter Zugzwang, schwächte ihn durch dessen verlustreiche, erfolglose Belagerung Nürnbergs, die den Schweden schließlich zum Rückzug nach Norden zwang. Unweit Breitenfeld kam es dann bei Lützen am 16. November 1632 zur Schlacht. Sie endete zwar mit einem leichten Vorteil für die Schweden, aber der König fiel.

Was folgt, war ein schier endloser Ermattungskrieg, der zur Verwüstung großer Teile Deutschlands führte und sich gleichzeitig mit der Beteiligung der Großmacht Spanien zum gesamteuropäischen Konflikt ausweitete. Nach Gustav Adolfs Tod und nach Wallensteins Ermordung in kaiserlichem Auftrag 1634 – der allmächtige Kriegsheld hatte ein undurchsichtiges Doppelspiel zwischen den Fronten gewagt! – fallen die großen politischen Entscheidungen nur noch in Wien, Madrid, Stockholm und vor allem in Paris, wo Kardinal Richelieu als Leiter der französischen Politik den Großkrieg nutzte, um Habsburgs Stellung im Reich und in Spanien zu schwächen: Frankreich steigt zur führenden Großmacht Europas auf. 1648, im Frieden von Münster und Osnabrück, der eine gesamteuropäische politische wie konfessionelle Pattsituation festschreibt, kann Maximilian zwar die Oberpfalz und die Kurwürde behalten, die reiche Kurpfalz ging aber wieder an die calvinistischen Wittelsbacher in Heidelberg zurück.

Innenpolitisch hat Maximilian die extreme Kriegssituation über Jahrzehnte hinweg genutzt, um die Stände an die Wand zu spielen und seine fast schon absolutistische Staatsmacht vollends durchzusetzen. Das galt auch für das scharfe Kirchenregiment Maximilians, der bei aller persönlichen Frömmigkeit dennoch Kirche und Staat zugunsten seiner Herrschaft eng verklammerte, um beide zu lenken. Freilich, Bayern, wo die Schweden nach dem Tod Gustav Adolfs ebenso fürchterlich hausten wie die Heere der katholischen Liga in protestantischen Territorien, hatte schweren Schaden genommen. Viele Märkte und Dörfer waren zerstört und verödet, und es blieben Maximilian dann nur

Jacques Callot, Kupferstecher und Radierer (1592–1635), schildert in seinem grausigen Zyklus »Misères de la guerre« die Schrecken des Dreißigjährigen Krieges.

noch wenige Jahre, um die schlimmsten Wunden zu heilen. Hatte sich das alles gelohnt? Für eine gefestigte Stellung Bayerns im Reich und für die innere, politisch-konfessionelle Reorganisation des Landes sicherlich. Eine andere Frage ist allerdings, ob es eines Meeres von Blut und Tränen, ob es jahrzehntelangen Mordens, Zerstörens, Vergewaltigens und der Entfesselung der niedrigsten Instinkte bedurfte, um politische Ziele solcher Art zu erreichen? Jacques Callot, der gnadenlose Illustrator der Schrecknisse des Dreißigjährigen Krieges, hat mit dem Griffel darauf die richtige Antwort gegeben; seine grausamen Kupferstiche sind die schärfste Verurteilung des jahrzehntelangen mörderischen Ringens.

Der endlose Krieg, der vor allem auf dem Rücken der Untertanen ausgetragen wurde, minderte überdies das Prestige des Fürsten bei der geschundenen Bevölkerung. Ganz gleich, ob es jeweils Truppen der katholischen Liga oder der protestantischen Union waren, die terroristische Mißhandlung der Städter und Bauern blieb dieselbe: Der Großkrieg war inzwischen zum Krieg entfesselter Armeen gegen die Bevölkerung verkommen. Kein Wunder, daß sich der Zorn der Betroffenen zunehmend auch gegen die eigene Herrschaft richtete, die den Kampf unbeirrt weiterführte. Der Wasserburger Kapuziner Pater Johannes Chrysostomus, der mit aufständischen Bauern an der Brücke vor der Stadt verhandelte – die Kapuziner waren im allgemeinen wegen ihrer Volkstümlichkeit beliebt –, schrieb am 5. Dezember 1633 unter anderem folgendes: »... die unleidliche Contribution sei ihnen [den Bauern] unertreglich zu leisten... Die unertregliche Scharwerk zu den Schanzen, mit [Ge]treideabfierung und den Jagdbarkeiten und erleidende große tägliche Schäden von dem Wildpreth, daß, wenn einer sollte einen Hirschen schießen, ihme wohl 3 Galgen erpaut würden, hingegen aber, wenn ein armer Paursmann das seinige verlieren mueß, vor nichts gehalten würde...« So war es kein Wunder, daß der Kapuziner auch von massiven Drohungen der Bevölkerung berichtet: »Man solle [sich] nur huetten, daß sye [die Bauern] nicht wider zusammen khommen, sonsten wolten sye geist- und weltliche Obrigkheiten selbsten erschlagen.« Abschließend notiert er: »[Die Bauern] reden grob und stark wider Ihre Churfürstliche Durchlaucht, unserm gnedigsten Herrn und sonnsten dero Offizieren.«

Noch deutlicher artikuliert sich die Stimmung der aufständischen oberbayerischen Bauern im sogenannten *Rosenheimer Famos-Schreiben* desselben Jahres, einem vielfach verbreiteten Pamphlet gegen die im Winterlager zu Wasserburg liegende Soldateska der katholischen Liga. Dabei wird offen ein Widerstandsrecht proklamiert und Maximilian beschimpft:

»... Also sollten [sie] wissen [gemeint ist der in Wasserburg befehligende ligistische Obrist, Timon von Lindelo], daß uns die äußeriste Nott dahin drängt und weist ... weil wir laider drei Feind [haben], aus welichen der Fürst der Größte, den sein Hofart und Geitz dahingetrieben – auß der Jesuwitter Rath – das er uns zu diesem erbarmlichen Stand gebracht; der ander [Feind] die gantze Soldatesca zu Roß und zu Fueß, wellichs lauter ehrlose Leitt, erger als die Straßrauber, dann sie wohl wissen, daß sie von unserm gottlosen Fürsten nit bezahlt werden, dannoch umb des Raubs willen wider christliche Lieb, wider Ehr und Recht, wider die zehn Gebot, allein umb des Raubs willen sich underhalten lassen alß wie andere Straßrauber, dieb und firsötzliche Böswichter, dieselben wollen wir zu tod schlagen, wo mir diese bekhommen ...«

In der Bauernschlacht bei und in Ebersberg wurden die Aufständischen am 19. Januar 1634 erbarmungslos niedergemetzelt, zugleich aber viele Ebersberger, in deren Häuser sich Bauern geflüchtet hatten, auf grausame Weise mit exekutiert. Aufschlußreich ist in diesem Zusammenhang, daß Maximilian die Auffassung der Unterbehörden kategorisch zurückweist, es hätte sich vor allem um Notwehr gegen die Übergriffe der Soldateska gehandelt; dementsprechend hart fiel dann auch die Strafverfolgung aus.

Das Merkwürdige am Dreißigjährigen Krieg war, daß grenzenlose Zerstörung und Neues manchmal hart nebeneinander stehen: Nach 1620 ließ Maximilian beispielsweise zwischen

Reichenhall und Traunstein eine etwa 35 Kilometer lange Sole-Leitung erbauen, in der das aufgelöste Salz ohne Transportprobleme aus dem Hochgebirge ins Alpenvorland gebracht werden konnte. Eine zeitgenössische Darstellung, die zugleich Ortsansichten und zahlreiche Almen zeigt, vermittelt ein eindrucksvolles Bild sowohl von einer beachtlichen technischen Leistung als auch vom Siedlungsbild des frühen 17. Jahrhunderts, etwa von den zum Teil stattlichen Siedlungen und Almen im Gebirge.

Außenpolitisch orientierte sich der bayerische Kurfürst in der zweiten Hälfte des großen Krieges mehr und mehr an Frankreich, an Kardinal Richelieu. Er wollte damit den Kaiser friedenswillig machen und Habsburg im Reich nicht übermächtig werden lassen. Das war ein neues Moment in der Politik Bayerns. Doch bei ihm – anders als bei seinen Nachfolgern – war die »französische Karte« eher Mittel zum Zweck, nicht Selbstzweck. Deshalb geriet er auch nicht in das zermalmende Räderwerk des österreichisch-habsburgisch-spanischen und französischen Machtkampfes wie sein Enkel Max Emanuel.

Auch wenn Maximilian sehr bewußt die Bahn großer Politik beschritt, war er sich doch darüber im klaren, daß dies ohne ein entschlossen reorganisiertes Staatswesen nicht möglich war: daher seine durchgreifenden Reformen auf vielen Gebieten, nicht zuletzt in der noch rudimentären Organisation der obersten Behörden. Heutzutage, da wir seit Parkinson wissen, daß Ämter eine immanente Tendenz haben, sich personell aufzublähen und quasi Selbstzweck zu werden, mag es nur bedingt einen Fortschritt bedeuten, wenn neue Behörden entstehen, zumindest sind wir mißtrauisch gegen ein Anschwellen von Bürokratie. An der Wende vom 16. zum 17. Jahrhundert, als der Zentralverwaltungsstaat noch in den Kinderschuhen steckte, war dies anders. Um in der Gesellschaft wirken, sie reformieren zu können, mußte erst eine staatlich besoldete Beamtenschaft geschaffen werden, auf die sich der Fürst unbedingt verlassen konnte, wollte er etwas durchsetzen. Maximilian setzte am »nervus rerum«, beim Geld, an und zog innerhalb von zehn Jahren eine Finanzreform durch, die ihresgleichen im Reich suchte.

Rationalisierung der Verwaltung, strenge Kontrolle des Rechnungswesens und ständige Überprüfung der Effizienz bürokratischer Arbeit – das waren die Maximen seines Handelns. So konnten die angewachsenen Schulden abgetragen und ein Staatsschatz angehäuft werden, der sogar bei Kriegsende noch nicht erschöpft war, sondern noch 1,6 Millionen Gulden betrug. Geld – das war konzentrierte und allseitig verfügbare Macht. Er selbst sprach es schon im Jahr seines Regierungsantritts voll Bitternis aus, als das Bistum Passau einem Habsburger statt einem Wittelsbacher übertragen wurde: »Ich sehe halt, daß sowohl bei Geistlichen als Weltlichen nur auf die ragione di stato [die Staatsraison] gesehen wird und daß der respektiert wird, der viel Land oder viel Geld hat, und derweilen wir keins [haben], so werden wir sowohl bei den Welschen als anderen nimmermehr keine Autorität haben, bis wir doch in Geldsachen uns besser schwingen, und wird gewiß alles daran gelegen sein, wie mich denn bedunkt, es soll dies Werk uns Ursach geben, auf diese Geldsachen äußerst acht zu geben, und da wir da wohl stehen, so werden wir den geldgeizigen Welschen wenig, sondern sie uns nachlaufen.«

Reform und Reglementierung

Sparsamkeit allein genügte aber nicht, um den übernommenen Schuldenberg zu tilgen. Es gelang ihm, die Kriegsnot als Hebel dafür zu benutzen, die Landstände – Adel, Prälaten und die Vertreter von 34 Städten und 93 Märkten – zu erheblichen zusätzlichen Zahlungen zu veranlassen, ohne ihnen, wie bislang oft geschehen, dafür mehr Rechte bei der Mitregierung einzuräumen. Steuerbewilligung für einen längeren Zeitraum war ein weiterer Schritt. Noch mehr Geld konnte er den Ständen dadurch abzwingen, daß er drohte, die rechtliche und finanzielle Lage der Bauernschaft, das heißt deren willkürliche schwere Belastung durch Adel und Prälaten, als Landesherr überprüfen zu lassen. Das wirkte, denn damit hätte der Fürst ihre Existenzgrundlage in Frage gestellt. Die Stände bewilligten sofort die benötigten Gelder.

Bauernschutz wurde somit für Maximilian eine scharfe Waffe zur Durchsetzung des Absolutismus in Steuersachen. Als 1596 im benachbarten Oberösterreich Bauern gegen die drückenden Lasten revoltieren, schickt Maximilian eine Untersuchungskommission durch die benachbarten bayerischen Gemeinden, um ähnlichen Unruhen vorzubeugen. Die Kommissare sollten den Untertanen »auch dies austruckenlich ... mit gueten verstendigen teutschen Worten anzeigen wo ... einer oder mehrere Beschwerden haben, solliche Beschwerden an gebührend Orten ... ordentlich klagweise fürzubringen«.

Gleichzeitig versuchte Maximilian dafür zu sorgen, daß die Beamten sich nicht ihrerseits Übergriffe leisteten und sich durch Geschenk oder Verheißung korrumpieren ließen, »dadurch die Justitia lädiert und der unvermögende arme Mann unterdrückt werde«. Die Folge war, daß es trotz der schweren steuerlichen Belastungen und ungeachtet der Notsituation des endlosen Krieges in Bayern nur in Ausnahmefällen zu so schweren allgemeinen Rebellionen kam, wie dies im benachbarten Böhmen und Österreich der Fall gewesen ist.

Nach 1612 berief Maximilian überhaupt keinen Landtag mehr ein; der Fürst regierte mit seinem zweckdienlich ausgebauten Behördenapparat. Das war zunächst der »Geheime Rat«, Organ der »Außenpolitik«, der jetzt eine regelmäßig tagende Institution mit kollegialer Verfassung und weitgehenden Kompetenzen wurde. Der »Hofrat« war das oberste Organ der Rechtssprechung, zugleich Appellationsinstanz. Die wichtigste Behörde jedoch war die »Hofkammer« mit sechzehn hochqualifizierten, von Maximilian selbst ausgesuchten Beamten bürgerlicher Herkunft. Ihr oblag Verwaltung und Kontrolle der Einnahmen und Ausgaben. Als Mittelbehörden gab es in München, Landshut, Straubing und Burghausen Rentämter. Der »Defensions- und Kriegsrat« wurde im Dreißigjährigen Krieg reorganisiert, aber nach Kriegsende sofort aufgehoben. Auch der »Geistliche Rat«, den noch Herzog Wilhelm V. als Instrument der Gegenreformation ins Leben gerufen hatte, diente vor allem der Stärkung der fürstlichen Kirchenhoheit, worüber die Prälaten nicht immer glücklich waren.

Wichtig war, daß die Beamten fest besoldet wurden und nicht mehr von »Gebühren« und »Gefälligkeiten« abhängig blieben. Daß der Staat auch generell eine Art »religiöser Erziehungsanstalt« zur Sozialdisziplinierung wurde, davon zeugt die Flut der »Mandate«, deren Effizienz nicht immer gewährleistet war. Da gab es etwa Verordnungen gegen »gartende Knechte«, das heißt entlassene Soldaten, die sich im Land herumtrieben, marodierten und die Bevölkerung erpreßten. Hier dürfte die Wirkung beträchtlich gewesen sein, weil die staatlichen Organe auf die Mithilfe der Bevölkerung bauen konnten. Es gab aber auch Verordnungen gegen das Glücks- und Kartenspiel, gegen Fluchen, Gotteslästerung, gegen üppige Kleidung und Luxus sowie gegen das Betteln. Sodomie, Zauberei, Münzfälschung und Brandstiftung sollten mit dem Feuertod gesühnt werden. Nichtansässige und Diebe konnten zu Galeerenstrafen verurteilt, rückfällige Ehebrecher enthauptet werden. Ob und in welchem Umfang solche Verordnungen durchgeführt wurden, sei dahingestellt. Grundsätzlich fragwürdig bleiben solche Maßnahmen in jedem Fall, weil sie lediglich auf das Gros der Untertanen gemünzt waren, während sich die höfische Gesellschaft auf diesem Gebiet durchaus liberalere Sitten vorbehielt. Die Kehrseite der Mandate war allgemeine Schnüffelei und Denunziantentum. Auch die kirchlich erzwungene regelmäßige Abgabe von Beichtzetteln war fester Bestandteil dieser rigorosen Sozialdisziplinierung. Protestantische Territorien standen in dieser Hinsicht kaum nach. Diese Entwicklung hatte in Bayern allerdings schon vor Maximilian eingesetzt; 1593, als er schon an der Regierung beteiligt war, wurde eine Verordnung mit dem tristen, enthüllenden Titel *Mandat wider alle weltliche Freud* erlassen. Auch das galt gewiß nicht für die höfische und adelige Welt, sicher aber für die Untertanen.

Der Hexenwahn der Zeit

Auch auf andere Weise nutzt Maximilian extreme Situationen, um die fürstliche Macht zu stärken. Zwischen 1585 und 1630 erreicht die Hexenverfolgung in Deutschland und Bayern einen schrecklichen Höhepunkt. Tausende werden durch Folter zu irrwitzigen Geständnissen und weiteren Denunziationen gezwungen, Tausende enden auf dem Scheiterhaufen, überwiegend Frauen. Die Ursachen dieser Verfolgungswelle sind vielfältig, oft gingen Hungersnöte voraus, die man teuflischen Mächten zuschrieb, und vielfach ging die Initiative zur Verfolgung von der Bevölkerung aus. So in Schongau, wo 1589 nach einer Reihe von Mißernten die Gemeindevertreter vom bayerischen Landrichter kategorisch die Verbrennung von »Zauberinnen« als den Schuldigen forderten. Der Prozeß wurde vom Münchner Hofgericht gelenkt, 63 Frauen starben in den Flammen. Nicht genug damit: 1594 errichtete man dort sogar ein Denkmal für die erfolgreiche Hexenvernichtung.

Herzog Wilhelm V. drängte schon damals auf einen scharfen Kurs in der Hexenverfolgung, nicht zuletzt unter dem Einfluß des Jesuiten Gregor von Valencia und der Universität Ingolstadt. Sein Sohn Maximilian war anfangs eher unschlüssig, obwohl Gregor, sein Beichtvater und Berater, ein fanatischer Hexenverfolger war und an Hexenverhören mit Folter selbst teilgenommen hatte. Eingeholte Gutachten der Universitäten Padua und Bologna führten nicht weiter, da erstere für eine harte Verfolgung plädierte, letztere hingegen vor Geständnissen unter Folter nachdrücklich warnte. Auch die Jesuitenuniversität Dillingen sprach sich gegen die Tortur aus.

Ein Opfer soll hier zu Worte kommen. 1590 schrieb Rebekka Lempin in Nördlingen vor ihrer Hinrichtung an ihren Mann Peter folgende erschütternde Zeilen:

»Mein auserwählter Schatz, soll ich so unschuldig von Dir scheiden müssen, das sei Gott immer und ewig geklagt! Man hat mich gemartert, ich bin aber so unschuldig als Gott im Himmel.

O weh, o weh meine armen Waisen! Vater, schick mir etwas, daß ich sterb; ich muß sonst an der Marter verzagen... O Schatz Deiner unschuldigen Rebecca! Man nimmt mich Dir mit Gewalt! Wie kann's doch Gott leiden?...Warum will mich doch Gott nicht hören?...«

Insgesamt steuerte Maximilian dann einen mittleren Kurs. Es gab bei Hofe zwei sich heftig befehdende Parteien: die »Hardliner« und jene, die auf die verheerenden Folgen der dadurch bewirkten Rechtsunsicherheit verwiesen und Nachsicht forderten. Es gab weitere Universitätsgutachten pro und contra, und Maximilian schwankte in seiner Haltung, vielleicht auch deshalb, weil immer mehr als Hexen verurteilte Frauen sich nicht an die »Regieanweisungen« der Geistlichen hielten, sondern auf dem Scheiterhaufen lauthals ihre Unschuld beteuerten und zum Widerstand aufriefen. Adam Tanner (1572–1632), ein bayerischer Jesuit und zugleich ein theologisch bedeutender Schüler Gregors von Valencia, war etwa gleichzeitig mit dem Jesuiten Friedrich von Spee gegen die ausufernde Hexenverfolgung eingetreten. Anders als der radikalere Spee bejahte aber Tanner grundsätzlich die Notwendigkeit der Ausrottung von Hexerei; ihm ging es in erster Linie um die Auswüchse der Prozesse und um die Gefährdung von Unschuldigen, wie sie mit der brutalen Anwendung der Folter zwangsläufig gegeben war. Kritische Stimmen kamen auch aus der Bevölkerung, die keineswegs generell vom »Hexenwahn« befallen war. Man beklagte, daß jetzt jede alte Frau als Hexe verdächtigt würde und daß man, wie stets, nur die Armen hinrichte, die Reichen aber laufen lasse. Letzteres traf wohl nur teilweise zu, doch ging man bei Mitgliedern der Oberschicht sicher vorsichtiger zu Werke. Vergleicht man die Intensität der Hexenverfolgung in den einzelnen süddeutschen Landschaften, dann ergibt sich, daß Bayern bei weitem nicht so stark betroffen war wie manche benachbarten Territorien; man kann sogar von einer schrittweisen Eindämmung der Verfolgungswut sprechen.

Maximilian als Mäzen, Herrschaftsarchitektur

War die Epoche Maximilians I. eine Zeit rationaler Herrschaft, geprägt von Recht, Ordnung und Sparsamkeit? Und kann man den Fürsten selbst auf solche Eigenschaften festlegen? Keineswegs, denn da gab es auch den anderen Maximilian, der ganz durchdrungen war von seiner religiösen Berufung und Herrschaftspflicht, aber auch von dem Willen, die Kunst für seine herrscherliche Selbstrepräsentation dienstbar zu machen. Man möchte es kaum glauben: Derselbe Maximilian, der sich so gern in martialischer Rüstung porträtieren ließ, war – wie Vater und Großvater – ein großer Kunstkenner und Freund der Musen. Vor und während des Dreißigjährigen Krieges brachte er – ohne Schulden zu machen – immer noch das Geld auf, um die Münchner Residenz großzügig zu erweitern, umzugestalten und mit Kunstwerken zu schmücken. Gustav Adolf hätte sie am liebsten »auf Rädern« nach Stockholm gerollt. Das Antiquarium

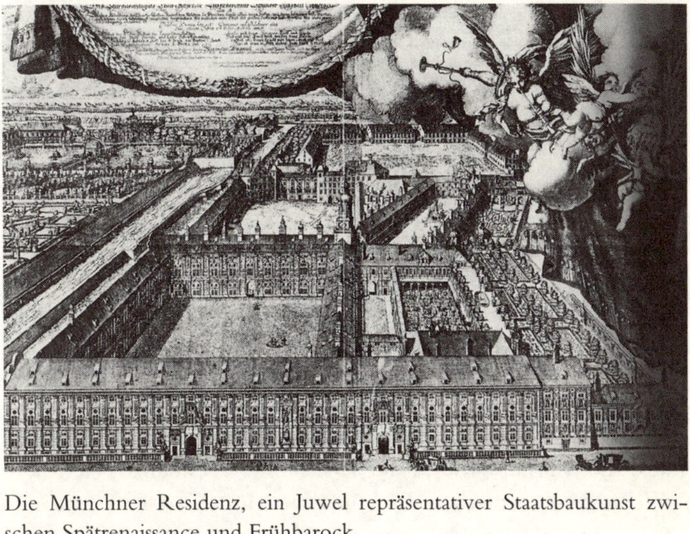

Die Münchner Residenz, ein Juwel repräsentativer Staatsbaukunst zwischen Spätrenaissance und Frühbarock.

Das »Antiquarium« in der Münchner Residenz, der erste eigenständige Museumsbau nördlich der Alpen.

und der Grottenhoftrakt, ebenso der heutige Herkulessaal und der »Schwarze Saal« erhielten eine neue Ausstattung. Die Hofkapelle und die glanzvolle »Reiche Kapelle« entstanden neu, ebenso der »Kaisersaal«, der nach zeitgenössischen Berichten ein »wahres Wunder« wurde. Hinzu kam die »Kaisertreppe«, die erste repräsentative Treppenanlage nördlich der Alpen. Peter Candid, Joachim Sandrart und Hubert Gerhard, erste Künstler der Epoche, arbeiteten für Maximilian. Gerhard schuf die »Tellus Bavarica« – Symbol des Landes – auf dem Pavillon im Münchner Hofgarten. Bei Peter Paul Rubens gab Maximilian die berühmten Löwenjagd-Bilder in Auftrag und kaufte bei ihm auch andere Gemälde. Hans Krumper schuf die »Patrona Bavariae«, die Marienstatue in der Fassade der Residenz. Nach dem Ende der schwedischen Okkupation Münchens ließ Maximilian aufgrund eines Gelübdes die Mariensäule auf dem Hauptplatz errichten. Am 7. November 1638 wurde sie feierlich eingeweiht. Die goldene Marienstatue war ein Werk Hubert Gerhards und hatte bis dahin auf dem Hauptaltar der Frauenkirche gestanden. Da Gustav Adolf 1632 München nicht zerstört hatte, wie ursprünglich geplant – nämlich als Vergeltung für die Vernichtung Magdeburgs durch Tilly –, feierte man dies als wunderbare Errettung aus schwerster Bedrängnis durch die Gottesmutter. Maria wurde seither als Landespatronin und Schutzherrin gegen jene vier Plagen der Zeit verehrt, die am Unterbau der Säule erscheinen. Es sind Hunger, Krieg, Pest und Unglaube.

Maximilian trat auch in Konkurrenz zu Kaiser Rudolf II. in Prag – nämlich als eifriger Aufkäufer von Dürer-Gemälden. Er erwarb aus tiefer Verehrung für das Genie des großen Nürnberger Künstlers dessen »Beweinung Christi«, den »Paumgartner-Altar«, den »Heller-Altar«, die köstlichen Randzeichnungen zum Gebetbuch Kaiser Maximilians I. und schließlich vom Rat der Stadt Nürnberg die berühmten »Vier Apostel«. In diesem Fall hat er allerdings mit politischem Druck auf die Dürer-Stadt nachgeholfen. Kein Zweifel: Erst unter Maximilian I. wurde München endgültig eine Residenzstadt von europäischem Rang. Die Künste waren im wahrsten Sinne »Staatskunst«, »Repraesentatio Majestatis«.

Das gilt in sehr charakteristischer Weise auch für Hans Krumpers berühmtes Grabmal für Kaiser Ludwig den Bayern in der Frauenkirche. Die ältere Grabplatte aus Rotmarmor von 1490 erhielt jetzt eine Umkleidung aus schwarzem Marmor, Krumpers reicher, figuraler Schmuck des Grabes wurde an den Ecken mit Geharnischten von Hubert Gerhard und Carlo Pallago ergänzt, die ursprünglich wohl für ein Grabmal Herzog Wilhelms V. bestimmt waren. Besonders aufschlußreich für den geistigen Hintergrund der Entstehungsgeschichte des Monuments ist das hartnäckige Bemühen Kurfürst Maximilians, vom Papst die Lösung des Banns, dem Ludwig der Bayer immer noch verfallen war, und dessen Anerkennung als rechtmäßiger Kaiser zu erreichen. Beides verwehrte die Kurie, so viel sie auch dem aufopfernden

Eintreten Maximilians für die katholische Sache zu verdanken hatte. Bemerkenswert bleibt, daß der fromme Kurfürst dessenungeachtet zum Ruhme des Hauses Wittelsbach am Bau des Grabmonuments festhielt: Hier werden persönliche Prioritäten sichtbar, die auf sein starkes fürstliches Selbstbewußtsein hindeuten, das sich sogar in kirchlichen Fragen nicht einfach der päpstlichen Autorität unterordnete. Der große kaiserliche Vorfahr stand für Maximilian offenbar hoch über den kirchenpolitischen Kämpfen des 14. Jahrhunderts.

Auch in einer anderen Frage lag Maximilian quer zur Kurie: Es ging um die damals schon berühmte kurfürstliche Bibliothek der wittelsbachischen Vettern in Heidelberg. Man hat sie die »Mutter aller Bibliotheken in Deutschland« genannt. Sowohl Kaiser Ferdinand II. wie Papst Gregor XV. wollten sich in deren Besitz setzen, obwohl bayerische Truppen unter Tilly Heidelberg erobert hatten. Daß Maximilian als Kunstkenner ebenfalls hinter dieser Bibliothek her war, steht außer Zweifel. Um so merkwürdiger war es, daß dieselbe dann doch an die »Vaticana«, die päpstliche Bibliothek, ging. Über die Gründe, die Maximilian veranlaßt haben, die Heidelberger Schätze – wenn auch sicher widerwillig – herauszugeben, ist viel gerätselt worden, ohne daß man zu einem klaren Ergebnis gekommen wäre.

Hatten die Schweden 1632 Teile der eigenen Hofbibliothek Maximilians requiriert – die wertvollsten Bücher konnten allerdings zuvor in Fässern ins sichere Burghausen verbracht werden –, so hielt sich der bayerische Kurfürst 1635 an der Tübinger Hofbibliothek der württembergischen Herzöge schadlos. Immerhin hatte bei seinem Tode die Münchner Bibliothek wieder mehr als 18000 Bände; einen Vergleich mit der Heidelberger, nunmehr nach Rom verschleppten Bibliothek konnte sie dennoch nicht standhalten. »Habent sua fata libelli« – Bücher haben ihre Schicksale – es sind zugleich die Schicksale der Menschen, die sie besitzen oder verlieren.

Maximilians Hofbibliothekar war von 1598 bis 1607 sein Hofratssekretär Aegidius Albertinus, ein hochbegabter Schriftsteller. Er übersetzte nicht nur klassische spanische Werke und geistliche Erbauungsbücher ins Deutsche, sondern wurde auch wegen seiner plastischen, urkräftigen Schreibweise ein Wegbereiter der süddeutschen Barockliteratur, obwohl er gebürtiger Niederländer war. Ähnliches gilt für den höchst originellen, sprachgewaltigen Jesuiten und Hofprediger Jeremias Drexel, dessen Werke in viele Sprachen übersetzt wurden. Dreiundzwanzig Jahre lang donnerte er von der Kanzel der St. Michaelskirche seine bilderreichen, sarkastischen Predigten, die so berühmt waren, daß sie auch durchreisende Protestanten hören wollten – als Spektakel. Es fügt sich zu diesem eindrucksvollen Bild katholischer Geistigkeit in der Residenzstadt, daß die beiden herausragenden Dichter des Jesuitenordens, der Dramatiker Jakob Bidermann und der Lyriker Jakob Balde, unter Maximilian in München wirkten und vom Fürsten hoch geehrt wurden. Die neulateinische Dichtung dieser beiden Jesuiten war große Literatur, wenn sie auch wegen des lateinischen Sprachgewandes unserem heutigen Kulturbewußtsein fremd geworden ist. Zur geistigen Signatur der Epoche des großen Kurfürsten trugen beide jedenfalls wesentlich bei.

Als Maximilian am 27. September 1651 starb, ging eine krisenreiche und widersprüchliche, dennoch große Epoche zu Ende; aber das Land lag zerstört am Boden. Es gehört zu den erstaunlichsten Paradoxien der bayerischen Geschichte, daß es während des Krieges eine markante, kreative Epoche katholischer Kultur gab und daß sich noch im blutigen Schoß des verheerenden Krieges eine neue Blüte von Kultur und Kunst entwickelte: das barocke Bayern, das innerhalb weniger Jahrzehnte wie Phoenix aus der Asche emporstieg und das Land tiefgreifend prägte. Bayern war – politisch wie kulturell – aus dem Halbschatten landesfürstlicher Genügsamkeit entschieden heraus und in das Rampenlicht großer europäischer Politik getreten. Würde es die Kraft haben, auf diesem Wege fortzuschreiten, ohne seine Möglichkeiten zu überschätzen? Die nächsten hundert Jahre sollten auf diese Frage eine deutliche Antwort geben.

8. KAPITEL

Zwischen kostspieligen Plänen und bescheidenem Pragmatismus: 150 Jahre bayerischer Geschichte bis zum Ende des Alten Reiches (1651–1799)

Dreißig Jahre Frieden

Als 1648 endlich die Friedensglocken von Münster und Osnabrück läuteten, war Bayern ein ruiniertes Land, das etwa ein Drittel seiner Bevölkerung verloren hatte. Herzog Maximilian I., der als leidenschaftlicher Kämpfer für die katholische Sache in den Krieg gezogen war, verließ ihn zwar als Kurfürst und als neuer Herr der gewaltsam rekatholisierten Oberpfalz, aber der konfessionelle Eifer war längst einer pragmatischen Politik zugunsten des Hauses Wittelsbach gewichen. Schon während des Großen Krieges hatte sich Maximilian Frankreichs bedient, um das Ende des Europa verheerenden Kampfes zu beschleunigen: mit Erfolg, wie man sagen muß. Aber damit bedienten sich umgekehrt Frankreich und sein genialer Staatslenker, Kardinal Richelieu, auch Bayerns, um im Reich eine antihabsburgische Fürstenpartei aufzubauen. Sowohl der alternde Kurfürst Maximilian wie auch – in noch höherem Maße – sein Sohn, Kurfürst Ferdinand Maria (1651–1679), spielten, wenn auch noch mit Vorsicht, die »französische Karte«. Sie wurde fortan zu einem festen Bestandteil bayerischer Reichs- und Außenpolitik. Beide taten dies – durch Erfahrung klug geworden – in einer Weise, die Bayerns Interessen diente: Dem geschundenen Land wurde nach dreißig Kriegsjahren eine dreißigjährige Friedenszeit beschert. Vor allem Ferdinand Maria, einem oft verkannten politischen Pragmatiker, gelang es, sich trotz seiner politischen Bindung an das Frankreich König Ludwigs XIV., Richelieus und Mazarins durch bewaffnete Neutralität allen kriegerischen Verwicklungen zu entziehen, die sowohl von Versailles wie von Wien ausgingen. Der bayerische Kurfürst widerstand sogar der Versuchung Frankreichs, ihn als »trojanisches Pferd« gegen Habsburg, nämlich als Kandidaten für die nächste Kaiserwahl aufzubauen, das heißt zu mißbrauchen. Auch die Versuche seiner ehrgeizigen und politisch höchst aktiven Gemahlin Henriette Adelheid von Savoyen, Bayern zu einem Satelliten Frankreichs zu machen, scheiterten. Sie wäre gern Kaiserin geworden.

Architekt der erfolgreichen, dreißig Friedensjahre sichernden Politik bewaffneter Neutralität zwischen dem Kaiser und Frankreich war der Kanzler Kaspar von Schmid (1622–1693). Er schuf nicht nur den Freiraum für Bayerns innere Erholung, sondern trug auch wesentlich dazu bei, daß diese Regeneration in die Wege geleitet wurde. Das war bitter notwendig, denn trotz Maximilians Sparpolitik war am Ende des Großen Krieges Bayern wieder einmal am Rande des Staatsbankrotts. Kriegszerstörungen

Kanzler Kaspar von Schmid, der Politiker einer Friedensepoche mit sozialpolitischen Zielen. Stich von Gustav Amling.

und Bevölkerungsverluste hatten erneut zu großen Mißständen, besonders zu Beamtenkorruption geführt. Erhöhte, unberechtigte Abgaben vor allem der Bauern an die Staatsdiener waren an der Tagesordnung, desgleichen erhöhte Scharwerksdienste (Fronarbeit), vor allem unbezahlte Arbeitseinsätze für die Obrigkeit. An dieser Stelle setzte die Reformtätigkeit Ferdinand Marias, das heißt Kaspar von Schmids ein. Es gelang einerseits, die mannigfachen Scharwerksdienste der dem Kurfürsten unterstellten Bauern in regelmäßige Geldabgaben umzuwandeln – das war der Beginn der direkten Steuern in Bayern. Andererseits sorgte eine neue kurfürstliche Kommission dafür, daß alle Sonderleistungen und Gebühren für die Beamten abgeschafft wurden. Kontrollen der Regierung ergaben etwa im Landgericht Wolfratshausen fünfzig Fälle von Erpressung der Bauern durch Amtsleute. Beim Tod eines Bauern wurden beispielsweise widerrechtlich 6 bis 10 Gulden als »Inventurgeld«, das heißt für die Überprüfung des Vermögens, eingetrieben, dazu mußte allen Amtsleuten und Knechten je 30 Kreuzer gegeben werden, obwohl meist nur eine Person die Inventur vorgenommen oder sogar unterlassen hatte. Hinzu kamen illegale Forderungen der Beamten bei Hochzeiten und anderen Festlichkeiten. Hier griff die kurfürstliche Regierung energisch durch, verhängte empfindliche Geldstrafen und Arrest sowie »öffentliche Vorstellung« der Schuldigen am Pranger – so in Tanning und Oberhaching. Es fällt heute vielleicht schwer sich vorzustellen, was es für das Landvolk bedeutete, durch Bittschriften mit Erfolg Hilfe von der Regierung erreichen zu können. Das brachte ein größeres Maß an bäuerlicher Sicherheit gegenüber der Herrschaft. In welchem Geist diese Reformen durchgeführt wurden, zeigt ein Schreiben des Kanzlers Kaspar von Schmid an den Fürsten:

»Gnädigster Herr, aus dem Ackerbau fließen hundert andere Quellen des Reichtums, und ein Land, welches von lauter Fabrikwesen lebt, ist mit einem Bauernland gar nicht zu vergleichen, und mir sind hundert wohlhabende Bauern lieber als ohne diese sechshundert Tuchmacher [...]. Auch ist der Bauer ein ganz anderer Untertan als der Fabrikant. Man kann eigentlich nur von dem, der einen Grund und Boden hat, sagen, daß er herein zu uns gehöre und ein Vaterland habe, und bei Feindeszeiten würde es bald aufkommen, daß ich recht habe. Der Bauer nimmt hundermal mehr Anteil am lieben Vaterland und am Landesfürsten als der Fabrikant.« In seinem Kommentar zum kurbayerischen Landrecht begründete der Kanzler seine bauernfreundliche Politik mit der Pflicht zu christlicher Nächstenliebe, denn »unsere Bauern seynd freie Leuth, und keiner Dienstbarkeit oder Servitut unterworffen, und also nicht auf Böhmische Art zu tractieren und [bis] auf das Bluth auszusaugen.[...]«

In einer Epoche, in der in Österreich und vor allem östlich der Elbe und in Ostmitteleuropa Adel und Staat die Bauernschaft in eine menschenunwürdige zweite Leibeigenschaft stießen, waren dies beherzigenswerte Prinzipien. Sie begründeten die Anhänglichkeit der bayerischen Bauern an das angestammte Fürstenhaus – auch in schwierigen Zeiten. Hatten die Bauern Böhmens um 1680 mindestens drei Wochentage für die Herrschaft zu arbeiten, war es in Bayern durchschnittlich nur ein Wochentag. Die Ablösung des bäuerlichen Scharwerks sowie andere finanzpolitische Maßnahmen, die auf dem Reformlandtag von 1669 beschlossen wurden, ermöglichten nicht nur die dringend nötige Sanierung der Staatsfinanzen, sondern auch die Aufstellung eines stehenden Heeres als Garant der bewaffneten Neutralität gegenüber den Großmächten. Bayerische Truppen konnten sich auch an der Abwehr der Türken beteiligen, dem außenpolitischen Problem Nummer eins der folgenden Jahrzehnte. Der Stärkung des Absolutismus diente es auch, daß ab 1669 anstelle des Landtags nur noch ein landständischer Ausschuß dem Fürsten zur Seite stand.

Die finanzielle Erholung Bayerns ging in den dreißig Friedensjahren so weit, daß Ferdinand Maria eine großzügige Bautätigkeit in die Wege leiten konnte und daß er – nicht zuletzt durch den Ansporn seiner mehr als lebenslustigen Gemahlin – eine rauschende Festkultur entfaltete, die das Ansehen des Münchner Hofes in ganz Europa steigerte. Man war stolz auf den höfischen Prunk, die Festfolgen wurden gedruckt, illustriert und an die Verwandten in Wien, Madrid, Paris, Stockholm und Turin verschickt. Diese Festberichte umfaßten Herrscherlob mit allen Symbolen klassischer Mythologie, oft als Turnier antiker Götter und Tugenden dramatisiert und unter Aufwand kunstvoller Maschinerien in Szene gesetzt. Ebenso gab es große Feuerwerke, Pastorale, Opera seria und Ballett. Die italienische Oper hielt 1653 Einzug in die Residenz, 1657 wurde ein Opernhaus am Salvatorplatz eröffnet. Auf dem Starnberger See fuhr der »Bucentaurus«, ein vergoldetes Lustschiff nach dem Vorbild venezianischer Staatsgaleeren.

Freilich, das geistige Leben konnte sich nicht mit der Epoche Maximilians I. messen, als München trotz des Krieges ein Zentrum katholischer Geistigkeit und gegenreformatorischer Dichtung von hohem Rang war. Dafür knüpfte Ferdinand Maria an die große Bautradition des Vaters an. Anläßlich der Geburt des Erbprinzen Max Emanuel wurde 1662 die Theatinerkirche St. Kajetan samt dem mächtigen Klosterbau begonnen; es war der erste Großbau des Hochbarock in Deutschland, doch konnte er erst 1696 vollendet, die heutige Fassade gar erst 1765/68 hinzugefügt werden. Noch bedeutender war das zweite große Bauprojekt der Ferdinand-Maria-Zeit, nämlich Schloß Nymphenburg – »Borgo delle Nimpfe«, der Landsitz Henriette Adelheids nach Turiner Vorbild. Vorerst entstand nur ein fast quadratischer Mittelbau, der Sohn Max Emanuel fügte die Seitenflügel an, weitere Um- und Ausbauten folgten – ein Wunder, daß dennoch ein harmonisches Ganzes entstand, eingebettet in Natur und Wasserspiele. Max Emanuel war es dann auch, der mit dem Wasser der Würm und Amper ein für Vergnügungsfahrten gedachtes Kanalsystem zwischen Nymphenburg, seinem prächtigen Schloß Schleißheim und Dachau ausführen ließ, wofür als Arbeitskräfte teilweise Gefangene aus den Türkenkriegen herangezogen wurden.

Sowohl Maximilian I. wie Ferdinand Maria hatten bewiesen, daß Sparsamkeit und Baufreude einander nicht ausschließen, sondern sich notwendig ergänzen. Das zeigt der Riesenbau der Münchner Residenz, eine fast kaiserliche Architektur im Stil klassischer Spätrenaissance – eine »Stadt in der Stadt«. Ebenso beweist dies die elegante Theatinerkirche mit ihrem noblen Klostertrakt und der Nymphenburger Mittelbau des Schlosses aus der Zeit Ferdinand Marias. Zielte Kurfürst Maximilian I. aber vor allem auf repräsentative Staatsarchitektur ab, entstanden die Großbauten Ferdinand Marias eher aus dynastisch-privatem Anlaß. Das gilt für die Theatinerkirche und mehr noch für Adelheids Sommersitz Nymphenburg. Mit diesem architektonischen »Generationswechsel« ergab sich auch eine Lockerung der Härte, mit der bislang die katholische Religion als integrales Staatsprinzip verteidigt wurde. Italienische und französische Vorbilder dominierten die glanzvollen Hoffeste und den Lebensstil; der Siegeszug der italienischen Oper in München markierte diesen Mentalitätswechsel bis weit ins bürgerliche Kulturpublikum hinein. Man fühlte sich durch Konfession und Kultur fast als Teil der romanischen Welt, zumindest galt dies für die Oberschicht.

Mars und Venus

Das weitgehend friedliche, von einem zwar kleinen, aber einsatzbereiten Heer beschützte Leben Bayerns endete 1680 schlagartig mit dem Regierungsantritt des Kurfürsten Max Emanuel. Das hing sowohl mit dem Tatendurst und den ehrgeizigen politischen Ambitionen des jungen Fürsten zusammen wie mit der Verwandlung der politisch-militärischen Situation Europas durch den Anmarsch eines gewaltigen türkischen Heeres von 250000 Mann unter dem Großwesir Kara Mustafa im Jahre 1683. Es war nach 1529 der zweite Generalangriff der osmanischen Großmacht auf Europa, der zwischen dem 13. Juli und dem 13. September in der Belagerung Wiens gipfelte. Hier konnte Max Emanuel erfolgreich eingreifen, doch hatte er schon vor der türkischen Invasion die Weichen auf Krieg gestellt: Seit seinem Regierungsantritt wurde das Militärbudget seines Vaters – es betrug 440000 Gulden – auf 1848567 Gulden hochgetrieben, also auf mehr als das Vierfache. Das Rekrutierungsverfahren wurde verschärft; erst unter ihm bürgerte sich das grausame Spießrutenlaufen in der Armee ein, entehrende Strafen wie Ohren- und Nasenabschneiden nahmen sprunghaft zu. Als die Kriege Max Emanuels immer länger und verlustreicher wurden, mußten Soldaten für die immer disziplinloser werdende Armee mit den schlimmsten Mitteln aus der Bevölkerung erpreßt werden: Auch Kriminelle wurden rekrutiert, kein Wunder, daß sich die Soldateska im eigenen Land genau so roh aufführte wie im Feindesland.

Am Beginn schien alles gut zu laufen: Max Emanuel erkämpfte 1683 vor dem belagerten Wien – zusammen mit Karl von Lothringen, dem Polenkönig Johann III. Sobieski und Kurfürst Johann Georg III. von Sachsen – an der Spitze seiner 11 000 Bayern im Zentrum des Angriffs den entscheidenden Durchbruch. Regellose Flucht des türkischen Heeres und seiner Hilfstruppen war die Folge. Der »blaue Kurfürst«, wie die Türken Max Emanuel nannten, war ein gefeierter Held: Das brachte Prestige und Beute; Tausende Kriegsgefangene fielen in bayerische Hand; letztere wurden als billige Arbeitskräfte nach München gebracht.

Auch in den folgenden Jahren kämpfte der bayerische Kurfürst erfolgreich, wenn auch mit schweren Verlusten, auf kaiserlicher Seite. Er hatte entscheidenden Anteil an der Eroberung der Festung Belgrad. Seine Siege ließ er im »Viktoriensaal« des Schlosses Schleißheim in riesigen Wandgemälden verewigen. Gemalte Schlachtenpanoramen waren ein Hauptstück der offiziellen Kriegsberichterstattung der Zeit; auch Prinz Eugen von Savoyen ließ seine Schlachten malen. Zu diesem Zweck nahm ein tüchtiger Künstler an den Kämpfen teil, der die Situation, die Aufstellung der Armeen und die spannendsten Phasen der Bataille genau skizzierte – gewissermaßen als »Kriegsberichterstatter des Pinsels«. Daß nur die Siege im Großformat ausgeführt wurden, versteht sich von selbst; die schmetternden Niederlagen Max Emanuels kann man hingegen auf den Schlachtpanoramen des Prinzen Eugen im Wiener Armeemuseum besichtigen – als die andere Hälfte der historischen Wahrheit. Aber manchmal hebt Klio, die Muse der Geschichte, doch den Mantel vom falschem heroischen Schlachtengepränge. Franz Joachim Beich, der Schlachtenmaler Max Emanuels, hat später, nach der Flucht des Kurfürsten in die Niederlande, eine grausam realistische Radierung geschaffen, die den Guerilla-Krieg der Tiroler gegen die bayerisch-französischen Truppen festhält: ein enges Tal, in dem die fremden Okkupanten – Max Emanuel kämpfte damals im Dienste Frankreichs gegen den Kaiser – das Schicksal ereilte. Die Tiroler ließen riesige Steinblöcke von den Steilhängen auf die Soldaten herunterstürzen, die Mann und Maus, Roß und Reiter zermalmten. Kein Ruhmesblatt in der Geschichte des Kurfürsten. Besser paßt in das positive Image des Fürsten ein im Ingolstädter Heeresmuseum aufbewahrtes Beutestück: Er brachte 1687 aus der Schlacht von Mohacz das Prachtzelt des türkischen Großwesirs heim.

Kurfürst Max Emanuel, grandioser, tollkühner Sieger in den Türkenkriegen an Habsburgs Seite, mußte später als Verbündeter Frankreichs schwere Niederlagen hinnehmen. Die erste war der Volkskrieg der Tiroler gegen bayerisch-französische Truppen. Radierung von Franz Joachim Beich.

Aus Liebe zum Hause Habsburg, dem alten und letztlich erfolgreicheren Rivalen Bayerns, hätte sich der Kurfürst kaum so stark in den Türkenkriegen engagiert. Er hoffte auf größeren Gewinn, zuerst auf habsburgischer Seite; dies bringt ihm die Generalstatthalterschaft in den spanischen Niederlanden ein. Er residiert im reichen Brüssel und erwirbt dort große Kunstschätze, die heute Prachtstücke der alten Pinakothek in München sind. Von Peter Paul Rubens und seiner Werkstatt erwarb er unter anderem »Krieg und Frieden«, vier Gemälde mit Rubens Ehefrau Helene Fourment, ferner die »Polderlandschaft«; von Anton van Dyck mehrere Porträts, von Adriaen Brouwer sieben Rauf-, Spiel- und Saufszenen und von Bartolomé Murillo die berühmten drei »Buben beim Würfelspiel«. Ob er diese Kunstwerke ordnungsgemäß bezahlte, steht allerdings auf einem anderen Blatt.

In seiner besten Brüsseler Zeit stand er noch auf habsburgischer Seite und verteidigte die Reichsgrenze im Westen gegen die Angriffskriege Ludwigs XIV., kämpfte aber auch in Italien. Venedig wie Brüssel waren seine glänzenden Hofhaltungen. Dann schien es einen Augenblick, als könne er für seinen siebenjährigen Sohn die Krone Spaniens erwerben. Als dieser 1699 plötzlich starb, wendete sich das Blatt. Der sprichwörtliche »Dank vom Hause Habsburg« trieb den Kurfürsten jetzt in die Arme Frankreichs, dessen schwere Niederlagen gegen John Churchill, Herzog von Marlborough, und den Prinzen Eugen nunmehr Max Emanuel bis zur Neige mit auszukosten hatte. Prinz Eugens Schlachtenmaler hat das Debakel Max Emanuels und des französischen Feldherrn Tallard bei Höchstädt im Jahr 1704 eindrucksvoll festgehalten. Malborough wendete damals schon die Taktik der verbrannten Erde an: Hunderte von Ortschaften wurden gebrandschatzt und trotzdem zerstört, um die Bevölkerung gegen Max Emanuel aufzubringen. Die verlorenen Schlachten am Schellenberg und vor allem bei Höchstädt an der Donau kosteten den Kurfürsten Heer und Land, über ihn wurde die Reichsacht verhängt. Auch in Brüssel vermochte er sich nicht mehr zu halten. Als französischer Staatspensionär in relativ beschränkten Verhältnissen lebend, konnte er erst nach dem Ende des Spanischen Erbfolgekrieges 1715 nach München zurückkehren. Keine seiner Eroberungen blieb ihm, schon gar nicht das von ihm zeitweise okkupierte Tirol; sein durch die österreichische Besatzung schwer geschädigtes, von Schulden bedrücktes Land erholte sich nur mühsam. Man hat ihn nicht zu Unrecht einen »fürstlichen Bankrotteur« genannt (Karl Bosl).

In die dunkle Zeit der Okkupation Bayerns, als faktisch ein Gremium der Landstände die politische Vertretung des ruinierten

Ein Flugblatt über die Hinrichtung eines Rädelsführers des Bauernaufstands von 1705.

und von den österreichischen Besatzern ausgesaugten Landes übernehmen mußte, fallen Ereignisse, von denen die vielzitierte »Sendlinger Mordweihnacht« von 1705 (siehe Farbtafeln) nur ein Ausschnitt war: Österreichische Truppen vernichteten damals schlecht bewaffnete Bauernhaufen vor der Residenzstadt München. Die nationalpatriotische Deutung dieser lokalen Revolte, die im 19. Jahrhundert romantisierend ausgeschmückt und durch die unhistorische Figur des »Schmieds von Kochel« gleichsam personalisiert wurde, geht am wahren Sachverhalt mit seinen sehr verschiedenartigen, teilweise widersprüchlichen Ursachen vorbei. Einige erhaltene Votivtafeln von Aufständischen, die dem Sendlinger Massaker entronnen waren, kommen – neben Flugblättern und trockenen amtlichen Berichten – noch der Wahrheit am nächsten. Besonders die Votivtafeln von Kämpfern aus Rottach-Egern und Tegernsee geben als Dankbilder für den Schutz der Muttergottes ein ungeschminktes Bild der Katastrophe: einen vom regulären österreichischen und ungarischen Militär umzingelten und erbarmungslos zusammengeschossenen Haufen. Die Leichen beraubte man bis aufs Hemd ihrer Kleider, so stellen es die Votivtafeln dar, und so war es in der Tat.

Zentren des Aufstandes gegen die Besatzungsmacht – er wurde durch maßlose Schikanen und durch Zwangsrekrutierungen für die Armee des Prinzen Eugen ausgelöst – waren Niederbayern und die Oberpfalz. Ein Teil der Beamtenschaft schloß sich der Revolte an. Unter dem energischen Sebastian Plinganser wurden Braunau am Inn – damals noch bayerisch – und Burghausen erobert; dann rückte ein Teil gegen München vor. Ein gefälschter Aufruf des fernen Kurfürsten trug zur Ausbreitung des Aufstands bei, aber auch sozialrevolutionäre Antriebe wurden sichtbar. In der Oberpfalz, einer an sich schon von großer Armut geprägten Landschaft, kam es am 31. Dezember 1705 unter der Führung des Pfarrers von Oberviechtach, Florian Siegmund Maximilian Miller, Sproß einer reichen, angesehenen Familie, zum Aufstand gegen die österreichischen Besatzer. Die Rebellen, die mit den niederbayerischen Aufständischen in Verbindung standen, hatten sich durch das Bräuhaus in die Stadt Cham einschleusen lassen und die österreichischen Soldaten gefangengenommen. Auch Edelleute unterstützten die Rebellion mit Waffen. Der Anführer, Pfarrer Miller, nannte sich »churfürstlicher Brigadier«, was seine Autorität zweifellos erhöhte. Er forderte in Proklamationen zum allgemeinen Aufstand auf. Hier wie anderswo trugen die Fahnen der Landesverteidiger die Umschrift: »Wir wollen lieber bayerisch sterben als in des Kaisers Unfug verderben.« Daß die Lage für die Okkupanten bedrohlich war, geht schon daraus hervor, daß mit den Rebellen eine förmliche Kapitulation abgeschlossen werden mußte, die ihnen freien Abzug mit allen Kriegsehren zusicherte. Durch den Wortbruch des österreichischen Regionalkommandanten Oberst d'Arnan wurden dennoch Hunderte Aufständische niedergemetzelt. In einem eher zurückhaltenden, das heißt geschönten Bericht an den Kaiser heißt es:

»Oberst d'Arnan hat aber für gut befunden, die drei vornehmsten Rädelsführer: den Pfarrer Miller, den sogenannten blauen Fürtuchwirt, Vizekommandanten, und den gewesenen Stadtschreiber von Furth [im Walde], nachdem der Auszug wirklich geschehen, in Arrest zu nehmen, die übrigen aber bis aufs Hemd ausziehen, prügeln und auseinander jagen zu lassen.«

Der Fürtuchwirt wurde hingerichtet, Pfarrer Miller zur Bestrafung an das geistliche Konsistorium in Regensburg überstellt; das Urteil über ihn ist unbekannt.

In Niederbayern wurden die Bauern durch ein Umgehungsmanöver im Rücken gefaßt und vernichtet. In einem offiziellen Bericht nach München heißt es dazu: »Dieses Massakrieren hat in einem continuo ungefähr von halber 12 Uhr mittags bis gegen 4 Uhr abends gewährt, also, daß diese Niederlage der von dem hl. Christtag [= Sendlinger Mordweihnacht] bei München vorgegangenen weit überlegen, und es ist gewiß, daß der wenigere Teil von diesem rebellischen Volk davon kommen.«

So war es auch: Gefangene wurden kaum gemacht; es gab etwa fünftausend Tote und in den nächsten Tagen verwüsteten die kaiserlichen Truppen meilenweit alle Dörfer; sie wurden erst geplündert und dann niedergebrannt. Im Landgericht Vilshofen –

so berichtet ein Beamter – glich alles einer Einöde. Max Emanuel scheint dieses Elend nicht sonderlich berührt zu haben; er distanzierte sich einfach von dem Aufstand.

Im benachbarten Böhmen und Österreich war es schon während der 80er Jahre zu blutigen Aufständen der ausgepreßten Landbevölkerung gekommen, die auch dort nur unter Einsatz des Militärs niedergeknüppelt werden konnten; hier traten die sozialen Treibsätze der Revolte besonders stark hervor. Aufschlußreich ist in diesem Zusammenhang die spätere Aussage Plingansers, eines der Hauptanführer des aufständischen Braunauer »Landesdefensionskongresses«, es sei bei den ersten Zusammenrottungen der Bauern das Ziel gewesen, die Kaiserlichen fortzujagen, die vom Adel und Geistlichkeit umzubringen und zu plündern. Der offensichtliche Haß der Bauern auf die herrschaftlichen Beamten, die »Peruckenhansln«, wie sie höhnisch genannt wurden, bestimmte auch die Haltung der höheren Stände, die sich gleichermaßen von der Besatzungsmacht wie von unten bedroht sahen und sich daher, je nach der Situation, opportunistisch verhielten. In der Herrschaft Wildenwart bei Hohenaschau kam es am 22. November 1705 nach dem Bericht des Gerichtsverwalters zu schweren Ausschreitungen. Die Aufrührer drangen »mit schrecklicher Furie in das herrschaftliche Haus ein und wollten die Amtsleute und Rechtssitzer totschlagen, wie sie zuvor schon öfter geäußert, die Weissagung der Sybille müßte erfüllt und alle Herrschaft und Obrigkeit totgeschlagen werden«. Aber alles Revoltieren nützte nichts gegen Militärmacht und Obrigkeit.

Die Rache der Besatzer war schrecklich, es gab zahlreiche Hinrichtungen, Folterungen, Sippenhaftung für entflohene Bauern und verschärfte Zwangsrekrutierungen. Matthias Kraus etwa, Metzger aus Kelheim, der mit einem Bauernhaufen im Handstreich diese Stadt erobert hatte, wurde in einem Bierfaß gefunden – enthauptet, sein Körper gevierteilt und die Teile an Ketten um die Stadt aufgehängt. Ein Flugblatt stellt dies dar und warnt vor Treubruch Gott und Kaiser gegenüber. Eins steht jedenfalls fest: Der Aufstand der Bauern richtete sich nicht nur gegen die österreichischen Okkupanten, sondern hatte tiefere, soziale Wurzeln. Vielleicht bestimmte diese Einsicht Max Emanuel nach der Rückkehr in sein geschundenes Bayernland, in den letzten Regierungsjahren wieder die bewährte innenpolitische Maxime seiner Vorfahren zu befolgen, nämlich Bauernschutzpolitik zu betreiben.

Wie es im Kurfürstentum Bayern in den letzten Jahren Max Emanuels weiterging, ist schnell berichtet: So wie leidenschaftliche Hazard-Spieler durch schwere Verluste eher noch angestachelt werden, mit verzweifeltem Einsatz letzter Mittel doch noch das Glück zu erzwingen, ebenso handelte auch der Kurfürst. Er mußte schließlich seine ehrgeizigen Pläne begraben, Pläne, die ihn einst sogar dazu geführt hatten, seine bayerischen Erblande gegen ein projektiertes Königreich Sizilien zu vertauschen. Seine politischen Fehlschläge kamen ihm um so bitterer an, als zu seiner Zeit Preußen, Sachsen mit Polen und schließlich auch Hannover Königreiche geworden waren und Bayern damit statusmäßig überrundet hatten.

Der Besucher von Schloß Schleißheim bei München, der schönsten Apotheose des Kurfürsten Max Emanuel und zugleich ein hinreißend eleganter Kultbau des europäischen Barock, ahnt meist wenig von diesem düsteren Hintergrund jener Zeit, in der er entstand. Enrico Zuccalli, Hofbaumeister aus Graubünden und in München seit 1673 tätig, wo er die Theatinerkirche vollendete, entwarf Schleißheim. Josef Effner aus Dachau, den Max Emanuel in Paris ausbilden ließ, vollendete den Bau und sein großartiges Stiegenhaus mit genialen Varianten im Stil des Rokoko. Auch erweiterte er Schloß Nymphenburg und erbaute dort im Park die Badenburg, die Pagodenburg und die Magdalenenklause für die durchaus nötigen reuigen Stunden des Kurfürsten. An der Innenausstattung von Schleißheim – ein Rausch von Farben und Formen – arbeiteten große Meister wie Cosmas Damian Asam, François Cuvilliés und Johann Baptist Zimmermann. Bewegt uns verführerische Schönheit zur Verzeihung, zur Nachsicht oder ist »das Schöne« – um mit Rainer Maria Rilke zu sprechen – »nichts als des Schrecklichen Anfang, den wir noch grade ertragen«?...

Schloß Schleißheim bei München, erbaut nach Versailler Vorbild. Ein Meisterwerk des Rokoko, mit dem sich Kurfürst Max Emanuel als Mäzen und Bauherr ein bleibendes Denkmal gesetzt hat.

Ein ernüchternder Nachsatz ist hier angebracht: Der Kurfürst hinterließ seinen Nachfolgern ein Loch im Staatshaushalt von 26 500 000 Gulden, das war etwa das Siebenfache des kurbayerischen jährlichen Steueraufkommens – damals eine gewaltige Summe und eine schwere Bürde für Bayern! Da es Max Emanuel immer an Geld fehlte, wurde das Neue Schloß Schleißheim leider recht schlampig gebaut. Bau-Untersuchungen haben erwiesen, daß es vermutlich schon längst zusammengebrochen wäre, hätte es nicht sein Enkel, Kurfürst Max III. Joseph, sorgfältig erneuern und mit großem Kostenaufwand statisch absichern lassen – ein diskretes Verdienst besonderer Art.

Max Emanuels Kriege und weitausholende politische Unternehmungen, die Land und Leute durcheinanderwirbelten, waren auch – so sehr sie letztlich alle scheiterten – von Einfluß auf das gesellschaftliche Leben der Haupt- und Residenzstadt München: Sie wurde eine »Stadt von Welt«. Man kann dies am besten am Kaffee und seinen Folgen ersehen. Jenes Getränk, womit die arabische Welt dem europäischen Geist wohl gewaltig auf die Sprünge geholfen hat, wurde in Paris schon 1643 geschlürft, 1652 auch in London, 1683, unmittelbar nach der türkischen Belagerung, in Wien, 1686 in Nürnberg und Regensburg, wo offenbar die ständigen europäischen Gesandten beim seit 1663 »Immerwährenden Reichstag« den braunen Trunk heimisch machten. Erst nach 1705 taucht der Kaffee in München auf, vermutlich von österreichisch-ungarischen Besatzungstruppen eingeführt. Aber schon 1726 gab es drei bürgerliche und vier unter Hofschutz stehende Kaffeehäuser. Das anfängliche Einschreiten der Behörden gegen die steigende Zahl der »verwünschten Kaffeeplemper« blieb erfolglos, ebenso die geharnischten Proteste der renommierten Gasthöfe und Weinhäuser, deren Besitzer im Stadtrat vertreten waren und die bereits geschäftlich unter der vom Hof konzessionierten »neumodischen« Weißbierbrauerei finanziell zu leiden hatten. Die Bedenken des Hofes gegen das neue Getränk hatten auch einen finanziellen Hintergrund: Von den Einnahmen des Kurfürsten aus den indirekten Steuern stammte beinahe die Hälfte aus der Biersteuer. Noch während der zehnjährigen österreichischen Besetzung, die innerhalb dieser Zeit 8 578 436 Gulden erbrachte, kamen 3 684 278 Gulden allein aus dem Bierkonsum.

Dennoch expandierte der Kaffeeverbrauch unaufhaltsam. Die Cafetiers waren anfangs zumeist Italiener und Franzosen, wie

Ruffini, Pistorini, Morassi, Sarti, Mazzari, Brentano, Sabadini, Maffei und Dall'Armi; die Nachkommen der beiden letzteren sollten später für Bayerns Wirtschaft bedeutungsvoll werden. Claudius Surat, Hofzuckerbäcker, besaß wohl das erste Münchner Café in der Residenzstraße Nr. 5, damals Schwabingergasse. Noch Lorenz Westenrieder, der bedeutendste bayerische Gelehrte an der Wende vom 18. zum 19. Jahrhundert, bemerkte bissig: »Wo man in München einen Kramladen erblickt, endet der Name gewöhnlich auf ›ano‹ oder ›ino‹.« Westenrieder war es auch, der sich die Frage stellte, ob Kaffeeschenken, Bierwirte, Juden, Tandler, Galanteriekrämer, Pfuscher, Geldaufbringer, Hausknechte, Zeitvertreiber und Bettler überhaupt unter die eigentliche Bevölkerung zu rechnen seien, und war sich sicher, daß der Kaffee die Ursache für so viele körperliche »Erschlappungen«, Gebrechen und Schwachheiten sei, auch für die Hämorrhoiden – fürwahr, ein bedeutender Gelehrter aber ein grämlicher Menschenfreund, der am Ende seines Lebens auch gegen das »unsittliche Walzertanzen« wetterte.

In diese Epoche, die wirtschaftlich Zeit des »Merkantilismus« genannt wird, fallen auch die Bemühungen der Kurfürsten, »Manufakturen« zu gründen, das heißt Fabriken – wenn auch noch ohne maschinelle Fertigung. Unter Ferdinand Maria hatte man damit eher zögernd begonnen. Sein Sohn Max Emanuel rief eine Tuchmanufaktur ins Leben, die vornehmlich Uniformstoffe herstellte. Diese »Churfürstliche Fabrica«, die in der Münchner Au und auf dem Anger an der Ecke des Rindermarkts und des Rosentals produzierte, beschäftigte insgesamt zweitausend Personen, vor allem Invaliden, arme Frauen und Kinder; die Fabrik ging aber schon 1720 wieder ein, ebenso andere Manufakturen des Kurfürsten; er war ein glückloser Wirtschaftsförderer.

Erfolgreicher als Industriegründer war Max III. Joseph, der 1747 eine Baumwollfabrik im Münchner Lehel ins Leben rief, die etwa fünftausend Menschen beschäftigte. Ebenso gründete er im Hofgarten eine Seidenmanufaktur und vor allem 1755 die »Churfürstliche Porcelain-Fabrique« hinter dem nördlichen

Nymphenburger Schloßrondell. Sie wurde ein großer Erfolg. Ursprünglich im Garten des Schlosses Neudeck in der Au betrieben, zog die Fabrik 1761 in die eigens dafür errichteteten Zirkelbauten in Nymphenburg.

Für Geisteskultur und Wissenschaft hatte Max Emanuel kaum ernstliches Interesse, eher schon für eine bildliche und kartographische Landesaufnahme Bayerns, wie sie dann der Kupferstecher Michael Wening (1645–1726) und dessen Sohn Johann Balthasar in ihrer vierbändigen *Historica Topographica Descriptio* (1701–1726) lieferte. Ein wahrhaft großartiges Werk. Auftraggeber sind die bayerischen Landstände, deren Absicht es war, das liebe »Vatterland selbsten solle sich in der Topographie präsentieren«. Zugleich ist das Riesenwerk Hommage an das Haus Wittelsbach, durch dessen Fürsorge im Land »... eine solche Anzahl schöner Stätt, Märkt, Clöster und Schlösser und darinn Verwunderungswürdige Gebäu von herrlichen und kostbar aufgeführten Gottes-Templen, ansehnlichen Residentzen und Pallästen sich befinden«.

Seit Philipp Apians *Bayerischen Landtafeln* von 1568 und Matthäus Merians großer Landesbeschreibung des gesamten Reiches war nichts Vergleichbares mehr erschienen. Wenings Werk ist um so wertvoller, als die Regierung die Arbeit durch Befragungen und sachdienliche Informationen förderte. So entstand das Bild eines Bauernlandes mit seinen Land- und Bürgerstädten, seinen Märkten, Herrenhäusern und stattlichen Schloßanlagen der Renaissance und des Frühbarock.

Mochten auch vom Kurfürstlichen Hof kaum Impulse für Bayerns Geistesentwicklung ausgehen, die reich entfaltete Barockkultur hatte in den großen Prälatenklöstern des Landes nach wie vor ihre solide Heimstatt. Die Universität Ingolstadt trat allerdings wenig hervor. Hier wie in den insgesamt dreizehn Zentren jesuitischen Geisteslebens in Bayern pendelte die wissenschaftliche Tätigkeit immer noch zwischen militanter konfessioneller Strenge und zögernder Öffnung gegenüber der modernen, betont naturwissenschaftlichen Kultur der protestantischen Welt. »Solange man sich nicht entschließen konnte, das kopernikanisch-galileische Bild des Kosmos und die induktiven Forschungsmethoden eines Johannes Kepler, Christiaan Huygens, Robert Boyle, Herman Boerhaave, Wilhelm Leibniz und Isaac Newton sich anzueignen, war auch bei wichtigen Einzelleistungen noch kein entscheidender Durchbruch zur Moderne möglich« (Ludwig Hammermayer). Flexibler waren hier die Schulen der sechzehn Augustinerchorherrnstifte Bayerns. Hier trat allen voran der ausgleichende Theologe Eusebius Amort (1692–1775) aus Polling hervor, der 1759 Gründersenior der kurbayerischen Akademie der Wissenschaften wurde. Mit dieser Institution erreichte eine umfassende »Akademiebewegung« ihr Ziel, die ihre geistigen Wurzeln in den bayerischen Prälatenklöstern hatte, wo Äbte von zumeist bäuerlicher oder bürgerlicher Herkunft als Träger süddeutsch-katholischer Aufklärung Hervorragendes für die Landeskultur im weitesten Sinne leisteten. Will man eine geistige Rangordnung bayerischer Klosterkultur des 17. und 18. Jahrhunderts aufstellen, dann wären wohl die Benediktiner an erster Stelle zu nennen. Benediktbeuern in der Epoche Meichelbecks, ebenso Wessobrunn mit seiner berühmten wissenschaftlichen Bibelkonkordanz, desgleichen Tegernsee mit einer bedeutenden Buchproduktion, vor allem aber das Reichsstift St. Emmeram in Regensburg, das 1731 unter Abt Anselm Godin die Reichsfürstenwürde erlangte. Geschichte und Naturwissenschaften – St. Emmeram hatte eine bedeutende Sternwarte – waren die Schwerpunkte der Forschung. Unter dem Fürstabt Frobenius Forster (1762–1791) entstand eine selbständige Klosterakademie, aus ihr ging der Historiker Roman Zirngibl (1740–1816) hervor. Es gab seit der Mitte des 18. Jahrhunderts enge wissenschaftliche Verbindungen mit dem protestantischen Deutschland wie mit der französischen historischen Forschung. Mit einem Wort: »Die Vorstellung von Bayern als einem Land, das allseits isoliert in selbstgenügsamer Rückständigkeit dahindämmerte und das Joch eines blutleeren, zeit- und wirklichkeitsfremden jesuitischen Spätscholastizismus geduldig ertrug, entsprach zu keiner Zeit der vollen Wirklichkeit« (Ludwig Hammermayer). Das gilt besonders für diese

Epoche, und die aufsteigende bürgerliche und bäuerliche Welt Altbayerns hatte an der bemerkenswert offenen Geistesentwicklung einen besonderen Anteil. Man hat im Hinblick auf die soziale Herkunft vieler Prälaten sogar vom »demokratischen Charakter« der bayerischen Klosterkultur des 18. Jahrhunderts gesprochen.

Auf der Höhe zeitgenössischer Geschichtsschreibung stand der mit Recht berühmte Pater Karl Meichelbeck (1669–1734), Historiker des Hochstifts Freising und der Benediktinerkongregation. Seine quellenkritisch erarbeitete *Historia Frisingensis*, die posthum 1751/53 gedruckt wurde und weite Bereiche der Geschichte Altbayerns erschloß, hält jeden Vergleich in ihrer Zeit aus. Meichelbecks Gönner war Fürstbischof Johann Franz Eckher von Freising (1649–1727), unter dem die Bischofsstadt sich zu einem geistigen Zentrum Altbayerns entfaltete. Anselm Desing (1699–1772), später Abt des Benediktinerklosters Ensdorf in der Oberpfalz, kam ebenfalls aus diesem Umkreis. Rezeption und kritische Abwehr der Aufklärung halten sich in seinen historischen Werken die Waage. Er gehört jedoch schon zu einer neuen Gelehrtengeneration, die, wie Propst Franz Töpsl (1711–1796) in Polling, der Epoche des aufgeklärten Kurfürsten Max III. Joseph ihr geistiges Gepräge gab. Wer sich eine Vorstellung vom engen Zusammenhang barocker Kunst und Gelehrsamkeit machen will, besuche die prachtvollen Bibliothekssäle von Metten und Waldsassen oder in Bayerisch-Schwaben die prunkvolle Bibliothek des Klosters Ottobeuren. In Polling besaß man im 18. Jahrhundert 80000 Bücher, in Tegernsee waren es 60000 Bände.

Ein letzter Anlauf zur Großmacht

Als Max Emanuels Sohn aus zweiter Ehe, Karl Albrecht, mit neunundzwanzig Jahren im Februar 1726 Kurfürst wurde, hatte er als wichtigste Aufgabe den riesigen Schuldenberg seines Vaters zu bewältigen. Dazu mußte mit den Landständen, die im

Gegensatz zum Kurfürsten meist eine wohlgefüllte Kasse hatten, verhandelt werden. Es kam dann 1728 zum sogenannten »Schuldenabledigungswerk«, mit dessen Hilfe immerhin bis 1741 ein Viertel der übernommenen Lasten, nämlich sieben Millionen Gulden, abgetragen werden konnten. So schien sich alles zum Besseren zu wenden, denn auch in der Außenpolitik Bayerns bahnte sich damals ein enges Zusammengehen mit dem Kaiserhaus an. Nicht ohne Absicht hatte Karl Albrecht eine Habsburgerin geheiratet. Sein Vater Max Emanuel mußte sich für diese politisch hochbedeutende Heirat allerdings bei den jüdischen Bankhäusern Noe Samuel Isaak in Mergentheim und Wolf Wertheimer in Wien noch einmal für vier Millionen Gulden verschulden – er tat dies im Blick auf künftige, damals durchaus vorstellbare Erbansprüche auf das habsburgische Imperium. So wurde die Hochzeit, ein internationales Ereignis, mit Pomp und rauschenden Festen in München gefeiert.

Die politische Rechnung ging nicht auf, da Kaiser Karl VI. für seine Tochter Maria Theresia (1717–1780) die »Pragmatische Sanktion« erließ, die ihre Nachfolge als Kaiserin, ein Novum in der Reichsgeschichte, sichern sollte. Sichern sollte, aber es zeigte sich bald, daß die »Pragmatische Sanktion« auf dem Ständigen Reichstag in Regensburg 1732 von der großen Mehrheit der Reichsstände zwar angenommen und garantiert wurde, jedoch eine potente Minderheit stimmte dagegen: allen voran die in einer Hausunion zusammengeschlossenen wittelsbachischen Kurfürstentümer Bayern und Pfalz, aber auch das in Personalunion mit Polen verbundene Kursachsen. Frankreich nahm diese Gelegenheit wahr, um wieder in die Reichsangelegenheiten einzugreifen. Das führte Bayern über mehrere Zwischenstadien und im Bund mit Frankreich, Spanien und Preußen seit 1741 in den österreichischen Erbfolgekrieg und zur Wahl und Kaiserkrönung Karl Albrechts in Frankfurt: Es war die letzte Kaiserkrönung eines Wittelsbachers. Der neue Kaiser sollte sich aber in der Energie und dem Kampfeswillen Maria Theresias sehr irren. Sicher, ihre Lage war verzweifelt. Karl Albrecht gelang es, sich in Prag zum böhmischen König krönen zu lassen, ein beträchtlicher Teil der Stände des Landes hatte ihm sogar gehuldigt; die unterschwellige Feindschaft Böhmens gegen das habsburgische Erzhaus war wieder offenkundig geworden. Von allen Seiten bedroht, die Länder der böhmischen Krone in bayerischer Hand wissend und erst nach zähen Verhandlungen in der Lage, den ungarischen Adel zum Kampf für das Haus Habsburg zu gewinnen, konnte die junge Kaiserin jahrelang den ausbrechenden Krieg durchstehen und schließlich Bayern entschieden in seine Schranken verweisen. Als Karl Albrecht am 20. Januar 1745 unerwartet starb, hatte das Land wiederum mehrere Jahre – wie zu Max Emanuels Zeiten – unter härtester österreichischer Okkupation zu leiden. Der bayerische Schuldenberg war erneut auf mehr als dreißig Millionen Gulden angewachsen. Es war ein Desaster ohnegleichen. Wie sollte es weitergehen?

Nochmals dreißig Jahre Frieden

Diese Frage stellte sich in aller Schärfe dem Sohn Karl Albrechts, Max III. Joseph, der unerwartet früh mit siebzehn Jahren die Nachfolge antrat. Im Frieden von Füssen mußte er Maria Theresia 1745 in allen wichtigen Punkten nachgeben und die Ambitionen auf das Kaisertum begraben. Mochte er auch noch lange Jahre neue Aufstiegsmöglichkeiten des wittelsbachischen Kurbayern im Auge behalten und insgeheim wohl auch weiter verfolgt haben – sein Vater hatte ihn auf dem Totenbett auf die Fortführung seiner ehrgeizigen Pläne eingeschworen –, die Realität erheischte seit 1745 einen politischen Kurswechsel: Friede um beinahe jeden Preis war bitter nötig und wurde durch Bayerns verzweifelte Lage kategorisch erzwungen. So wurde Kurfürst Max III. Joseph, anfangs gegen seinen Willen, später aber sehr bewußt, der große Friedensfürst, der seinem Land wiederum – wie sein erfolgreicher Urgroßvater Ferdinand Maria – dreißig Friedensjahre sicherte, in denen sich Bayern im Zeichen aufgeklärter Innenpolitik und einer vorsichtig abschätzenden Außenpolitik im Sturm eines neuen, internationalen Großkrieges regenerieren und innerlich festigen konnte.

Es war sicher nicht leicht, sich aus Preußens Aggressionskriegen gegen Österreich herauszuhalten, denn diese mündeten in einen siebenjährigen Zermürbungskrieg mit katastrophalen Folgen für das Reich. Mehr noch: Die Auseinandersetzung zwischen dem aufstrebenden Preußen und der stabilisierten Großmacht Österreich war nur Teil eines ganz Europa und die Neue Welt erfassenden Konflikts, in dessen Verlauf das Rußland Katharinas der Großen (1729–1796) entschieden auf die Bühne europäischer Großmachtpolitik trat und gleichzeitig der koloniale Machtkampf zwischen Frankreich und Großbritannien in Amerika zugunsten Englands entschieden wurde. In diesem Großkrieg mit wechselnden Koalitionen Bayern den Frieden erhalten zu haben, war eine diplomatische Meisterleistung des Kurfürsten; daneben stand ebenbürtig seine Innenpolitik.

Nach den Katarakten der Kriege unter dem Vater und Großvater setzte wieder eine planmäßige Förderung des Bauernstandes als der »Quelle allen Reichtums im Lande« ein; dies war jedenfalls die Grundthese der in Frankreich entwickelten neuen Wirtschaftsideologie des »Physiokratismus«. Sie fügte sich gut in die alte wittelsbachische Tradition des Bauernschutzes, war gleichsam deren moderne Fortsetzung. Zu den physiokratischen Ideen gehörte auch die Landgewinnung, die Max III. Joseph mit der Melioration und Besiedlung des Dachauer Mooses in die Wege leitete. Den allgemeinen Trend zur Gründung staatlich privilegierter »Manufakturen« folgte er wie alle Fürsten seiner Zeit und mit demselben mäßigen Erfolg. Immerhin gehen das Nymphenburger Porzellan und damit auch Franz Anton Bustellis entzückende Rokokofigurinen auf kurfürstliche Initiative zurück. Dafür galt der konsequente Ausbau des bayerischen Straßennetzes damals im ganzen Reich als vorbildlich. Gegen das Räuber- und Bandenwesen – eine Folge der Kriegsjahre – wurde hart und erfolgreich vorgegangen. Die drückenden Staatsschulden konnten unter Max III. Joseph auf die Hälfte heruntergefahren werden, dies vor allem durch eiserne Sparsamkeit, durch die entschlossene Halbierung des Militärbudgets und durch die energische Heranziehung des Kirchenbesitzes für die Besteuerung.

Hält man sich vor Augen, daß mehr als die Hälfte des bayerischen Grund und Bodens in der Hand der Kirchen und Klöster war und bislang nur unter besonderen Voraussetzungen für die Finanzierung der Staatsaufgaben herangezogen werden durfte, dann kann man die Bedeutung dieses Vorgehens im Zeichen der Aufklärung ermessen: Es war der erste Schritt zur Säkularisation des Kirchenbesitzes in der napoleonischen Ära Bayerns und zugleich ein von der Not diktierter Anlauf, um – modern gesprochen – öffentliche Armut und privaten Reichtum zum allgemeinen Nutzen sinnvoll auszugleichen. Reiche Prälatenklöster wie Polling, Ettal, Tegernsee, Sankt Emmeram in Regensburg, Ensdorf, Waldsassen und viele andere haben damals trotz der neuen Belastung durch staatliche Steuern – den sogenannten »Dezimationen« – ihre großen kulturellen Aufgaben, Schulbildung, Seelsorge und Wissenschaft, weiterhin glänzend erfüllt, ja die Prälaten und Äbte wurden Bannerträger einer katholischen Aufklärung von internationalem Rang.

Mit prachtvollen Kirchenbauten im Spätbarock und Rokoko erreichte die religiöse Baukunst Bayerns im 18. Jahrhundert einen unvergleichlichen Höhepunkt. Cosmas Damian und Egid Quirin Asam schufen die Klosterkirche Weltenburg an der Donau, Johann Michael Fischer die Prämonstratenserkirche im niederbayerischen Osterhofen, wobei die Gebrüder Asam für die Innenausstattung herangezogen wurden. Ebenso erbaute Fischer die Kirchen Diessen am Ammersee und in München St. Michael in Berg am Laim. Dominicus Zimmermann schuf das Juwel der Wieskirche bei Steingaden und gestaltete sie mit seinem Bruder Johann Baptist aus. Die Wessobrunner Stukkateure hatten damals internationalen Ruf, ihre Kunst verlieh den Interieurs des Rokoko eine unnachahmliche Eleganz und Heiterkeit.

Als Erbauer von repräsentativen Schlössern konnte sich Max III. Joseph allerdings nicht hervortun, dazu drückte ihn zu sehr die ererbte Schuldenlast. Aber in der Münchner Residenz geht die Umgestaltung der sogenannten »Reichen Zimmer« auf ihn und seinen Baumeister François Cuvilliés zurück, ebenso der schönste Theaterbau des 18. Jahrhunderts: das »Cuvilliés Theater«. Dessen prächtige, von Johann Baptist Straub geschaffene hölzerne, reich vergoldete und bemalte Innenausstattung überlebte durch eine glückliche Fügung das Bombardement vom März 1944. Studenten hatten sie zuvor abmontiert und ausgelagert. Die Geldnot war es auch, die den Kurfürsten – selbst ein begabter Musiker und Komponist – zwang, Mozarts Bitte um Anstellung als Hofkapellmeister abzuschlagen; es war keine »Vacatur«, keine freie Stelle da. Das Salzburger Genie wäre gern nach München gekommen.

Ein moderner Fürst war Max III. Joseph auch auf anderen Gebieten, und dies schon Jahre vor den großen preußischen

Kurfürst Max III. Joseph, der anfangs unfreiwillige, dann zielbewußte Friedensfürst und Repräsentant der Aufklärung in Bayern. Gemälde von Georg Desmarées.

Rechtsreformen im Geiste der Aufklärung. Wenn auch nicht so radikal aufklärerisch wie in Preußen, reformierte der bedeutende Jurist Wiguläus von Kreittmayr (1705–1790) Justiz und Rechtsprechung und vereinheitlichte sie: eine bahnbrechende Tat. Als sichtbarer Ausdruck aufklärerischer Wissenschaftskultur entstand 1759 auf maßgebliche Initiative des Hofrats Johann Georg Lori (1723–1787) und anderer Gelehrter die kurbayerische Akademie der Wissenschaften. Gleichzeitig wurde die bayerische Staatsuniversität Ingolstadt, bislang eine Domäne der Jesuiten, durch Adam Ickstatt (1702–1776), den Erzieher des Kurfürsten, zu einem Zentrum deutscher Aufklärungsphilosophie im Geiste Christian Wolffs: Die Landesuniversität öffnete sich damit der kulturellen Welt und der pragmatischen Rationalität des protestantischen Nordens. Das ging einen entscheidenden Schritt über die moderateren Bestrebungen der süddeutsch-katholischen Aufklärung an den Universitäten Salzburg und Würzburg hinaus, die bislang Bayern geprägt hatten, und vom Prälatenstand getragen worden waren.

Der Illuminatenorden, Würdigung Max III. Josephs

Die Universitätsstadt Ingolstadt wurde auch der Ausgangsort des von Adam Weishaupt (1748–1830) gegründeten Illuminatenordens, eines Zusammenschlusses junger aufgeklärter Universitätslehrer, wie Weishaupt selbst, sowie von Studenten und höheren Beamten. Der Orden war im Grunde noch keine Freimaurerloge. Weishaupt gab ihm eine dreistufige hierarchische Struktur, wobei erst auf der dritten, höchsten Stufe eine auf Vernunft und Naturrecht gegründete Gesellschaftsordnung als Ziel formuliert wurde: Sie sollte im Endeffekt wohl egalitär und kosmopolitisch-republikanisch sein. Dabei war der amerikanische Unabhängigkeitskampf eine Leitidee, doch sollte die Umformung der Gesellschaft gewaltlos erfolgen, indem man Mitglieder schrittweise an die Schalthebel politischer Macht zu bringen suchte; heute würde man von »Unterwanderung« und »Marsch durch die Institutionen« sprechen. Ebenso wollte man auch ältere Freimaurerlogen integrieren und den eigenen Zwecken dienstbar machen. Unter dem Einfluß Adolf von Knigges (1752–1796), der damals als revolutionärer Aufklärer nach München kam und weit mehr als der Verfasser eines berühmten Buches über gute Umgangsformen war, breitete sich der Illuminatenorden in ganz Deutschland aus. Deutsche Fürsten wie Karl August von Sachsen-Weimar, Landgraf Carl von Hessen-Kassel, Herzog Ferdinand von Braunschweig und andere gehörten ihm an, ebenso deutsche Geistesgrößen wie Johann Gottfried Herder, Goethe, Heinrich Pestalozzi, Friedrich Nicolai, die Brüder Dalberg sowie Verleger und Professoren. Ferner gab es enge Verbindungen zum Wiener Hof und den Jansenisten und Freimaurerkreisen um Kaiser Joseph II. Letzteres, die enge Verbindung zum Wiener Hof, sollte sich später für die Illuminaten als verhängnisvoll erweisen.

Es gehört zur Tragik Max III. Joseph, des letzten Kurfürsten aus altbayerischer Linie, daß er kinderlos blieb, es aber ablehnte, sich von seiner sächsischen Gemahlin Maria Anna scheiden zu lassen, obwohl ihm das aus politschen Gründen selbst von der Kirche als durchaus möglich nahegelegt wurde. Dies sollte – trotz sorgfältig geregelter und diplomatisch abgesicherter Nachfolge – Bayern an den Rand eines Erbfolgekriegs führen. Österreich wollte die Gunst der Stunde nützen und Bayern annektieren, so wie einst der Preußenkönig überfallartig Schlesien besetzt hatte. Jetzt aber, 1778/79, verhinderte das Eingreifen Friedrichs des Großen die Annexion Bayerns. Preußen konnte kein Interesse an einer beträchtlichen Vergrößerung der habsburgischen Macht im Reich haben, deshalb die entschiedene »Schützenhilfe« für den Übergang des Kurfürstentums an die Pfälzer Linie der Wittelsbacher.

Tragisch waren auch die Umstände des Todes von Max III. Joseph. Obwohl er als moderner Fürst für sein Land die Pockenschutzimpfung eingeführt hatte, nahm er sich selbst von der Impfung aus und – starb am 30. Dezember 1777 an den Pocken. Hätten die Historiker in ihrer Herrschertypologie den »positiven

Verhinderer«, bekäme Max III. Joseph sicher diesen Ehrentitel: Er war der Verhinderer eines internationalen Krieges auf bayerischem Boden, Verhinderer des totalen Staatsbankrotts, Verhinderer der Aufteilung Bayerns nach seinem Tode. Schlimmes verhüten, aussichtslos gewordene Positionen räumen und damit Anspruch und Realität näher zueinander bringen, mit solchem Pragmatismus wird man offenbar keiner der »großen Männer«, die sich »durch die Jahrhunderte zurufen« (Friedrich Nietzsche) – meist über ein Meer von Blut und Tränen hinweg.

Besser wäre es, sich des Urteils eines wahrhaft unverdächtigen Zeitzeugen zu erinnern, des Sturm-und-Drang-Dichters Christian Friedrich Daniel Schubart, den später der Herzog von Württemberg wegen revolutionärer Äußerungen auf der Festung Hohenasperg einkerkern ließ. Nach einem Besuch Münchens schrieb Schubart folgendes:

»Und nun war ich in München, dieser alten feierlichen, prächtigen, von Menschen wimmelnden Stadt, der schon der große Gustav Adolph Räder wünschte, um sie nach Schweden rollen zu können... Der Kurfürst – er schlummere sanft im Schauergewölb des Theatinertempels! – hatte viel richtiges musikalisches Gefühl, spielte die Gambe meisterhaft, setzte Messen für die Kirche, und strich mehrenteils bei den Symphonien ... die erste Violine mit. Mir wurde die Gnade, mehrmals vor ihm spielen zu dürfen, zuteil! Die edelste, vom Stolz unaufgeblähteste Fürstenseele, die man sich denken konnte. Tiefe Ehrfurcht vor Gott, die ihn nie verließ, lehrte ihn bei Zeiten den vorübergehenden Schimmer weltlicher Hoheit verachten und nach einer Würde streben, die ewig bleibt. Es war mir oft, wenn ich in meiner Gottesvergessenheit durch die Straßen faselte, ein neuer herzerhebender Anblick, wenn ich, mitten unter einem andächtigen Haufen, diesen Fürsten mit einem Wachslichte in der Hand, zu Fuß an die Thüre eines armen Sterbenden eilen und kniend warten sah, bis ihm der Geistliche das hochwürdige Sakrament gereicht hatte. Die ihm oft vorschwebende, ganz nahe Auswurzelung seines großen Stammes betrübte ihn zuweilen bis zu Thränen...«

Eine allgemeine Überlegung sei hier an den Tod des Friedensfürsten geknüpft: Friede ist kein ursprünglicher, kein Naturzustand, wie dies Max III. Josephs Zeitgenosse Jean Jacques Rousseau meinte, sondern ein immer wieder zu erringendes und zu sicherndes kostbares Gut, gleichsam ein zerbrechliches Kunstprodukt der Zivilisation. Wenn er nicht nur – um ein Clausewitz-Diktum auf den Kopf zu stellen – die Fortsetzung des Krieges mit anderen Mitteln sein soll, bedarf es guten Willens und großer Umsicht. Das gilt für die dreißig Friedensjahre dieses Herrschers ebenso wie für die dreißig Friedensjahre seines Vorfahren Ferdinand Maria und auch für spätere Zeiten wittelsbachischer Herrschaft: Etwa für Ludwigs I. Regierung im Schutz einer nicht unproblematischen Friedenswahrung durch den österreichischen Staatskanzler Metternich als Architekt der ebenfalls dreißigjährigen Friedensordnung Europas nach Napoleon; es gilt ebenso für die Prinzregentenzeit im Bismarck-Reich. Waren letztere auch politisch gesehen keine eigentlich bayerischen, sondern mehr oder weniger fremdbestimmte Frieden, gaben sie doch Bayern die Gelegenheit, viel Schönes und Wertvolles zu schaffen. Insgesamt umfaßt die Epoche von Kurfürst Maximilian I. bis zu Max III. Joseph das Zeitalter des Barock mit seiner glanzvollen Endphase im bayerischen Rokoko mit dem Münchner Cuvilliés-Theater und der Wieskirche bei Steingaden; beides bezaubernde Werke, deren Entstehung Max III. Joseph große Aufmerksamkeit schenkte. Barock, das war zwar eine internationale, europäische Kirchen- und Oberschichtenkultur, die aber in Bayern wie in Österreich eine besonders elegante und farbenfrohe Ausprägung erfuhr. Es war auch die Zeit der großen kulturellen »Gastarbeiter« im Alten Reich. Für Bayern seien nur die Namen Peter Candid, Georg Desmarées, Orlando di Lasso, Carlo Lurago, Friedrich Sustris, Agostino Steffani, Giovanni Antonio Viscardi, Giovanni Battista Tiepolo und Enrico Zuccalli genannt, die zumeist am Fürstenhof ihre Werke schufen oder Kirchen bauten. Aber die reich ausgestaltete Barockkunst wirkte auch weit in die religiöse und weltliche Volkskultur, in deren Musik, Brauchtum und Poesie hinein, so daß es zu folgenreichen geistig-künstlerischen Wechselwirkungen zwischen ästhetischer Internationalität und volkstümlichem Kulturbewußtsein kam. Diese tiefen Prägungen des Barockzeitalters sind noch heute im altbayerischen Lebensstil lebendig.

Wesentlich anders geprägt waren die reichen Stadtrepubliken Nürnberg und Augsburg, in denen sich seit Renaissance und Barock bürgerlicher Geist und eine den fürstlichen Territorien ebenbürtige, in manchen Bereichen überlegene Hochkultur entfaltete, eine Kultur, die in hohem Maße als reife Frucht den deutschen Humanismus als Lebensform und Wissenschaftsideologie entstehen ließ. Paradigmatisch wurde diese bürgerliche Kultur Augsburgs und Nürnbergs auch für die Ausbildung jener diffizilen Konstellation von Macht, Geld und Geist, die seit dem 19. Jahrhundert in der westlichen Welt weithin bestimmend wurden.

Das Nachspiel: die Karl-Theodor-Zeit

Gemäß den wittelsbachischen Hausverträgen trat 1778 Kurfürst Karl Theodor von der Pfalz (1724–1799) die Nachfolge Max III. Joseph in München an. Der Wechsel vom Rhein an die Isar war mehr als ein Ortswechsel. Karl Theodor hatte bislang in der Pfalz als ideenreicher, innovativer Fürst gewirkt, Reformen in Wirtschaft und Recht durchgeführt, die Agrarwirtschaft nachhaltig gefördert, die Folter abgeschafft und als erster Herrscher seine Hofbibliothek der Allgemeinheit geöffnet. Kulturpolitisch leistete er sich eine gewisse Liberalität; Mannheim, seine Residenzstadt mit dem gewaltigen Schloß – einem der größten Europas – war ein Zentrum des kulturellen Lebens. In Karl Theodors »Hof- und Nationaltheater« erlebten Friedrich Schillers *Räuber* 1782 ihre Uraufführung. Seine Hofkapelle, die »Mannheimer Schule« Johann Wenzel Stamitz', Franz Xaver Richters, Ignaz Holzbauers, Christian Cannabichs und Franz Danzis genoß wegen ihres bahnbrechenden musikalischen Stils, der die Epoche der Klassik einleitete, internationales Renom-

Benjamin Thompson (1753–1814), seit 1784 Graf von Rumford, britisch-amerikanischer Physiker und Philanthrop, seit 1784 enger politischer Berater des Kurfürsten Karl Theodor, Initiator des Englischen Gartens in München. Gemälde von Johann Georg Edlinger.

mee. Auch das kurfürstliche Kupferstich- und Zeichenkabinett, aus dem später in München die »Graphische Sammlung« wurde, war bedeutend.

Anfangs schien Karl Theodor an der Isar seinen liberalen Kurs fortsetzen zu wollen. Er führte Reformvorhaben seines Vorgängers zu Ende; die weitere Trockenlegung und Besiedlung des Neuburger Donaumooses fällt in seine Zeit. Auch die Anlage des »Englischen Gartens« für das allgemeine Publikum, die auf Initiative des Amerikaners Sir Benjamin Thompson, später Reichsgraf Rumford (1753–1814), erfolgte, gehört zur positiven Bilanz seiner Regierung. Graf Rumford war seit 1784 Karl Theodors Leibadjutant und engster Berater. Er hatte im amerikanischen Unabhängigkeitskrieg auf britischer Seite gekämpft und war auf

Empfehlung des Prinzen Max Joseph von Pfalz-Zweibrücken – des späteren ersten Königs – an den Münchner Hof gekommen. Eine steile Karriere bis zum Minister stand ihm hier offen. Als Mitglied der berühmten Londoner »Royal Society« und der Bayerischen Akademie der Wissenschaften verkörperte der ideenreiche Chemiker, Physiker, Philanthrop und Offizier geradezu den aufklärerischen Reformtrend der Münchner Jahre des neuen Kurfürsten. Er förderte die Brüder Joseph und Franz Xaver Baader durch Forschungsaufenthalte in England, jenes Land, das damals an der Spitze der naturwissenschaftlichen und technologischen Entwicklung Europas stand. Ebenso ging auf Rumfords Initiative das Englandstipendium des Mechanikers Georg Reichenbach (1772–1826) zurück, der zusammen mit Joseph von Fraunhofer, Liebherr und Joseph von Utzschneider der Gründer der weltbekannten optisch-feinmechanischen Spezialindustrie Münchens wurde. Für das geistige Klima der Epoche war es charakteristisch, daß der radikale Publizist, Buchhändler, Aufklärer und Patriot Johann Baptist Strobl (1748–1805), der heimlich zum Republikanismus neigte, 1795 das wichtige *Churbayerische Intelligenzblatt* übernehmen konnte.

Im Zuge einer von Rumford durchgeführten Heeresreform wurden die bis dahin noch getrennten bayerischen und Pfälzer Truppen vereinigt, der Heeresdienst entschieden humanisiert und die Soldaten in Friedenszeiten als eine Art »Arbeitsdienst« für Zwecke der Allgemeinheit eingesetzt. Daß »Philanthropismus« keine leere Gedankenspielerei, sondern entschlossener Eingriff in eine katastrophale soziale Realität war, bewies Rumford unter anderem dadurch, daß er in einer Militäraktion 1790 fast alle Münchner Bettler festnehmen und registrieren ließ. Die arbeitsfähigen wurden im »Militärischen Arbeitshaus« beschäftigt und entlohnt, die restlichen unter Aufsicht gestellt, aber gleichzeitig mit einfacher, aber gehaltvoller Nahrung, der »Rumford-Suppe«, verpflegt. Gleichzeitig setzte er in Bayern den Kartoffelanbau durch. Aus dem Münchner Militärgarten, einem versumpften Gebiet nahe der Isar, entwickelte Rumford seit 1789 einen Volkspark, der 1792 zum »Englischen Garten« wurde, dessen künstlerische Ausgestaltung der Landschaftsarchitekt Friedrich Ludwig von Sckell (1750–1823) übernahm. Parallel liefen Rumfords Reformen im Zuchthauswesen und Strafvollzug. Nachdem er 1798 Polizeiminister geworden war und sich öffentlich als »Verteidiger von Amts wegen all derjenigen, welche wegen ihrer Armut oder wegen auffallender Bedrückung den Schutz der Mächtigen nicht haben«, erklärt hatte, endete seine bayerische Laufbahn mit seiner Ernennung zum hochdotierten pfalzbayerischen Gesandten in London. Kurfürst Karl Theodor hat ihn bis zum Schluß gegen schwere Verleumdungen und Anklagen verteidigt und geschützt, doch war der Weg an die Themse schließlich ein eleganter Ausweg aus einer für Rumford immer prekärer werdenden Situation.

Die Residenzstadt München zählte am Ende des 18. Jahrhunderts zweifellos zu den profiliertesten Hauptstädten des Alten Reiches; Architektur, Musikleben und ihre Rolle in der europäischen Aufklärung waren bedeutend. Da sich aber die Industrie – das Manufakturwesen – in Grenzen hielt, gab es 1781 in der Stadt 1526 Bettler und Arme; das waren immerhin vier Prozent der Bevölkerung. Juden hatten – soweit sie nicht vom Hof aus wirtschaftlichen Gründen geschützt wurden – seit langem Aufenthaltsverbot. Erst mit der österreichischen Okkupation des Landes zwischen 1705 und 1715 kamen Juden in die Stadt, wurden aber nach Max Emanuels Rückkehr wieder ausgewiesen. Um die Jahrhundertmitte sind sie wieder nachweisbar, und mit Karl Theodor nahm ihre Zahl zu; aber auch dann waren es nur sechsundzwanzig Familien.

Richtig Fuß fassen konnte Karl Theodor in Altbayern letztlich nicht, und es machte die Sache nicht besser, daß er auch in München bewährte pfälzische Berater um sich scharte, also »Zuagroaste«. Eine über das Normalmaß fürstlichen Lebensstils weit hinausgehende Mätressenwirtschaft bescherte ihm viele illegitime Kinder. Er trachtete sie mit ungeschicktem Eifer lukrativ unterzubringen, wozu unter anderem die Gründung des bayerischen Zweigs des Malteserordens dienen mußte; das trug nicht gerade zur Hebung seiner Popularität bei.

Später zeigte seine Innenpolitik sehr widersprüchliche Züge, ohne daß der generelle Reformwillen, für den Graf Rumford stand, abgebrochen wäre. Dennoch ergaben sich gravierende innenpolitische Widersprüche. Der inzwischen weit über Bayern hinaus einflußreich gewordene »Illuminatenorden« erschien Karl Theodor seit 1785 als große innenpolitische Gefahr, untergrub seiner Meinung nach die Autorität des absolutistischen Staates und wurde deshalb verboten. Einen sehr konkreten politischen Grund für dessen Auflösung und für die Verfolgung der Illuminaten hatte Karl Theodor allerdings: Die Illuminaten traten infolge ihrer engen Verbindung mit dem Wiener Hof und mit Kaiser Joseph II. für die Vereinigung Bayerns mit Österreich ein. Paradox war es unter diesem Aspekt dann wiederum, daß Karl Theodor selbst mit Wien verhandelte, um Bayern gegen die reichen österreichischen Niederlande einzutauschen. Allerdings stand er dabei unter stärkstem österreichischen Druck. Auf diese Weise hätten seine Territorien am Mittel- und Niederrhein mit den Niederlanden zu einem wittelsbachischen Großraum und »Königreich Burgund« mit den Hauptstädten Brüssel, Düsseldorf und Mannheim zusammengeschlossen werden können. Kein Wunder, daß solche Projekte die Unbeliebtheit Karl Theodors in München noch mehr steigerten. Es bildete sich in Altbayern eine »Patriotenpartei« mit einem von der wittelsbachischen Dynastie weitgehend losgelösten bayerischen Staatsbewußtsein, einem »Wir-Bewußtsein«, das später eine mentale Grundlage für den modernen Staat wurde, den Graf Montgelas schaffen sollte.

Bis 1799 – es war das Todesjahr Karl Theodors – stürzte dann die bayerische Politik von einer Kalamität in die andere. Kaiser Joseph II. suchte nochmals Bayern mit militärischen Drohungen seinen Wünschen gefügig zu machen, doch vergebens. Wiederum war es der preußische Erbfeind, Friedrich der Große, der 1785 einen antiösterreichischen Fürstenbund ins Leben rief, vor dem Joseph II. mit seinen Annexions- und Tauschgelüsten zurückwich. Allerdings hatte Bayern schon 1779 das Innviertel mit 80 000 Einwohnern und den Städten Braunau, Schärding und Ried an Österreich abtreten müssen; sonst jedoch blieb das Land unangetastet.

Wenig glücklich taktierte Bayern im Ersten Koalitionskrieg 1792–1797 gegen das inzwischen von der Revolution völlig umgestaltete Frankreich. Nun trat auch bei Karl Theodor ein politisches Verhalten hervor, das sich bei fast allen deutschen Fürsten seit der Französischen Revolution von 1789 feststellen läßt: Waren sie zuvor in der Mehrzahl Träger und Initiatoren umfassender Staats-, Rechts- und Sozialreformen gewesen, wandelte sich jetzt ihre Politik unter dem Eindruck der Eskalation der Revolution in Paris entschieden zum Defensiven: Der Reformtrend wurde weitgehend gestoppt oder zumindest sehr verlangsamt. Erst mit der europäischen Herrschaft Napoleons, die völlig neue politische Maßstäbe und Notwendigkeiten erzwang, gab es wieder eine reformbeflügelte Wende, die ihren Impetus aber nunmehr entschieden von außen bezog: von Napoleon Bonaparte. In dieser Epoche erfolgte der Aufbau des modernen bayerischen Staates unter dem leitenden Minister Graf Maximilian Joseph Montgelas (1756–1838). Er hatte einst als verfolgter, amtsenthobener Illuminat München verlassen müssen. Nun kehrte er mit seinem Fürsten Max IV. Joseph tatendurstig und zu radikalem Handeln entschlossen nach München zurück. Er war das Patenkind des Reformfürsten Max III. Joseph und hat diesen zeitlebens als »den besten und erleuchtetsten unter den bayerischen Fürsten« gepriesen, denn Reform von oben war auch seine Devise. Der von Montgelas zielstrebig betriebene Staatsaufbau des neuen, größeren Bayern war ebenfalls eine »Reform von oben«; man könnte es auch eine kalte Revolution nennen. Max IV. Joseph hatte schon zu Lebzeiten des greisen Karl Theodor dessen jugendliche Gattin Maria Leopoldine in höchst privater Weise für sich gewonnen. So sorgte Amor insgeheim dafür, daß eine Habsburgerin die Erbfolge des Pfälzers in Bayern gegen die Pläne ihrer Familie sichern half: Montgelas konnte ans Werk gehen.

9. KAPITEL

Bayern im Zeitalter Napoleons: Graf Montgelas' Staatsneubau im Schatten des Titanen

Neuordnung und »Reform von oben«

»Am Anfang war Napoleon.« Mit diesem provokanten Satz beginnt ein repräsentatives Geschichtswerk über Deutschland im 19. Jahrhundert. Mit seiner gewaltsamen Neuordnung Europas – mochte sie auch nicht in allen Teilen Bestand haben – war er auch ein innovativer Gründervater des modernen Deutschland. Napoleons »Rheinbund« von 1806 sollte nicht nur ein politisch-militärisches Instrument sein, um in allen deutschen Angelegenheiten ein wichtiges Wort mitreden zu können, sondern zugleich der Garant für eine dauerhafte »Revolution von oben« in den Rheinbundstaaten, das heißt für grundlegende innere Staatsreformen. Unter den wichtigsten Mitgliedern dieser Konföderation des Korsen, nämlich Württemberg, Baden, Berg und Kleve, Hessen-Darmstadt, und einigen kleineren Territorien war Bayern die stärkste politische wie militärische Kraft, zugleich aber auch, was die inneren Reformen anbelangt, die eigenständigste.

Sicher brachte die Selbstauflösung des Alten Reiches im Reichsdeputationshauptschluß von 1803 auch herbe Verluste mit sich – vor allem hinsichtlich der historisch-kulturellen Identitäten der jeweiligen Bevölkerungen –, denn seit der Jahrhundertwende kam es in Deutschland zu einer Art Länder-Ausverkauf, in dem die stärksten Territorien des Alten Reiches unter der fadenscheinigen Schutzbehauptung, sie müßten für ihre linksrheinischen Verluste an Frankreich rechts des Rheins entschädigt

Napoleon Bonaparte (1769 bis 1821), Kaiser der Franzosen, der Schöpfer des modernen Europa. Er beeinflußte auch Bayerns Schicksal tief. Zeichnung von Jean Pierre Sauvage.

werden, große Gebiete an sich rissen. Bayern stand hier mit an der Spitze der energischen Erben.

Das war der eher negative Aspekt der »napoleonischen Flurbereinigung« Deutschlands, wie man den gewaltigen Länderschacher, die Liquidierung des »Alten Deutschland«, beschönigend genannt hat. In vielen der zum »Ausverkauf« anstehenden Gebieten herrschten Unsicherheit und Sorge über die Zukunft. Karl Roger von Ribaupierre, ein elsässischer Offizier in Pfalz-Zweibrücker Dienst, aufgeklärt und den Illuminaten nahestehend, unternahm im April und Mai 1802 im Auftrag des neuen Münchner Kurfürsten Max Joseph eine Erkundungsreise in die neuen Gebiete. Sein Bericht gibt recht genau die Stimmung der Bevölkerung in dieser Übergangsphase wieder. Das hört sich so an: »Was nicht direkt zum [fürstbischöflichen] Hof gehört, hängt nicht an dem Fürsten, sondern an der nährenden und belebenden Residenzstadt« (Würzburg). »Niemand schmäht auf den Fürsten [Fürstbischof] und niemand liebt ihn ... Es wird nicht bezweifelt, daß der fränkische Kreis bayerisch werde. Jedermann sagte mir, ich komme gewiß, Quartier für Bayerische Truppen zu machen – und ich ward durchaus sehr gut empfangen – auch von Mönchen« (Bamberg). Anders klingt es in der ehemaligen Reichsstadt Augsburg: »Die große und schöne Stadt ... ist unerachtet ihrer Fabriken und ihres ausgedehnten Handels in der größten Verlegenheit und weiß keine Mittel, ihre Schulden zu tilgen... Die meisten Köpfe scheinen verwirrt. Der Adels- und der Kaufmannsstolz halten sich die Waage, die übrigen halten sich durch Schimpfen schadlos. Mancher schmäht stundenlang auf die [bayerische] Regierung und schließt mit dem Wunsch, reichsstädtisch zu bleiben.« Wiederum anders stehen die Dinge in der protestantischen Reichsstadt Schweinfurt: »Die Bürger sind zu sehr durch eigenen Schaden klug geworden, sagen sie selbst, als daß ihnen ein katholischer Herr nicht ebenso angenehm sein sollte wie ein protestantischer. Sie äußern alle laut den Wunsch, an Bayern zu fallen und fürchten gar nichts, als eine allgemeine Militärkonskription [d.h. Rekrutenaushebung].«

Letztere sollte allerdings bald wegen Bayerns Beteiligung an Napoleons Kriegen stattfinden. Sonderfälle waren die evangelischen Fürstentümer Ansbach und Bayreuth, die aus hohenzollernscher Tradition entschieden zu Preußen tendierten. Auch versprach man sich von dort eine konsequentere Wirtschaftsförderung als von Bayern. Insgesamt jedoch war die Übernahme oft schwerer Schuldenlasten durch den neuen bayerischen Staat ein wichtiger Grund, daß man die bayerische Herrschaft zwar nicht unbedingt liebte, aber als kleineres Übel oder als Notwendigkeit und Ausweg aus finanzieller Not akzeptierte. Das gilt beispielsweise für die freie Reichsstadt und Textilmetropole Memmingen.

Die positive Bilanz dieses gewaltsamen Umbruchs sieht jedoch ganz anders aus und prägte Deutschlands und damit Bayerns Zukunft und föderale Struktur weitgehend bis zum heutigen Tage: Es entstanden lebensfähige deutsche Länder, und – was noch wichtiger war – Napoleon bewirkte einen entscheidenden innenpolitischen Modernisierungsschub, der schon durch die notwendige strukturelle Ähnlichkeit aller Staaten im Imperium des Korsen erzwungen wurde. Konkret: Die sogenannten Rheinbundstaaten mußten sich Verfassungen geben, die dem liberalen Trend der Epoche entsprachen. Zwar hatte Napoleon in der Tat, wie er sich rühmte, »den Krater der Revolution geschlossen«, aber auch zugleich deren gewaltige, ganz Europa erschütternde Kraft zu dauerhaften innenpolitischen Reformen umgewandelt, die von innovativen, relativ effizienten Bürokratien in den Einzelstaaten durchgesetzt wurden. Die wachsende Werbekraft des neuen bayerischen Königstaates vor allem in den neuen schwäbischen und fränkischen Landesteilen beruhte demnach vor allem darauf, daß der Staat an der Spitze des allgemeinen Trends zu mehr bürgerlicher Freiheit und verfassungsmäßig garantierter Rechtsstaatlichkeit stand. Die Integration der »neubayerischen Bevölkerung« war damit keine nur administrative Zwangsmaßnahme und nicht lediglich ein Wechsel der »Obrigkeit«, sondern es wurde entschlossen ein Weg zu grundlegenden Reformen beschritten, an dessen Ende zu aller Vorteil eine egalitäre bürgerliche Gesellschaft stand, in die sich gegen Ende des Jahrhunderts dann auch der »vierte Stand«, die wachsende Arbeiterschaft, eingliedern konnte. Die einzelnen Schritte dahin waren allerdings manchmal mühsam, und im Falle der wohlorganisierten preußischen Administration von Ansbach-Bayreuth tat sich die nachfolgende bayerische Verwaltung schwer, mit diesem effektiven Vorbild gleichzuziehen; aber auch das gelang schließlich.

Staatsreform bedeutete im einzelnen die Abschaffung der Reste von Leibeigenschaft, Liberalisierung von Recht und Verfassung, also Gleichheit aller Bürger vor dem Gesetz und damit auch bei der Besteuerung; ebenso Vereinheitlichung von Justiz und Verwaltung, politische Entmachtung von Adel und Kirche, konstitutionelle Begrenzung fürstlicher Gewalt, Freihandel und

Gewerbefreiheit im Sinne der neuen politischen Klasse des Wirtschafts- und Industriebürgertums. Zwar ließ das jetzt einheitliche Gemeinderecht im Vergleich mit Preußen noch sehr zu wünschen übrig, aber dafür wurden die Judenemanzipation und die konfessionelle Neutralität des Staates auf den Weg gebracht. Erst jetzt gab es die Unabhängigkeit der Gerichte, der Instanzenzug wurde reguliert und die Trennung von Justiz und Verwaltung wenigstens auf der zentralen und mittleren Ebene durchgeführt. Der berühmte Jurist Anselm Feuerbach schuf ein relativ modernes Strafrecht. Die Ehe wurde zu einem weltlichen Vertrag. Reform »von oben« bedeutete ferner, gemäß Montgelas' schon 1796 verfaßter berühmter Ansbacher Denkschrift für seinen damals landlosen Souverän Max Joseph, eine straffe Zentralisierung der Regierungsgewalt, strenge Trennung der Kompetenzen nach dem Ressortprinzip, die Schaffung eines Generaldirektoriums nach preußischem Vorbild und insbesondere die Ausbildung eines fachlich kompetenten, vom Staat fest besoldeten Beamtentums, zu dem grundsätzlich alle Bürger Zugang haben sollten. Es entwickelte im Laufe des 19. Jahrhunderts ein eigenes, vom Adel unabhängiges Standesethos. Zukunftsweisend war die Abschaffung aller Binnenzölle im Staatsgebiet, ein Trend, der sich mit dem »Deutschen Zollverein« von 1834 vollenden sollte. Alle alten Grenzen und geschichtlichen Traditionen wurden anfangs bewußt negiert, ganz Bayern gliederte sich jetzt in Kreise, die man nach Flüssen bezeichnete; dies nach dem Vorbild Frankreichs. Desgleichen wurde die bäuerliche Fronarbeit, das »Scharwerk«, abgeschafft; doch blieb die Bindung und Abgabenpflicht des Hofbesitzers an den Grundherrn bis 1848 erhalten.

Die Säkularisation

Besonders radikal war das Vorgehen gegen die Kirche, deren Grundbesitz man verstaatlichte beziehungsweise verkaufte und deren Bildungseinrichtungen, die bislang die Kultur Altbayerns nachhaltig geprägt hatten, man ebenfalls aufhob. Kernstück dieser gewaltigen Verstaatlichung des reichen Klosterbesitzes, »Säkularisation« genannt, war 1802/03 die Aufhebung von über 70 landständischen Klöstern und Stiften allein in Altbayern, nachdem schon ein Jahr zuvor mehr als 90 nichtständische Klöster »säkularisiert« worden waren. Mehr als die Hälfte des Grundbesitzes in Bayern wechselte damit den Besitzer, wurde gewissermaßen Beute des Staates. Montgelas hat diese harten Maßnahmen gegen die Bedenken mancher Mitarbeiter energisch durchgesetzt. Sein wichtigster Grund war die bedrohliche Finanzkrise Bayerns nach dem zweiten Koalitionskrieg gegen Frankreich 1799–1802. Ob die Rechnung, nämlich die finanzielle Sanierung des Staates durch das verkaufte Klostergut, aufging, ist bis heute umstritten, denn die Nachfolgelasten für die Mönche der aufgegebenen Konvente waren bedeutend, desgleichen die Kosten für den nötigen Aufbau eines umfassenden Pfarrsystems und einer geregelten Priesterausbildung in Seminaren. Ein entschiedener Fehlgriff war die Beseitigung der kommunalen Selbstverwaltung. Erst nach dem Sturz des leitenden Ministers konnte mit dem Gemeindeedikt von 1818 eine günstigere Entwicklung wenigstens eingeleitet werden. Dagegen ergriff Montgelas als typischer Aufklärer die Initiative zu grundlegenden Verbesserungen des Schulwesens, der Universitäten, des Gesundheitswesens, der Agrarwissenschaft und des staatlichen Salzbergbaus. Noch vor Ludwig I. wurden bedeutende Gelehrte aus ganz Deutschland berufen, ebenso sorgte der Minister durch Stipendien dafür, daß fähige junge Leute im Ausland studieren konnten.

Am schlimmsten wirkte sich der »Klostersturm« von 1803 im Bildungswesen aus, dem eine seit mehr als tausend Jahren gewachsene geistliche Kultur samt ihren Schätzen weitgehend zum Opfer fiel. Im Kloster Fürstenfeldbruck, das von jeher dem Hause Wittelsbach eng verbunden gewesen war, vollzog sich – wie gleichzeitig in vielen alten und ehrwürdigen geistlichen Gemeinschaften – die Säkularisation unter beschämenden Begleitumständen, die der letzte Abt Gerhard Führer festgehalten hat: »Während der Licitation geschahe es, daß eben die Versteigerung der Sesseln vorgekommen. Die Religiosen sassen bei ihrem Vespertrunke im Refectorium: Was geschahe? ihnen wurden die Sessel, worauf sie wirklich sassen, abgenohmen, sohin mußten sie stehender ihr Bier austrinken ... Nun kam die Reihe an die Biblioteck: den 10. Mai traffen die hiezu deputierten H. H. Commissarii mit H. Sekretär Bernhard hier ein. Christoph Freyherr von Aretin sammelte für die Centralbiblioteck in München: H. Prälat Hupfauer für die Universität in Landshut, H. Schulrath Schuebaur für die Gymnasien und Lyceen, H. Bernhard musterte die Incunabeln, und Handschriften. Alle vorgefundenen, die Vertheidigung der wahren Religion enthaldente, sohin auch polemische Bücher wurden ausgemerzet, über einen Hauffen zusammgeworffen, ein Zettl darauf geleget, mit diesen Worten: SCHÄDLICHE UND VERBOTHENE BÜCHER. Unser H. Commissär hatte hierüber den Auftrag, diese und andere, als unnütz erklärte Werke, an Herrn Kaut Pappierfabrikanten, Pappendeckel daraus zu formieren, nach den Centen zu verkaufen. Diese VERWORFFENE Bücher betrugen an Gewicht 72 Centen 84 Pfd. Der Centen à 50 Kreuzer, wobei Herrn Kaut noch 20 Pfund Rabatt bei jedem Centen zugestanden wurden. Dieß geschahe auch in anderen Klosterbibliotecken, wobei manchmal die besten Werke mitunter schlichen, welche wohl nicht in Pappendeckel sind umgestalltet worden.«

Die Säkularisation, von der sich der hochverschuldete Staat großen materiellen Nutzen versprach – eine Fehlkalkulation, wie sich bald herausstellen sollte –, war wohl der schmerzhafteste Einschnitt in die Kultur Altbayerns überhaupt; er wurde durch Schul- und Universitätsreformen nur schrittweise wieder geheilt. Positiv wirkte sich hingegen die staatlich beaufsichtigte Reform der Priesterausbildung aus, deren führender Kopf Johann Michael Sailer wurde; man hat ihn den »bayerischen Kirchenvater« (Georg Schwaiger) genannt. Hier schuf man Grundlagen eines modernen, zeitgemäßen Kirchentums für die Zukunft.

Montgelas als Staatsmann und Persönlichkeit

Der von Napoleon inaugurierte Modernisierungsprozeß in Deutschland wäre sicher nicht so rasch und fast reibungslos vor sich gegangen, wenn ihm nicht die längst im Fürstentum des 18. Jahrhunderts vielfach lebendigen Reformkräfte der deutschen Aufklärung hilfreich entgegengekommen wären. Die deutschen Reformpolitiker der Epoche waren keineswegs nur Befehlsempfänger Napoleons; sie hatten ihre eigenen Vorstellungen, was die Erneuerung Deutschlands anbelangte. Das galt für den Freiherrn vom Stein ebenso wie in Bayern für Graf Maximilian von Montgelas, der das neue bayerische Staatsschiff mit Energie, Glück und Nervenstärke durch die gefährlichen

Graf Maximilian von Montgelas (1759–1838), Aufklärer, Reformer und Baumeister des neuen Bayern in der Ära Napoleons. Gemälde von Joseph Hauber.

Katarakte der napoleonischen Ära und ihres katastrophalen Endes steuerte.

Die Stationen seiner Biographie, die im Zeitalter des Nationalismus als »undeutsch« und »unbayerisch« denunziert wurde, sind schnell berichtet: Aus savoyischem Adel stammend, aber mütterlicherseits bayerisch, am geistig regen fürstbischöflichen Hof in Freising und in Nancy, einem Zentrum der Aufklärung, erzogen, studierte er später, wie Goethe, in Straßburg bei dem bedeutenden Staatsrechtler Christoph Koch. Unter Kurfürst Max III. Joseph wurde Montgelas Hofrat im Münchner Zensurkollegium, zog sich als Aufklärer und Illuminat die Ungnade Kurfürst Karl Theodors zu und wechselte 1786 an den kleinen Hof von Zweibrücken. Selbst dort beschuldigte man ihn bald, mit den Jakobinern zusammenzuarbeiten und daher ein Drahtzieher der Revolution zu sein. Nur durch den glücklichen Umstand, daß ihn 1796 der von den französischen Truppen vertriebene neue Herzog Max Joseph – selbst ein Mann der französischen Aufklärung – zum engsten politischen Berater machte, eröffnete sich Montgelas die einmalige Chance, der Architekt des neuen Bayern zu werden. Als Politiker und Reorganisator aus Überzeugung und Leidenschaft nahm er diese Chance wahr. Seine Devise lautete: »Man muß die Geister aus ihrer Lethargie reißen!« Als 1799 Max Joseph als neuer Kurfürst nach München ging, wurde er dessen fast allmächtiger Minister – bis zu seinem Sturz im Jahre 1817, für den, neben dem Kronprinzen Ludwig und Feldmarschall Fürst Karl Philipp Wrede (1767–1838), auch Montgelas' engster und fähigster Mitarbeiter, Georg Friedrich von Zentner (1752–1835), verantwortlich gewesen ist. Es entbehrt nicht einer gewissen Ironie des Schicksals, daß der Kronprinz Ludwig in seinem entscheidenden Brief an den Vater, der Montgelas' Entlassung auslöste, ihn ebenfalls als »Jakobiner« verdächtigte, ein Vorwurf, dem sich der Staatsmann einst schon bei Beginn seiner Karriere in Zweibrücken ausgesetzt sah. Das war sicher denunziatorisch, aber die Uhr des bedeutenden Staatsmanns war wohl auch aus anderen Gründen abgelaufen: Da gab es zum einen den extremen Zentralismus und den manchmal weltfremden Bürokratismus der Ministerien und die Überforderung der unteren Beamten durch hastig erlassene Reformdekrete. Zum anderen wirkte sich mehr und mehr der Wille Montgelas' negativ aus, alles selbst in der Hand zu behalten. Schließlich spielte dabei auch das zunehmende deutsche Nationalgefühl eine Rolle, das sich gegen einen Mann wendete, der 1815 gezögert hatte, den fälligen Beitritt Bayerns zum Deutschen Bund zu vollziehen. Nicht zuletzt stand Montgelas dem Wunsch der politischen Klasse nach einer echten liberalen Verfassung im Wege. Letztere war aber ein berechtigtes Anliegen des Bürgertums, zu dessen Sprecher sich damals Kronprinz Ludwig machte.

Seine wirklichen politischen Ziele und sein ethisches Profil aus dem Geist vernunftgeleiteter Aufklärung erhellt aber schon ein programmatischer Brief, den Montgelas am 6. Dezember 1792 aus Zweibrücken an seinen Freund Graf Seinsheim schrieb; dort heißt es:

»Gleichmäßigere Vertretung des Volkes, Ausdehnung der wesentlichen Menschenrechte auf alle Klassen der Gesellschaft, gleiche Steuerpflicht ohne irgendeinen Unterschied, dies sind die weisen Opfer, die zu bringen ich nicht aufhöre, die priviligierten Stände zu ermahnen. Sie sind durch die Gerechtigkeit diktiert und durch die Umstände geboten. Der Angehörige der führenden Stände, der als erster den Mut haben wird, sich diesen Grundsätzen zu unterwerfen, wird sich ein unsterbliches Recht auf die Dankbarkeit seines Vaterlandes erwerben. Ich wage nicht, mich hierüber mit all dem Feuer auszusprechen, mit dem mich meine persönliche Überzeugung erfüllt, da ich selbst über keinen Grundbesitz im Lande verfüge. Ich erwecke sonst den Eindruck, mich für eine Sache einzusetzen, zu deren Kosten ich nicht beitrage. Dies ist das erste Mal, daß ich bedaure, kein Grundeigentum zu besitzen, denn diese Lage beraubt mich der Genugtuung, durch mein eigenes Verhalten zu beweisen, daß ich denke, wie ich spreche.«

Das war sicherlich nicht jakobinisch, aber zweifellos konstitutionell und politisch-ethisch gedacht; jedoch die steigende Furcht der deutschen Fürsten drängten den Zweibrückener Hofrat von selbst in die radikale Ecke, aus der er offenbar allein nicht herauszukommen vermochte.

Montgelas' Altersbildnis von 1834, für die Familie gemalt, läßt unverkennbar Resignation erkennen – so wie Bismarcks Spätporträts von Franz Lenbach. Der ständigen Gefährdung seines riskanten politischen Kurses zwischen Frankreich und Österreich war sich Montgelas immer bewußt; das allein erforderte starke Nerven. Dies geht etwa 1805 aus einer Äußerung gegenüber dem französischen Gesandten in München hervor: »Sie [das heißt Frankreich] riskieren nur eine Armee, wir aber alles, was wir haben. Es ist möglich, daß der Kurfürst in sechs Monaten kein Haus mehr besitzt.«

Damals stand Bayern unter dem schweren Druck Napoleons, der ein Militärbündnis erzwingen wollte und schließlich auch erzwang, wobei massive Drohungen mit großzügigen Versprechungen wechselten. Damit blieb Bayerns Schicksal bis 1813, das heißt bis kurz vor der entscheidenden Völkerschlacht bei Leipzig, an Napoleons Militärstrategie gefesselt, ein Bündnis, das Bayern zwar großen Territorialgewinn brachte, aber auch mit schweren Blutopfern bezahlt wurde.

Dazu gehören auch die 30000 bayerischen Soldaten, die 1812 auf Napoleons verheerendem Rußlandfeldzug den Tod fanden. Zum Gedenken an diese Opfer errichtete Leo von Klenze 1833 im Auftrag König Ludwigs I. auf dem Karolinenplatz einen Obelisken. Er trägt die historisch mehr als problematische Inschrift: »Auch sie starben für des Vaterlandes Befreiung.« Denn sie ließen ihr Leben gerade nicht für Bayern und Deutschlands »Befreiung« vom »Joch« Napoleons, sondern als dessen Mitkämpfer.

Montgelas selbst wurde alles andere als ein willenloses Werkzeug des Korsen. Er war rationaler Politiker aus Leidenschaft, und an seiner Person kann man am klarsten erkennen, wie sehr er als Aufklärer – Kaiser Joseph II. als Typus am ehesten vergleichbar – seine »Revolution von oben« betrieb; denn auch radikale Reformen sind in ihrer Wirkung Revolutionen. Deshalb ließ er es eben nicht beim »Einsammeln« von Territorien,

Der Rückzug der Armee Napoleons nach der Katastrophe im Winter 1812 in Rußland. Zeitgenössisches Bild eines Kriegsteilnehmers.

Fürstbistümern und Reichsstädten bewenden, sondern war vor allem ein Mann der inneren Neuordnung. Zwar kannte er die Prinzipien des aufgeklärten Absolutismus, die Verfassungsentwürfe der französischen Nationalversammlungen, desgleichen die Staatstheorien Montesquieus und Rousseaus, aber in seinen eigenen Konzeptionen, die er schon 1796 sehr konkret entwickelt hatte, erwies sich der »Baumeister« des von Grund auf neuen bayerischen Staats als durchaus eigenständig. Daß er als rationaler Pragmatiker stark der Aufklärung verpflichtet war, steht außer Frage. Das unterschied ihn grundlegend von der Idee eines organischen Staatsaufbaus »von unten«, wie ihn damals der Reichsfreiherr Karl vom und zum Stein (1757–1831) für Preußen entwickelte.

Man hat wohl mit Recht den kühlen Planer und Architekten des neuen Bayern folgendermaßen charakterisiert: »Maximilian Graf Montgelas war ein hochgebildeter Mann, wie seine heute in der Bayerischen Staatsbibliothek befindliche Bibliothek und seine Briefe zeigen. Er besaß eine rasche Auffassungsgabe, eine außerordentliche Intelligenz, Gewandtheit und Arbeitskraft und war ebenso ein Meister des Details, der Form und der Taktik wie auch eine Persönlichkeit von weiten Perspektiven, ein scharfer und kritischer Beobachter. Ritter von Lang schreibt in seinen Memoiren bewundernd, so habe er sich Richelieu oder Mazarin vorgestellt, hebt aber gleichzeitig hervor, daß Montgelas immer großzügig und menschlich zu seinen Untergebenen gewesen sei. In seinem Rechenschaftsbericht an den König von 1817 räumte Montgelas Fehler ein, er war sich aber des Wertes und der Bedeutung seines Werkes für die Zukunft voll bewußt« (Eberhard Weis).

König Maximilian I. Joseph

Schwieriger ist es, den neuen Kurfürsten Maximilian IV. Joseph, seit 1806 König Max I., zu würdigen. Unter dessen Ägide konnte der zeitweise allgewaltige Staatsminister seit 1799 seine grundstürzenden Staatsreformen durchziehen. Mit diesem Herrscher, einem Lebemann und freundlichen Schuldenmacher, der nach eigenem Eingeständnis die glücklichsten Tage seines Lebens in Straßburg und Paris verlebte, hatte es seine eigene Bewandtnis. Er stand nach seiner Biographie Frankreich weitaus näher, als man selbst von einem deutschen Fürsten erwarten konnte. Maximilian I. wurde entscheidend durch seinen langen Dienst als Offizier im französischen Militär geprägt. Da er anfangs nicht einmal die Aussicht hatte, in dem kleinen linksrheinischen Fürstentum Zweibrücken Herzog zu werden, befehligte er schon mit zwanzig Jahren ein französisches Regiment in Straßburg, das schon sein Vater geführt hatte. Als er durch eine Reihe glücklicher Umstände 1795 dann doch Pfalz-Zweibrücken übernehmen konnte, war dieses Territorium schon in den Händen der französischen Republik. Doch blieb ihm der Erbanspruch auf Bayern und die Pfalz erhalten, und so konnte er zusammen mit seinem Legationsrat Montgelas, nach dem Tod des Kurfürsten Karl Theodor, am 21. Februar 1799 als neuer Herrscher in München einziehen.

Kurfürst Maximilian IV. Joseph – der spätere König – im Kreise seiner Familie, ein Modell der Stadt München betrachtend. Im März 1799 zog er offiziell in seine neue Landeshauptstadt ein. Radierung von Joseph Hauber.

Ein klassizistisches Empfangsbild der Stadt München stellt Maximilian Joseph und seine Familie im antikisierenden Stil der Zeit dar. Man setzte allgemein große Hoffnungen in den Fürsten, der als aufgeklärt galt. Dem Regierungsantritt eignete dennoch etwas Handstreichartiges, da der österreichische Gesandte in letzter Minute versucht hatte, den sterbenden, vom Schlag gelähmten Kurfürsten Karl Theodor zur Unterzeichnung eines Vertrages zu überreden, der den Tausch Bayerns gegen Belgien vorsah; womit der Erbfolgeanspruch von Pfalz-Zweibrücken hinfällig geworden wäre.

Entgegen manchen gefühlvollen Anekdoten war Maximilian Joseph aber in München nach einem Jahr fast genauso unbeliebt wie sein Vorgänger in dessen Spätzeit. Die dynastischen Sympathien für das Haus Wittelsbach blieben ihm zwar in Altbayern erhalten, aber sie waren stimmungsmäßig anfangs sehr verhalten, ja problematisch, denn die schweren Finanz- und Blutopfer Bayerns im Schlepptau Frankreichs schienen kaum geeignet, dynastische Loyalitäten über den scharfen Bruch von 1799 hinweg zu entwickeln und zu stabilisieren. Neben der allgemeinen Mißstimmung der Bevölkerung gab es auch Stimmen der Enttäuschung über Max Joseph aus revolutionär-jakobinischen Kreisen, die radikalere Maßnahmen erwartet hatten. Da hieß es in einem Flugblatt von 1800, er habe eine Schuldenlast von mehreren Millionen

König Maximilian I. (1756–1825) war, ungeachtet seiner militärischen Karriere in Straßburg, ein ausgesprochen »ziviler« Monarch. Gemälde von Joseph Stieler.

mitgebracht, »den die baierische Nation so bald als möglich abzahlen sollte«; er habe eine zahlreiche Dienerschaft mitgebracht »sowie einen tüchtigen Korporalsstock...« und zwinge nun sein Volk, Krieg zu führen »gegen die Freyheit liebenden, dagegen Fürsten, Adel, Pfaffen und alle Volksquäler hassenden Franzosen«. Bayern stand damals noch auf seiten der Allianz gegen das revolutionäre Frankreich. Das sollte sich aber rasch ändern.

Es bedurfte somit großer Umsicht und psychologischen Einfühlungsvermögens, um Schritt für Schritt die Loyalität und Sympathie der Staatsbürger zû gewinnen. Genau dies gelang aber dem neuen Fürsten, dessen Jovialität schließlich doch beim

Napoleon I. bei der Ziviltrauung seines Stiefsohns Eugène Beauharnais mit der bayerischen Prinzessin Auguste Amalie am 13. Januar 1806 in der Münchner Residenz. Gemälde von Guillaume Ménageot.

Volk ankam. Er wurde – anders als sein leitender Minister – mehr und mehr zu einer Integrationsfigur für die Bevölkerung. Die engen Konnexionen zu Frankreich traten besonders 1806, als Bayern per Dekret am 1. Januar zum Königreich erhoben wurde, deutlich hervor. Eine Krönung Max I. Joseph fand nie statt, insofern ist sein repräsentatives Bild im Krönungsornat unhistorisch. Das neue Königtum wurde offiziell – reichlich kühn – als Erneuerung der »königsgleichen« Herrschaft der Agilolfinger im 7. und 8. Jahrhundert erklärt; womit man Klio, die Muse der Geschichtsschreibung, zweifellos stark überforderte.

Aufschlußreicher als dieser Staatsakt ist aber, daß damals Napoleon in München weilte, um an der Ziviltrauung seines Stiefsohnes Eugène Beauharnais mit der bayerischen Prinzessin Auguste Amalie am 13. Januar im Grünen Saal der Residenz teilzunehmen. Nichts könnte den engen Zusammenhang zwischen dem neuen Königtum Bayern und dem neuen Kaisertum Frankreich besser vor Augen führen als das offizielle Gemälde dieser dynastischen Verbindung, die zugleich eine feste familiäre Bindung an den Korsen war.

Es wäre falsch, König Max I. Joseph politisch zu unterschätzen, denn schon zwischen 1795 und 1799 hatte er für die faktische Sicherung seines Anspruchs auf Bayern und die Pfalz selbständig und erfolgreich gehandelt, also schon vor der Zeit, als Montgelas als Minister die Dinge entschieden in die Hand nahm. Ebenso war es eine nicht zu unterschätzende Leistung, daß er seinem Minister auch in den gewagtesten Situationen die Stange hielt; ein Vergleich mit dem Verhältnis zwischen Bismarck und seinem König zwischen 1861 und 1870 liegt nahe.

Das neue München

Über der weitausgreifenden Bautätigkeit seines Sohnes Ludwig darf man nicht vergessen, daß schon unter Max I. Joseph das Münchner Nationaltheater erbaut wurde – ein Herzensanliegen des Königs. Der Bau und sein gewaltiger kolosseumartiger

Innenraum war das Werk des genialen Architekten Karl von Fischer, eines Mannheimers. Es ehrt Leo von Klenze, Fischers Nachfolger als Hofbaumeister, daß er 1823, nach dem verheerenden Brand des kaum fertiggestellten Nationaltheaters, den Wiederaufbau fast ganz im Geiste seines Vorgängers durchführte; so blieb ein großes Werk des Klassizismus erhalten. Es wurde nach der Zerstörung im Zweiten Weltkrieg noch einmal nach Fischers Plänen wiedererrichtet.

Mit der napoleonischen Ära und dem neuen König zog in München ein freierer Geist ein, der fortan die Stadt prägen sollte. Dazu gehörte auch die fast demokratisch-egalitäre Atmosphäre der Bierkeller, die sich deutlich vom gehobenen Stil der eleganten Cafés – etwa des »Tambosi« – unterschied und die Christian Müller, ein kenntnisreicher und oft amüsanter Beobachter Münchens in der Max-Joseph-Zeit anschaulich schildert. Am tollsten ging es ihm zufolge im Bockkeller zu, mit dem es seine eigene Bewandtnis hatte. Ursprünglich, zur Max-Joseph-Zeit, befand er sich im Ostflügel des »Alten Hofes«, das heißt in der alten Residenz, ein Trakt, der nicht mehr existiert. Nach 1830 war diese beliebte Bierfestung in der Münzstraße gegenüber dem heutigen Hofbräuhaus. Auf letzteres ging dann die Tradition ungebundenen Bier- und Lebensgenusses über und wurde zu einer Art Weltmarke: »München-Hofbräuhaus«. Der alte Bockkeller, von dem auch Heinrich Heine schwärmte, war da aber schon eingegangen, er muß nach Müllers Bericht »...etwas von einem Hexenpanorama [gehabt haben], indem alle Stände und Geschlechter bunt und gleich durcheinander gemischt sind. Hätte Goethe den Bockkeller gekannt, er hätte ihn gewiß in seinem Faust angebracht. Hier findet man Staatsdiener und Offiziere neben Höckerweibern, Schauspieler neben öffentlichen Mädchen, Tonkünstler neben Sackflickerinnen, Fleischerknechte neben elegant gekleideten Frauen, zerlumpte Bettler neben duftenden Süßlingen ... in lustigen Gruppen an kleinen Tischen zusammengedrängt... Der freie republikanische Sinn der Münchner nimmt an dieser orgischen Unterwelt und ihrer Ständemischung keinen Anstoß, und welcher Vorurteilsfreie möchte sie darum tadeln?« Diese prinzipielle gesellschaftliche Offenheit hatte somit auch eine politische Seite.

Entscheidend für die Kontinuität eines bayerischen Staats- und Loyalitätsbewußtseins über 1799 hinaus war neben der Figur des Königs sicher die Rolle Altbayerns als Träger dieser Kontinuität und als Kern einer sich allmählich bildenden gesamtbayerischen Identität, deren Kraft sich bis heute bewährt. Mögen Pfälzer, Franken und Schwaben noch so bedeutend im staatlichen System, in Parlament, Regierung und Staatsbürokratie gewesen sein oder immer noch bleiben: Ohne diese bindende Kraft des altbayerischen Volkes im Staate hätte es wohl kein stammesübergreifendes bayerisches Wir-Gefühl, kein integrales Staatsbewußtsein gegeben.

Die »Charte« von 1808

Dieses Wir-Gefühl zu entwickeln war schon deshalb dringend nötig, als man sich jetzt Millionen von neuen Bürgern gegenübersah, die eine völlig andere Geschichte und Identität in ihren bisherigen weltlichen und geistlichen Territorien, in Reichsstädten und Adelsherrschaften entwickelt hatten. Als verfassungsmäßige Krönung und Fixierung des Staatsneubaus war dann Montgelas' »Charte« von 1808 gedacht. Auch sie war eine Konstitution »von oben«, also keine echte Nationalrepräsentation mit Anteil des Volkes an der Gesetzgebung. Schon der hohe Wahlzensus, das heißt die Bindung des Wahlrechts an ein hohes Steueraufkommen des Bürgers, verhinderte dies, ebenso ein kompliziertes, von oben lenkbares Auswahlverfahren der Ständevertreter, denn Abgeordnete kann man sie kaum nennen. Allein die Tatsache, daß aufgrund dieser Charte niemals eine Wahl stattfand, spricht für sich. Im Grunde schrieb sie nur die durchgeführten Reformen fest: Abschaffung der Adelsprivilegien und Bevorzugung des wohlhabenden Bürgertums waren die wichtigsten Merkmale dieses Minimalkonstitutionalismus nach den Vorstellungen Montgelas'.

Phasen des Gebietserwerbs

Als Rahmenbedingung der neuen bayerischen Staatlichkeit hatte die Charte von 1808 dennoch Bedeutung, vor allem für die höchst unterschiedlich strukturierten neuen Gebiete des Staatsverbandes. Dessen Umfang hing aber bis zum Wiener Kongreß von 1815 immer noch von der europäischen Großwetterlage, sprich, vom Schicksal Napoleons ab. Vom Startschuß des großen »Territorien-Bazars« durch den »Reichsdeputationshauptschluß« von 1803 bis zur endgültigen Festlegung der Grenzen Bayerns 1819 war der Umfang des neuen Staates eine durchaus variable Größe. 1803 hielt sich der Erwerb noch in Grenzen. Die Bistümer Würzburg und Bamberg kamen damals hinzu und zwischen Lech und Iller eine Anzahl kleiner Städte und Territorien, wie es die Fürstabtei Kempten war. Dann, 1808, konnte sich Bayern auf Kosten des von Napoleon geschlagenen Österreichs vergrößern: Tirol bis an den Gardasee, Vorarlberg sowie Besitzungen im Allgäu kamen hinzu, desgleichen Passau. Das Erzstift und Territorium Salzburg gingen jedoch mit Berchtesgaden damals an Österreich. Im Westen und Norden wurde schon 1806 ganz Schwaben bayerisch, ebenso Mittel- und Oberfranken bis auf das Fürstentum Bayreuth.

Die Einfügung der relativ kleinen Landesherrschaft des Hochstifts Passau in den neuen bayerischen Staat und deren Vorgeschichte zeigt paradigmatisch die divergierenden Traditionen, aus denen viele der »neubayerischen« Gebiete kamen, auch wenn sie katholisch und schon früh dem altbayerischen Zentrum als Bistum zugeordnet waren. Die »Dreiflüssestadt« an Donau, Inn und Ilz, römischen Ursprungs und im 5. Jahrhundert, der Epoche der Völkerwanderung, Wirkungsort des heiligen Severin von Norikum, war schon vor der bayerischen Bistumsorganisation des heiligen Bonifatius ein Bischofssitz im agilolfingischen Herzogtum des 8. Jahrhunderts. Im 9. Jahrhundert nahm es in Konkurrenz mit dem Erzbistum Salzburg an der kirchlichen wie politischen Erschließung des Donauraums bis

Wien teil: Das Passauer Dompatrozinium St. Stephanus ging auf die Wiener Kathedrale über. Nach dem Sieg über die Ungarn in der Lechfeldschlacht im Jahre 955 nahm das Bistum unter Bischof Pilgrim (971–991) einen neuerlichen Anlauf, um mit Hilfe von Fälschungen den Vorrang Passaus vor Salzburg in der Ostmission durchzusetzen, scheiterte aber mit diesem ehrgeizigen Vorhaben: Salzburg behielt die Oberhand, so daß Stadt und Hochstift seit dem 12./13. Jahrhundert durch den babenbergischen Ausbau der Ostmark zu Österreich und durch das Eingreifen des starken böhmischen Königtums zum Spielball zwischen diesen beiden Mächten und Bayern wurden.

Das fürstbischöfliche und bürgerliche Passau, die »schwimmende Stadt« mit der »Dominsel«, eines der schönsten Städtebilder Deutschlands.

Seit dem ausgehenden 13. Jahrhundert geriet das Hochstift stärker unter österreichischen Einfluß: Der Bischofsstuhl wurde bis zum Reichsdeputationshauptschluß 1803 permanent mit habsburgfreundlichen Kandidaten besetzt. Erst 1817 konnte das Bistum der Erzdiözese München-Freising unterstellt werden. Die innere Geschichte des Hochstifts ist seit dem 13. Jahrhundert durch schwere Auseinandersetzung mit der reichen Bürgerstadt gekennzeichnet, denn Passau war ein europäisches Zentrum der Waffenherstellung. Die Schwerter, Klingen und Messer der Stadt konkurrierten auf dem Markt mit den berühmten Damaszenerklingen. Als Bischof Ulrich ab 1219 auf dem Georgsberg die Festung Oberhaus baute, galt dies weniger dem Landesschutz als der Abwehr bürgerlicher Aufstände; die Veste wurde durch Jahrhunderte Fluchtburg der Bischöfe. Mit dem Reichtum Passaus hängt auch das hinreißend schöne Stadtbild zusammen: Der mächtige Dom mit dem spätgotischen Ostchor, den der in Prag tätige Italiener Carlo Lurago nach einem Brand im Jahre 1662 als barocke Großkirche erneuerte, die bischöfliche Residenz, Kloster Niedermünster, St. Nikola und die stattlichen Bürgerhäuser mit den Renaissance-Arkadenhöfen ergeben ein Bild ästhetischer Harmonie. Der Maler und Baumeister Wolf Huber (1485–1553) war neben Albrecht Altdorfer das bedeutendste Haupt der Donauschule. Umgeben vom Rauschen der Flüsse, kann Passau ein städtebauliches Ensemble sein eigen nennen, das sich mit Salzburg messen darf. Es veranlaßte Alexander von Humboldt zu dem Urteil, Passau sei eine der schönsten Städte der Welt.

Gefahren des Wandels

Die problematischen Seiten des rational organisierten Staatsneubaus Montgelas' zeigten sich mit besonderer Kraßheit dort, wo Bayern im Bunde mit dem napoleonischen Frankreich als Okkupationsmacht auftrat, nämlich in Tirol. Es war bislang ein Land mit einer alten landständischen Verfassung gewesen, in der auch

Krönung und Segnung Kaiser Heinrichs II. durch Christus. Ideelle Präsentation des Herrschers von Gottesgnaden, die wohl auf Heinrich selbst zurückgeht. Sakramentar Heinrichs II., Regensburg zwischen 1002 und 1004.

Goldbulle Kaiser Ludwigs des Bayern von 1327/28, Vorderseite.

Das »Goldene Rössl«, ein Werk der Pariser Goldschmiedekunst, das durch Königin Isabeau nach Bayern kam; heute in der Schatzkammer von Altötting.

Das Konzil von Trient. Blatt aus der Handschrift der Bußpsalmen des Hofkomponisten Orlando di Lasso (1532–1594), illustriert vom Hofmaler Hans Mielich (1516–1573).

Votivbild zur »Sendlinger Mordweihnacht« von 1705 aus Rottach-Egern.

Jugendbildnis des Kronprinzen Ludwig (später König Ludwig I.) aus seiner römischen Zeit, gemalt von Angelika Kauffmann, der Freundin Goethes und Herders.

König Ludwig II. als Georgsritter. Er weckte bei seiner Krönung viel Sympathie im Volke; seine Politik in der Phase der deutschen Einigung unter Bismarck war realistischer, als man gemeint hat.

Wassily Kandinsky, Entwurf zum Umschlag für den Almanach »Der Blaue Reiter«, 1911.

die Bauern vertreten waren. Der Freiheitskampf der Tiroler gegen Bayern und Franzosen im Jahre 1809, an dessen Spitze Andreas Hofer (1767–1810) als Landeskommandant stand, war zugleich der Kampf einer geschichtlich bewährten landständischen Verfassung gegen einen zwangsläufig ahistorischen, rationalen Staat. Wirtschaftliche Gründe kamen hinzu; ebenso die schweren Ausschreitungen, die sich die Besatzer gegenüber der Bevölkerung – etwa in Schwaz – erlaubten. Mochte der bayerische Staat in Tirol noch so sehr als Schrittmacher eines modernen, auf bürgerlichen Freiheitsrechten gegründeten Staatsprinzips auftreten, sein reformerischer bürokratischer Verwaltungsapparat wurde von den meisten Tirolern als Zwangsherrschaft empfunden. Ihr zäher und zeitweilig erfolgreicher Kampf und Guerilla-Krieg gegen die Okkupationsmacht, der insgeheim von Wien unterstützt wurde, galt im Land selbst als legitime Notwehr: Andreas Hofer, der am 20. Februar 1810 auf ausdrücklichen Befehl

Der Tiroler Freiheitskampf unter Andreas Hofer gegen Napoleon und Bayern, ein tragischer Konflikt zwischen altständischer Landesverfassung und moderner Staatsmacht, Tradition und Aufklärung.

Napoleons standrechtlich erschossen wurde, fühlte sich im Recht. Er wurde der Nationalheld der Tiroler – bis zum heutigen Tage. Das Intermezzo bayerischer Herrschaft in Tirol bleibt eine dunkle Seite des Staatsneubaus Montgelas'. Daß sich Kronprinz Ludwig vergeblich bei Kaiser Napoleon für Hofers Begnadigung eingesetzt hatte, wirft ein bezeichnendes Licht auf den inneren Zwiespalt im bayerischen Königshaus in dieser Situation. Ludwigs Verhalten entsprang einem »teutschen« Nationalgefühl, dem er später als König in seiner Bau- und Kunstpolitik beredten Ausdruck verleihen sollte. Als der Kronprinz 1810 zum Statthalter in Innsbruck und Salzburg eingesetzt wurde, fand er daher eine relativ freundliche Aufnahme bei der Bevölkerung.

Die nächste Etappe bayerischer Erwerbungen bis 1810 brachte zwar insofern Einbußen, als die südlichen Teile Tirols 1809 zum napoleonischen Königreich Italien geschlagen wurden, dafür wurden aber Salzburg und Berchtesgaden sowie das 1779 an Österreich verlorene Innviertel bayerisch; ebenso ging 1810 Bayreuth an das Königreich Bayern.

Als Bayern dann im Vertrag von Ried am 2. Oktober 1813, knapp vor der Völkerschlacht bei Leipzig, die Front wechselte und sich daher mit dem siegreichen Österreich arrangierte, mußte es die vormals habsburgischen Gebiete wieder zurückgeben. Dafür kamen Würzburg und Aschaffenburg wieder an Bayern, ebenso die linksrheinische Pfalz, nach damaliger Verwaltungsbezeichnung »Rheinkreis« genannt. Damit war ein riskantes Pokerspiel um Länder und Menschen abgeschlossen.

Es regten sich allerdings auf dem Wiener Kongreß auch nationaldeutsche Stimmen, die eine rigorose Bestrafung, ja Auslöschung Bayerns forderten, weil es bis kurz vor der Völkerschlacht bei Leipzig Satellit Napoleons gewesen sei. Auch der Plan des Freiherrn vom Stein, die eroberten Gebiete der ehemaligen Rheinbundstaaten einer »Zentralverwaltung« unterzuordnen, hätte Bayern gefährlich werden können. Doch das Endergebnis des Kongresses sah dann, dank Metternich, für Bayern recht günstig aus. Anders als das damals fast halbierte Sachsen kam Montgelas' neuer Staat glimpflich davon: Er behielt, mit

Ausnahme Tirols, Salzburgs und des Innviertels die wieder zu Österreich kamen, alle Neuerwerbungen und wurde im Deutschen Bund der kräftigste Mittelstaat. Metternich glaubte damit einen sicheren Bundesgenossen gegen Preußens Vormachtstreben gewonnen zu haben.

Die neubayerischen Gebiete

Entscheidend für den Charakter des neuen Königreichs Bayern war zweifellos der gewaltige Zuwachs an wirtschaftlich-industrieller und vor allem kultureller Kraft, ein reiches Erbe, das den Staat auch geistig umformen sollte. Würde das neue bürokratisch-staatliche Korsett in der Lage sein, aus einer oft willkürlichen Addition von Ländereien fürstlicher, reichsstädtischer, geistlicher

Würzburg: Die Festung Marienberg und die Mainbrücke in einem Stich des frühen 19. Jahrhunderts.

und adelig-reichsritterlicher Herkunft ein zwar in sich gegliedertes, aber dennoch organisches Ganzes zu schaffen?

Eine Fülle von Bistümern, Markgrafschaften, Adelsterritorien und Klosterherrschaften machten das alte Reichsland Franken aus, das kartographisch bis 1803 einem bunten Teppich glich. Ihre Geschichte geht oft bis in die Frühzeit des mittelalterlichen Europa zurück. Ein Beispiel ist das Hochstift und Fürstbistum Würzburg. Der Marienberg hoch über der späteren Stadt war schon im 7. Jahrhundert Sitz fränkisch-thüringischer Herzöge. Am Anfang des 8. Jahrhunderts erhielt der angelsächsische Missionar Willibrord vom Herzog Besitzungen für seine Kirchengründungen geschenkt. Der Rundbau der Marienkirche stammt im Kern wohl aus dieser Zeit und dürfte daher der älteste Kirchenbau Deutschlands sein. Im Hochmittelalter entstand der mächtige, St. Kilian geweihte Dom. Im leuchtenden »Herbst des Mittelalters« waren die unteren Mainlande eine blühende gotische Kulturlandschaft. Tilman Riemenschneider (1460-1531), der geniale Bildhauer an der Schwelle zwischen Mittelalter und Neuzeit, Bürgermeister und Ratsherr in Würzburg, machte 1525 mit den unterdrückten mainfränkischen Bauern gemeinsame Sache gegen den Fürstbischof. Glanz und Gewalt prägte dann die Epoche der Gegenreformation unter Fürstbischof Julius Echter von Mespelbrunn (1573–1617). Er stiftete das Julius-Spital, die Universität mit ihrer Kirche und baute den Marienberg zu einer gewaltigen Festung aus. Im 17. und 18. Jahrhundert, als mehrere Mitglieder und Verwandte der Adelsfamilie Schönborn das Fürstbistum innehatten, war Würzburg ein blühender Mittelpunkt katholischer Barockkultur und später Aufklärung. Es war dies vor allem ein Verdienst dieser Familie, die von 1642 bis 1746 das Hochstift Würzburg innehatte. Sie bewirkte den Übergang vom jesuitisch geprägten Geist der Gegenreformation zu einer traditionsbewußten katholischen Aufklärung und formte die Universität zu einem geistigen Vorreiter des katholischen Deutschlands um. Seit 1731 lehrte dort Johann Adam Ickstatt (1702–1776), Schüler und Freund des protestantischen Aufklärers Christian Wolff, Naturrecht und Völkerrecht. 1746

Die Würzburger Residenz, ein Werk Lukas von Hildebrands und vor allem Balthasar Neumanns, erbaut von 1719 bis 1746.

wurde er als Reformer an die bayerische Staatsuniversität Ingolstadt berufen. Unter dem Fürstbischof Franz Ludwig von Erthal (1779–1795), dem kongenialen Großneffen des Universitätsstifters, und durch den späteren Mainzer Fürstprimas, Karl Theodor von Dalberg (1744–1817), einem Freund Goethes, erhielt die Würzburger Universität 1785 ihre neuen, ganz vom Geist maßvoller Aufklärung getragenen Statuten, die dann einen kontinuierlichen Übergang in die Reformen der bayerischen Zeit erleichterten. Die glanzvolle Bautätigkeit der Familie Schönborn erreichte ihren Höhepunkt mit dem großen Barockarchitekten Balthasar Neumann aus Eger: Die Würzburger Residenz ist eines seiner Hauptwerke. Mit dem Übergang an den neuen bayerischen Staat trat die Universität Würzburg – ebenso wie die protestantische Universität Erlangen – prägend neben die alte bayerische Staatsuniversität Ingolstadt, die 1800 nach Landshut verlegt worden war.

Ein Mittelpunkt geistlicher Herrschaft und Kultur war auch das Territorium des Hochstifts Bamberg. Das Reichsbistum, Gründung Kaiser Heinrichs II. aus dem Jahre 1007, war schon im Hochmittelalter wegen seiner gelehrten Magister berühmt. Der bedeutendste Bischof des Mittelalters war Otto I. (1102–1139), eine charismatische Persönlichkeit, überdies ein glänzender Organisator, dem das Hochstift den Ausbau zum kirchlichen Landesstaat verdankt. Otto I. wurde Missionar der Pommern und erwies sich in der Reichspolitik während des Investiturstreits als ein geschickter, unermüdlicher Vermittler zwischen Kaiser und Papst. Es war ein Kampf, für dessen Beendigung im Wormser Konkordat von 1122 Otto Wesentliches beitrug.

Eine neue, die Stadt prägende Epoche erlebte Bamberg vor allem unter den Fürstbischöfen des Hauses Schönborn: Lothar Franz (1693–1729) ließ durch Johann Leonhard Dienzenhofer gegenüber der Alten Hofhaltung die neue Residenz errichten. Friedrich Karl von Schönborn (1729–1746) baute die kirchliche Akademie zur Universität aus. Mit dem Bischof Franz Ludwig von Erthal (1779–1795), einem entschiedenen Verfechter der Aufklärung, schloß die Reihe der bedeutenden Bamberger Fürstbischöfe. 1808 war der Ostpreuße Ernst Theodor Amadeus Hoffmann (1770–1822), ein exzentrisch-surrealistischer Romantiker, für fünf Jahre als Musikdirektor und Komponist in die Stadt gekommen, die ihn faszinierte und zur romantischen Kulisse seiner traumhaft-skurrilen Erzählungen wurde.

Den beiden bedeutenden geistlichen Territorien, die an Bayern kamen, stehen im fränkischen Raum mit Ansbach und Bayreuth zwei große weltliche und zugleich evangelische Landesherrschaften gegenüber, gleichsam als hohenzollernsch-preußisches Erbe im bayerischen Staat. Der Ursprung beider Fürstentümer hängt über die Hohenzollern mit Nürnberg zusammen; letztere waren seit 1192 die Burggrafen der Reichsstadt. 1411/15 wurde den Hohenzollern von Kaiser Sigismund die Markgrafschaft Brandenburg übertragen, 1473 teilte Markgraf Albrecht Achilles die fränkischen Lande in die beiden Territorien Ansbach und Kulmbach-Bayreuth. Im sogenannten »Markgrafenkrieg« suchte er vergeblich Nürnberg seiner Herrschaft einzugliedern. Markgraf Georg (1528–1533) führte die Reformation in beiden Fürstentümern ein, säkularisierte die Kirchengüter und stiftete das renommierte Ansbacher Gymnasium. Als 1603 die fränkischen Linien der Hohenzollern ausstarben, übernahmen die kurfürstlich-brandenburgischen Hohenzollern die Herrschaft in Ansbach und Bayreuth. Nach 1685 fanden Abertausende aus Frankreich vertriebene Protestanten – die Hugenotten – Zuflucht in Ansbach, Bayreuth, Erlangen und Schwabach. Sie brachten als Strumpfwirker, Gobelinweber, Hutmacher, Handschuhmacher, Weißgerber und Papierfabrikanten neue Gewerbe und Industrien ins Land. Die zwischen 1701 und 1812 entstandene Erlanger »Neustadt« mit Schloßbezirk, Orangerie und Barocktheater erinnert noch heute in ihrer Geometrie, Nüchternheit und schlichten Zweckmäßigkeit an die hugenottischen Emigranten und deren tatkräftige Förderung durch die hohenzollernschen Markgrafen. Eine Glanzepoche war dann das 18. Jahrhundert, als sowohl der Ansbacher wie der Bayreuther Markgraf Schwestern Friedrichs des Großen ehelichten.

Vor allem war es Wilhelmine, die Lieblingsschwester des Preußenkönigs und ihm durchaus geistesverwandt, die neue Impulse gab. Sie hatte maßgeblichen Anteil an der 1742 in Bayreuth gegründeten, aber schon 1743 nach Erlangen verlegten Universität. In Bayreuth selbst sorgte sie dafür, daß nach dem Brand des Alten Schlosses – man munkelte sogar, sie habe den Brand selbst angestiftet – eine prachtvolle neue Residenz im elegantesten Rokoko und ein Opernhaus gebaut wurden. Letzteres kann sich an

Schönheit mit dem Münchner Cuvilliés-Theater messen. Ermöglicht wurde dieses kulturelle Feuerwerk der geistvollen und hochmusikalischen Markgräfin allerdings durch einen anschwellenden Schuldenberg, den der Nachfolger abzutragen hatte.

Seltsam, daß dieser Nachfolger, Karl Alexander (1757–1791), ein begabter, aufgeklärter Fürst, auf Drängen seiner Maitresse, der Lady Eliza Craven, urplötzlich Ansbach-Bayreuth gegen eine Leibrente von jährlich 300000 Gulden an Preußen verkaufte. 1790 übernahm Minister Karl August von Hardenberg in preußischem Auftrag die Regierung und reorganisierte Justiz, Finanzen, Militär und Wirtschaft sehr energisch nach Berliner Vorbild. Er setzte, teilweise mit Gewalt, gegenüber den kleineren Territorien im Bereich der Markgrafschaften eine straffe Zentralverwaltung durch. Friedrich Engels hat später nicht zu Unrecht Hardenbergs okkupatorische Machtpolitik als Paradebeispiel für die Rolle der Gewalt in der Geschichte vorgeführt. Auf jeden Fall war dies ein »revolutionärer Akt«, durch den das protestantische Franken insgesamt, als nunmehr von Berlin aus regierte preußische Provinz, schon vor der napoleonischen »Flurbereinigung« und damit auch vor dem Übergang an Bayern im Jahre 1810 wesentliche Züge seiner vielgestaltigen Vergangenheit verloren hatte. Als allerdings die bayerischen Beamten 1810 einzogen, hatten sie es nicht leicht, da sie eine effektive preußische Verwaltung ablösten. So überrascht es kaum, daß bis zum heutigen Tage im evangelischen Franken die hohenzollernsche-protestantische Vergangenheit und ihre preußische Endphase eine bemerkenswerte Rolle spielen – und sei es als unterschwellige Reserve gegenüber dem »Münchner Zentralismus«. Ähnliches gilt für bedeutende ehemalige Reichsstädte wie Nürnberg und dessen »Konkurrenzstadt« Rothenburg ob der Tauber sowie für Augsburg; es sind lange nachwirkende geistige Traditionen und ein historisches Selbstbewußtsein, die hier lebendig blieben und selbst noch im Protest zur geistigen Vielfalt Bayerns beisteuerten.

Das größte literarische Genie Frankens kam in dieser Umbruchsepoche aus der kleinbürgerlichen Welt: Johann Paul Friedrich Richter (1763–1825), der sich als fruchtbarster Ro-

Auf Wunsch der Markgräfin Wilhelmine entstand 1744/48 in Bayreuth das Opernhaus mit der eleganten Rokoko-Innenausstattung, die dem Bologneser Theaterarchitekten Giuseppe Galli-Bibiena zu verdanken ist.

Jean Paul (eigentlich Johann Paul Friedrich Richter), 1763 in Wunsiedel geboren, wurde der erfolgreichste Romancier seiner Zeit. Stefan George entdeckte ihn wieder.

mancier dieser Zeit Jean Paul nannte. In Wunsiedel als Kind einer armen Predigerfamilie geboren, Freund Johann Gottfried Herders, aber von Goethe abgelehnt, unstet in Weimar, Leipzig, Coburg und Berlin lebend, kam er schließlich seit 1804 in Bayreuth zur Ruhe. Der Mainzer Fürstprimas Karl Theodor von Dalberg (1744–1817) gab dem chaotischen, vom Alkohol bedrohten Poeten durch eine Jahrespension endlich eine bescheidene, aber sichere Lebensgrundlage; gleichzeitig stellte sich der Erfolg bei einer begeisterten Lesergemeinde ein. Seine Romane, die ihn – neben Heinrich Heine – an der Wende vom 18. zum 19. Jahrhundert zum beliebtesten Dichter Deutschlands werden ließen, sind ein Feuerwerk von Humor, philosophischen Assoziationen, von höchster Welthaltigkeit und skurrilster Provinzialität, beides in überraschender Verschränkung. Zarte Idyllik und melancholisches Pathos charakterisieren alle seine Werke, die, gleich weit von Klassik und Romantik, einen unverwechselbaren Stil haben. »Jean Paul war damals eine literarische Großmacht. Man dachte und lebte in seinen Bildern und Gestalten. Wohin er kam, umgab ihn Anbetung. Zumal die Frauen heroisierten ihn« (Hans Maier). Unverkennbar ist die kämpferisch-soziale Komponente seiner Dichtung, seine Abneigung gegen eine präpotente

Aristokratie und ein dekadentes Duodezfürstentum, mit denen damals Napoleon in Deutschland energisch aufräumte. Wie viele Geistesgrößen der Zeit von Kant bis Schiller hatte Jean Paul die Französische Revolution anfangs enthusiastisch begrüßt und wurde schließlich ebenso tief von ihr enttäuscht. Es blieb ihm nur der poetische Rückzug in eine verinnerlichte Welt zwischen Alliebe und nihilistischem Angsttraum. Seine schmerzhaft-gewaltige *Rede des toten Christus vom Weltgebäude herab, daß kein Gott sei*, geistiger Mittelpunkt seines großen Romans *Siebenkäs*, wurde von Madame de Staël ins Französische übersetzt und wirkte nachhaltig auf die Romantik in Frankreich. Der bildhafte Reichtum seiner Metaphernsprache, ihre freien Rhythmen wurden dann im Zeitalter des Realismus nicht mehr verstanden; erst Stefan George hat ihn auf seine Weise wieder entdeckt.

Insgesamt ist dem neuen bayerischen Staat die materielle und mentale Integration der ihm zugefallenen Gebiete in den nächsten Jahrzehnten gelungen; dies war aber zweifellos das Verdienst König Ludwigs I.

Am schwierigsten war die Rückgliederung wohl im Falle der Rheinpfalz, die 1819 als »Rheinkreis« mit dem Verwaltungszentrum Speyer an Bayern kam. Dieser »Rheinkreis« hatte mit der Kurpfalz historisch ebensowenig zu tun wie das zentralisierte, neupreußische Franken Hardenbergs mit der vielgestaltigen Geschichte der Markgrafschaften Ansbach-Bayreuth, der Kirchen- und Adelsterritorien und der Reichsstädte Nürnberg und Rothenburg.

Auch die Pfalz war vor dem »Reichsdeputationshauptschluß« und vor der Inbesitznahme durch das revolutionäre Frankreich fast ein ebenso bunter territorialer »Fleckenteppich« wie Franken und wie Bayerisch-Schwaben zwischen Iller und Lech. Zwar gab es seit dem 13. Jahrhundert die vielzitierten dynastischen Bande zwischen der Kurpfalz und Bayern; sie hatten 1777/78 und 1799 zum Einzug pfälzisch-wittelsbachischer Fürsten mit und ohne Land in München geführt, aber insgesamt ist die Geschichte der Pfalz, die seit dem Mittelalter eine Geschichte im Herzen des Alten Reiches war, doch ganz andere Wege gegangen. Darüber können auch die zahlreichen wittelsbachischen Hausverträge zwischen den verschiedenen Linien seit dem berühmten Hausvertrag Ludwigs des Bayern von 1329 bis zu den Hausunionen des 18. Jahrhunderts nicht hinwegtäuschen.

Die »Pfalzgrafschaft bei Rhein«, ursprünglich ein Amt am Aachener Hofe Karls des Großen, hatte sich später als eigenes Territorium an Mittelrhein und Mosel ausgeformt, also in einer zentralen Landschaft der hochmittelalterlichen deutschen Könige und Kaiser. Der gewaltige Speyerer Dom wurde die Herrscherkirche und Grablege der salischen Dynastie und damit der Kultbau der deutschen Kaiserzeit schlechthin. Unter Kaiser Friedrich Barbarossas Halbbruder Konrad bildeten sich als Zentren der Pfalzgrafschaft Worms, Alzey und Heidelberg heraus. 1214 übertrug Barbarossas Enkel, Kaiser Friedrich II., die Pfalzgrafschaft dem Bayernherzog Ludwig I., dem »Kelheimer«. Seit dieser Zeit war sie bis 1803 ununterbrochen in wittelsbachischer Hand. Allerdings entwickelten sich die bayerische und die neue Pfälzer Linie bald auseinander, führten verschiedentlich auch gegeneinander Krieg und waren im Dreißigjährigen Krieg sogar Todfeinde – sowohl konfessionell wie politisch. 1777, mit dem Tode des letzten kinderlosen Kurfürsten aus dem altbayerischen Zweig, Max III. Joseph, übernahmen die Pfälzer Wittelsbacher Kurbayern, verloren aber 1794 mit dem Vordringen des revolutionären Frankreich an den Rhein alle linksrheinischen Besitzungen. Damit wurden die meisten pfälzischen Gebiete zwanzig Jahre lang Teile der französischen Republik und des napoleonischen Kaisertums und damit Nutznießer wie Mitgestalter aller gesellschaftlichen und rechtspolitischen Innovationen des neuen Frankreich.

Nach dem Wiener Kongreß erhielt zwar das neue Bayern mit dem »Rheinkreis« beträchtliche Teile der linksrheinischen Pfalz zurück, aber dieser Verwaltungsbezirk unterschied sich doch sehr von der alten Pfalzgrafschaft, deren rechtsrheinischen Regionen mit Heidelberg an Baden gingen. Die neue bayerische Pfalz war durch die französische Ära mit ihrer liberalen Rechtsordnung, dem »Code Napoléon«, tief geprägt, ein Zurückgehen hinter diese Standards politischer Mündigkeit mußte den Pfälzern suspekt erscheinen. Deshalb bildeten sie nicht zufällig unter den neuen Verhältnissen und vor allem seit 1818 im bayerischen Landtag, aber auch im liberalen Establishment der Staatsverwaltung, zusammen mit den Franken den festen Kern jener Kräfte, die sich allen Versuchen der Monarchie entgegenstellten, nach 1818 und nach 1848 noch einmal absolutistisches Regieren zu praktizieren. Die Pfälzer und teilweise auch die Franken waren in den nächsten Jahrzehnten gleichsam die vitale, konstitutionelle Unruhe im Uhrwerk der Staatskonstruktion Montgelas'. Die fortgeschrittene wirtschaftliche und industrielle Entwicklung dieser Region dürfte sicher ihren Teil zu dieser Entwicklung beigetragen haben. Es war kein Zufall, daß dreißig Jahre später, in der deutschen Revolution von 1848, die Pfalz wiederum eine maßgebliche Rolle spielen sollte.

Fazite und Defizite

Nach Napoleon gab es seit 1815 ein völlig anderes, moderneres Deutschland und Bayern, mit zwei deutschen Großmächten – Österreich und Preußen – und einer Reihe zumeist lebensfähiger Mittelstaaten, deren politisches Band bis 1866 der »Deutsche Bund« wurde.

Bayern selbst – und dies war die historische Leistung Montgelas' – stellte sich 1818 nicht als eine mehr oder weniger kohärente Addition beseitigter oder umgeformter Territorien dar, die dem altbayerisch-kurfürstlichen Kern angegliedert wurden, sondern als ein rational entworfener und energisch aufgebauter neuer Staat, in dem für alle Bürger in Wirtschaft, Handel, Rechtspflege neue politische Voraussetzungen entstanden, unter denen sich Gesellschaft und Kultur kreativ entfalten konnten. Die strikte konfessionelle Neutralität des Staatswesens unter dem bis 1918 gültigen Motto: »Wittelsbach steht hoch über den Konfessionen!« brachte zugleich eine grundsätzliche Öffnung zur gesamtdeutschen Kultur der Klassik und Romantik. Eine dadurch bewirkte Modernisierung der Universitäten war die Folge, ebenso eine zeitgemäße Umbildung der Konfessionen: Aus barocken Herrschaftskirchen wurden erneuerungsfähige Volkskirchen, die den seelsorgerischen Erfordernissen des 19. Jahrhunderts gewachsen waren.

Der neue Staat konnte nicht ohne bedenkliche Brüche in Gesellschaft und Kultur geschaffen werden, und so stehen den positiven Ergebnissen auch gravierende Defizite gegenüber. Von der Zerstörung des reichen Bildungswesens der Prälatenklöster durch die Säkularisation war schon die Rede. Hinzu kam die Zerschlagung des »sozialen Netzes« für die klösterlichen und kirchlichen Untertanen im Zuge der Säkularisation. Tausende von Klageschriften ehemaliger Klosteruntertanen an die Münchner Regierung bezeugen diesen akuten Notstand. Aber das war nur die eine Seite der Medaille. Neuere Forschungen haben ergeben, daß das »soziale Netz« nur für einen relativ kleinen Kreis von Klosteruntertanen in gehobeneren Positionen wirksam war, weniger jedoch für das Gros der Bauern und Kleinbauern. Andererseits bot der Verkauf des kirchlichen Grundeigentums zu mäßigen Preisen vielen Kleinbauern die Chance, ihren Besitz beträchtlich zu vergrößern, so daß daraus lebensfähige Bauerngüter wurden. Auch die »Söldner« konnten sozial aufrücken, so daß diese ältere Bezeichnung dem Begriff »Häusler« wich. Im Endeffekt wurde durch den Innovationsschub der Säkularisation des Kirchenguts der Weg für einen relativ homogenen und stabilen Bauernstand frei, der nicht nur den Erfordernissen einer marktorientierten Landwirtschaft gewachsen war, sondern sich auch im weiteren Verlauf des 19. Jahrhunderts entschieden politisch zu Wort meldete. Zu den Defiziten dieses Umbruchs in der Agrargesellschaft gehört es hingegen, daß mit der Auflösung der Klöster und Stifte auch deren gut entwickeltes Kleinkreditwesen für die Bauern wegfiel und damit eine erschwingliche Geldversorgung auf dem Lande. Es dauerte lange, bis sich die Bauernschaft durch ein landwirtschaftliches Genossenschaftswesen von den schweren Belastungen durch hohe Bankzinsen frei machen konnte. Die Folge war, daß das genossenschaftliche Kreditwesen auch zu einer finanziellen Basis bäuerlicher politischer Willensbildung mit klarer antikapitalistischer und antiliberalistischer Tendenz wurde.

Besonders stark betroffen vom radikal aufklärerischen, etatistischen System Montgelas' wurde die musikalische und literarische Kultur Altbayerns, die sich weitgehend innerhalb der Kirchen und Klöster entfaltet hatte. Den größten Schaden trug die hochentwickelte, kraftvolle altbayerische Literatursprache davon, die eng an den kirchlich-katholischen Lebenskreis gebunden war und mit den Prälatenklöstern weitgehend ihre prägende Kraft als Literatursprache einbüßte.

»Wie ist es möglich, daß ein solcher Mann mir so lange verborgen bleiben konnte!« rief Goethe aus, als ihm Clemens Brentano die lebensprallen Satiren und Exempel des Engelbrechtmünsterer Pfarrers Anton von Bucher (1746–1817) vorlas, eines Meisters bayerischer Volksliteratur von hohem Niveau. Es war kein Zufall, daß der Weimarer Olympier bislang nichts von Bucher wußte, denn diese Sprache war als schriftliches Medium durch die Säkularisation weitgehend zum Untergang verdammt. Nur in der religiösen Volksliteratur lebte sie noch weiter. Innerhalb weniger Jahre kam es zu einer grundlegenden Überschichtung der altbayerischen, eng mit der Gegenreformation und ihrer sarkastischen Predigt verbundenen Literatur und ihrer Sondersprache durch die Weimarer Klassik. In seltenen Fällen, etwa bei dem zum weiteren Goethe-Kreis gehörenden »bayerischen Kirchenvater« Johann Michael Sailer, ergab sich eine harmonische Verbindung von altbayerischem Erbe und zeitgenössischer deutscher Literaturblüte, der man den Namen »Landshuter Romantik« gegeben hat. Der ausbrechende Kampf der »bayerischen Patrioten«, besonders Johann Christoph von Aretins, gegen die nach 1800 in München auftauchenden »Nordlichter« markiert den geistigen Traditionsbruch der Montgelas-Zeit auf andere Weise. Dabei war es der hochgebildete Johann Christoph von Aretin (1772–1824) selbst gewesen, der als Spitzenmann und Vollstrecker der Klostersäkularisation den großen Kulturbruch mit herbeigeführt hatte. Andererseits – und das charakterisiert eine wahrhaft paradoxe geistige Situation – war es wiederum Aretin als neuer Münchner Hofbibliotheksdirektor, der wegen seiner profunden Kenntnisse der klösterlichen und kirchlichen Bibliotheksschätze Bayerns in der Lage war, die größten Kostbarkeiten für die königliche Hofbibliothek – die spätere Staatsbibliothek – zu retten. Noch heute gibt es heftige Diskussionen darüber, ob durch die Säkularisation, besonders durch den Abtransport der Bibliotheken und die Aussortierung ihrer Bestände, mehr vernichtet wurde oder ob im Schutz der modernen Großbibliotheken vieles konserviert blieb, was ansonsten in feuchten Klostermagazinen längst zugrunde gegangen wäre: ein bezeichnender Streit, bezeichnend vor allem wegen seiner Fortdauer.

Der straff zentralistische Beamtenstaat Montgelas' zerstörte auch mit innerer Konsequenz etwas, was der Reichsfreiherr vom Stein gleichzeitig für Preußen auf der Grundlage älterer Traditionen systematisch aufbauen wollte, nämlich die Selbstverwaltung der Gemeinden. Sie hatte sich besonders in den an Bayern gefallenen Reichsstädten, in Regensburg, Nürnberg, Augsburg, Rothenburg ob der Tauber, in Memmingen, und anderswo schon lange entwickelt. Hier kam es zu einem bürokratischen Kahlschlag, der erst 1869 durch eine moderne Gemeindegesetzgebung überwunden werden konnte.

Hingegen profitierte München als neue königliche Residenz schon seit 1799 gewaltig als Hauptstadt des stärksten deutschen Mittelstaates. Ab dieser Zeit konzentrierte sich hier Kunst, Kultur und Wissenschaft in einer Weise, die an das zentralistische Vorbild Paris erinnert. Daß dies für die ehemals selbständigen Territorien, also für die »neubayerischen« Gebiete, auch negative Folgen haben konnte, liegt auf der Hand; es ist dies im Grunde bis heute ein Problem: München – das war und ist die neue Zeit. Dem Fortschritt als der säkularen Religion der Epoche war die Landeshauptstadt von Anfang an zugeneigt. Schon 1817 gab es in der Stadt 310 Exemplare des von Benjamin Franklin erfundenen Blitzableiters; und 1820 bestieg eine Madame Reichard unter dem Jubel der Münchner während des Oktoberfests auf der

Theresienwiese eine Montgolfiere, das heißt einen Warmluftballon, und erhob sich mutig in die Lüfte: es war die Sensation der Saison. Um diese Zeit gab es etwa 2220 Gewerbebetriebe in der Stadt. Der reichste Bürger war laut Steuerleistung der Publizist, Finanzmann, Politiker, Unternehmer und Staatswissenschaftler Joseph von Utzschneider (1763–1840), ein ideenreiches Universaltalent, gefolgt von dem nicht minder versierten Hofbankier, dem Freiherrn Simon von Eichthal, Gründer der »Bayerischen Hypotheken- und Wechselbank«, sowie den Geschäftsleuten Wendling und Wertheimer. Erst an zehnter Stelle stand der reichste Brauer der Stadt, Joseph Pschorr. München wuchs zwischen 1801 und 1824 um mehr als 21000 Einwohner und hatte 1824 – die Soldaten in den Kasernen eingerechnet – 62290 Einwohner. Im Vergleich dazu zählte Nürnberg 1825 nur 33000 Einwohner, Augsburg zwischen 1811 und 1830 etwa 29000; erst 1867 wurde in der schwäbischen Metropole mit 50000 der Bevölkerungsstand des 16. Jahrhunderts wieder erreicht.

Bayern in der Ära Napoleons: Ist ein Fazit statthaft oder nötig? Hält man sich vor Augen, daß ohne Montgelas' politisches Werk es durchaus möglich gewesen wäre, daß Bayern im napoleonischen Pokerspiel um Macht und Vorherrschaft auch in Österreich hätte aufgehen können – wie dies 1799 die Wiener Politik ein letztes Mal zu erreichen suchte –, dann kann man den Staatsneubau Montgelas' als große, zukunftsweisende Leistung gar nicht hoch genug einschätzen.

Freilich, die gefühlmäßige Zusammenführung des Alten wie des Erworbenen – Altbayern, Schwaben und Franken – sollte das Werk der nächsten Generation sein, deren Repräsentant König Ludwig I. wurde. Er hat dem neuen Staat »eine Seele eingehaucht«. So besaß es durchaus symbolischen Charakter, daß das erste Münchner Oktoberfest am 17. Oktober 1810 zugleich eine festliche Zusammenkunft aller bayerischer Stämme wurde. Es begann mit einem Pferderennen und wurde zu Ehren der Vermählung des Kronprinzen Ludwig mit Prinzessin Therese von Sachsen-Hildburghausen auf der sogleich nach der Braut benannten Theresienwiese gefeiert: Es sollte schon damals und in Hinkunft nicht nur die bayerischen »Alt- und Neustämme« zusammenführen, sondern war als Erntedank- und Landwirtschaftsfest ein Schmelztiegel der Stände und Klassen – bis heute! So ist es denn auch symbolhaft, daß die gewaltige Figur der »Bavaria« schützend über dem turbulenten Volksfest steht – als wahrhaft volkstümliche Verkörperung des gesamten Landes und als gigantisches, säkularisiertes Gegenstück zum religiösen Kultbild der »Patrona Bavariae« auf dem Marienplatz.

10. KAPITEL

König Ludwig I. und König Maximilian II. Politik und Kunst – bayerische und deutsche Einheit in und nach der Revolution von 1848

Ein König will aus seinem Land etwas machen

»Mit dem Sonnenuntergange des zweiten Tages erreichte ich das Ziel meiner Reise, die große Hauptstadt, welche mit ihren Steinmassen und großen Baumgruppen auf einer weiten Ebene sich dehnte. Meinen verhüllten Totenkopf in der Hand suchte ich bald das notierte Wirtshaus und durchwanderte so einen guten Teil der Stadt. Da glühten im letzten Abendscheine griechische Giebelfelder und gotische Türme; Säulenreihen tauchten ihre geschmückten Häupter noch in den Rosenglanz, helle gegossene Erzbilder, funkelneu, schimmerten aus dem Helldunkel der Dämmerung, wie wenn sie noch das warme Tageslicht von sich gäben, indessen bemalte offene Hallen schon durch Laternenlicht erleuchtet waren und von geputzten Leuten begangen wurden. Steinbilder ragten in langen Reihen von hohen Zinnen in die dunkelblaue Luft, Paläste, Theater, Kirchen bildeten große Gesamtbilder in allen möglichen Bauarten, neu und glänzend, und wechselten mit dunklen Massen geschwärzter Kuppeln und Dächer der Rats- und Bürgerhäuser. Aus Kirchen und mächtigen Schenkhäusern erscholl Musik, Geläute, Orgel- und Harfenspiel; aus mystisch verzierten Kapellentüren drangen Weihrauchwolken auf die Gasse; schöne und fratzenhafte Künstlergestalten gingen scharenweise vorüber, Studenten in verschnürten Röcken und silbergestickten Mützen kamen daher, gepanzerte Reiter mit glänzenden Stahlhelmen ritten gemächlich und stolz auf ihre Nachtwache, während Kurtisanen mit blanken Schultern nach erhellten Tanzsälen zogen, von denen Pauken und Trompeten herübertönten. Alte dicke Weiber verbeugten sich vor dünnen schwarzen Priestern, die zahlreich umhergingen; in offenen Hausfluren dagegen saßen wohlgenährte Bürger hinter gebratenen jungen Gänsen und mächtigen Krügen; Wagen mit Mohren und Jägern fuhren vorbei, kurz, ich hatte genug zu sehen, wohin ich kam, und wurde darüber so müde, daß ich froh war, als ich endlich in dem mir angewiesenen Zimmer des Gasthofes Mantel und Totenkopf ablegen konnte.«

Kein Geringerer als der republikanische Schweizer Gottfried Keller, der bedeutendste deutsche Dichter des poetischen Realismus, schildert hier mit kritischer Sympathie das strahlende München Ludwigs I., das königliche wie das bürgerlich-behäbig-fromme, das er 1840 als junger Künstler – er fühlte sich zum Maler berufen – eben betreten hatte. Auch wenn man dem historisierenden Klassizismus und romantisierenden Eklektizismus der Bauten des Königs skeptisch gegenübersteht, als architektonisches und städtebauliches Ensemble ist dieses München bis heute in Deutschland unübertroffen, ein Werk planerischen monarchischen Willens, dessen ästhetische Selbstrepräsentation: keine »Bürgerstadt« wie Augsburg oder Nürnberg, aber auch keine uniforme Residenz, in der alles auf den Willen des Fürsten ausgerichtet ist.

König Ludwig I. war der älteste Sohn des ersten bayerischen Monarchen Max I. Joseph. Er wurde 1786 in Straßburg geboren, wo sein Vater, Bruder des regierenden Herzogs von Zweibrücken, als Offizier im Dienst des französischen Königs, Ludwig XVI., stand. Letzterer war auch Taufpate des Prinzen, dem man sogleich den Ehrentitel eines Obersten der französischen Armee verlieh. Ludwig hat als Kronprinz und später als bayerischer König immer noch an dem französischen Ambiente seiner frühen Jahre gelitten, seine Abneigung gegen Montgelas hatte hier ihre tiefere Wurzel und ebenso sein betontes »Teutschtum«, eine persönliche Ideologie, die im Grunde unverbunden neben seinem extrem ausgeprägten bayerischen Staatsbewußtsein existierte. Ludwig I. stand von 1825 bis 1848, das heißt bis zur deutschen Revolution, an der Spitze des bayerischen Staates, den Graf Montgelas als nüchterner Aufklärer unter großen Risiken geschaffen hatte, ein Staat, der jetzt der inneren Einheit – oder, wie man gesagt hat – »einer Seele« bedurfte. Es war Ludwigs Ziel, dieses dringend erforderliche geistige Band um Altbayern, Schwaben und Franken zu schlingen. Er war wohl der einzige Fürst im »vormärzlichen« Deutschland, der es verstand, mit Kunst auch ideologisch beflügelte Innenpolitik zu machen, eben dadurch, daß er sichtbare Objekte der geistigen Identifikation mit dem neuen Staat schuf. Das war keine flüchtige Idee, sondern ein konkretes, hartnäckig verfolgtes Programm. Schon als Kronprinz äußerte er sich dem französischen Gesandten in München gegenüber, nach Bonaparte »müsse man auf den Ruhm der Waffen verzichten. Um ein großer Fürst zu werden, sei das Land Bayern ein viel zu enger Spielraum, so daß nichts übrig bleibe als der Mäzen Europas zu werden«. Wie ernst es ihm damit war, zeigen seine Äußerungen als König: »Schaffende Kunst im Großen ist nicht in Rom, ist in München jetzt!« Oder: »Nicht für Jahrhunderte, für Jahrtausende will ich bauen!« Monarchische Staatskunst war in ganz besonderer Weise für Ludwig (siehe Farbtafeln) die Architektur, allem voran in seiner Residenz, die er zu einem Ort machen wollte, »der Teutschland zur Ehre gereichen soll, daß keiner Teutschland kennt, wenn er nicht München kennt«.

Dieses Ziel hat er zweifellos erreicht, allerdings auf Kosten anderer Erfordernisse, denn der Straßenbau Bayerns etwa, der im 18. Jahrhundert vorbildlich in Deutschland war, wurde jetzt stark vernachlässigt, ebenso die städtische Wasserversorgung und sanitäre Bauten, so daß München als »Pest-Stadt« verschrien war und 1836 wie 1854 in der Stadt Cholera-Epidemien wüteten. So geriet 1854 die große Industrie- und Gewerbeausstellung im neuerbauten Glaspalast letztlich zu einem Mißerfolg, weil die Besucher vor der Seuche die Flucht ergriffen: »Im Glaspalast blieben fast nur noch Wärter, Bilder und Gerätschaften«, weiß der Münchner Mundartdichter pfälzischer Herkunft Franz von Kobell zu berichten. München wurde dennoch durch Ludwigs Initiativen der Anziehungspunkt schlechthin für Künstler. Vierhundert lebten damals in der Stadt, immerhin ein Prozent der Bevölkerung, und obendrein waren sie ein äußerst stimulierendes Element der Gesellschaft: »Isar-Athen« trat auf Geheiß des Königs ins Leben.

Eine Kunstmetropole wird geboren

Schon als Kronprinzen wurden Ludwig die königlichen Bauten im Lande übertragen; Montgelas erhoffte sich von dieser Aufgabe eine für ihn wünschenswerte Ablenkung des Thronfolgers von der Politik – sehr zu Unrecht, wie sich bald bei der Verfassungsfrage zeigen sollte. Mit der Kunst als Staatsrepräsentation war es dem jungen Mann sehr ernst. An die Stelle Karl von Fischers trat schon ab 1814 Leo von Klenze als Chefarchitekt und Berater Ludwigs. So entstanden nacheinander am heutigen Odeonsplatz das Leuchtenberg-Palais für Ludwigs Schwager und Napoleons Stiefsohn Eugène Beauharnais sowie das Odeon als akustisch hervorragender Konzertsaal, der nach dem Zweiten Weltkrieg leider nicht wieder aufgebaut wurde. Damit waren bereits wichtige Akzente für die Prachtstraße gesetzt, die Ludwigs Namen trug: Das Kriegsministerium, heute Bayerisches Hauptstaatsarchiv, die Ludwigskirche, ein Werk Friedrich von Gärtners, für deren Bau der König 100000 Gulden stiftete, aber die Stadt zwang, den »Rest«, nämlich fast 900000 Gulden zu berappen. Kein Wunder, daß weder die Stadt noch der Landtag, der Gelder zu bewilligen hatte, von der königlichen Bauleidenschaft begeistert waren. Bürgermeister Jakob Klar beklagte 1829, daß Paläste gebaut würden, wo man Wohnhäuser bräuchte.

Ludwig ließ sich durch solche Kritik nicht beirren: Es entstand die monumentale, schon damals kritisierte Staatsbibliothek als Kopie florentinischer Palazzi, ein Bau, der in seiner ästhetischen Qualität von Klenzes Königsbau der Residenz weit übertroffen wurde. Auch die Westseite der Ludwigstraße wurde nach den Vorstellungen Ludwigs planmäßig bebaut. Hier war das bemerkenswerteste Gebäude die Universität; sie war für 1500 Studenten geplant und mußte ständig erweitert werden. Als Ensemble und Gesamtkunstwerk war die Ludwigstraße zweifellos eine große städtebauliche Leistung; das gilt auch für deren dekorative Abschlüsse: die Feldherrnhalle nach florentinischem Vorbild, aber pompös vergrößert, und das dem römischen Konstantinsbogen nachempfundene Siegestor. Auch der Königsplatz, heute durch die stehengebliebenen nazistischen Protzbauten stark beeinträchtigt, war eine Idee König Ludwigs, desgleichen die großen Museumsbauten: die Alte Pinakothek, damals der größte Museumsbau ganz Deutschlands überhaupt, ein wahrer Tempel für die Kunstschätze des Hauses Wittelsbach und des Staates, wie die Neue Pinakothek, die der König für die Kunst seiner Zeit bestimmte. Im Zweiten Weltkrieg zerstört, entstand am selben Platz die Neue Pinakothek als postmoderner Bau. Der Königsplatz selbst, mit den klassizistischen Propyläen Klenzes nach dem Vorbild Athens, wird auf der einen Seite von der Glyptothek, dem »Museum für antike und zeitgenössische Skulptur«, ebenfalls einem Werk Klenzes, flankiert; auf der anderen Seite baute Georg Friedrich Ziebland (1800–1873) ein »Kunst- und Industrie-Ausstellungsgebäude« – heute die Staatlichen Antikensammlungen. Es war ursprünglich nach Ludwigs Konzeption eng mit der dahinter liegenden Basilika St. Bonifaz verbunden.

Für fast alle Bauten Ludwigs gilt, daß er oft bis in Einzelheiten die Baugestaltung mitbestimmte – sicher nicht immer zur Freude der Architekten. Das trifft besonders für den konzeptionellen Wirrwarr zu, der um die »Bayerische Ruhmeshalle« oberhalb der Theresienwiese ausbrach und durch die erbitterte Konkurrenz zwischen Gärtner und Klenze verschärft wurde. Schließlich kam es bei dem 1853 fertiggestellten Gesamtmonument zu einem erstaunlich schlüssigen Kompromiß zwischen »germanischer Bavaria« – dem Meisterwerk Ludwig Schwanthalers und des Erzgießers Ferdinand von Miller – und griechischer Denkmalhalle, letztere gleichsam über den Saturnalien des Oktoberfestes thronend.

Auch die Kirchenbaukunst Ludwigs war ganz vom historisierenden Eklektizismus geprägt: die Hofkirche in der Residenz nach byzantinischen und arabisch-palermitanischen Vorbildern, von Klenze erbaut; ferner die von Daniel Ohlmüller (1791–1839) geschaffene Mariahilfkirche in der Au – wohl das gelungenste Beispiel neogotischer Baukunst in München – und vor allem die schon erwähnte altchristliche Basilika St. Bonifaz.

Der Anlaß für diesen monumentalen Sakralbau war Ludwigs Klosterneugründung, Teil einer Wiedergutmachung gegenüber der Kirche, die 1803 durch den Klostersturm unter der Herrschaft seines Vaters den Großteil ihres Besitzes und ihrer Gotteshäuser verloren hatte. Durch Ludwigs Initiative oder Unterstützung gab es 1831 schon wieder 43 klösterliche Niederlassungen in Bayern – sichtbarer Ausdruck einer neuen aktiven Kirchenpolitik des Königs, an der sein Lehrer und Vertrauter Johann Michael Sailer einen maßgeblichen Anteil hatte. Auch die erste evangelische Kirche in München, St. Matthäus, geht auf die Initiative des Herrschers zurück. Persönliche Gründe wie die Konfession seiner Gemahlin spielten dabei ebenso eine Rolle wie Rücksicht auf die protestantischen Landesteile, deren Bewohner in steigender Zahl als neue städtische und wirtschaftliche Oberschicht oder als Beamtenelite das geistige und kulturelle Leben der Residenz prägten.

Architektur und Kunst als Ideologie

Im Lande selbst baute Ludwig zwar weniger, doch suchte er auch hier durch symbolkräftige Architektur für sein bayerisches und zugleich »teutsches« National- und Kulturbewußtsein zu werben. Eher privater Natur war die nach pompejanischem Vorbild bei Aschaffenburg hoch über dem Main errichtete Villa, desgleichen die »Villa italienischer Art« bei Edenkoben in der Pfalz für seinen Sohn Maximilian und dessen preußische Gemahlin Marie. Von langer Hand – nämlich seit 1806 – geplant war dann die »Walhalla« bei Regensburg, die im königlichen Auftrag Leo von Klenze nach athenischem Vorbild erbaute. Sie sollte ursprünglich den Namen des Parthenon tragen, doch siegte schließlich – ungeachtet der klassizistischen Gestalt – die Idee einer »teutschen Ruhmeshalle«. Bertel Thorvaldsen und Christian Daniel Rauch, die bedeutendsten Bildhauer der Zeit, schufen die Büsten, die thematisch von Arminius dem Cherusker über Lessing, Gluck und Mozart, Friedrich dem Großen und Maria Theresia bis zu den Helden der Befreiungskriege Gneisenau, Scharnhorst und Fürst Schwarzenberg reichten: ein pathetisches Monument idealistisch beschworener deutscher Geschichte und Einheit.

Vergleichbarer Art, aber noch zeitbezogener ist die »Befreiungshalle« an der Donau bei Kelheim, ursprünglich von Friedrich von Gärtner als achtzehneckiger »byzantinischer« Zentralbau konzipiert, nach dessen Tod von Klenze in klassizistischem Stil umgeplant. Ästhetisch zwischen Pantheon und Gralstempel angesiedelt, galt der Bau dem Kampf Deutschlands gegen Napoleon, eine Konzeption, die für den gerade bei diesem Thema höchst problematischen ideologischen Eklektizismus Ludwigs typisch war, der damit nicht zuletzt den napoleonischen Ursprung seiner Monarchie vergessen machen wollte. Am fünfzigsten Jahrestag der Völkerschlacht bei Leipzig konnte der greise König nach zwanzigjähriger Bauzeit die feierliche Eröffnung vollziehen. Ludwig hatte auch die Weiheinschrift verfaßt: »Möchten die Teutschen nie vergessen, was den Befreiungskampf nothwendig machte und wodurch sie gesiegt.« Gemeint war die nationale Zwietracht der Deutschen – beziehungsweise das, was man damals dafür hielt! – und deren Überwindung im Kampf gegen Napoleon. Bei aller Kritik an den ästhetischen wie ideologischen Vorstellungen des Königs darf doch nicht vergessen werden, daß seine Bauleidenschaft – die übrigens keine Staatsschulden verursachte, worauf Ludwig mit Recht stolz war – zugleich ein gewaltiges Arbeitsbeschaffungsprogramm über Jahrzehnte hin gewesen ist. Mehr noch: Die königliche Bau- und Kunstförderung wurde die Voraussetzung dafür, daß München im 19. Jahrhundert, was die technischen und personellen Voraussetzungen betraf, die erste Kunststadt Deutschlands werden konnte.

Sicher bleibt es eine Geschmacksfrage, ob man Ludwigs verwirklichte Architekturträume oder die nazarenische Malerei und diejenige von Peter Cornelius und Julius Schnorr von Carolsfeld, etwa dessen Nibelungenfresken in der Residenz, unter die Meisterwerke der Kunst des 19. Jahrhunderts zählen soll. Zu Ludwigs Zeit gehörten diese Künstler aber sicher zu den berühmtesten, sie waren Repräsentanten einer Künstlerelite ganz Deutschlands. München wurde auch ein Sammelpunkt für die Maler der Romantik: Karl Rottmann (1797–1850), der bedeutende Landschaftsmaler, kam 1820 in die Stadt, 1827 zog der Wiener Moritz von Schwind (1804–1871) hierher und schuf Fresken in der Residenz und in Hohenschwangau. Bedeutende Landschaftsmaler waren Georg von Dillis und Wilhelm von Kobell, auch sie hatten dem Mäzenatentum Ludwigs viel zu verdanken. Peter Cornelius, Wilhelm von Kaulbach und Julius Schnorr von Carolsfeld arbeiteten auch als Kirchen- und Historienmaler für den König. Abseits von diesem offiziellen Kunstbetrieb stand der malende Apotheker Carl Spitzweg (1808–1885), ein poetischer Realist, dessen frühes ironisches Meisterwerk »Der arme Poet« 1839 in der Ausstellung des Münchner Kunstvereins allerdings kein Erfolg wurde; dafür steht uns heute seine realistisch-ironische Darstellungskunst näher als die seiner Zeitgenossen.

Bayern öffnete sich gleichzeitig allen geistigen Strömungen der kreativsten Epoche Deutschlands: Das war ein Politikum ersten Ranges und Signatur einer Zeit, in der sich Heinrich Heine Hoffnungen machen konnte, vom König nach München berufen zu werden. Wenn man bedenkt, daß damals Goethe und Schiller – abgesehen von München und den alten Reichsstädten – in Bayern noch weitgehend unbekannt waren, dann hatte es viel zu bedeuten, daß Ludwig die »Dichterfürsten« schon als Kronprinz glühend verehrte; daß er ihnen unglücklicherweise auch dichterisch nachzueifern suchte, zählt in diesem Zusammenhang weniger als der weite Blick Ludwigs auf die deutsche Kultur, die in dieser Epoche in Dichtung und Philosophie ihren absoluten Gipfel erreicht hatte. Es war dies, nach Bayerns langer kultureller Orientierung an Frankreich und Italien, ein großer »Aufbruch nach Deutschland«, der hier eingeleitet wurde. Ludwig ließ Goethe nicht nur von seinem Hofmaler Joseph Karl Stieler malen, sondern wechselte auch mit ihm Briefe, die dieser mit dezenter Vorsicht beantwortete. 1827 reiste der König zum Geburtstag des »Olympiers« am 28. August sogar nach Weimar und überreichte ihm das Großkreuz des Ordens der bayerischen Krone. Umgekehrt widmete Goethe Ludwig I. den sechsten Band des von ihm selbst herausgegebenen Briefwechsels mit Schiller. Aufschlußreich ist, daß Ludwig besonders Goethes *Römische Elegien* liebte, die ursprünglich den treffenderen Titel *Erotica Romana* trugen. Das entsprach einem Wesenszug des Königs, der seine physischen Defizite – er war eher unansehnlich, hatte Pockennarben im Gesicht und litt unter Schwerhörigkeit und Sprachstörungen – durch einen leidenschaftlichen Schönheitssinn und durch ein extensives Liebesleben zu kompensieren trachtete.

Georg Büchner, der revolutionäre, bedeutendste deutsche Dichter des Vormärz, zielte auf diese Seite Ludwigs I. ab, als er in seiner Flugschrift *Der Hessische Landbote* in bösem Haß folgendes schrieb: »Sehet an das von Gott gezeichnete Scheusal, den König Ludwig von Baiern, den Gotteslästerer, der redliche Männer vor seinem Bilde niederzuknien zwingt und die, welche die Wahrheit bezeugen, durch meineidige Richter zum Kerker verurteilen läßt; das Schwein, das sich in allen Lasterpfützen von Italien wälzte, den Wolf, der sich für einen Baals-Hofstaat für immer jährlich fünf Millionen durch meineidige Landstände verwilligen läßt, und fragt dann: ›Ist das eine Obrigkeit von Gott zum Segen verordnet?‹ Ha! Du wärst Obrigkeit von Gott? Gott spendet Segen aus; Du raubst, Du schindest, kerkerst ein, Du nicht von Gott, Tyrann!« Ein maßloser Zornesausbruch, der aus dem Politischen kommend ins Persönliche umgeschlagen war.

Rückzug in konservative Defensive

Geschrieben hat Büchner diese alttestamentarisch klingenden Verwünschungen 1834, das heißt zwei Jahre nach dem Hambacher Fest 1832, einem Fest der Burschenschaften, der pfälzischen Liberalen und Demokraten, das mit seinen teilweise revolutionären Parolen die konservative Wende König Ludwigs vom liberalen zum enttäuschten, ja reaktionären Monarchen zwar nicht einläutete, aber doch sichtbar machte und – was die damals angeordneten militärischen wie polizeilichen Verfolgungsmaßnahmen in der Pfalz betraf – sehr spürbar markierte. Die auf der Maxburg bei Hambach an der Weinstraße Versammelten – es waren mehrere tausend Bürger aus der Pfalz, aber auch aus dem Elsaß, Hessen, Baden, Frankfurt und Rheinpreußen – hißten die

Das Hambacher Fest auf der Maxburg (1832), eine Demonstration des jungen gesamtdeutschen Liberalismus.

schwarz-rot-goldene Fahne, die fortan zum Zeichen deutscher Einheit und Freiheit wurde. Der Jurist Philipp Jacob Siebenpfeiffer und der oberfränkische Publizist Johann Georg August Wirth, der in München die liberale Zeitschrift *Deutsche Tribüne* herausgab, waren die Hauptredner des politischen Festes; letzterer gab der Veranstaltung den Namen »Nationalfest der Deutschen«. Daneben sprachen auch Flüchtlinge des niedergeschlagenen polnischen Aufstandes von 1830, die einen gemeinsamen deutsch-polnischen Freiheitskampf forderten. Im Laufe der Veranstaltung setzten sich mehr und mehr demokratisch-republikanische Stimmen durch; es ging jetzt um das Ziel eines deutschen Reiches auf nationaler und demokratischer Grundlage, das heißt um eine radikale Reform der Bundesverfassung und damit auch um die Beseitigung der deutschen Fürstenstaaten. Unmittelbare revolutionäre Aktionen waren aber nicht geplant, dennoch schickte die bayerische Regierung 8000 Mann Militär in die Pfalz. Es kam zu schwerer Verfolgung der Veranstalter. Obwohl der König hohe Strafen forderte, endeten die Prozesse jedoch nach einer leidenschaftlichen Rede Wirths mit einem Freispruch des Gerichts für alle neun des Hochverrats Angeklagten. Es blieb bei Haftstrafen von zwei Jahren wegen »Beamtenbeleidigung« für Siebenpfeiffer und Wirth, ein Zeichen dafür, daß sich die pfälzische Justiz nicht durch Fürstenwillen korrumpieren ließ. Dagegen konnte Ludwig I. 1834 im rechtsrheinischen Bayern rigoroser durchgreifen. Es gab zahlreiche Verhaftungen, denen 142 politische Prozesse gegen die Münchner Burschenschaft und gegen Würzburger Professoren folgten, die teilweise mit hohen Freiheitsstrafen endeten.

Enttäuscht, ja verbittert vom Gang der Dinge war Ludwig I. vor allem deshalb, weil er selbst einst als Kronprinz und als Herrscher der ersten Jahre gegen Montgelas und das bürokratische Establishment, ja auch gegen seinen Vater 1818 eine leidlich liberale Verfassung durchgefochten hatte, die er auch zu respektieren gewillt war. Ganz Deutschland hatte damals hoffnungsvoll auf Bayern geblickt, weil es die seit den Karlsbader Beschlüssen von 1819 anlaufenden Polizeimaßnahmen des Fürsten

Metternich weitgehend unterlief oder zumindest milderte. Diese liberalen Hoffnungen waren aber seit 1830 in Bayern geschwunden, und es war kein Zufall, daß die steigende Mißstimmung gegen Ludwig vor allem in der liberal geprägten Pfalz zum Ausbruch gekommen war. Georg Büchners Haßtirade gegen den konservativ und für ihn wortbrüchig gewordenen König kam aus einer tiefen Enttäuschung über den Sinneswandel eines Fürsten, der einst als Hoffnungsträger in ganz Deutschland begrüßt worden war.

Der politische Sinneswandel des Königs um 1830 entsprach wohl kaum der allgemeinen Überzeugung der politischen Klasse Deutschlands und Bayerns. Es ist aber mit Recht darauf hingewiesen worden, daß es schon zuvor bei Ludwig ein unterschwelliges Mißtrauen gegenüber liberalen Tendenzen gab, die auf eine Einschränkung königlicher Macht abzielten. Am tragischen Schicksal des fränkischen Politikers und Würzburger Universitätsprofessors Wilhelm Josef Behr (1775–1851) läßt sich dies exemplarisch verdeutlichen. Der Staatsrechtler Behr war 1804 mit einem Werk über das *System der allgemeinen Staatslehre* hervorgetreten, das klar liberale Forderungen enthielt. Als er 1819 in den bayerischen Landtag gewählt wurde, löste er einen ersten Verfassungskonflikt aus, weil er Gesetzesinitiative für das Parlament forderte, für eine wesentlich gelockertere Zensurordnung eintrat und die Vereidigung des Militärs auf die Verfassung anmahnte. Seit dieser Zeit und vor allem seit 1821, als er Würzburger Bürgermeister wurde, sah er sich wachsenden staatlichen Schikanen ausgesetzt. Zum Eklat kam es dann, als im Mai 1832 an der von Franz Erwein von Schönborn 1824/28 errichteten »Konstitutionssäule« im Schloßpark von Gaibach eine Verfassungsfeier stattfand, die der Arzt und Publizist Gottfried Eisenmann veranstaltete und auf der Behr eine systemkritische Rede hielt. Er verlangte eine grundlegende Änderung der Verfassung im liberalen Sinn, die allerdings auf normalem gesetzlichen Wege vor sich gehen sollte. Es kam zu einem Prozeß, in den der König persönlich eingriff, als er das Verfahren wegen »Hochverrats« und »Majestätsbeleidigung« von Würzburg nach München verlegen ließ, wo willfährigere Richter Behr und Eisenmann erwartungsgemäß zu mehrjähriger Festungshaft verurteilten. Erst 1847 wurden sie begnadigt, 1848 endlich rehabilitiert. Die lange Vorgeschichte dieses Racheaktes des Königs zeigt jedenfalls, daß Ludwig I. von Anfang an keineswegs bereit war, königliche Vorrechte zugunsten konstitutioneller Vorstellungen einzuschränken.

Nicht nur in der Bevölkerung, sondern auch in der Beamtenschaft, dem institutionellen »Korsett« des neuen Staates, machte sich zunehmend Mißstimmung breit. Es gab dafür auch andere Gründe. Ludwig hatte sich viel darauf zugute getan, daß er innerhalb weniger Jahre die schier endlose Schuldenwirtschaft Bayerns durch Einsparungen beenden konnte, von denen vor allem die ohnehin schlecht besoldeten Staatsdiener betroffen waren. Karl Graf Giech, der aus Protest gegen diese teilweise schikanöse Sparpolitik als Regierungspräsident von Mittelfranken zurücktrat, faßte damals die Versäumnisse der Regierung in einer scharfen Denkschrift folgendermaßen zusammen:

Der Zustand der Landstraßen, Schulhäuser, Dienstwohnungen und Gefängnisse sei miserabel, die Zahl der Gendarmen völlig ungenügend. Geradezu elend und teilweise unterhalb des Existenzminimums sei die Lage der Schullehrer und Schulgehilfen. Selbst Lehrer an Gymnasien könnten ohne Privatvermögen nicht existieren. Im Vergleich zu Preußen und Österreich geschehe kaum etwas zur Förderung der Industrie, weshalb sich die Unternehmer in Mittelfranken wehmütig an die guten preußischen Zeiten erinnerten, als dort zielbewußte Industriepolitik betrieben wurde.

Ludwig ließ diese und viele andere Vorwürfe Giechs untersuchen. Es stellte sich heraus, daß der zurückgetretene Regierungspräsident in den Kernpunkten recht hatte; doch kam es zu keiner grundlegenden Abhilfe. Zweifellos sammelte sich hier ein Zündstoff an, der dann 1848 zur politischen Explosion beitrug. In den Landtagsreden kamen diese gravierenden politischen und wirtschaftlichen Defizite ebenfalls in scharfer Form zur Sprache. Besonders der Landtag von 1831, in dem die fortschrittlich-liberalen Kräfte die Mehrheit hatten, hielt Abrechnung mit dem neuen konservativen Kurs des Königs. Man kritisierte die »nutzlosen« Bauten Ludwigs, seine Kloster- und Kirchenpolitik; ebenso die Wiedereinführung der Zensur, die daraufhin wieder zurückgenommen werden mußte. Der vom Monarchen gewünschte Ausbau der Festung Ingolstadt, an sich schon problematisch, wurde abgelehnt, dennoch hat Ludwig dieses Projekt durchgesetzt. Der Militärhaushalt erfuhr aber im Landtag eine empfindliche Kürzung. Vor allem der dringendste Wunsch des Königs, in Form einer permanenten Zivilliste feste Einkünfte für das Königshaus – und damit für seine Großbauten – zu erhalten, wurde abgeschmettert. Bislang mußte der Bedarf des Königs jährlich vom Parlament genehmigt werden, wodurch der Monarch und sein Tun immer wieder kritisch ins Licht der Öffentlichkeit gerieten. Mehr noch: 1831 wurden die beantragten Mittel für den König von 3,15 Millionen Gulden auf 2,5 Millionen herabgesetzt. Das war eine Kampfansage. Ludwig schrieb damals zornig an den Kronprinzen Maximilian:

»Das für unmöglich Gehaltene erfuhr ich auf diesem Landtag und Schlag auf Schlag … Nichts als Tadel, wo man Dank verdient, keine Anerkennung, Beschuldigung auf Beschuldigung … Ich lasse den Mut nicht sinken, ich kämpfe für die Rechte der Krone …«

Der »Deutsche Bund«, als politischer Nachfolger des 1803 aufgelösten Alten Reiches 1814 ins Leben gerufen und durch die »Wiener Schlußakte« vom 15. Mai 1820 zu einer Art fürstlichem Föderalismus unter Führung Österreichs weiterentwickelt, war die politische Organisationsform Deutschlands, in die sich auch das souveräne Bayern einfügte. Wie die anderen Staaten des Deutschen Bundes hatte es seine auswärtigen Vertretungen, und ebenso gab es ein auswärtiges diplomatisches Corps in München. Dennoch bestimmte im Grunde Österreich als Präsidialmacht der Bundesversammlung in Frankfurt, das heißt Fürst Metternich, weitgehend die Außenpolitik, wenn auch mehr und mehr eingeengt durch den wachsenden Führungsanspruch Preußens. Seit den reaktionären »Karlsbader Beschlüssen« von 1819 suchte Metternich in steigendem Maße mit polizeistaatlichen Methoden in die Innenpolitik der deutschen Staaten einzugreifen. Für Bayern war diese Art von Intervention anläßlich des Hambacher Nationalfestes deutlich geworden; man geriet mehr und mehr ins Wiener Schlepptau.

Münchens geistiger Glanz

Was das Geistesleben der Zeit anbelangt, so war hier die Kontinuität zur Epoche Montgelas' in manchen Bereichen stärker, als man vielfach angenommen hat. Das gilt für die religiöse Erneuerung, die vom Landshuter Freundeskreis Johann Michael Sailers ausging und die weit über dessen Zeit als Universitäts-

Johann Michael Sailer (1751–1832), Bischof von Regensburg, der »bayerische Kirchenvater«. Gemälde von August Graf Seinsheim.

professor hinaus auf Staat und Gesellschaft einwirkte. Hier ist an erster Stelle Johann Nepomuk Ringseis (1785–1880) zu nennen, der als Professor in München und als Leibarzt König Ludwigs I. zu den Reformern gehörte. Auch die grundlegenden Rechtsreformen, die Paul Johann Anselm von Feuerbach (1775 bis 1833) als Begründer der modernen Strafrechtslehre seit 1805 in Bayern durchführte, gehören zum positiven grundlegenden Wandel, den der Staatsneubau Montgelas' mit sich brachte. In demselben Zusammenhang sind auch die Bildungsreformen der Zeit zu sehen, so der Umbau des höheren Bildungswesens im neuhumanistischen Sinne, der nach der Zerstörung des hochentwickelten Schulwesens der bayerischen Prälatenklöster durch die Säkularisation notwendig geworden war. Als führender Kopf wirkte hier Friedrich Wilhelm Thiersch (1784–1860), der 1812 in München das Philologische Seminar gründete, das 1826 in die Universität eingegliedert wurde. Die stolze Tradition des humanistischen Gymnasiums in Bayern, die über zwei Weltkriege hinweg bis in die Gegenwart herübergerettet werden konnte, ist Thierschs Reformwerk zu verdanken. Der geistige Zusammenhang zwischen Montgelas- und Ludwig-Zeit gilt aber auch für die durchgreifenden Reformen sowohl der Bayerischen Akademie der Wissenschaften wie der Universitäten, die seit 1807 in mehreren Schüben durchgezogen wurden. In der Epoche Ludwigs wurde dann endgültig das alte, schulmäßige Reglement zugunsten jener akademischen Freiheit des Studiums beseitigt, die Wilhelm von Humboldt (1767–1835) in Preußen durchgesetzt hatte. Freilich, manche aus der alten Bildungselite standen abseits und kommentierten grimmig den schon damals beginnenden Einfluß außerbayerischer »Nordlichter«; vor allem der bedeutende Publizist und Historiker Lorenz von Westenrieder (1748–1829), dessen umfangreiches literarisches Oeuvre noch heute von beträchtlichem Wert ist. In gewisser Weise blieb er ein Mann des 18. Jahrhunderts. Er attackierte mit scharfer Feder die »unerträgliche Fadheit und Charakterlosigkeit so vieler der heutigen Gelehrten«; dies sicher zu Unrecht, denn auch bei der bayerischen Universitätserneuerung hatten die preußischen Reform-Universitäten, Berlin, Bonn, Breslau, sowie die Hochburg moderner Staatslehre und Geschichtswissenschaft, Göttingen, Pate gestanden. Das bedeutete – trotz aller Defizite, die mit dem radikalen Bruch der napoleonischen Ära sicher gegeben waren – eine bewußte und letztlich segensreiche Öffnung zur gesamtdeutschen klassischen Kultur des frühen 19. Jahrhunderts.

War auch die Bildungsreform auf vielen Gebieten schon in der Ära Montgelas' angelaufen und boten die gewaltigen, durch die Klostersäkularisation und durch die teilweise Einverleibung der Mannheimer Hofbibliothek nach 1800 entscheidend vermehrten Bücherschätze der »Bayerischen Staatsbibliothek« einen schier unerschöpflichen materiellen Fundus für Wissenschaft und Forschung, so gab König Ludwig I. seit 1825 der Entwicklung doch eine neue und dauerhafte Richtung. Obwohl geistig über den Konfessionen stehend, war es sein erklärtes Ziel, München zum deutschen Mittelpunkt einer katholischen geistigen Renaissance von hohem Anspruch zu machen. Dies ist ihm weitgehend gelungen, denn das gesamte 19. und die erste Hälfte des 20. Jahrhunderts wurden durch eine gewiß wandelbare, aber dennoch klare geistige Entwicklungslinie Bayerns und Münchens geprägt, die vom großen religiösen Erneuerer Johann Michael Sailer über Joseph Görres und Ignaz Döllinger bis zu dem Kreis um die glänzend redigierten *Historisch-politischen Blätter* und schließlich zu der modernen katholischen Kulturzeitschrift *Hochland* führt.

Kämpferischer Protagonist war zur Zeit Ludwigs I. der Rheinländer Joseph Görres (1776–1848). Er hatte als scharfer Jakobiner und dann als wortgewaltiger publizistischer Feind Napoleons begonnen und war dadurch für die ideologische Entwicklung des deutschen Nationalismus bedeutsam geworden. In entschiedener Rückkehr zur deutschen Vergangenheit nahm er grundlegende Gedanken Johann Gottfried Herders über »Volkstum« und »Volksseele« wieder auf, veröffentlichte 1807 *Die deutschen Volksbücher*, deren Gehalt, neben Herders Volksliedsammlungen – die aber noch bewußt übernationaler Art waren –

zum »Kultschrifttum« der deutschen Romantik gehörten. Als Herausgeber des *Rheinischen Merkur*, der ersten großen politischen Zeitung Deutschlands, zog der damals noch liberale Görres die Verfolgung der preußischen Regierung auf sich. Er hatte 1816 die Restaurationspolitik Preußens mit ihrer Demagogenhetze scharf angeprangert und mußte 1819 nach Straßburg fliehen. Im Alter trat sein entscheidender Wandel zum konservativ-katholischen Schriftsteller ein, der ihm 1826 die Berufung als Professor für Geschichte an die Universität München eintrug. Hauptwerk dieser Epoche war seine fünfbändige *Christliche Mystik* (1836–1842), ein eher nachempfindendes als substantielles Opus. Weit wichtiger wurde in dieser Epoche sein großer Münchner Freundeskreis, auf den die befeuernde, zeitlebens eher auf Konfrontation als auf Ausgleich gerichtete Persönlichkeit Görres' tief einwirkte, eine polemische Natur, die Haß sowohl erfuhr wie säte. Heinrich Heine beschimpfte ihn als die »tonsurierte Hyäne«.

Die stärkste philosophische Kraft in diesem Freundeskreis war zweifellos Friedrich Wilhelm Schelling (1775–1854). War Görres ursprünglich Jesuitenzögling gewesen, so kam Schelling aus dem berühmten Tübinger Stift, der Geburtsstätte der deutschen idealistischen Philosophie und Ort seiner Jugendfreundschaft mit Friedrich Hölderlin und Georg Friedrich Wilhelm Hegel. Von Goethe 1798 auf eine Professur nach Jena berufen, kam er 1803 auf einen Würzburger Lehrstuhl und 1806 als Generalsekretär der Akademie der Bildenden Künste in die bayerische Landeshauptstadt. Mit dem Münchner Philosophen Franz Xaver Baader (1765–1841), einem ebenso originären wie chaotischen Denker, verband ihn eine enge Freundschaft. Er charakterisierte Baader als einen »von Natur aus unterirdischen Menschen, in dem das Wissen substantiell geworden ist wie in den Metallen der Klang«. Zu Baaders konkretem Denken und Philosophieren gehörte es, daß er nicht nur als erster den Begriff des »Proletariers« verwendete, sondern schon vor Marx erkannte, daß die soziale Frage nicht mit rein karitativen Mitteln zu lösen war, sondern einen grundlegenden Wandel erforderte. Durch Baader lernte Schelling die mystischen Schriften des schlesischen Schusters und Gottsuchers Jakob Böhme (1575–1624) kennen; eine Rückwendung zum Katholizismus war die Folge, als deren Frucht seine erst posthum erschienene *Philosophie der Offenbarung* gilt. Nach langer Wirksamkeit im Münchner Freundeskreis, zu dem dann auch der junge Ignaz Döllinger gehörte, wurde er 1841 nach Berlin berufen, wo er – allerdings ohne Erfolg – die Ausbreitung der linkshegelianischen Philosophie bekämpfen sollte. So blieben seine Münchner Jahre die fruchtbarste Zeit. Auch der Rheinländer Clemens Brentano (1778–1842), ruheloser Wanderer in jedem Sinn, als Lyriker neben Eichendorff wohl das größte dichterische Genie der Romantik, lebte nach 1833 überwiegend im München König Ludwigs. Durch ihn wurde die Stadt auch im Literarischen eine »Stadt der Musen«. Mit ihm gewann der neue Geist einer katholischen Renaissance seine glänzendste Gestalt, vor allem seit der Dichter nach einem freizügigen Künstlerleben 1817 unter dem Einfluß Luise Hensels den Weg zur kirchlichen Frömmigkeit gefunden hatte.

Zu den bedeutenden Münchner Konvertiten gehörte schließlich Eduard von Schenk (1788–1841), Jurist, hoher Staatsbeamter, Minister und Dichter in der engsten Umgebung Ludwigs. Unter seiner maßgeblichen Initiative wurde 1826 die Landshuter Universität nach München geholt. Als Schüler Sailers und des hochbedeutenden Juristen und Reformers Friedrich Carl von Savigny (1779–1861), des Schöpfers der *Historischen Rechtsschule*, war auch Schenk 1817 zur katholischen Kirche übergetreten und setzte sich energisch und gegen die Bedenken des Finanzministers für ein weiteres großes Anliegen des Königs ein: für die Wiederherstellung der bayerischen Klöster, soweit dies nach Lage der Dinge und den Bedürfnissen der Zeit möglich war. Die Jesuiten allerdings wurden nicht restituiert, dafür kamen die Benediktiner wieder ins Land sowie für die ländliche Bevölkerung Franziskaner und Kapuziner. Aus Straßburg holte man 1831 den neuen Orden der »Barmherzigen Schwestern«, und 1841 gründete die Ehrwürdige Mutter Karolina Gerhardinger

(1797–1879) in München das Institut der »Armen Schulschwestern«.

Es bleibt staunenswert, wie schnell das neue Bayern mit seiner aufblühenden Hauptstadt seit Montgelas und vor allem seit Ludwig I. eine Arena erlauchtester Geister Deutschlands wurde, ein schönes Beispiel für die positive Rolle, die eine schlüssige Bildungspolitik unter monarchischer Patronage haben konnte, auch wenn sie gewisse konfessionelle Grenzen nur in Ausnahmefällen überschritt.

Es gab jedoch auch Geister, die zwar in München wirkten, aber der allgemeinen Zeittendenz eher fernstanden. Zu ihnen gehörte sowohl der Sprachwissenschaftler Johann Andreas Schmeller (1785–1852), Schöpfer des großartigen *Bayerischen Wörterbuchs* (1827–1837), wie auch der Byzantinist und Orientalist Jakob Philipp Fallmerayer (1790–1861). Schmellers Lebensweg vom Oberpfälzer Armeleutekind, das der Vater, ein Korbflechter (»Kürbenzäuner«), selbst unterrichten mußte, bis zum Professor und Ordinarius auf einem neuerrichteten Lehrstuhl für altdeutsche Sprache und Literatur an der Münchner Universität – das allein wäre schon eine bemerkenswerte Leistung. Sein Wörterbuch aber war eine bahnbrechende Tat. Kein Geringerer als Jakob Grimm urteilte 1834 über dieses Werk, »daß kein anderer unserer Stämme ein Wörterbuch aufzuweisen hat, das dem von Schmeller irgend gleichkäme, so meisterhaft ist hier die Sprache selbst und ihr lebendiger Zusammenhang mit Sitten und Bräuchen dargestellt«. In der Tat, es ist eben nicht nur ein Sprachlexikon, sondern ein lebendiger Spiegel bayerischer Art und Welterfassung, zugleich Kultur- und Sozialgeschichte, oft mit dem kritischen Blick des Mannes aus dem Volke gedeutet. Zeitlebens stand Schmeller als bewußter Aufklärer dem Münchner katholisch-romantischen Dichter- und Intellektuellenkreis distanziert gegenüber. Sein Begriff von Volk und Heimat war keine verblasen-romantische Ideologie, sondern erreichte in seiner Konkretheit, etwa in bezug auf Essen, Trinken, Liebe, Arbeit, Brauchtum, Wallfahrt, Volksmedizin, Handwerk und alle Formen des Lebens, die in seinen Wortgeschichten auf-

Johann Andreas Schmeller (1785 bis 1852), Schöpfer des bahnbrechenden »Bayerischen Wörterbuchs«.

tauchen, ganz andere und zeitlose Dimensionen. Er sammelte Ausdrücke der bayerischen Rechtssprache, Sprichwörter, Sagen, Spottverse, Bauernregeln, Begriffe des Aberglaubens, aber auch Sagen und Märchen, kurz, all jene Schätze der Bildhaftigkeit und Anschaulichkeit, die der bayerischen Volkssprache in so hohem Maße eigen sind. Obwohl Aufklärer aus Überzeugung, überwand er damit die aufklärerische Geringschätzung des »tumben Volkes«, ohne in falsche Verklärung oder Romantisierung des Volkslebens zu verfallen. Es gehört zu den Verdiensten Ludwigs I., daß er schon als Kronprinz den mittellosen Autodidakten Schmeller finanziell förderte, so daß er sein großes Werk in Angriff nehmen konnte, bis sich dann die Akademie der Wissenschaften seiner annahm. Für die Weite seines Blicks, die keine nationalistische Beschränkung kannte, zeugt auch, daß er dem sprachlichen Geben und Nehmen der Völker sorgfältig nachging, so etwa, wenn er in den bayerischen Mundarten romanischen und slawischen Relikten seine Aufmerksamkeit zuwandte. Welch fester, aufrechter Charakter Schmeller zeitlebens war, läßt ein Gedicht über sich selbst aus seinem letzten Notizbuch erkennen:

Er bleibt des Kürbenzäuners Sohn,
Er tische nun mit Hochgebornen,
Sey Bruder Du mit Auserkornen
Zu stehen um des Königs Thron.

Mit Hohen hoch und vornehm seyn
Vergessen in des Saales Mitte
Der armen väterlichen Hütte –
Er kann es nicht, er bleibt gemein
[das heißt einfach, schlicht]

Vertrauter mit des Lebens Last
Und mit der Vielen Kümmernissen,
als mit der Wen'gen Hochgenüssen,
Ist er im Saal der stumme Gast.

Abseits vom allgemeinen Trend des ludovizianischen München stand auch der Südtiroler Fallmerayer, der als brillanter Schriftsteller den Orient bereiste und 1827 mit der grundlegenden *Geschichte des Kaiserthums von Trapezunt* und der *Geschichte der Halbinsel Morea im Mittelalter* (1830/36) seinen wissenschaftlichen Ruf begründete. Als Nachfolger auf Görres' Lehrstuhl für Geschichte an der Münchner Universität vorgesehen, brachte ihn 1849 seine Teilnahme an der Frankfurter Nationalversammlung um diese Berufung. Selbst die Freundschaft mit König Maximilian II. konnte daran nichts ändern. Er emigrierte in die Schweiz. Nach seiner Rückkehr war er publizistisch tätig, unter anderem für die *Augsburger Allgemeine Zeitung*, dem führenden Intelligenzblatt Deutschlands. Verbittert und in wissenschaftliche Fehden verwickelt, ist er 1861 gestorben, als einer der vielen Unangepaßten der nachrevolutionären Epoche. Es gehört zur Tragik seines Lebens, daß ihm auch die Griechenland-Begeisterung Ludwigs I. nicht über die politischen Hürden hinweggeholfen hat.

Ludwigs hellenistisches Abenteuer

Bayern trat unter Ludwig I. eigentlich nur einmal, nämlich im Falle Griechenlands, mit einer eigenständigen, auch gegen Wien gerichteten Außenpolitik hervor. Schon als Kronprinz hatte sich der König leidenschaftlich und mit beträchtlichen finanziellen Mitteln im Freiheitskampf der Griechen gegen die osmanische Oberherrschaft engagiert, sehr zum Mißfallen Metternichs, der jede Revolution und damit auch die griechische verurteilte. Überdies befürchtete er, eine Schwächung des Osmanenreiches würde den politischen Einfluß des orthodoxen Rußland, das sich als christliche Schutzmacht in dieser Region verstand, zum Schaden Österreichs dramatisch verstärken. Ludwig förderte die zahlreichen Philhellenen-Vereine, gab Zuschüsse zu Waffenkäufen, schickte Soldaten und Offiziere zur Unterstützung des griechischen Freiheitskampfes. In München sammelte, trotz österreichischer Proteste, der berühmte Altphilologe und Universitätsprofessor Friedrich Wilhelm Thiersch ganz im Sinne des Königs Geld, warb Soldaten und verfaßte flammende Aufrufe zugunsten der griechischen Sache.

Dies alles hätte letztlich wenig bedeutet, da es dergleichen überall im »philhellenisch« begeisterten Europa gab. Aber als 1829/30 die Großmächte England, Rußland und Frankreich die Unabhängigkeit Griechenlands beschlossen und der griechische

Freiheitsheld, Graf Johannes Antonios Kapodistrias (1776–1831), auf den Stufen der Kirche von Nauplia einem Mordanschlag zum Opfer fiel, konnte Bayern den ersten neugriechischen König stellen: Es war Ludwigs zweiter Sohn Otto (1815–1867). Am 30. Januar 1833 traf Otto in Griechenland ein, die Bevölkerung begrüßte den blonden, gewinnenden Jüngling von siebzehn Jahren anfangs begeistert. In der Tat ging eine hochmotivierte bayerische Verwaltung daran, aus einem antiquierten mittelalterlich-orientalischen Herrschaftssystem ein modernes, europäisches Staatswesen zu schaffen. An dessen Spitze standen der Rechtshistoriker Georg Ludwig Maurer, Josef Ludwig von Armansperg, zuvor bayerischer Finanzminister, und der energische Karl von Abel, der spätere leitende Minister Ludwigs bis zur Lola-Montez-Affäre. Auch wenn es Mißgriffe gab – es kam zur Säkularisierung der griechisch-orthodoxen Klöster, von 400 Konventen blieben nur 82 bestehen –, insgesamt bedeuteten die dreißig Jahre bayerischen Königtums in Griechenland als Zeit grundlegender innerer Reformen doch einen gewaltigen Modernisierungsschub für ein rückständiges Land. Der Zusammenbruch von König Ottos Königtum 1862 war vornehmlich von den Großmächten verursacht, die nach dem Krimkrieg 1853–56 kein weiteres Interesse an der bayerischen Herrschaft in Griechenland hatten. Allerdings brachte der Zwang, die griechische Königsherrschaft finanziell zu stützen, Ludwig I. immer wieder in Schwierigkeiten mit dem Parlament, das den zunehmend konservativen Kurs des Königs mit scharfer Konfrontation auch in der Griechenlandpolitik beantwortete. Dennoch hielt Ludwig am griechischen Projekt mit großer Zähigkeit, ja, mit einem sympathischen Idealismus fest. Rührend sein etwas holpriges Distichon von 1846: »Ob Monarchie sie würde, ob Republik, ich befaßte Mich nicht damit, der ich wollt' Hellas Befreiung allein.« Dies wird man ihm glauben müssen. Allein schon sein ständiges Ringen um den »reinen griechischen Stil« seiner Architektur spricht für seine unerschütterliche Begeisterung, mit der auch er »das Land der Griechen mit der Seele suchte«...

Nicht genug, daß letztlich die griechische Sekundogenitur des Hauses Wittelsbach 1862 mit der Vertreibung Ottos endete. Schon früher, nämlich auf dem revolutionären Landtag von 1849, machte der bedeutende Pfälzer Publizist und demokratische Politiker Georg Friedrich Kolb öffentlich eine schlimme Rechnung auf über die Kosten des »griechischen Abenteuers« und über dessen zweifelhaften Finanzierungsmodus. Nach Ansicht der neuen Regierung unter König Maximilian II. wurde die »griechische Darlehensfrage« im ganzen Lande »als mächtiger Hebel des Umsturzes mit bedeutendem Erfolg benutzt«. Eine Anklage gegen Ludwig I. drohte. Er sah sich gezwungen, die aufgenommenen Darlehen aus seiner Privatschatulle zu bezahlen, wurde damit Gläubiger des neugriechischen Staates und sah sein Geld nie wieder.

Mit einer Tänzerin in die Revolution

Probleme dieser Art waren allerdings für Ludwig schon wesentlich früher zweitrangig geworden: nämlich durch die liberale Revolution von 1848 und deren Vorläufer, die seit 1846 spielende prekäre, politisch brisante Affäre des Königs mit der Tänzerin Lola Montez. Nicht die Affäre an sich – es war in seinem Leben weder die erste noch die letzte –, sondern vielmehr die politischen Begleitumstände derselben beschworen für den König eine gefährliche Situation herauf. Auch die angeblich liberalen Neigungen der Tänzerin waren nicht der kritische Punkt, sondern der jetzt einsetzende politische Zickzack-Kurs des Königs. Er begann mit der Entlassung des konservativen Ministeriums Abel, dem Ludwig zugemutet hatte, für Lola Montez, die er zur »Gräfin Landsfeld« gemacht hatte, den Indigenat zu erwirken, das heißt die bayerische Staatsbürgerschaft. Das neue liberale »Ministerium der Morgenröte« unter dem berühmten Rechtshistoriker Georg Ludwig von Maurer – er war zuvor Innenminister in Athen gewesen – beeilte sich, die Indigenatsfrage im Sinne des Königs zu lösen; dies in der Absicht, bei dieser Gelegenheit endlich einen völligen politischen Systemwechsel nach liberalen Prinzipien herbeizuführen. Dennoch eskalierte die Affäre weiter und wurde unberechenbar.

An der Universität begannen Unruhen, als sich berühmte Professoren und Gelehrte wie Joseph Görres, der Mediziner Johann Nepomuk Ringseis, die Theologen und Philosophen Ignaz Döllinger, George Philipps und Ernst von Lasaulx offen gegen den König wandten und daher von ihm am 1. März 1847 entlassen wurden. Es kam zu studentischen Demonstrationen vor dem Haus der Lola Montez in der Barerstraße, die vom Militär gewaltsam aufgelöst wurden, was zu Ausschreitungen an der Residenz führte. Dies wiederum steigerte den Starrsinn des Königs. Polizeiliche Untersuchungen setzten ein. Die Tänzerin wurde auf offener Straße tätlich angegriffen und mußte in die Theatinerkirche flüchten. Die Krise steigerte sich am 9. Februar 1848 neuerdings mit noch größeren studentischen Demonstrationen, die auf Ludwigs Befehl zur Schließung der Universität führten; doch mußte er unter dem Eindruck der anschwellenden Volksbewegung, die sich nun nicht mehr auf die Studenten beschränkte, noch am selben Tag diesen Befehl zurücknehmen. Ludwigs mutiges Dazwischentreten verhinderte eine Plünderung des Palais der neuen »Gräfin Landsfeld« gerade noch im letzten Moment, und der König konnte die aufgeregte Menge vorübergehend sogar für sich gewinnen.

Nun aber ging die Affäre Lola Montez nahtlos in die Märzereignisse des Revolutionsjahres über. Dabei war der König keineswegs gewillt, die Dinge treiben zu lassen. Eine Petition, die 10000 Münchner Bürger unterschrieben hatten, formulierte die überall aktuellen »Märzforderungen«: Ministerverantwortlichkeit dem Parlament gegenüber, Pressefreiheit, ein liberales Wahlgesetz und – als gesamtdeutsche Forderung – eine Volksvertretung im Frankfurter Bundestag. Die Studenten wollten darüber hinaus freies Versammlungs- und Vereinigungsrecht und Volksbewaffnung. Der König ließ aber nur die Bürger mit ihrer Adresse vor, beorderte gleichzeitig zusätzliches Militär aus Augsburg und Freising nach München, löste die beiden Kammern des Landtags auf und versprach Neuwahlen für ein Parlament, dessen Aufgabe die Beratung aller Märzforderungen sein sollte; er spielte ganz offensichtlich auf Zeitgewinn. Demgegenüber forderte eine Bürgerversammlung die sofortige Einberufung der Legislative. Unterdessen verselbständigt sich die Revolution, das Zeughaus am Anger wird gestürmt, doch als Prinz Carl, der Bruder des Königs, die Nachricht überbringt, Ludwig habe in die sofortige Einberufung des Landtags eingewilligt, zerstreut sich die Menge und liefert die erbeuteten Waffen ordnungsgemäß wieder im Zeughaus ab. Es war eine »königlich-bayerische Revolution, stattgehabt am Faschingssamstag des Jahres 1848«.

Wenn dennoch das revolutionäre Geschehen sich seit dem 6. März fortsetzte, dann hatte dies nicht nur mit der Münchner Situation zu tun, sondern mit dem allgemeinen revolutionären Aufbruch in ganz Deutschland, der jetzt auch die bayerischen Verhältnisse beeinflußte. Die Entfernung der Gräfin Landsfeld aus München war jetzt zur Nebensache geworden, auch wenn sich Ludwigs Beziehung zu ihr noch länger fortsetzte, als man bislang annahm.

Bereits am 1. Dezember 1847 hatte Ludwig I. das sogenannte »Ministerium der Morgenröte« entlassen und ein neues unter Fürst Ludwig von Oettingen-Wallerstein (1791–1870) an dessen Stelle gesetzt. Dieser erreichte am 6. März 1848 die Genehmigung aller Forderungen, die er selbst formuliert hatte. Das Heer wurde jetzt auf Anordnung des Königs auf die Verfassung vereidigt, die Zensur endgültig aufgehoben. Ludwig fühlte sich offenbar von Oettingen-Wallerstein zu diesen Zugeständnissen getrieben, denn er entließ ihn – ein schwerer Fehler – am 11. März wegen »unerhörter Eigenmächtigkeiten«. Der Monarch hielt den Minister jetzt für einen Verräter, der die Revolution hinterrücks begünstigt habe und ihn als König wegen Regierungsunfähigkeit beseitigen wollte. Hatten sich die Konservativen, der Adel und die Kirche wegen der Lola-Montez-Affäre schon früher von Ludwig zurückgezogen, so brüskierte dieser jetzt damit auch die liberale Bewegung. Die Familie fürchtete um den Bestand der Monarchie und drängte nun ihrerseits zum Thronwechsel. Kronprinz Maximilian war bereits aus seiner Würzburger Residenz angereist, die Dinge ließen offenbar keine andere Lösung mehr zu. Als der König am 19. März 1848 den Landtagsabgeordneten Freiherr von Rotenhan fragte, ob jetzt wirklich das konstitutionelle System mit Ministerverantwortlichkeit gegenüber dem Parlament bevorstehe und Rotenhan dies bestätigte, erklärte der Monarch:

»Baron, unter solchen Umständen hat die Krone keinen Wert mehr für mich. Ich gehe mit dem Gedanken um, sie niederzulegen.«

In der Tat, ein »Unterschreiber« wollte er nicht sein – jedenfalls sah er so die Rolle des Monarchen in einem wirklich konstitutionellen parlamentarischen System –, ob zu Recht oder zu Unrecht, sei dahingestellt. Daß er als Fürst die meisten seiner damaligen Standesgenossen an Ideenreichtum und Tatkraft weit überragte, kann aber nicht bestritten werden und ebensowenig, daß er Bayerns Geschichte und Kultur tief geprägt hat. Trotz seiner wachsenden Verhärtung gegen die bürgerliche liberale Bewegung war er ein großer König, dessen Wirken als Schöpfer einer historisierenden Staatskunst von hoher Qualität aus der Geschichte des Landes nicht wegzudenken ist. Man sollte allerdings mitbedenken, daß diese kreative Tätigkeit nur unter dem sicheren Schild einer europäischen Friedensordnung möglich wurde, die Fürst Metternich als der führende Staatsmann Europas und als Initiator des »Deutschen Bundes« geschaffen hatte. Man kann darüber streiten, ob die durch ihn ermöglichte lange Friedensperiode nicht mit den »Demagogen«-Verfolgungen, mit Pressezensur und anderen Polizeimaßnahmen zu teuer erkauft war; die Tatsache dieser Friedenszeit selbst ist aber unbestreitbar. Ihr Doppelgesicht erscheint in ihrer Bezeichnung als behagliches »Biedermeier« wie als unterschwellig krisenreicher »Vormärz«. Daß der Friede damals von allen ersehnt wurde, die von 1792 bis 1815 jene schier endlose Abfolge von Schlachten miterlebt hatten, mit denen Napoleon Bonaparte ein neues Europa unter französischer Führung zusammenschmieden wollte, steht außer Frage. Bayern war mit den schweren Menschenopfern im Rußlandfeldzug des Korsen besonders betroffen. So war es zweifellos ein Glück für Ludwig I., daß er in dieser ruhigen Epoche seine hochfliegenden Pläne, seine Vision von Staat und Kunst zu einem beträchtlichen Teil realisieren konnte. Auch ein anderes gelang ihm in einer Zeit, als in Europa fürstliche Legitimität längst Gegenstand permanenter politischer Diskussion geworden war: »Kein anderer Deutscher von historischem Rang hat konsequenter als er das monarchische Prinzip zu realisieren versucht« (Heinz Gollwitzer). Wie schwierig dies inzwischen geworden war, zeigte ihm das Jahr 1848.

König Ludwig I. (1786–1868), sein photographisches Altersbild.

König Maximilian II. – ein moderner Fürst im Schatten der Revolution

Die Wogen der Revolution hatten den Kronprinzen – er war wohl eher ein Gelehrtentyp – 1848 auf den Thron getragen. Die Revolution, das heißt ihre mögliche Wiederkehr, wurde zeitlebens sein Trauma, die bewilligten Märzforderungen seine Fessel, der er sich jedoch nicht zu entledigen vermochte. Was war gegen den Geist der Zeit zu tun, was war überhaupt möglich? Die Zeitumstände hatten Maximilian vorzeitig zum König gemacht, doch war die Revolution noch nicht zu Ende, sondern stellte ihre sehr konkreten Forderungen. Der Liberalismus hatte nicht nur das arrivierte Gewerbebürgertum ideologisch erfaßt, sondern auch Teile der zweifellos effektiven, hohen Staatsbürokratie. Teile des Adels standen ebenfalls im Lager der bürgerlichen Revolution, die auf einen Verfassungsumbau drängte, so der fränkische Baron Hermann von Rotenhan (1800–1858), Wortführer der fränkisch-protestantischen Opposition, sowie Fürst Karl von Leiningen (1804–1856), Präsident des Reichsrats und pfälzisch-fränkischer Standesherr. Beide hatten beim Rücktritt Ludwigs I. eine maßgebliche Rolle gespielt. Neben den nunmehr in der Verfassung festgeschriebenen liberalen Grundrechten, die mit einer Justizreform verbunden waren, ging es – wie im Fall der weitgehenden Bauernbefreiung in der Habsburgermonarchie – um eine Modernisierung der Gesellschaftsordnung nach westeuropäischen Standards, also um Grundentlastung und Aufhebung der aus dem Mittelalter stammenden grundherrlichen Patrimonialgerichtsbarkeit. Der bayerische Bauer wurde dadurch endlich Eigentümer von Grund und Boden und streifte damit letzte Fesseln seines Untertanenstatus ab. Auf Drängen der Liberalen wurden Zunftzwang und wirtschaftliche Privilegierungen abgeschafft, der Übergang vom Handwerk zum Industrialismus dadurch erleichtert, ein radikaler Prozeß, gegen den in Deutschland viele Handwerksmeister und Gesellen protestierten, weil er ihre Existenz bedrohte.

Ebenso wichtig war, daß die neue Regierung Maximilians nunmehr Abgeordnete in die Frankfurter Nationalversammlung schickte; Fürst Karl von Leiningen wurde 1848 sogar der erste Präsident des Frankfurter Reichsministeriums. Er hielt selbst eine republikanische Verfassung des neuen zu schaffenden Deutschen Reiches für möglich, eine Haltung, die sogleich Sorge und Unmut des bayerischen Königs erregte, denn wie sollte sich künftig deutsche republikanische Einheit und monarchisches Prinzip der Einzelstaaten vereinbaren lassen?

Noch radikaler waren gerade in dieser Hinsicht aufgrund ihrer Erfahrungen mit dem Verfassungsleben Frankreichs die Pfälzer Abgeordneten, von denen manche bis zur Revolution Jahre in Kerkerhaft verbracht hatten. Der Konflikt zwischen staatlichen, bayerisch-monarchischen Kräften und gesamtdeutschen Interessen trieb dann einem Höhepunkt zu, als die bayerische Regierung am 23. April 1849 die Reichsverfassung des Paulskirchenparlaments ablehnte, obwohl sie bereits 28 deutsche Staaten, also die überwältigende Mehrheit der deutschen Länder, angenommen hatten. Als die Pfalz – neben Baden und Hessen das Zentrum des politischen und militärischen Widerstandes gegen die Niederschlagung der Revolution durch Preußen und Österreich – sich klar für den Vorrang der Reichseinheit vor staatsbayerischen Interessen aussprach und ein Teil der pfälzischen Beamtenschaft dies unterstützte, kam es zu einer entscheidenden Zerreißprobe für den Staat Montgelas'. Auch in anderen Landesteilen gab es stürmische Demonstrationen für Frankfurt. Tausende unterschrieben scharfe Adressen an König Maximilian: in Augsburg 10000, in Krumbach 8000, in Kempten 6000 und in Illertissen 3000. Ein Aufruf, der sich besonders an die Soldaten richtete, verlangte, daß die bayerische Regierung mit Gewalt zur Annahme der Reichsverfassung gezwungen werden müsse. In Nürnberg forderte eine von etwa 10000 Bürgern besuchte Versammlung kategorisch die Trennung von Bayern. In Neustadt in der Pfalz wurde sogar die Republik ausgerufen. Als das Festkomitee für einen geplanten »Frankentag« von der Frankfurter Paulskirche die Entsendung eines Reichsverwesers verlangte, schien die Gefahr für die Einheit Bayerns auf dem Höhepunkt. Die Dinge nahmen aber dann rasch einen anderen Verlauf, als nach der blutigen Niederwerfung des Pfälzer und des Badischen Aufstands das politische »roll-back« der konservativen Regierungen in den Einzelstaaten begann. Da man in Bayern – anders als in Preußen und Österreich – die Märzforderungen in ihrer Substanz beibehielt, die »Märzvereine« zwar auflöste, aber die Versammlungs- und Vereinsfreiheit in leidlich liberalem Sinne gesetzlich verankerte, war die Sorge um Bayerns Einheit erstaunlich rasch gebannt. Der Regierung des Ministerpräsidenten Ludwig von der Pfordten (1811–1880) wie dem König war aber doch die Größe der Gefahr klar geworden, und so verwundert es nicht, daß man mit Repressionen gegen diejenigen Beamten, die sich an der Revolution beteiligt hatten, relativ vorsichtig war; dies im Gegensatz zu Preußen, wo eine massive Verfolgung einsetzte. Der Schatten der Revolution ist von Maximilian II. zeitlebens nicht gewichen; immer wieder forderte er genaue Stimmungsberichte von seinen Beamten in allen Landesteilen ein. Das genügte ihm aber nicht. Er suchte darüber hinaus nach Ideen und Modellen, um die Revolutionsgefahr grundsätzlich und für immer zu bannen.

Um einen neuen bayerischen Patriotismus

Sein Vater hatte mit Kunst-Ideologie Politik gemacht und Bayern für die gesamtdeutschen Geistesströmungen weit geöffnet. Maximilian II. wollte hingegen mit Geschichte Politik machen und durch klärenden wie verklärenden Blick auf die Vergangenheit Bayerns dem revolutionären Zeitgeist entgegenwirken: Wichtig erschien dem König besonders die Förderung der Volkskultur, deren Wesen gerade sein Berater Wilhelm Heinrich Riehl (1823–1897) erforscht und als Heilmittel gegen die Gefahren städtischer Zivilisation empfohlen hatte. Trachten- und Schützenvereine wurden gegründet und gefördert, halboffizielles »Königsschießen« abgehalten, patriotisch-historische Literatur für ein breites Publikum finanziell unterstützt – so Thomas Driendls illustrierte Geschichte Bayerns –, religiöses Brauchtum wiederbelebt. Wie problematisch dies im einzelnen war, zeigt beispielsweise, daß Driendls katholisch orientiertes Werk in den evangelischen Landesteilen Unwillen erregte. Das protestantische Oberkonsistorium protestierte offiziell dagegen, allerdings ohne Erfolg. Insgesamt ging es um »Hebung« des bayerischen Nationalgefühls, um Legitimitätsstiftung als Ersatz für eine volle politische Partizipation der Gesamtbevölkerung. Historische Vereine, die wie Pilze aus dem Boden schossen, erfreuten sich der königlichen Gunst. Die Krönung dieses historisierenden Patriotismus war 1855 die Gründung des »Bayerischen Nationalmuseums«; 143 nur zum Teil erhaltene Gemälde zur bayerisch-wittelsbachischen Geschichte in 27 Sälen samt einem 600 Seiten umfassenden Erläuterungsbuch sollten den bayerischen Patriotismus historisch-bildhaft fundieren und einem breiten Publikum einprägsam vermitteln. Die Maximilianstraße selbst – das letzte große Architekturensemble Münchens aus wittelsbachischer Initiative – wurde 1857–74 durch Friedrich Bürkleins »Athenäum«, das spätere »Maximilianeum«, monumental abgeschlossen. Es war und ist der Sitz der Maximilianeer, einer Stiftung des Königs für hochbegabte bayerische Abiturienten. Schon 1852 hatte der König auf Initiative des Freiherrn Hans von Aufseß das »Germanische Nationalmuseum« in Nürnberg gegründet, das größte der Geschichte und Kultur Deutschlands gewidmete Museum; es war eine gesamtdeutsche Tat. Als letzte Gründung Maximilians folgte 1862 das »Museum für Völkerkunde« in München.

Der König ließ es aber bei solchen ideologischen Anläufen nicht bewenden, sondern versuchte auch auf andere Weise von den politischen Zugeständnissen an die Revolution loszukommen, die ihm 1848 bei der Thronbesteigung abgerungen worden waren. Es blieb ein vergebliches Bestreben. Prozesse, die gegen aufmüpfige Publizisten und Politiker angestrengt wurden, endeten regelmäßig mit Freispruch durch die Geschworenengerichte. Auch die hohe Staatsbürokratie zog nicht mit, sondern steuerte einen klar konstitutionellen Kurs. Auch die berühmten, stimmgewaltigen und im Publikum einflußreichen Gastwirte legten eine Haltung an den Tag, die man heute mit Verfassungspatriotismus bezeichnen würde. Nicht zufällig hatten sich Wirte und Brauer schon 1848/49 besonders in den Märzvereinen engagiert und tauchten daher 1852 in den von der Regierung erstellten »schwarzen Listen« häufig auf. Geschadet hat ihnen dies offenbar nicht. Politische Wirte wie der Landtagsabgeordnete Alois Stadler aus Gestraz im Schwäbischen und der Vilshofener Abgeordnete Karl Föckerer wurden zwar observiert, doch hütete man sich, sie zu provozieren oder gar zu verfolgen.

Gegen »revolutionäre Tendenzen« glaubte Maximilian II. schließlich ein Allheilmittel gefunden zu haben, nämlich die »Verwissenschaftlichung« der Politik und der Regierungsgeschäfte, eine durchaus moderne Idee. Deshalb scharte er einen Kreis bedeutender Männer um sich, eine Art »brain trust«. Man traf sich jede Woche beim König, informierte ihn, verfaßte für ihn Gutachten als Orientierungshilfen. Ob diese Symposien letztlich eine große Wirkung auf Politik und Gesellschaft hatten, ist umstritten. Die Mitglieder dieses informellen Beraterkreises waren überwiegend jene »Nordlichter«, die in der bayerischen Öffentlichkeit immer wieder Mißfallen erregten. Der König hatte selbst seine wissenschaftliche, vor allem historische und rechtsgeschichtlich-staatsrechtliche Ausbildung an berühmten deutschen Universitäten, in Göttingen und Berlin, erhalten. Er verehrte Leopold von Ranke, dessen Schüler Wilhelm von Doenniges, Heinrich von Sybel und Wilhelm von Giesebrecht er nach München berief. Ebenso kam der berühmte Chemiker Justus von Liebig. Wilhelm Heinrich Riehl, Begründer der Volkskunde als Wissenschaft, wurde erster Direktor des Bayerischen Nationalmuseums.

Was die deutsche und internationale Politik Bayerns in der Ära Max II. anbelangt, so bestimmte sie weitgehend Ludwig von der Pfordten. Er verfocht – letztlich ohne Erfolg – den Plan eines Zusammenschlusses des »dritten Deutschlands«, der mittleren Staaten unter bayerischer Führung, als Gegengewicht gegen den gefährlich anschwellenden Dualismus der deutschen Großmächte Österreich und Preußen. Schon die Frankfurter Nationalversammlung der Paulskirche verwarf 1849 diese »Triaspolitik«, aber auch die anderen deutschen Staaten wie Hannover, Sachsen und Württemberg konnten sich für diese Idee letztlich nicht erwärmen, jedenfalls hatte sie nicht die Durchschlagskraft, den eskalierenden Gegensatz zwischen Österreich und Preußen mäßigend auszubalancieren.

Vor den Problemen der ersten industriellen Revolution

In einem wesentlichen Punkt jedoch hatte der König das richtige Gespür für die wirklichen Erfordernisse der Zeit. Es war die soziale Frage, die Entstehung des Industrieproletariats, denn auch in Bayern machte die Industrialisierung mit all ihren positiven, aber auch negativen Folgen Fortschritte. Zwischen Nürnberg und Fürth fuhr seit 1835 die erste Eisenbahn Deutschlands, wenn auch noch mit englischer Lokomotive. Aber schon 1841 baute Joseph Anton Maffei in München Dampfschiffe und die erste bayerische Lokomotive. In Augsburg entstand schon 1837 mit Unterstützung König Ludwigs I. und gegen den Widerstand der Stadt, die Arbeitslosigkeit für ihr traditionsreiches Textilgewerbe befürchtete, die erste mechanische Baumwollspinnerei, 1845 die erste Kammgarnspinnerei Bayerns. Schon 1854 hatte die Textilfabrik Merz 800 mechanische Webstühle mit 1400 Arbeitern.

Nürnberg hatte seit 1849 eine Kammgarnspinnerei, doch lag hier der Schwerpunkt eindeutig auf der Metallindustrie: Die Maschinenbaufabrik Cramer-Klett wurde in Nürnberg 1847 eröffnet, im Metallbau erlangte die Firma rasch einen guten Ruf. Die »Maschinenbaugesellschaft Nürnberg« konstruierte – anfangs mit Hilfe englischer Ingenieure – seit 1847 Dampfmaschinen. Augsburg hatte seit 1840 die erste Maschinenfabrik. In der Oberpfalz entstand 1853 mit Finanzhilfe des Münchner Unternehmers Maffei die »Eisenwerk-Gesellschaft Maximilianshütte«, die

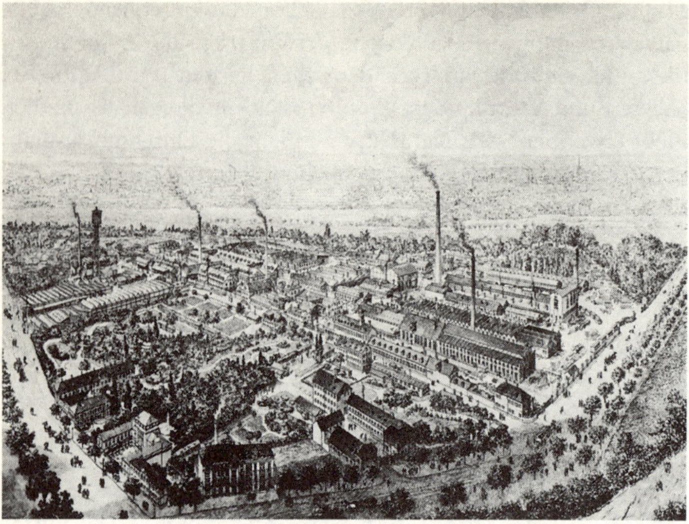

Die Maschinenfabrik Cramer-Klett: Bis über die Mitte des 20. Jahrhunderts hinaus war Nürnberg – neben Augsburg – das bedeutendste Industriezentrum Bayerns und ebenso die Hochburg der Arbeiterbewegung.

den Namen des Königs trug. Ein Staatsbetrieb war das Berg- und Hüttenwerk in Amberg, das 1858 etwa 360 Arbeiter beschäftigte. In der Pfalz produzierte Georg Michael Pfaff seit 1862 Nähmaschinen und entwickelte ein sehr modern anmutendes Fürsorgesystem für seine Arbeiter und Angestellten. Das Eisenwerk der Gebrüder Kraemer in St. Ingbert, nahe den besten pfälzischen Steinkohlengruben, war 1859 das kapitalstärkste bayerische Privatunternehmen. 1865 entstand in Ludwigshafen, das heißt auf pfalzbayerischem Boden, die »Badische Anilin- und Soda-Fabrik«, ein führendes Unternehmen der chemischen Großindustrie, dem schon 1869 die Herstellung des roten Krappfarbstoffs aus Steinkohlenteer gelang. Als der König 1854 ein Gutachten über die Industriegebiete Bayerns und deren Weiterentwicklung einholte, wurden nur »neubayerische« Regionen genannt: Nürnberg, Fürth, Hof und das bayerische Vogtland, Augsburg-Kaufbeuren-Kempten und die Pfalz, aber noch nicht München. Dessen bereits beträchtliche Spezialindustrie trat hier offenbar gegenüber der Funktion als Hauptstadt in den Hintergrund.

Die Standortnachteile der bayerischen Industrie konnten durch innovative Industrien teilweise ausgeglichen werden: Die älteste Schnellpressenfabrik Deutschlands gründeten 1818 Friedrich Koenig und Andreas Friedrich Bauer in Oberzell bei Würzburg. Um die Jahrhundertmitte entwickelte der Betrieb die erste Rotationsdruckmaschine, die den Aufschwung des Pressewesens, vor allem der Zeitungen, förderte. Schwabach in Franken wurde von 1850 an das Zentrum der deutschen Nadelindustrie, in Hof entstand 1855 eine mechanische Spinnerei. Damals waren in der aufblühenden Textilstadt insgesamt 4500 Stühle in Betrieb. Bamberg folgte 1856 mit einer Baumwollspinnerei, die schon 1868 1700 Arbeiter beschäftigte. 1855 und 1860 gründete man in Ludwigshafen-Oggersheim und in Kolbermoor bei Rosenheim weitere Baumwollspinnereien. Wichtig für Franken wurde dann die Keramik-Produktion. 1857 erhielt Lorenz Hutschenreuther eine Konzession für eine Porzellanfabrik in Selb. Justus Liebig (1803–1873), der berühmteste Chemiker der Zeit, seit 1852 auf Wunsch des Königs in München tätig, steht am Beginn der Kunstdüngererzeugung, für deren anfangs schwierige Lage die Bodenkreditbank unter seiner Mithilfe gegründet wurde. Was die Grundstoffindustrien betraf, so konnte Bayern zwar quantitativ weder mit dem Ruhrgebiet noch mit Oberschlesien konkurrieren, baute aber in der Pfalz bei St. Ingbert und in Oberbayern in Penzberg und Miesbach-Hausham schon seit den dreißiger und vierziger Jahren in beträchtlichem Maße Steinkohle ab.

All das hatte weitreichende Folgen. Kein Zweifel: Dampf- und Spinnmaschine sowie mechanischer Webstuhl vernichteten viele Arbeitsplätze im traditionellen Handwerk. Andererseits entstanden aber auch mit der Hochindustrialisierung viele neue Arbeitsplätze, ausgebildete Handwerker wurden zu qualifizierten Facharbeitern und bald auch zu Führern der jungen Arbeiterbewegung; das galt vor allem für die Drucker. Durch die bäuerliche Grundentlastung, das heißt durch die Auflösung des mittelalterlichen grundherrschaftlichen Untertanenverbandes, bildete sich schlagartig ein ländliches Proletariat. Es wurde die »industrielle Reservearmee«. Daher der sprunghafte Anstieg der städtischen Bevölkerung. Spezielle Arbeiterviertel in der Nähe der Fabriken entstanden, von denen in der zweiten Hälfte des 19. Jahrhunderts die Arbeiterbewegung ihren Ausgang nahm und zu einer bestimmenden politischen Kraft werden konnte. Aber noch war es nicht soweit.

Vielmehr zwang der wachsende Bevölkerungsdruck, der durch das Greifen einer flächendeckenden hygienischen Versorgung und durch den Wegfall grundherrschaftlicher Schutzmechanismen im Zuge der Bauernbefreiung von 1848 entstanden war, viele Familien zur Auswanderung. Die enge bürokratische Handhabung des Heimatrechts hemmte die horizontale Mobilität der Einwohner Bayerns und verhinderte dadurch die Ansiedlung in anderen Gemeinden. Dieses bürokratische Hemmnis muß um so mehr erstaunen, da schon in Ludwig I. Regierungszeit ein fast revolutionärer Umbruch des Verkehrswesens durch Kanalbau, Eisenbahnbau und Donaudampfschiffahrt festzustellen ist und dem König eine konsequente Wirtschaftsförderung sehr am Herzen lag. Der industrielle Aufstieg Ludwigshafens, das nicht umsonst nach ihm benannt wurde, fällt ebenfalls in seine Zeit. Gesetzgebung und Wirtschaftsentwicklung klafften dennoch mehr und mehr auseinander; dies erklärt die Auswanderungswelle der ersten Jahrhunderthälfte.

Ehe der Sog der modernen industriellen Arbeitswelt die Landflucht in die Städte lenkte, gab es seit 1812 eine starke bayerische Auswanderung nach Bessarabien. Ihr folgte nach 1830 eine gewaltige Auswanderungswelle nach Nordamerika. Sie begann in Franken mit seinen vielen kleinbäuerlichen Betrieben und griff dann auf die Oberpfalz sowie auf den Bayerischen Wald über. Der Auswanderungsverlust betrug beispielsweise in den Landkreisen Cham und Kötzting zwischen 1876 und 1933 mehr als 30000 Personen, im Landkreis Vohenstrauß waren es von 1861 bis 1937 etwa 20000. Es befanden sich unter den nach Übersee Auswandernden unverhältnismäßig viele Handwerker und Gewerbetreibende, insbesondere deren Söhne und Töchter. Die modernen Spinnmaschinen und automatischen Webstühle vernichteten die ländliche Textilproduktion ebenso wie die industrielle Serienfertigung das handwerkliche Metallgewerbe.

Ähnliches gilt aber auch für das traditionelle städtische Gewerbe. Das alte und berühmte Augsburger Weberhandwerk löste sich 1861 selbst auf und verkaufte sein Weberzunfthaus an die Stadt. Desgleichen gingen viele »Inleute«, das heißt Bewohner ohne Eigenbesitz, die bislang in Bauernhäusern Unterkunft hatten und oft als Taglöhner ihr Geld verdienten, vom Land weg, da ihnen eine teilweise rationalisierte Landwirtschaft mehr und mehr die Arbeit entzog. Andererseits ermöglichte die durch Justus von Liebig entscheidend gesteigerte Produktion der Landwirtschaft eine wesentlich bessere und preiswertere Versorgung der wachsenden Industriebevölkerung mit Lebensmitteln. Allerdings mußten im selben Zeitraum viele kleinere Bauernstellen zwangsversteigert werden, die bei dem technischen Modernisierungsschub auf der Strecke blieben: 1880 waren es 3739 Anwesen, 1881 2739, 1882 noch 2071, das heißt, der Aus- und Abwanderungstrend begann in der Phase der Hochindustrialisierung allmählich abzuebben. Dafür verstärkten sich die sozialen Probleme in den Industriezentren.

Das Gewicht der sozialen Frage

Furcht vor Massenarbeitslosigkeit durch maschinelle Produktion bestimmte bereits den Frankfurter Handwerkerkongreß im Revolutionsjahr 1848; er war ausgesprochen industriefeindlich, griff aber auch das schon damals erkennbare Elend eines rasch wachsenden Industrieproletariats auf. Schutzbestimmungen für jugendliche Arbeiter wurden zwar schon seit 1840 erlassen, und Kinderarbeit war erst ab zehn Jahren erlaubt, doch fehlte es an konsequenter staatlicher Kontrolle in den Betrieben, so daß vieles im argen lag. Dies alles erkannte der König sehr wohl, es konnte seine Sorge angesichts revolutionärer Bewegungen nur noch verstärken. Sein Vater, König Ludwig I., hatte schon 1845 die politischen Folgen des Pauperismus der Arbeiterschaft bemerkt, aber nichts dagegen unternommen: »Traurig zu sehen, daß Gewerbe, die früher viele Familien nährten, jetzt auf viel weniger sich beschränken, somit die Zahl der Proletarier sich vergrößert, dem Communismus in die Hände gearbeitet wird. Das kleine München hatte viel mehr Bierbrauereien als das große. Es geht wie mit den Eisenbahnen; was sonst vielen Orten zugute geworden, häuft sich jetzt auf einige, es den meisten entziehend. Aber es zu ändern hängt von der Regierung nicht ab.« Des Königs Klage muß um so mehr verwundern, als er von der »Nützlichkeitsfunktion der Wissenschaft« überzeugt war und den technischen Fortschritt und technologische Ausbildung nachdrücklich förderte. So griff er 1827 den von Georg von Reichenbach und Joseph von Fraunhofer entwickelten Gedanken einer Hochschule »aller technischen Studien« auf und betraute mit dieser Aufgabe Joseph von Utzschneider. Es entstand eine »Polytechnische Zentralschule«, die durch Initiative des letzteren in drei Lehranstalten in München, Nürnberg und Augsburg aufgeteilt und vergrößert wurde. Aus der Münchner Zentralschule wurde 1868 die »Technische Hochschule«. Ebenso regte Ludwig I. seit 1834 die regelmäßigen bayerischen Industrieausstellungen an.

Seit 1848, als sich die Arbeiter aktiv an der Revolution beteiligt hatten und es in Wien wie Berlin zu Maschinenstürmereien kam, konnte man sich Fatalismus in der Arbeiterfrage nicht mehr leisten. Karl Marx und Friedrich Engels verkündeten in ihrem berühmten *Kommunistischen Manifest* von 1847/48 mit der Kampfparole »Proletarier aller Länder, vereinigt Euch« das Programm der internationalen Revolution als verheißungsvolle Lebensperspektive der Arbeiterschaft. Damit waren Staat und Gesellschaft aufgerufen, regelnd und schützend den Schäden und grotesken Auswüchsen des »Manchester-Liberalismus« entgegenzuwirken.

Angesichts der gravierenden wirtschaftlichen und sozialen Probleme dotierte Maximilian II schon 1848 einen Unterstützungsfond für industrielle Zwecke mit einer Million Gulden. Wichtiger war jedoch die Einrichtung eines neuen Ministeriums des Handels und der öffentlichen Arbeiten mit dem speziellen Auftrag, »alle auf die Fabrikation, Produktion und den Handel bezughabenden Gegenstände« ressortmäßig in Angriff zu nehmen. Wie nötig dies war und wie sehr hier der König zum Ministerium und zur Bürokratie in Gegensatz geriet, erhellt schon aus der Tatsache, daß es ihm nicht gelang, die wirtschaftlich hemmende disziplinierende Gewerbegesetzgebung und deren engstirnige Handhabung durch Behörden und Gemeinden zu modernisieren.

In der Epoche eines brutal um sich greifenden Industrialismus, der keine Rücksicht auf die primitivsten Lebensinteressen der Arbeiterschaft nahm, war es immerhin bemerkenswert, daß sich Maximilian II. eingehend mit sozialen Fragen und Mitteln und Wegen »zur Hebung des Proletariats« befaßte. Hier suchte er der widerwilligen Bürokratie Beine zu machen. Am 3. Oktober 1849 schrieb er an von der Pfordten:

»Was auf mein Handschreiben vom 24. vorigen Monats die Sorge für das Proletariat betreffend verfügt worden, und ob bereits diese Sachen in den gehörigen Gang gebracht und eifrig betrieben werden, wünsche ich gerne zu wissen, weil mir sehr am Herzen liegt, daß die Angelegenheit nicht ins Stocken gerate.«

Der König gewann für soziale Probleme zeitlebens keine Verbündeten in Regierung und Bürokratie. Nicht einmal die Kirche stand ihm bei. Auf Maximilians Bitte um Auskunft in der sozialen Frage fiel dem Münchner Erzbischof Gregor von Scherr nichts Besseres ein als die Feststellung, »daß eine ausgedehnte Freiheit des Heiratens die schlimmsten Folgen nicht bloß für den Wohlstand der einzelnen Familien, sondern auch für ganze Gemeinden und Gegenden nach sich zieht«. Ursache der Armut sei der Unglauben und »Materialismus«, und selbst die von der Regierung gestatteten Kirchweihtänze waren für den Erzbischof eine »reiche Quelle vielfachen Unheils« ... Kein Wunder, daß unter solchen Umständen der von Wilhelm Heinrich Riehl geprägte Begriff »Socialpolitik« damals noch weitgehend Wunschdenken blieb. Gegen die Neigung des bürokratischen Apparats, Arbeiterassoziationen und Arbeiterbildungsvereine, wie sie 1848 entstanden waren, zu unterdrücken, sprach sich aber der König entschieden aus, ohne einen grundsätzlichen Wandel der bürokratischen Praxis zu erreichen. Noch wenige Monate vor seinem Tode, am 17. Juni 1863, schrieb der König an das Innenministerium:

»In neuerer Zeit ziehen die Bestrebungen der Arbeiter nach Verbesserung ihrer materiellen Lage die allgemeine Aufmerksamkeit auf sich: Insoweit Arbeitervereine ... keinen anderen Zweck befolgen, als den, jene Verbesserung der Lage des Arbeiterstandes herbeizuführen, sind dieselben unbedenklich und eignen sich eher zur Unterstützung von seiten einer wohlmeinenden Regierung als zu einer Hemmung ihrer Entwicklung.«

Fast zur selben Zeit schrieb Ferdinand Lassalle – Repräsentant eines undogmatischen Sozialismus – an einen Freund: »daß nichts eine größere und segensvollere Rolle haben könnte als das Königtum, wenn es sich eben nur entschließen könnte, soziales Königtum zu werden.« Ein großes Wort! Wurde hier eine Sternstunde modernen Königtums versäumt? Wie dem auch sei – ein Jahrhundertthema war hier formuliert, und damit Fragen, die uns in gewandelter Form bis heute bedrängen.

11. KAPITEL

Bayerns Weg in die moderne Industriegesellschaft: Zwischen Traum und Wirklichkeit – von Ludwig II. zur Prinzregentenzeit

Ludwig II. – ein Märchenkönig?

König Ludwig II. (siehe Farbtafeln), heute eine von nachgetragener Liebe seltsam stilisierte Kunstfigur, ist irgendwo zwischen altbayerischem Patriotismus, glückloser Politik und umstrittener Ästhetik verortet, meist zu Unrecht. In friedlichen Zeiten, wie sie Vater und Großvater zuteil geworden sind, wäre ihm wohl die normale Existenz eines konstitutionellen Monarchen beschieden gewesen. Kunst als Lebenselixier und das Verdienst, Richard Wagners Retter und Mäzen gewesen zu sein, hätten ihm – bei eher lässiger Handhabung der Staatsgeschäfte – vielleicht genügt. Jedenfalls erfreute sich der kaum neunzehnjährige junge Mann, der die Schönheit seiner preußisch-hohenzollernschen Mutter geerbt hatte, bei seiner Thronbesteigung allgemeiner Beliebtheit. Auch der liberal-konservative Kurs seiner Ministerien setzte die wittelsbachisch-pfälzische Tradition von 1806 beinahe nahtlos fort. Wie kam es dazu, daß er letztlich scheiterte, dem politischen Leben in eine selbsterbaute Kunst- und Mythenwelt entfloh, in der er der größte Selbstdarsteller unter den deutschen Fürsten des 19. Jahrhunderts wurde: ein vorweggenommener Salvador Dalí, eine Traumgestalt in mehr als einem Sinne? Oder war es kein perfekter Traum, den sich ein König baute, der von Anfang an spürte, daß er politisch kein König seiner Imagination, seines Anspruchs sein konnte? Ein Traum aus Stein und Stahl, eine bereits voll elektrifizierte Welt, die Mittelalter sein wollte oder zumindest das rauschhafte Mittelalter seines Freundes Wagner, für den Ludwig die Gralsburg Neuschwanstein herbeizauberte. Über diesen Bau, der in gewisser Weise Environment-Kunst vorwegnimmt und prä- wie postmodern ist, schrieb der König an den vergötterten Komponisten:

»... [Es wird eine Burg] im echten Styl der alten deutschen Ritterburgen, und muß Ihnen gestehen, daß ich mich sehr darauf freue, dort einst zu hausen; mehrere Gastzimmer, von wo man eine herrliche Aussicht genießt..., sollen wohnlich und anheimelnd dort eingerichtet werden; Sie kennen Ihn, den angebeteten Gast, den ich dort beherbergen möchte; der Punkt ist einer der schönsten, heilig und unnahbar, ein würdiger Tempel für den göttlichen Freund, durch den einzig Heil und wahrer Segen der Welt erblühte...«

Ludwig II. war als König mit einem Parlament konfrontiert, in dem besonders die aufmüpfigen Pfälzer das große Wort führten, also jene Landeskinder, die ein Menschenalter lang Bürger zuerst des revolutionär-republikanischen und dann des napoleonischen Frankreich gewesen waren und jetzt energisch auf ihre konstitutionellen Rechte in einer Monarchie pochten, die immer noch gewisse neo-absolutistische Züge trug.

Auch für Ludwig II. war Frankreich das große Vorbild, aber es war das Frankreich des extremen Absolutismus König Ludwigs XIV., des »Sonnenkönigs«, ein Vorbild, das in der zweiten Hälfte des 19. Jahrhunderts Lichtjahre von den Erfordernissen der Zeit entfernt war und durch die Traumkulisse von Neo-Versailles im Chiemsee nur noch mehr ins endgültig Vergangene verwiesen wurde. Seltsam genug, daß der bayerische König mit dem Riesenschloß, das ein Torso blieb, auf seine Weise auch zur Gegenwart sprechen wollte. Denn war es etwa kein politischer Affront gegen das eben mit »Blut und Eisen« von Bismarck zusammengeschmiedete neue deutsche Kaiserreich, wenn Ludwig eine Apotheose jenes machtvollen barocken Königsstaates Frankreich auf deutschem Boden erbauen ließ? Eines Frankreich, das einst die bayerische Pfalz verwüstete und das jetzt, nach dem Siegfrieden von 1871, von der nationaldeutschen Publizistik zum »Erbfeind« des Reiches erklärt wurde. Mit anderen Worten: Herrenchiemsee war auch eine Art »Protestarchitektur« gegen das neue Bismarck-Deutschland, ein politisch-ästhetischer Affront und ein trotziges Spiel mit einer erträumten Vergangenheit.

Ironie der Geschichte: Mit dem originalgetreuen, wenn auch etwas vergrößerten Bau der Spiegelgalerie nach Versailler Vorbild rekonstruierte König Ludwig II. – bewußt oder unbewußt? – zugleich die historische Bühne, auf der durch den von Bismarck abgepreßten »Kaiserbrief« Ludwigs II. die politische Selbständigkeit Bayerns endete. Erst nach diesem schicksalhaften Brief des bayerischen Königs an den preußischen König war die Kaiserproklamation im Spiegelsaal von Versailles am 18. Januar 1871 überhaupt möglich geworden, eine schwierige Zeremonie, die Otto von Bismarck den letzten Nerv kostete. Ludwig blieb dem Spektakel fern, er hatte Zahnschmerzen; mehr noch mußte es ihn aber schmerzen, daß damit Bayern als souveräner Staat endete. Seine Konsequenz war die Flucht aus der Geschichte, die er nicht mehr prägend mitgestalten konnte. Es wurde eine sich verstärkende Flucht in die Mythen des Gralskönigtums, wie sie Richard Wagner, der »Neutöner« und vergötterte Freund, buchstäblich »instrumentiert« hatte. Einen Höhepunkt mit fragwürdiger Botschaft stellte die Venusgrotte bei Schloß Linderhof dar, ein Disneyland-Environment aus Gips, Draht und Farbe, aber darüber hinaus – ein Paradoxon besonderer Art – ausgestattet mit den ersten funktionsfähigen Elektromotoren der Firma Siemens: eine Bühne, auf der Ludwig Regisseur und melancholischer Hauptdarsteller in einer Person war. Ein nihilistischer Zug seines Wesens kam in dem Wunsch zu Ausdruck, daß nach seinem Tod alle seine Bauwerke in die Luft gesprengt werden sollten – eine Schreckensvision für den bayerischen Tourismus von heute.

War das die Wirklichkeit einer Zeit, die fortschrittsgläubig auf die Hochindustrialisierung zusteuerte? Es mag eher ein Fluchtsignal gewesen sein, denn der erotisierenden Glut der Venusgrotte treten als wahre Zeichen der Zeit die sehr konkrete Glut der Eisenwalzwerke, die Elektromotoren und die Transatlantik-Kabel der Firma Siemens gegenüber. Die »germanischen« Textilien der »Hundinghütte« bei Linderhof aus Wagners Sagenwelt sind in der Realität längst automatischen Webstühlen in den Textilfabriken Bayerns gewichen. Kapital und Arbeit bestimmen das Leben in steigendem Maße, reißen aber auch schwere soziale Gegensätze in der Gesellschaft auf. Das Gewerbebürgertum will im Zeichen des Liberalismus und vor allem aus wirtschaft-#lichem Kalkül die deutsche Einheit, ein Trend, dessen sich der König voll bewußt ist und der seine Politik zwischen 1864 und 1871 bestimmt. Vollender dieses Wegs zur deutschen Einheit war der »eiserne Kanzler« in Berlin, den Ludwig gleichermaßen haßte wie bewunderte. Der Bismarckturm auf der Rottmannhöhe am Starnberger See ist eines der zahlreichen Monumente nationalliberalen Kanzlerkults in Bayern, den das Bürgertum zelebrierte.

Bayerns Politik war in dieser Epoche ein Pendeln zwischen den beiden deutschen Großmächten Österreich und Preußen, die immer erbitterter um die Hegemonie oder gar Alleinherrschaft im Deutschen Bunde rangen. So klug und aktiv auch des Königs Leitender Minister Ludwig von der Pfordten einen Ausgleich zwischen beiden Mächten erstrebte, der zugleich Bayerns relative Selbständigkeit sichern sollte, letztlich war ihm kein Erfolg beschieden. Seine »Trias-Politik« des Bündnisses der deutschen Mittelmächte gegen die »Giganten« Österreich und Preußen scheiterte ebenso wie das Lavieren zwischen beiden seit 1864. Am Schluß erlitt Bayern an der Seite Österreichs 1866 eine Niederlage, die von preußischer Seite durch harte Gebietsforderungen und mit der Drohung einer Kriegsentschädigung von 30 Millionen Gulden verschärft wurde. Wollte Bayern aus dieser ans Terroristische grenzenden »Friedenspolitik« Bismarcks einigermaßen heil herauskommen, mußte es der deutschen Einigung preußischer Machart beitreten und ein Schutz- und Trutzbündnis mit dem Sieger eingehen – eine andere Möglichkeit gab es nicht mehr. Mit einem Schlag war eine neue Großmacht entstanden, die Landkarte Mitteleuropas hatte sich gewandelt. Wie war dies möglich geworden?

Bismarcks Dampfwalze der Vereinigung Deutschlands, die vom aufbrandenden Nationalismus vorangetrieben wurde, räumte jeden Widerstand rücksichtslos beiseite. Dabei wurden plötzlich Schwachstellen des monarchischen Systems Bayerns sichtbar. Im evangelischen Franken betete man 1866 in vielen Kirchen für den Sieg der preußischen Waffen – ein Alarmsignal! »Wehe dem Besiegten!«, dies stand Ludwig als Bayerns Schicksal vor Augen, als Bismarck 1866 gegen alle legitimistischen Skrupel seines Monarchen das Königreich Hannover mit einem Federstrich liquidierte. Vom geschlagenen Österreich wurde Bayern nach dem preußischen Sieg bei Königgrätz ebenso im Stich gelassen wie vom Frankreich Kaiser Napoleons III. Letzteren hatte Bismarck durch vage Angebote einer Abtretung der linksrheinischen Pfalz vor einer Intervention in Deutschland zurückgehalten.

Sowohl das düstere Schicksal des Königreichs Hannover, das trotz seiner englischen Verbindungen ausgelöscht wurde, wie auch die gesamtdeutsche Begeisterung des siegreichen bayerischen Heeres und obendrein die vom liberalen Bürgertum auch aus wirtschaftlichen Gründen gestellte kategorische Forderung nach der deutschen Einheit waren Ludwig II. sehr wohl bewußt. Er zeigte sich hier jedenfalls realistischer als Teile seiner Familie und als die Patriotenpartei unter Dr. Josef-Edmund Jörg mit ihrem dröhnenden pathetischen Widerstand gegen die Einheit Deutschlands. Resignierend schrieb der König nach der Reichsgründung in Versailles am 24. März 1871 an seine frühere Erzieherin Sybille Meilhaus:

»... Viel fürchte ich von dem Einflusse der nun bald zurückkommenden Truppen, die jene verdammten preußenfreundlichen, deutschschwindlerischen Ideen im ohnehin angesteckten Volke noch mehr verbreiten werden.«

Es wäre aber falsch anzunehmen, daß Bayern nur widerwillig in das Bismarckreich »geschleift« worden ist. Schon die ältere Reichstradition Frankens und Schwabens, die unterschwellig weiterlebte, beweist dies: 1848 war sie zutage getreten und 1866 erneut. Auch blieb Ludwig II. nicht verborgen, daß der preußische Kronprinz Friedrich Wilhelm – der spätere »Kaiser der 100 Tage« – schon am Ende des Krieges bei seinem selbstherrlichen Auftreten in Bayern geäußert hatte, daß er dieses »schöne Land« in ein paar Jahren annektieren wolle – ein Verhalten, das Bismarck aufs schärfste mißbilligte, denn das starke Bayern hatte in seiner Konzeption des Reiches als Fürstenbund eine wohlüberlegte, nämlich retardierende Funktion gegenüber zentralistischen Tendenzen. Solche Äußerungen ließen aber die weiterhin drohende Gefahr erkennen. Unter diesen Umständen waren die Zugeständnisse an Bayern, die Ludwig durch monatelange Hinhaltetaktik bis zur Kaiserkür in Versailles durchgesetzt hatte, mehr als bloße Dekoration: Entgegen den harten Forderungen Preußens 1866 blieb Bayerns Staatsgebiet so gut wie unangetastet, ein Erfolg, der allerdings mit dem Blute der bayerischen Soldaten 1870/71 erkauft war. Im Bundesrat – das neue Reich war eigentlich ein Fürstenbund – konnte Bayern mehr Stimmen erlangen als vorgesehen. Außerdem bekam es den Vorsitz im Ausschuß des Bundesrates für die auswärtigen Angelegenheiten, wenn es auch aus diesem Recht nichts zu machen verstand. Bayern behielt – wie Württemberg – die Posthoheit, und als alleiniges Land im Reich mußte es die Bier- und Branntweinsteuer nicht an die Reichskasse abführen. Des weiteren bewahrte es sich sein eigenes Heimat- und Niederlassungsrecht sowie das Separatrecht, eigene Gesandtschaften an den europäischen Höfen zu unterhalten. Dieses an sich wichtige Gesandtschaftsrecht verfiel aber in den nächsten Jahrzehnten durch die »normative Kraft des Faktischen«: Am Schluß konnte Bayern nur noch mit Berliner Zustimmung Gesandte ernennen. Ob der von Bismarck zugestandene Oberbefehl des bayerischen Heeres in Friedenszeiten ein wesentliches Sonderrecht war, darf man ebenfalls bezweifeln, da in den nächsten Jahrzehnten durch die jeweiligen Heeresreformen die bayerische Armee immer stärker dem allgemeinen Standard des Reiches und dessen Befehlsstruktur angeglichen wurde. Als massenpsychologisches Phänomen wird man den bayerischen Oberbefehl in Friedenszeiten aber nicht unterschätzen dürfen: Er war Bestandteil bayerischer Identität in allen Volksschichten.

Und der König selbst? Tiefe Resignation war die unvermeidliche Folge solchen Sich-Fügen-Müssens. Am 26. März 1871 schrieb Ludwig II. an Therese von Gasser, die Frau des betont bayerisch-patriotischen Gesandten am Stuttgarter Hof, folgendes:

»Wehe, daß gerade ich in solcher Zeit König sein mußte, selbst genöthigt war und gerade in bayerischem Interesse jenes schmerzliche Opfer zu bringen.«

Es mag richtig sein, daß Ludwigs Taktieren gegenüber Preußen in mancher Hinsicht zu wünschen übrig ließ; der von Bismarck vorformulierte berühmte »Kaiserbrief« des bayerischen an den preußischen König, mit dem Ludwig II. – allerdings in abgeänderter und allgemeinerer Form – erst die Proklamation des Deutschen Kaiserreiches am 18. Januar im Spiegelsaal von Versailles ermöglichte, hatte den Monarchen wohl überrumpelt. Politische Hartnäckigkeit gegenüber den massiven preußischen Wünschen wird man ihm dennoch bescheinigen müssen. Das gilt auch für die finanziellen Leistungen an Ludwig aus dem sogenannten Welfenfonds, die über ein Schweizer Geheimkonto an Ludwig II. gingen und vor allem für den Bau seiner Traumarchitektur, besonders für Schloß Herrenchiemsee, verwendet wurden. Insgesamt handelte es sich also um eine trotz allem erstaunlich nüchterne »Politik des Möglichen«, wenn auch in ihrer fatalistischen Variante, nämlich als Abschied vom nicht mehr Möglichen.

Wirtschaft und Landvolk

Allerdings bekam Bayern jetzt auch die Krisen des Reichs zu spüren. Das gilt für die Wirtschaft, wo es nach dem Boom der Gründerzeit schon 1873 zu einem Börsen- und Bankkrach kam, der die deutsche Wirtschaft insgesamt und besonders den Eisenbahnbau beeinträchtigte. Desgleichen erlitten die Eisenproduktion und die Baumwollindustrie empfindliche Rückschläge.

Dennoch ging die Entfaltung der modernen Industriegesellschaft voran: Schon 1875 hatte Bayern fünf Betriebe mit mehr als tausend Beschäftigten, nämlich zwei Textilunternehmen in Augsburg und Nürnberg, die Maschinenbau AG in Nürnberg, die Lokomotivfabrik Krauss-Maffei in München und den chemischen Großbetrieb BASF in Ludwigshafen. Ebenso gab es größere Unternehmen des Baugewerbes, das mit dem gewaltigen Zustrom der Arbeiter vom Lande in die Industriestädte aufblühte. Das Areal der Städte vervielfachte sich, moderne Stadtplanung wurde unausweichlich. Hinzu kam als neuer innovativer Zweig die Elektro-Industrie. Es war aber in erster Linie das Zeitalter der Eisenbahn, das Bayern mit der Strecke Nürnberg-Fürth 1835 als Vorreiter in Deutschland eröffnete. In den folgenden Jahren gingen die Privatbahnen mehr und mehr in staatliche Hand über, was eine den wirtschaftlichen Erfordernissen Bayerns angemessene Gesamtplanung ermöglichte. Gewaltige Bahnhofsbauten steigerten die Bedeutung der Städte als Zentren von Kommunikation und Wirtschaft. Die dabei entwickelte Stahlbauweise brachte neue ästhetische Formen hervor, die dann in der Bäderarchitektur der Epoche zu eleganten Schöpfungen führte.

Der phasenweise Rückzug Ludwigs II. aus der Politik seit 1871, der nur noch einmal, nämlich im bayerischen Kulturkampf, verzögert wurde, sollte nicht darüber hinwegtäuschen, daß damit die Innenpolitik Bayerns keineswegs stagnierte. Vielmehr hatte sie sich den drängenden Problemen des gesellschaftlichen Wandels im Zuge der Industrialisierung zu stellen, ein Modernisierungsvorgang, der durch die starke wirtschaftliche Einbindung des Landes in die Gesamtentwicklung des Reiches noch wesentlich verstärkt, ja erzwungen wurde. Das gilt auch für die Landbevölkerung, deren Wohl und Wehe traditionell ein Hauptaugenmerk der Monarchie war. Erste Erschütterungen der ländlichen Gesellschaft hatte bereits die Säkularisation des kirchlichen Grundbesitzes in Bayern 1802/03 gebracht. Sie löste für mehr als die Hälfte der Bauern Bayerns bereits die historisch gewachsene Bindung an die kirchliche Grund- und Gutsherrschaft auf, wie sie noch heute im Ortsbild vieler Dörfer sichtbar ist, nämlich den Verbund von Schloß und Kirche oder Kloster mit der bäuerlichen Siedlung. Seit 1848, das heißt nach der endgültigen Bauernbefreiung, wurde die bäuerliche Oberschicht, also die Vollbauern als tonangebende Honoratioren der Dorfgemeinschaft, durch den ökonomischen Liberalismus den harten Marktgesetzen von Angebot und Nachfrage ausgeliefert, womit jede dauerhafte Existenzsicherung wegfiel. Das bewirkte wiederum, daß das unverheiratete bäuerliche Gesinde – die Ehalten – wie auch die »Inleute«, die verheirateten Mietsleute im Dorf, in wachsendem Maße arbeitslos wurden, aus dem alten grundherrschaftlichen Verband herausfielen und in die Stadt zogen. Das galt auch für die vielen Kleinbauern, die entweder ihren Betrieb aufgaben oder nur als Nebenerwerb weiterführen konnten. Staatliche Hilfsmaßnahmen konnten diesen Prozeß zwar abmildern und verlangsamen, aufzuhalten war er nicht; denn durch die Freihandelspolitik der »nationalliberalen Phase« Bismarcks, die bis in die 80er Jahre reichte, wurden die Getreidepreise durch osteuropäische und amerikanische Importe stark gedrückt. Niedrige Lebensmittelpreise waren aber zugleich eine Vorbedingung der deutschen wie der bayerischen Hochindustrialisierung der 80er und 90er Jahre, die sich gegen den westlichen Vorsprung vor allem Englands durchsetzen mußte.

Die steigende Landflucht der bäuerlichen Unterschichten hatte aber auch eine psychologische Seite: Entgegen einer schon damals einsetzenden romantisierenden Verklärung des »einfachen, aber geborgenen Landlebens« bedeutete für Knechte und Mägde die Stadt und die Fabrikarbeit im allgemeinen einen besseren Lebensstandard, verbunden mit einem weitaus höheren Maß von persönlicher Freiheit. Für die kleinbäuerlichen Betriebe Frankens geriet die Existenzgrundlage besonders ins Wanken, so daß hier in den großen Straßendörfern viele Bauernstellen aufgegeben werden mußten. Man kann aber der bayerischen Agrarpolitik insgesamt attestieren, daß sie durch vernünftige Hilfsmaßnahmen den Schrumpfungsprozeß der Landbevölkerung besser abzufedern vermochte, als dies vor allem in Ostdeutschland der Fall war.

Die erstaunliche Kontinuität bayerischer Agrarpolitik bis weit ins 20. Jahrhundert hinein war die erwünschte und auch erstrebte Folge. Bayerns konservative Grundstruktur beruhte aber nicht auf »Schlotbaronen« und Großgrundbesitz, sondern hatte eine solide bäuerliche Grundlage, auf der seit den 70er Jahren des 19. Jahrhunderts das Zentrum als neue und – wie sich zeigen sollte – dauerhafte politische Kraft aufbauen konnte. Die Behäbigkeit niederbayerischer und oberbayerischer Dörfer und der Stolz auf Haus und Hof, der sich bereits im reichen Blumenschmuck der mächtigen Vierkanthöfe und der breiten, mit umlaufenden Balkonen ausgestatteten Bauernhäuser zeigt, belegen diesen engen Zusammenhang zwischen Politik und Landesentwicklung bis zum heutigen Tag.

Man kann noch einen Schritt weitergehen und sagen, daß die bayerische Patriotenpartei – seit 1887 das »Bayerische Zentrum« und nach 1918 die »Bayerische Volkspartei« – als die stärkste politische Kraft Bayerns ohne die vorausgegangene konsequente Bauernpolitik der Wittelsbacher gar nicht in dieser eigentümlichen, tief im Lande verwurzelten Eigenart entstanden wäre. Der feste und dauerhafte gesellschaftliche Rückhalt war die katholische Landbevölkerung und das konservative Kleinbürgertum Ober- und Niederbayerns, der Oberpfalz, Oberschwabens und Unterfrankens, ferner der katholische Klerus und der katholische hohe Adel. Dennoch war die Partei niemals einheitlich, sondern gliederte sich in eine eher bäuerlich-kleinbürgerlich-demokratische Richtung und in eine aristokratisch-reichsfreundlich-konservative Gruppe, die vor allem vom Episkopat und höheren Bürgertum sowie von der katholischen Intelligenz gestützt wurde. Die starke demokratisch-populistische Gruppierung mit antikapitalistischen und teilweise antisemitischen Tendenzen wurde von volkstümlichen Persönlichkeiten wie Josef-Edmund Jörg (1819–1901) und danach vor allem vom »Bauerndoktor« Georg Heim (1865–1938) repräsentiert, der als »graue Eminenz« die Parteipolitik lange Zeit maßgeblich bestimmte. Trotz dreier innerer Krisen der Partei, die durch die deutsche Einigung von 1870/71, durch den von Bismarck ausgelösten Kulturkampf und seit 1890/91 durch die antiagrarische Wirtschaftspolitik der Reichsregierung unter dem Kanzler Leo Graf von Caprivi (1890–1894) markiert sind, erwies sich das Zentrum als die kontinuierlich stärkste Kraft der bayerischen Innenpolitik. Das gilt selbst für die Prinzregentenzeit, als die Partei unter Führung Georg Heims immer wieder gegen das liberal-konservative Ministerestablishment anrennen mußte. Erst 1912 konnte sie mit der Regierung des Grafen Georg von Hertling (1843–1919) die Macht im Staate erlangen – dies allerdings unter zeitweiser Ausschaltung des eher links orientierten »Bauerndoktors«, hinter dem aber der einflußreiche »Christliche Bauernverein« stand. Zuvor hatte Georg Heim aber noch in Absprache mit den Sozialdemokraten 1905/06 die Demokratisierung des bayerischen Wahlrechts durchgesetzt, ein Fortschritt für die Zukunft, an den die »Bayerische Volkspartei« nach den politischen Katarakten der Jahre 1918 bis 1923 wieder anknüpfen konnte. Demgegenüber bedeutete es wenig, wenn die Partei 1893 durch Abspaltung des antiklerikalen, adelsfeindlichen Bauernbundes der Brüder Gandorfer von 81 auf 74 Mandate im Landtag zurückgefallen war: Sie blieb die stärkste politische Kraft Bayerns.

Der »Kulturkampf«

Im bayerischen Kulturkampf der 70er Jahre, der teilweise andere Voraussetzungen hatte als der zeitgleiche preußische, den Bismarck mit Hilfe der nationalliberalen Regierungspartei entfachte, kam dann das Gewicht des bäuerlichen Landes voll zur Wirkung. Der bayerische Staat führte hier gleichsam einen »Zweifrontenkrieg« sowohl gegen Rom wie gegen die Ansprüche Bismarcks auf unbedingte »Gefolgschaftstreue« in dieser brisanten Frage, die gleichermaßen ideologischer wie staatsrechtlicher Natur war.

Ausgelöst wurde der »Kulturkampf« durch Papst Pius IX., dem es in erster Linie um eine kirchenpolitische Straffung des Katholizismus ging, verbunden mit einem scharfen Antimodernismus, der auch in Bayern auf wenig Gegenliebe stieß. Johann Michael Sailers behutsame und erfolgreiche Kirchenreform war seit König Ludwig I. Hand in Hand mit dem Staat auf den Weg gebracht worden, und diese Tradition blieb nicht nur sehr lebendig, sondern fand in dem großartigen Theologen Ignaz von Döllinger (1799–1890), Präsident der Bayerischen Akademie der Wissenschaften, einen wortgewaltigen Fortsetzer. Mit der 1870 auf dem Ersten Vaticanum vom Papst, entgegen deutschen Widerstand, durchgesetzten Lehre von der Unfehlbarkeit des Papstes in Glaubensfragen kamen die Dinge ins Rollen. Es war dies eine Position, die einen gefährlichen Riß zwischen der katholischen Kirche und der modernen Kulturentwicklung geradezu provozierte.

Bismarck benutzte diese Frontstellung mit der Parole »Nach Canossa gehen wir nicht!« (soll heißen: wir beugen uns niemals dem kirchlichen Anspruch auf Politik), um nunmehr mit Hilfe des antiklerikalen Nationalliberalismus scharf gegen die katholische Kirche einzuschreiten. Das bedeutete konkret staatliche Genehmigungspflicht für kirchliche Verordnungen und Schriften sowie hartes Vorgehen gegen jede politische Äußerung von der Kanzel herab. Eine Verfolgungswelle gegen standhafte Priester war die unausbleibliche Konsequenz. Ohne dies zu beabsichtigen, trug der Kanzler damit zum Aufstieg der neuen, kirchlich geprägten Volkspartei bei: dem mächtigen Zentrum, dessen Wurzeln in Bayern in der alten »Patriotenpartei« Josef-Edmund Jörgs (1819–1901) lagen. Dieses scharfe Vorgehen war eine Parallele zu Bismarcks Sozialistenverfolgung seit 1878, die der Arbeiterbewegung einen starken kämpferischen Auftrieb gab.

Für den führenden katholischen Staat im Reich – so empfand sich jedenfalls Bayern trotz seiner evangelischen Bevölkerung in Franken und Schwaben – stellte sich die Situation aus historischen Gründen anders dar. König Ludwig II. wertete das Infallibilitätsdogma des Ersten Vaticanum als eine Bedrohung der staatlichen Rechte im kirchlichen Bereich und damit als eine Schwächung des monarchischen Prinzips an sich. Außerdem sah er seit 1806 die bewährte Regierungsmaxime des bayerischen

Königtums bedroht, daß »Wittelsbach hoch über den Konfessionen« stehe. Deshalb schützte er auch Ignaz von Döllinger, den er auch als Mensch und Theologe bewunderte, gegen die scharfen und teilweise unqualifizierten Angriffe aus Rom. Wenn er auch Döllinger nicht bis zu dessen letzter Konsequenz, der Gründung der »Altkatholischen Kirche«, folgen mochte, hatte die Haltung Ludwigs doch zur Folge, daß der Kulturkampf in Bayern pragmatischer und gewissermaßen elastischer geführt wurde als in Preußen. In der Frage des Verbots des Jesuitenordens gab es in Bayern ohnehin keine Probleme, weil derselbe schon seit 1773 verboten war, wenn es auch in Regensburg eine Niederlassung ohne staatliche Genehmigung gab. Verboten war auch der Redemptoristenorden. In der Frage der Eheschließung übernahm Bayern das Reichszivilehegesetz vom 6. Februar 1875; ebenso kam es zu einer strengen Kontrolle der Erziehungs- und Unterrichtsanstalten, eine Verordnung, die vor allem auf die bischöflichen Priesterseminare gemünzt war. Neben die bislang allein genehmigten Konfessionsschulen traten jetzt auch Simultanschulen, nämlich überkonfessionelle, meist höhere Lehranstalten: ein in die Zukunft weisender Schritt.

Beginn der »Ära Lutz«

Ludwig II. stützte sich bei der Genehmigung dieses Bündels von Maßnahmen vor allem auf seinen neuen Kultusminister Johann von Lutz (1826–1890), der bedeutendsten politischen Persönlichkeit Bayerns zwischen 1870 und 1890; man hat ihn einen »ins Beamtenmäßige übersetzten, verkleinerten, bürgerlichen Montgelas« genannt. Er saß dann bis in die Prinzregentenzeit hinein als Vorsitzender des bayerischen Ministerrats an der Schaltstelle der Politik zwischen Berlin und München – als Vertrauensmann Bismarcks. Im Kulturkampf hatte er sich für diese Rolle profiliert.

Lutz war dann auch der Mann, dem der immer deutlicher werdende Abschied des Königs von der Politik die Chance gab, zwischen Krone und Landtag ein äußerst stabiles, liberal-konser-

Johann Lutz (1826–1890) verkörpert das konservativ-liberale Establishment, das die Politik Bayerns unter König Ludwig II. und dem Prinzregenten Luitpold nachhaltig prägte.

vatives Ministerestablishment zu installieren, das in sorgfältiger Abstimmung mit Berlin die konkrete Politik betrieb und erfolgreich die Ära Lutz überdauern sollte. Es ermöglichte unter anderem, daß in Bayern mit diesem »aufgeklärten System« liberal-konservativer Prägung, in dem sowohl die effiziente Ministerialbürokratie wie das industrielle Großbürgertum eine gewichtige Rolle spielten, bis 1912 gegen die Zentrumsmehrheit im Parlament regiert werden konnte.

Ludwigs II. tragischer und bis heute mysteriöser Tod im Starnberger See am 13. Juni 1886 – der König konnte seine vorangegangene Entmündigung seelisch nicht verwinden – war daher keine politische Zäsur für Bayern. Dafür trat etwas anderes ein, das bis heute nachwirkt. Zu seinen Lebzeiten, vor allem in späteren Jahren, hatte die politische Klasse des Landes Ludwig II. wegen seines Ausstiegs aus der Politik wenig Sympathie entgegengebracht; beliebt war er eigentlich nur in jenen Regionen gewesen, wo er als Bauherr seiner Traumschlösser zugleich der wichtigste Arbeitgeber wurde.

Jetzt jedoch, mit seinem Tode, der zu den wildesten Spekulationen Anlaß gab, gewann er im Volke eine bis heute erstaunliche Popularität und damit gleichsam ein »zweites Leben«, in dem sich späte Sympathie, Kunst, Kitsch und Kommerz auf unnachahmliche Weise vermengen. Nicht der letztlich unaufgeklärte Tod im Starnberger See wurde das Exzeptionelle an König Ludwig II. – in dieser Hinsicht ist er eher ein Opfer der Sensationspublizistik geworden –, sondern seine tragische Existenz, die zu einer späten Identifikation des bayerischen Volkes mit ihm führte: Er wurde eine Kultfigur, denn mit ihm verband sich das Ende der relativen Selbständigkeit Bayerns seit 1866 und 1870/71. Alle tiefsitzenden Vorbehalte gegenüber dem Bismarckreich knüpften sich nun an das düstere Schicksal eines Königs, der ein »Aussteiger« geworden war, weil er keine fürstliche Marionette sein wollte. So nahm Ludwig im Tode fast die Züge eines politischen Märtyrers an, hinter dem sein wirkliches Leben und Denken fast verschwanden. Ob dieses tiefsitzende Empfinden – vor allem in Altbayern – der politisch-gesellschaftlichen Realität der kommenden Jahrzehnte wirklich entsprach, steht auf einem anderen Blatt, als massenpsychologischer Faktor wirkt dieses Gefühl bis heute fort.

Die Prinzregentenzeit – Bayern und das Reich

Das Haus Wittelsbach trug dem Stand der Dinge nach dem tragischen Tod des Königs besonnen und realistisch Rechnung. Prinz Luitpold griff nicht nach der Krone, sondern begnügte sich mit dem Status eines »Prinzregenten«, wenngleich er alle in der Verfassung verankerten königlichen Rechte in Anspruch nahm. Daß dabei sein politischer Spielraum relativ eng war, hatte vor allem zwei Ursachen:

Erstens: die feste Einfügung Bayerns in das von Bismarck konstruierte Gebäude des neuen Reiches. Zwar war dies offiziell nach wie vor ein »Fürstenbund«, aber die vereinheitlichende

Prinzregent Luitpold (1821–1912) prägte nach dem tragischen Tod König Ludwigs II. die Epoche bis zum Ersten Weltkrieg, als München unter liberaler monarchischer Patronanz kulturell »leuchtete«.

Kraft der Berliner Ministerien und des Reichstags, der nach dem allgemeinen, gleichen und geheimen Wahlrecht gewählt wurde, sorgte für ein wachsendes Gewicht der Reichszentrale. Zweitens jedoch wurde der Fortbestand und die Stabilisierung des »Systems Lutz« ausschlaggebend für Bayerns Politik, das heißt jene enge Verknüpfung von ministerialem Establishment liberal-konservativer Couleur mit der zweifellos effektiven hohen Ministerialbürokratie; es war dies ein bis 1912 relativ reibungslos funktionierendes System, das sich sowohl gegen weiterreichende Ansprüche der Krone durchzusetzen wußte wie auch im bayerischen Landtag, gegen dessen stärkste Fraktion, das Zentrum, man erfolgreich regieren konnte. Mehr noch: Durch eine enge Abstimmung der bayerischen Interessen mit Otto von Bismarck und dessen Nachfolger als Reichskanzler hatten Johann von Lutz und sein politisches System eine zusätzlich wirksame Rückendeckung aus Berlin. Das reduzierte zwar die verbliebenen Möglichkeiten bayerischer Politik, eröffnete aber andererseits einen weiten Raum für eine gesellschaftliche und kulturelle Entfaltung Bayerns, die in eine Glanzzeit Münchens als deutscher Kulturmetropole mündete.

Während Berlin sich mit rasantem Tempo zu »Spree-Chicago« wandelte, verstand sich München immer noch in erster Linie als »Isar-Athen«, als königliche Residenzstadt und mehr und mehr als Hauptstadt der bildenden Kunst in Deutschland. Mit der Reichsgründung setzte gleichsam eine »gesamtdeutsche Osmose« für Bayern ein, das heißt, dessen Kultur öffnete sich weit allen Tendenzen Deutschlands. War es unter König Maximilian II. eine relativ geringe Zahl von »Nordlichtern« gewesen, die nach dem Willen des Herrschers das kulturelle Leben und die Universität bereicherten, wurde die Hauptstadt jetzt eine in jeder Hinsicht »gesamtdeutsche« Stadt, ohne dabei ihren Eigencharakter einzubüßen. Zu einem bedeutenden Teil waren es Künstler, Schriftsteller, Intellektuelle einer jungen Generation, für die München die kreative Alternative zur wilhelminischen Metropole an der Spree darstellte. Unter dieser Elite war nur jeder zehnte Eingeborener (wie Annette Kolb und Josef Ruederer), ein weiteres Zehntel kam aus dem Königreich Bayern (wie M. G. Conrad, Ganghofer und Thoma), 61 Prozent wanderten aus dem übrigen Deutschen Reich zu; rund 18 Prozent kamen schließlich aus dem Ausland, vor allem aus dem Osten (wie Kandinsky und Jawlensky) [Reinhard Wittmann].

Die Modernisierung der Landeshauptstadt

Modernisierung war allenthalben angesagt: Seit durch Max von Pettenkofer (1818–1901) die lange als »Pest-City« verschrieene Stadt eine mustergültige Trinkwasserversorgung und mit der Schwemmkanalisation eine effektive Entsorgung erhalten hatte,

München war vor dem Ersten Weltkrieg trotz einschneidender Innovationen auf technisch-zivilisatorischem Gebiet immer noch und vor allem »Isar-Athen«, wenn auch, wie die schlechten Wohnverhältnisse in der »Au« zeigen, eine »Musenstadt mit Hinterhöfen«.

womit sie zu einer der gesündesten Großstädte geworden war, lag sie bald auch im technologischen Bereich in Konkurrenz zu Berlin. Sicher lebte man in der Reichshauptstadt fortschrittsfreudiger und technikbewußter als in München; vergleicht man jedoch die konkreten Modernisierungstrends, so stand man an der Isar bei der Elektrifizierung kaum hinter der Spreemetropole zurück. Im Ausbau des Telephonnetzes hielt man mit Berlin ungefähr Schritt, desgleichen beim Ausbau der städtischen Verkehrssysteme: Ringbahn und Straßenbahn. Ein nationalliberales, gesamtdeutsches Bürgertum, das mit seinem Fortschrittsoptimismus in Kommerz und Kultur als treibende Kraft eine wichtige Rolle spielte, beherrschte als »zweite Gesellschaft« neben Krone und Adel mehr und mehr die Szene. Es war dies eine betont zivile Gesellschaft, zu der auch der Prinzregent Luitpold enge Beziehungen unterhielt und die mit dem Münchner »Medienzar«, Georg Hirth, und dem Malerfürsten, Franz von Lenbach, zwei bedeutende Repräsentanten besaß.

Was konsequente Stadtplanung anbelangt, so war man mit dem Stadtbaudirektor Theodor Fischer (1862–1938) und seiner großzügigen Staffelbauordnung, die bis 1970 gültig war, Berlin mit seinen katastrophalen Wohnverhältnissen ohnehin weit voraus: Eine wohlbedachte Kombination bürgerlicher, industrieller und Arbeiterviertel lagerte sich um den Residenzkern der Stadt und verhinderte weitgehend die gefürchtete Slumbildung des Berliner Nordens.

Es wäre allerdings falsch, die Wohnverhältnisse der Arbeiterschaft in Nürnberg, Augsburg oder München zu verharmlosen, denn eine rücksichtslose Boden- und Bauspekulation machte sich die Tatsache zu Nutzen, daß beispielsweise in der Landeshauptstadt zwischen 1885 und 1900 jährlich etwa 12000 Menschen zuzogen und damit die Preise für Bauland und für Wohnungen emporschnellten. Es dauerte einige Zeit, bis sich gegen den Mietwucher Baugenossenschaften organisierten. Sie erreichten zwischen 1909 und 1911 immerhin einen Anteil von 55 Prozent des Bauvolumens für Kleinwohnungen. Während es den linksliberalen Sozialreformern vor allem darum ging, durch die Baugenossenschaften »die verderblichen Folgen für die Allgemeinheit« zu bekämpfen, legten die christlichen und sozialdemokratischen Genossenschaften das Hauptgewicht auf die demokratisierende und sozialpsychologisch verändernde Wirkung des Genossenschaftsgedankens. Ein Lieblingsgedanke vor allem der modernen Architekten, der dann auch das Dessauer Bauhaus beflügelte, war es, daß sorgfältig geplantes gemeinsames Wohnen zugleich ein Gemeinschaftsgefühl erzeuge; das war sicher eine übertriebene Erwartung, führte aber zu neuen Konzeptionen.

Gemeinschaftssiedlungen sollten zugleich Ansatz zu einer weitergehenden Selbstverwaltung in einem teilweise erstarrten, bürokratisierten Staatsapparat sein. Daß in dieser Hinsicht im Bayern der Prinzregentenzeit noch vieles im argen lag, mag ein Beispiel zeigen. Thomas Wimmer (1887–1964), der populäre sozialdemokratische Bürgermeister in Münchens Aufbauzeit nach den Zerstörungen des Zweiten Weltkrieges, mußte als uneheliches Kind auf die Welt kommen, weil seine armen Eltern nicht in der Lage waren, jenen Geldbetrag aufzubringen, der damals von der Behörde als Voraussetzung für eine Eheschließung gefordert wurde. Von einer »guten, alten Zeit« kann also für breite Volksschichten kaum die Rede sein.

Ältere Formen gemeinschaftlichen Wohnens erhielten sich an der Isar, in der Au; es sind die sogenannten »Herbergen« um die Entenbachstraße, die unmittelbar an bessere Wohnviertel am Isarhochufer grenzten. Nahe der Au entstand das »Müllersche Volksbad«, ein Musterbau des Jugendstils mit ausgesprochen sozialer Note: Es gab dort für wenig Geld Brausebäder für die Arbeiterbevölkerung. Die architektonisch höchst moderne Großmarkthalle Münchens, ein Bau Richard Schachners, wurde ein Vorbild für Zweckarchitektur dieser Art in und außerhalb Deutschlands, und Max Littmanns Anatomie in der Pettenkoferstraße war das erste Gebäude der Stadt, mit dem die konstruktiven und ästhetischen Qualitäten des Stahlbetons voll ausgeschöpft wurden. Dieser Bau kann hinsichtlich der Modernität dem Vergleich mit innovativen Berliner Bauten derselben Zeit durchaus standhalten: moderne Sachlichkeit in beiden Fällen!

Wie stellte sich die Isar-Metropole in den letzten beiden Jahrzehnten des 19. und zu Beginn des 20. Jahrhunderts dar? München als königliche Residenz, als Verwaltungszentrum Bayerns und als Stadt der Kunst und eines hochqualifizierten Kunstge-

Das »Müllersche Volksbad«. Die erste große Bade- und Schwimmanstalt Münchens, ein Musterbau mit betont sozialer Note, war eine Stiftung Karl Müllers. Es wurde 1896 bis 1901 von Karl Hocheder erbaut.

werbes, von dem 20000 bis 30000 Menschen lebten: das sind allgemein bekannte Größen. Weniger bekannt ist, daß die Isar-Metropole schon in den 80er Jahren des vergangenen Jahrhunderts hinsichtlich der Arbeiterbevölkerung die traditionellen Zentren bayerischer Industrie, Augsburg und Nürnberg, zahlenmäßig überflügelt hatte. Prozentuell betrug der Anteil der Arbeiter an der Stadtbevölkerung Münchens 47 Prozent, hingegen 55 Prozent in Nürnberg; der Unterschied von acht Prozentpunkten ist dabei aber insofern zu relativieren, als sich bei einem Vergleich der Einwohnerzahlen von 1905 (München 539067, Nürnberg 294431) herausstellt, daß ungeachtet des um acht Prozent niedrigeren Arbeiteranteils München dennoch eine wesentlich größere Arbeiterbevölkerung hatte als die fränkische Industriemetropole. Die »Arbeiterstadt München« blieb aber bewußtseinsmäßig gleichsam vom bürokratisch-residentiellen wie vom bunten Paravent »Kunstmünchens« verdeckt. So entstanden divergierende Bilder der Isar- wie der Pegnitz-Stadt, deren realer Unterschied bei weitem nicht so groß war, wie es den Anschein hatte.

So erklärt sich auch, daß München mit seiner zwar breitgefächerten, aber doch weitgehend mittelständischen Industrie, die in besonderer Weise Spezialindustrie war, erst relativ spät ein spezifisches Großstadtbewußtsein entwickelte; man blickte gewissermaßen weg, obwohl man bereits Großstadt im Vollsinn war.

Hier lag Berlin, das bereits zwei Weltfirmen hatte – Siemens & Halske und AEG – zweifellos an der Spitze und war sich dessen auch stolz bewußt. Es war Walther Rathenau, ein führender Industrieller und Protagonist berlinisch-wilhelminischen Fortschrittsbewußtseins, der den radikalen Bruch mit der kulturellen Vergangenheit um 1900 für Berlin auf die griffige Formel brachte: »Spree-Athen ist tot und Spree-Chicago wächst heran.« In »Isar-Athen« hielt das allgemeine Bewußtsein hingegen sehr lange und zäh an einem schon damals nostalgischen Bilde der Haupt-, Residenz- und Kunststadt fest. Nicht nur aus den vielberufenen Gemütsgründen, sondern auch aus wohlbedachter »Imagepflege« spielte der Nimbus der heiteren Musenstadt eine große Rolle für den Fremdenverkehr und besonders für die Anlockung eines finanzkräftigen Publikums, ein Gesichtspunkt, der beispielsweise die Baupolitik der Stadt wesentlich mitbestimmte und bis in die Planung und den Bau des Prinzregententheaters hineinwirkte. Der eher zögerliche Zugang zum ideologisch forcierten Modernismus, also zum »bewußten Großstadtbewußtsein« – nur scheinbar eine Tautologie! – hatte aber auch seine guten Seiten, bewegte sich doch auf diese Weise der verkehrstechnisch nötige Umbau der Altstadt um 1900 sehr vorsichtig zwischen der Alternative einer konsequenten Konservierung der »Altstadt« und einer radikal konzipierten neuen »City«: Man tat das unbedingt Nötige für den Verkehrsfluß, vermied aber die katastrophalen Kahlschlagkonzepte, die (vermeintlich!) für eine »City« erforderlich gewesen wären und die es andernorts ja tatsächlich auch gab. Ähnliches wiederholte sich dann teilweise nach 1945 beim Wiederaufbau der Stadt. Man ging auf diesem erfolgreichen, pragmatischen Weg schon wesentlich weiter als in Berlin, wo es infolge früher Planungsdefizite zu riesigen slumartigen Wohnungswüsteneien im industriellen Norden der Metropole kam. Dort waren um die Jahrhundertwende 600000 Menschen gezwungen, zu mehr als fünf Personen in einem Wohnraum zu vegetieren, ein Zustand, der den sozialkritischen Zeichner Heinrich Zille zu der Feststellung veranlaßte: »Man kann mit einer Wohnung einen Menschen genausogut töten wie mit einer Axt.« Der geringere Anteil der Großindustrie in München erleichterte aber zweifellos Problemlösungen. Die sprunghafte Zuwachsrate der Bevölkerung, eine Folge der Industrialisierung wie des Zuzugs wirtschaftlicher und geistiger Eliten, war zwischen 1885 und 1900, mit etwa 12000 pro Jahr, doppelt so hoch wie in Berlin. München »boomte«, 1900 war das Durchschnittsalter 29 Jahre. Ansätze zur Slumbildung gab es auch an der Isar, und die große Wohnungsenquête, die zwischen 1904 und 1907 in München durchgeführt wurde – ein für Deutschland einmaliges Unternehmen, dem Wohnungsproblem wissenschaftlich fundiert zu Leibe zu gehen – enthüllte Zustände, die einer Großstadt alle (Un-)Ehre machten. Die Wohnungsfrage hatte man in München wie auch in anderen Großstädten allzu lange nicht als Teil der sozialen Frage erkannt; darin waren Wien, Frankfurt und Hamburg schon weiter. Erst diese vom »Verein für Socialpolitik« – von Lujo Brentano, Max Weber, Werner Sombart – angeregte Bestandsaufnahme brachte hier einen Bewußtseinswandel. Auch in diesem Zusammenhang ist der Vergleich mit Berlin aufschlußreich. Zwar zeigte die Münchner Wohnungsenquête von 1904/07 krasse Unterschiede im hygienischen Standard des Hausbestandes, doch war dies geradezu typisch für den Prozeß der Vergroßstädterung, dem München mit allen anderen Metropolen des Reiches ausgeliefert war. Immerhin setzte das »Müllersche Volksbad« als soziale städtische Einrichtung für die Zukunft neue Maßstäbe; und mit der ersten städtischen Lungenheilstätte in Harlaching ging München in

Deutschland voran. Der Bau der Prinzregentenstraße mit dem Nationalmuseum, der Schack-Galerie, dem Friedensengel – einem Erinnerungsmonument an den siegreich beendeten Krieg von 1870/71 – und dem Prinzregententheater bewies, daß auch unter den Bedingungen profitorientierten Bauens ästhetisch ansprechende Architektur-Ensembles und verkehrstechnisch innovative Lösungen möglich waren, das »schöne München« also keineswegs nur eine Domäne und ein Verdienst der Monarchie blieb.

Der »Jugendstil« war gleichsam das ästhetische Pendant einer sehr lebendigen Lebensreformbewegung, zu der die Jugendbewegung ebenso gehörte wie die Anfänge einer Kritik am Fortschrittsdenken und an der naiven Verklärung von Technik und Industrie überhaupt. Sieht man den Jugendstil eingebettet in diese lebensreformerische Aufbruchsbewegung der Jahrhundertwende, dann ist es falsch, ihn als Flucht vor der gesellschaftlichen Wirklichkeit ins Ästhetische abzutun; schon Richard Riemerschmids soziale Ideen, die in seinem künstlerischen Oeuvre als Architekt zutage treten, sprechen gegen eine solche Mißdeutung. Der Gartenstadt-Gedanke gehörte um 1900 ebenso zur Münchner wie zur Berliner Wirklichkeit, desgleichen der Kampf gegen die wachsende Luftverschmutzung. Schon damals gab es an der Isar regelmäßige Smog-Messungen, die aufgrund ihrer negativen Ergebnisse zur Verlegung des Botanischen Gartens nach Nymphenburg führten. Doch war man ebenso besorgt, daß schlechte Luft den erwünschten Zuzug reicher Leute bremsen könnte. Man forderte aber auch in scharfer Form die Reinerhaltung des Flusses und der Stadtbäche. Selbst wenn ästhetische und kommerzielle Momente dabei eine Rolle spielten, es waren doch Ansätze »grüner Ideen«, wie sie heute aus wesentlich dringenderen Gründen eine politisch organisierte Renaissance erleben. München wie Berlin standen hier gleichermaßen an der Spitze, denn Lebensreform war im Denken der Zeit »Modernismus konkret«. Sehr konkret erwiesen sich aber auch die Hindernisse bei der Verwirklichung solcher Ziele – damals wie heute. Der Gartenstadtgedanke etwa, eine positive, einleuchtende Idee, konnte nur teilweise verwirklicht werden, da die spekulativen Landkäufe an der Peripherie Münchens, die von den »Terraingesellschaften« schon längst getätigt waren, ein schweres Hindernis waren.

Die Frauenbewegung um 1900

München war seit 1899 ein vitales Zentrum der Frauenbewegung, die als bürgerliche Initiative mit vorwiegend karitativen und erzieherischen Zielen begann, aber schon seit der Gründung und dann in immer stärkerem Maße eine spezifisch kämpferische Note erhielt. Anita Augspurg und Lida Gustava Heymann entwickelten aus einer für damalige Zeiten radikal-feministischen Position ein optimistisches Bild weiblicher Politik, die letztere so umriß: »Frauengeist- und -initiative werden die Menschheit aus der imperialistischen Gewaltpolitik zu Vernunft, Kultur und Menschlichkeit hinleiten.« Anita Augspurg spitzte später die weibliche Friedensinitiative, nur scheinbar paradox, folgendermaßen zu: »Nur wer feige ist, nimmt die Waffe in die Hand.« Die erste Friedensnobelpreisträgerin Bertha von Suttner, geborene Gräfin Kinsky, hatte 1899 mit ihrem anklagenden Buch *Die Waffen nieder!* den Weg zu weltweiten Friedensinitiativen gewiesen; schon 1892 rief sie mit Alfred Hermann Fried die »Deutsche Friedensgesellschaft« ins Leben, deren langjähriger Präsident der Münchner Historiker und Landtagsabgeordnete Ludwig Quidde wurde. Als 1898 Zar Nikolaus II. eine internationale Friedenskonferenz vorschlug, die dann 1899 in Den Haag stattfand, war es Margarethe Lenore Selenka, Frau eines Münchner Zoologieprofessors, die in Deutschland die Initiative ergriff und zusammen mit Quidde und der Münchner Friedensvereinigung sowie mit großer Unterstützung Münchner Professoren für die Haager Konferenz Abertausende von Unterschriften von Frauen und Frauenverbänden sammelte und in einer erstaunlichen organisatorischen Anstrengung viele Kundgebungen für die Ziele der Haager Friedenskonferenz ins Leben rief. Diese Aktivitäten reichten bis weit in den Ersten Weltkrieg hinein. Ein Geheimbericht des bayerischen Kriegsministeriums vom 2. November 1915 signalisiert die Zunahme pazifistischer Aktivitäten, wobei man sich besonders über die steigende »Beteiligung des weiblichen Elements« besorgt zeigte. Hier mußte offenbar zum ungestörten Fortgang des europäischen Gemetzels entschieden eingegriffen werden, und so erhielten am 6. März 1916 die »Münchner Friedensgesellschaft« und der ebenso gefährliche »Frauenstimmrechtsbund« Versammlungs- und Publikationsverbot. Anita Augspurg, Lida Gustava Heymann und andere Frauenrechtlerinnen kamen unter Polizeiüberwachung; die katholische Erzieherin Marie Zehetmaier wurde wegen pazifistischer Proteste ins Irrenhaus gesteckt.

Für eine frauengerechte, emanzipatorische Medizin kämpfte damals in München die in England geborene Publizistin Hope Bridges Adam-Lehmann (1855–1916). Ihr *Frauenbuch – Ein ärztlicher Ratgeber für die Frau in der Familie und bei Frauenkrankheiten*, 1896 in Stuttgart erschienen, wurde ein großer Erfolg. Ihre Vorstellungen über die Zulässigkeit von Schwangerschaftsunterbrechungen unter bestimmten sozialen Voraussetzungen brachten sie mit der Kirche und der etablierten Ärzteschaft in Konflikt. Es kam zu polizeilichen Vernehmungen, die ihren Ruf schädigten. Konkrete Pläne zu einer Klinik mit 400 Betten für hygienische und frauengerechte Krankenhausgeburt scheiterten, obwohl die Stadt München dafür bereits ein 1200 Quadratmeter großes Grundstück am Nymphenburger Kanal zur Verfügung gestellt hatte. Bei Kriegsausbruch kehrte sie 1914 nach England zurück: Sie starb im Oktober 1916 verbittert an Tuberkulose, gegen die sie sich nicht mehr behandeln ließ. Doch »die Lebensentwürfe, die sie 1897 in ihrem *Frauenbuch* niederschrieb, haben bis heute nichts an Aktualität verloren« (Marita Krauss). Im Unheilsjahr 1914 schienen aber hoffnungsvolle Anläufe für eine friedliche Welt, für Lebensreform und Emanzipation vorerst in einem Meer von Blut und Tränen zu enden.

Wollten sich Frauen nicht mit den Aussichten auf die berühmten drei »K« – Kirche, Kinder, Küche – begnügen, so bot der Beruf der Lehrerin noch die günstigsten Möglichkeiten. Nach der allgemeinen Überzeugung, daß der Erziehungsberuf der Kulturberuf der Frauen sei, war die Mädchenerziehung der naheliegendste Einstieg in die Arbeitswelt. Im Jahr 1905 betrug der Anteil der Lehrerinnen immerhin schon 18,2 Prozent. Die wirklichen Prioritäten der Unterrichtspolitik aber sahen anders aus. Wie in Preußen seit 1892 bestimmte nämlich auch das bayerische Beamtengesetz, daß Beamtinnen nicht nur weniger Gehalt bekamen als ihre männlichen Kollegen, sondern sie verloren auch bei Heirat ihre Stelle und jeden Pensionsanspruch. Das lief auf ein zwangsweises Zölibat hinaus, wenn die Lehrerin ihren Beruf weiter ausüben wollte. Erst nach der Revolution von 1918/19 wurde diese offensichtliche Benachteiligung aufgehoben. Man kann auch aus diesem Beispiel entnehmen, daß vor dieser Wende die gesellschaftlichen und staatlichen Strukturen noch sehr viel starrer waren als dies die liberale Kultur- und Geschäftswelt der Münchner Prinzregentenzeit vermuten läßt.

Ähnliches läßt sich vom Frauenstudium sagen, denn eine Umfrage bei deutschen Universitätsprofessoren ergab als überwiegende Meinung, es seien nur wenige Frauen, »deren Gehirntätigkeit so entwicklungsfähig ist, um für das höhere Studium geeignet zu sein«. Keinesfalls jedoch für Medizin, Theologie und Jurisprudenz, bestenfalls für klassische Studien, Literaturwissenschaften und Sprachen. Der nationalistische Historiker-Barde des Bismarck-Reiches, Heinrich von Treitschke, war sogar der Meinung, die Universität müsse als Domäne der Männer vor der »Invasion der Weiber« bewahrt werden, eine Meinung, die auch heute noch nicht ausgestorben zu sein scheint. Georg von Vollmar brachte am 7. Mai 1894 im Bayerischen Landtag das Problem des Frauenstudiums erstmals, doch ohne Erfolg, zur Sprache. An der Münchner Universität mehrten sich seit den neunziger Jahren Anträge von Frauen um Zulassung zum Studium, die recht willkürlich behandelt wurden. Im Falle Anita Augspurgs wurde mit Hinweis auf ihre politische Tätigkeit abgelehnt, wohingegen man die spätere aktive Pazifistin Margarethe Leonore Selenka aufnahm. Zu den Ausnahmen gehörte auch die niederbayerische Arzttochter Dr. Rosa Kempf, die 1911 in München bei dem liberalen »Kathedersozialisten« Lujo Brentano mit einer grundlegenden Arbeit über das Leben junger Fabrikmädchen promovierte; 1919 wird sie als Abgeordnete der liberalen Deutschen Demokratischen Partei in den Bayerischen Landtag gewählt. Voraussetzung ihres Vollstudiums mit Promotion war, daß 1903, nach Genehmigung durch den Prinzregenten, die bisherige Praxis aufgehoben wurde, nach der Frauen nur als Hörerinnen, aber nicht zur vollgültigen Immatrikulation zugelassen waren. Ausgelöst wurde diese entscheidende Normalisierung des Frauenstudiums durch eine Petition von elf Hörerinnen der Münchner Universität, unter denen sich auch Katja Pringsheim, die spätere Frau Thomas Manns, befand. Bayern war damit nach Baden das zweite Land im Reich, das ein vollgültiges Frauenstudium ermöglichte.

Kostete es eine gutsituierte bürgerliche Frau große Mühe, im Berufsleben Fuß zu fassen, so konnten im Arbeitermilieu Frauen relativ leicht Beschäftigung finden, allerdings oft unter noch wesentlich schlechteren Bedingungen als die Männer. Mag es auch nicht überall so gewesen sein, spielten doch oft sexuelle Übergriffe, demütigender Umgangston der Meister und selbst rohe Gewalt eine Rolle. Aus der Augsburg-Gögginger Nähfadenfabrik wird 1912 folgendes berichtet: »Fast jeden Tag kann man Frauen und Mädchen weinend arbeiten sehen. An den schlecht laufenden Maschinen kann dem Herrn Untermeister nicht schnell genug gearbeitet werden, bei den kleinsten Fehlern prasselt ein Hagel von Schimpfwörtern und Flüchen auf die Arbeiterinnen nieder« (Elisabeth Plößl). Unter solchen Umständen und wegen des schreienden Mißverhältnisses zwischen Arbeit und Lohn verwundert es kaum, daß in München um 1900 die Fabrikarbeiterinnen mit 16 Prozent an der registrierten und mit 10 Prozent an der heimlichen Prostitution beteiligt waren, womit sie neben Kellnerinnen und Dienstmädchen das Hauptkontingent stellten (Sybille Kraft). Das »leuchtende München« hatte eben auch, wie jede Großstadt, seine tiefen Schatten; sie waren aber kaum mit jenem luziferischen Glanz versehen, den Frank Wedekind provozierend auf die Bühne brachte.

Neue technische Kunstformen

Eine Besonderheit Münchens war, neben dem Bau optischer Geräte, die dort lange beheimatete Präzisionstechnik, aus der sich die innovativen Druck- und Reproduktionsverfahren entwickelten. Diese wurden wiederum technische Voraussetzung für die Graphik und Plakatkunst des Jugendstils, jenes ersten modernen, das heißt nicht historisierenden Kunststils, in dem München Berlin entschieden überragte und qualitativ nur mit Wien zu vergleichen war. Ähnliches gilt für die Kunstindustrie im weitesten Sinne, deren Export neunmal größer war als derjenige Berlins. Das heißt, Kunst und Kunsthandwerk entwickelten sich seit Ludwig II. zu einem bedeutenden Wirtschaftsfaktor »Isar-Athens«, von dem 20000 bis 30000 Menschen leben konnten. Von den »Malerfürsten«, Franz von Lenbach, Franz von Stuck, Friedrich August Kaulbach, Karl von Piloty, und dem bedeutenden Bildhauer Adolf von Hildebrand bis zu Wassily Kandinsky, Alexej Jawlensky, Franz Marc und der Kunst des »Blauen Reiters« reichte das breite Spektrum der Münchner Kunstpalette. Der Verleger Georg Hirth vertrat mit seiner programmatischen Zeitschrift *Jugend* die liberale Mitte des Kulturbetriebs und bestimmte als Herausgeber der *Münchener Neuesten Nachrichten* auch die öffentliche Meinung. München bot schließlich mit seinen für die wilhelminische Ära relativ großzügigen Zensurbestimmungen die geeignete Arena für die beste satirische Zeitschrift Deutschlands, den *Simplizissimus*, eine »Institution«, die gleichermaßen Jugendstil und kulturelle Freiheit, aber auch beißenden politischen Witz propagierte. Ludwig Thoma gehörte zu den prominenten Autoren des Blattes, seine berühmten Briefe des Landtagsabgeordneten Josef Filser brachten das ganze Reich zum Lachen. Bierphilistertum, Kritik an preußisch-wilhelminischer Überheblichkeit, Fragen der Moral oder der offiziellen Pseudomoral, Antiklerikalismus, aber auch Engagement in sozialen Fragen, das waren die Generalthemen des Blattes, dessen Niveau sich vor 1914 durchaus mit dem Londoner *Punch* messen konnte.

War dieser große, bunte »Kulturpark München« unter dem wohlwollenden Patronat des Prinzregenten wirklich das ganze München? War es ein Brennspiegel der Entwicklung ganz Bayerns im Bismarck-Reich, seiner Gesellschaft und seiner sozialen Fragen? Der Fortschrittsoptimismus der Epoche hatte es sicher ebenso erfaßt wie Berlin und Wien. Mit dem »Deutschen Museum von Meisterwerken der Naturwissenschaft und Technik« – so der ursprüngliche Titel der von Oscar von Miller 1906 gegründeten Institution – bekam München das erste Museum dieser Art. Neben dem »Smithsonian Museum« in Washington ist es bis heute die größte Technik-Schau der Welt und Musterbau für alle Sammlungen dieser Art. Technik – obendrein ästhetisch dargeboten – war damit museumsreif, nicht aber deren umwälzende Folgen für die Gesellschaft.

Industrie, gesellschaftlicher Wandel und Arbeiterbewegung

Um die Jahrhundertwende lebte in Bayern noch mehr als die Hälfte der Bevölkerung von Land- und Forstwirtschaft; das war im deutschen Staatenvergleich ein relativ hoher Prozentsatz. Seit der Mitte des 19. Jahrhunderts hatte das Land jedoch industriell stark aufgeholt und war seit 1890, wie die Rheinlande, Berlin, Sachsen und Oberschlesien, in die Phase der Hochindustrialisierung eingetreten. Es gab Unternehmen von internationalem Ruf wie die Nürnberger Maschinenfabrik von Cramer-Klett und die konkurrierende Maschinenfabrik Augsburg, in der Rudolf Diesel den ersten serienreifen Dieselmotor produzieren konnte; beide Firmen schlossen sich 1898 zur MAN zusammen. Paradigmatisch für zahlreiche Unternehmer des 19. Jahrhunderts ist der Lebensweg von Theodor Cramer. In Nürnberg 1817 geboren, humanistisch-klassisch gebildet, 1838/39 Hörer an der Münchner Universität, wo ihn vor allem Schelling anzog, seit 1841/42 in einem Genfer Bankhaus tätig, begeisterte ihn die liberale Bewegung der Zeit; an der Revolution von 1848 nahm er lebhaften Anteil. Nach Nürnberg zurückgekehrt, publizierte er als Buchhändler auch Schriften des französischen Frühsozialisten Louis Blanc und übernahm die Redaktion des fortschrittlichen *Nürnberger Kuriers*. Lange Jahre verband ihn eine enge Freundschaft mit dem atheistischen Philosophen Ludwig Feuerbach (1804–1872). 1847 heiratete er Emilie Klett und ergänzte nach Schweizer Sitte seinen eigenen Namen mit dem seiner Gattin zu Cramer-Klett. Emilie war die einzige Tochter des Eisengießers Johann Friedrich Klett, der 1841/42 eine Maschinenfabrik gegründet hatte. Nunmehr widmete sich Cramer-Klett ganz dem Ausbau dieses Unternehmens und gewann, was für den Aufstieg des Betriebs wichtig wurde, Johann Ludwig Werder als Konstrukteur und technischen Direktor. Aus dem idealistischen Aufklärer wurde jetzt der erfolgreiche, nationalliberale Unternehmer, der sich durch gute Beziehungen zur Regierung spektakuläre Aufträge zu sichern wußte. Einer davon war der »Königliche Glaspalast« für die Münchner Gewerbeausstellung von 1854; das 240 Meter lange Gebäude, nach englischem Vorbild im Auftrag König Maximilians II. errichtet, entstand im Alten Botanischen Garten innerhalb einer Rekordzeit von hundert Tagen. Als es 1931 wegen eines elektrischen Defekts mit einer Unzahl berühmter Gemälde abbrannte, ließ Adolf Hitler am Rande des Englischen Gartens das »Haus der deutschen Kunst« errichten. Eine andere technische Pioniertat war 1862 der Bau einer tausend Meter langen Rheinbrücke bei Gustavsburg nach Mainz. Mit wachsendem Erfolg ging Cramer-Klett auch ins Bankwesen und beteiligte sich sowohl an der Gründung der »Süddeutschen Bodenkreditbank« wie der »Münchner Rückversicherung«. Als Mäzen rief er die »Albrecht-Dürer-Haus-Stiftung« ins Leben und setzte sich nachhaltig für den Bau des Nürnberger Gewerbemuseums ein. Als Theodor von Cramer-Klett – er war für den Glaspalast geadelt worden – 1884 starb, war seine Firma im deutschen Vergleich ein Großbetrieb.

Nürnberg wurde seit 1873 auch der Sitz der Elektrizitätsfirma Johann Siegmund Schuckert, die dann 1903 mit der Starkstromabteilung der Berliner Großfirma Siemens & Halske fusionieren mußte. Schuckert hatte Zweigwerke in Österreich-Ungarn, Rußland, England und Frankreich. Ein bedeutendes, zeitweise fast monopolistisches Unternehmen von Weltruf war auch Lothar Fabers (1817–1896) Fabrik für Bleistift- und Farbminen. Durch Friedrich Fischers und Ernst Sachs' umwälzende neue Technologie der maschinellen Kugellagerproduktion wurde Schweinfurt 1895 Ort einer Schlüsselindustrie für Verkehr und Rüstung. Schwerindustrielle Zentren mittlerer Größe waren inzwischen die Maximilianshütte in der Oberpfalz und das »Kraemersche Eisenwerk« im pfälzischen St. Ingbert geworden.

Was die bayerische Pfalz insgesamt betraf, so war zwar Speyer mit dem gewaltigen salischen Kaiserdom Regierungssitz, aber industriell wichtig wurde vor allem Ludwigshafen mit seinem für den Export wichtigen Rheinhafen, dem Chemiekonzern BASF, seit 1903 eine Hauptstütze des deutschen Kartells »Interessengemeinschaft (IG) Farben«; hinzu kam ein Zweigwerk der Schweizer Maschinenfabrik Gebr. Sulzer. Die BASF wurde damals ein weltberühmtes Forschungszentrum der Großchemie. Dort gelang Fritz Winkler die Kohlenvergasung, was eine Revolutionierung der chemischen Technologie bedeutete. Carl Bosch entwickelte die Ammoniaksynthese, die Deutschland zum Großexporteur von Stickstoff machte. Ebenso bereitete er weitere wichtige Technologien vor, so die Methanolsynthese, die Kohlehydrierung für künstlichen Treibstoff und die Erzeugung künstlichen Kautschuks. Erfindungen von ähnlicher Bedeutung sind Albin Mittasch zu verdanken.

Augsburg und Hof konnten sich trotz starker gesamtdeutscher und ausländischer Konkurrenz als Vorreiter der Textilindustrie behaupten. Münchens Industrialisierung stieg in der Prinzregentenzeit sprunghaft an: Neben den Lokomotiv- und Maschinenbaufirmen Maffei und Krauss sowie der Waggonfabrik J. Rathgeber entwickelten sich vor allem feinmechanische Betriebe der Optik und des florierenden Druckerei- und graphischen Gewerbes. Ursprünglich als »Bayerische Flugzeugwerke AG« im Ersten Weltkrieg 1916 gegründet, entwickelten sich die »Bayerischen Motorenwerke« (BMW) erst relativ spät zu einer Spitzenindustrie des Landes mit internationalem Renommée. Die beiden bayerischen Großbanken, die vom wittelsbachischen Hofbankier Simon von Eichthal 1835 in München gegründete »Bayerische Hypotheken- und Wechselbank« und die 1869 entstandene »Bayerische Vereinsbank« dehnten seit den 90er Jahren ihre Geschäftsbereiche weit über Bayerns Grenzen aus; gleichzeitig eröffneten die Deutsche Bank und die Dresdner Bank bayerische Zweigstellen. Die größte deutsche Versicherung »Allianz« mit Firmensitz in Berlin und München und die ihr damals verbundene »Münchner Rückversicherung« signalisierten ebenfalls die zunehmende Verflechtung der bayerischen und deutschen Wirtschaft. Um 1900 überschritt die Einwohnerzahl die halbe Million durch Zuzug wie durch die Eingemeindung der Orte Nymphenburg, Thalkirchen und Laim.

Parallel zur Industrialisierung, die ideologisch vor allem vom bürgerlichen Liberalismus getragen wurde, und als deren zwangsläufige Folge entfaltete sich die Arbeiterbewegung Bayerns. Anfangs noch unter linksliberalem Patronat, gewann sie seit 1864 mit dem Beitritt Augsburger Arbeiter zu Ferdinand Lassalles (1825–1864) »Allgemeinem Deutschen Arbeiterverein« (seit 1863) ein eigenes ideologisches Profil. Das verstärkte sich noch, als sich 1869 aufgrund des wesentlich radikaleren »Eisenacher Programms« August Bebels (1840–1913) »Sozialdemokratische Arbeiterpartei« in Nürnberg, der bedeutendsten Arbeiterstadt Bayerns, etablieren konnte. Bebels Partei setzte sich in rascher Folge mit Parteiorganisationen in Fürth, Regensburg, München, Augsburg und Lechhausen durch und beherrschte bald allein das Feld. Nürnberg, wo 1874 fast die Hälfte der bayerischen Sozialdemokraten wohnte, wurde unter der energischen Führung Karl Grillenbergers (1848–1897) Zentrum der bayerischen Sozialdemokratie. Aber auch die bayerische Rheinpfalz entwickelte sich aufgrund ihrer chemischen und Montan-Industrie zu einem Schwerpunkt der Arbeiterbewegung; Franz Josef Ehrhart stand an der Spitze des »Gauverbandes Pfalz«. Ein Rückschlag kam 1878 mit Bismarcks scharfem Sozialistengesetz. Jahre der illegalen Arbeit folgten, bis nach dem Ende der Sozialistenverfolgung

1890 der rasche Neuaufbau der Partei einsetzte. Schon bei den Reichstagswahlen von 1890 konnten die bayerischen Sozialdemokraten 13,9 Prozent der Stimmen auf sich vereinigen; 1912, nach Einführung des allgemeinen, gleichen und geheimen Wahlrechts von 1905, stieg ihr Anteil auf 17,3 Prozent. Im selben Jahr erhöhte sich die Zahl ihrer Abgeordneten im Landtag auf 30, sie war damit die größte sozialdemokratische Fraktion in einem deutschen Landesparlament. Von 1889 bis zum Ersten Weltkrieg war dann Georg von Vollmar (1850–1922) die führende Persönlichkeit; mit ihm verlagerte sich der politische Schwerpunkt der Partei in die Landeshauptstadt.

Mit diesem Parteiführer gewann die bayerische Sozialdemokratie ein eigenes Profil. Man hat sogar von einem »bayerischen Sonderweg im deutschen Sonderweg« gesprochen (Karl Heinrich Pohl) und damit von einer Möglichkeit, die es in Preußen nicht gab, nämlich einer Chance der Sozialdemokratie, das politische System ohne revolutionären Bruch zu reformieren. Eine führende Kraft konnte die Partei in Bayern damals ohnehin nicht werden, da es nur eine punktuelle Industrialisierung gab und der agrarische Charakter des Landes noch weitgehend erhalten blieb. Auch waren die Klassengegensätze nicht so scharf wie in den großen Industrierevieren Preußens, in denen sich unter gegebenen Umständen durchaus ein radikal revolutionäres Potential entwickeln konnte. Mit bemerkenswertem Realismus hat Georg von Vollmar 1893 in einem Schreiben an den Parteihistoriker Franz Mehring die Gründe für den Sonderweg der bayerischen Sozialdemokraten und dessen Hemmung durch die starke Position des politischen Katholizismus analysiert und dabei im Hinblick auf seine Landsleute eine treffliche Schilderung ihrer Mentalität gegeben, die an Aventins Charakteristik von Land und Leuten erinnert. Unter anderem bemerkte er:

»Eine vergleichsweise hohe Lebenshaltung; da von Sparsinn keine Rede ist, wird jeder Einkommenszuwachs im Volk sogleich der Lebenshaltung zugeführt. Es existieren erheblich geringere Einkommensunterschiede als anderwärts, weniger Luxus,

Georg von Vollmar (1850–1922), der Organisator der bayerischen Sozialdemokratie, zugleich ein politischer Pragmatiker.

weniger Bettelarmut. Kurz, die Verhältnisse sind einfacher, und nicht so ins Extrem getrieben. In Folge dessen und in Folge des ausgeprägten demokratischen Gefühls ist geringerer Klassenhaß, weniger gegenseitige Absperrung und Überhebung, aber Verkehr auf gleichem Fuße vorhanden. Hiermit hängen Charaktereigenschaften der Bajuwaren zusammen, bei ungebrochener Volkskraft, Starrsinn, Steifnackigkeit, wenig Unternehmungsgeist und Profitgier, keine Spur von Unterwürfigkeit, Genußfreudigkeit, mäßige Arbeitslust. Hier regt sich noch ein kräftiges Bauernvolk, keine Spur von Spekulation und Klügelei. Der formale Bildungstrieb ist gering, die Religion wirkt lediglich als Gewohnheit und Kunst, die Politik wird wesentlich mit dem Gefühl erfaßt, für Theorien fehlt fast der Sinn.«

Freilich, auf die agilen, strebsamen Schwaben und Franken mit ihren industriellen Hochburgen Augsburg und Nürnberg dürfte diese Schilderung kaum zutreffen, und die Altbayern, die von Vollmar offensichtlich dabei im Auge hatte, sind inzwischen auch munterer geworden und haben sich ebenfalls in den Zentren von Handel und Wirtschaft zum »industriellen Stamm« gewandelt, ohne dabei ihr Gesicht zu verlieren.

War in der Zentrumspartei der populäre »Bauerndoktor« Georg Heim (1865–1938) der führende Kopf und schärfste Gegner des liberal-konservativen Minister-Establishments, so stieg in der bayerischen Sozialdemokratie Georg von Vollmar (1850–1922) zum unbestrittenen Vordenker auf. Er befreite die Partei mit seinen »Eldorado-Reden« 1891 lange vor Eduard Bernstein von den Fesseln des orthodoxen Marxismus und wilder Revolutionsromantik und führte sie auf den Weg pragmatischer Sozialpolitik zum Wohle der Arbeiterschaft. Es lag auf der Hand, daß solche revisionistischen Ziele zu heftigen Auseinandersetzungen mit August Bebel und Karl Kautsky als den Hütern der »reinen Lehre« führen mußte. Überdies spricht es für die geistig-politische Prägekraft des Staates und seiner monarchischen Spitze, daß die bayerischen Sozialdemokraten sich durchaus ein eigenes bayerisches Profil und Selbstbewußtsein bewahrten und 1902 am gesamtdeutschen Parteitag in München nachdrücklich betonten. Selbst von der völker- und klassenversöhnenden Wirkung des Oktoberfestes war dabei die Rede. Zum gemäßigten Kurs der Partei trug schließlich bei, daß in Bayern, anders als in anderen deutschen Ländern, Sozialdemokratie und Gewerkschaften personell aufs engste miteinander verflochten waren und schon dadurch eine sehr konkrete reformorientierte Sozialpolitik »vor Ort« nahe lag.

Es soll jedoch nicht verschwiegen werden, daß die bayerische Sozialdemokratie in weiten Teilen des Bürgertums nach wie vor mit Mißtrauen betrachtet wurde; das galt auch für die Beamtenschaft. So war nicht nur der Druck aus Berlin schuld, wenn Gasthäuser sozialdemokratischer Wirte wie das des Reichstagsabgeordneten Georg Birk polizeilich observiert wurden, manchmal auch das Publikum bei Begräbnissen von Parteimitgliedern. Dabei kam es zu beschämenden Szenen, etwa wenn die Polizisten gewaltsam rote Kranzschleifen entfernten. Ebenso verbot man es Soldaten der Garnisonsstädte, Lokale zu besuchen, in denen Sozialdemokraten verkehrten. Das lief auf eine bewußte

Geschäftsschädigung hinaus. Solcher behördlicher Schikanen ungeachtet, entwickelte sich die SPD zu einem politischen Faktor, der nicht mehr ignoriert werden konnte.

Es darf auch nicht vergessen werden, daß dem Arbeiterelend seit der Mitte des 19. Jahrhunderts mit den palliativen Mitteln der bürgerlichen und kirchlichen Wohltätigkeitsvereine nicht mehr beizukommen war. Wie überall in Europa traten auch in Bayern im Gefolge der Industrialisierung schwere gesellschaftliche Schäden auf. Es waren dies die Proletarisierung und Depossedierung des Handwerks durch die Fabrikproduktion, die physische und materielle Ausbeutung des mit der Landflucht wachsenden Arbeiterstandes mit ihren gesundheitlichen und sittlichen Folgen und der bewußte, vermehrte Einsatz von Kinder- und Frauenarbeit als Mittel des Lohndrucks. Dies alles mußte – sollte es nicht die Gesamtgesellschaft schwer in Mitleidenschaft ziehen – fast zwangsläufig zu Widerstand führen. Die Erinnerungen der führenden Männer und Frauen der Arbeiterbewegung illustrieren die üblichen Begleiterscheinungen des Manchestertums: Unterernährung und in ihrem Gefolge Tuberkulose und Typhus, Alkoholismus, Kinder- und Frauenarbeit mit extrem langer, gesundheitsschädigender Arbeitszeit sowie anfängliche Unterdrückung der Koalitionsfreiheit der Arbeiter und Arbeiterinnen mit administrativen und militärischen Mitteln.

In den Fabriken selbst herrschte zumeist eine rigorose Disziplinierung. Beispielsweise wurde in der Spaeth'schen Maschinenfabrik und Eisengießerei in Nürnberg noch an der Jahrhundertwende »das Betreten eines anderen Arbeitsraumes«, »Unfleiß« und Verunreinigung der Fabrikräume mit 50 Pfennig, »Blaumachen«, Pfuschen und Ungehorsam mit 1,50 Mark bestraft. Wie war es demgegenüber mit den Löhnen der Arbeiter bestellt? Eine Umfrage der Nürnberger Gemeindekrankenkassen bei Arbeitgebern und Arbeitnehmern ergab 1908 einen mittleren Tagelohn für erwachsene Arbeiter von 3,40 Mark, für erwachsene Arbeiterinnen von 2,06 Mark, für junge Arbeiter und Arbeiterinnen von jeweils 1,90 beziehungsweise 1,36 Mark. Ein Pfund Rindfleisch kostete damals etwa 62 Pfennige, ein Pfund Schweinefleisch 75 Pfennige, ein Pfund Landbutter eine Mark, ein Liter Milch 19 Pfennige und ein Pfund Kaffee 1,45 Mark. Die Vergleichszahlen sprechen wohl für sich. Krankheitsfälle waren eine familiäre Katastrophe. Berufstätige Frauen, die verheiratet waren, Kinder hatten und den Haushalt führen mußten, standen sich besonders schlecht. Man sieht, daß, ungeachtet der Verbesserungen durch Bismarcks Sozialversicherungssystem und durch die beträchtlichen Erfolge der Gewerkschaften, am Beginn des 20. Jahrhunderts hinsichtlich der Lebensumstände der Arbeiterschaft immer noch schwere Defizite blieben. Um so notwendiger war es, daß die sozialdemokratische Partei den Arbeitern Selbstbewußtsein und Vertrauen in eine bessere Zukunft vermitteln konnte. Auch die Sport-, Wander- und Bildungsvereine der Partei dienten diesem Ziel. Es war immer noch ein langer Weg, bis der Arbeiter vollgültiges Mitglied der Nation wurde, und in Zeiten permanenter Arbeitslosigkeit scheint heute mancherorts die Versuchung groß, diesen schwer errungenen Status des sozialen Friedens der Gesellschaft leichtfertig aufs Spiel zu setzen.

Das Spektrum der liberalen Parteien rekrutierte sich – von München abgesehen, wo sie lange Zeit die Stadt regierten – vor allem aus der Pfalz und aus dem protestantischen Franken. Vor dem Ersten Weltkrieg hatte der Liberalismus noch eine ausgesprochen sozialreformerische Tendenz, die von dem »Kathedersozialisten« Lujo Brentano (1844–1931), aber auch von führenden Köpfen wie Max Weber (1864–1920) und Werner Sombart (1863–1941) bestimmt wurde. Die linksliberalen, teilweise zersplitterten Parteien konnten sich 1910 in Nürnberg unter der Initiative von Ernst Müller-Meiningen (1866–1944) zur »Fortschrittlichen Volkspartei« vereinigen. Der Erste Weltkrieg und seine katastrophalen gesellschaftlichen Folgen verhinderten jedoch auch in diesem Fall die breite Entfaltung eines reformfreudigen Liberalismus, der noch nicht von den Fetischen rücksichtsloser Gewinnmaximierung moralisch pervertiert war. Zentrum und Sozialdemokratie agierten seit 1905 gemeinsam, um eine Demokratisierung des Wahlrechts zu erreichen; dies gelang 1906. Damit waren die Weichen gestellt, die dem Landtag

Georg Heim (1865–1938), der populärste Politiker des bayerischen Zentrums, der späteren »Bayerischen Volkspartei«.

ein größeres politisches Gewicht sicherten. Die Zusammenarbeit von Zentrum und Sozialdemokratie unter Georg Heim und Georg von Vollmar war somit kein Zufall, so sehr man auch in ideologischen Grundsatzfragen differierte. Beiden Volksparteien ging es um die dringend nötige Eingliederung einer rapid wachsenden sozialen Gruppe – der Arbeiterschaft – in die Gesamtgesellschaft, aus der sie im Zeichen eines harten Wirtschaftsliberalismus weitgehend herausgefallen war. Arbeiterbildungsvereine, Kolpingsfamilie, Gewerkschaften, Konsumgenossenschaften und soziale Wohnungsbaugesellschaften für Minderbemittelte sorgten jeweils auf ihre Weise dafür, daß die schweren Schäden des Manchestertums wenigstens teilweise abgewehrt werden konnten. Ob unter dem Zeichen einer entschiedenen christlichen Rückbesinnung auf die »Mühseligen und Beladenen« oder durch eine optimistische Sozialideologie im marxistischen Gewande, Ziel und Absicht beider Volksparteien ähnelten sich hier: Der Arbeiter gewann durch sie ein neues Selbstwertgefühl und wurde damit der Nation zurückgegeben. Daß damit keine »ideelle Verbrüderung« von Zentrum und Sozialdemokratie gegeben war, liegt auf der Hand, denn schließlich warb man als Partei zum Teil um Wählerstimmen aus denselben sozialen Gruppierungen.

Mit dem Eintritt des Zentrums in die Regierung unter dem Ministerpräsidenten Georg Freiherr von Hertling (1843–1919) im Jahr 1912 endete allerdings das zeitweise Zusammenspiel mit den Sozialdemokraten, das 1905/06 die faktische Durchsetzung des allgemeinen, geheimen Wahlrechts für Bayern bewirkt hatte. Inzwischen war Georg von Vollmars Kontrahent beim bayerischen Zentrum, Georg Heim, kaltgestellt worden. Eine neue Ära bayerischer Politik begann, deren Folgen jedoch durch den Ausbruch des Ersten Weltkriegs völlig anderer Art waren, als man erhoffte. Vom kommenden »Großen Krieg«, den manche als »Stahlbad der Nation« herbeiwünschten, war zwar bis 1914 immer wieder die Rede, aber fest daran geglaubt haben wohl nur die Generalstäbler jener Völker, die sich dann vier Jahre lang sinnlos zerfleischen sollten.

Hof und Kultur

Es mag verwundern, daß bei aller Leutseligkeit, die dem Prinzregenten Luitpold wohl zu Recht nachgesagt worden ist, die Sicherheitsvorkehrungen in der Residenz und um Nymphenburg umfangreich und sorgfältig waren – und zwar nicht nur 1906 beim Kaiserbesuch in München anläßlich der Grundsteinlegung des Deutschen Museums. Der Historiker Karl Alexander von Müller, aufgrund seiner Herkunft wohlinformierter Insider des Residenzlebens, hält »eine eigenartige Verbindung von volkstümlicher Natürlichkeit und prunkhafter Etikette« für einen typischen Zug der Persönlichkeit Luitpolds und spricht vom »kulthaften Tabu des abwehrend spanisch-burgundischen Zeremoniells«. Das ging nach seiner Meinung so weit, »daß es damals als schwieriger galt, am Münchner als am Berliner Hof empfangen zu werden«. Auch das war Realität, nämlich die Realität des Mentalen und der Kraft monarchischer Tradition.

Die bürgerliche Welt, ihr Vorandrängen und die von ihr entfesselte Flut technischer und merkantiler Innovationen wurden zwar akzeptiert, man partizipierte sogar nach Möglichkeit an ihren Erfolgen, wollte dann aber bei Hofe, die Gegebenheiten des Hofzeremoniells voll ausschöpfend, doch gern unter sich sein: eine merkwürdige Schizophrenie gegenüber der gesellschaftlichen Wirklichkeit. Wie streng und geradezu hermetisch sich die Hofgesellschaft gegenüber der bürgerlich-kommerziellen Welt noch abzugrenzen suchte, erhellt etwa aus der ans Skurrile grenzenden Trennung der ersten und zweiten adeligen Hofrangklasse vom übrigen Publikum bei Hofbällen. Das ging so weit, daß die dritte Hofrangklasse – das reiche Bürgertum – sich weder am Tanz beteiligen durfte noch Sitzplätze an der Hoftafel erhielt. Sie mußte sich stehend mit einem kalten Buffet und obendrein mit alkoholfreien Getränken begnügen (Karl Möckl).

So konsequent hier die Trennung von Adelsgesellschaft und bürger-licher Gesellschaft auch durchgehalten wurde, die letztere – Geld, Kultur und Wissenschaft repräsentierend und oft bestrebt, durch Nobilitierung wenigstens in die zweite Hofrangklasse aufzusteigen – fand doch Mittel und Wege, ihre Unentbehrlichkeit zu demonstrieren. Oder, anders formuliert, der Hof wußte im ureigensten Interesse die »Zweite Gesellschaft« Münchens, deren Finanzkraft ein Politikum erster Ordnung war, an sich zu binden. So war es nur scheinbar ein amüsantes Paradoxon, daß der Prinzregent sich 1898 dafür einsetzte, daß der Münchner Bierbrauer Joseph Pschorr senior eine Marmorbüste in der Ruhmeshalle auf der Theresienwiese erhielt, eine Ehre, die ansonsten nur Persönlichkeiten aus Kunst und Wissenschaft zuteil wurde. Das geschah wohl kaum, weil das Königshaus gern die Pschorrschen Bier- und Kegelabende besuchte. Vielmehr gehörte dies zur systematischen und in gewisser Weise auch erfolgreichen Politik Luitpolds, in seine Geheimkanzlei und in die – nach Ludwigs II. Tod – zu sanierende Vermögensverwaltung des Königlichen Hauses Männer seines Vertrauens aus dem Wirtschaftsbürgertum und aus der Beamtenhierarchie zu berufen. Peter von Wiedenmann, ein protestantischer Schneiderssohn, war so im Dienste des Prinzregenten zum mächtigen Chef der Geheimkanzlei aufgestiegen und nobilitiert worden, ebenso der erfolgreiche private Vermögensverwalter Luitpolds, Ludwig Klug, eine schillernde Figur, erfahren in allen bürokratischen und kommerziellen Winkelzügen. Er nutzte sein Herrschaftswissen auch für eigene Spekulationsgeschäfte, etwa beim Bau der Prinzregentenstraße an der Isar-Hochterrasse, ein Faktum, das zu einem Sensationsprozeß gegen Klug führte, der dem Ansehen des königlichen Hauses beim liberalen Bürgertum im Umkreis der *Münchner Neuesten Nachrichten* zeitweise sehr abträglich war. Georg Hirth und sein Schwager Thomas Knorr, die Verleger dieser Zeitung wie auch der programmatischen, stilbildenden Zeitschrift *Jugend*, waren eben nicht nur in ästhetischen Fragen meinungsbildend, sondern auch Protagonisten des vorandrängenden industriellen Liberalismus. Dem engsten bürgerlichen Kreise um den Prinzregenten gehörten andererseits erfolgreiche Persönlichkeiten an wie Ferdinand und Oskar von Miller, die sich als Erzgießer beziehungsweise beim Aufbau der bayerischen Energiewirtschaft große Verdienste erworben hatten; ferner die Bankiers Wilhelm von Finck und Theodor von Cramer-Klett, der Bauunternehmer Jakob Heilmann und der Pfälzer »Eisenbahnkönig«, Jakob von Lavale. Parallel dazu verlief die sehr rasch sich vollziehende Verschwägerung von Blut- und Geldadel, die nicht wenig zur politischen Homogenität der tonangebenden Schicht Bayerns und Münchens beitrug. Es war dies eine Gesellschaft, die man nur bedingt als bayerisch bezeichnen darf, die aber jenes städtische Fluidum bestimmte, das man in einem sehr spezifischen Sinne als »gesamtdeutsch« charakterisieren kann. Insofern ist es kein Zufall, daß der finanzkräftige Kreis um den »Malerfürsten« Franz von Lenbach dieser bürgerlich-adeligen Gesellschaft um den Prinzregenten sehr ähnlich und teilweise mit ihr identisch war und daß durch ihn auch Lenbachs Sprung in die Berliner Gesellschaft erleichtert wurde.

Im Bereich der bildenden Künste griff der Prinzregent durch Ankäufe, finanzielle Hilfen und mit seinen berühmten Atelierbesuchen noch am weitesten in die Münchner bürgerliche »Kulturszene« ein, wenn auch eher als »Sponsor« denn als herrischer Initiator künstlerischen Wollens im Dienste der monarchischen Idee, wie dies sein Vater, König Ludwig I., getan hatte. Das hinderte Luitpold übrigens nicht, auch moderne Richtungen zu fördern, die ihm selbst nicht zusagten. Auch seine Bilderkäufe aus karitativen Gründen passen zu seinem noblen Charakter. Man muß es deshalb um so höher einschätzen, daß unter Luitpold – wenn auch vornehmlich durch die Initiative des Kultusministeriums sowie des Prinzen Rupprecht – der modernistische Museumsdirektor Hugo von Tschudi von Berlin nach München geholt wurde; der Kaiser hatte diesem hochqualifizierten Kenner der französischen Moderne Berlin verleidet. Diese Offenheit des Prinzregenten berührt hier um so sympathischer, als er sich zwar grobschlächtiger Ausfälle gegen die Moderne, wie sie Wilhelm II. mit dem Schimpfwort »Rinnstein-Kunst« inszenierte, sorgfältig enthielt, aber auch kein Hehl daraus machte, daß ihm die Kunst der Münchner »Malerfürsten« Lenbach, Kaulbach und Piloty näherstand als diejenige der »Secession«. Dennoch eröffnete er feierlich als »Protektor der Künste« sowohl die Ausstellungen der traditionellen »Münchner Künstlergenossenschaft« im Glaspalast wie auch diejenige der »Secessionisten«, letztere allerdings nach einigem Zögern. In beiden Fällen war er sowohl ausgleichende wie legitimierende Instanz.

Mit der Herrschaft des »Malerfürsten« Lenbach in München, der nicht nur mit Deutschlands Geld- und Machtelite befreundet war, sondern speziell und – gleichsam »von Fürst zu Fürst« – auch mit dem Prinzregenten, öffnet sich der Blick auf eine breitgefächerte, im politisch-sozialen wie im künstlerischen Bereich polyphone, teilweise auch dissonante Wirklichkeit Bayerns und seiner Hauptstadt.

Wirtschaftliches Kalkül spielte auch anderweitig eine Rolle, hatte doch die Stadt ein lebhaftes Interesse daran, mit den Festspielen im Prinzregententheater finanzkräftige Gäste anzulocken und damit der Münchner Gastronomie in den Sommermonaten helfend unter die Arme zu greifen, eine Spekulation, die genau ins Schwarze traf. Nicht umsonst war man in Bayreuth eifersüchtig auf den neuen Münchner Magneten des Wagner-Kults, nämlich auf die gefährliche Konkurrenz, die der berühmte Hoftheaterintendant Ernst von Possart nicht ohne hintergründiges Kalkül für sich selbst ins Leben gerufen hatte. Der »Bauerndoktor« Georg Heim, Sprecher des linken Zentrumsflügels im Landtag, geißelte denn auch am 6. August 1902 in einer berühmt gewordenen Debatte über die Kunstpolitik Bayerns unter Hinweis auf die Münchner Kunstszene die »Verquickung der Kunst mit reinen Geschäftssachen« durch gewisse Kommitees der »alleinseligmachenden Gewappelten. Da sitzen Künstler neben Terrainspekulanten, und wenn das nicht reicht, holt man sich von der Höhe jemand; ich erinnere nur an das Prinzregententheater, wo auch Terraingesellschaften und Künstler miteinander verquickt waren und wo man auch mit Staatsmitteln oder auch Mitteln höherer Herren arbeitete – die Folgen werden sich später zeigen...«

Sie zeigten sich zwar damals noch nicht, jedenfalls nicht in der Form, wie sie Heim erwartete, aber seine Kritik legte doch eine charakteristische Signatur der Epoche bloß: die enge Verbindung von Kunst und Kommerz. Man konnte das allerdings auch ganz anders sehen. Jakob Heilmann, einer der rührigsten, kulturell interessierten Unternehmer Münchens, bezeichnete es nämlich als irrig, daß die Industrie die Kunst vertreibe; womit er zweifellos recht hatte. Die Entstehungsgeschichte des Prinzregententheaters belegt jedenfalls zur Genüge, wie sich Kunst und Kommerz im Industriezeitalter auch erfolgreich aufeinander einstellen konnten.

Die Bücherstadt

München hat in der Prinzregentenzeit Stuttgart als Verlagsstadt überholt und belegte damit nach Leipzig und Berlin den dritten Platz. Zwischen 1900 und 1915 wuchs die Zahl der Verlage von 66 auf 141, wobei schöne Literatur und Kunstbücher an der

Spitze standen. Die Stadt wurde ein Zentrum moderner Reproduktionstechnik, wobei die Verlage Franz Hanfstaengl, Bruckmann und Callwey international hervortraten, die sowohl die Werke der klassischen Kunst als auch die der Münchner »Malerfürsten« Lenbach, Stuck, Kaulbach, Defregger und Grützner durch preiswerte Farbdrucke popularisierten. Bei Georg W. Callwey erschien dann auch die deutschtümelnde Kunstzeitschrift *Kunstwart* als Organ einer antimodernistischen »Heimatkunst«-Bewegung, die später vergröbernd von der NS-Kunstideologie vereinnahmt wurde.

Unter dem Motto: »Wir leben nicht unter den letzten Atemzügen einer sterbenden Epoche, wir stehen am Morgen einer kerngesunden Zeit, es ist eine Lust zu leben!« brachte Georg Hirth 1896 seine Wochenzeitschrift *Jugend* heraus, die einer Kunstepoche den Namen gab, eine unbestreitbare Rolle bei der Entwicklung moderner Buchkunst, Typographie, Gebrauchsgraphik und Plakatkunst spielte und Künstler der verschiedensten Richtungen zu ihren Mitarbeitern zählte. Die Phalanx reichte von Franz von Stuck und Max Klinger über Ferdinand Hodler, Max Liebermann und Lovis Corinth bis zu Thomas Theodor Heine, Max Slevogt, Emil Preetorius, Bernhard Pankok, Alfred Kubin und Ernst Barlach. In den literarischen Beiträgen reichte die Palette von Ganghofer bis Rilke. Der Untertitel »Münchner illustrierte Wochenschrift für Kunst und Leben« umschrieb recht genau den hedonistisch-optimistischen Grundcharakter der bürgerlichen Kultur eines Fin de siècle, das sich zugleich als Epoche eines menschheitlichen Aufbruchs empfand. Dem entsprach ein gewisses Maß an Lebensreform in Kleidung, Habitus und erotischer Freizügigkeit. Die Schwabinger Bohème fügte dann ein Aphrodisiakum leicht bekömmlich-ästhetischer Art hinzu: das Kabarett. Insgesamt zeigte sich das literarisch-künstlerische München der Prinzregentenzeit dem teils amüsierten, teils schockierten Publikum Deutschlands als eine changierende Melange von hektischem Optimismus, der kollektivistische Züge trug, und einer spätzeitlichen Melancholie, die eher individueller Art war. Beide Zustände wurden Gegenstand der frivolen Persiflage, wie sie die »Elf Scharfrichter« vortrugen und zugleich sozialkritisch verschärften. Kurzum: »Isar-Athen« bot einen Cancan von Erotik, Kritik und unbändigem Freiheitsgefühl, ein chaotisches Programm von Scherz, Satire, Ironie und manchmal auch tieferer Bedeutung.

Mit dem Verlag des vermögenden Rheinländers Albert Langen, der 1893 in Paris gegründet und 1895 nach München transferiert wurde, kam ein entschieden kritischer und kämpferischer Ton in die Buch- und Zeitschriftenlandschaft »Isar-Athens«. Das gilt nicht nur für den gepfefferten gesellschaftskritischen Witz des seit 1896 erscheinenden *Simplicissimus*, sondern auch für das Buchprogramm des Verlags, das mit Knut Hamsuns düsterem Erstlingsroman *Mysterien* begann und mit Franziska von Reventlows satirischem München-Buch *Herrn Dames Aufzeichnungen* fortgesetzt wurde. Wenig Glück hatte Albert Langen allerdings mit der anspruchsvollen liberalen und der Versöhnung zwischen Deutschland und Frankreich dienenden Kulturzeitschrift *März*. Herausgeber waren – neben dem Verleger – Ludwig Thoma, Hermann Hesse und Kurt Aram, später bis 1917 auch Theodor Heuss.

Nach dem überraschend frühen Tod Langens vereinigte sich das Verlagshaus mit dem schärfsten Konkurrenten am Ort, dem Verlag Georg Müller. Mit Klassikerausgaben in den elegant-modernen Einbänden des Designers Paul Renner war für Müller eine solide Existenzgrundlage des Unternehmens gesichert. 1913 erschienen 287 Bücher, darunter exklusive Luxusdrucke, eine Spezialität des Hauses. Der kometenhafte Aufstieg endete 1917 mit dem frühen Tod Georg Müllers; die Rechte gingen an den Berliner Ullstein-Verlag. Mit Müllers finanzieller Hilfe etablierte sich 1904 Reinhard Piper als dritter bedeutender Literaturverleger. Sein Erstling war *Dafnis. Freß-, Sauf- und Venuslieder* des Berliner Naturalisten Arno Holz in Barockmanier; 1912 erschien das legendäre Manifest der künstlerischen Avantgarde *Der blaue Reiter* (siehe Farbtafeln). Die Künstler, die sich um diesen ästhetisch-revolutionären Appell sammelten, waren die folgenreichsten Wegbereiter dessen, was man heute die »klassische

Moderne« nennt. Sie entstand, als Wassilij Kandinsky, Franz Marc, Gabriele Münter und Alfred Kubin, der »magische« Graphiker, aus der »Neuen Künstlervereinigung« austraten. Neu hinzu kamen Paul Klee, Marianne von Werefkin und Alexej Jawlensky, aber auch moderne Komponisten wie Alban Berg und Anton von Webern. Reinhard Piper verlegte auch die originell-bajuwarischen Werke Georg Queris: *Bauernerotik und Bauernfeme* sowie *Kraftbayrisch.* Aufgrund des Einspruchs selbsternannter Sittenrichter beschlagnahmte das Landgericht München die in der Tat sehr »kraftbayrische« Auflage, aber Ludwig Thoma erreichte als Sachverständiger dann doch die Freigabe. Zu den »Kulturverlegern« gehörte auch Wilhelm Langewiesche, dessen geschmackvolle »Bücher der Rose« Gedichtanthologien und kulturelle Essayistik einem bildungsbeflissenen Publikum vermittelten. Insgesamt herrschte auch in Münchens Bücherwelt eine erstaunliche Polyphonie der Stimmen, Temperamente und Werte. Um so erschreckender war es, daß mit dem Ausbruch des Ersten Weltkriegs sich auch in der Verlagswelt ein uniformer Hurra-Patriotismus breitmachte, dem selbst Persönlichkeiten wie Thomas Mann huldigten. Nur wenige, wie Wilhelm Herzogs pazifistischer Forum-Verlag, widerstanden 1914 diesem ideologischen Rausch; dafür zogen sie sich die steigende Wachsamkeit der Kriegszensur zu.

Literatur und Gesellschaft

Zur wilhelminischen Gesellschaft mit ihrer teilweisen geistigen Enge gehört als Antwort der radikale Ansturm einer neuen Generation und ihr Wille, aus diesem tabuisierten Bezirk auszubrechen: entweder psychologisierend und quasi »freudianisch«, wie dies in Wien Arthur Schnitzler als melancholische Trauerarbeit geleistet hat, oder frontal und aggressiv wie Frank Wedekind in München, Schlüsselfigur einer kämpferischen Kulturszene. Protest und eine gleichsam gewerbsmäßige Enttabuisierung sind freilich keine Werte an sich; heute sind uns *Lulu*, *Frühlingserwa-*

chen und der Mythos des Geschlechterkampfes – ein großes Thema der Zeit – in die Ferne gerückt und ebenso Plüsch und Pathos der Epoche. Die bald darauf folgende radikale Katastrophe 1914–1918 hat den Rausch der kulturkritisch-schicken Meinungen auf grausame Weise entwirklicht. Auch München war seit dem August 1914 nicht mehr »ein Arkadien zugleich und ein Babylon«, wie es noch Wedekinds Marquis von Keith ironisch gepriesen hatte. Der George-Kreis, dessen fast kultisch verehrtes Haupt von der Gräfin Franziska von Reventlow spöttisch als »Weihenstephan« apostrophiert wurde, hatte sein Zentrum im Schwabinger Hause Karl Wolfskehls und beherrschte lange die »esoterische Szene«. Politischer waren hingegen die nationalkonservative Kulturzeitschrift *Süddeutsche Monatshefte* und vor allem der *Simplicissimus*, ein satirischer, aggressiver, amüsanter Spiegel und Zerrspiegel der wilhelminischen Ära. Reichhaltig und in jeder Hinsicht »polyphon« war das gesellschaftliche und künstlerische Leben. Es reichte vom elitären Kunstwillen der »Kosmiker« und »Enormen« des George-Kreises bis zum Kabarett der »Elf Scharfrichter«; von den Dramatikern Max Halbe und Henrik Ibsen bis zu Rainer Maria Rilke und dem schon erwähnten skandalumwitterten Star der Kulturszene: Frank Wedekind. Dazwischen als ruhende Pole die Gebrüder Mann als Repräsentanten Norddeutschlands, wenn auch politisch deutlich voneinander distanziert. Thomas Mann stand gleichsam in Idealkonkurrenz mit Gerhart Hauptmann in Berlin, indem er sich auf das imaginäre und doch schwere Amt eines »Statthalter Goethes auf Erden« vorbereitete. Vom *Simplicissimus* und von dessen ironisch-kritischen Häuptern Ludwig Thoma, Olaf Gulbransson, Thomas Theodor Heine und Eduard Thöny bis zum George-Kreis ergab sich eine bemerkenswerte Bandbreite der Meinungen und Stile. Man hat mit Recht auf den bislang meist übersehenen breiten Unterbau von lokalen Münchner Zeitschriften aufmerksam gemacht, in denen herbe, oft grantlerische Zeit- und Gesellschaftskritik auf sehr konkrete Art geübt wurde, eine Kritik, von der dann der *Simplicissimus* intellektuell pointierend Nutzen zog, indem er sie für ganz Deutschland brillant umformulierte. Schließlich gab es noch Schwabing und seine Bohème, eher ein Gemütszustand als ein Münchner Stadtteil, scheinbar weit entfernt von den großen politischen und sozialen Fragen der Zeit, aber doch mit einem teils kritischen, teils ästhetisch-anarchistischen Potential, das am Ende des Ersten Weltkriegs auf überraschende Weise wirksam werden sollte. Hier fanden sich maßgebliche Fahnenträger der bayerischen Revolution von 1918/19 zusammen. Zu ihnen gehörten unter anderen Erich Mühsam, Ernst Toller, Kurt Eisner und Gustav Landauer. Im allgemeinen Bohème-Ambiente, das von der Münchner Polizei meist mit Nachsicht observiert wurde, traten sie damals kaum hervor. Man traf sich in der Türkenstraße, wo 1903 Kathi Kobus die Künstlerkneipe »Simplicissimus« eröffnete, in der nachmals berühmte Stammgäste für Abendessen und Wein oft bestes Kabarett boten, so etwa Joachim Ringelnatz (eigentlich Hans Bötticher). In ganz anderer Weise war Karl Valentin anarchisch-querdenkerisch. Schon früh nutzte er das neue Medium Film im Studio Geiselgasteig für seinen hintergründig surrealistischen Humor. Kurt Tucholsky hat ihn einen »seltenen, traurigen, unirdischen, maßlos lustigen Komiker« genannt, der »links denkt«; womit aber kaum eine politische Orientierung gemeint war.

Auch andere geistige Strömungen traten hervor. Das Jahr 1885 markiert nicht nur den Beginn der Münchner Moderne in der Literatur, sondern auch das Erscheinen von Michael Georg Conrads Zeitschrift *Die Gesellschaft*, die eben nicht nur das Organ des literarischen Naturalismus war, sondern auch jene bedenkliche und folgenreiche geistige Schräglage propagierte, in der München als »Stadt der Scholle« gegenüber Berlin figurierte, wo angeblich – so Conrad 1892 – »der Deutsche als Träger und Schirmherr einer reindeutschen, rassemäßig und natürlich bestimmten deutschen Kultur dem Juden bereits nahezu vollständig unterlegen« sei. Was sich hier scheinbar nur im kulturkritisch geistigen Bereich zu artikulieren begann, sollte später sehr konkrete und fürchterliche politische Konsequenzen haben. Für München hatte der Antisemitismus aber doch noch eine andere Bedeutung, und hier treffen wir auf einen charakteristischen Kontrast zu Berlin: Es besteht kein Zweifel, daß im Berliner Kulturleben, anders als in München, die deutsch-jüdische Komponente ganz entschieden ins Gewicht fällt, mehr noch allerdings im Fin de siècle Wiens, der großen Geburtsstätte modernen Geistes in vielen Bereichen; hierin unterscheiden sich Berlin und Wien doch ganz wesentlich von »Isar-Athen«. Gewisse Defizite hatte München auch in einem anderen Bereich aufzuweisen, nämlich in der Musik. Obwohl »Richard-Wagner-Stadt« und zweifellos mit einem musikbegeisterten Publikum ausgestattet, ließ München seinen größten Genius auf diesem Felde, nämlich Richard Strauss, ziehen, ebenso den Komponisten Max Reger. Zu allem Unglück verließ am Lebensende auch Hans Pfitzner verbittert München.

Was als Unterschied zu Berlin und seinen großen Namen, Theodor Fontane, Gerhart Hauptmann, Otto Brahm, Arno Holz, Maximilian Harden, Alfred Kerr und Richard Dehmel, noch auffällt, ist ein weitverbreiteter Apolitismus, der selbst die erfolgreichen Münchner Ansätze eines naturalistischen, politisch engagierten Theaters wieder zum Versanden brachte. Auch Wedekinds satirische, oft kolportagehafte Dramen sind letztlich unpolitisch und eher Vorläufer des Surrealismus: Der kalkulierte Affront bleibt individualistisch und zielt aufs Moralische beziehungsweise Amoralische, nicht auf grundsätzliche »Systemkritik«.

Wie anders klingt dagegen, was Franz Marc im März des Jahres 1914, das den großen Krieg und ihm später den Tod vor Verdun bringen sollte, schrieb und bekannte: »Wir bewundern die Jünger des ersten Christentums, daß sie die Kraft zur inneren Stille fanden im tosenden Lärm jener Zeit. Um diese Stille flehen wir stündlich und streben nach ihr.«

Was kam, war allerdings nicht die ersehnte nazarenische Stille, sondern der gigantische Völkermord und mit ihm das völlig Neue, Andere und Unerwartete, das niemand erahnte und das Erfüllung wie Widerruf der Moderne in einem werden sollte. Lenin schrieb in München zwischen 1900 und 1902 wichtige Programmschriften seiner Revolution, und Adolf Hitler betrat

1913, ein Jahr nach dem Tode des Prinzregenten Luitpold, die Stadt: Beide wurden Protagonisten einer Weltzerstörung von bislang ungekanntem Ausmaß. Dies mag einem vielleicht allzu bunten Panorama ästhetischer Valeurs an der Isar dann doch Schwärze und beklemmende Tiefenschärfe verleihen.

Der Erste Weltkrieg

Diese Weltzerstörung begann mit der Selbstzerstörung der monarchisch-bürgerlichen Welt im Ersten Weltkrieg 1914–1918, einer Selbstzerstörung, für die vor allem der zum Imperialismus eskalierende Nationalismus der europäischen Großmächte verantwortlich war und der überdies einen starken wirtschaftlichen Treibsatz hatte. Das Gewicht der einzelnen Faktoren, die zur Auslösung des Krieges beitrugen, ist in einer heftigen internationalen Diskussion um die Kriegsschuldfrage von der Geschichtswissenschaft und der politischen Publizistik sehr unterschiedlich bewertet worden. Die latenten Spannungen, die zwischen Deutschland und Frankreich seit 1870 bestanden und mit der französisch-russischen Militärkonvention von 1912 neuen Auftrieb erhielten, spielten dabei ebenso eine Rolle wie das durch Admiral Tirpitz ausgelöste Flottenwettrüsten mit England. Nach der Niederlage Rußlands im Krieg gegen Japan (1905) war die große östliche Kontinentalmacht verstärkt in die europäische Politik zurückgekehrt und hatte als Schutzmacht der Slawen in den Krisen und Kriegen auf dem Balkan interveniert. Eine Konfrontation mit dem Habsburgerreich und seinen slawischen Nationalbewegungen war damit vorprogrammiert, aber nicht zwangsläufig. Ein weiterer wichtiger Faktor trat erst bei Ausbruch des Krieges ins öffentliche Bewußtsein, nämlich das europäische Geflecht von Bündnisverpflichtungen und vorsorglichen Generalstabsabmachungen. Dieses Netz wiederum hatte eine weitverbreitete mentale Voraussetzung, nämlich die mehr und mehr an Boden gewinnende Meinung, daß ein großer Krieg unvermeidlich sei. Sie führte auf deutscher Seite zur These vom

»kalkulierten Risiko«, die sich zu der Überzeugung zuspitzte, daß der Krieg um so sicherer zu gewinnen sei, je eher er geführt würde. Die Militarisierung der öffentlichen Meinung in Deutschland wie in Frankreich nahm unverkennbar zu. Man spielte mit dem Gedanken des Krieges, bis man ihn »herbeigespielt« hatte: Das war ein besonders schicksalhafter Fall von »Self-fulfilling prophecy«. Als am 28. Juni 1914 der österreichische Erzherzog und Thronfolger Franz Ferdinand und seine Gemahlin von dem serbischen Nationalisten Gavrillo Princip in Sarajewo ermordet wurden, setzte die Vollmacht des Handelns, die Berlin im Sinne des »kalkulierten Risikos« der Wiener Regierung bei ihrem rigiden Vorgehen gegen Serbien gab, den Automatismus der europäischen Bündnisverpflichtungen in Gang: Der »Große Krieg«, den im Grunde wohl nur militärische Kreise ernstlich gewollt hatten, wurde unvermeidlich. Eine einzige »lokale« Kriegserklärung, nämlich die Österreich-Ungarns an Serbien, zog wie der Fall von Dominosteinen alle anderen nach sich.

Wie stark irrationale Momente dabei eine Rolle spielten, zeigen die extremen Annexionswünsche des Reiches und der Länder. Selbst Ludwig III. (1913–1918), seit 1913 bayerischer König, ansonsten eher ein gewissenhafter, verfassungstreuer, »ziviler König« und tüchtiger Großlandwirt, verstieg sich zu illusorischen Gebietswünschen. Er forderte nicht nur das Reichsland Elsaß-Lothringen für Bayern, sondern auch die rechtsrheinische Pfalz, womit er die betroffenen süddeutschen Länder verprellte, die ebenfalls annektieren wollten. Eine andere Variante war seine Idee, Belgien an Bayern anzuschließen und dafür Preußen mit elsaß-lothringischem Gebiet zu entschädigen. Das war in jeder Hinsicht realitätsfremd. Die mörderischen Schlachten des Krieges, das Verbluten ganzer Armeen im Kampf um Verdun und im zermürbenden Stellungskrieg löschten solche Vorstellungen und Ziele Schritt für Schritt von selbst aus. Der Friede von Brest-Litowsk vom 3. März 1918 mit dem revolutionären, bolschewistischen Rußland konnte keine Wende für die Mittelmächte bringen, da die erhoffte Entlastung an der Ostfront durch den schon am 6. April 1917 erfolgten Kriegseintritt der USA mehr als aufgewogen wurde. Friedensfühler und Angebote von österreichischer und deutscher Seite hatten schon seit 1916 keine Chance mehr, aber auch Woodrow Wilsons Vorschlag vom 22. Januar 1916 vor dem amerikanischen Senat, einen »Frieden ohne Sieg« zu schließen, war kein Erfolg beschieden. Vielmehr löste die deutsche Deklaration des unbeschränkten U-Boot-Krieges vom 31. Januar 1916 den amerikanischen Kriegseintritt aus. Der politisch-militärische Zusammenbruch Österreich-Ungarns leitete dann schrittweise das Kriegsende und die Kapitulation der Mittelmächte ein. Die unerhörten und sich ständig steigernden Leiden an der Front und in der Heimat bereiteten den Boden für die deutsche Revolution vom November 1918. Das Versagen der politischen Klasse, der Reichsleitung wie der deutschen Fürsten, war zu offenkundig geworden, als daß an eine Wiederherstellung der Vorkriegsverhältnisse auch nur gedacht werden konnte. Als die Revolution ausbrach, rührte sich in Bayern wie anderswo keine Hand mehr für den Fortbestand konstitutioneller, deutscher Fürstenstaaten im Reich.

12. KAPITEL

Von Weltkrieg zu Weltkrieg: Kriegs- und Hungerjahre, Revolution, Hitler-Putsch, Stabilisierung, Hineinschlittern in das NS-Regime

Krieg als Nährboden der Revolution

Die Euphorie beim Ausbruch des Ersten Weltkriegs, der von vielen als »reinigendes Stahlbad« empfunden und verherrlicht wurde, verflog mit Beginn des verlustreichen Stellungskriegs in Flandern und Nordostfrankreich. Ohnehin war diese explosionsartige Begeisterung, die auch große Schriftsteller wie Thomas Mann mitriß, vor allem Sache des nationalen Bürgertums gewesen, schon unter der Landbevölkerung war die Stimmung realistischer und zurückhaltender. Man dachte hier eher an die fehlenden Arbeitskräfte für die Ernte. Die Totenlisten wurden immer länger, die Ernährungslage, anfangs noch erträglich, verschlechterte sich Schritt für Schritt für das Gros der Bevölkerung, das keine »Beziehungen zum Land« hatte, und nahm dann mit dem »Steckrüben-Winter« von 1916/17 katastrophale Ausmaße an. Der zu Kriegsbeginn vereinbarte »Burgfriede« der politischen Parteien und vor allem der mächtigen Gewerkschaften mit der Regierung wurde brüchig, eine Dreiviertelmillion Hungertote war die Bilanz des Winters. Schon 1917 kam es zu Meutereien der Hochseeflotte, desgleichen zu gravierenden Streiks. Der Friedensschluß von Brest-Litowsk mit der inzwischen entstandenen Sowjetunion brachte nicht die erhoffte Wende, da inzwischen die Vereinigten Staaten mit modernster Kriegstechnik an der Westfront mit Franzosen und Engländern gegen Deutschland und Österreich-Ungarn kämpften. Die pünktlichen bayerischen Lebensmittellieferungen, vor allem an Preußen, erregten in wachsendem Maße den Unwillen der Bevölkerung. In den Städten Bayerns gab es immer wieder Hungerdemonstrationen vor allem der Frauen, die als Mütter für hungrige Kinder zu sorgen hatten oder in den Rüstungsbetrieben schwer arbeiten mußten.

Die bayerische sozialistische Linke war seit 1917 in die überwiegend regierungstreuen Mehrheitssozialdemokraten unter Erhard Auer und in die Unabhängigen Sozialdemokraten (USPD) unter Kurt Eisner gespalten. Da sich Georg von Vollmar aus der Politik zurückgezogen hatte, geriet seine Partei immer stärker in diesen Konflikt. Eisner propagierte im Januar 1918 einen dreitägigen »Demonstrationsstreik«. Seine politischen Pläne gingen aber weit darüber hinaus. Bei einem vorbereitenden Diskussionsabend am 21. Januar 1918 notierte ein Geheimpolizist Eisners öffentlich erklärte Absichten folgendermaßen:

»Die Unabhängigen Sozialdemokraten hätten in erster Linie den Wunsch, unbedingt und rückhaltlos die Monarchie zu stürzen und nicht nur den preußischen, sondern den gesamten Militarismus niederzuringen. Dazu gäbe es nur ein Mittel, die heißersehnte, unausbleibliche und bald zu erwartende Revolution.«

Bei einer Versammlung von streikenden Arbeitern der Rapp-Motorenwerke, die am Nachmittag des 31. Januar – es war der erste Streiktag – im Matthäser-Festsaal stattfand, kam es zu schweren Auseinandersetzungen Eisners mit den Mehrheitssozialdemokraten; Erhard Auer versuchte vergeblich, den Gang der Dinge aufzuhalten. In der folgenden Nacht wurden Kurt Eisner und weitere Befürworter des Streiks verhaftet; sie kamen erst im Oktober wieder frei. Welches politische Kalkül hinter Kurt Eisners Vision von sofortigem Frieden und sozialistischer Revolution stand, erläuterte er, auf den Januarstreik zurückblickend, am 12. Dezember 1918, knapp sechs Wochen vor seiner Ermordung durch Graf Arco, in einer Rede zur Landtagswahl so:

»Aber, Parteigenossen, die revolutionärste Revolution, das war doch die vom 31. Januar. Damals stand Deutschland scheinbar auf dem Gipfel seiner militärischen Macht, und wenn es uns damals gelungen wäre, die Massen aufzuregen und aufzurütteln zu jener Volksbewegung, wie sie uns damals schon vorschwebte, dann hätten wir noch einen Frieden haben können, in dem wir nicht auf Gnade und Ungnade dem Gegner ausgeliefert wären.« Auf Kurt Eisner geht auch die Bezeichnung Bayerns als »Freistaat« zurück, wobei ihm vorschwebte, diesen neuen Freistaat durch den Anschluß Deutsch-Österreichs mehr als zu verdoppeln, eine interessante Idee, die vor allem von den Sozialdemokraten Deutsch-Österreichs vertreten, aber nach Kriegsende von den Alliierten ausdrücklich verboten wurde. Er verband also mit der Revolution sowohl soziale Ziele als auch nationale Interessen, die auf die Errichtung eines süddeutschen Staates hinausliefen, der von der ungarischen Grenze bis zum Bodensee reichen sollte.

Anders sah damals das bürgerliche Lager den Januarstreik. Nach dessen Meinung lagen hier schon die Anfänge der »Dolchstoßlegende« vom angeblich unbesiegten Heer, dem die Heimat in den Rücken gefallen sei, einer gefährlichen Legende, die dann Adolf Hitler in sein propagandistisches Arsenal aufnehmen sollte. Ganz gleich, ob man 1918 Eisners Hoffnung teilte oder nicht, daß ein revolutioniertes Deutschland bessere Friedensbedingungen erlangen würde, die Dinge nahmen nach dem Zusammenbruch der mehrfachen deutschen Sommeroffensiven im Westen und mit dem englischen Panzer-Durchbruch vom 8. August 1918 bei Amiens-St.Quentin – nach Erich Ludendorffs Urteil der schwarze Tag des deutschen Heeres – ihren immer katastrophaleren Verlauf. Damit stand nun wirklich die »Revolution im Kalender«. Wenn in München die Revolution zwei Tage früher ausbrach als in Berlin, nämlich schon am 7. November, dann hatte das mehrere Gründe. Da gab es zum einen die unmittelbare Bedrohung Bayerns infolge des alliierten Durchmarschrechts auf dem Gebiet der ehemaligen Donaumonarchie, die schon im Oktober kapituliert hatte. Damit stand Bayern dem unmittelbaren Zugriff der Gegner offen. Man hat für das Bayern der Prinzregentenzeit mangelnde politisch-soziale Innovationsfähigkeit als weitere Ursache angeführt, aber dasselbe galt schließlich auch für Preußen. Ähnliches kann man für Hunger und Kriegsmüdigkeit sagen, die es überall im Reich gab. Tatsache ist, daß das bislang große Ansehen der Monarchie im Laufe des Krieges schweren Schaden erlitten hatte: Weit verbreitet war die Meinung, König Ludwig III. habe sich allzu willig auf die Kriegslinie Kaiser Wilhelms II. eingelassen.

Obwohl Ludwig III. in vielen Fragen moderner und pragmatischer dachte als sein Vater, fehlte seinem eher »hausbackenen« Regierungsstil doch jener charismatische Funke, der monarchische Herrschaft in der Bevölkerung erst legitimiert und populär macht. Im Jahre 1913, mit 67 Jahren erst, auf den Thron gekom-

Sarkastisch illustriert Olaf Gulbransson im *Simplicissimus* das Verhältnis zwischen Bayern und Preußen: Beim Kaisermanöver belehrt Kaiser Wilhelm II. in anmaßender Attitüde Ludwig III. über das militärische Vorgehen, wobei der bayerische König hier als ziviler, fast bürgerlicher Antimilitarist erscheint; eine wohl übertriebene Polarisierung.

men, mangelte ihm jener frühe Impetus, den ein jugendlicher Monarch entwickeln konnte und den das bayerische Volk auch erwartete, wie einst der überaus positiv aufgenommene Regierungsantritt König Ludwigs II. gezeigt hatte. In Friedenszeiten ein pflichtbewußter und dem Reich gegenüber loyaler Fürst, war er der Extremsituation des Weltkrieges nicht gewachsen. Wenn Ludwig III. vor seinem fluchtartigen Weggang aus München die Beamten von ihrem Treueid ihm gegenüber entband, dann bedeutete das für ihn keinen grundsätzlichen Thronverzicht. Er hoffte bis zum Lebensende auf eine Rückkehr. Als er am 5. November 1921 in der Frauenkirche bestattet wurde, war der feierliche Leichenzug durch die Stadt nicht kleiner als bei Kurt Eisners Begräbnis. Hatte die Monarchie nach den Katarakten der Revolution wieder im Gedenken des Volkes an Prestige gewonnen? Auf jeden Fall begannen die Schrecken des Krieges damals zu verblassen und die Erinnerung an bessere monarchische Zeiten trat wieder ins allgemeine Bewußtsein.

Für die Entstehung eines wohl kaum erwarteten revolutionären Potentials war schließlich wichtig, daß mit dem unter extrem schlechten Bedingungen gestarteten Industrialisierungsschub des Kriegsbedarfs 1916 ein Krupp-Zweigwerk mit zumeist ortsfremder Belegschaft nach München gekommen war. Diese spielte sowohl beim Ausbruch der Revolution wie bei der fortschreitenden Eskalation der auf Eisner folgenden, immer radikaleren, am Schluß bolschewistischen Räterepubliken eine Rolle. Hinzu kamen in der Hauptstadt bei Kriegsende 40000 Arbeitslose, die sich von der Revolution eine rasche Verbesserung ihrer Lage versprachen.

Der 7. November 1918 wurde dann der entscheidende Tag. Er begann mit einer Massendemonstration auf der Theresienwiese, zu der sowohl Erhard Auer, der Führer der Mehrheitssozialisten als auch Kurt Eisner für die USPD aufgerufen hatten. Die Stimmung auf dieser Demonstration hat der junge Oskar Maria Graf als Augenzeuge trefflich eingefangen:

»Je näher wir der Wiese kamen, desto mehr Menschen wurden es. Alle hatten es eilig. Vor der Bavaria waren dichte Massen und wuchsen von Minute zu Minute. Auf den Hängen und von den Treppen des Denkmals herab redeten Männer. Da und dort sah man eine rote Fahne aufragen. ›Hoch!‹ schrie es, dann wieder ›Nieder!‹ Die Menge schob sich unruhig ineinander, Gedränge entstand. Wir fanden endlich Eisner, der weither von einem Seitenhang herunterschrie … ›Herrgott, heut ist ja ganz München da … Da wär doch was zu machen! Hoffentlich gehen sie heut nicht wieder heim und tun nichts‹, sagte ich zu Schorsch. Ein bärtiger Hüne in Militäruniform hatte es gehört, lächelte überlegen und meinte superklug: ›Nana, heut gehn wir net hoam … Heut geht's ganz woanders hin … Gleich werds losgehn‹. ›Es lebe der Friede!‹ schrien in diesem Augenblick um mich herum die Leute. ›Frie – ie – iede!‹ pflanzte sich fort und scholl weithin. Und brausend riefen alle: ›Hoch Eisner! Hoch die Weltrevolution!‹ Ungefähr eine Minute war es still. Von der Bavaria herüber drangen Beifallsrufe. Wir drängten uns über den Hang hinauf. Plötzlich schrie Felix Fechenbach [Eisners Sekretär] in Feldgrau laut und beinah kommandomäßig in die bewegte Menge: ›Genossen! unser Führer Kurt Eisner hat gesprochen. Es hat keinen Zweck mehr, viele Worte zu verlieren! Wer für die Revolution ist, uns nach! Nur nach! Marsch!‹ Und mit einem Schlag gerieten die johlenden Massen ins Vorwärtsdrängen. Wie eine kribbelige, schwarze Welle wälzten sich die tausend und abertausend Menschen hangaufwärts auf die Straße; weiter ging es im Schnellschritt, an geschlossenen Häusern und herabgezogenen Rolläden vorbei, den Kasernen zu …«

In einer atemberaubenden Verflechtung von Chaos, Desorientierung, Unentschlossenheit einerseits und mehr oder weniger organisierter Planung und Spontaneität andererseits war binnen weniger Stunden das Gesetz des Handelns an Eisner und die USPD übergegangen. Dennoch glaubte Erhard Auer seiner Sache schon deshalb sicher zu sein, weil die starken bayerischen Gewerkschaften die Domäne der Mehrheitssozialisten waren und blieben, während die USPD nur eine schwache organisatorische Basis hatte. Noch am Vorabend hatte Auer dem Ministerium versichert: »Eisner ist erledigt. Sie dürfen sich darauf verlassen. Wir haben unsere Leute in der Hand. Ich gehe selbst mit dem Zuge. Es geschieht gar nichts.« Ein schwerer Irrtum. Sehr genau beobachtet wiederum Oskar Maria Graf, wie unsicher Eisner noch mitten im unaufhaltsamen Zuge war; anfangs mehr Mitgerissener als Mitreißender:

»... Wir marschierten, eingekeilt von einer dahinstürmenden Menge, fast ganz an der Spitze, kaum fünf Schritt weit entfernt von Eisner, den ich unablässig betrachtete. Er war blaß und schaute todernst drein; nichts redete er. Fast sah es aus, als hätte ihn das jähe Ereignis selber überfallen. Ab und zu starrte er gerade vor sich hin, halb ängstlich und halb verstört. Arm in Arm mit dem breitschulterigen, wuchtig ausschreitenden blinden Bauernführer Gandorfer ging er. Diese Gestalt bewegte sich viel freier, derb auftretend, fest, und so eben wie ein bayrischer Bauer dahingeht ...«

Schon vor dem 7. November hatte Kurt Eisner die redegewaltigen Anführer des radikalen Bayerischen Bauernbundes, die Brüder Karl und Ludwig Gandorfer, für sich gewonnen,

Kurt Eisner (1867–1919) war 1918/19 die maßgebliche Persönlichkeit beim Ausbruch der Revolution. Unter ihm wird Bayern »Freistaat«.

schließlich sollte die Revolution nicht ein isoliertes Ereignis der Landeshauptstadt bleiben. Kolbermoor bei Rosenheim ist damals ein ländliches Zentrum der Revolution geworden. Entscheidend war aber an diesem Tage die Haltung der Soldaten in den Kasernen. Die Mehrheitssozialdemokraten als immer noch loyale königlich bayerische Sozialisten rückten, wie es Erhard Auer gewünscht hatte, nach dem Ende der Massenversammlung diszipliniert mit Musik von der Theresienwiese ab. Beim Friedensengel an der Isar bekamen sie in der Schlußansprache des stellvertretenden Landesvorsitzenden Franz Schmitt die Mahnung mit, sie sollten in Ruhe nach Hause gehen. Dagegen zogen Eisners Massen von Kaserne zu Kaserne: Nirgends gab es ernsthaften Widerstand. Selbst die als besonders zuverlässig geltenden Schweinfurter Truppenverbände, die die Regierung vorsorglich in das Krisengebiet München verlegt hatte, übergaben am 7. November ihre Kasernen an Kurt Eisners triumphal anschwellenden Demonstrationszug, ja teilweise fraternisierten die Soldaten mit den Demonstranten, die nicht nur aus Arbeitern bestanden. Für die Monarchie hat sich im November 1918 keine Hand gerührt. So hat es auch Oskar Maria Graf erlebt:

Das bayerische Königspaar Ludwig III. und Marie Therese mit Erzherzog Franz Ferdinand (ermordet 1914) bei der Eröffnung der Adria-Ausstellung in Wien im Juli 1913.

»Die meisten Kasernen übergaben sich kampflos. Es kam auch schon ein wenig System in dieses Erobern: Eine Abordnung stürmte hinein, die Masse wartete. In wenigen Minuten hing bei irgendeinem Fenster eine rote Fahne heraus, und ein mächtiger Jubel erscholl, wenn die Abordnung zurückkam. In der Max-II-Kaserne erwartete man Widerstand, aber auch hier schlugen die Soldaten wie auf Befehl ihre Gewehre auf den Boden, daß sie krachend auseinanderbrachen. Lachend liefen sie über. ›Aus ist's! Revolution! Marsch!‹ hörte ich im Tumult. Ein Älpler juchzte wie beim Schuhplatteln ...«

Anders als beim revolutionär-anarchistischen Kombattanten Graf schlug sich das chaotische Geschehen in Thomas Manns Tagebuch nieder. Der Dichter war hin- und hergerissen zwischen der Einsicht, daß ein grundsätzlicher Wandel nötig sei, und der Furcht vor den Exzessen der Revolution. Anfangs nahm er die Ereignisse vom 7. November nicht ganz ernst:

»... Auf der Theresien-Wiese war 3 Uhr große Volksversammlung. Keine Zeitung darum, keine Post. Alle Läden geschlossen. Ein Massenumzug hat stattgefunden. Rote Fahnen, ein Soldat auf den Schultern der Leute, der an verschiedenen Stellen ›Reden‹ gehalten. Rufe: ›Nieder mit der Dynastie!‹ ›Republik!‹ Albernes Pack ... Gerüchte, der Pöbel habe Gasbomben in die Türkenkaserne geworfen und so die Soldaten zum Verlassen des Gebäudes gezwungen. Diese hätten übrigens ihre Reichskokarden abgerissen, was wir zum Teil bestätigt fanden. ... Sonderbare, zweideutig ungewisse Stimmung in der Stadt, bei klarem, feuchtem Sternenhimmel. Revolutionär, aber friedlich und festlich. Fortwährend Feuerwerkschüsse, die auch jetzt um Mitternacht hier draußen hörbar sind. Irgendwie begehen die Menschen den Anbruch einer neuen Zeit ... Polizei war nicht zu sehen. Man läßt die Leute sehr vorsichtig gewähren. Der Sinn des Ganzen scheint hauptsächlich partikularistisch, respektive antikaiserlich (›Nieder mit den Hohenzollern‹) soweit es überhaupt Sinn hat und nicht ›Faschingsersatz‹ ist ...«

Hier irrt Thomas Mann, die Ereignisse waren kein »Faschingsersatz«, die Dinge nahmen Schlag auf Schlag ihren Lauf. Kurt

Eisner setzt sich an die Spitze einer provisorischen Regierung, ruft die »demokratische und soziale Republik«, den »Freistaat Bayern« aus, ein provisorischer Arbeiter-Soldaten- und Bauernrat hat sich in der Nacht vom 7. zum 8. November im Gebäude des bayerischen Landtags in der Prannerstraße konstituiert. Die Räte-Idee, im 19. Jahrhundert in Frankreich ge-boren, dann von Karl Marx grundlegend als eine Form von Basisdemokratie, nämlich als herrschaftsfreie Gesellschaftsutopie konzipiert, erhielt durch Lenin eine schnell vorübergehende Verwirklichung. »Alle Macht den Räten« war eine Parole der bolschewistischen Revolution, zugleich aber die Perversion der ursprünglichen Konzeption: Die Räte – Sowjets – wurden in seiner Diktatur ein völlig entmachtetes, formales Staatsorgan. In Deutschland und Bayern, wo man kaum eine konkrete Vorstellung von den realen Machtstrukturen der Sowjetunion hatte, knüpften die seit dem 7. November entstehenden Arbeiter-, Bauern- und Soldatenräte anfangs eher an die ursprüngliche, basisdemokratische Idee an.

Nach den Vorstellungen Kurt Eisners sollten die Räte wohl als eine Art »Sozialparlament« neben dem Landtag als der eigentlichen Volksvertretung stehen. Eine Räterepublik nach sowjetischem Muster strebte er auf keinen Fall an; dies brachte ihm sofort die scharfe Opposition der radikalen Linken ein, als klar wurde, daß es ihm in erster Linie um die »Kanalisierung« und »Demokratisierung« der Revolution ging.

Die Eskalation der Revolution

Eine erste Proklamation Kurt Eisners rief zu strengster Ordnung auf, Sicherheit der Person und des Privateigentums wurde verbürgt. Das war allerdings mehr feste Absicht als Realität der Stunde. Daß es jedoch Eisner als Ministerpräsident wirklich um die »Kanalisierung« und Bändigung der Revolution ging, beweist seine Garantie vollkommener Pressefreiheit. Das hatte zur Folge, daß fast die gesamte veröffentlichte Meinung von rechts bis links über ihn herfiel und ihn wegen seiner Berliner und jüdischen Herkunft verdächtigte und denunzierte. Um möglichst rasch eine legale Grundlage für den Freistaat Bayern zu schaffen, beschloß das Kabinett auf Drängen der Mehrheitssozialdemokraten freie Wahlen. Letztere hofften nicht zu Unrecht, daß sie dann zahlenmäßig die USPD entscheidend in ihre Schranken verweisen könnten. Das war zwar richtig, dennoch nahm die Entwicklung einen ganz anderen Verlauf. Die Wahlen fanden am 12. Januar 1919 statt und brachten Eisner und der USPD eine vernichtende Niederlage: Das Parteienspektrum hatte sich keineswegs so grundlegend verändert, wie dies die Revolutionäre erhofften. Die Mehrheitssozialdemokraten Erhard Auers errangen 61 Landtagsmandate, die Bayerische Volkspartei, Nachfolgerin des Zentrums, 66 Sitze, die liberale Deutsche Volkspartei immerhin 25, der Bayerische Bauernbund der Brüder Gandorfer 16 und die bürgerliche »Mittelpartei« 9 Sitze. Eisners USPD erhielt lediglich 3 Mandate. Ähnlich schlecht schnitt sie eine Woche später bei den Wahlen zur deutschen Nationalversammlung ab. Der Weg zu einer gewissen Normalisierung schien damit geöffnet, aber eine sinnlose Mordtat veränderte schlagartig die Lage.

Als Kurt Eisner am 21. Februar zur ersten konstituierenden Landtagssitzung in die Prannerstraße ging, war er wohl zum Rücktritt entschlossen. Die Pistolenkugeln seines Mörders, Anton Graf Arco, lösten im Landtag einen Tumult und die Schüsse des Metzgermeisters Alois Lindner aus, die Erhard Auer schwer verletzten und zwei andere Personen töteten. Mittelbar öffneten diese Gewalttaten einer immer radikaler werdenden Rätediktatur nach bolschewistischem Muster Tor und Tür. Die gewaltige Protestdemonstration beim Begräbnis Kurt Eisners, an der Hunderttausende teilnahmen, bewies trotz der Wahlniederlage der USPD, daß man dem Menschen und Politiker in weiten Kreisen Vertrauen entgegengebracht hatte.

Die Mordtat und der Ausfall Auers schufen aber in München ein gefährliches Machtvakuum. Es wurde noch durch den Entschluß der im März neu gebildeten Landesregierung vermehrt, den Regierungssitz nach Bamberg zu verlegen. Damit katapultierten sich Regierung und gewählter Landtag aus dem Zentrum des Geschehens gleichsam selbst hinaus. Am 21. Mai 1919 begann dort die reguläre Regierungsarbeit; ein Ausschuß mit 27 Mitgliedern entwarf eine Verfassung, die am 14. August 1919 mit 165 gegen 3 Stimmen bei einer Stimmenthaltung angenommen wurde. Die »Bamberger Verfassung« bestimmte Bayerns Platz in der Weimarer Republik, sie war demokratisch-parlamentarisch und steckte den Rahmen für eine Entwicklung ab, in der sich der Freistaat einesteils kooperativ der Berliner Zentralgewalt einordnete, andererseits aber – und vor allem später in der Ära Held – jede Gelegenheit wahrnahm, im Sinne einer föderalistischen Staatsauffassung seinen Kompetenzbereich zu festigen und nach Möglichkeit auszubauen. In Anlehnung an die Weimarer Verfassung verzichtete der Staat auf die bisher ausgeübte Kirchenhoheit: Alle Religionsgemeinschaften erhielten das Recht, ihre Angelegenheiten selbst zu ordnen und zu verwalten. Bayern, wie den anderen deutschen Ländern, blieb die Polizeihoheit, allerdings mit wichtigen Ausnahmen, sowie die Hoheit in Kultur- und Kultussachen, ebenfalls mit bedeutsamen Einschränkungen. Wirksamkeit konnte die »Bamberger Verfassung« allerdings erst erlangen, als sowohl der rote wie der weiße Terror in der Landeshauptstadt beseitigt waren, und dies wurde im Grunde erst nach Niederschlagung des Hitlerputsches 1923 möglich. Bis dahin gab es gleichsam zwei Bayern: das legitime der »Bamberger Verfassung« und das antidemokratisch-revolutionäre beziehungsweise reaktionär-putschistische, dessen Bühne München war.

Diese »Doppelexistenz« Bayerns hatte bereits mit Kurt Eisners Tod begonnen. Der Verlauf der Revolution entglitt jetzt mehr und mehr der Kontrolle durch die praktische Vernunft reformorientierter Demokraten in allen politischen Gruppierungen. Zwar gelang es noch in den Landtagssitzungen vom 17. und 18. März, eine neue und einigermaßen funktionsfähige Regierung unter dem Pfälzer Mehrheitssozialisten Johannes Hoffmann (1867–1930) zu wählen, aber als dieselbe unter dem Eindruck der militanten Radikalisierung der äußersten Linken das Feld räumte und nach Bamberg ging, kam es zu einer »dritten Revolution«, der sogenannten »Scheinräterepublik« aus USP und Bauernbündlern, deren Repräsentanten – Volksbeauftragte genannt – Dr. Franz Lipp und Gustav Landauer waren. Sie blieb eine Episode und ging noch im April nach schweren Straßenkämpfen gegen Teile der Münchner Garnison, gegen Studenten und das Freikorps Ritter von Epp in eine wirkliche Räterepublik über, die sich am leninistischen Vorbild orientierte. Deren führende Männer, Max Levien, Dr. Eugen Leviné und der zum Chef der »Roten Armee« gemachte Matrose Rudolf Eglhofer, ferner der militärisch erfahrene Schriftsteller Ernst Toller, waren zwar revolutionär, hatten aber wenig Ahnung vom sowjetischen Rätesystem. Deshalb kam es auch zum Konflikt mit den anwesenden Russen, die auf ihre Erfahrungen pochten und penetrant ein Mitspracherecht bei allen Aktionen forderten. Das Ende kam ohnehin bald, denn auf Anweisung Berlins und der Bamberger Regierung wurden reguläre Truppen, die Artillerie, Flammenwerfer, Panzerzüge und Kampfflugzeuge besaßen, sowie Freikorps unter Ritter von Epp in Bewegung gesetzt, München eingeschlossen und die mangelhaft ausgerüstete und schlecht organisierte »Rote Armee« zurückgedrängt und zerniert. Vorübergehende Erfolge wie die von Ernst Toller geleitete Abwehrschlacht von Dachau oder die Verteidigung des Hauptbahnhofs änderten nichts an der von den kommunistischen Führern mutwillig provozierten Niederlage. Panik brach aus, es kam zur bestialischen Ermordung mehrerer Geiseln, die von der Räterepublik im Luitpoldgymnasium festgehalten worden waren; niemand wollte für diese Untat verantwortlich sein. Als Lenin am 1. Mai 1919 auf dem Roten Platz den Triumph der Arbeiterklasse in »Sowjetungarn und Sowjetbayern« mit emphatischen Worten verkündete, war München bereits hoffnungslos eingeschlossen. Nach dem Einmarsch der Truppen, deren offen erklärte Absicht die »restlose Säuberung und Reinigung« war, wurden im Zuge unkontrollierter Racheakte die kommunistischen Führer Rudolf Eglhofer, dem man die Geiselmorde anlastete, sowie Gustav Landauer liquidiert, Eugen

Leviné nach einem Prozeß am 5. Juni hingerichtet. Gleichzeitig liefen mehr als 2200 Prozesse gegen Anhänger der Räterepublik wie Ernst Toller und Erich Mühsam, die teilweise mit schweren Zuchthausstrafen endeten. Die Greueltaten der Interventionstruppen, denen über 1000 Menschen zum Opfer gefallen waren – unter anderem 21 harmlose Gesellen der katholischen »Kolpingsfamilie« –, blieben hingegen weitgehend ungesühnt. Die Justiz hatte sich – wie im Sowjetsystem, wenn auch unter entgegengesetztem Vorzeichen – zur Hure der Politik gemacht. Was übrigens die Grenzen Bayerns nach 1918 anbetrifft, kam nach der Volksabstimmung vom 30. November 1919 Coburg 1920 hinzu.

Der Verlauf der Revolution in Nürnberg und Augsburg

München war allerdings kein genaues Spiegelbild der gesamtbayerischen Situation nach Kriegsschluß. Das zeigt die politische Entwicklung in den beiden bayerischen Industriemetropolen. Dort hatten die traditionell gemäßigten Mehrheitssozialdemokraten von Anfang an das Heft in der Hand. In Nürnberg stellten sich am 8. November in einer denkwürdigen Sitzung des Stadtmagistrats der von Sozialdemokraten und Liberalen seit 1914 gekürte Oberbürgermeister, Dr. Otto Geßler, sowie alle Rechts- und Magistratsräte auf den Boden der Republik. In der Nacht darauf übergab der in Nürnberg residierende General, Freiherr Albert von Könitz, dem Soldatenrat seinen Degen. Am 11. November wurde die Garnison auf die Republik vereidigt, tags darauf konstituierte sich ein Arbeiter- und Soldatenrat, in dem die Mehrheitssozialisten dominierten und der sich als Übergangsorgan zur Wahrung der öffentlichen Ordnung verstand. Umsturzversuche der Spartakisten scheiterten, so daß es hier keine Entwicklung zur Räterepublik nach Münchner Vorbild gab. Dafür stieg der Einfluß des Militärs; schrittweise wurde der Arbeiter- und Soldatenrat wieder ausgeschaltet. Damit war die Revolution in der bedeutendsten Industriestadt Bayerns abgeschlossen. Bei der Wahl zur Deutschen Nationalversammlung am 19. Januar 1919 erhielten die Mehrheitssozialisten 51,6 Prozent, die USPD 7,5 Prozent, die Deutsche Volkspartei 28,6 Prozent, die Bayerische Volkspartei 9,1 Prozent und die Mittelpartei 2,9 Prozent der Stimmen. Der Block der sozialistisch orientierten Parteien erreichte knapp 60 Prozent. Das entsprach dem hohen Arbeiteranteil der Stadt ebenso wie der Tatsache, daß die sozialistische Idee bei der Bevölkerung nicht durch Erfahrungen wie in den Münchner Räterepubliken diskreditiert war.

Ähnlich, aber doch mit charakteristischen lokalen Varianten verlief die Entwicklung in Augsburg. Auch hier beherrschten die Mehrheitssozialdemokraten den spontan ins Leben gerufenen Arbeiter- und Soldatenrat, in dem noch die freien Gewerkschaften, die Konsumvereine sowie die Vertreter der Arbeiterausschüsse großer Betriebe wie der »Maschinenfabrik Augsburg« und der Spinnereien und Webereien dieser bedeutenden Textilmetropole Sitz und Stimme hatten. Erst nachträglich wurden in dieses wichtige Gremium drei USPD-Mitglieder aufgenommen. Arbeiterratsvorsitzender wurde Ernst Niekisch, der aber bald zur Münchner Rätebewegung überwechselte, nach deren Zusammenbruch zu Festungshaft verurteilt wurde und seit Mitte der 20er Jahre als Schlüsselfigur der nationalbolschewistischen Bewegung – daher auch von Ernst Jünger geschätzt – in Berlin eine gewisse Rolle spielte. Tief beeindruckt vom Grauen des Krieges trat auch das junge anarchisch-lebenshungrige Genie Bertolt Brecht in den Augsburger Soldatenrat ein. An den durch die Münchner Ereignisse stark beeinflußten stürmischen Frühjahrswochen 1919 beteiligte sich Brecht kurze Zeit als USPD-Mann. Er ging aber bald nach München, wo der smarte Großbürgersohn sein eher anarchisches als revolutionäres Bewußtsein 1922 mit dem Theatererstling *Trommeln in der Nacht* an den Kammerspielen – schon damals eine der besten Bühnen Deutschlands – wesentlich adäquater als in der Politik formulieren konnte. Brecht und Oskar Maria Graf waren so ziemlich die einzigen, die der scharfen allgemeinen Reaktion gegen linke Kultur nicht weichen wollten oder mußten.

Wie schwankend ursprünglich die Rolle der Soldatenräte in ihrer politischen Willensbildung waren, zeigt gerade das Augsburger Beispiel. Bei den Landtagswahlen im Januar 1919 entfielen in der Chevaulegers-Kaserne 83 Prozent der Stimmen auf die MSPD, auf die USPD nur 1,8 Prozent, auf die Bayerische Volkspartei 14 Prozent. Ähnlich waren die Ergebnisse in der Infanterie-Kaserne und in der Artillerie-Kaserne. Im weiteren Verlauf der Ereignisse spielte auch hier die Radikalisierung der Revolution in München nach Eisners Ermordung eine wichtige Rolle. So kam es am 3. April 1919 zu einer großen Arbeiterversammlung im Augsburger Ludwigsbau, bei der, wie in München, die Räterepublik ausgerufen wurde. Man beschloß scharfe Maßnahmen gegen die »Konterrevolution«. Aber bereits am 12. April wurden auf Einwirkung der Regierung Hoffmann in Bamberg vom Arbeiter-, Bauern- und Soldatenrat diese Beschlüsse rückgängig gemacht; nicht zuletzt unter dem Eindruck des drohenden Zusammenbruchs der Lebensmittel- und Kohleversorgung für die Stadt. Die radikale Räterepublik – so hat man gesagt – dauerte in Augsburg also nur sieben Tage. Zwar kam es im Zusammenhang mit den Operationen der Truppen gegen München vom 20. bis zum 22. April in der Stadt, vor allem in der Nähfadenfabrik Schürer, beim Pulvermagazin, bei der Infanteriekaserne, an der Friedberger Straße und an der Wertachbrücke, zu Kämpfen mit schweren Ausschreitungen auf beiden Seiten. Die Rückkehr zu einigermaßen normalen Verhältnissen unter einem von demokratischen Parteien getragenen Stadtregiment konnte aber dadurch nicht aufgehalten werden. Der »Sonderfall« München war zwar in seinen Auswirkungen auf die gesamtdeutsche Situation sehr bedeutsam, aber für die weitere Entwicklung in Bayern wurde er nur insofern ausschlaggebend, als die Landeshauptstadt nach der radikalen Ausschaltung und Zerstreuung des linken revolutionären Potentials gleichsam eine freigewordene Bühne für den konterrevolutionären Gegenschlag abgab. In einer bis dahin beispiellosen Eskalation des Terrors erst von links durch die kommunistische Rätediktatur und dann, nach deren blutiger Niederschlagung, von rechts durch »Freikorps« sowie durch preußische und württembergische Interventionstruppen wurde die bayerische Landeshauptstadt ein Paradigma für die weitere Entwicklung in ganz Deutschland: Die radikalsten Flügel im Parteienspektrum übernahmen seither – mit einer mehrjährigen Unterbrechung in den knappen »Lichtjahren« der Weimarer Republik – die politische Initiative und drängten die gemäßigten Parteien der Mitte, die das Weimarer System trugen, schließlich in die Defensive.

Vom linken zum rechten Terror

Bayerns Weg in den Jahren zwischen 1919 und 1933 unterschied sich dennoch in mancher Hinsicht von der gesamtdeutschen Entwicklung; auch damals gingen hierzulande vielfach »die Uhren anders«. Das gilt im Positiven wie im Negativen; was das letztere betrifft, vor allem für die systematische rechte Rachejustiz an den Revolutionären, wohingegen der Eisner-Mörder Arco, dem das Gericht »glühendste Liebe zu seinem Volke und Vaterlande« bescheinigte, mit vier Jahren Haft zu angenehmen Sonderkonditionen im Landsberger Gefängnis davonkam; es waren Sonderkonditionen, wie sie 1924 dort auch dem Putschisten Adolf Hitler gewährt wurden. Thomas Manns Münchner Tagebuch belegt, daß sich aufgrund der Erfahrungen in den Räterepubliken nach Eisners Tod auch im liberalen Bildungsbürgertum, dessen herausragendster Repräsentant er war, starke Ressentiments gegen jeden radikalen Sozialismus regten. Im Mai 1919, nach dem blutigen Ende der Kämpfe um München, notierte Thomas Mann folgendes in sein Tagebuch zur Rolle Deutschlands:

»... (daß es) aus innerster Notwendigkeit und seinem erhaltenden Charakter treu, sich dem Bolschewismus entgegenwirft, die entsetzlichste Kulturkatastrophe, die der Welt je gedroht hat, die Völkerwanderung von unten, zu verhindern, den ›Untergang des Abendlandes‹ hintanzuhalten sucht ... Eine Welt, die noch Selbsterhaltungsinstinkt besitzt, muß mit aller aufbietbaren Energie und standrechtlicher Kürze gegen diesen Menschenschlag vorgehen.«

Immerhin fügte er hinzu – und hier deutet sich bereits sein späterer Wandel zum geistigen Repräsentanten der Weimarer Republik an: »Auf der anderen Seite ist das bürgerlich-kulturelle Deutschland seinem Proletariat einen Frieden schuldig, mit dem dieses leben kann und der es nicht zur Auswanderung und zur Sklaverei verurteilt.«

Es war für den Dichter dann nur konsequent, daß er einen beschwörenden Aufruf der kulturellen Elite Münchens unterstützte, der gegen die fortdauernde Verfolgung der Arbeiter und der restlichen linken Intelligenz protestierte und zur Versöhnung aufrief. Neben Thomas Mann unterzeichneten sein Bruder Heinrich, Ricarda Huch, Rainer Maria Rilke, Lujo Brentano, Emil Preetorius, Wilhelm Hausenstein, Georg Kerschensteiner und viele andere Repräsentanten des Geisteslebens. Nach dem fragwürdigen Sieg über die Revolution und dem tragischen Blutvergießen müßten in Zukunft – so die Meinung der Unterzeichner – Bürgertum und Arbeiterschaft Hand in Hand gehen, wollten beide überleben.

Daß diesem Mahnruf kaum Folge geleistet wurde, programmierte dann verhängnisvoll die nächste Eskalation zur radikalen Rechten, die wenig später bereits mit der Katastrophenfigur Adolf Hitler verbunden war. Als verhängnisvoll erwies sich auch die Rolle der Wehrverbände, in denen zumeist Desperados der entwurzelten Kriegsgeneration den Ton angaben. München wurde Sammelplatz einer neuen, militaristischen Rechten, die nichts, aber auch gar nichts mit dem weltoffenen, aus Tradition liberalen Konservatismus der Vorkriegszeit zu tun hatte. Haupt der neuen Münchner Reaktion war Erich Ludendorff, der Stratege des mit Pauken und Trompeten verlorenen Krieges, der am Kriegsende in beschämend unsoldatischer Weise nach Schweden geflüchtet war und jetzt in der bayerischen Landeshauptstadt ein konspiratives Netz von politischen Aktivitäten aufgebaut hatte, das bis nach Ungarn bei der Etablierung des Horthy-Regimes wirkte. Ludendorffs Militarismus und sein Haß gegen die katholische Kirche, gegen eine angeblich »jesuitische« und »jüdisch-freimaurerische Weltverschwörung« leisteten der NS-Bewegung ideologisch Vorschub. Mit Recht konnte daher im Rückblick des Jahres 1930 der Schriftsteller Lion Feuchtwanger für die Zeit zwischen 1919 und 1923 den personellen Wandel Münchens so beschreiben:

»Früher hatte die schöne, behagliche Stadt die besten Köpfe des Reiches angezogen. Wie kam es, daß die jetzt fort waren, daß an ihre Stelle alles, was faul und schlecht war im Reich und sich anderswo nicht halten konnte, magisch angezogen nach München flüchtete?«

Das war eine sicher provokante Zustandsbeschreibung dieser Epoche; sie löste 1930 in der nationalsozialistischen Sumpfpresse Aufschreie dumpfer Wut und Pogromdrohungen aus. Dennoch war der angesprochene Zustand der Metropole kein Hirngespinst, da bedeutende Künstler wie Heinrich Ehmsen, Richard Seewald, Alexander Kanoldt, Heinrich Campendonk, Carlo Mense, Willi Geiger und Richard Riemerschmid die Stadt in den 20er Jahren verlassen hatten. Meist gingen sie in das neue republikanische Berlin. Erich Mühsam und Ernst Toller zogen nach Jahren Festungshaft, die sie wegen ihrer aktiven Rolle in der Münchner Räterepublik verbüßen mußten, ebenfalls nach Berlin, desgleichen Bertolt Brecht, Marie-Luise Fleißer, Heinrich Mann und Ödön von Horváth. Die Reichshauptstadt war in den »Roaring Twenties« eine weltoffene Metropole geworden, die sich mit Paris messen konnte. Anders als Lion Feuchtwanger hat der Historiker Karl Alexander von Müller, ein Kronzeuge der Rechten, die Gefühle dieses Lagers mit den Begriffen »verletzte Vaterlandsliebe und Ehre, völkische Empfindungen und düsterer Rachedurst« charakterisiert. Auf jeden Fall war am Beginn der 20er Jahre ein starkes nationalistisches Potential vorhanden, das bis weit ins bürgerliche Milieu hinein Sympathien erlangte, soweit dieses nicht ohnehin durch den Verlust der Kriegsanleihen und die nachfolgende Inflation verarmt und daher politisch radikalisiert war.

Repräsentant dieses reaktionären Trends in der Münchner intellektuellen Szene war der Philosoph Oswald Spengler, der mit Hilfe von Geldern der Industrie den ideologischen Übergang der *Münchner Neuesten Nachrichten* ins rechte Spektrum herbeiführte: Die Zeitung erhielt finanzielle Hilfe von der rheinischen Großindustrie. Charakteristisch für Spenglers theoretischen Standort zwischen den politischen Fronten sind die einleitenden Worte seiner letzten Kampfschrift *Jahre der Entscheidung*, die zum Zeitpunkt des Erscheinens 1933 sowohl Kritik wie Affirmation des neuen Regimes, aber eindeutigen Widerwillen gegen die Weimarer Republik bezeugt:

»Niemand konnte die nationale Umwälzung dieses Jahres mehr herbeisehnen als ich. Ich habe die schmutzige Revolution vom ersten Tag an gehaßt.«

Wie Ludendorff erfüllte ihn Abneigung und Mißtrauen gegen das katholische, »klerikale« und »separatistische« Bayern; dennoch blieb er bis ans Lebensende in München. Mit dem frühen Münchner Nationalsozialismus gab es mehr Übereinstimmungen, als Spenglers spätere, von verletzter Eitelkeit geprägte Antipathie gegen den »Prolet-Arier« Hitler und die braune Revolution vermuten läßt. Vor allem war es die Konzeption des autoritären, antidemokratischen Herrschaftsstaates, die ihn eben doch in mancher Hinsicht zu einem geistigen Wegbereiter des NS-Systems machte. Auch ist nicht zu übersehen, daß Spenglers Vorstellung vom autoritären Staat die erste geschichtsphilosophische Konkretisierung, aber auch grenzenlose Banalisierung Nietzsches gewesen ist; sie unterscheidet sich graduell, aber nicht prinzipiell von der unsäglichen geistigen Verhunzung dieses Philosophen im nationalsozialistischen Vulgärdarwinismus. Thomas Manns böses Wort, Spengler sei »Nietzsches kluger Affe«, war mehr als ein bissiges Bonmot, es läßt zugleich etwas von den scharfen geistigen »Frontlinien« auf Münchner Boden erahnen, die zunehmend sichtbar wurden.

Mit den vielfältig schillernden Segmenten des Münchner geistig-politischen Spektrums konnte es für Spengler nur teilweise und vorübergehende Übereinstimmungen geben. Das gilt besonders für die Autoren um das wichtigste kulturpolitische Organ Münchens, die *Süddeutschen Monatshefte* (1904–1936), die Paul Nikolaus Cossmann zusammen mit Wilhelm Weigand und dem bayerischen Essayisten Josef Hofmiller begründet und an denen sich als Herausgeber im Laufe der Zeit Friedrich Naumann, Hans Pfitzner, Hans Thoma und Karl Alexander von Müller beteiligt haben. Vor allem unter Cossmann, einem hochgebildeten, leidenschaftlich deutschen Nationalisten jüdischer Abkunft, im Weltkrieg Verfechter einer extrem annexionistischen Politik, der dann nach Versailles den Kampf gegen den Friedensvertrag und seine verheerenden innerdeutschen Folgen aufnahm, gewann diese Zeitschrift in ganz Deutschland beträchtlichen Einfluß.

Am Beginn der 20er Jahre waren allerdings die politischen Fronten vielfach noch nicht so polarisiert wie später, das geistige Leben oszillierte nach der politisch-militärischen Katastrophe noch freier zwischen den verschiedensten Strömungen. »Da standen unter den ersten Einladungen«, so berichtet Karl Alexander von Müller, »etwa noch einträchtig Carl Muth, der hochverdiente Begründer und Herausgeber des katholischen *Hochland*, und der frühere General und Geopolitiker Karl Haushofer, Ludendorff und sein späterer Widersacher von Lossow, Thomas Mann neben Heß und den streng katholischen ehemaligen Reichsräten von Cramer-Klett und Würtzburg.«

Die harten, wirtschaftlich einschneidenden Bedingungen des Versailler Vertrags für das verarmte Deutschland und ebenso die Angst vor den Massenliquidierungen der bolschewistischen Revolution taten ein übriges, einem militanten Nationalismus Vorschub zu leisten. Das propagandistische Trommelfeuer gegen das »Diktat von Versailles«, das seit 1921 Hitler und seine Partei starteten, fand daher auch in den bürgerlichen Parteien, die Bayerische Volkspartei eingeschlossen, ein günstiges Echo.

Der Weg zum Hitler-Putsch 1923

Die Abwesenheit der Bamberger Regierung Hoffmann hatte München – nach wie vor das treibende Kraftzentrum der Entwicklung – in ein teils illegales, teils halblegales Kampffeld der politisch vorläufig siegreichen Rechten verwandelt. Mit Recht ist gesagt worden, daß an diesem Zustand, der durch den Namen Gustav von Kahr symbolisiert wird, auch das lange Zögern der Bayerischen Volkspartei schuld war, als stärkste Partei selbst die politische Verantwortung zu übernehmen. Sie war aus den Januarwahlen 1919 mit 66 Abgeordneten als legitime stärkste Kraft hervorgegangen, womit das Pendel der Entwicklung sich im bürgerlichen Lager wiederum den Vorkriegsverhältnissen näherte. Das politische Ruder ergriff sie aber vor der Hand noch nicht. So kam es, daß der militante Rechtsradikalismus eine Chance erhielt und Bayern erst seit 1924, das heißt seit der Ministerpräsidentenschaft Heinrich Helds, ein verläßliches Glied der Weimarer Republik wurde. Was die dezimierte Linke betrifft, so setzte sich das schließliche Scheitern der Regierung Hoffmann in Bamberg in einer bedenklichen Politikunfähigkeit der Sozialdemokratie, in ihrem Mangel an Gestaltungskraft bis 1923 und darüber hinaus fort. Nur die Kommunalpolitik war noch eine Domäne der Sozialdemokratie, in der sie Bedeutendes leistete.

Der 14. März 1920 war dann gleichsam ein Schicksalsdatum. An diesem Tag übergab die Regierung Hoffmann unter dem Druck des Militärs und der paramilitärischen Einwohnerwehren eines Georg Escherich die vollziehende Gewalt an Generalleutnant Arnold von Möhl, den Landeskommandanten der Reichswehr in Bayern. Möhl wiederum übertrug die Macht an den konservativen Repräsentanten der Einwohnerwehren, Gustav von Kahr, einer problematischen Figur aus der hohen, monarchistisch gesinnten Staatsbürokratie. Einerseits stützte er sich auf die illegale militärische Macht der Wehrverbände und verfolgte mit Presseverbot und Hausdurchsuchungen SPD und KPD. Andererseits förderte er die Rückkehr zur parlamentarischen Regierungsform dadurch, daß er sich schon am 16. März auf Vorschlag der Bayerischen Volkspartei durch den Landtag zum Ministerpräsidenten wählen ließ. Wiederum war es ein schwerer Fehler der SPD, daß sie Kahrs Angebot zweier Ministersitze zurückwies und sich damit der Möglichkeit beraubte, den Ausschreitungen der Reaktion als Regierungspartei entgegenzutreten. So blieb der noch von der Regierung Hoffmann verhängte Ausnahmezustand weiter erhalten, ja, er wurde sogar ein Schutzschild für zwielichtige Elemente wie etwa die Fememörderorganisation »Consul« des Korvettenkapitäns Hermann Ehrhardt. Polizeipräsident Ernst Pöhner stattete den in Berlin steckbrieflich Gesuchten mit falschen Pässen aus; in der Franz-Joseph-Straße Nr. 3 konnte er sein konspiratives Büro einrichten. Die Ermordung Matthias Erzbergers im August 1921 und des deutschen Außenministers Walther Rathenau am 24. Juni 1922 war das Werk dieser Polit-Mafia. Aus diesem Milieu krimineller nationalistischer Desperados stammte auch der Hauptmann Ernst Röhm, der später für Hitler die SA als eine Art Bürgerkriegsarmee aufbaute. Insgesamt fuhr also das Kabinett von Kahr »zweigleisig«: Einerseits war es legal als Koalitionsregierung von BVP, Bauernbund, Demokraten, zu der nach den Landtagswahlen im Juni 1920 die deutschnationale Mittelpartei hinzukam. Andererseits war deren »populistisches« zweites Standbein jene Vielfalt nationalistischer Gruppierungen, die von Kahr gleichermaßen benutzen wollte wie mißtrauisch an der Kandare zu halten suchte – ein Balanceakt, der letztlich zum Scheitern verurteilt war.

Auf Anordnung der Alliierten waren am 4. Juni 1921 die Einwohnerwehren gegen den Willen von Kahrs aufgelöst worden. Das war insofern nur ein Scheinerfolg, als sie unter neuem Namen und wesentlich rechtsradikaler als »Wehr- und Kampfverbände« weiterexistierten: später ein willkommenes Reservoir für die »Nationalsozialistische Deutsche Arbeiterpartei« Adolf Hitlers. Dieses schwierige Lavieren zwischen Legalität und chauvinistischem »Underground« war aber nur so lange möglich, wie die Kader dieser Gruppierungen nebeneinander oder gar konkurrierend agierten. Hitlers Staatsstreichversuch erwies die Brüchigkeit dieses labilen Systems; das Ende der Ära Kahr war damit vorprogrammiert.

Um Bayerns Rolle und das Selbstverständnis der politischen Klasse ganz verstehen zu können, muß man die Lage im Reich berücksichtigen. Die junge Weimarer Republik befand sich 1923 in ihrer ersten schweren Krise und geriet an den Rand der Katastrophe. Massenarbeitslosigkeit, harte Reparationsforderungen der Siegermächte und die ausufernden Folgen einer zum Teil hausgemachten Inflation waren die Hauptursachen. Schon die Ermordung des deutschen Außenministers Walther Rathenau am 24. Juni 1922 durch Rechtsradikale war ein Alarmsignal für die labile innere Ordnung. Am 11. Januar 1923 hatten französische Truppen das Rheinland besetzt und damit den Ruhrkampf ausgelöst, den die Reichsregierung mit passivem Widerstand und mit Einstellung der Kohlenlieferungen an Frankreich beantwortete. Am 21. Oktober ließen die Franzosen in Aachen durch deutsche Separatisten die »Rheinische Republik« ausrufen, die aber schnell am Widerstand der Bevölkerung scheiterte. Ein ähnlich rasches Ende erlebte der französische Versuch, die bayerische Pfalz in einen »autonomen Pfalzstaat« umzuwandeln.

Am gefährlichsten wurde der Republik aber der »Deutsche Oktober« 1923, als die deutschen Kommunisten, diesmal mit starker organisatorischer Hilfe Moskaus, nach dem leninistischen Vorbild der Oktoberrevolution von 1917 die Macht im Reich an sich reißen wollten. Ausgangspunkt sollten die Länder Sachsen und Thüringen sein, wo es sozialdemokratische Regierungen mit kommunistischer Beteiligung gab; auch Hamburg galt als revolutionäre Basis, gleichsam als Parallele zu St. Petersburg 1917. Wie ernst es den Sowjets mit diesen Plänen war, geht aus einem Schreiben Josef Stalins, damals bereits Sekretär der Kommunistischen Partei der Sowjetunion, an den Herausgeber der kommunistischen Tageszeitung *Die Rote Fahne*, August Thalheimer, hervor. Darin hieß es, daß die herannahende Revolution in Deutschland das wichtigste Weltereignis der Zeit sei. Ihr Sieg werde noch größere Bedeutung haben als die russische Revolution vor sechs Jahren. Der Sieg des deutschen Proletariats werde das revolutionäre Weltzentrum von Moskau nach Berlin verlagern. Revolutionsexperten aus Moskau, an deren Spitze Karl Radek stand, reisten an, um die geplante Machtergreifung mit zu organisieren.

Das war für die Demokratie in Deutschland der Moment größter Gefahr: Umsturzpläne der radikalen Kräfte von links und rechts bei gleichzeitigen Versuchen Frankreichs, im Westen die Einheit des Reiches aufzulösen. Der Kampf um das polnisch besetzte Oberschlesien mobilisierte auch im Osten nationale Energien und spielte den daran beteiligten nationalen Wehrverbänden eine Rolle zu, die ihnen damals bis weit ins demokratische Parteienspektrum hinein Sympathien einbrachte. In diese schier verzweiflungsvolle Szenerie gehörte auch der von Kahr anvisierte und von Hitler versuchte Putsch vom 8. und 9. November.

Links- und Rechtsextremisten hatten sich aber in der Widerstandskraft der Weimarer Republik, des Reichspräsidenten Friedrich Ebert, des Generals Hans von Seeckt und der neuen Reichsregierung unter Gustav Stresemann getäuscht. Seit September 1923 war der Ausnahmezustand im Reich verhängt worden, am 13. Oktober verabschiedete der Reichstag ein scharfes Republikschutzgesetz. Reichswehrtruppen marschierten in Sachsen und Thüringen ein, wodurch die Kommunisten zur Aufgabe ihrer Umsturzpläne gezwungen wurden. In Hamburg schlug das Militär einen Aufstandsversuch nieder. Mit der Einführung der »Deutschen Rentenmark« am 16. Oktober 1923 konnte schließlich auch der Spuk der Inflationsmilliarden beendet und der Weg zur Gesundung von Wirtschaft und Gesellschaft geebnet werden.

Wie entwickelten sich in diesem dramatischen Zeitraum die Dinge in Bayern? Von Kahr, damals nicht mehr Ministerpräsident, sondern seit dem 22. September 1923 als sogenannter »Generalstaatskommissar« der starke Mann Bayerns, sabotierte nicht nur die Maßnahmen Berlins, sondern zog auch General Otto von Lossow als »Landeskommandanten« der Reichswehr auf seine Seite. Bayern erklärte sich zur »Ordnungszelle« des

Vor dem Putsch der Nationalsozialisten, der am 9. November 1923 beim »Marsch zur Feldherrnhalle« zusammenbrach, sucht Adolf Hitler seine Anhänger durch demagogische Reden zu aktivieren.

Reiches. Beflügelt von Benito Mussolinis »Marsch auf Rom« wurden in München Pläne für eine »nationale Diktatur« geschmiedet. Adolf Hitler war inzwischen durch seine demagogischen Reden überraschend schnell zu einer politischen Kraft geworden, mit der man rechnen mußte. Er hatte es verstanden, die verschiedenen »Vaterländischen Verbände«, die sich am Rande und jenseits der Legalität bewegten, in der Dachorganisation des »Deutschen Kampfbundes« zusammenzufassen. Damit entzog er von Kahr aber auch eine bisher diesem zugeordnete Kraft. Der Generalstaatskommissar gab sich aber immer noch der Illusion hin, den neuen Demagogen als Steigbügelhalter für seine eigenen Ambitionen benutzen zu können. Er setzte das

Republikschutzgesetz außer Kraft, das unter anderem die Auflösung der Kampfverbände und das Verbot der NS-Parteizeitung, des *Völkischen Beobachters,* vorsah. Die Ausweisung aller »Ostjuden« aus München im Oktober ließ klar erkennen, daß von Kahr in Hitlers Schlepptau geraten war und dessen Antisemitismus mittrug.

Daß bei beiden die Rechnung nicht aufging, zeigten in überraschender Weise der 8. und der 9. November 1923. Was als Kahr-Aktion gegen Berlin begann, endete als Hitler-Putsch. Die Lage schien insofern günstig, als die Regierung Gustav Stresemanns in Berlin durch das Ausscheiden der sozialdemokratischen Minister faktisch gelähmt war: Gegen die Reichswehr und ihren Repräsentanten, Hans von Seeckt, Chef der Heeresleitung der Reichswehr – damals wohl der mächtigste Mann im Reich –, konnte keine Politik mehr gemacht werden. Insofern war es zwar riskant, aber konsequent, daß Reichspräsident Friedrich Ebert jetzt Seeckt unmittelbar sich unterstellte und damit in die politische Verantwortung einband, womit eine Schlüsselfigur der Konservativen gleichsam neutralisiert wurde.

Das hatte unmittelbare Folgen für die Lage in München: Der gemeinsame Aktivismus der rechten Kräfte, Kahrs, der Reichswehr Bayerns und Hitlers zerbrach in der Nacht vom 8. zum 9. November. Am Abend des 8. Novembers hielt von Kahr, bei einer gemeinsamen Veranstaltung der nationalen Verbände und der Bayerischen Volkspartei im Münchner Bürgerbräukeller, eine programmatische Rede. Hitler, der an dieser Veranstaltung nicht beteiligt wurde, ließ gegen 20.45 Uhr den Saal durch SA-Männer stürmen. Nach mehreren Schüssen gegen die Saaldecke proklamierte er die »nationale Revolution«, erklärte die bayerische Regierung, die Reichsregierung und den Reichspräsidenten Ebert für abgesetzt und ließ den anwesenden Ministerpräsidenten Eugen von Knilling und alle Regierungsmitglieder verhaften. Das Programm, mit dem Hitler das nationale »Triumvirat« von Kahr, Lossow und Polizeichef Hans von Seisser zu ködern gedachte, war ebenso einfach wie illusorisch: Von Kahr sollte wieder bayerischer Ministerpräsident mit diktatorischen Vollmachten werden, Otto von Lossow Reichswehrminister, Seisser »Reichspolizeiminister«. Als Oberbefehlshaber einer noch zu schaffenden Nationalarmee war General Ludendorff vorgesehen. Hitler selbst ernannte sich zum Reichskanzler. Nach dieser Überrumpelung forderte Hitler das »Triumvirat« mit vorgehaltener Pistole ins Nebenzimmer. Zusammen mit dem rasch herbeigeholten Ludendorff wurde scheinbar ein Übereinkommen erzielt, Hitler kehrte mit von Kahr in den Saal zurück, die Anwesenden brachen in Jubel aus, der Putsch schien gelaufen zu sein. Der französische Geschäftsträger in München schilderte die Lage im verräucherten Bürgerbräu-Saal so:

»Die Minister sind gefangen in der Mausefalle, die Wachposten eingeschlossen. Hitler springt wie ein Cowboy vom Wilden Westen auf die Tribüne, mit seinem unvermeidlichen Revolver in der Hand, aus dem er einige Schüsse in die Decke abgibt. Dieses heroische Signal kennzeichnet die Proklamation der Diktatur und der provisorischen Regierung Ludendorff-Hitler-Pöhner, der sich unter ziemlich bizarren Bedingungen Herr von Kahr anschließt, als Statthalter der Monarchie.«

Das war gut beobachtet, ganz gleich, ob von Kahr wirklich einen Moment von Hitler überzeugt war oder nur Zeit gewinnen wollte, bis er wieder Handlungsfreiheit hatte, wie er später zu seiner Rechtfertigung angab. Noch in der Nacht, als das »Triumvirat« wieder freie Hand hatte, widerriefen Kahr, Lossow und Seisser die abgepreßten Zugeständnisse durch Funk und Presse. Der Münchner Reichswehrgarnison und der Landespolizei wurde die Niederwerfung der Putschisten übertragen, gegen die NSDAP und die paramilitärischen Verbände »Oberland« und »Reichskriegsflagge« erging jetzt endlich das längst fällige Verbot. Dies brachte am nächsten Tag, dem bedeutungsschweren 9. November, Hitlers und Ludendorffs Staatsstreich zum Scheitern. Noch am Nachmittag zögerte Hitler, angesichts der Verlautbarungen von Kahrs mit seinen Anhängern loszuschlagen. Ludendorff war optimistischer, er glaubte, daß die Reichswehr niemals auf ihn schießen würde. Auch gab es in München, wo ein bedeutender Teil der Bevölkerung vom radikal linken ins radikal rechte Lager übergewechselt war, eine zwar konfuse, aber doch starke Stimmung für den propagierten »Marsch auf Berlin«.

Der »Marsch zur Feldherrnhalle« am Nachmittag sollte eine Art Vorlauf und Test sein. Als der Zug mit Ludendorff und Hitler an der Spitze aus der Residenzstraße am Odeonsplatz in die Ludwigstraße einschwenkte, kam es zum Zusammenstoß. Etwa zweihundert Mann der Landespolizei waren in der Feldherrnhalle und in der Residenz postiert, sie warfen sich den in Zwölferreihen anmarschierenden Nationalsozialisten entgegen, wurden anfangs zurückgedrängt, erhielten aber Verstärkung. Die Putschisten eröffneten das Feuer und lösten damit die Gewehrsalven der Landespolizei aus. Zwar wurde noch zurückgeschossen, aber dann brach Panik aus, und die Marschierenden stürzten in wilder Flucht – Hitler eingeschlossen – in die Nebenstraßen. Der großsprecherisch proklamierte »Marsch auf Berlin« endete als blutig lächerliche Farce. Mit Recht hat man gesagt: »Die Schüsse an der Feldherrnhalle waren die einzige Sprache, die Hitler und seine Leute verstanden« (Andreas Kraus). Hitler selber dachte an

Die am Königsplatz in München aufgestellten Särge der beim »Marsch zur Feldherrnhalle« getöteten Putschisten wurden während der NS-Zeit Zentrum eines pathetischen Kultes für die »Blutopfer der Bewegung«.

Selbstmord, man holte ihn zwei Tage später im Landhaus der Familie Hanfstaengl aus einem Kleiderschrank. Zuvor hatte ihm Ernst Hanfstaengl die Pistole entrissen, mit der er sich erschießen wollte – eine verhängnisvolle Lebensrettung ... Ein böses Omen sollte es sein, daß zwar der Putsch gescheitert und das rechtsradikale Potential vorübergehend desorganisiert war, aber weitgehend erhalten blieb. Weder von Kahr noch die BVP konnten sich zu energischen Schritten entschließen, hatte doch der »Generalstaatskommissar« selbst zu lange »mitgespielt«. Bedenklich war auch, daß der Hochverratsprozeß gegen Hitler nicht vor dem Reichsgericht in Leipzig, sondern in München stattfand. Andernfalls wären zumindest Kahr, Seisser und Lossow ebenso auf die Anklagebank geraten. Es gelang dem Demagogen, den Prozeß zu einer Schaubühne für seine nationalistischen Parolen umzufunktionieren. Die sechzehn Toten auf seiten der Putschisten, die Ministerpräsident von Knilling anbiedernd als »wackere deutsche Männer« bezeichnet hatte, wurden zu »Blutzeugen der Bewegung« hochstilisiert und nach 1933 Gegenstand eines makabren »9. November-Kults«. Der vier im Dienste Bayerns gefallenen Landespolizisten gedachte keiner. Ein schlimmes Symptom für die geistige Verwirrung war es, daß noch am 9. November Reichswehr und bayerische Landespolizei an der Universität wegen der Niederwerfung des Putsches von rechtsradikalen Studenten beschimpft wurden; sie forderten sogar den Tod Kahrs und die Befreiung Hitlers. Diese geistige Vergiftung hatte schon früher Max Weber in seinen Vorlesungen zu spüren bekommen: Als er die strenge Bestrafung des Eisner-Mörders Arco gefordert hatte, war er von Studenten niedergebrüllt worden. Ludwig Thoma, vor dem Krieg ein geistreicher liberaler Kämpfer gegen Muckertum und aufgeblasenen »Wilhelminismus«, spie jetzt – wohl schon unter dem Einfluß seiner tödlichen Krankheit – im Miesbacher Anzeiger anonym Gift und Galle gegen die liberale oder gar linke Intelligenz:

»In München haben wir doch mit der Hinrichtung des Eisner ... den Nachweis geliefert, daß es uns nicht an Temperament fehlt. Die Berliner werden auch dankbar anerkennen müssen, daß wir ihnen den Landauer durchgetan [das heißt getötet] haben.«

In diesem ideologischen Klima konnte es dann nicht verwundern, daß Hitler und drei andere führende Putschisten zwar zu der gesetzlich vorgeschriebenen Mindeststrafe für Hochverrat, nämlich fünf Jahre Festung, verurteilt wurden, aber zugleich vorgesehen war, daß diese Strafe nach sechs Monaten zur Bewährung ausgesetzt werden sollte. Ludendorff wurde freigesprochen, was der Bescheinigung von politischer Unzurechnungsfähigkeit gleichkam. Er verließ unter Ovationen des nationalen Publikums den Gerichtssaal. Allen Verurteilten wurden ehrenwerte Motive und große Vaterlandsliebe bescheinigt, Hitler als »verunglückter Nationalheld« apostrophiert. In eklatantem Widerspruch zum Republikschutzgesetz entschied das nationalistisch korrumpierte Gericht:

»Auf einen Mann, der so deutsch denkt und fühlt wie Hitler ... kann nach Auffassung des Gerichts die Vorschrift des Republikschutzgesetzes ihrem Sinn und ihrer Zweckbestimmung nach keine Anwendung finden.«

Im Zuchthaus Landsberg am Lech räumte man ihm komfortable Lebensbedingungen ein; dort begann er sein Propaganda- und Rechtfertigungsbuch *Mein Kampf* zu schreiben, dessen miserables Deutsch der Journalist und Parteigenosse Dietrich Eckart verbesserte. Von der Möglichkeit, Hitler nach der Haft, die schon 1924 endete, als Staatenlosen abzuschieben, machte die bayerische Regierung leider keinen Gebrauch. So konnte er schon 1925 an den Wiederaufbau seiner Partei gehen, diesmal unter der Losung parteipolitischer Legalität. Berlin wurde jetzt das Zentrum der NSDAP, und je stärker sie wurde, um so mehr widerlegte der SA-Terror der Straßen- und Saalschlachten den heuchlerischen Anspruch, eine legale Partei zu sein.

Von den »Weimarer Jahren« Bayerns bis zur NS-Diktatur

Vorerst nahmen aber die Dinge in Deutschland und Bayern einen anderen Verlauf: Der Rechts- wie der Linksradikalismus verloren mit der wirtschaftlichen und sozialen Stabilisierung der Weimarer Republik mehr und mehr ihr Wählerpotential. Not, Hunger und Arbeitslosigkeit sowie eine gewissenlos vom Zaun gebrochene Rieseninflation, die besonders dem nationalen Bildungs- und Kleinbürgertum schweren Schaden zufügte, das waren die Gegebenheiten, die von 1918 bis 1923 den düsteren Hintergrund der politischen Entwicklung gebildet hatten. Die am 13. Oktober 1923 eingeführte Rentenmark als neue Währung beendete die Inflation und gab damit das Signal zur Gesundung der Wirtschaft. Nach dem Krisenjahr 1923 trat eine Wende zum Besseren ein. Das war, wie das Beispiel Münchens zeigt, aus vielen Gründen dringend notwendig. Damals veröffentlichte der Münchner BVP-Stadtrat, Michael Gasteiger, seine erschütternde Denkschrift *Die Not in München*. Danach war der Milch- und Fleischverbrauch pro Kopf kaum halb so hoch wie 1913, Brennstoffe waren so teuer, daß selbst Teile des Mittelstandes nicht in der Lage waren, ihre Wohnungen zu heizen, geschweige denn die am schwersten in Mitleidenschaft gezogenen Arbeiter. In manchen Stadtvierteln waren 50 Prozent der Schulkinder unterernährt, in jedem fünften Haushalt gab es Tuberkulosekranke. Auf 240 Neubauwohnungen kamen 1923 30000 Wohnungssuchende. In anderen deutschen Großstädten sah es nicht besser aus.

Gustav von Kahr hatte zwar den Hitlerputsch niederschlagen lassen, dessen undurchsichtige Vorgeschichte kompromittierte ihn aber dennoch so stark, daß ihn die Bayerische Volkspartei weder halten wollte noch konnte. Er mußte, zusammen mit dem Reichswehrmann Lossow, am 17./18. Februar 1924 zurücktreten.

Damit war die BVP endlich bereit, in die volle politische Verantwortung ohne rechtsradikale Helfershelfer einzutreten. Die

SPD blieb zwar in den großen Städten erfolgreich, geriet aber als Gesamtpartei mehr und mehr ins Hintertreffen. Ende 1932 war sie auf 16,4 Prozent der bayerischen Wählerstimmen gesunken. Auch wurde sie von der bürgerlichen Seite bewußt von der politischen Verantwortung ausgeschlossen. Dennoch hatte auch sie die »Talsohle« schon durchschritten. Mit Wilhelm Hoegner (1887–1980), der Bayern als Abgeordneter im Reichstag vertrat, und seinem innerparteilichen Konkurrenten Waldemar von Knoeringen (1906–1971) gewann die Partei wieder profilierte Persönlichkeiten, deren Energie aber durch den Machtantritt Hitlers erst im Exil und dann vor allem nach dem Desaster des NS-Systems zur Wirkung kommen konnte.

In den wenigen »Sonnenjahren« der Weimarer Republik beherrschte die »Bayerische Volkspartei« eindeutig das Feld. Am 28. Juni 1924 konnte Heinrich Held eine neue, parlamentarisch einwandfreie, überwiegend konservative Regierung bilden. Sie blieb bis März 1933 im Amt, also noch zu einer Zeit, als in Berlin bereits Hitler regierte und viele Intellektuelle, wie der Publizist Theodor Wolff, nach München flüchteten, um dort – in allerdings nur scheinbarer Sicherheit – den weiteren Gang der Dinge abzuwarten. Man hat die Regierung Held dahingehend charakterisiert, daß sie zwar Stabilität brachte, die allerdings mit der allgemeinen wirtschaftlichen Erholung Deutschlands bis zur Weltwirtschaftskrise (1929–1932) zusammenhing, aber andererseits auch eine Epoche des innenpolitischen Immobilismus gewesen sei. Dieser wich auch dann nicht, als die Bedrohung der Demokratie durch die Nationalsozialisten unübersehbar geworden war und ein engerer Schulterschluß mit den Sozialdemokraten nahe gelegen hätte. Dennoch hat die Epoche Held wichtige Veränderungen gebracht. Hier ist in erster Linie das Konkordat mit der katholischen Kirche von 1925 zu nennen, an dessen Zustandekommen der römische Nuntius in München, Eugenio Pacelli, der spätere Papst Pius XII., maßgeblich beteiligt war. Entschiedener als in der Weimarer Verfassung wurde wieder der christliche Charakter Bayerns betont; dies geschah ebenso durch die gleichzeitig abgeschlossenen Staatsverträge mit den evangelischen Kirchen Bayerns und der Pfalz. Auch beim Finanzausgleich zwischen Reich und Ländern konnte Held Verbesserungen zugunsten des Landes erreichen. Seit 1929 erwuchs dem Ministerpräsidenten mit Fritz Schäffer (1888–1967) ein starker innerparteilicher Rivale, dessen politischer Aufstieg jedoch, wie bei der SPD, durch die Machtergreifung Hitlers unterbrochen wurde. Erst nach 1945 begann seine große Karriere, allerdings nicht in der Landespolitik, sondern als erster und erfolgreichster Finanzminister der Bundesrepublik in den entscheidenden Anfangsjahren unter der Kanzlerschaft Konrad Adenauers.

Geistiges und künstlerisches Leben

München erlebte in der zweiten Hälfte der 20er Jahre eine geistige Nachblüte der Prinzregentenzeit, gleichsam ein »gedämpftes Leuchten« voller Widersprüchlichkeit. Es gab stille, aber nichtsdestoweniger weit über Bayern hinauswirkende Zentren des Münchner Geisteslebens, so vor allem den Kreis um Carl Muths katholische Kulturzeitschrift *Hochland*. Anders als der *Simplicissimus*, der seine große Zeit vor dem Ersten Weltkrieg erlebt hatte, entfaltete sich das *Hochland* gerade in den 20er Jahren als Sprachrohr der katholischen Intelligenz und öffnete sich bewußt den neuen gesellschaftlichen und wissenschaftlichen Tendenzen der Zeit, ohne grundsätzlich den Kurs eines süddeutsch-katholischen Konservatismus zu verlassen. Man hat von einer »soziologischen Neuorientierung« des Blattes gesprochen, zu dessen engerem Kreis die Maler Karl Caspar, Maria Caspar-Filser und Richard Seewald, besonders aber die beiden Württemberger Schriftsteller Conrad Weiß und Theodor Haecker sowie Gertrud von Le Fort gehörten.

Das stärkste Moment geistig-kultureller Kontinuität mit der Vorkriegszeit und gleichsam eine »Münchner Institution« stellten wohl die Gebrüder Mann und ihr breitgefächerter Kreis dar, ein Milieu, das sich zu fast allen Gruppierungen des geistigen Lebens hin öffnete. Anfangs eher unpolitisch, später aber, seit

Beginn der 20er Jahre und dann auch auf der lokalen Bühne mit der kulturpolitischen »Rettet-München«-Aktion von 1926, bezogen beide Brüder klare Positionen für die Weimarer Republik. Die entscheidende Wende vom ästhetischen und nur literarischen zum politischen Bekenntnis erfolgte aber nicht zufällig in Berlin mit Thomas Manns großer Rede am 15. Oktober 1922. *Von deutscher Republik* war ihr Thema, ein Bekenntnis zu diesem neuen Staat, der sich gerade damals gegen äußere und innere Feinde mühsam genug aufraffen mußte.

Am Ende der Weimarer Jahre hat Thomas Mann, selbst aus einer national-romantischen, eher apolitischen Vergangenheit kommend, sein politisches Credo folgendermaßen formuliert:

»Wie heute alles liegt ..., ist es für den geistigen, den Kulturmenschen, eine falsche und lebenswidrige Haltung, auf die soziale, die politisch-gesellschaftliche Sphäre hochmütig herabzublicken. Das Politische und Gesellschaftliche ist ein Bereich des Humanen.« – Späte Erkenntnis einer ästhetischen Existenz!

Entschiedene Annäherung an die politischen und sozialen Probleme der Zeit unterschied den Kreis um die Gebrüder Mann immer deutlicher von einer geistig so markanten und einflußreichen Gruppierung wie dem George-Kreis, dessen stärkste Wirkung und Strahlungskraft nicht zufällig vornehmlich der Vorkriegszeit angehörte. In der rauhen, von harten sozialen und politischen Konflikten bestimmten Luft der Nachkriegszeit war dieser gleichsam von selbst einem Realitätsverlust ausgesetzt; für einen pathetischen Ästhetizismus solcher Art mußten Resonanz und Verständnis zwangsläufig von selbst schwinden. Im Schwabinger Hause Karl Wolfskehls hatte er aber immer noch ein lebendiges Refugium.

Nachhaltiger wirkte aber der George-Kreis durch Wissenschaftler wie Norbert von Hellingrath, Friedrich Gundolf, Friedrich von der Leyen, Ludwig Klages, Ernst Bertram, Max Kommerell, Ernst Kantorowicz und Wolfram von den Steinen in das akademische Leben hinein, führte in diesem Bereich anregend und provozierend über einen selbstgenügsamen Positivismus hinaus, überschritt dabei aber auch oft mit einer dichterisch inspirierten »Wesensschau« die Grenzen des wissenschaftlich Verifizierbaren. Dennoch gehören die Wiederentdeckung der mutterrechtlichen Kulturen auf den Spuren Johann Jakob Bachofens, das suggestiv-kongeniale Bild des Staufer-Kaisers Friedrich II. und die Erneuerung der Literatur- und Kunstwissenschaften zu den bleibenden wissenschaftlichen Leistungen des George-Kreises.

Andere Treffpunkte des geistigen Lebens in München dürfen hier nicht unerwähnt bleiben: an erster Stelle der Salon des Verlegers Hugo Bruckmann und seiner Frau Elsa, in dem sich nicht nur dem Hause eng verbundene Kunsthistoriker wie Adolf Furtwängler und Heinrich Wölfflin trafen, sondern auch Gelehrte wie der großdeutsch-katholische Österreicher Heinrich von Srbik und der ebenso scharfsinnige wie scharfzüngige Erforscher der spätantiken Konziliengeschichte, Eduard Schwartz; ferner Schriftsteller wie Rudolf Alexander Schröder, der Verleger Anton Kippenberg, der Philosoph Ludwig Klages und der Dichter Stefan George. Der Kriegstod ihres hochbegabten Neffen, Norbert von Hellingrath, scheint in Elsa Bruckmann politische Hoffnungen in gänzlich anderer Richtung geweckt zu haben: Sie gehörte nämlich zu den frühen Verehrern Hitlers und führte ihn in ihrem Hause in jene »große Welt« ein, die er im Grunde mit »calibanenhafter Wut« haßte. Mit ihm fanden Nationalsozialisten wie Rudolf Heß und Alfred Rosenberg in einem Kreise Gehör, dessen Niveau und geistige Spannweite ansonsten meilenweit von den Barbarismen der braunen Massenbewegung entfernt war. Deren blutigen Schlagwortkatalog hat man dort leider nicht so ernst genommen, wie er gemeint war.

Ein geistiger Klimaumschwung war unverkennbar, pessimistische Stimmen wurden laut. Wilhelm Hausenstein, ein »Kulturmünchner« der besten Art, konstatierte: »Die Wandlung ist ungeheuerlich, diese Wandlung, die einer Zerstörung gleichkommt.« Auch Karl Wolfskehl spürte 1930 die krisenhafte Veränderung: »München macht mich diesmal sehr nervös, es ist wie ein Zittern in der Luft und eine Ungewißheit... Das schöne lächelnde Behagen von früher ist verschwunden, ich glaube für immer.«

Sicher trug zum Klimawandel bei, daß zwischen 1918 und 1921 bedeutende Repräsentanten Münchner und bayerischer Kultur verstorben waren, so Frank Wedekind, Max Dauthendey, Franziska Gräfin Reventlow, Georg Queri, Heinrich Lautensack, Lena Christ, Ludwig Ganghofer, Oskar Panizza und Ludwig Thoma. Aber diese Totenliste vermag den schrittweisen Umschwung der geistigen Atmosphäre »Isar-Athens« nicht hinlänglich zu erklären. Um was es dabei ging, zeigt schlaglichtartig die heftige Diskussion um »München als Kulturstadt«, die 1926 entbrannte und in der Thomas Mann beschwörend an den besseren Geist seiner Wahlheimat als erhoffte »weltdeutsche Stadt« appellierte, nämlich als »Zuflucht jener Freiheit und Heiterkeit, die in dem Worte Kunst sich gegen die Verdüsterung und kranken Fanatismen der Zeit behauptet«. München als »Heimat einer deutsch-europäischen Klassik«, als Ambiente einer »Volkstümlichkeit, auf deren gesunder, derber Krume das Eigentümlichste, Zarteste, Kühnste, exotische Pflanzen manchmal unter wahrhaft gutmütigen Bedingungen gedeihen konnten«, sollte ein für Tradition und Fortschritt gleichermaßen »Weltort« sein.

War dies eine realistische Zustandsbeschreibung oder nicht schon ein nostalgischer Rückblick und dringender Appell an eine Zeit, in der dies alles verlorenzugehen schien?

Es gab in den 20er Jahren aber nicht nur Verluste, sondern auch ein stärkeres Hervortreten des bajuwarischen Elements, etwa in der Ansiedlung von Schriftstellern wie Hans Carossa, Georg Britting und Richard Billinger in München oder in der literarischen Arbeit des Essayisten Josef Hofmiller, der selbstbewußt seine Eigenart als einen Kontrapunkt zur allgemeinen deutschen Kulturszene verstand. Die stärkste Kraft aus bayerischer Wurzel war aber zweifellos der realistische Erzähler und Romancier Oskar Maria Graf. Sein autobiographisch konzipiertes Buch *Das Leben meiner Mutter* ist ein Meisterwerk altbayerisch zupackender Prosa, illusionslos und liebevoll-zart zugleich. Es entstand im amerikanischen Exil als »Heimatbuch« ganz anderer, eigener, bekenntnishafter Art.

Oskar Maria Graf als Gallionsfigur eines Oktoberfestplakats von Michael Mathias Prechtl (1985).

Die Abwanderung bedeutender Schriftsteller nach Berlin erzeugte unter den an der Isar gebliebenen auch eine Art Galgenhumor. Oskar Maria Graf diagnostizierte damals die Lage so: »München ist sicher von allen deutschen Städten die provinzlerischste … Da hilft keine Revolution, kein Hitler, ja, nicht einmal der Rückgang der Fremdenfrequenz. Wir sind und bleiben ein stadtähnliches Dorf und können wirklich nichts anderes mehr tun als gemütlich sterben. Grad aber dieses gemütliche Sterben ist das Faszinierende an dieser Stadt. Es macht uneitel, versöhnlich und wunderbar glaubenslos. Und weil wir alle, wir echten Münchner, durch unsere katholische Herkunft nihilistisch in einem herrlich wurschtigen Sinne angekränkelt sind, darum läßt sich's hier so gut leben.« (Zitiert nach Reinhard Wittmann)

Mit dem »gemütlichen Sterben« sollte es zwar bald danach vorbei sein, aber einige Resignation schwang in dieser Mentalitätsbeschreibung unverkennbar mit; Resignation darüber, daß mit dem Weggang so vieler Schriftsteller die Chance vertan war, München zum Ausgangspunkt einer süddeutschen sozialkritischen Avantgarde mit den Namen Bertolt Brecht, Marieluise Fleißer, Oskar Maria Graf, Lion Feuchtwanger und Ödön von Horváth zu machen.

Der gebürtige Münchner Lion Feuchtwanger war in dieser Gruppe der nach München Gekommenen oder dort nach 1923 Gebliebenen wohl der »internationalste«. Seine historischen Romane wurden Welterfolge. Die Trilogie *Der Wartesaal* ist eine wirklichkeitsnahe scharfe Abrechnung mit dem Nationalsozialismus und dessen Anfängen in seiner Heimatstadt.

Entsprechungen im Bereich der bildenden Kunst für dieses starke Einschießen genuin bayerischen Kunstwillens in die zeitgenössische Kultur gibt es zur Genüge. Man denke für die Kunst etwa an die »Juryfreien«, an Künstler wie Josef Scharl, Willy Geiger, Richard Seewald und Josef Karl Nerud oder an das Wirken Robert Vorhoelzers als Protagonist moderner Architektur in München. Mit Recht wollte man sich möglichst deutlich von der national drapierten Volkstümelei in Kunst und Bauwesen distanzieren.

Was die Theaterkultur Münchens betrifft, so hatte die Stadt mit Otto Falckenbergs »Kammerspielen« seit 1917 gleichsam eine Konstante der Moderne. Das Theater blieb auch in der NS-Zeit eine kulturelle Oase, obwohl berühmte Schauspieler wie Therese Giehse und Kurt Horwitz in die Schweiz emigrieren mußten. Für Falckenberg waren es jedenfalls schwierige Jahre, die ihm einen ständigen Balanceakt zwischen modernem Kunstwillen und dem aufgedrängten Patronat Hitlers abforderten.

Politisch aufgeschlossen gegenüber der neuen staatlichen Ordnung und dabei genuin münchnerisch war der Kreis um den alteingesessenen Spirituosenerzeuger Robert Riemerschmid, in dessen Haus auf der Praterinsel von 1924 bis 1929 sich Männer der Politik, Wirtschaft, Wissenschaft und Kunst regelmäßig trafen, um sich zu informieren und nach Möglichkeit einzugreifen, »wenn kleinliche politische oder wirtschaftliche Gesichtspunkte drohen, große Interessen der Allgemeinheit zu gefährden«. Der

Chemiker und Nobelpreisträger Richard Willstätter, der Chirurg Ferdinand Sauerbruch, der später vom Nationalsozialismus vereinnahmte Geopolitiker Karl Haushofer und der Geograph Erich von Drygalski gehörten ebenso in diese Runde wie der liberale Historiker Hermann Oncken und der einflußreiche Nationalökonom Otto von Zwiedeneck-Südenhorst. An der Universität wirkten der bedeutende Romanist Karl Vossler und der bekannte Kunsthistoriker Heinrich Wölfflin. Bruno Walter beherrschte als großer Dirigent das reiche Münchner Musikleben. »Isar-Athen« hatte wieder etwas zu bieten.

Ungeachtet der Katarakte von Revolution und Reaktion baute München in den 20er Jahren seine Position als drittgrößte Verlagsstadt nach Leipzig und Berlin aus. Neben die Großverlage C. H. Beck, Oldenbourg, J. F. Bergmann, Albert Langen und Georg Müller traten neue wie Carl Hanser, Kösel-Pustet und der expressionistisch orientierte Verlag Kurt Wolff aus Leipzig, bei dem 1926 Franz Kafkas Roman *Das Schloß* erschien. Im Drei Masken Verlag publizierte 1927 Oskar Maria Graf sein Bekenntnisbuch *Wir sind Gefangene.* Wie schnell sich das geistige Profil eines Verlags jedoch ändern konnte, bewies Georg Müller, zu dessen Autoren einst Expressionisten wie Max Brod, Theodor Däubler, Alfred Döblin, Ivan Goll und Kurt Pinthus zählten und der dann auf völkische Autoren wie Erwin Guido Kolbenheyer, Josef Magnus Wehner und Hans Friedrich Blunck umschwenkte und 1931 den nationalen Bestseller *Volk ohne Raum* von Hans Grimm publizierte. Ein echtes Münchner Gewächs war der 1922 von Ernst Heimeran gegründete Verlag mit seinen amüsanten Texten, aber auch mit den zweisprachigen Editionen antiker Autoren, der *Tusculum-Reihe*: eine verlegerische Tat.

Auch auf dem Gebiet der Buchkunst konnte München seinen hervorragenden Ruf weiter festigen. Das gilt vor allem für die von Ludwig Wolde und Willy Wiegand 1921 gegründete *Bremer Presse*, deren vollendete Typographie, die Anna Simons entwarf, dem Verlag europäischen Ruhm brachte. Daneben erwarb sich die *Rupprecht Presse* hohes Ansehen. Sie war nach dem Kronprinzen benannt und wurde vom C. H. Beck Verlag gefördert. Hier wirkte F. H. Emcke als ideenreicher Typograph und Karl Wolfskehl als literarischer Leiter. Eine wichtige institutionelle Voraussetzung dieser Blüte angewandter und dekorativer Kunst waren die 1897 gegründeten »Vereinigten Werkstätten«, zu deren Mitarbeitern Richard Riemerschmid, Hermann Obrist und Peter Behrens gehörten. Meister der mit der Werbung erblühenden Plakatkunst wurden Albert Weisgerber und Ludwig Hohlwein. Das »schöne Buch« und die anspruchsvolle Buchillustration durch berühmte Künstler wie Th. Th. Heine, Rolf von Hoerschelmann, Alfred Kubin, Max Beckmann, Emil Preetorius, Lovis Corinth, Richard Seewald, Georg Schrimpf, Erich Hecke und Frans Masereel wurde insgesamt ein Signum des Münchner Buchwesens; hier lag die Stadt zweifellos im Reich an der Spitze. Es war auch die Zeit der kostspieligen Luxusdrucke, die sogar zu Spekulationsobjekten wurden. In der 1927 gegründeten Meisterschule für Deutschlands Buchdrucker lehrten drei Protagonisten der typographischen Avantgarde: Paul Renner, Jan Tschichold und Georg Trump. Letzterer konnte als Direktor der Schule deren Niveau von 1934 über die NS-Zeit hinweg retten und damit auch Münchens Ruf als »Mekka der Schwarzen Kunst«, mochten sich dabei auch oft erlesene Form und problematischer Inhalt widersprechen.

Der kurze Weg ins »Dritte Reich«

Mit der Regierung Held war Bayern eine Erholungspause gegönnt. Als dann die relative Stabilität Bayerns durch die katastrophalen Auswirkungen der Weltwirtschaftskrise seit 1929 wie überall im Reich dahinschmolz und die beiden verhängnisvollen Extreme in der deutschen Gesellschaft – Nationalsozialismus und Kommunismus – immer brutaler um die nackte Macht rangen, spitzte sich die Lage unheilvoll zu; die Katastrophe war seit der »Machtergreifung« Hitlers in Berlin nicht mehr aufzuhalten. Um den 20. Februar 1933 unternahm Fritz Schäffer, der aktive Vorsitzende der BVP, den verzweifelten Versuch, mit Einverständnis der SPD die Einsetzung des populären bayerischen Kronprinzen Rupprecht zum »Generalstaatskommissar« nach Artikel 64 der bayerischen Verfassung zu erwirken. Er wollte damit die braune Diktatur verhindern, aber Held konnte sich nicht entschließen mitzumachen. Es sei dahingestellt, ob dieser Anlauf noch eine Erfolgschance besaß – trotz des Ansehens, das die Monarchie inzwischen in manchen Kreisen wieder erlangt hatte. Denn kurz darauf, am 28. Februar, gab der Berliner Reichstagsbrand Hitler die Gelegenheit, durch seine berüchtigte »Notverordnung zum Schutz von Volk und Staat« einen entscheidenden Schritt zur festen Etablierung der NS-Diktatur zu tun. Es wurden damit nicht nur die verfassungsmäßigen Grundrechte, Freiheit der Person und des Eigentums, Versammlungsfreiheit, Pressefreiheit und Freiheit der politischen Betätigung, faktisch außer Kraft gesetzt und der Willkür der neuen Machthaber preisgegeben, sondern die damit verbundenen konkreten Befugnisse der Reichsregierung erlaubten auch das Verbot politischer Parteien, was naturgemäß zuerst die kommunistische und bald danach die sozialdemokratische Partei betraf. Sogar die »vorübergehende« Ablösung der Länderregierungen war mit dieser Notverordnung möglich. Im Grunde liquidierte sie den demokratischen Rechtsstaat und nahm in Absicht und brutaler Rechtsbeugung vieles vom berüchtigten Ermächtigungsgesetz vom 23. März vorweg, mit dem die bürgerlichen Parteien des Reichstages sich selbst aufgaben. Auch das Zentrum unter Prälat Ludwig Kaas (1881–1952) stimmte trotz aller Bedenken diesem Gesetz zu, das alle Schleusen des Terrors öffnen sollte. Man hoffte, sich die Schonung der Kirche und der katholischen Bevölkerung erkaufen zu können; es war eine trügerische Hoffnung.

In diesem Prozeß der Selbstauflösung und Gleichschaltung der Länder und ihrer Verwaltungen konnte sich Bayern noch bis zum 9. März halten. An diesem Tag übernahm Ritter von Epp als »Reichskommissar« die vollziehende Gewalt. Dies geschah in ultimativer Form. Obwohl der bayerische Ministerrat dies am 10. März ablehnte, waren die Würfel gefallen, dem NS-Terror Tor und Tür geöffnet. Der neue starke Mann war Gauleiter

Adolf Wagner, wütender Antisemit und Feind der Kirche, obendrein ein rabiater Alkoholiker. Er residierte in der restaurierten Münchner Kaulbachvilla und galt als der mächtigste Gauleiter des Dritten Reiches. Noch am 9. März verwüsteten SA-Rowdies die Redaktionen der *Münchner Post* (SPD), des *Bayerischen Kuriers* (BVP) und der katholischen Wochenzeitung *Der gerade Weg*. Deren Chefredakteur Fritz Gerlich wurde von SA-Männern schwer mißhandelt, in das KZ Dachau verschleppt und dort trotz internationaler Proteste ermordet. Vor der planmäßigen Verfolgung durch Himmlers Schergen flüchteten alle Gegner des Nationalsozialismus, soweit ihnen dies noch möglich war, ins Ausland. Damit beginnt die Geschichte des deutschen Exils und der Leidensweg jener abertausend Männer und Frauen, von denen nach 1945 nur ein Teil zurückkehrte. Es war dies für Politik, Wirtschaft, Kultur und Kunst ein schwerer Aderlaß, der in seinen Folgen bis zur Gegenwart spürbar ist.

Besonders hart betroffen war von diesen systematischen Verfolgungen – neben den rein politischen Gegnern – die jüdische Bevölkerung in Deutschland und dann, während des Zweiten Weltkriegs, im besetzten Europa. Die okkupierten Länder mußten überdies ein Millionenheer von Zwangsverpflichteten und Zwangsarbeitern für die Rüstung stellen. Allein in München waren mehr als 100000 Zwangsarbeiter unter entwürdigenden Bedingungen im »Kriegseinsatz« tätig. Auch die Juden und politisch Verfolgten in den KZs arbeiteten unter unmenschlichen Bedingungen in der Kriegsindustrie: »Vernichtung durch Arbeit« war die zynische Parole des Systems. Scheinlegaler Ausgangspunkt zur Entrechtung, Marginalisierung und späteren Deportation der Juden wurden die Nürnberger Rassegesetze vom 5. September 1935, mit denen man aus ihnen schrittweise Freiwild einer fanatisierten NS-Gesellschaft machte; die Vernichtungslager waren dann nur noch die letzte und brutalste Konsequenz.

Wie es mit der Legalität des »Dritten Reiches« bestellt war, davon vermittelte bereits die Niederschlagung des sogenannten »Röhmputsches« und die kaltblütige Liquidierung der SA-Führer und mißliebiger Konservativer wie Kurt von Schleicher, Edgar Jung und Gustav von Kahr durch Hitler am 30. Juni 1934 einen makabren Eindruck. Es war eine blitzartige, fast öffentliche Mordaktion in den eigenen Reihen. Wenn man schon mit den eigenen »Kampfgefährten« so verfuhr, konnte sich jeder Bürger leicht ausmalen, wie mit den politischen Gegnern verfahren wurde: Die KZ-Welt war daher kein Sonderfall, sondern auf erschreckende Weise systemimmanent. Dachau, das erste KZ, in dem das Regime sein Terrorsystem erprobte, gab dann auch das »Vorbild« ab für seine mörderischen Filiationen Buchenwald, Auschwitz, Sobibor, Treblinka und all die anderen Schinderhöllen des Systems, in denen Millionen starben. Sie alle wurden zum Schandsymbol des nationalsozialistischen Deutschland und die schwerste moralische Hypothek für den Neubeginn nach 1945.

Der Absturz in den NS-Einheitsstaat, Krieg und Befreiung

Bayern in seiner politischen und kulturellen Vielfalt hatte 1933 aufgehört zu existieren, die verhängnisvolle Zustimmung der BVP zu Hitlers Ermächtigungsgesetz brachte dem Land letztlich keine Vorteile, sondern stempelte es zum mehr oder weniger unfreiwilligen Helfershelfer des Regimes. Im Grunde blieb innerhalb Bayerns nur noch eine Macht übrig, die – wenn auch mit fragwürdigen Konzessionen an das NS-System – wenigstens passiven Widerstand und in den unteren Rängen auch aktiven Widerstand zu leisten vermochte: die katholische Kirche sowie – wenn auch in geringerem Maße – die »Bekennende Kirche« evangelischer Konfession. Hier konnten sich bis zu einem gewissen Grade vom Nationalsozialismus und seiner primitiven Ideologie nicht zu durchdringende, große gesellschaftlich-geistige Formationen erhalten. Kardinal Faulhaber, sozialer Aufsteiger, überzeugter bayerischer Monarchist, war ein erklärter Feind der bayerischen wie der Weimarer Republik gewesen: Revolution und Republik hielt er für eine Frucht der Sünde, entstanden aus »Meineid und Hochverrat«. Es war daher kein Zufall, daß es schon 1922 auf dem Münchner Katholikentag zu einer scharfen Konfrontation zwischen ihm und dem aktiven Kölner Oberbürgermeister und Zentrumsmann Konrad Adenauer kam, der die Republik bejahte, die Monarchie ablehnte und mit deutlichem Bezug auf Faulhabers hochpolitische monarchistische Predigt öffentlich äußerte, daß »dürre Äste« fallen müßten, damit neues Leben in neuen Blättern sprießen könne. Anders als Bischof Graf Galen, der sich nach 1933 aktiv den Ausschreitungen der NS-Diktatur entgegenstellte, hielt sich Faulhaber in mancher Hinsicht eher bedeckt. Dabei spielte auch eine Rolle, daß sich die bayerischen Katholiken durch das relativ günstige Reichskonkordat vom 20. Juli 1933 gesichert glaubten. Es war dies eine Hoffnung, die sehr bald enttäuscht wurde. Faulhaber reagierte darauf mit seinen teilweise scharfen Hirtenbriefen und Adventspredigten, die keinen Zweifel daran ließen, was er wirklich dachte; sie weckten den Zorn des Parteiapparates wie auch der Münchner NS-Marionettenregierung. Faulhabers Haltung bedeutete zweifellos einen gewissen Schutz für die katholische Bevölkerung, brachte aber andererseits die Kirche in eine prekäre Zwangslage, wenn es darum ging, für Juden und Regimegegner einzutreten. Konkret ausgedrückt: Welchen Wert hatte die Erhaltung der Kreuze im Klassenzimmer, wenn der gewaltige Verfolgungsapparat des Regimes, dessen Zentrale das Wittelsbacher Palais in München war, Tausende und Abertausende bei Nacht und Nebel abholte und ins Dachauer KZ und später in die Vernichtungslager des Ostens einlieferte?

Andererseits ist zu bedenken, daß die Kirchen insgesamt nur die Wahl zwischen Teufel und Beelzebub hatten, wobei ihnen der militante Atheismus der Sowjetunion mit seinen schweren Verfolgungen damals als der gefährlichere Feind erscheinen mußte; jedenfalls war dies die Überzeugung Papst Pius' XII. Dies setzte dann der Kritik an der immer brutaler werdenden Judenverfolgung des NS-Regimes einen fragwürdigen politisch-taktischen Dämpfer auf.

Der schauerlichen Wirklichkeit stellten sich aber vor Ort viele Priester, denen Dachau dann ebenfalls zum Schicksal wurde.

Leuchtendes Beispiel des offenen Widerstandes wurde der Jesuitenpater Rupert Mayer, der als Prediger von St. Michael in München seine Angriffe auf den NS-Staat mit schwerer KZ-Strafe und dem Verlust seiner Gesundheit zu büßen hatte. Mit dem Tode bezahlte der Münchner Jesuitenpater Alfred Delp seine Mitgliedschaft im »Kreisauer Kreis«, der Kernzelle des Staatsstreichs vom 20. Juli, während seine ihm nahestehenden Ordensbrüder Augustin Rösch und Lothar König KZ und Geheimversteck überlebten. Weil er das in einer Beichte verratene Geheimnis des bevorstehenden Attentats gegen Hitler nicht angezeigt hatte, wurde der Kaplan Hermann Josef Wehrle von Heilig Blut und St. Georg in Bogenhausen 1944 hingerichtet; er war ein Vetter Rupert Mayers. Hier kündigte sich schon im Krieg eine Regeneration des kirchlichen Lebens an, die der geistigen und gesellschaftlichen Erneuerung Bayern vorarbeitete.

Gleiches gilt für den studentischen Freundeskreis der »Weißen Rose« um den Münchner Universitätsprofessor Kurt Huber, der zusammen mit seinem Freund Kiem Pauli der Wiedererwecker unverfälschter bayerischer Volksmusik war. Die Geschwister Hans und Sophie Scholl, Alexander Schmorell, Christoph Probst und Willi Graf forderten seit 1942 durch Flugblattaktionen zum aktiven Widerstand gegen die nazistische Terrorherrschaft auf. Sie hielten engen Kontakt zur katholischen Intelligenz, zu Carl Muth, dem Herausgeber der Zeitschrift *Hochland,* und zu dem katholischen Philosophen Theodor Haecker, der seit 1935 Rede- und Schreibverbot hatte. Vorbild für die Gruppe war vor allem Clemens August Graf von Galen, Bischof in Münster, der sich in seinen Predigten in scharfer Form gegen die Kirchenpolitik und das Euthanasie-Mordprogramm des Regimes wandte. Die Denunziation eines Universitätshausmeisters lieferte die Mitglieder der »Weißen Rose« im Februar 1943 dem Henker aus, ihr Widerstand und Martyrium und der Widerstand ihrer Nachfolgegruppe unter Hans Leipelt wurden ein leuchtendes Symbol für die Zukunft.

In einer noch schwierigeren Lage befand sich die evangelische Kirche; dies vor allem aus zwei Gründen: Zum einen war es die geistige Nähe besonders der Lutherischen Kirche zum konservativen, deutschnationalen Lager, die schon seit den ersten Jahren eine offene Opposition gegen das NS-Regime hemmte. Zum anderen war es der weitverbreitete kirchliche Glaube, daß die Obrigkeit, wie auch immer sie beschaffen sein mochte, von Gott sei. Offenbar sahen auch die evangelischen Kirchen lange Zeit im Nationalsozialismus das kleinere Übel gegenüber dem radikalen Atheismus des Sowjetsystems oder sogar den Schutzwall gegen den totalen Umsturz; vielfach erhoffte man sich sogar den Beginn einer gesellschaftlichen Regeneration. Hinzu kamen alte, lange eingefahrene Vorstellungen von der engen Verbindung zwischen »Thron und Altar«, die sich auch auf katholischer Seite fanden, aber im Protestantismus durch eine sehr lebendige Tradition von deutschem Luthertum und Hohenzollernstaat noch stärker durchschlugen.

Selbst der »Bekennenden Kirche«, die sich mit Recht gegen die staatliche Umarmung durch die »Deutschen Christen« zur Wehr setzte, ging es vor allem um eine kirchliche Autonomie gegenüber dem System, womit sie schon 1935 die grundsätzliche Kritik ihres führenden Theologen, Karl Barth, herausforderte: »Die Bekennende Kirche hat für Millionen von Unrecht Leidenden noch kein Herz. Sie hat zu den einfachsten Fragen der öffentlichen Redlichkeit noch kein Wort gefunden. Sie redet – wenn sie redet – noch immer nur in eigener Sache. Sie hält noch immer die Fiktion aufrecht, als ob sie es im heutigen Staat mit einem Rechtsstaat im Sinne [des Paulus-Wortes] von Römer 13 zu tun habe.«

Das waren deutliche Worte, die auch auf Faulhabers Verhalten zutrafen. In beiden Fällen war es »Widerstand wider Willen«, nämlich ohne politisches Programm, wenn auch mit starkem kirchenpolitischen Hintergrund. Nichtsdestoweniger hatten die beiden großen Kirchen ein bedeutendes ideelles und gesellschaftliches Eigengewicht, das den Neubeginn 1945 erleichterte; dies war ein unschätzbarer Gewinn nach dem ideologischen Kahlschlag der Diktatur.

Völlig anders war die Ausgangsposition der bayerischen Sozialdemokraten für einen Widerstand. Wie bei den Kommuni-

Die studentische Widerstandsgruppe der »Weißen Rose«: Sophie Scholl und ihre Freunde wurden 1943 hingerichtet.

sten mußten sich ihre maßgebenden Köpfe, Waldemar von Knoeringen, Wilhelm Hoegner, und viele andere der Verhaftung durch die Flucht ins Ausland entziehen. Es gab keine geduldete Plattform der Artikulierung, wie sie die Kirchen immerhin besaßen.

Nach der gewaltsamen Auflösung der Parteiorganisationen der SPD im Reich hatte sich in Prag mit Unterstützung der Prager Regierung und der sudetendeutschen Sozialdemokratie eine Widerstandsorganisation gebildet, die sich in einem Aufruf vom 30. Juli 1933 als Vorstand der »Sozialdemokratischen Partei Deutschlands« (Sopade) bezeichnete und von dort aus die Arbeit im Untergrund koordinierte. Diesem Ziel dienten die »Grenzsekretariate«, von denen eines der wichtigsten im grenznahen Neuern im Böhmerwald lag. Es wurde von Waldemar von Knoeringen (Deckname Michel) geleitet. Nach der Zerschlagung der Tschechoslowakei durch Hitler mußte die »Sopade« nach einer Zwischenstation in Paris ihre Arbeit in London fortsetzen, wobei allerdings fraktionelle Grabenkämpfe die Arbeit erschweren.

Wie schwierig die illegale Arbeit in Bayern war, geht unter anderem aus einem Bericht Waldemar von Knoeringens hervor: »Daß bis jetzt in München eine organisierte Arbeit nicht möglich war, ist eher ein Vorteil als ein Schaden. Denn es hat sich gezeigt, daß Genossen, die wohl in den ersten Monaten zu unserer Sache gestanden sind, nunmehr langsam der psychologischen Wirkung der nationalsozialistischen Geste erliegen...« Dennoch gab es ein widerstandsbereites Potential. Es äußerte sich, Gestapo-Berichten zufolge, in passiver Resistenz in den Betrieben. Insgesamt war aber die Chance eines aktiven Widerstandes linker Gruppen begrenzt. Dennoch gab es solche, so die »Hermann Frieb-Gruppe«, der Bebo Wager von den »Revolutionären Sozialisten« in Augsburg und Eugen Nerdinger angehörten. Sie entwickelte noch im Krieg ein sicher illusorisches Konzept der »Wachablösung« des NS-Regimes. Die Mehrzahl der Gruppe wurde hingerichtet. Ein ähnliches Schicksal ereilte die »Antinazistische Deutsche Volksfront« Karl Zimmets sowie Emma und Hans Hutzelmanns, desgleichen die kommunistische »Hartwimmer-Olschewski-Gruppe«. Paradox mutet es an, daß es einem Einzelkämpfer, dem Möbeltischler Johann Georg Elser, um ein Haar gelungen wäre, mit einer selbstgebastelten Bombe Hitler am 8. November 1939, dem Gedenktag an den Putsch 1923, im Bürgerbräukeller zu beseitigen. Elser wollte damit dem eben ausgebrochenen Krieg ein Ende bereiten. Da Hitler das Rednerpult, hinter dem der Sprengsatz verborgen war, wider Erwarten vorzeitig verließ, schlug das Attentat fehl. Elser kam als Sonderhäftling zuerst ins KZ Sachsenhausen, dann ins KZ Dachau, wo er noch im April 1945 umgebracht wurde.

Warum den mannigfachen Kräften des Widerstandes gegen die NS-Diktatur letztlich kein entscheidender, zumindest den Krieg verkürzender Durchbruch gelang, bleibt ein Verhängnis der deutschen Geschichte. Das gilt auch für den Staatsstreich vom 20. Juli 1944, dessen aktivste, organisatorisch begabte Persönlichkeit, Claus Schenk Graf von Stauffenberg, aus Bayern kam. Das Scheitern dieses verzweifelten Anlaufs zur Beseitigung Hitlers war nicht allein dessen unverschämtes Glück, den Anschlag zu überleben.

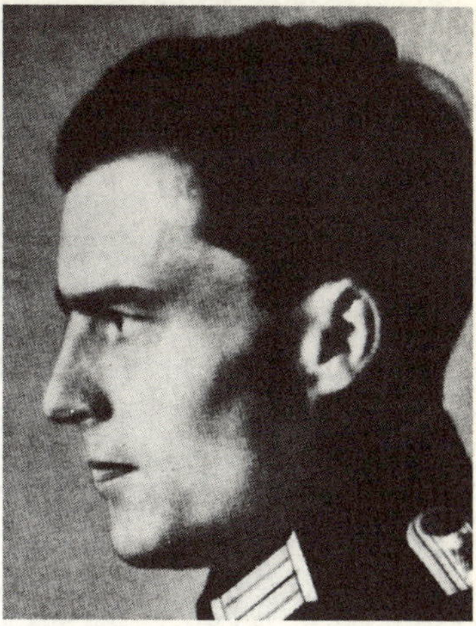

Claus Schenk Graf von Stauffenberg (1907–1944), einer der Organisatoren des Attentats vom 20. Juli 1944 auf Hitler. Er wurde noch am selben Tag erschossen.

Ebenso schlimm war es, daß die Kontakte der Verschwörer zu den Westalliierten schon deshalb kaum erfolgreich sein konnten, weil man dort zu lange die Ernsthaftigkeit ihrer Pläne bezweifelte, waren doch viele Persönlichkeiten des »20. Juli« hochdekorierte Offiziere und Marschälle aus Hitlers Wehrmacht, die bislang seine Schlachten geschlagen und sich erst spät, nach alliierter Meinung zu spät, gegen den Diktator gewendet hatten.

Am allerschlimmsten für einen aussichtsreichen Widerstand war es aber, daß Hitlers Regierungsantritt in eine Zeit fiel, als die verheerende Weltwirtschaftskrise – eine besondere Katastrophe für das in vieler Hinsicht geschwächte Deutschland – abzuflauen begann. Die Zahl der Arbeitslosen ging in Deutschland wie in anderen Industrieländern merklich zurück, Rüstung und Autobahnbau erzeugten auf Jahre hinaus eine Scheinblüte und damit die Illusion einer grundlegenden Besserung der Lebensverhältnisse. Die »Bayerischen Motorenwerke«, die Tausende Arbeiter entlassen hatten, stellten wieder ein, ebenso MAN in Augsburg und Nürnberg.

Hinzu kamen die außenpolitischen Erfolge Hitlers: die Rheinlandwiederbesetzung 1935, der »Anschluß« Österreichs im

März 1938, die Abtretung der sudetendeutschen Randgebiete im Oktober 1938 durch das »Diktat von München«. Dieses wurde am 29. September im sogenannten »Führerbau« an der Arcisstraße, der heute die Musikhochschule beherbergt, von Neville Chamberlain, Edouard Daladier, Benito Mussolini und Hitler unterzeichnet und besiegelte das Schicksal der Tschechoslowakischen Republik. Sogar die Okkupation der restlichen Republik im März 1939 schluckten die Westmächte. Dies vor allem im Hinblick auf die erstarkte Sowjetunion, die bis dahin als Feind Nr. 1 galt, und wohl auch deshalb, weil eine Politik des »Appeasement« Zeitgewinn für die eigene Aufrüstung bedeutete. Es entstand damit aber der Eindruck, daß der Diktator durch sein energisches Auftreten all das spielend gewinnen konnte, was man bislang der schwer um ihre Stabilität ringenden Weimarer Republik verweigert hatte.

Die außenpolitischen Erfolge bewirkten zusammen mit der wirtschaftlichen Erholung auch im Inneren eine Stabilisierung des Systems. Es kann keine Rede davon sein, daß München, Nürnberg, Augsburg und das ganze Land gleichsam nur passiv in die NS-Herrschaft hineingeschlittert wären. Man war – bis weit in die Arbeiterschaft hinein – auch sehr aktiv mit dabei und als »Hauptstadt der Bewegung« wie als »Stadt der Reichsparteitage« zu ideologischen Bekenntnissen und noch mehr zu Taten bereit.

NS-Kunstpolitik und Verlagswesen

Wie alle Diktaturen wollte Hitler-Deutschland durch eine pompöse Staatsarchitektur pseudo-klassizistischer Art auch äußerlich den Beginn einer neuen Weltära sichtbar machen. Das Reichsparteitagsgelände in Nürnberg sollte der Rahmen riesiger Aufmärsche werden. Für München war ein gewaltiger, den historischen Stadtkern schwer beschädigender Eingriff geplant. Ein Modell hat diesen größenwahnsinnigen Alptraum festgehalten. Mit dem »Haus der deutschen Kunst« wurde ein repräsentatives Gehäuse für ideologisch-konformistische »Staatskunst« errichtet;

es gedieh zu einer grobschlächtigen Kopie der klassizistischen Traditionen der Stadt. Gleichzeitig gab man sich 1937 größte Mühe, mit der Ausstellung »Entartete Kunst« die moderne Malerei und Plastik zu denunzieren. All dies lief auf einen kulturellen Kahlschlag sondergleichen hinaus. In der Malerei benutzte die NS-Kunstpolitik die starke Tradition des Realismus, um mit »Blut-und-Boden«-Romantik und falscher Heroisierung der modernen Arbeitswelt ein eigenes Kunstwollen zu etablieren.

Der Fisch fault zuerst am Kopfe, sagt das Sprichwort. München hatte als Verlagsstadt und »Mekka der Schwarzen Kunst«, der Typographie, bereits eine glanzvolle Epoche und goldene Jahre hinter sich, als sich das NS-System etablierte. »Franz Eher Nachf.« konnte sich schon in der »Kampfzeit«, das heißt in der Weimarer Republik, als Zentralverlag der NSDAP profilieren und nahm bis 1945 aus diesem Grunde eine staatlich geförderte Spitzenposition ein. Das Verlagshaus J. F. Lehmann, ebenfalls

Nach dem schrittweisen Ausschluß der Juden aus dem öffentlichen, wirtschaftlichen und kulturellen Leben bot die »Reichskristallnacht« vom 9./10. November 1938 dem Regime endlich die Gelegenheit zu brutaler Schikane und Deportation: hier in Regensburg.

schon vor 1933 rassistisch und antisemitisch orientiert, gab die Zeitschrift *Volk und Rasse* heraus, als deren Editor Heinrich Himmler fungierte. Auch der Langen-Müller Verlag, der einen kämpferisch liberalen Ursprung hatte, geriet in dieses Fahrwasser; der gemeinsame Feind war die »verjudete« moderne Literatur und die großen Berliner und Leipziger Verlagshäuser Ullstein, S. Fischer und Cassirer. Andere Verlage wie C. H. Beck, in dem der »Bestseller« der Epoche, Oswald Spenglers *Untergang des Abendlandes* erschienen war, und die Verlage Oldenbourg und Piper arrangierten sich, behielten aber ihre traditionelle Linie bei, ebenso das kirchliche Verlagswesen. Dennoch hatte in Münchens geistigem Milieu der Antisemitismus einen starken Rückhalt, der nicht nur aus dem Gegensatz zu Berlin kam.

Zunehmende Brutalität des organisierten Antisemitismus

Anläßlich der »Reichskristallnacht« vom 9./10. November 1938, in der allein in München 42 jüdische Geschäfte geplündert wurden, sowie bei der Zerstörung der Synagoge bewies ein großer Teil der Bevölkerung beschämende Gesinnungstreue. Andererseits mußten die Machthaber feststellen, daß viele Bürger die Plünderungen und die Mißhandlungen jüdischer Mitbürger demonstrativ mißbilligten. Herausragender Typ eines primitiven antisemitischen Scharfmachers, bei dem die Grenze zwischen Schreibtischtäter und Täter schwer zu ziehen ist, war der Gauleiter von Franken, Julius Streicher, berüchtigt durch sein schmutziges Hetzblatt *Der Stürmer*, einem (un)geistigen Wegbereiter des Holocaust.

Schon vom Beginn der NS-Herrschaft an organisierte die Politische Polizei große Verhaftungsaktionen gegen Juden, Sozialdemokraten und Kommunisten, die als sogenannte »Schutzhäftlinge« in das erste Konzentrationslager Deutschlands in Dachau eingeliefert und schwer mißhandelt wurden; bereits in der Anfangszeit des Lagers gab es Todesopfer. Der planmäßige Terror war eng mit dem Aufstieg des Münchners Heinrich Himmler verbunden. Seit 1929 »Reichsführer der SS« und seit März 1933 Polizeipräsident, war er – zusammen mit Reinhard Heydrich – der wichtigste Organisator der politischen Verfolgungen. Seit 1934 faktisch Polizeiminister des NS-Regimes, wurde er nach Kriegsbeginn der kaltblütige Organisator der großen Vernichtungslager in Osteuropa. Himmler war wohl die perfekteste Kreatur des NS-Staates, neben Hitler die überzeugendste Symbolfigur für die »Banalität des Bösen« (Hannah Arendt).

Angesichts dieses hochorganisierten Terrors wurden die Chancen eines wirksamen Widerstandes von Jahr zu Jahr geringer, vielmehr band das Ausmaß der Verfolgungen und der »industriellen« Menschenvernichtung in den KZs die Gesamtnation aus Furcht vor Rache nur noch fester an das Regime. Der Krieg bedeutete eine schier unentrinnbare »Schutzhaft« für das ganze deutsche Volk.

Im Marschtritt in die Katastrophe

Kollektive Verführung durch außenpolitische und dann auch militärische Erfolge stabilisierten das NS-System. Alle wirklichen und vermeintlichen Siege Hitlers waren zugleich massive Schläge gegen die innere Opposition und nährten einen von der Partei gezüchteten, weitverbreiteten Glauben an die »Sendung des Führers«. Dieser wahnhafte Glaube setzte sich mit den »Blitzsiegen« der ersten Kriegsjahre fort, bis die Katastrophe der deutschen Armeen vor Moskau (1941/42) und Stalingrad (1942/43) den Siegesmythos grundlegend erschütterten und die Bomberflotten der Alliierten den Städten des Reiches jenes Schicksal bereiteten, das die Luftwaffe Rotterdam und Coventry bereitet hatte.

München und Nürnberg, die während der NS-Zeit den zweifelhaften Ruhm genossen, »Hauptstadt der Bewegung« beziehungsweise »Stadt der Reichsparteitage« zu sein, aber auch Augsburg, Würzburg, Schweinfurt und andere bayerische Städte wurden systematisch in Schutt und Asche verwandelt, Front und

»Heimatfront« glichen einander immer mehr. München erlebte 73 Luftangriffe, davon 30 Großangriffe mit Hunderten von Bombern. Um die Kriegsproduktion am Laufen zu halten, wurden – wie schon erwähnt – aus dem besetzten Europa Millionen »Fremdarbeiter« ins Land geholt. Inmitten des wachsenden Chaos mußten sie unter unmenschlichen Bedingungen arbeiten und leben. Das Ausmaß der Zerstörungen überstieg am Kriegsende alle bisherigen Vorstellungen. In München war etwa 60 Prozent der Bausubstanz zerstört, womit 82000 Wohnungen verlorengingen. Im Vergleich zu Köln mit 176000, Hamburg mit 295654 und Berlin mit 556500 zerstörten Wohnungen kam die Landeshauptstadt noch relativ glimpflich weg, ebenso bei der Anzahl der Luftkriegsopfer: Sie betrug etwa 6400. In Hamburg und Dresden waren es hingegen jeweils 35000. Man rechnete insgesamt für den Neubau der zerbombten Großstädte mit einem Zeitraum von fünfzig Jahren. Die Berichte der Gestapo und der Regierungspräsidenten stellten übereinstimmend fest, daß sich Kriegsmüdigkeit auszubreiten begann und in Bayern der Nationalsozialismus auf dem Lande »keinen Schritt vorangekommen« sei, auch nicht bei der Jugend.

In der Endphase des Krieges führten Partei und SS durch ihren verstärkten Terror schließlich auch Krieg gegen das deutsche Volk; alles lief auf eine zynisch organisierte Verlängerung der Tage des Regimes hinaus. Trotz der angekündigten »Wunderwaffen« waren dieselben längst gezählt. Hitlers letzter Kampf ging jetzt im Grunde nur noch gegen die eigene Nation. Als der Zusammenbruch des Regimes nicht mehr aufzuhalten war, erklärte der »Führer« das deutsche Volk für unwürdig und minderwertig und entzog sich durch Selbstmord der Verantwortung.

Was noch an Regime-Gegnern in den KZs saß, wurde zumeist gnadenlos liquidiert, wenn es den alliierten Kampfverbänden nicht gelang, rechtzeitig vor den Toren der Mordhöllen zu erscheinen. Wer von diesen Stätten des Grauens noch nichts wußte oder nichts wissen wollte, den lehrten die Elendszüge ausgemergelter Häftlinge das Fürchten, die damals bei der Evakuierung der östlichen KZs auf den Straßen nach Westen getrieben wurden.

Zwiespältige Gefühle herrschten fast bei allen: Man begrüßte das Anrollen der amerikanischen Panzer, war über das Ende des Blutvergießens erleichtert und fürchtete sich gleichzeitig vor der Zukunft, vor Hunger, Not und Vergeltung. Was vielen im Gedächtnis blieb: das unerhörte Ausmaß von Feigheit und Niedertracht der Parteikader, der Gestapo und SS. Wo beim Heranrücken der Alliierten vorzeitig weiße Fahnen gehißt wurden, inszenierten SS-Killertrupps letzte Massenerschießungen; dann machten sie sich aus dem Staube, sprengten Vorratslager, Industriegebäude und Brücken.

In den letzten Kriegstagen, als sich ganz offensichtlich auch die sogenannte »Alpenfestung Bayern-Österreich« als Propagandaschwindel des bankrotten Regimes enthüllte, regte sich im Großraum München die »Freiheitsaktion Bayern« des Hauptmanns Rupprecht Gerngroß. Sie wollte mit Hilfe von Wehrmachtseinheiten den Widerstand gegen die wankende Parteiherrschaft organisieren und die friedliche Übergabe an die heranrückenden Amerikaner vorbereiten. Vergeblich suchte man den senilen Ritter von Epp für die Aktion zu gewinnen, doch konnte man am 24. April vom Großsender München-Erding in Ismaning Aufrufe an die Bevölkerung richten. Mit dem Stichwort »Fasanenjagd« – Goldfasane nannte man im Volksmund die goldbetreßten Parteifunktionäre – riefen die Aufständischen zur Beseitigung des NS-Systems und des Militarismus auf. Im Münchner Rathaus wurde vorübergehend Christian Weber verhaftet, eine wüste Landsknechtstype aus dem Bodensatz der Nation, die sich durch Brutalität und barbarische Unbildung schon lange einen unrühmlichen Namen gemacht hatte. Doch scheiterte der Versuch des Infanteriebataillons 19, in der Münchner Ludwigsstraße die zentrale Befehlsstelle des fanatischen Gauleiters Paul Giesler und des Oberbürgermeisters Karl Fiehler zu besetzen. Rasch zusammengezogene SS-Einheiten, Volkssturmleute und HJ-Verbände schlugen am 28. April die »Freiheitsaktion Bayern« noch vor dem Eintreffen der Amerikaner nieder. Noch am selben Tag konnten Giesler und Fiehler wieder ihre hirnlosen Durchhalteparolen verbreiten. Gerngroß vermochte zu fliehen, einige seiner Mitkämpfer wurden hingerichtet. Kurz danach war der braune Spuk zu Ende.

Als am 30. April amerikanische Panzer vor dem schwer beschädigten Münchner Rathaus vorfuhren, war der Jubel der Bevölkerung echt, ebenso aber auch die Angst vor dem, was kommen würde. Finis Germaniae, finis Bavariae? Im unvorstellbaren Chaos der »letzten Tage« wollte nur noch jeder sich und die Seinen retten. Bewahrheitete sich jetzt das zynische Flüsterwort der späteren Kriegsjahre: »Genießt den Krieg, der Friede wird schrecklich sein«? Vermutlich konnte sich damals kaum einer vorstellen, welche Auferstehung des Landes sich in den kommenden Jahrzehnten ereignen sollte: Trotz aller Not wurde die »Stunde Null« ein Neubeginn für Deutschland und Bayern.

Am 30. April 1945 beendeten amerikanische Panzer die NS-Herrschaft in München.

13. KAPITEL

Bayerns Wiedergeburt im Zeichen des Föderalismus

Die »Stunde Null«: Konfrontation mit dem Erbe des Schreckens, Trümmerjahre und Flüchtlingsnot

Das Ausmaß der Zerstörung durch den Luftkrieg überstieg am Kriegsende alle vorstellbaren Ausmaße. Die erste Fronleichnamsprozession 1945 zog unter Kardinal Faulhaber durch eine geisterhafte Ruinenlandschaft, die einst Isar-Athen war. Man hat in München, wo die Folgen der Bombardierungen durch die alliierten Luftflotten am genauesten untersucht worden sind, damals sogar erwogen, die Stadt völlig neu am Starnberger See wieder aufzubauen. Das alte Stadtzentrum sollte als »romantische Ruinenlandschaft« wie Forum und Palatin in Rom gestaltet werden: eine absurde, aber aus dem damaligen Zustand der Stadt verständliche Idee! Durch die Luftangriffe waren 92 kulturell bedeutende Bauwerke, darunter das Wittelsbacher Palais, völlig zerstört und 182 teilweise beschädigt. Die Versorgungssysteme – Elektrizität, Wasser, Gas sowie die Trambahnlinien – waren schwerstens betroffen. Dennoch strömten zu Tausenden evakuierte Familien und Flüchtlinge, heimkehrende Kriegsgefangene und »displaced persons« aus aller Herren Länder in die Trümmerstadt. Wo sollte man beginnen, wie sollte es überhaupt weitergehen? War dies das Ende der Geschichte Deutschlands und Bayerns, sollte das Land ein großer Kartoffelacker mit einer »fellachisierten« Bevölkerung werden, wie dies manche wünschten? Es kam – wie wir wissen – ganz anders.

Die Bevölkerung Dachaus wird von den Amerikanern mit der grausigen Realität des Konzentrationslagers Dachau konfrontiert.

Es wäre schlicht vermessen, auf wenigen Seiten eine Epoche darstellen zu wollen, die tief in unsere aktuelle Gegenwart hineinreicht und überdies nach Quellenlage und archivalischer Situation auch gar nicht klar erfaßt, geschweige denn wissenschaftlich zuverlässig geschildert werden kann. Mehr als skizzenhafte Anmerkungen können daher gar nicht geboten werden; über deren vorläufigen und fragmentarischen Charakter macht sich der Verfasser keine Illusionen.

8. Mai 1945: »Unconditional Surrender« – bedingungslose Kapitulation dessen, was von Deutschland noch übrig geblieben war. Die »Stunde Null« brach an, von Krieg und Frieden gleichermaßen entfernt, eine »Zeit zwischen den Zeiten«, die Chance und Bedrohung sein konnte, zugleich ein jähes, schmerzhaftes Erwachen aus dem allzu realen Alptraum des Dritten Reiches.

Als die amerikanischen Truppen am Nachmittag des 29. April das Konzentrationslager Dachau gegen den schwachen Widerstand der SS befreiten, befanden sich dort trotz hektischer Evakuierungen nach Süden noch mehr als 32000 Häftlinge, dazu die Leichenhaufen Verhungerter und in letzter Minute Ermordeter: ein Bild des Grauens. In spontaner Empörung zwangen die Amerikaner die Dachauer Bevölkerung zu einem Marsch durchs Lager, um das in Augenschein zu nehmen, was man geflissentlich so lange verdrängt hatte.

Das zusammenbrechende NS-Regime hatte auch aus den Konzentrationslagern des Ostens Abertausende KZ-Häftlinge nach Westen in Bewegung gesetzt; dabei entstand ein Schrekkensszenarium doppelter Art, denn nun mischten sich die Gefangenentransporte der Ausgemergelten und vom Terror Gezeichneten mit einer Flut von 17 Millionen Flüchtlingen und Vertriebenen, einer Flut, die schon seit 1944 als Folge des Näherrückens der Roten Armee entstanden war und die nach dem Ende des Zweiten Weltkrieges zur bislang größten »Völkerwanderung« der Neuzeit anschwoll. Die Welle der Zwangsevakuierungen durch das immer chaotischer agierende NS-Regime ging nahtlos in die planmäßigen Vertreibungen der Deutschen durch die östlichen Anrainer Deutschlands über und erfaßte damit auch die 3,2 Millionen Sudetendeutschen als die nächsten Nachbarn und Stammesverwandten Bayerns. Sie hatten sich bis Kriegsende der Illusion hingegeben, die zurückkehrende tschechoslowakische Staatsgewalt würde sie nach Bestrafung und Ausweisung der Hauptschuldigen des Anschlusses an Hitler-Deutschland letztendlich doch in ihrer Heimat belassen. Das Erwachen aus diesem Traum war schrecklich genug, und so ergoß sich auch hier die Flut der Vertriebenen und Ausgeplünderten in die benachbarten deutschen Regionen: nach Österreich, Bayern und Thüringen-Sachsen, wobei die Hauptmasse der Sudetendeutschen nach Bayern kam. Es waren mehr als eine Million, wohingegen die Zahl der vertriebenen Schlesier 500000 betrug. Der Rest der Neuankömmlinge von etwa einer halben Million rekrutierte sich aus allen Vertreibungsländern vor allem Südosteuropas. Was konnte von deutscher Seite in dieser schier ausweglosen Situation getan werden? Vorerst ging es nur um eine improvisierte

»Auffangaktion« größten Ausmaßes, an der sich neben den oft nur noch rudimentär vorhandenen deutschen Behörden und dem Roten Kreuz auch die Alliierten beteiligten; dies waren in Bayern die Truppen der amerikanischen Besatzungsmacht. In ein mit Ruinen übersätes Restdeutschland eingeschleust, wo es an Wohnraum und Nahrung fehlte, stellten diese ausgeplünderten Menschenmassen eines der schwersten Probleme der ersten Nachkriegszeit dar, mit dem sich die Einheimischen und ihre Besatzungsmächte konfrontiert sahen. Die zentrale Frage war: Wurden diese entwurzelten Millionen sozialer Sprengstoff für einen radikalen Umsturz, wie dies wohl Stalin erhoffte, oder würde es gelingen, sie zu integrieren und für den Aufbau im Lande zu gewinnen? Das war damals eine durchaus offene Frage, denn schon die Ernährungslage war schlechthin katastrophal. Die Kalorien-Rationen hatten bei Kriegsende gerade noch 1500 Einheiten betragen, bis zum Sommer sanken sie auf 920 Kalorien und damit unter das Existenzminimum. Im folgenden Jahr war die Hälfte der Münchner Schulkinder unterernährt, 20 Prozent der Studenten hatten Tuberkulose, und noch im Januar 1948 waren die Bewohner von Nürnberg und München am schlechtesten in ganz Bayern ernährt. Am schlimmsten sah es in den zahlreichen Flüchtlingslagern aus.

Der Aufbau einer Verwaltung war selbst auf lokaler Ebene schwer, so daß sich Hilfsmaßnahmen verzögerten. Da sich die Besatzungsmacht weigerte, dem Bayerischen Roten Kreuz Vollmachten für die Unterbringung der mehr als zwei Millionen Flüchtlinge zu erteilen – man befürchtete die Fortdauer von NS-Strukturen beim Wiederaufbau der Verwaltung –, übertrug der erste von der Besatzungsmacht eingesetzte bayerische Ministerpräsident, Dr. Fritz Schäffer, das Amt eines »Sonderbeauftragten für das Flüchtlingswesen« am 28. September 1945 dem Schlesier Wolfgang Jaenicke, ehemals preußischer Regierungspräsident. Es war ein schwieriges Amt, die Aufgaben waren gewaltig, denn neben Schleswig-Holstein und Niedersachsen hatte Bayern die größte Flüchtlingszahl, die sich durch Zuzug aus der sowjetischen Besatzungszone laufend erhöhte. Wie das Verhältnis zwischen Einheimischen und Vertriebenen anfangs war, geht beispielsweise daraus hervor, daß es eines dringenden Appells Wolfgang Jaenickes an die Verwaltung bedurfte, um das Verbot aufrechtzuerhalten, Vertriebene außerhalb der Friedhofsmauern zu bestatten.

Es gab noch andere Alarmzeichen, die auf eine schwere soziale Krise hindeuteten, die erst 1948 ihren Höhepunkt erreichte. Damals kam es zu Revolten in den Durchgangslagern Dachau und Allach II, ausgelöst durch schlechte Verpflegung und untragbare sanitäre Verhältnisse. Es mutet seltsam an, daß der KZ-Schreckensort Dachau nun zum zweitenmal, wenn auch in anderer Weise, das Szenarium für Not, Hunger und Elend geworden war. Die Insassen drohten mit Hungerstreik und forderten in einem Telegramm an den damaligen Ministerpräsidenten, Hans Ehard, die Amtsenthebung Wolfgang Jaenickes und zweier Regierungsbeauftragter. Hintergrund solcher Ausbrüche war die allgemein feststellbare völlige Apathie, ja Verzweiflung der Lagerinsassen, nachdem illusorische Hoffnungen auf baldige Rückkehr in die Heimat mehr und mehr schwanden. Daß unter diesen Umständen der Staat und die amerikanische Besatzungsmacht energisch eingreifen mußten, vor allem, wenn es um Beschlagnahmung von Wohnraum für die Vertriebenen ging, liegt auf der Hand. Hans Ehard, 1946 noch Staatssekretär im Justizministerium, klagte im Oktober über die »Diktatur der [Flüchtlings] Kommissare«. Umgekehrt forderte beispielsweise eine Großversammlung von Flüchtlingen in Gmund am Tegernsee die Evakuierung der einheimischen Bevölkerung im gesamten Tegernseer Tal zugunsten Vertriebener; dies mit dem Hinweis, daß jenes Gebiet ohnehin nur ein Eldorado der Nazis sei. Kurz, die Zeichen standen auf Sturm, und die eben erst wieder entstehende und sich regenerierende Staatsverwaltung stand vor schier unlösbaren Schwierigkeiten, deren Bewältigung schon in normalen Zeiten schwierig gewesen wäre, wie heute das Problem der Asylsuchenden zeigt. Daß man damals dennoch die Lage meisterte, war eine anerkennenswerte Leistung, die viel Mut und Improvisation erforderte.

Neubürger und Industrialisierung

Letzte Hürde vor dem Beginn besserer Zeiten war die Währungsreform vom 21. Juni 1948, die einerseits vielen inzwischen entstandenen Flüchtlingsbetrieben den Garaus machte, andererseits aber durch günstige staatliche Aufbaukredite solide Neugründungen ermöglichte. Auf dem Areal alter Munitionslager, Kasernen und Truppenübungsplätze entstanden neue Industriestädte durch den Einstrom hochqualifizierter Arbeitskräfte vor allem aus den Industriegebieten der Sudetendeutschen und der Schlesier. Mit staatlicher Hilfe konnte die Gablonzer Schmuckwarenindustrie in Kaufbeuren wieder angesiedelt werden und damit ein exportintensiver Produktionszweig. Die Schönbacher Geigenbauer ließen sich in Bubenreuth bei Erlangen nieder, die Haida-Steinschönauer Glas- und Kristallindustrie konnte zentral in Vohenstrauß in der Oberpfalz seßhaft werden. Weitere Siedlungen mit gemischten Industrien entstanden in Geretsried bei Wolfratshausen und Waldkraiburg bei Mühldorf, wo die Graslitzer Holz- und Blechblasinstrumente-Produktion aus dem böhmischen Erzgebirge wieder Fuß fassen konnte. In Lindau nahm der Warnsdorfer Großbetrieb für Strumpfwaren, die Firma Kunert, wieder die Produktion auf, aber auch an vielen anderen Orten konnte sich die hochentwickelte sudetendeutsche Textilindustrie wieder etablieren. An diesem Industrialisierungsschub, den die Neubürger in Bayern auslösten, ist bemerkenswert, daß der Staat überall dort erfolgreich war, wo er durch Kreditgewährung und Sachhilfen, vor allem Grundstücken, die unternehmerische Eigeninitiative förderte, wohingegen seine eigenen industriellen Unternehmungen für die Vertriebenen selten zum Ziel führten.

Anfänge des politischen Lebens und Entnazifizierung

Die materiellen Schäden waren in den Jahren seit 1945 leichter zu beheben als die geistige Verwüstung, die das NS-System hinterlassen hatte. Die ersten bayerischen Regierungen unter Fritz Schäffer (1888–1967) und Wilhelm Hoegner (1887 bis 1980), die von der amerikanischen Besatzungsmacht eingesetzt wurden und daher noch kein demokratisches Mandat besaßen, sahen sich hier einer schweren Aufgabe gegenüber: Wie sollte mit den Repräsentanten und Helfershelfern der braunen Diktatur verfahren werden, und auf welche Kräfte konnte man sich überhaupt beim gesellschaftlichen und politischen Aufbau stützen?

Eine Leitfunktion fiel hier den beiden Kirchen zu, die sich trotz ihrer Kompromisse mit dem NS-System ein bestimmtes Maß an Selbständigkeit bewahrt hatten und in deren inneren Bereich sich die nationalsozialistische Ideologie nicht oder nur oberflächlich festsetzen konnte.

Wie viele Menschen aus der Emigration zurückkehren wollten, war anfangs noch ungewiß; es wurde in dieser Frage von deutscher Seite zu wenig getan. So blieb der amerikanischen Militäradministration (OMGUS) nichts anderes übrig, als nach sehr unvollständigen und obendrein kargen Listen unbelastete Persönlichkeiten für die Erneuerung von Staat und Gesellschaft zu gewinnen.

Die Amerikaner wandten sich an Kardinal Faulhaber, als es darum ging, eine Gesamtverwaltung für Bayern, also die Vorform einer Regierung, ins Leben zu rufen. Er empfahl am 23. Mai 1945 an erster Stelle Fritz Schäffer, den vorletzten Vorsitzenden der Bayerischen Volkspartei. Auch den Landesbischof der evangelisch-lutherischen Kirche, Hans Meiser, der zur »Bekennenden Kirche« gehörte, bat man um Vorschläge. Die Besatzungsmacht folgte zumeist diesen Empfehlungen. Am 28. Mai 1945 wurde als erster provisorischer Ministerpräsident Bayerns Fritz Schäffer von den Amerikanern eingesetzt. In seiner Rundfunkansprache erklärte er:

»Wir wollen keine Macht übernehmen; wir wollen eine Pflicht übernehmen und eine Aufgabe; nämlich unserer Heimat aus einem Ruinenfeld das Leben und jenes Maß von Glück zu erobern, ohne das das Leben nicht lebenswert wäre; unserem Volk seine Menschenwürde wieder zu gewinnen, ein Leben in Wahrheit und in Recht statt in Lüge und Terror... Auch der Zwillingsbruder des Nationalsozialismus, der Militarismus und Kadavergehorsam, muß verschwinden.«

Das war auch das Credo und Ziel aller demokratischen Parteien, die damals mit Lizenz der Besatzungsmacht entstanden: Nie wieder sollte ein totalitäres Regime in Deutschland Fuß fassen! Am 7. September 1945 verabschiedete ein Arbeitskreis um den aus dem Konzentrationslager Flossenbürg entlassenen Münchner Rechtsanwalt und Widerstandskämpfer, Josef Müller (1898–1979), bald darauf wichtigstes Gründungsmitglied der CSU, den »Entwurf eines gemeinsamen antifaschistischen Blocks«, der auch die Kommunisten mit einbeziehen sollte.

Duplizität der Fälle: Am 28. September 1945 formulierte Dr. Josef Müller mit Vertretern der politischen Parteien ein Regierungsprogramm. Am Abend wurden Fritz Schäffer und der eben von einer Dienstreise zurückgekehrte Sozialdemokrat Dr. Wilhelm Hoegner aufgefordert, sich um 20 Uhr bei der Militärregierung einzufinden. Dort wurde in rüder Form Schäffer als Ministerpräsident entlassen und als sein Nachfolger Hoegner ernannt. Man warf Schäffer vor, die geplante gründliche Entnazifizierung von Staat, Kultur und Verwaltung absichtlich verschleppt zu haben. Hoegner war sofort nach Kriegsende aus dem Schweizer Exil zurückgekehrt, um dem Aufbau Bayerns zu dienen.

Er schilderte später den Vollzug des »Regierungswechsels« folgendermaßen: »Ich wurde in das Zimmer des Obersten Dalferes geführt. Er stand, von einer Anzahl von Offizieren mit Stahlhelm umgeben, hinter seinem Schreibtisch. Ministerpräsident Schäffer und seine Begleiter wurden hereingerufen. Dann mußten wir Deutschen uns gegenüber Dalferes im Halbkreis aufstellen. Das in Bogenhausen damals besonders schlechte elektrische Licht verbreitete einen braungelben, düsteren Schein. Hierauf nahm Oberst Dalferes ein Schreiben und begann: ›Sie, Herr Fritz Schäffer, sind hiermit abgesetzt. Hier ist Ihr Brief. Sie, Herr Lange, Wirtschaftsminister von Bayern, sind hiermit abgesetzt. Hier ist Ihr Brief. Sie, Herr Rattenhuber, Landwirtschaftsminister von Bayern, sind hiermit abgesetzt. Hier ist Ihr Brief.‹ Und dann kam ich: ›Sie, Dr. Wilhelm Hoegner, werden hiermit zum Ministerpräsidenten von Bayern ernannt. Hier ist Ihr Brief. Haben die Herren noch etwas zu sagen?‹ fragte Oberst Dalferes. Wir verneinten...«

Als Schlaglichter auf die politischen Umgangsformen gegenüber einer besiegten Nation sind Szenen solcher Art aufschlußreich, ebenso aber dafür, wie weit »unten« deutsche Demokraten in der »Stunde Null« anfangen mußten, wenn sie für ihr Volk in die Bresche sprangen. Das gilt für Schäffer ebenso wie für Hoegner.

Schäffers erzwungener Rücktritt hing auf fatale Weise mit schweren Differenzen innerhalb der amerikanischen Militärregierung zusammen. Am 10. Juni 1945 war die 7. US-Armee aus Bayern abgezogen worden, und an ihre Stelle trat die 3. Armee, an deren Spitze der gefeierte Panzergeneral George Smith Patton jr. stand. Er erwies sich nicht nur als auf eine damals provozierende Art deutschfreundlich, sondern plädierte auch ganz offen dafür, die geschwächte Sowjetunion anzugreifen. Ein Sturm der Entrüstung erhob sich in den amerikanischen Medien, so daß der Oberbefehlshaber und Militärgouverneur für die amerikanische Besatzungszone, Dwight D. Eisenhower, am 28. September General Patton entlassen mußte. Von nun ab wehte ein schärferer Wind.

Unter diesen schwierigen Auspizien konnte Wilhelm Hoegner am 1. Oktober seine Regierung aus SPD, CSU, KPD und politisch unabhängigen Persönlichkeiten bilden, wobei damals von amerikanischer Seite noch auf die Hereinnahme der Kommunisten bestanden wurde. Zum Wirtschaftsminister avancierte

Wilhelm Hoegner (1887–1980), bayerischer Ministerpräsident 1945/46 und 1954–1957.

auf amerikanische Empfehlung der damals parteilose Ludwig Erhard, der 1949 im Bonner Bundeskabinett an Adenauers Seite der Stratege der »sozialen Marktwirtschaft« wurde; sie begann mit der abrupten und daher heilsamen Währungsreform vom 21. 6. 1948 und brachte das »Wirtschaftswunder« der 50er Jahre.

Was Fritz Schäffer angeblich verschleppt hatte, nämlich die Entnazifizierung, mußte nunmehr die dringlichste Aufgabe sein. Die Besatzungsmächte hatten hier bereits mit Anordnungen und Direktiven des alliierten Kontrollrats begonnen. Jetzt jedoch wurde die Aufgabe durch das »Gesetz zur Befreiung vom Nationalsozialismus und Militarismus« in deutsche Verantwortung übergeben. »Spruchkammern« mit unbelasteten Persönlichkeiten sorgten für die Durchführung. Dabei ging es vor allem um das Ausscheiden von NS-Amtsträgern und um deren Bestrafung. Am 5. März unterzeichneten die drei Ministerpräsidenten der amerikanischen Besatzungszonen, Bayern, Hessen und Württemberg, den Text des Gesetzes im Münchner Rathaus. Dieser teilte die Bevölkerung je nach ihrer Nähe zum NS-System in fünf Kategorien ein: Hauptschuldige, Belastete, Minderbelastete, Mitläufer und Entlastete. Vorgesehen waren Gefängnisstrafen bis zu zehn Jahren, Vermögenseinzug, Amts- oder Pensionsverlust, Berufsverbot, Geldstrafen, Aberkennung des aktiven und passiven Wahlrechts. Mitglieder von als verbrecherisch eingestuften NS-Organisationen wie SS und SD blieben von Studium und Beamtenlaufbahn ausgeschlossen.

Paradoxerweise kamen am Ende der Entnazifizierung die schwer Belasteten relativ am günstigsten davon, da ihre Prozesse wegen umfangreicher Beweisaufnahmen erst spät vor den Spruchkammern verhandelt wurden; nämlich zu einer Zeit, als der Ausbruch des »Kalten Krieges« neue aktuelle Fronten schuf und die Deutschen in den Augen der Westalliierten als mögliche Bundesgenossen gegenüber der Sowjetunion wieder rasch an Wert gewannen. Dementsprechend nahm das Interessse an der Entnazifizierung ab, und viele wirklich Schuldige aus Politik und Wirtschaft entgingen so der Bestrafung. Bei allen Mängeln des Gesetzes und seiner Anwendung hatte es doch den entscheidenden Vorteil, daß in den wichtigsten Aufbaujahren der Bundesrepublik und Bayerns den Kadern des Nationalsozialismus der Zugang zu den höheren Karrieren in Staat und Gesellschaft verwehrt blieb. Nicht wenige wichen daher in die Wirtschaft aus.

Eher Symbolcharakter hatten die Nürnberger Prozesse gegen Politiker und Generäle des NS-Regimes, die am 30. September und 1. Oktober 1946 mit zwölf Todesurteilen beziehungsweise langjährigen Freiheitsstrafen und drei Freisprüchen des Internationalen Militärtribunals endeten. Hermann Göring entzog sich durch Selbstmord der Hinrichtung, »Reichsleiter« Martin Bormann war schon bei Kriegsende verschollen.

Auch der Gerichtsort Nürnberg besaß symbolischen Charakter: Es war die »Stadt der Reichsparteitage« und der »Nürnberger Rassegesetze«, mit denen die systematische Ausgrenzung und Verfolgung der Juden in Deutschland begonnen hatte. Die deutsche Bevölkerung nahm an diesen Prozessen relativ wenig Anteil. Man war viel zu sehr mit der täglichen Not und dem

Hunger konfrontiert und überdies in einen vom Ausland erschreckt konstatierten Zustand politischer Apathie verfallen, als daß die gerechte Strafe für die überlebenden Repräsentanten des Regimes, die überdies zum Großteil eine erbärmliche Figur machten, Emotionen erwecken konnte. Kritisiert wurde jedoch, daß man diese Prozesse nicht den Deutschen überlassen hatte; insgeheim lehnte man auch die Teilnahme der Sowjetunion ab.

Reeducation – Umerziehung

Parallel zur Entnazifizierung lief ein großzügig geplantes Programm zur »Reeducation« der Deutschen in den drei Westzonen an, wohingegen in der sowjetischen Besatzungszone die neue, von den Kommunisten beherrschte sozialistische Einheitspartei (SED) schrittweise, aber zielbewußt den radikalen Umbau der Gesellschaft nach ihren Vorstellungen begann.

In den drei Westzonen war dem forcierten Vorhaben der Alliierten, eine politische Umerziehung der Deutschen durchzusetzen, nur ein Teilerfolg beschieden. Das galt auch für Bayern unter amerikanischer Besatzung. Doch sollte man die Langzeitwirkungen nicht unterschätzen. Die damals in allen größeren Städten errichteten »Amerikahäuser«, in denen man die klassische moderne Literatur Westeuropas und die deutsche Exilliteratur – Bertolt Brecht, Thomas Mann, Alfred Döblin – endlich wieder lesen konnte, wurden zu Kristallisationskernen einer neuen, westlich orientierten politischen Klasse. Hier fand vor allem die vom Nazismus mißbrauchte Kriegsgeneration neue Leitbilder und Ermutigung zu einem geistigen Neubeginn.

Diesem Zweck diente auch das in München erscheinende Besatzungsorgan *Neue Zeitung*, ein ausgezeichnet redigiertes Blatt, in dem das politische deutsche Exil und ebenso die »innere Emigration« zu Wort kam: Hans Habe, Alfred Andersch, Walter Kolbenhoff, Hans Wallenberg, Hildegard (Hamm-)Brücher waren maßgeblich beteiligt, und Erich Kästner rief ein brillantes Feuilleton ins Leben. Im Geiste einer demokratischen Erneuerung wirkte auch die von der amerikanischen Besatzungsmacht lizensierte überparteiliche Presse, in der von Anfang an die *Süddeutsche Zeitung* eine prominente Position einnahm. Sie prägt bis zum heutigen Tage die demokratischen Grundüberzeugungen der Bundesrepublik Deutschland. Auch in diesem Fall standen die Amerikaner Pate, denn als am 6. Oktober 1945 der Zeitung feierlich die nötige Lizenz der Besatzungsmacht erteilt wurde, befand sich unter den Lizenzträgern neben Edmund Goldschagg, Franz Joseph Schöningh und August Schwingenstein auch der Presseoffizier Bernard McMahon. Die neue Zeitung zog in das alte Pressehaus der traditionellen *Münchener Neuesten Nachrichten* Georg Hirths ein. Das erste Exemplar entstand aus den eingeschmolzenen Lettern von Hitlers *Mein Kampf;* auf diese Weise wurde symbolisch Kontinuität wie Diskontinuität deutschen politischen Geistes demonstriert. Heute mag es eher paradox erscheinen, daß die zweite von den Amerikanern lizensierte Zeitung für die Landeshauptstadt, der *Münchner Mittag,* der ab 1. Januar 1948 *Münchner Merkur* hieß, als ein Organ links von der SZ gedacht war.

Dem Ziel einer neuen demokratischen Kultur Bayerns in Politik und Kultur diente auch »Radio München«, die Urzelle des Bayerischen Rundfunks. Amerikaner und Deutsche der äußeren und der inneren Emigration wirkten auch hier gemeinsam in den entscheidenden Anfangsjahren. Der Sender wurde dann schrittweise aus amerikanischer Kontrolle entlassen. In seltsamer Verkennung der Zeiterfordernisse hätte Deutschland nach dem Krieg wieder den vom NS-System mißbrauchten Staatsrundfunk eingeführt, woran es aber von den westlichen Besatzungsmächten gehindert wurde. Die amerikanische Militärregierung plädierte anfangs für Privatsender nach heimatlichem Vorbild. In zähen Verhandlungen einigte man sich schließlich auf ein öffentlich-rechtliches, vom Staat weitgehend unabhängiges System. Was als Kompromiß entstand, erwies sich in den folgenden Jahrzehnten als ein ausgesprochener Glücksfall, dies vor allem in Hinblick auf den kulturellen Kahlschlag mancher der heutigen privaten Fernsehsender. »Radio München« wurde dann schrittweise aus amerikanischer Kontrolle entlassen, aber inhaltlich weiterhin im Sinne der »Reeducation« von zumeist aus der Emigration zurückgekehrten Intellektuellen bestimmt. Von denen gingen später manche nach Ausbruch des Kalten Krieges nach Ostberlin.

Der 10. Oktober 1948 brachte dann das 1. Bayerische Rundfunkgesetz, und am 25. Januar 1949 überreichte Murray D. van Wagoner, Direktor der amerikanischen Militärregierung in Bayern, dem ersten und erfolgreichen Intendanten, Rudolf von Scholtz, sowie dem Vorsitzenden des Rundfunkrates, Alois Johannes Lippl, die Lizenzurkunde. Der BR entwickelte sich erwartungsgemäß zu einem sowohl bayerischen wie weltoffenen Medium mit besonders hohem kulturellen Anspruch; ähnliches gilt für das nachfolgende Fernsehen Bayerns.

»Displaced Persons« und jüdisches Leben

Die Welt der Medien und der Literatur konnte man offenbar schneller heilen als die Realität von Not, Hunger, Lagerleben und einem katastrophalen Wohnungsmangel, der durch die Kriegszerstörungen entstanden war. Letzte Teppiche und Wertgegenstände aus den Haushalten des sozial deklassierten Bürgertums wanderten gegen Butter, Speck und Fleisch aufs Land. Aus Wehrmachtsgut – sofern es die Amerikaner freigaben – entstand Zivilkleidung und Hausrat, aber dies alles brachte noch keine Wende der allgemeinen Not, war nur ein »Leben von der Hand in den Mund«. Die Situation wurde schon dadurch nicht besser, daß es in Restdeutschland jetzt auch das Heer der heimatlosen »Displaced Persons« (DPs) gab, das Verfolgung und Krieg zusammengeworfen hatte. Es waren zumeist Menschen, die auf die Auswanderung nach Palästina oder in die USA warteten. Ein bedeutender Teil dieser DPs waren jüdische Opfer der Verfolgungen des NS-Regimes, für die Deutschland aus verständlichen Gründen nur Durchgangsstation, aber nicht Daueraufenthalt werden sollte. Jüdische und deutsche Hilfsorganisationen nahmen sich dieser heimatlos Gewordenen an, die jahrelang unter zum Teil entwürdigenden Umständen in Lagern in Landsberg, Feldafing und Föhrenwald untergebracht waren.

In dem ehemaligen NS-Bonzenviertel an der Möhlstraße in München, wo einst Heinrich Himmler gewohnt hatte, entstand nach 1945 ein Zentrum jüdischen Lebens mit zahlreichen Geschäften. Daß hier auch ein Mittelpunkt des lebhaften Schwarzmarktes war, hängt teilweise damit zusammen, daß die jüdischen DPs in den tristen Lagern durch Tausch mit den Lebens- und Genußmitteln aus amerikanischen Hilfssendungen ihre kümmerliche Existenz zwischen Gestern und Morgen zu verbessern suchten. Das war Grund genug für das Aufkommen antisemitischer Ressentiments in der Bevölkerung, die damals aber nur vorsichtig in internen Polizeiberichten auftauchten. Gerade deshalb ist es wichtig festzustellen, daß der Anteil der Juden am Schwarzhandel der Möhlstraße und anderswo nachweislich nicht größer war als bei Deutschen, Griechen, Polen oder Tschechen in demselben Milieu. Konkret in Zahlen ausgedrückt: Bei den in der US-Zone Deutschlands registrierten 11445 Schwarzhandelsvergehen waren nur 401 jüdische Personen beteiligt. Im übrigen ist festzuhalten, daß der Schwarzhandel der eigentliche freie Markt war, während die aus der NS-Zeit nahtlos in die ersten Nachkriegsjahre laufende Zwangswirtschaft im Grunde Illusion, Betrug und Quelle fortgesetzter Korruption amtlicher Art gewesen ist. Erst die Währungsreform von 1948 und die Einführung der sozialen Marktwirtschaft durch Ludwig Erhard, die in so radikaler Form erfolgte, daß anfangs auch Bundeskanzler Konrad Adenauer schwerste Bedenken hatte, beendete eine Wirtschaftsform, die auch durch die marxistische Drapierung von Viktor Agartz (1897–1964) nicht attraktiver wurde.

Schwierig gestaltete sich in München und anderen bayerischen Städten der Wiederaufbau der brutal zerstörten israelitischen Kultusgemeinden. Von den ehemaligen Mitgliedern hatten nur wenige den Holocaust überlebt, und von diesen spürten wiederum nur wenige das Verlangen, in ein Ambiente zurückzukehren, das ihnen Tod und Verderben bereitet hatte. Deshalb rekrutierten sich die neuen und zumeist kleinen Kultusgemeinden vor allem aus Menschen, die aus Ostmitteleuropa kamen und nur allmählich in einer anderen, unvertrauten Umgebung Fuß fassen konnten. Eine Starthilfe konnte das im Oktober 1945 ins Leben gerufene »Staatskommissariat für rassisch, religiös und politisch Verfolgte« unter Dr. Philipp Auerbach geben. Trotz des überwältigenden Trends zur Auswanderung wurde damit ein bescheidener Wiederanfang jüdischen Lebens möglich, das in der neuen Synagoge an der Münchner Reichenbachstraße sein geistliches Zentrum fand.

Von der bayerischen Verfassung zum Föderalismus der Bundesrepublik

Es war nicht leicht, eine Bevölkerung, die vom NS-System politisch instrumentalisiert und ideologisiert worden war, für das politische Leben und den demokratischen Aufbau zu gewinnen. Ein Großteil der Menschen befand sich im Zustand der Betäubung, der auch die Einsicht in das Ausmaß der eigenen Schuld weitgehend lähmte. Eine politische Klasse im eigentlichen Sinn mußte erst wieder geschaffen werden, und wie schwierig das war, zeigte die weitverbreitete Ablehnung der Entnazifizierung. Die Apathie in den Jahren zwischen 1945 und 1948, die auf vielen Gebieten des Lebens herrschte und durch Hunger und Not noch wesentlich verstärkt wurde, wich mit der Währungsreform einer geradezu hektischen Arbeitswut, die fast zum Narkotikum wurde, zum bewußten Abschalten gegenüber Staat und Gesellschaft. Andererseits war diese Einstellung aber auch massenpsychologischer Hauptfaktor für jene staunenswerte ökonomische Regeneration, die man später als deutsches »Wirtschaftswunder« bezeichnete. Es erwies sich auf jeden Fall für die politisch Verantwortlichen als schwierig, diesen »Ohne-mich-Standpunkt« zu überwinden.

Unter diesen Umständen bleibt es ein großes Verdienst der Persönlichkeiten aus Emigration und Widerstand, dem merklich geschwundenen bayerischen Sonderbewußtsein politischer Art, das sich eben nicht nur in schlauer Flucht aus der Verantwortung für die gesamtdeutsche Katastrophe erschöpfte, wieder zum Durchbruch verholfen zu haben. Hier sind wieder Politiker der ersten Stunde, wie Wilhelm Hoegner und Waldemar von Knoeringen von den Sozialdemokraten und Fritz Schäffer, Josef Müller und Alois Hundhammer von der neu entstandenen überkonfessionellen CSU, zu nennen; ebenso Josef Panholzer bei der anfangs starken Bayernpartei und Thomas Dehler bei den durchaus eigenständigen bayerischen Liberalen.

Aktuell wurde das erneuerte bayerische Eigenbewußtsein beim Kampf um die neue bayerische Verfassung, die weitgehend die Handschrift des überzeugten Föderalisten Hoegner und des bedeutenden Staatsrechtlers Hans Nawiasky trug; beide hatten im Schweizer Exil die Vorzüge föderaler Strukturen erfahren. Das fand dann in der stark sozialstaatlich geprägten Verfassung Bayerns vom 26. Oktober 1946 seinen Niederschlag. Für Kirche und Konfessionsschule trat in der vorausgegangenen heftigen Verfassungsdiskussion Alois Hundhammer entschieden in die Schranken, wodurch er den urprünglichen Verfassungsentwurf in einem wichtigen Punkt modifizierte. Nawiasky war zusammen mit Hoegner für das Amt eines bayerischen Staatspräsidenten eingetreten, um so erneut den Charakter des Landes als Freistaat zu unterstreichen. Doch drangen sie damit nicht durch. Das führte bei Hoegner zu einer Vertrauenskrise mit der eigenen Partei, da Waldemar von Knoeringen hier auf der eher zentralistischen Linie der Gesamtpartei und ihres Vorsitzenden Kurt Schumacher lag.

Auch die christliche Gemeinschaftsschule konnte gegen den Widerstand Hundhammers und der CSU noch nicht verfassungsmäßig verankert werden. Insgesamt jedoch war die bayerische Verfassung ein großer Wurf; auch die Konzeption eines Senats als beratendes Organ und Kontrollinstanz gegenüber dem Landtag bewährte sich in der politischen Praxis; er wird aber heute teilweise skeptisch betrachtet.

Wilhelm Hoegner hat sich mit seiner konsequent föderalistischen Linie, die bis zur Kritik am Bonner Grundgesetz ging, viel

Feindschaft eingehandelt, auch innerhalb der eigenen Partei, wo sich Waldemar von Knoeringen als neuer Parteivorsitzender zu seinem Widerpart entwickelte. Worum es ihm im Kern ging, hatte er schon in einem grundsätzlichen Artikel in der *Süddeutschen Zeitung* vom 13. November 1945 formuliert:

»Wir Bayern haben an dem bitteren Weg von 1866 bis 1945 und dem Schlagwort von dem einen Volk, dem einen Führer und dem einen Reich übergenug. Ich persönlich schätze norddeutsche Nüchternheit und Tüchtigkeit... Aber wir Bayern haben es satt, uns von oben herab behandeln zu lassen. Wir wollen Deutsche sein und bleiben, jedoch kraft freiwilliger Einordnung in ein größeres Vaterland, nicht durch Befehl aus Berlin. Vor allem aber wollen wir wieder unsere eigenen Herrn im ›Gasthaus zum bayerischen Löwen‹ sein.« Das waren gefühlsstarke Worte, die von großen Teilen der Bevölkerung geteilt wurden. Eine weitverbreitete Stimmung gegen Bonn war es dann auch, die nach stürmischen Debatten am 19. und 20. Mai 1949 zur grundsätzlichen Ablehnung des Bonner Grundgesetzes im Landtag führte, wobei man dennoch dessen Rechtsverbindlichkeit für Bayern akzeptierte.

Der Aufbau der Bundesrepublik Deutschland hatte sich unter der Ägide der drei westlichen Besatzungsmächte anfangs von der Basis her vollzogen: Zuerst funktionierten wieder die Gemeinden, weil sie den konkreten Nöten der Zeit am allernächsten standen und hier sofort gehandelt werden mußte. Dann traten die Länder ins Leben, wobei es einerseits zu Neubildungen kam, die mit der Zerschlagung des »Koloß Preußen« zusammenhingen: So entstand Nordrhein-Westfalen, Schleswig-Holstein und Niedersachsen sowie die hanseatischen Städterepubliken Hamburg und Bremen. Bayern rechts des Rheins erhob sich aus der Asche des Krieges in seinen alten Grenzen, aber die linksrheinische Pfalz mit ihrem bedeutenden Wirtschaftspotential, die sich bereits von 1918 bis 1930 mit der französischen Besetzung aus dem Verband Bayerns gelöst hatte und im NS-Staat noch mehr abgedriftet war, wurde 1947 von der französischen Besatzungsmacht mit anderen Landesteilen zum neuen Land Rheinland-

Pfalz vereinigt: Die alte wittelsbachische »Spange«, die seit dem 13. Jahrhundert beide Bayern ungeachtet dynastischer und konfessioneller Konfrontationen zusammengehalten hatte, war damit zerbrochen.

Noch während sich die Länder konsolidierten, berief die bereits existierende Ministerpräsidentenkonferenz – eine Art Vorform der Bundesrepublik – einen »Ausschuß von Sachverständigen für Verfassungsfragen« (Verfassungskonvent), der auf Einladung des bayerischen Ministerpräsidenten Hans Ehard vom 10. bis 23. August 1948 auf der Insel Herrenchiemsee in Klausur tagte. Ehard stand seit dem 21. Dezember 1946 an der Spitze einer aus CSU, SPD und WAV (Wirtschaftliche Aufbauvereinigung) gebildeten Regierung. Sie war aus den Wahlen vom 1. Dezember 1946 hervorgegangen, in denen auch über die Annahme der neuen bayerischen Verfassung entschieden wurde. Die CSU erzielte mit 52,3 Prozent einen spektakulären Erfolg, der den Regierungswechsel ermöglichte. Obwohl sie die absolute Mehrheit errungen hatte, entschied sich Hans Ehard aufgrund der starken inneren Spannungen seiner Partei, die mit dem Mißerfolg Dr. Josef Müllers bei der Wahl des Ministerpräsidenten zusammenhingen, für eine breite parteimäßige Basis. Das bedeutete auch eine stärkere Position im Kampf um die föderalistische Struktur der künftigen Bundesrepublik.

Aus den Beratungen in Herrrenchiemsee ging im wesentlichen die Verfassung der Bundesrepublik hervor. Grundlage der Verhandlungen war ein von bayerischen Sachverständigen ausgearbeiteter »Entwurf eines Grundgesetzes« sowie ein Text »Bayerische Leitgedanken für die Schaffung des Grundgesetzes«. Andere Vorlagen gab es nicht, so daß durch die entschlossene Initiative Bayerns und Hans Ehards die föderalistische Struktur des neuen Gesamtstaates festgeschrieben wurde; für die Zukunft war das ein großer Erfolg. Hinsichtlich der Rolle des Bundesrates als der Länderkammer kam es zu einer schweren Auseinandersetzung zwischen Konrad Adenauer und Hans Ehard, die fast eine Spaltung der CDU/CSU-Fraktionsgemeinschaft heraufbeschwor. Doch konnte sich Bayern in dieser zentralen Frage durchsetzen. Um so überraschender war dann das Nein der Mehrzahl der bayerischen Abgeordneten bei der Schlußabstimmung zum Grundgesetz. Das war zwar inkonsequent, aber durch die Faktizität praktischer Politik, wie die Zukunft zeigen sollte, von geringer Bedeutung. Bayern wußte sich mit der Realität des Gesetzes bald einzurichten und gewann damit in Bonn für Jahrzehnte eine starke Position, die wiederum positiv auf die bayerischen Verhältnisse zurückwirkte.

Was die politischen Parteien als Grundlage der parlamentarischen Demokratie anbelangt, so bleibt erstaunlich, wie stabil das Kräfteverhältnis im Vergleich zur Zeit vor 1933 geblieben war. Neugründungen wie die »Wirtschaftliche Aufbauvereinigung« (WAV) von Alfred Loritz und der »Gesamtdeutsche Block/Bund der Heimatvertriebenen und Entrechteten« (GB/BHE) erzielten vorübergehend gewisse Erfolge unter den Neubürgern und konnten in Koalitionen mit großen Parteien eine gewisse Rolle spielen, doch wandte sich deren Mehrheit bald den traditionellen Parteien zu, um innerhalb derselben ihre berechtigten Anliegen durchzusetzen.

Die Zeit der großen Bürgermeister

Aufbau bedeutete nicht nur Regeneration der Staatsverwaltung und ihrer Zweige, sondern hieß auch Aufbau »vor Ort«, das heißt in den Städten und Gemeinden, die am Kriegsende oft Trümmerlandschaften waren, überfüllt mit rückkehrenden Evakuierten, die man wegen des Luftkriegs aufs Land verbracht hatte, sowie mit Flüchtlingen und Displaced Persons. Das war die Bewährungsprobe und große Stunde der Bürgermeister, besonders der Stadtoberhäupter in den zerstörten Großstädten. Deren Verwaltung war durch die Entnazifizierung sehr dezimiert und mußte dennoch ein Vielfaches gegenüber der Vorkriegszeit leisten. Hier konnte der Not nicht ausgewichen werden. »Aufbau von unten« als Parole dieser Jahre bedeutete konkret: Trümmerräumen, Reparatur und Neubau von Wohnungen, Sicherung der oft zusammengebrochenen Lebensmittelversorgung, Sorge um alte und neue Wirtschaftsbetriebe. Dabei ging es auch um die Stabilisierung der durch den Krieg zerrütteten städtischen Finanzen. Welch unerhörte und oft mühselige, letztlich jedoch sehr erfolgreiche Aufbauarbeit hier geleistet wurde, sei am Beispiel Münchens aufgezeigt; es war dies zugleich eine Schule parteiübergreifender Demokratie vor den Augen der Bürger.

Für München hatten die Amerikaner den wirtschaftlich erfolgreichen Oberbürgermeister der Jahre vor 1933, Karl Scharnagl, danach ins KZ Dachau verbracht, wieder in sein Amt eingesetzt. Er wurde auch Mitbegründer der CSU. Ab 1948 folgte ihm als Oberbürgermeister der Sozialdemokrat Thomas Wimmer, Scharnagls KZ-Genosse und Freund. Unter ihm fand die legendäre Trümmerräumaktion »Rama dama« statt, an der auch die kulturelle Prominenz der Stadt teilnahm. Es war die populäre Bekundung des energischen Aufbauwillens einer schwer beschädigten Stadt. Auf den »Volksbürgermeister« folgte 1960 als der erfolgreichste sozialdemokratische Oberbürgermeister der Stadt Dr. Hans-Jochen Vogel, durch dessen Initiative die Olympischen Spiele 1972 nach München geholt werden konnten. Dies bedeutete für die Stadt einen gewaltigen Innovationsschub und brachte ihr mit einem neuen U- und S-Bahn-Netz eine effiziente Infrastruktur. Hinzu kam das moderne Olympische Sportgelände mit seiner originellen Zeltdachkonstruktion und dem Fernsehturm. München wurde schrittweise zur beliebtesten Stadt Deutschlands. Nachdem sozialdemokratische »Jungtürken« dem Oberbürgermeister Vogel sein Amt verleidet hatten, seinem designierten Nachfolger Georg Kronawitter dasselbe widerfuhr und das einzige Ergebnis dieser einfallslosen »Palastrevolution« die Halbierung der Münchner SPD-Wählerstimmen war, gelang es 1978 Staatssekretär Erich Kiesl mit 51,4 Prozent der Wählerstimmen Oberbürgermeister zu werden. Unter ihm richtete die Stadt ein Umweltreferat für die gerade in diesem Bereich drängenden Probleme ein. Die CSU hatte mit 42 von 80 Sitzen im Stadtrat die absolute Mehrheit. Nichtsdestoweniger endete die Ära Kiesl

Für die Olympischen Spiele 1972 in München wurde das neue Sportgelände mit der originellen Zeltdach-Konstruktion geschaffen, ein Werk von Günther Behnisch und Frei Otto.

unter wenig erfreulichen Begleiterscheinungen. Die erfolgreiche Amtszeit seines sozialdemokratischen Nachfolgers, Georg Kronawitter, ist durch ökologische Erfolge gekennzeichnet: Durch den Ausbau der Drei-Seen-Platte des Lerchenauer, Fasanerie- und Feldmochinger Sees entstand der ausgedehnte Nordpark Münchens und danach, als neue »städtische Lunge«, der schöne Westpark, in dem 1983 die Internationale Gartenbauausstellung stattfand. In der Ära dieses Oberbürgermeisters ging die fortschreitende Modernisierung der inzwischen hochindustrialisierten Stadt dann Hand in Hand mit einer sehr bewußten Bewahrung der historischen städtebaulichen Valeurs der Altstadt: Dies wurde durch enge planerische Zusammenarbeit mit der bayerischen Staatsregierung möglich, die mit dem Wiederaufbau der

Residenz und des Nationaltheaters sowie anderer historischer Gebäude der kulturellen Tradition auch in der Architektur entschiedenen Vorzug gab. Es war damals nicht leicht, die Restaurierung historischer Architektur gegen eine grassierende Sichtbeton-Ideologie durchzusetzen, die sich zu Unrecht auf die ästhetisch ausgewogene Moderne des berühmten Dessauer Bauhauses der Weimarer Zeit berief. Im Falle der Residenz konnte deren Wiederaufbau im Landtag unter anderem nur damit durchgesetzt werden, daß der alte Thronsaal zu einem Konzertraum für das Münchner Publikum umgewidmet wurde, dem »Herkules-Saal«. Es folgte der Wiedereinbau der geretteten eleganten Innenarchitektur des Cuvilliés-Theaters und der Bau des Residenztheaters an neuer Stelle. Ebenso verdienstvoll war es, daß sich Regierung und Staatliche Schlösserverwaltung trotz heftiger Diskussionen nicht beirren ließen, das Nationaltheater nach den alten Plänen wiederaufzubauen. München begann wieder zu leuchten.

Herausragende populäre und erfolgreiche Bürgermeister gab es auch in anderen Städten, so Dr. Andreas Urschlechter in Nürnberg und Klaus Müller sowie Wolfgang Pepper in Augsburg. Insgesamt sind in den ersten Jahren nach dem Kriege dauerhafte Grundlagen in Staat und Gesellschaft gelegt worden. Bayerns Rolle im föderalen System der Bundesrepublik festigte sich, und in wirtschaftlicher Hinsicht war der Weg vorgezeichnet, der in den nächsten Jahrzehnten vom finanziellen Kostgänger des Bundes zu einem sozial ausgeglichenen, gesunden Industriestaat führte. Damit stehen wir an der Grenze zur zeitgeschichtlichen Gegenwart, die – wie nicht anders zu erwarten – historiographisch bislang nur teilweise zu durchschauen ist. Einige Aspekte und Perspektiven sind dennoch möglich, denen in einem zweifellos gewagten Überblick abschließend nachgegangen werden soll.

Leitlinien des Aufbaus unter Alfons Goppel und Franz Josef Strauß

Motoren des materiellen Aufschwungs waren der enorme Nachholbedarf der Bevölkerung an Wohnungen und Konsumgütern sowie der Aufbau einer exportorientierten, starken Industrie. Es galt, die Kapazitäten, soweit sie noch vorhanden oder von Reparationsleistungen verschont geblieben waren, zu modernisieren und zu erweitern: Die MAN in Augsburg und München, die Kugellagerfabrik Fischer in Schweinfurt, BMW in München, Die Messerschmitt AG in München und Augsburg, zahlreiche Textilbetriebe in Augsburg, Schwaben und Oberfranken und viele andere Produktionsstätten, die im Krieg stark gelitten hatten, aber nach wie vor einen Facharbeiterstamm besaßen, bauten überraschend schnell ihre Kapazitäten wieder aus, mit denen eine grundlegende industrielle Modernisierung möglich wurde. Hinzu kamen seit 1945 zahlreiche »Flüchtlingsbetriebe«, die einen ersten wichtigen Innovationsschub in der bayerischen Industrielandschaft bewirkten. Unter den einheimischen Industriekapitänen der ersten Stunde ragte der Nürnberger Max Grundig hervor, der 1945 eine elektromechanische Fabrik in Fürth gründete, die in den 60er Jahren mit 16000 Beschäftigten zum größten europäischen Radio-, Tonband- und Fernsehgeräte-Konzern aufstieg.

Der elektronische Industriegigant Siemens, bis 1945 hauptsächlich in Berlin beheimatet, baute zwar seine stark zerstörten Produktionskapazitäten in Westberlin wieder auf, verlagerte aber einen bedeutenden Teil aus politischen Gründen nach Westdeutschland, wo Siemens bereits Niederlassungen in Mülheim/Ruhr und Nürnberg besaß. Jetzt jedoch kamen neue Betriebe in Karlsruhe, Amberg, Traunreuth, Regensburg und Heidenheim hinzu. Vor allem Erlangen und München wurden »Siemens-Städte«. Seit 1957 residiert die Hauptverwaltung am Wittelsbacherplatz in der Isarmetropole, die damit gewaltig an Wirtschaftskraft gewann. Desgleichen zog der zweitgrößte europäische Glühlampenproduzent, Osram, aus Berlin nach München.

Im Jahr 1958, als man das 800jährige Gründungsjubiläum der Stadt feierte, kam aus Stuttgart der Flugzeugbauer Dr. Ludwig Bölkow nach München, um in Ottobrunn an der östlichen Peripherie der Stadt ein Unternehmen für Luft- und Raumfahrt aufzubauen. Auch hier ging es um modernste Hochtechnologie für zivile und militärische Zwecke. Durch Fusion mit den »Messerschmitt-Werken München« und Messerschmitt Augsburg sowie mit der »Blohm und Voss-Flugzeugwerft« Hamburg entstand 1965 die Messerschmitt-Bölkow-Blohm GmbH (MBB), das größte deutsche Unternehmen dieser Art. Damit wurde München ein herausragendes Zentrum der europäischen Raumfahrtindustrie. Es liegt auf der Hand, daß München mit Betrieben dieser Größenordnung sein Gesicht veränderte und sowohl vom Boom der Aufbaujahre profitierte wie später auch von Wirtschaftskrisen in stärkerem Maße heimgesucht wurde, als dies bislang in industrieärmeren Zeiten der Fall gewesen ist. Auch gehen die Meinungen darüber auseinander, ob dabei der typisch münchnerische Charakter »Isar-Athens« Schaden gelitten hat und damit ein großes Erbe König Ludwigs I. in Gefahr geraten ist. Für den Zusammenhang von Kultur und »Big Business« mag festgehalten werden, daß für die Standortwahl München mit ausschlaggebend gewesen ist, daß die Firma Siemens, MBB und andere Unternehmen hier wegen des einmaligen kulturellen und landschaftlichen Ambientes leichter erstklassige Mitarbeiter gewinnen konnten. Der Satiriker Joseph von Westphalen charakterisierte wohl mit Recht das neue München so:

»München ist die Diva unter den deutschen Metropolen. Keine andere Großstadt ist so selbstverliebt und setzt sich so gern in Szene... Münchens Lebensfreude ist notorisch.«

Kein Wunder, daß die Stadt zur beliebtesten Metropole Deutschlands wurde. Der weltweite Konzern Siemens mit mehr als 400000 Mitarbeitern bereicherte seinerseits München 1958 mit der kulturell aktiven »Carl Friedrich von Siemensstiftung« im Nymphenburger Schloßrondell.

Der wirtschaftliche Aufstieg Bayerns, der von den kooperationswilligen bayerischen Gewerkschaften verantwortungsbewußt mitgetragen wurde, wäre sicher nicht so stürmisch verlaufen, hätten nicht die bayerischen Regierungen bis heute eine konsequente Wirtschaftsförderung betrieben. Grundlage hierfür war der von der SPD in die Wege geleitete Landesentwicklungsplan; er hatte eine erstaunliche Langzeitwirkung. Da aber seit 1957 die SPD nie mehr an der Regierung beteiligt war, kommt das Verdienst an dieser positiven Entwicklung weitgehend der CSU zu, die unter dem Franken Hanns Seidel (1901–1961) zielbewußt aus einer traditionellen »Honoratiorenpartei« mit starken inneren Spannungen zu einer modernen Volkspartei umgestaltet wurde. Die seit 1948 mit der CSU konkurrierende und zeitweise fast gleichstarke Bayernpartei war nach spektakulärer Konfrontation mit der CSU, die mit den Namen Alois Hundhammer (CSU) und Josef Baumgartner (BP) verbunden ist, in die Bedeutungslosigkeit zurückgefallen. Dies bewirkte eine bemerkenswerte Kontinuität der politischen Verhältnisse, wie sie sich vor allem seit der erfolgreichen sechzehnjährigen Ära des Ministerpräsidenten Alfons Goppel von 1962 bis 1978 in einer behutsamen, aber zielstrebig innovativen Wirtschafts- und Kulturpolitik manifestierte und dann nahtlos in die vorandrängende Reformära unter Franz Josef Strauß überging. Goppels Regierungsstil als »Landesvater« zeichnete sich durch eine betont loyale Kooperationsbereitschaft mit allen gesellschaftlichen Gruppen, vor allem auch mit der Opposition, aus. Franz Josef Strauß gab seit 1961 als energischer, ideenreicher und wendiger Parteivorsitzender dieser positiven Entwicklung Flankenschutz und förderte sie seinerseits nachdrücklich, insofern sie seinen eigenen Intentionen entsprach. Dies war im politischen Bereich nicht immer der Fall, denn in drei wichtigen Problembereichen setzte er sich gegen Goppel durch. Es war dies 1968 erstens die Ablösung der Konfessionsschule – bislang ein Palladium bayerischer Kulturpolitik seit Zentrumszeiten – durch die überkonfessionelle, christliche Gemeinschaftsschule; zweitens bewirkte Strauß 1972 unter dem Druck eines Volksbegehrens die Modifikation des Rundfunkgesetzes. Hier ging es vor allem darum, daß privater Rundfunk und privates Fernsehen »in öffentlicher Verantwortung und in öffentlicher Trägerschaft betrieben« werden müsse und daß in den vorgesehenen Kontrollorganen die Vertreter der politischen Parteien nicht mehr als ein Drittel betragen dürften. Beides, christliche Gemeinschaftsschule wie Rundfunkgesetz, wurden von Strauß in Abstimmung mit dem SPD-Vorsitzenden, Volkmar Gabert, durchgezogen. Im dritten Fall, der Anfechtung des deutsch-deutschen Grundlagenvertrags von 1972 durch die CSU beim Bundesverfassungsgericht, war Strauß' Erfolg gegenüber Goppel ein Pyrrhus-Sieg, denn Karlsruhe bestätigte, daß der Vertrag der sozialliberalen Bundesregierung mit der DDR verfassungskonform war. Hingegen setzte sich der Ministerpräsident gegen den Parteivorsitzenden in der Frage der zweifellos notwendigen Gebietsreform in Bayern durch. Es gehörte dies zu dem Konzept der Modernisierung des Landes, in dem er mit Strauß grundsätzlich übereinstimmte und dem auch die unter seiner Ägide erfolgten Universitätsneugründungen in Regensburg, Augsburg, Bayreuth, Passau und Bamberg zuzuordnen sind. 1970 richtete er das bundesweit erste Umweltministerium unter Max Streibl ein, gleichzeitig gingen Kernkraftwerke in Gundremmingen, Niederaichbach und Ohu bei Landshut ans Netz; dies geschah zu einer Zeit, als die Problematik der Atomenergie erst langsam ins allgemeine Bewußtsein trat. Mit dem Auftreten der »Grünen« als Partei eines grundsätzlich kritischen, kämpferischen Umweltbewußtseins erfolgte dann eine allgemeine Sensibilisierung der Öffentlichkeit in diesem Bereich, die auch politische Folgen hatte.

Dessen ungeachtet begann in dieser Epoche der große Anschub zur bayerischen High-Tech-Industrialisierung, die sich dann unter der tatkräftigen, Konfrontationen nicht scheuenden Industrialisierungspolitik von Franz Josef Strauß fortsetzte. München wurde durch ihn Zentrum neuer »sauberer« Hochtechnologie. Seiner Initiative ist auch der neue Münchner Großflughafen zu verdanken. In der »Ära Strauß« spiegelt sich die Doppelrolle Bayerns in Bund und Land gleichsam personal wi-

Der CSU-Vorsitzende Franz Josef Strauß und Ministerpräsident Alfons Goppel auf dem CSU-Parteitag 1963.

der. Als Verteidigungsminister organisierte Strauß zwischen 1956 und 1962 den Aufbau der Bundeswehr, stürzte dann aber über der »Spiegelaffäre«, in der Strauß dem Nachrichtenmagazin Landesverrat vorgeworfen und eigenmächtig Verhaftungen eingeleitet hatte. Als Finanzminister (1966–1969) der großen Koalition leistete er im Zusammenwirken mit dem sozialdemokratischen Wirtschaftsminister, Karl Schiller, Bedeutendes, während er als Kanzlerkandidat der CDU/CSU 1980 scheiterte. Seit November 1978 widmete er sich mit aller Kraft als Ministerpräsident Bayern, spielte aber nach wie vor in der Bundeshauptstadt Bonn eine wichtige Rolle. Strauß ist es zu verdanken, daß der von Hanns Seidel eingeleitete Prozeß der Loslösung der CSU aus alten konfessionellen Bindungen verstärkt fortgeführt wurde, ohne daß dabei die Wahrung berechtigter kirchlicher Interessen vernachlässigt wurde. Sein Programm, das er geschickt gegen starken Widerstand in der eigenen Partei durchsetzte, war deren »Entklerikalisierung und Liberalisierung« im Geiste Josef Müllers, seines politischen Lehrmeisters und Förderers. Dies manifestierte

Ministerpräsident Franz Josef Strauß und der langjährige Münchner Oberbürgermeister und damalige SPD-Kanzlerkandidat Hans-Jochen Vogel Ende 1982 bei einer Benefiz-Veranstaltung im Zirkus Krone.

sich besonders in Strauß' Rolle bei der Modernisierung des Schul- und Universitätswesens. So entstand eine in sich gefestigte, aber geistig offene Volkspartei mit großer gesellschaftlicher Spannweite. Es entsprach diese neue Standortbestimmung in mancher Hinsicht der ideologischen Öffnung, welche die SPD mit dem Godesberger Programm 1959 vollzogen hatte. Als Franz Josef Strauß am 3. Oktober 1988 unerwartet früh starb, wurde sein imposanter Leichenzug durch das Münchner Siegestor unter lebhafter Anteilnahme der Bevölkerung eine weit über seine Partei hinausgehende Demonstration bayerischer Identität. Bayern ist unter Goppel und ihm der modernste und stabilste Staat im Bund geworden.

Standortschwächen der bayerischen Wirtschaft konnten in dieser Ära endgültig beseitigt werden. Die Ansiedlung metallverarbeitender Großbetriebe, Elektro-, Maschinenbau-, Luftfahrt- und Rüstungsindustrie erfuhren staatliche Förderung. München wurde damit seit 1980 der erste Industriestandort der Bundesrepublik. Mit 175269 im industriellen Sektor Tätigen hatte die Stadt 1986 Westberlin mit 163968 und Hamburg mit 138717 Beschäftigten überholt und damit Städte mit größeren Einwohnerzahlen überrundet. Damit änderte sich auch insgesamt das gesellschaftliche Umfeld vor allem der großen bayerischen Städte München, Augsburg und Nürnberg. Speziell für München bedeutete dies einen schwierigen, dennoch geglückten Übergang von der Kulturstadt mit starken Traditionen zu einem industriellen Großraum, der durch ein weitausgreifendes modernes Verkehrssystem vernetzt werden mußte. In diesem Punkt brachte die bereits erwähnte erfolgreiche Olympia-Initiative von Oberbürgermeister Hans-Jochen Vogel im Zusammenwirken mit Bundes- und Landesregierung die nötigen Geldmittel für eine entscheidende wirtschaftliche Initialzündung.

Kultur und Gesellschaft

Beide Epochen – die Ära Goppel und die Ära Strauß – verbindet eine erfolgreiche Kultur- und Schulpolitik, die mit den Namen der Kultusminister Ludwig Huber und Professor Hans Maier verbunden bleibt. Noch unter Ludwig Huber gelang es 1968, das Volksschulwesen durch Umwandlung der traditionellen Bekenntnisschule in eine christliche Gemeinschaftsschule zu modernisieren. Den Anstoß gab ein Volksbegehren der Freien Demokraten, das die Abgeordnete Hildegard Hamm-Brücher in die Wege geleitet hatte. Es wurde bald darauf von einem sozialdemokratischen Volksbegehren verstärkt aufgenommen, das 265000 Bürger unterschrieben. Damit war die Regierung gefordert, und Franz Josef Strauß sprang gewissermaßen auf den fahrenden Zug in Richtung christliche Gemeinschaftsschule, der offenbar nicht zu stoppen war. Er hat in einer entscheidenden Situation und verschiedentlich sogar gegen die eigene CSU-Fraktion sowie gegen die eher retardierende Haltung des Ministerpräsidenten Alfons Goppel im Zusammenwirken mit dem Vorsitzenden der bayerischen SPD, Volkmar Gabert, dieser zukunftsweisenden, längst fälligen Lösung den Weg geebnet. Kultusminister Ludwig Huber erreichte gleichzeitig die Zustimmung der Kurie und des Kardinals Julius Döpfner. Es gab keinen »Kulturkampf«, beide Kirchen stimmten zu. Ein mehr als hundertjähriges Streitthema war damit aus der Welt geschafft.

In die Ära Ludwig Huber fallen auch die ersten zwei Universitätsneugründungen Bayerns nach dem Krieg: Regensburg und Augsburg, ein weiterer kulturpolitischer Erfolg.

Es war dann ein Glücksfall, daß 1970 Hans Maier sein Nachfolger als Staatsminister für Unterricht und Kultus wurde, der mit Geschick und Energie diese innovative Linie bayerischer Politik ideenreich fortführen und verstärken konnte. Getragen von einer von »außen« kommenden starken allgemeinen Bewegung zur Reform von Staat und Gesellschaft, die ihre politisch-kinetische Energie auch von der Studentenrevolte des Jahres 1968 erhalten hatte, konnte der neue Kultusminister, diesen Trend klug nutzend, seine weitreichenden Reformen von Erziehung und Bildung im Einklang mit dem generellen Trend nach »Demokratisierung« – soweit dies sinnvoll und praktikabel war – durchsetzen. Es waren dies vor allem eine Hochschulreform »mit Augenmaß« und die Gründung neuer Universitäten in Bamberg, Bayreuth und Passau, denen noch die katholische Universität Eichstätt folgte. Bei dieser Gelegenheit konnten nach Modifikation des bayerischen Konkordats mit der Kurie die bestehenden Philosophisch-theologischen Hochschulen dem neuen Gesamtsystem integriert werden. Mit den alten Universitäten München, Erlangen und Würzburg war damit eine breite, moderne Basis akademischer Ausbildung und Bildung geschaffen, die den gesellschaftlichen Bedürfnissen einer expandierenden Industriegesellschaft entsprach. Beträchtlich erhöhte sich auch die Anzahl der Gymnasien vor allem außerhalb der Großstädte.

Im Gefolge von Kriegs- und Nachkriegszeit kamen alte wissenschaftliche Institutionen von gesamtdeutscher Bedeutung an die Isar oder entstanden hier neu. Das gilt für die 1949 gegründete Fraunhofer-Gesellschaft zur Förderung der angewandten

Forschung, ferner für das 1950 geschaffene »Institut für Zeitgeschichte«, dessen Hauptaufgabe die wissenschaftliche Erforschung der NS-Zeit wurde. Es gilt auch für das weltweit tätige Goethe-Institut, das 1952 als wichtiges Instrument deutscher Kulturpolitik im Ausland gestiftet worden ist. Die »Max-Planck-Gesellschaft zur Förderung der Wissenschaften«, Nachfolgerin der 1911 in Berlin gegründeten und nach 1945 von Göttingen aus unter Max Planck und Otto Hahn reorganisierten »Kaiser-Wilhelm-Gesellschaft«, wurde am 26. Februar 1948 in Göttingen gegründet. Unter der Präsidentschaft des Nobelpreisträgers Adolf Butenandt und unter Mitwirkung des Nobelpreisträgers Werner Heisenberg wurde die Generalverwaltung dieser international renommierten Institution Anfang der sechziger Jahre nach München verlegt, wo sie in der wiederaufgebauten Residenz ein neues, repräsentatives Domizil erhielt. Nach der Vereinigung Deutschlands verlegte die Max-Planck-Gesellschaft ihren juristischen Sitz von Göttingen nach Berlin; der administrative Sitz hingegen blieb in München.

Aus Berlin zogen bei Kriegsende die »Monumenta Germaniae Historica«, eine traditionsreiche Stiftung des Freiherrn Karl vom und zum Stein (1757–1831), die sich der Edition mittelalterlicher Quellen widmet, an die Isar. Dort fanden sie im Gebäude der Staatsbibliothek eine repräsentative neue Bleibe. Institutionen dieser Art verstärkten den gesamtdeutschen Charakter der Stadt; sie wurde eine unbestrittene geistige Metropole der Bundesrepublik.

Mit der »Stunde Null« wandelte sich auch das allgemeine kulturelle Bewußtsein Bayerns, und zwar in mehrfacher Hinsicht. Zum einen bedeutete dies eine entschiedene Rückkehr zu den Werten der Zeit vor 1933, zum anderen war mit Kriegsschluß eine Gesellschaft entstanden, die ganz andere Traditionen pflegte oder begründete, als dies bislang der Fall gewesen war. Sie artikulierte sich in den Massenmedien, das heißt in den Redaktionen von Rundfunk und Zeitungswesen und in einer Flut von Kulturzeitschriften, die bis zur Währungsreform wie Pilze nach dem Regen aus dem Boden schossen. Hans Ludwig Held

(1885–1954) erwarb sich damals große Verdienste um den Wiederaufbau der städtischen Kultur Münchens. Das Konzertleben blühte, Kultur insgesamt wurde gleichsam zum Ersatz für das scheinbar unerreichbare »normale Leben« und beinah zur Droge in einer Epoche schwerster materieller Not. Hans Rosbaud, Eugen Jochum und Georg Solti kamen als Dirigenten der ersten Nachkriegsjahre nach München. Karl Richter brachte seit 1951 sein Bach-Ensemble zu internationalem Ruf, und in Bamberg fand das Prager Deutsche Symphonieorchester eine neue Heimat. Die Komponisten Werner Egk, Joseph Haas, Karl Amadeus Hartmann und Carl Orff konnten nach 1945, unbelastet von politischem Zwang, in der Landeshauptstadt wieder ihre künstlerische Arbeit fortsetzen beziehungsweise den Weg zur klassischen Moderne zurückfinden. Die berühmten »Musica viva«-Konzerte wurden ins Leben gerufen.

Nach dem verdienten Ende der NS-Reichsschrifttumskammer meldeten sich traditionelle Kräfte wieder zu Wort: Es waren dies Richard Billinger, Ernst Hoferichter und Peter Dörfler. Gertrud von Le Fort, Theodor Haecker und Romano Guardini erhoben ihre Stimmen für einen geläuterten, dem Humanismus eng verbundenen Katholizismus. Wilhelm Hausenstein knüpfte hingegen mit seinem publizistischen Werk an die besten Traditionen Münchner bürgerlicher Kultur an.

Ganz anderer Art, wenn auch ebenfalls aus katholischem Kulturbewußtsein kommend, war der Kreis um die von Franz Josef Bautz herausgegebene Zeitschrift *Ende und Anfang*, um die sich junge, sozialreformerische und linkskatholische Persönlichkeiten scharten, so Theo Pirker, Robert Spaemann und Carl Amery. Mit seinen Appellen und scharfen Stellungnahmen geriet das Blatt bald in Konflikt mit der Besatzungsmacht. Der Herausgeber wurde vorübergehend inhaftiert, mußte aber wegen des Protests und der Solidaritätsbekundungen namhafter Intellektueller wieder freigelassen werden. Die lange Tradition des Kabaretts setzte seit 1956 die »Lach- und Schießgesellschaft« Sammy Drechsels und Dieter Hildebrandts mit politischer Schärfe fort.

München wurde nach Kriegsende aber auch die Bühne einer neuen Literatur. Ausgangspunkt war die Zeitschrift *Der Ruf*, ein Sprachrohr der Kriegsgeneration, das sich als Organ »europäischen Wiedererwachens« verstand und ebenfalls wegen harter Kritik an der Besatzungsmacht mit ihr in Konflikt geriet. Die Herausgeber, der Münchner Alfred Andersch und der Pommer Hans Werner Richter, wollten bewußt den Bruch mit der älteren Generation. Gegen deren »schöngeistige« Literatur vertraten sie einen an Ernest Hemingway orientierten lakonischen Realismus; man sprach von »Kahlschlag-Literatur«, doch war dies wohl eine notwendige Zäsur gegenüber dem hohlen Pathos der preisgekrönten NS-Barden. *Der Ruf* ging mit vielen anderen kritischen Blättern der ersten Nachkriegszeit im Boom der Währungsreform und der nachfolgenden Unterhaltungspresse unter. Aber auf andere Weise vermochte der Herausgeber, Hans Werner Richter, den kritischen Geist jener »Zeit zwischen den Zeiten«, den Jahren 1945 bis 1948, noch viel nachhaltiger zu »institutionalisieren«: nämlich durch die wichtigste literarische Gesellschaft der Bundesrepublik, die »Gruppe 47«. Sie sollte mit Günter Grass, Heinrich Böll, Günter Eich, Wolfgang Weyrauch, Ilse Aichinger, Ingeborg Bachmann und vielen anderen das literarische Leben Deutschlands prägen. Eine sehr individuelle Rolle in der Münchner Literatur der Nachkriegsjahre spielten Walter Kolbenhoff (Walter Hoffmann), Erich Kästner, Alfred Andersch und Wolfgang Koeppen.

Auch die Kulturpolitik anderer Städte konnte sich nach 1945 frei von ideologischen Fesseln wieder entfalten. In Nürnberg war es Hermann Glaser, ein geistiger Kämpfer, Anreger und Organisator von überregionaler Bedeutung, der als Kulturreferent in den ersten zwei Nachkriegsjahrzehnten das geistige Leben mit intellektuellem Elan prägte und mit der nationalsozialistischen Vergangenheit aufräumte. In München tat dies der vom NS-Regime kaltgestellte Hans Ludwig Held, der die städtische Kultur bis 1954 erneuerte und prägte, ein Mann von »geradezu hanebüchenem bayerischem Humor«, der einmal einen höchst irritierten Besucher mit den Worten begrüßte: »Darf ich um die Ehre

Ihrer Anwesenheit bitten – aber wennst länger als fünf Minuten brauchst, fliagst raus« (Marita Krauss).

Thomas Mann kehrte nur zum Goethe-Gedenkjahr 1949 in die Stadt zurück, in der er seine fruchtbarsten Jahre verlebt und deren Milieu er im Exil in seinem Roman *Dr. Faustus* teils liebevoll, teils sarkastisch geschildert hatte. Bertolt Brecht kam nach seinem amerikanischen Exil zuerst nach München, um an den »Kammerspielen«, dem traditionsreichen avantgardistischen Theater der Stadt, nunmehr seine »theatralische Sendung« zu verkünden. Das mißlang, denn die mißtrauische Zögerlichkeit der Besatzungsmacht und schließlich ein verlockendes Ostberliner Angebot bewogen ihn zum Weggang nach Berlin: ein schwerer Verlust für München.

Dennoch – welch breites Spektrum neuen geistigen Lebens entfaltete sich aus den Trümmern der Stadt. Bald wurde es durch eine reiche Theaterkultur ergänzt. Es waren vor allem wieder die »Münchner Kammerspiele« Otto Falckenbergs, die hervorragendes Theater boten. Jetzt, nach der »Stunde Null«, als Falckenberg aus politischen Gründen keine Lizenz erhielt – er starb bald danach –, erlebte dieses Ensemble in seinem Jugendstiltheater, das Richard Riemerschmid (1868–1957) entworfen hatte, einen neuen Aufschwung im Geiste des Gründers. Erster Intendant wurde Erich Engel, der später nach Ostberlin ging. Dessen Nachfolger war seit 1947 Hans Schweikart. Mit berühmten Inszenierungen Fritz Kortners, August Everdings und anderer großer Regisseure stiegen die Kammerspiele wieder zu einer der führenden Bühnen Deutschlands auf. Seit den 50er Jahren fanden aufsehenerregende Uraufführungen von Stücken Friedrich Dürrenmatts, Max Frischs und Franz Xaver Kroetz' statt. Therese Giehse prägte wie vor 1933 als große Schauspielerin viele Aufführungen. In ihrer Person blieb die Kontinuität des Theaters vor 1933 lebendig. Seit 1976 gab Jürgen Kolbe als Kulturreferent und Stadtrat München ein neues Profil. Er brachte 1979 den bedeutenden Dirigenten Sergiu Celibidache ans Pult der Münchner Philharmoniker und rief das Kulturzentrum am Gasteig ins Leben. Gleichzeitig bereicherte eine große

Zahl staatlicher und privater Theater das kulturelle Leben der Landeshauptstadt.

Zum kulturellen Wandel Münchens gehört nicht zuletzt, daß die Stadt nach dem Kriege Zufluchtsort alter Verlage aus Berlin und Leipzig und seit den 80er Jahren – nach New York – die größte Verlagsstadt der Welt wurde. So entstand neben den großen traditionellen Verlagshäusern wie C. H. Beck – gewissermaßen das publizistische Flaggschiff für Wissenschaft und Kulturgeschichte –, R. Oldenbourg, ähnlich orientiert und zugleich Schulbuchverlag, dem renommierten Klassiker-Verlag Carl Hanser und den alten Häusern Bruckmann, Callwey, Langen-Müller, Kösel und R. Piper, die sich alle beträchtlich erweitern konnten, eine weitgespannte bayerische Verlagslandschaft von internationalem Rang. Neu etablierten sich in München unter anderen Droemer-Knaur als Verlag für wichtige Lexika, Langenscheidt für Wörterbücher, Prestel für Kunst und Architektur, der Kindler Verlag für große Nachschlagewerke, Literatur und Malerei, der List Verlag und die Nymphenburger Verlagshandlung. Der Max Hirmer Verlag kam mit exzellenten Bildbänden hinzu, desgleichen der wissenschaftsorientierte Saur-Verlag, ebenso der Verlag Kurt Desch, ein verlegerischer »Senkrechtstarter«, der sich aber nicht lange halten konnte. Insgesamt gab es Anfang der 90er Jahre 240 Verlage in München, inoffiziell dürften es an die 300 sein. Elf Verlage schlossen sich 1960 zusammen, um Taschenbücher herauszugeben. Ideenreicher Leiter dieses neuen Unternehmens wurde Heinz Friedrich. Es ist der erfolgreiche »Deutsche Taschenbuch Verlag« (dtv), der sowohl bereits erschienene Bücher und klassische Editionen sowie Lexika preiswert nachdruckt als auch zahlreiche neue Texte publiziert. Seit den 70er Jahren zeichnet sich eine deutliche Konzentration von »Verlagsimperien« ab, so die Verlagsgruppe Herbert Fleißners, die durch die 1985 erfolgte Fusionierung mit Ullstein und seinen Verlagen vorübergehend 26 ältere Häuser umfaßte, unter anderen Langen-Müller. Die Verbindung mit Ullstein wurde inzwischen wieder gelöst. Auch der Medienkonzern Bertelsmann konzentriert seine neun Buchverlage in München; darunter der bedeutende Berliner Siedler Verlag. »Als Bücherstadt hat München in den vergangenen hundert Jahren seine Anziehungskraft bewahrt und vermehrt, ja, ist zur Buch-Hauptstadt Deutschlands geworden. Offenbar fanden und finden die Büchermenschen gerade hier jene spezifische Mischung aus Traditionsbeharrung und Neugier, aus kulturellem Erbe und geistiger Beweglichkeit, aus Kopf und Bauch, die sie benötigen« (Reinhard Wittmann).

Kulturpolitisch bedeutsam war es schließlich, daß sich München zum wichtigsten Zentrum der Kultur der Vertriebenen, besonders der Sudetendeutschen, ihrer Traditionen und Institutionen entwickelte. Genannt seien das von dem Altbayern Karl Bosl gegründete »Collegium Carolinum« als Forschungsstelle für die Geschichte und Kultur der böhmischen Länder und der Sudetendeutschen; ferner der literarisch und künstlerisch orientierte »Adalbert Stifter-Verein«; die »Sudetendeutsche Akademie der Wissenschaften und Künste« und das »Sudetendeutsche Archiv«. Sie alle sind im Münchner »Sudetendeutschen Haus« vereinigt und dienen der Traditionspflege ebenso wie dem geistigen Brückenschlag zur alten Heimat. Im selben Haus vertritt die »Sudetendeutsche Landsmannschaft« die politischen Anliegen des nunmehr »vierten bayerischen Stammes«.

Ein Blick zurück

Blicken wir zum Schluß prüfend zurück und fragen uns, welche »Botschaft« für Gegenwart und Zukunft die Geschichte unseres Landes geben kann – eines Freistaates innerhalb der Bundesrepublik Deutschland, der von Aschaffenburg bis Passau, von Coburg bis zum Bodensee und von der Rhön bis vor die Tore Kufsteins reicht und sich einst, unter dynastischer Herrschaft, mit der wittelsbachischen Rheinpfalz bis an die Grenze Burgunds und dann Frankreichs erstreckte. Bayern, das war und ist heute eine politische Einheit, deren reichgegliederte Kulturlandschaften nicht zuletzt ein Werk seiner Geschichte sind.

So reich der Beitrag der in Bayern vereinten deutschen Stämme zu Kultur und Gesellschaft insgesamt auch gewesen ist, sollte doch darüber nicht vergessen werden, daß es die größte politisch-mentale Leistung Altbayerns im Staatsgefüge war – bewußt oder unbewußt –, die integrative Kraft schlechthin zu werden, eine Energie, die ebenbürtig neben der prägenden Kraft des Hauses Wittelsbach zur Geltung kam. Bis heute ist Altbayern gleichsam das zentrale »Urgestein« jenes inneren Zusammenhaltes, aus dem sich weitgehend die von anderen oft als »sperrig« empfundene Sonderrolle Bayerns in der Bundesrepublik ableiten läßt. Ein Ausfluß derselben ist die immer wieder beklagte trotzige »Mir-san-mir-Mentalität«, die wiederum in der Lage war und ist, auch die stärksten und verschiedenartigsten Elemente in einer Art und Weise für sich zu vereinnahmen, die erstaunen muß und auf tief wurzelndem Selbstvertrauen beruht. Daß sie manchmal zu einer auftrumpfenden Wirtshausmentalität eskalieren kann, die auch auf gut inszenierten politischen Großversammlungen der CSU »fröhliche Urständ« feiert, mag wohl sein, ist aber nur – frei nach Theodor Fontane – der »Fehler eines Vorzugs«. Er hat etwas mit dem früh bezeugten altbayerischen Selbstvertrauen zu tun, das bereits aus Aventins berühmter Schilderung seiner Landsleute als unverwüstliche Grundbefindlichkeit hervorleuchtet: eine innere Kraft, die von Fremden oft als Naivität oder gar Primitivität mißdeutet wird, jedoch viel mit dem zu tun hat, was in diesem Buch als die »innere Stimmigkeit« bayerischer Geschichte und Kultur bezeichnet worden ist. Mögen diese Kraft, dieser ganz ursprüngliche »Eigen-Sinn«, der nichts mit ideologisch engstirnigem Neokonservatismus zu tun hat, dem Lande auch in Zukunft erhalten bleiben!

Es war auch ein Land, aus dessen Volkskraft sich seit dem 9. Jahrhundert der Landesausbau, die Ostkolonisation entwikkeln konnte. Donauabwärts und im Alpenraum, aber auch in den Waldlandschaften am Rande Böhmens erschlossen bayerische und fränkische Siedler weite Regionen. Blühende Ländereien entstanden mit Hilfe der Herzöge und Könige, der Kirche und des Adels und nicht zuletzt durch die Arbeit seiner Bauern und Handwerker. Beiderseits des großen Stromes entwickelte sich die bayerische Ostmark, die 996 erstmals als »Ostarrichi«-Österreich in einer Schenkungsurkunde genannt wird. Dieses Land wird 1156 durch den Regensburger Schiedsspruch Kaiser Friedrich Barbarossas ein eigenes, von Bayern losgelöstes Herzogtum des mittelalterlichen Königsstaates. Österreich, das einstmals die Tochter Bayerns war, war dann nach wechselvollen Ausscheidungskämpfen seit dem 14. und 15. Jahrhundert der Mutter gewaltig über den Kopf gewachsen. Im Dreißigjährigen Krieg wurde das habsburgische Österreich als Verbündeter wie als schärfster Konkurrent Bayerns eine europäische Großmacht. Dieses Wechselspiel von Bündnis und Krieg zwischen den beiden verwandten Ländern blieb eine dauerhafte Konstellation für das Land Bayern bis in die Ära Napoleons, als Graf Montgelas das neue Bayern schuf.

Was sagen uns all die endlosen Kämpfe um Macht und Ruhm, die auf beiden Seiten meist auf dem Rücken und auf Kosten der Untertanen geführt wurden? Wo liegt der Sinn der 1500jährigen bayerischen Geschichte? Suchen wir, von den frühesten Anfängen dieser Region ausgehend, die später Bayern wurde, eine Antwort zu finden.

Am Anfang war Bayern ein Land, dessen Menschentum und Kultur tiefe Wurzeln in der mittel- und westeuropäischen Zivilisation der Kelten hatte. Es wurde dann, bald nach Christi Geburt, südlich der Donau und im Bodenseeraum Teil der mediterranen, politischen wie zivilisatorischen Gemeinschaft vieler Völker unter dem festen Dach des »Imperium Romanum«. Die Römerzeit – in Bayern immerhin ein halbes Jahrtausend! – hinterließ viele Spuren im Land und bei seinen Menschen: ein unterschwelliges, kaum bewußtes Erbe bis zum heutigen Tag. Dann, mit der Völkerwanderung des 5. Jahrhunderts, kamen germanische Völker an die Donau, die sich bald mit den keltoromanischen Landesbewohnern vermischten: Daraus wurde das Bayernvolk, kein einheitliches Ethnikum, aber seit dem 6. Jahrhundert, unter reichsfränkischer Herrschaft, ein starkes Herzogtum unter der Familie der Agilolfinger. Innerhalb des fränkischen Großreichs fanden die bayerischen Herzöge schon früh Anlaß, gegen den »Zentralismus« des neuen Imperiums Eigenkraft zu entwickeln. Man könnte – wenn dies nicht zu anachronistisch klänge – mit der Agilolfingerzeit, die mit dem Sturz Herzog Tassilos III. durch Karl den Großen 788 abrupt endete, das Föderalismus-Problem Bayerns beginnen lassen, aber 788 und 1871 sind doch recht verschiedene Endpunkte bajuwarischen Selbständigkeitswillens, als daß man sie ohne weiteres vergleichen möchte.

Es änderte sich aber im 9. Jahrhundert die Lage für Bayern insofern grundlegend und positiv, als es in dieser Epoche das Kernland des Ostfränkischen Reiches wurde, dessen Herrscher, der Karolinger Ludwig der »Deutsche«, in der alten Römerstadt und Herzogsfeste Regensburg residierte. Damit wurde die alte Römerstadt die erste feste fürstliche Residenzstadt im mittelalterlichen Reich.

Bayern blieb seit dem 8. Jahrhundert ein wichtiges Ursprungsland frühmittelalterlicher deutscher Kultur. Der unter Bischof Arbeo in Freising entstandene *Abrogans*, ein spätlateinisches Wörterbuch, setzt erstmals systematisch das althochdeutsch-bayerische Wort neben das lateinische, und im 9. Jahrhundert teilen sich Bayern und Alamannien den Ruhm, Wiege einer ersten deutschen Dichtung von hohem Rang zu sein. Regensburg unter Ludwig dem Deutschen war hier der Mittelpunkt literarischer Kultur. Mit der Lyrik des donauländischen Minnesangs hat Bayern dann im 12. Jahrhundert die ritterliche Dichtung deutscher Sprache glanzvoll eröffnet und im 13. Jahrhundert mit dem Nibelungenlied das deutsche Epos des Mittelalters schlechthin beigesteuert, einen Kulttext von lang nachwirkender, manchmal ambivalenter Kraft.

In der Spätgotik, im 14., 15. und zu Beginn des 16. Jahrhunderts, leuchtete der Herbst des Mittelalters am farbigsten: Die Münchner und Ingolstädter Liebfrauenkirchen sowie St. Martin in Landshut sind Meisterwerke der bayerischen Backsteingotik, nur vergleichbar mit den mächtigen Backsteinkirchen der reichen Hansestädte an Nord- und Ostsee. Das Spätmittelalter wird mit dem Kaisertum Ludwigs des Bayern glanzvoll eröffnet, als München ein Zentrum der antipäpstlichen franziskanischen Opposition in ganz Europa wurde und erlauchte Geistesgrößen der Zeit, William von Occam und Marsilius von Padua, sich schutzsuchend um den Wittelsbacher scharten. Damals waren München und Nürnberg die Hauptstädte des Reiches. Der Kampf der drei großen Dynastien – Wittelsbach, Habsburg und Luxemburg – um eine dauerhafte Königsherrschaft und um die Kaiserkrone war noch unentschieden.

Zum letzten Mal wurde in dieser Epoche grundsätzlich um die Stellung von Kaiser und Papst in der Welt, um Staat und Kirche gerungen – ein aktuelles Thema bis heute. Es war ein Kampf, der die Intelligenz der neuen europäischen Universitäten faszinierte und mit hineinriß.

Ebenso lebendig ist in unserem Kulturbewußtsein Humanismus und Renaissance in Bayern, die beide fast nahtlos aus der mittelalterlichen Welt hervorgehen und doch etwas überraschend Neues sind. An den Höfen hielt diese neue Welt humanistischer Bildung und einer thematisch vom Zwang kirchlicher Themen befreite Kunst ebenso Einzug wie in den Wirtschafts- und Kulturmetropolen der frühbürgerlichen Welt. Sie bekam in den freien Reichsstädten Nürnberg und Augsburg ihre schönste Ausprägung: Fugger und Welser, Willibald Pirckheimer und Albrecht Dürer sind bis heute weltgültige Namen und Begriffe.

Für Bayerns Kultur war es eine Schwellenzeit, teils mittelalterlich, teils schon frühe Neuzeit, wie die Plastik Hans Leinbergers in Landshut und ebenso die farbsatte Malerei Albrecht Altdorfers in Passau zeigen. Dessen tausendfigurige »Alexanderschlacht« erscheint uns heute wie eine visionäre Vorahnung der schier endlosen Kämpfe des konfessionellen Zeitalters, eines Zeitalters, in dem der bedeutendste Humanist und Historiker Bayerns, Johann Thurmayer, genannt Aventinus, am Ende seines Lebens zu Luthers Lehre neigte und deshalb in die Reichsstadt Regensburg emigrieren mußte: ein Signal für die Wirrnisse und Katastrophen einer hochideologisierten Epoche, die dennoch mit den Kunstwerken der deutschen Spätrenaissance ihren Glanz verbreitete. Die Münchner Residenz der Wittelsbacher, der Bau der Michaelskirche für den neuen Orden der Jesuiten auf katholischer Seite und der Bau des Heidelberger Schlosses auf protestantischer Seite symbolisieren den Reichtum der Epoche, aber auch die düstere, für ganz Deutschland verheerende Seite: Wittelsbach-München kämpft seit der Schlacht am Weißen Berge bei Prag 1620 gegen Wittelsbach-Pfalz, und halb Europa steigt in diesen Großkrieg der dreißig Jahre ein. Trotz aller Kriegsnöte wurde Bayern unter Kurfürst Maximilian I. der erste moderne Fürstenstaat Deutschlands und zugleich wichtigstes Zentrum katholischer Barockkultur im Reich.

Bayern war aber auch – sieht man vom Jakobinertum der Französischen Revolution ab – jenes Land im zerfallenden Reich, wo nach einer maßvollen katholischen Aufklärung der Bischöfe und Äbte 1803 die radikaleren Phasen derselben geschichtsmächtig wurden. Eine umfassende Säkularisation des Kirchen- und Klostergutes, der Ordensschulen und -bibliotheken wurde damals in härtester Form durchgeführt: ein tiefer geistiger Bruch – vor allem für Altbayern.

Andererseits wiederum konnte sich Bayern mit seiner gefährlichen politischen »Wildwasserfahrt« an der Seite des Korsen ein gewaltig vergrößertes und modernisiertes »Staatsgebäude« schaffen: Werk des Grafen Montgelas und seiner aufgeklärten francophilen Equipe, das ein erstaunlich risikofreudiger Fürst legitimierte und unterstützte. Wie immer in solchen historischen Situationen gilt auch in diesem Fall Friedrich Schillers Wort, das er Wallenstein in den Mund legt: »... und wenn es glückt, so ist es auch verziehn!«

Es war ein gewaltiges materielles und kulturelles Erbe, das dem neuen Staat anheimfiel: geistliche Fürstentümer und Klöster mit langer Tradition, aber auch die hochbedeutende technologische, merkantile und künstlerische Erbschaft der großen Reichsstädte Augsburg und Nürnberg sowie anderer Städte; eine Erbschaft von gesamteuropäischem Niveau, die nicht nur errungen, sondern auch behutsam dem monarchisch-staatlichen

System eingefügt und ideell von beiden Seiten angenommen werden mußte. Dies gelang relativ schnell, weil der Staat selbst innovativ war und dem politisch vorandrängenden Bürgertum viel zu bieten hatte. Bayern änderte sich, wurde überkonfessionell, ja sogar »multikulturell«, denn mit den neuen Gebieten wurde es – volkssprachlich und mentalitätsmäßig – viersprachig: Neben den traditionellen altbayerischen Sprachkern trat das Schwäbische, Fränkische und Pfälzische. »Multikulturell« bedeutete hier keineswegs gezielte Vermischung und Selbstentfremdung der einzelnen Volkscharaktere, sondern es ergab sich durch die neue staatliche Einheit wie von selbst ein gleichsam »osmotischer« Austausch klar geprägter ländlicher, stadtbürgerlicher und residentieller Kulturen. Sie traten in fruchtbare Wechselbeziehung, manchmal auch in Konkurrenz, jedoch ohne dabei ihre Eigenart zu verlieren. Mehr noch: Durch die neue stammliche Vielfalt hatte Bayern jetzt auch mentalitätsmäßig einen leichteren Zugang zum benachbarten Alamannischen und zum Rheinfränkischen, oder, um es anders auszudrücken: Bayern wurde – wenn hier ein eigentlich verpönter Komparativ ausnahmsweise gestattet ist – »gesamtdeutscher«. Das wiederum spiegelte sich in Gesellschaft und Kultur der Landeshauptstadt wider, deren altbayerischer Charakter dadurch in den Hintergrund rückte.

Gerade dieses scheinbare Manko war aber die Voraussetzung dafür, daß München seit König Ludwig I. nicht nur städtebaulich »gesamtdeutsch« und »europäisch« wurde, sondern auch in seinem Selbstgefühl. Überdies avancierte es – neben Köln – sowohl zum katholischen Vorreiter der deutschen Intelligenz als auch zur Kunststadt Deutschlands schlechthin. Die kulturelle Vormachtstellung der Landeshauptstadt und ihr gesamtdeutscher Charakter verstärkten sich noch in der Prinzregentenzeit: Industrie, Jugendstil und Arbeiterbewegung hielten ihren Einzug und ebenso in der Kunst jene Strömungen, die man heute die »klassische Moderne« nennt. »Isar-Athen« – eine »Musenstadt mit Hinterhöfen« – wurde das Domizil einer im wahrsten Sinne des Wortes gesamtdeutschen, »polyphonen« Kultur. Damit profilierte sich die bayerische Residenzstadt zu einer kreativen Alternative gegenüber dem aufstrebenden preußisch-deutschen Kulturmodell Berlin, dessen aggressive Modernität es weder kopieren konnte noch wollte.

Das zeigte sich auch an der Entwicklung der Sozialdemokratie in der Hauptstadt, die bislang ihr etabliertes Aktionszentrum in den Industriestädten Nürnberg und Augsburg besessen hatte. Ein neuer Ton entstand, eine neue ideologische Zielvorstellung wurde hier formuliert. Georg von Vollmar, der unbestrittene Vordenker der bayerischen Sozialdemokratie, entwarf in seinen Münchner »Eldorado-Reden« einen Sozialismus als humane politische Maxime und löste damit ihn und die Arbeiterbewegung aus den ideologischen Fesseln hegelianisch-marxistischer Weltdeutung und Kampfanweisung. Pragmatische Sozialpolitik zugunsten der Arbeiter war angesagt, ein Weg, der von der Gesamtpartei nach dem Zweiten Weltkrieg mit dem Godesberger Programm von 1959 endgültig eingeschlagen wurde.

Der Katarakt der dunklen Zeiten Bayerns und Deutschlands zwischen 1918 und 1945 – flankiert von zwei verheerenden Weltkriegen und nur getrennt durch die kargen Lichtjahre der Weimarer Republik zwischen 1924 und 1928 – sei bei diesem Rückblick nicht übersehen. Es besteht berechtigte Hoffnung, daß Bayern wie Deutschland seine Lektion aus der NS-Zeit, die einst in München ihre »Ouvertüre« gab, aber dort auch das erstemal scheiterte, nunmehr gelernt hat.

Bayern nach der »Stunde Null«: Die Städte zertrümmert, mit mehr als zwei Millionen Flüchtlingen und Heimatvertriebenen im Lande, die im dezimierten Wohnraum oder in Lagern untergebracht werden wollten. Hunger und schreiende Not als Erbe eines verbrecherischen Regimes – das war der Neuanfang des Landes unter der mehr und mehr wohlwollenden Ägide der amerikanischen Besatzungsmacht.

Bayern hat seinen Teil zum Wiederaufbau im materiellen, politischen und geistigen Sinn geleistet – hier im Lande wie auch in Bonn als dem provisorischen Sitz von Bundesregierung und Bundestag – und tut dies bis zum heutigen Tag. Es stellte mit Ludwig Erhard den erfolgreichen Baumeister des »Wirtschaftswunders« und der sozialen Marktwirtschaft sowie mit Fritz Schäffer den effizientesten Finanzminister in den Regierungen Konrad Adenauers. Mehr noch: Einem Land, das nach dem Zweiten Weltkrieg lange Jahre durch den Finanzausgleich zwischen Bund und Ländern Kostgänger der traditionsreichen Industrieländer Baden-Württemberg und Nordrhein-Westfalen blieb, gelang schließlich der entscheidende Sprung in die wirtschaftliche Selbständigkeit. Durch die Abfederung dieses Sprungs, die ein entwickelter Sozialstaat wie die Bundesrepublik damals bei günstiger Wirtschaftslage geben konnte, blieben Bayern die »sozialen Kosten« dieser gewaltigen Innovationen erspart, die bei der ersten Industrialisierung im 19. Jahrhundert allein die Arbeiterschaft und das traditionelle Handwerk zu tragen hatten.

Standort der Gegenwart

Mit dem Blick zurück verläßt der Autor als Historiker und damit als »rückwärts gerichteter Prophet« zwangsläufig den Bereich einigermaßen gesicherten Wissens und kann sich nur mehr als beobachtender Zeitgenosse zu Wort melden: ein in vieler Hinsicht riskantes Unterfangen. Dennoch sei dieser Blick gewagt, da sich auch der Wissenschaftler nicht von den Pflichten der Zeitgenossenschaft verabschieden darf, um mit einer entschuldigenden Handbewegung ins Nostalgisch-Unverbindliche und in scheinbar schöne Scheinwelten der Vergangenheit abzutauchen. Er darf dies vor allem dann nicht, wenn er davon überzeugt ist, daß man aus der Geschichte lernen kann und soll.

Bayern bietet sich heute als das Land in der Bundesrepublik dar, in dem die Identifikation von Partei (CSU) und Staat am weitesten fortgeschritten ist, ohne daß dabei der demokratische Konsens der Gesamtgesellschaft gelitten hätte. Aus politisch-ethnischen und konfessionellen Einzelkulturen altbayerischer, schwäbischer und fränkischer Provenienz mit ihren eigenen Traditionen konnte die CSU in einem fundamentalen Prozeß der »politisch-kulturellen Homogenisierung« (Alf Mintzel), der auf allen Ebenen von einer erfolgreichen Modernisierung von Staat und Gesellschaft flankiert wurde, ein starkes, einheitliches Staatsbewußtsein schaffen. Es verband sich durch Besetzung alter staatlicher Symbole eng mit der CSU als Trägerin bayerischer Identität. Entscheidend wurde dabei sowohl die rigorose Ausschaltung der Bayernpartei als Garantin bayerischen Sonderbewußtseins als auch die Marginalisierung der bayerischen FDP durch die mit Franz Josef Strauß und Kultusminister Hans Maier energisch durchgezogene, von Hans Zehetmair konsequent fortgesetzte Liberalisierung der Kulturpolitik, die sich besonders in der Schul- und Universitätspolitik manifestierte. Beides schuf breite Zustimmung in der Bevölkerung und stabilisierte den Nimbus der CSU als Volkspartei, die – fast die Quadratur des Kreises – sich sowohl als Förderin der Interessen des Kapitals wie des »kleinen Mannes« zu präsentieren vermag.

Die SPD, die in den Jahren unter Wilhelm Hoegner ebenfalls eine enge Verbindung von Sozialdemokratie und bayerischem Sonderbewußtsein angestrebt hatte, blieb seit 1957, als sie aus der Regierungsverantwortung ausschied, bei diesem Bemühen weitgehend auf der Strecke; die Propagierung eines »anderen Bayern« konnte dafür kein Ersatz sein. Selbst der starke Einstrom sozialdemokratisch orientierter Flüchtlinge und Vertriebener aus dem Sudetenland und Schlesien, die sich sehr aktiv am Aufbau der neuen Parteiorganisation vor allem in kleineren Städten und auf dem Lande beteiligten, vermochte das Abdriften der Partei in eine fast tragisch anmutende Dauerrolle als Opposition bis heute nicht zu verhindern. Beachtliche Einzelerfolge, etwa in der Schulpolitik und der Konzipierung einer übergreifenden Landesplanung, konnten dennoch erzielt werden, und unter dem Landesvorsitzenden Volkmar Gabert (1963–72) gewann die Partei fast 36 Prozent der Wählerstimmen. Durch loyale Zusammenarbeit mit der Regierung bei wichtigen Fragen und Gesetzesvorlagen bekam die bayerische SPD mehr Einfluß auf die

Landespolitik, als dies nach außen hin erscheinen mochte; der demokratische Grundkonsens bewährte sich in der konkreten parlamentarischen Arbeit.

Die große formende Kraft blieb nach dem Wählerwillen aber die CSU, die in gewisser Weise im mentalen Bereich das Werk Maximilian Montgelas' fortsetzte: Die Zentralisierung der Staatsgewalt mit Hilfe einer bis heute höchst effektiven Bürokratie wurde durch ein neues, homogenes und erstaunlich eng mit der CSU identifizierbares Staatsbewußtsein ergänzt. Dies äußerte sich konkret in einer gesamtbayerischen Nivellierung des CSU-Wählerstimmenanteils in allen Regierungsbezirken zwischen circa 50 und 60 Prozent sowie in der Einvernahme ehemaliger SPD-Hochburgen in den industriellen Zentren. Zu diesem Erfolg trug zweifellos bei, daß die relativ späte High-Tech-Industrialisierung Bayerns in einer Phase wirtschaftlicher Prosperität und Stabilität erfolgen konnte.

Die Rolle Bayerns innerhalb der Bundesrepublik ist ein weiterer Faktor, der – fast wider Erwarten – zur Stabilisierung der Dominanz der CSU in Staat und Gesellschaft beitrug. Wenn es mitunter auch schwierig war und gerade heute noch ist, hat es der CSU insgesamt doch eher genützt, in Bonn ein unentbehrlicher Koalitionspartner für alle CDU-geführten Regierungen zu sein. Der massenpsychologische Effekt dieses ebenso risikowie letztlich erfolgreichen »Spagats« zwischen Land und Bund liegt auf der Hand. Die Mehrzahl der Bürger ist stolz darauf, daß eine auf Bayern beschränkte Partei dennoch ein überdurchschnittliches Mitspracherecht des Landes in der Bundespolitik durchsetzen konnte. Es war und ist ein insgesamt erfolgreiches Spiel mit verteilten Rollen, das den bayerischen Föderalismus um vieles konkreter und wirksamer machte, als dies bei anderen Bundesländern der Fall sein konnte. Der bayerischen SPD war eine solche Doppelrolle in Bund und Land niemals vergönnt, da sie zu keinem Zeitpunkt gleichzeitig in München und Bonn als Regierungspartei das Sagen hatte. Freilich, Dauergarantien für bestimmte Konstellationen können weder Geschichte noch Gegenwart bereitstellen, wie das unerwartete Wunder der neuen deutschen Einheit beweist: Die Zukunft bleibt immer offen für das Unvorhergesehene.

Wie sich seit dem Ende der DDR der Eintritt der neuen Bundesländer in den Staatsverband Bundesrepublik auf die Rolle Bayerns auswirkt, muß abgewartet werden. Das erfolgreiche Zusammenspiel mit Sachsen unter Ministerpräsident Kurt Biedenkopf stimmt jedoch optimistisch. Eine andere Frage ist, welche Folgen die neue Zusammenballung ökonomischer und administrativer Kraft in der »altneuen« Bundeshauptstadt Berlin haben wird. Gravierende Verschiebungen sind hier durchaus möglich, ja sogar wahrscheinlich. Dies wäre eine stimulierende Herausforderung für Bayern als stärksten Bannerträger des Föderalismus.

Wie labil im Auf und Ab des Geschehens scheinbar festgeschriebene Situationen doch immer bleiben, zeigten bereits paradigmatisch die sogenannten »Kreuther Beschlüsse« von 1976, als Franz Josef Strauß die Konfrontation mit Helmut Kohl probte, die letzterer mit der Drohung beantwortete, er werde in Bayern »einmarschieren« und CDU-Verbände gründen. Mit Rücksicht auf Franken und Bayerisch-Schwaben blies Strauß sofort zum »Rückzug«; er hatte den Bogen überspannt.

Auch manches andere gab zu Kritik und Selbstkritik berechtigten Anlaß, nämlich die Kehrseite des »neuen Wirtschaftswunders« Bayern. Es führte zu bedenklicher Selbstherrlichkeit der herrschenden Partei und diskreditierte damit in der Öffentlichkeit auch die große Mehrheit christlich-sozialer Amtsträger, die ihre Arbeit nach bestem Wissen und Gewissen verrichteten. Ämterpatronage machte sich breit, ebenso Vergabe von lukrativen Staatsaufträgen an die eigene politische Klientel. Steuergefälligkeiten in zweistelliger Millionenhöhe wurden aufgedeckt, zudem die »Privatisierung« von Spendengeldern der Wirtschaft an die Partei durch einzelne Persönlichkeiten. Umso bemerkenswerter ist es daher, daß in der neuen Ära des Ministerpräsidenten Edmund Stoiber und des Parteivorsitzenden und Bundesfinanzministers Theo Waigel dieser verhängnisvolle Trend mit einem Kraftakt gestoppt werden konnte. Diese Regeneration der führenden Partei wurde von der Bevölkerung registriert und politisch honoriert.

Inzwischen ist Wichtiges geschehen: Die bayerische Regierung hat mit freigewordenen beträchtlichen Geldern, die durch Verkauf solider bayerischer Vermögensobjekte – dem »Tafelsilber des Staates« – verfügbar wurden, der industriellen Innovation einen weiteren starken Anschub gegeben, so daß das Land in der Arbeitslosenstatistik des Bundes ein erfreuliches Schlußlicht darstellt. Auch das Verhältnis zu den Gewerkschaften ist – anders als auf Bundesebene – kooperativ geblieben. Diese offensichtlichen Erfolge bedeuten zugleich gesellschaftliche Stabilität, und diese ist wiederum eine wesentliche Voraussetzung für einen entschlossenen Umbau der Gesellschaft, der aber keinesfalls eine verschleierte Demontage des Sozialstaats als Grundlage unserer Stabilität werden darf. Bayern kann und sollte vielmehr aufgrund seiner neuen Wirtschaftsstärke und seiner ausgewogenen Sozialstruktur der Vorreiter einer dringend notwendigen »ökologischen Ökonomie« werden. Eine technologische und arbeitspolitische radikale Wende ist heute unausweichlich, die konstanten riesigen Arbeitslosenzahlen der Bundesrepublik und anderer Länder sollten ein Alarmsignal sein. Schließlich: Gegen die Gefahr einer die Welt bedrohenden Klimakatastrophe, deren Realität heute durch die Medien und durch die sogenannten »Forderungen des Tages« auch in der Politik wie im öffentlichen Bewußtsein weitgehend ausgeblendet ist, gilt es energischer denn je anzukämpfen. Bayern hatte das erste Umweltministerium der Bundesrepublik, es sollte auch in diesem wahrhaft lebenswichtigen Bereich an der Spitze bleiben. Es fehlt also nicht an gewaltigen Gegenwarts- und Zukunftsaufgaben, die großer Kraftanstrengung bedürfen. Hier gilt es etwa einer weit um sich greifenden Verunsicherung der Bevölkerung entgegenzuwirken, die mit dem Begriff »Globalisierung« und vor allem mit dessen Mißbrauch durch wirtschaftliche Interessengruppen entstanden ist. Bayern befindet sich hier auf dem richtigen pragmatischen Weg. Die Landtagswahl des Jahres 1998, die im systemkritischen Vorfeld der Bundestagswahl stattfand, brachte der CSU wiederum eine Mehrheit von über 52%, ein Beweis dafür, daß es dieser Volkspartei immer wieder gelingt, für nötige Kurskorrekturen auch oppositionelle Positionen zu integrieren.

Fazit: Bayern ist sicher ein Land, in dem die »Uhren anders gehen« als in anderen Ländern der Bundesrepublik; aber sie gehen keineswegs nach. Oder, um es anders zu sagen: Es gibt einen unverwechselbaren Grundakkord bayerischer Geschichte, der ein politisch-kulturelles Potential eigener Art bewirkte und das Land befähigte, die »lebendige Unruhe« in der Entwicklung der bundesdeutschen Staatlichkeit zu sein und zu bleiben. Aufgrund dieser langen und stimmigen Geschichte hat es das Ziel des Föderalismus und damit die Vielgestaltigkeit deutscher Kultur am lebendigsten verwirklicht: genug Gründe, um vertrauensvoll in die Zukunft zu schauen.

ANHANG

Regierungsdaten der Herrscher Bayerns

Die Agilolfinger

um 590 Garibald, erster bekannter Herzog Bayerns
ca. 680–725/28 Herzog Theodo
718–724 Theodebert und Grimoald
725–737 Hugibert
737–748 Odilo
748–788 Tassilo III.

Die Karolinger

768–814 Karl der Große (Landesverwaltung durch Präfekte)
814–815 Ludwig der Fromme
840–876 Ludwig der Deutsche
880–882 Ludwig der Jüngere
882–887 Karl der Dicke
887–899 Arnulf von Kärnten
899–911 Ludwig das Kind

Die Luitpoldinger

895–907 Markgraf Luitpold
907–937 Herzog, zeitweise König Arnulf
937–938 Herzog Eberhard
938–947 Herzog Berthold
947–955 Herzog Heinrich I.
955–976 Heinrich II. der Zänker

976–982	Otto Herzog von Schwaben
983–985	Heinrich III.
985–995	Heinrich II. (zum 2. Mal)
995–1004	Heinrich IV. (seit 1002 deutscher König, seit 1014 Kaiser Heinrich II.)
1004–1009	Heinrich V. von Luxemburg
1009–1018	Heinrich IV. (zum 2. Mal)
1018–1026	Heinrich V. von Luxemburg (zum 2. Mal)
1027–1042	Heinrich VI. (seit 1039 deutscher König, seit 1046 Kaiser Heinrich III.)
1042–1047	Heinrich VII. von Luxemburg
1047–1049	Kaiser Heinrich III.
1049–1053	Konrad von Zütphen
1053–1054	Heinrich VIII. (seit 1054 deutscher König, seit 1084 Kaiser Heinrich IV.)
1054–1055	Konrad, Salier
1055–1061	Kaiserin Agnes
1061–1070	Otto von Northeim

Die Welfen

1070–1077	Herzog Welf I.
1077–1095	Heinrich VIII. (zum 2. Mal)
1096–1101	Welf I. (zum 2. Mal)
1101–1120	Welf II.
1120–1126	Heinrich IX. der Schwarze
1126–1138	Heinrich X. der Stolze
1139–1141	Leopold von Österreich
1141–1143	König Konrad III.
1143–1156	Heinrich XI. Jasomirgott
1156–1180	Heinrich XII. der Löwe

Das Haus Wittelsbach

1180–1183	Otto I. von Wittelsbach
1183–1231	Ludwig I. der Kelheimer
1231–1253	Otto II. der Erlauchte
1253–1294	Ludwig II. der Strenge (regiert seit 1255 nur in Oberbayern und der Pfalz)
1294–1317	Rudolf I. und Ludwig IV. (in Oberbayern und in der Pfalz)
1317–1347	Ludwig IV. allein (in Oberbayern, bis 1329 auch in der Pfalz, seit 1340 wieder in Ober- und Niederbayern, seit 1314 deutscher König, seit 1328 Kaiser Ludwig der Bayer)
1255–1290	Heinrich XIII. (in Niederbayern)
1290–1312	Otto III., Ludwig III., Stephan I. (in Niederbayern)
1310–1339	Heinrich XIV., Heinrich XV., Otto IV. (in Niederbayern)
1339–1340	Johann I. das Kind (in Niederbayern)
1347–1349	Ludwig V. der Brandenburger, Stephan II. mit der Hafte, Ludwig VI. der Römer, Wilhelm I., Albrecht I., Otto V. der Faule

Herzöge in Oberbayern

1349–1351	Ludwig IV., Ludwig VI., Otto V.
1351–1361	Ludwig V. (allein)
1361–1363	Meinhard
1363–1375	Stephan II.
1375–1392	Stephan III. der Kneißl, Friedrich, Johann II.
1392–1397	Johann II. (seit 1395 gemeinsam mit Stephan III.)
1397–1402	Stephan III., Ernst, Wilhelm III.
1402–1435	Ernst und Wilhelm III.
1435–1438	Ernst (allein)
1438–1460	Albrecht III.

1460–1463	Johann IV. und Sigmund
1463–1465	Sigmund (allein)
1465–1467	Sigmund und Albrecht IV. der Weise
1467–1508	Albrecht IV.

Herzöge in Bayern-Landshut

1349–1353	Stephan II., Wilhelm I., Albrecht I.
1355–1375	Stephan II. (allein)
1375–1592	Stephan III., Friedrich, Johann II.
1392–1393	Friedrich (allein)
1394–1450	Heinrich XVI. der Reiche
1450–1479	Ludwig IX. der Reiche
1479–1503	Georg der Reiche (1504 Bayern-Landshut mit Oberbayern wiedervereinigt)

Herzöge von Bayern-Straubing/Holland

1353–1358	Wilhelm I. und Albrecht I.
1358–1404	Albrecht I. (bis 1388 als Stellvertreter Wilhelm I.)
1389–1397	Albrecht II. (Statthalter Albrechts I. in Straubing)
1404–1417	Wilhelm II.
1417–1425	Johann III. (Nach 1425 Bayern-Straubing unter die Linien München, Landshut, Ingolstadt aufgeteilt)

Herzöge in Bayern-Ingolstadt

1392–1395	Stephan III.
1395–1397	Stephan III. und Johann II.
1397–1402	Stephan III., Ernst, Wilhelm III.
1402–1413	Stephan III. (allein)
1413–1443	Ludwig VII. der Gebartete
1443–1445	Ludwig VIII. der Bucklige (1447, nach dem Tod

Ludwigs des Gebarteten, Bayern-Ingolstadt an Bayern-Landshut)

Herzöge im wiedervereinigten Bayern

1504–1508	Albrecht IV.
1508–1550	Wilhelm IV. (1516–1545 gemeinsam mit Ludwig X.)
1550–1579	Albrecht V.
1579–1597	Wilhelm V. (seit 1594 gemeinsam mit Maximilian I.)
1597–1623	Maximilian I.

Kurfürsten in Bayern

1623–1651	Maximilian I.
1651–1679	Ferdinand Maria
1679–1726	Max II. Emanuel
1726–1745	Karl Albrecht (seit 1742 Kaiser Karl VII.)
1745–1777	Max III. Joseph
1777–1799	Karl Theodor
1799–1806	Max IV. Joseph (danach König Max I.)

Könige von Bayern

1806–1825	Max I.
1825–1848	Ludwig I.
1848–1864	Maximilian II.
1864–1886	Ludwig II.
1886–1913	Otto I. Für ihn regieren als Prinzregenten 1886–1912 Luitpold 1912–1913 Ludwig
1913–1918	Ludwig III.

Literaturverzeichnis

Allgemeines

Ay, K.-L., Land und Fürst im alten Bayern. 16–18. Jahrhundert, 1988.

Backmund, N., Die Chorherren und ihre Stifte in Bayern, 1966.

Bauer, H. u. A., Klöster in Bayern. Eine Kunst- und Kulturgeschichte, 1985.

Bauer, H., Kunst in Bayern, 1985.

Bauer, R. (Hg.), Geschichte der Stadt München, 1992.

Bauer, R./Piper, E., München. Geschichte einer Stadt, 1993.

Bauerreiss, R., Kirchengeschichte Bayerns, 7 Bde., 1949–1970, Bd. 1 ^{3}1974, Bd. 6 ^{2}1974.

Bayerische Bibliographie, 1927ff. (von 1927–1958 Teil der Zeitschrift für bayerische Landesgeschichte, 1959–1970 als Beiheft der ZBLG, seit 1971 als selbständige Monographien, hg. von der Generaldirektion der Staatlichen Bibliotheken Bayerns).

Bleibrunner, H., Niederbayern. Kulturgeschichte des bayerischen Unterlandes in zwei Bänden, ^{3}1982.

Blickle, P., Dokumente zur Geschichte von Staat und Gesellschaft in Bayern: Schwaben von den Anfängen bis 1803, 2 Bde., 1979/99.

Blickle, P., Landschaften im Alten Reich. Die staatliche Funktion des gemeinen Mannes in Oberdeutschland, 1975.

Blutenburg. Beiträge zur Geschichte von Schloß und Hofmark Menzing, 1983.

Boshof, E. (Hg.), Das Christentum im bairischen Raum. Von den Anfängen bis ins 11. Jahrhundert, 1994.

Boshof, E./Hartinger, W./Lanzinner, M. (Hg.), Geschichte der Stadt Passau, 1999.

Bosl, K. (Hg.), Zur Geschichte der Bayern, 1965.

Bosl, K., Bayerische Geschichte, ^{6}1979.

Bosl, K., Die Geschichte der Repräsentation in Bayern. Landständische Bewegung, Landständische Verfassung, Landesausschuß und altständische Gesellschaft, 1974.

Bosl, K., Oberpfalz und Oberpfälzer: Geschichte einer Region. Gesammelte Aufsätze, 1978.

Bosl, K., Die bayerische Stadt, 1988.

Bosls Bayerische Biographie. 8000 Persönlichkeiten aus 15 Jahrhunderten, hg. v. K. Bosl, 1983, Ergänzungsband 1988.

Brandmüller, W., Handbuch der bayerischen Kirchengeschichte, 2 Bde., 1991/93.

Der Mönch im Wappen. Aus Geschichte und Gegenwart des katholischen München, 1960.

Doeberl, M., Entwicklungsgeschichte Bayerns, 3 Bde., 1906–1931.

Dokumente zur Geschichte von Staat und Gesellschaft in Bayern, hg. v. d. Kommission für bayerische Landesgeschichte, 1974ff.

Dopsch, H. (Hg.), Geschichte Salzburgs, Bd. I, 1–3, 1981/84.

Dülmen, R. v. (Hg.), Kultur der einfachen Leute. Bayerisches Volksleben vom 16. bis zum 19. Jahrhundert, 1983.

Ehrmann, A. u.a. (Hg.), In Tal und Einsamkeit. 725 Jahre Kloster Fürstenfeld. Die Zisterzienser in Bayern, 2 Bde. (Katalog u. Aufsätze), 1988.

Endres, R., Franken und Bayern im 19. und 20. Jahrhundert, 1985.

Fränkische Lebensbilder, hg. v. G. Pfeiffer im Auftrag der Gesellschaft für fränkische Geschichte, 1967ff.

Glaser, H. (Hg.), Wittelsbach und Bayern. Beiträge zur Bayerischen Geschichte und Kunst, 6 Bde. (Ausstellungskataloge u. wissenschaftliche Beiträge), 1980.

Gottlieb, G. u.a. (Hg.), Geschichte der Stadt Augsburg von der Römerzeit bis zur Gegenwart, 1984.

Guttmann, Th. (Hg.), Giesing. Vom Dorf zum Stadtteil, 1990.

Handbuch der historischen Stätten Deutschlands, Bd. 7: Bayern, hg. v. K. Bosl, ³1981.

Hartig, M., Die niederbayerischen Stifte, 1939.

Hartig, M., Die oberbayerischen Stifte, 2 Bde., 1935.

Hartmann, P. C., Bayerns Weg in die Gegenwart. Vom Stammesherzogtum zum Freistaat heute, 1989.

Das Haus Wittelsbach und die europäischen Dynastien, 1981 (= Zeitschrift für bayerische Landesgeschichte 44/1).

Hausberger, K./Hubensteiner, B., Bayerische Kirchengeschichte, 1985.

Heitmeier, J., Ortsnamensinterpretation und Siedlungsgeschichte, in: Zeitschrift für bayerische Landesgeschichte 53 (1990), 551–658.

Hemmerle, J., Die Benediktinerklöster in Bayern, 1970.

Historischer Atlas von Bayern, hg. v. d. Kommission für bayerische Landesgeschichte, 1955ff.

Historisches Ortsnamenbuch von Bayern, hg. von der Kommission für bayerische Landesgeschichte, München 1950ff.

Hofmann, H. H., Adelige Herrschaft und souveräner Staat. Studien über Staat und Gesellschaft in Franken und Bayern im 18. und 19. Jahrhundert, 1962.

Hubensteiner, B., Bayerische Geschichte, [10]1985.

Hubensteiner, B./Pörnbacher, H., Bayerische Bibliothek. Texte aus zwölf Jahrhunderten, 1978ff.

Hubensteiner, B., Land vor den Bergen. Essays, [2]1979.

Kist, J., Fürst- und Erzbistum Bamberg. Leitfaden durch ihre Geschichte von 1007 bis 1960, [3]1962.

Kolb, P./Krenig, E. G. (Hg.), Unterfränkische Geschichte, 4 Bde., 1989/99.

Kraus, A., Geschichte Bayerns. Von den Anfängen bis zur Gegenwart, [1]1983, [2]1988.

Die Kunstdenkmäler Bayerns, 1885ff., teilweiser Nachdruck 1981f.

Lebensbilder aus dem Bayerischen Schwaben, hg. v. G. Frh. v. Pölnitz, 1952ff.

Lieb, N., München. Die Geschichte seiner Kunst, 1971.

Malottki, H. von (Hg.), Kloster Seeon. Beiträge zu Geschichte, Kunst und Kultur der ehemaligen Benediktinerabtei, 1993.

Moersch, K., Geschichte der Pfalz von den Anfängen bis ins 19. Jahrhundert, [2]1987.

Monumenta Boica, hg. von der Bayerischen Akademie der Wissenschaften, fortgeführt von der Kommission für bayerische Landesgeschichte, 1763ff.

Müller, R. A. (Hg.), Reichsstädte in Franken. Aufsätze, 2 Bde., 1987.

Müller, Th./Reißmüller, G. (Hg.), Ingolstadt. Die Herzogsstadt – Die Universitätsstadt – Die Festung, 3 Bde., 1974/81.

Münster, R./Schmid, H., Musik in Bayern, Bd. 1: Bayerische Musikgeschichte, 1977.

Nöhbauer, H. F., München. Eine Geschichte der Stadt und ihrer Bürger, 2 Bde. 1989/92.

Pfeiffer, G. (Hg.), Nürnberg – Geschichte einer europäischen Stadt, 1971.

Pirchegger, H., Geschichte der Steiermark, 3 Bde., 1920/32.

Platzer, H., Geschichte der ländlichen Arbeitsverhältnisse in Bayern, 1904.

Prinz, F., Bayerische Miniaturen. Ludwig der Bayer, Max III. Joseph, Ludwig II., Franz von Lenbach und andere, 1988.

Prinz, F., Gestalten und Wege bayerischer Geschichte, 1982.

Quellen und Erörterungen zur bayerischen (und deutschen) Geschichte, hg. von der Historischen Kommission, fortgeführt von der Kommission für bayerische Landesgeschichte, 1856ff.

Rall, H. u. M., Die Wittelsbacher in Lebensbildern, 1986.

Rankl, H., Landvolk und frühmoderner Staat in Bayern, 1400–1800, 2 Bde., 1999.

Reitzenstein, W.-A. v., Lexikon bayerischer Ortsnamen. Herkunft und Bedeutung, 1986.

Riedmann, J., Geschichte Tirols, 1983.

Riezler, S. v., Geschichte Baierns, 8 Bde., 1878–1914, Registerbd. 1932 (Neudruck 1964).

Roeck, B., Eine Stadt in Krieg und Frieden. Studien zur Geschichte der Reichsstadt Augsburg zwischen Kalenderstreit und Parität, 2 Bde., 1989.

Roth, E. (Hg.), Oberfränkische Geschichte, 5 Bde., 1973/90.

Roth, E. (Hg.), Oberfranken in der Neuzeit bis zum Ende des Alten Reiches, 1984.

Ruppert, W., Die Arbeiter. Lebensformen, Alltag und Kultur von der Frühindustrialisierung bis zum »Wirtschaftswunder«, 1986.

Schad, M., Bayerns Königshaus. Die Familiengeschichte der Wittelsbacher in Bildern, 1994.

Scherzer, C. (Hg.), Franken. Land, Volk, Geschichte und Wirtschaft, 2 Bde., 1955, Bd. 1 ²1962.

Schindler, H., Große bayerische Kunstgeschichte, 2 Bde., ²1967 (Studienausgabe 1976).

Schremmer, E., Die Wirtschaft Bayerns. Vom Hohen Mittelalter bis zum Beginn der Industrialisierung. Bergbau, Gewerbe, Handel, 1970.

Schrott, L., Die Herrscher Bayerns. Vom ersten Herzog bis zum letzten König, 1966.

Schwaiger, G. (Hg.), Bavaria Sancta. Zeugen christlichen Glaubens in Bayern, 3 Bde., 1970ff.

Schwaiger, G. (Hg.), Christenleben im Wandel der Zeit, 2 Bde., 1987

Schwarz, S., Die Juden in Bayern im Wandel der Zeiten, 1963.

Simon, M., Evangelische Kirchengeschichte Bayerns, 1952.

Solleder, F., München im Mittelalter, ¹1938, ²1962.

Spindler, M. (Hg.), Handbuch der bayerischen Geschichte, 4 Bde., 1967–1975 (Bd. 1/2, 673–711, enthält eine Zusammenstellung der wichtigsten Hilfsmittel, Quellen und Darstellungen zur bayerischen Geschichte).

Spindler, M., Erbe und Verpflichtung. Aufsätze und Vorträge zur bayerischen Geschichte, 1966.

Spindler, M./Diepolder, G. (Hg.): Bayerischer Geschichtsatlas, 1969.

Spindler, M./Kraus, A. (Hg.), Handbuch der bayerischen Geschichte Bd. III, 1, ^{3}1997: Geschichte Frankens bis zum Ausgang des 18. Jahrhunderts; Geschichte Schwabens, III, 3, 2000 (im Druck); Geschichte der Oberpfalz, III, 3, ^{3}1995.

Stein, F., Geschichte Frankens, 2 Bde., 1885 (Neudruck 1966).

Straub, E., Die Wittelsbacher, 1994.

Treml, M., Geschichte des modernen Bayern. Königreich und Freistaat, 1994.

Treml, M. u.a. (Hg.), Salz macht Geschichte, 2 Bde., 1995.

Volkert, W. (Hg.), Handbuch der bayerischen Ämter, Gemeinden und Gerichte 1799–1980, 1983.

Weber, A. (Hg.), Handbuch der Literatur in Bayern. Vom Frühmittelalter bis zur Gegenwart. Geschichte und Interpretationen, 1987.

Widmann, H., Geschichte Salzburgs, 3 Bde., 1907/14.

Wittmann, R., Hundert Jahre Buchkultur in München, 1993.

Ziegler, W. (Hg.), Der Bayerische Landtag vom Spätmittelalter bis zur Gegenwart. Probleme und Desiderate historischer Forschung, 1995.

Zorn, W., Handels- und Industriegeschichte Bayerisch-Schwabens 1648 bis 1870, 1961.

Römerzeit – Vor- und Frühgeschichte

Christlein, R., Braasch, O., Das unterirdische Bayern, 1982.

Christlein, R. A., Die Alamannen, Archäologie eines lebendigen Volkes, ^{2}1979.

Czysz, W. u.a. (Hg.), Die Römer in Bayern, 1995.

Dannheimer, H., Auf den Spuren der Bajuwaren, 1987.

Dietz, K. u.a., Regensburg zur Römerzeit, ^{2}1979.

Fischer, Th., Römer und Bajuwaren an der Donau, 1988.

Keller, E., Die spätrömischen Grabfunde in Südbayern, 1971.

Kellner, H. J., Die Römer in Bayern, ^{4}1978.

Kraus, A., Die Herkunft der Bayern, in: Augsburger Beiträge zur Landesgeschichte Bayerisch-Schwabens, hg. v. P. Fried, 1979, 27–46.

Lotter, F., Severinus von Noricum. Legende und historische Wirklichkeit, 1976.

Nöhbauer, H. F., Die Bajuwaren, 1995.

Noll, R., Eugippius. Das Leben des hl. Severin, ^{2}1981.

Pauli, L., Die Alpen in Frühzeit und Mittelalter, ²1981.

Reindel, K., Die Herkunft der Bayern, in: Deutsches Archiv 37 (1981), 451–473.

Severin. Zwischen Römerzeit und Völkerwanderung (Katalog), 1982.

Wolfram, H., Grenzen und Räume. Geschichte Österreichs vor seiner Entstehung (378–907), 1955.

Wolfram, H., Salzburg, Bayern, Österreich, 1995.

Zöllner, E., Geschichte der Franken bis zur Mitte des 6. Jahrhunderts, 1970.

Zeitalter der Agilolfinger und Karolinger

Ay, K.-L., Dokumente zur Geschichte von Staat und Gesellschaft in Bayern: Altbayern vom Frühmittelalter bis 1550, 2 Bde., 1974/77.

Baiernzeit in Oberösterreich. Das Land zwischen Inn und Enns vom Ausgang der Antike bis zum Ende des 8. Jahrhunderts, ³1977.

Bischoff, B., Die südostdeutschen Schreibschulen und Bibliotheken in der Karolingerzeit, 2 Bde., 1940–1980, Bd. 1 ³1974.

Bosl, K., Franken um 800. Strukturanalyse einer fränkischen Königsprovinz, ²1969.

Cremifanum 777–1977. Festschrift zur 1200-Jahrfeier des Stiftes Kremsmünster, 1977 (Mitteilungen des Oberösterreichischen Landesarchivs 12).

Dannheimer, H./Diepolder, G., Aschheim im frühen Mittelalter, 2 Teile, 1988.

Dannheimer, H./Dopsch, H. (Hg.), Die Bajuwaren. Von Severin bis Tassilo 488–788, 1988.

Die Anfänge des Klosters Kremsmünster, 1978 (Mitteilungen des Oberösterreichischen Landesarchivs, Erg.-bd. 2).

Diepolder, G., Die Herkunft der Aribonen, in: Zeitschrift für bayerische Landesgeschichte 27 (1964), 74–120.

Diepolder, G., Die Orts- und »in pago«-Nennungen im bayerischen Stammesherzogtum zur Zeit der Agilolfinger, in: Zeitschrift für bayerische Landesgeschichte 20 (1957), 364–436.

Dollinger, Ph., Der bayerische Bauernstand vom 9. bis zum 13. Jahrhundert, 1981.

Dopsch, H./Juffinger, R. (Hg.), Virgil von Salzburg. Missionar und Gelehrter, 1985.

Glaser, H. u.a., Vita Corbiniani. Bischof Arbeo von Freising und die Lebensgeschichte des hl. Korbinian, 1983.

Goetz, W., Über die Anfänge der Agilolfinger, in: Jahrbuch für fränkische Landesforschung 34/35 (1975), 145–162.

Grimm, C. (Hg.), Kilian. Mönch aus Irland, aller Franken Patron, 2 Bde. (Katalog u. Aufsätze), 1989.

Hartung, W., Süddeutschland in der frühen Merowingerzeit. Studien zur Gesellschaft, Herrschaft, Stammesbildung bei Alamannen und Bajuwaren, 1983.

Holzfurtner, L., Gründung und Gründungsüberlieferung. Quellenkritische Studien zur Gründungsgeschichte der bayerischen Klöster der Agilolfingerzeit, 1984.

Jahn, J., Ducatus Baiuvariorum. Das bairische Herzogtum der Agilolfinger, 1991.

Jarnut, J., Agilolfingerstudien. Untersuchungen zur Geschichte einer adligen Familie im 6. und 7. Jahrhundert, 1986.

Löwe, H. (Hg.), Die Iren und Europa im frühen Mittelalter, 2 Bde., 1982.

Löwe, H., Die karolingische Reichsgründung und der Südosten, 1937.

Mayer, Th., Fürsten und Staat. Studien zur Verfassungsgeschichte des deutschen Mittelalters, 1950.

Mitterauer, M., Karolingische Markgrafen im Südosten. Fränkische Reichsaristokratie und bayerischer Stammesadel im österreichischen Raum, 1963.

Prinz, F., Arbeo von Freising und die Agilolfinger, in: Zeitschrift für bayerische Landesgeschichte 29 (1966), 580–590.

Prinz, F., Augsburg im Frankenreich, in: Die Ausgrabungen in St. Ulrich und Afra, hg. v. J. Werner, 1977, 375–398.

Prinz, F., Bayern vom Zeitalter der Karolinger bis zum Ende der Welfenherrschaft (788–1180). Die innere Entwicklung: Staat, Gesellschaft, Kirche, Wirtschaft, in: M. Spindler (Hg.), Handbuch der bayerischen Geschichte, Bd. 1, ^{1}1967, 268–426; ^{2}1981, 352–518.

Prinz, F., Frühes Mönchtum im Frankenreich – Kultur und Gesellschaft in Gallien, den Rheinlanden und Bayern am Beispiel der monastischen Entwicklung (4.–8. Jh.), 1965, ^{2}1988.

Prinz, F., Herzog und Adel im agilolfingischen Bayern, in: K. Bosl (Hg.), Zur Geschichte der Bayern, 1965, 225–263.

Prinz, F., Salzburg zwischen Antike und Mittelalter, in: Frühmittelalterliche Studien 5 (1971), 10–36.

Rädlinger-Prömper, Ch., Sankt Emmeram in Regensburg. Struktur- und Funktionswandel eines bayerischen Klosters im früheren Mittelalter, 1987.

Reindel, K., Bayern im Mittelalter, 1970.

Reindel, K., Das Zeitalter der Agilolfinger (bis 788) und Bayern vom Zeitalter der Karolinger bis zum Ende der Welfenherrschaft (788–1180), in: Spindler, M. (Hg.), Handbuch Bd. 1, ²1981, 99–349.

Salzburg im 8. Jahrhundert. 1976 (Mitteilungen der Gesellschaft für Salzburger Landeskunde 115 (1975)).

Schmale, F.-J., Das Bistum Würzburg und seine Bischöfe im frühen Mittelalter, in: Zeitschrift für bayerische Landesgeschichte 29 (1966), 616 bis 661.

Schmid, A., Das Bild des Bayernherzogs Arnulf (907–937) in der deutschen Geschichtsschreibung von seinen Zeitgenossen bis zu Wilhelm von Giesebrecht, 1976.

Schmid, P., Regensburg. Stadt der Könige und Herzöge im Mittelalter, 1977.

Schmitt, J., Untersuchungen zu den liberi homines der Karolingerzeit, 1977.

Störmer, W., Adelsgruppen im früh- und hochmittelalterlichen Bayern, 1972.

Störmer, W., Früher Adel. Studien zur politischen Führungsschicht im fränkisch-deutschen Reich vom 8.–11. Jahrhundert, 2 Bde., 1973.

Suevia Sacra. Frühe Kunst in Schwaben, 1973.

Zöllner, E., Die Herkunft der Agilolfinger, in: Mitteilungen des Instituts für österreichische Geschichtsforschung 59 (1951), 245–264, und in: Zur Geschichte der Bayern, hg. v. K. Bosl, 1965, 107–134.

Welfen und Staufer

Appelt, H., Privilegium minus. Das staufische Kaisertum und die Babenberger in Österreich, ²1976.

Bosl, K., Das »jüngere« bayerische Stammesherzogtum der Luitpoldinger, in: Zeitschrift für bayerische Landesgeschichte 18 (1955), 144–172.

Bosl, K., Die Markengründungen Kaiser Heinrichs III. auf bayerisch-österreichischem Boden, in: Zeitschrift für bayerische Landesgeschichte 14 (1943/1944), 177–247.

Bosl, K., Die Reichsministerialität der Salier und Staufer. Ein Beitrag zur Geschichte des hochmittelalterlichen deutschen Volkes, Staates und Reiches, 2 Bde., ²1968/1969.

Bosl, K., Die Sozialstruktur der mittelalterlichen Residenz- und Fernhandelsstadt Regensburg, in: Abh. d. Bayer. Ak. d. Wiss., Phil. Hist. Kl. NF 63, München 1966.

Classen, P. Gerhoch von Reichersberg. Eine Biographie, 1960.

Fichtenau, H., Von der Mark zum Herzogtum. Grundlagen und Sinn des Privilegium minus für Österreich, ²1965.

Fried, P. (Hg.), Anfänge des Hauses Wittelsbach. Die Chronik des Abtes Konrad von Scheyern (1206–1225), 1980.

Fried, P., Herrschaftsgeschichte der altbayerischen Landgerichte Dachau und Kranzberg im Hoch- und Spätmittelalter sowie in der frühen Neuzeit, 1962.

Hallinger, C., Gorze-Cluny. Studien zu den monastischen Lebensformen und Gegensätzen im Hochmittelalter, 2 Bde., 1950–1951.

Heimpel, H., Das Gewerbe der Stadt Regensburg im Mittelalter, in: VSWG 9 (1926) (Beiheft).

Jakobs, H., Die Hirsauer, 1961.

Kirmeier, J./Brockhoff, E. (Hg.), Herzöge und Heilige. Das Geschlecht der Andechs-Meranier im europäischen Hochmittelalter (Katalog), 1993.

Kraus, A., Heinrich der Löwe und Bayern, in: Heinrich der Löwe, hg. v. W. D. Mohrmann, 1980, 151–214.

Lammers, W., Weltgeschichte und Zeitgeschichte bei Otto von Freising, 1977.

Mitteis, H., Der Staat des hohen Mittelalters, ⁹1974.

Prinz, F., Bayerns Adel im Hochmittelalter, in: Zeitschrift für bayerische Landesgeschichte 30 (1967), 53–117.

Reindel, K., Die bayerischen Luitpoldinger 893–989. Sammlung und Erläuterung der Quellen, München 1953.

Sturm, J., Die Anfänge des Hauses Preysing, 1931.

Weinfurter, S., Salzburger Bistumsreform und Bischofspolitik im 12. Jahrhundert. Der Erzbischof Konrad I. von Salzburg (1106–1147) und die Regularkanoniker, 1975.

Das Herzogtum der Wittelsbacher

Glaser, H. (Hg.), Wittelsbach und Bayern, Bd. 1,1: Die Zeit der frühen Herzöge, 1980 (Ausstellungskatalog der Wittelsbacher-Ausstellung 1980).

Spindler, M. Die Anfänge des bayerischen Landesfürstentums, 1937.

Volkert, W., Die älteren bayerischen Herzogsurbare, in: Blätter für oberdeutsche Namensforschung 7 (1966), 1–32.

Von Ludwig dem Bayern bis zum Ende des Mittelalters

Ammann, H., Die wirtschaftliche Stellung der Reichsstadt Nürnberg im Spätmittelalter, 1970.

Angermeier, H., Königtum und Landfriede im deutschen Spätmittelalter, 1966.

Bader, K. S., Der deutsche Südwesten in seiner territorialstaatlichen Entwicklung, ²1978.

Bansa, H., Die Register der Kanzlei Ludwigs des Bayern, 2 Bde., 1971/1974.

Bastian, F., Das Runtingerbuch 1383–1407, 3Bde., 1935–1944.

Baumstark, R. (Hg.), Das Goldene Rössl. Ein Meisterwerk der Pariser Hofkunst um 1400, 1995.

Diepolder, G., Oberbayerische und niederbayerische Adelsherrschaften im wittelsbachischen Territorialstaat des 13.–15. Jahrhunderts, in: Zeitschrift für bayerische Landesgeschichte 25 (1962), 33–70.

Eikenberg, W., Das Handelshaus der Runtinger zu Regensburg, 1976.

Fischer, K., Der Regensburger Fernhandel und der Kaufmannsstand im 15. Jahrhundert, 1990.

Fried, P., Zur Geschichte der Steuern in Bayern, in: Zeitschrift für bayerische Landesgeschichte 27 (1964), 570–599.

Hartmann, P. C., Die Landstände des Hochstiftes Passau im Rahmen der ständischen Bewegung des Spätmittelalters, in: Ostbairische Grenzmarken 27 (1985), 63–81.

Hofmann, H. H., Territorialbildung in Franken im 14. Jahrhundert, 1971.

Lieberich, H., Kaiser Ludwig der Baier als Gesetzgeber, in: Zeitschrift für Rechtsgeschichte. Germ. Abt. 76 (1959), 173–245.

Lieberich, H., Landherren und Landleute. Zur politischen Führungsschicht Baierns im Spätmittelalter, 1964.

Patze, H. (Hg.), Der deutsche Territorialstaat im 14. Jahrhundert, Teil 2, 1971.

Prinz, F., Marsilius von Padua, in: Zeitschrift für bayerische Landesgeschichte 39 (1976), 39–77.

Rankl, H., Das vorreformatorische landesherrliche Kirchenregiment in Bayern (1378–1526), 1971.

Rankl, H., Staatshaushalt, Stände und »Gemeiner Nutzen« in Bayern 1500–1516, 1976.

Schubert, E., Die Landstände des Hochstifts Würzburg, 1967.

Schütz, A., Die Appellationen Ludwigs des Bayern aus den Jahren 1323/24, in: Mitteilungen des Instituts für österreichische Geschichtsforschung 80 (1972), 71–112.

Schütz, A., Die Prokuratorien und Instruktionen Ludwigs des Bayern für die Kurie (1331–1345). Ein Beitrag zu seinem Absolutions-Prozeß, 1973.

Seyboth, R., Die Markgrafentümer Ansbach und Kulmbach unter der Regierung Markgraf Friedrichs des Älteren (1486–1515), 1985.

Straub, Th., Herzog Ludwig der Bärtige von Bayern-Ingolstadt und seine Beziehungen zu Frankreich in der Zeit von 1391–1415, 1965.

Suckale, R., Die Hofkunst Ludwigs des Bayern, 1993.

Thomas, H., Ludwig der Bayer (1282–1347). Kaiser und Ketzer, 1993.

Weinfurter, S., Von der Bistumsreform zur Parteinahme für Kaiser Ludwig den Bayern. Die Grundlagen der geistlichen Landesherrschaft in Eichstätt um 1300, in: Blätter für deutsche Landesgeschichte 123 (1987), 137–184.

Wiesflecker, H., Kaiser Maximilian I. Das Reich, Österreich und Europa an der Schwelle zur Neuzeit, 4 Bde., 1971–1981.

Ziegler, W., Studien zum Staatshaushalt Bayerns in der zweiten Hälfte des 15. Jahrhunderts. Die regulären Kammereinkünfte des Herzogtums Niederbayern 1450–1500, 1981.

Humanismus und Reformation

Aventinus und seine Zeit (1477–1534), hg. v. G. H. Sitzmann, 1977.

Baader, B. Ph., Der bayerische Renaissancehof Herzog Wilhelms V. (1568–79), 1943.

Blickle, P., Die Revolution von 1525, ²1981.

Busley, H. J., Zur Finanz- und Kulturpolitik Albrechts V. von Bayern. Studie zum herzoglichen Ratsgutachten von 1557, in: Reformata Reformanda. Festgabe für Hubert Jedin zum 17. Juni 1965, hg. v. E. Iserloh/K. Repgen, 1965, 209–235.

Buxbaum, E. M., Petrus Canisius und die katholische Erneuerung des Herzogtums Bayern 1549–1556, 1973.

Cramer-Fürtig, M., Landesherr und Landstände im Fürstentum Pfalz-Neuburg, München 1995.

Dünninger, E., Johannes Aventinus. Leben und Werk des bayerischen Geschichtsschreibers, 1977.

Ettelt-Schönewald, B., Kanzlei, Rat und Regierung Herzog Ludwigs des

Reichen von Bayern-Landshut (1450–1479), 2 Teilbände, München 1996.

Franz, G., Der deutsche Bauernkrieg, [11]1977.

Glaser, H. (Hg.), Quellen und Studien zur Kunstpolitik der Wittelsbacher vom 16. bis zum 18. Jahrhundert, 1980.

Iserloh, E., Johannes Eck (1486–1543). Scholastiker, Humanist, Kontroverstheologe, 1981.

Kaff, B., Volksreligion und Landeskirche. Die evangelische Bewegung im bayerischen Teil der Diözese Pasau, 1977.

Kellner, S., Die Hofmarken Jettenbach und Aschau in der Frühen Neuzeit. Studien zur Beziehung zwischen Herrschaft und Untertanen in Altbayern am Beispiel eines adeligen Herrschaftsbereiches, 1986.

Lanzinner, M., Fürst, Räte und Landstände. Die Entstehung der Zentralbehörden in Bayern 1511–1598, 1980.

Lauchs, J., Bayern und die deutschen Protestanten. Deutsche Fürstenpolitik zwischen Konfession und Libertät 1534–1546, 1978.

Laufs, A., Der Schwäbische Kreis. Studien über Einungswesen und Reichsverfassung im deutschen Südwesten zu Beginn der Neuzeit, 1971.

Lieb, N., Die Fugger und die Kunst, 2 Bde., 1952/1958.

Lutz, H., Christianitas Afflicta. Europa, das Reich und die päpstliche Politik in Niedergang der Hegemonie Kaiser Karls V. (1552–1556), 1964.

Metzger, E., Leonhard von Eck (1480–1550). Wegbereiter und Begründer des frühabsolutistischen Bayern, 1980.

Müller, R. A., Universität und Adel. Eine soziostrukturelle Studie zur Geschichte der bayerischen Landesuniversität Ingolstadt (1472–1648), 1974.

Müller, U., Die ständische Vertretung in den Fränkischen Markgrafentümern in der ersten Hälfte des 16. Jahrhunderts, Diss. 1984.

Muth, H., Tilman Riemenschneider, 1982.

Oswald, J., Der päpstliche Nuntius Ninguarda und die tridentinische Reform des Bistums Passau 1578–1583, in: Ostbairische Grenzmarken 17 (1975), 19–49.

Press, V., Calvinismus und Territorialstaat. Regierung und Zentralbehörden der Kurpfalz 1559–1619, 1970.

Prinz, F., Johann Turmair, genannt Aventinus – bayerischer Humanist und Historiker, in: Aufsätze zur Kunstgeschichte. Festschrift für Hermann Bauer zum 60. Geburtstag, hg. v. K. Möseneder/A. Prater, 1991, 128 bis 136.

Roeck, B., Eine Stadt in Krieg und Frieden. Studien zur Geschichte der Reichsstadt Augsburg zwischen Kalenderstreit und Parität, 2 Bde., 1989.

Roepke, C. J., Die Protestanten in Bayern, 1972.
Rößler, H., Geschichte und Strukturen der evangelischen Bewegung im Bistum Freising (1520–1570), 1966.
Schmid, A., Die historische Methode des Johannes Aventinus, in: Blätter für deutsche Landesgeschichte 113 (1977), 338–395.
Seifert, A., Die Universität Ingolstadt im 15. und 16. Jahrhundert. Texte und Regesten, 1973.
Weinfurter, S., Herzog, Adel und Reformation. Bayern im Übergang vom Mittelalter zur Neuzeit, in: Zeitschrift für historische Forschung 10 (1983), 1–39.
Zeeden, E. W. (Hg.), Gegenreformation, 1973.
Ziegler, W., Das Benediktinerkloster St. Emmeram zu Regensburg in der Reformationszeit, 1970.

Das Zeitalter Maximilians I.

Albrecht, D., Die auswärtige Politik Maximilians von Bayern 1618–1635, 1962.
Albrecht, D., Maximilian I. von Bayern 1573–1651, 1998.
Altmann, H., Die Reichspolitik Maximilians I. von Bayern 1613–1618, 1978.
Baer, W. u. a. (Hg.), Elias Holl und das Augsburger Rathaus (Katalog), 1985.
Behringer, W., Hexenverfolgung in Bayern, 1987.
Breuer, D., Oberdeutsche Literatur 1565–1650. Deutsche Literaturgeschichte und Territorialgeschichte in frühabsolutistischer Zeit, 1979.
Dickmann, F., Der Westfälische Frieden, [5]1985.
Dollinger, H., Studien zur Finanzreform Maximilians I. von Bayern 1598 bis 1618. Ein Beitrag zur Geschichte des Frühabsolutismus, 1968.
Dotterweich, H., Der junge Maximilian. Biographie eines bayerischen Prinzen, [2]1980.
Glaser, H. (Hg.), Wittelsbach und Bayern. Beiträge zur Bayerischen Geschichte und Kunst, 6 Bde. (Ausstellungskataloge u. wissenschaftliche Beiträge), 1980.
Glaser, H., Wittelsbach und Bayern, Bd. 2,1: Um Glauben und Reich, 1980 (Ausstellungskatalog der Wittelsbacher-Ausstellung 1980).
Heydenreuter, R., Der landesherrliche Hofrat unter Herzog und Kurfürst Maximilian I. von Bayern (1598–1651), 1981.

Die Oberpfalz wird bayerisch. Die Jahre 1621 bis 1628 in Amberg und der Oberpfalz, 1978 (Katalog).

Pfister, K., Kurfürst Maximilian von Bayern und sein Jahrhundert, 1948.

Pölnitz, G. Frh. v., Julius Echter von Mespelbrunn, Fürstbischof von Würzburg und Herzog von Franken 1573–1617, 1934.

Rudolf, H. U. (Hg.), Der Dreißigjährige Krieg. Perspektiven und Strukturen, 1977.

Schlögl, R., Bauern, Krieg und Staat. Oberbayerische Bauernwirtschaft und frühmoderner Staat im 17. Jahrhundert, 1988.

Schmidt, H., Philipp Wilhelm von Pfalz-Neuburg (1615–1690) als Gestalt der deutschen und europäischen Politik des 17. Jahrhunderts, Bd. 1: 1615–1658, 1973.

Stieve, F., Das kirchliche Polizeiregiment in Baiern unter Maximilian I., 1876.

Ziegler, W., Dokumente zur Geschichte von Staat und Gesellschaft in Bayern, Bd. I,3: Altbayern von 1550–1651, 2 Bde., 1992.

Absolutismus und Aufklärung

Agethen, M., Geheimbund und Utopie. Illuminaten, Freimaurer und deutsche Spätaufklärung, 1987.

Ammerich, H., Landesherr und Landesverwaltung. Beiträge zur Regierung von Pfalz-Zweibrücken am Ende des Alten Reiches, 1981.

Aretin, K. O. Frh. v., Heiliges Römisches Reich 1776–1806. Reichsverfassung und Staatssouveränität, Teil 1, 1967.

Aretin, K. O. v., Bayerns Weg zum souveränen Staat. Landstände und konstitutionelle Monarchie 1714–1818, 1976.

Bauer, R., Der kurfürstliche geistliche Rat und die bayerische Kirchenpolitik 1768–1802, 1971.

Beck, R., Naturale Ökonomie. Unterfinning. Bäuerliche Wirtschaft in einem bayerischen Dorf des frühen 18. Jahrhunderts, 1986.

Breit, S., »Leichtfertigkeit« und ländliche Gesellschaft. Voreheliche Sexualität in der frühen Neuzeit, 1991.

Domarus, M., Würzburger Kirchenfürsten aus dem Hause Schönborn, 1951.

Dülmen, R. van, Propst Franziskus Töpsl (1711–1796) und das Augustiner-Chorherrenstift Polling, 1967.

Dülmen, R. van, Der Geheimbund der Illuminaten, [2]1977.

Endres, R., Der Fränkische Reichskreis, in: K. G. A. Jeserich u.a. (Hg.), Deutsche Verwaltungsgeschichte, Bd. 1, 1983, 599–615.

Feldmeier, F., Die Ächtung des Kurfürsten Max Emanuel von Bayern und die Übertragung der Oberpfalz mit der fünften Kur an Kurpfalz (1702–1708), in: Oberbayerisches Archiv 58 (1914), 145–269.

Glaser, H. (Hg.), Kurfürst Max Emanuel. Bayern und Europa um 1700 (Ausstellungskatalog), 2 Bde., 1976.

Hammermayer, L., Gründungs- und Frühgeschichte der Bayerischen Akademie der Wissenschaften, 1959.

Hammermayer, L., Geschichte der Bayerischen Akademie der Wissenschaften, Bd. 2, 1983.

Hammermayer, L., Illuminaten in Bayern. Zur Geschichte, Fortwirken und Legende des Geheimbundes, in: H. Glaser (Hg.): Wittelsbach und Bayern, Bd. 3,1: Krone und Verfassung. König Max I. Joseph und der neue Staat, 1980 (Ausstellungskatalog der Wittelsbacher-Ausstellung 1980), 146–173.

Hartmann, P. C., Geld als Instrument europäischer Machtpolitik im Zeitalter des Merkantilismus. Studien zu den finanziellen und politischen Beziehungen der Wittelsbacher Territorien Kurbayern, Kurpfalz und Kurköln mit Frankreich und dem Kaiser von 1715 bis 1740, 1978.

Hartmann, P. C., Karl VII. Glücklicher Kurfürst. Unglücklicher Kaiser, 1985.

Hitzelberger, H., Das Steuerbewilligungsrecht der Landstände in Bayern im Zeitalter des Absolutismus und seine Auswirkungen auf die Verfassung von 1818, 1949.

Hofmann, H. H., Adelige Herrschaft und souveräner Staat. Studien über Staat und Gesellschaft in Franken und Bayern im 18. und 19. Jahrhundert, 1962.

Hubensteiner, B., Die geistliche Stadt. Welt und Leben des Johann Franz Eckher von Kapfing und Liechteneck, Fürstbischofs von Freising, 1954.

Hubensteiner, B., Vom Geist des Barock. Kultur und Frömmigkeit im alten Bayern, ²1978.

Huber-Sperl, R., Memmingen zwischen Zunfthandwerk und Unternehmertum. Ein Beitrag zur reichsstädtischen Gewerbegeschichte 1648 bis 1802, 1995.

Hüttl, L., Caspar von Schmid (1622–1693), ein kurbayerischer Staatsmann aus dem Zeitalter Ludwigs XIV., 1971.

Hüttl, L., Max Emanuel. Der blaue Kurfürst 1679–1726. Eine politische Biographie, 1976.

Klueting, H. (Hg.), Katholische Aufklärung im katholischen Deutschland, 1993.

Leder, K., Die Universität Altdorf. Zur Theologie der Aufklärung in Franken. Die Theologische Fakultät in Altdorf 1750–1809, 1965.

Lee, W. R., Population growth, economic development and social change in Bavaria 1750–1850, 1977.

Lojewski, G. v., Bayerns Weg nach Köln, 1962.

Lütge, F., Die bayerische Grundherrschaft. Untersuchungen über die Agrarverfassung Altbayerns im 16.–18. Jahrhundert, 1949.

Müller, W., »Zur Wohlfahrt des gemeinen Wesens«. Ein Beitrag zur Bevölkerungs- und Sozialpolitik Max III. Joseph (1745–1777), 1984.

Phayen, F. M., Religion und das gewöhnliche Volk in Bayern in der Zeit von 1750–1850, 1970.

Prinz, F., Kurfürst Maximilian III. Joseph (1745–1777), in: Christenleben im Wandel der Zeit, Bd. 1: Lebensbilder aus der Geschichte des Bistums Freising, hg. v. G. Schwaiger, 1987, 80–91.

Probst, Ch., Lieber bayrisch sterben. Der bayerische Volksaufstand der Jahre 1705 und 1706, 1978.

Quint, W., Souveränitätsbegriff und Souveränitätspolitik in Bayern von der Mitte des 17. bis zur ersten Hälfte des 19. Jahrhunderts, 1971.

Rall, H., Kurbayern in der letzten Epoche der alten Reichsverfassung 1745–1801, 1952.

Rall, H./Hojer, G., Kurfürst Max Emanuel, der »Blaue König«, 1979.

Rankl, H., Landvolk und Territorialstaat (15.–18. Jahrhundert), 1997.

Rauh, M., Verwaltung, Stände und Finanzen. Studien zu Staatsaufbau und Staatsentwicklung Bayerns unter dem späteren Absolutismus, 1988.

Rößler, H., Fränkischer Geist – Deutsches Schicksal. Ideen – Kräfte – Gestalten in Franken 1500–1800, 1953.

Schattenhofer, M., Von Kirchen, Kurfürsten & Kaffeesiedern etcetera. Aus Münchens Vergangenheit, 1974.

Schlosser, H. (Hg.), Freiherr von Kreittmayr. Ein Leben für Recht, Staat und Politik, 1991.

Schmelzle, H., Der Staatshaushalt des Herzogtums Bayern im 18. Jahrhundert mit besonderer Berücksichtigung der wirtschaftlichen, politischen und sozialen Verhältnisse des Landes, 1900.

Schmid, A., Max III. Joseph und die europäischen Mächte. Die Außenpolitik des Kurfürstentums Bayern von 1745–1765, 1987.

Schmid, A., Der Reformabsolutismus Kurfürst Max III. Josephs von Bayern, in: Zeitschrift für bayerische Landesgeschichte 54 (1991), 39–76.

Schmid, A., Die Rolle der bayerischen Klosterbibliotheken im wissenschaftlichen Leben des 17. und 18. Jahrhunderts, in: Wolfenbütteler Forschungen 2 (1977), 143–186.

Schmidt, H., Kurfürst Karl Philipp von der Pfalz als Reichsfürst, 1962.

Sicken, B., Der fränkische Reichskreis. Seine Ämter und Einrichtungen im 18. Jahrhundert, 1970.

Slawinger, G., Die Manufaktur in Kurbayern. Die Anfänge der großgewerblichen Entwicklung in der Übergangsepoche vom Merkantilismus zum Liberalismus 1740–1833, 1966.

Spindler, M., Der Ruf des barocken Bayern, in: ders., Erbe und Verpflichtung. Aufsätze und Vorträge zur bayerischen Geschichte, 1966, 55–77.

Strich, M., Das Kurhaus Bayern im Zeitalter Ludwigs XIV., 2 Bde., 1933.

Vierhaus, R., Deutschland im Zeitalter des Absolutismus (1648–1763), 1978.

Wuermeling, H., 1705: der bayerische Volksaufstand, 1995.

Das neue Bayern

Demel, W., Der bayerische Staatsabsolutismus 1806/08–1817. Staats- und gesellschaftspolitische Motivationen und Hintergründe der Reformära in der ersten Phase des Königreichs Bayern, 1983.

Dobmann, F., Georg Friedrich Frhr. v. Zentner als bayerischer Staatsmann in den Jahren 1799–1821, 1962.

Fried, P. (Hg.), Probleme der Integration Ostschwabens in den bayerischen Staat. Bayern und Wittelsbach in Ostschwaben, 1982.

Glaser, H. (Hg.): Wittelsbach und Bayern, Bd. 3,1: Krone und Verfassung. König Max I. Joseph und der neue Staat, 1980 (Katalog der Wittelsbacher-Ausstellung 1980).

Glaser, H. u.a. (Hg.), Industriekultur in Nürnberg, 1980.

Haan, H. (Hg.), Hauptstaat-Nebenstaat. Briefe und Akten zum Anschluß der Pfalz an Bayern 1815/17, 1977.

Hamm, M., Die bayerische Integrationspolitik in Tirol 1806–1814, München 1996.

Hausberger, K., Staat und Kirche nach der Säkularisation. Zur bayerischen Konkordatspolitik im frühen 19. Jahrhundert, 1983.

Hausmann, F., Die Agrarpolitik der Regierung Montgelas. Untersuchungen zum gesellschaftlichen Strukturwandel Bayerns um die Wende vom 18. zum 19. Jahrhundert, 1975.

Hofmann, H. H., Adelige Herrschaft und souveräner Staat. Studien über Staat und Gesellschaft in Franken und Bayern im 18. und 19. Jahrhundert, 1962.

Krauss, M., Herrschaftspraxis in Bayern und Preußen im 19. Jahrhundert, 1997.

Krauss-Meyl, S., Das »Enfant terrible« des Königshauses. Maria Leopoldine, Bayerns letzte Kurfürstin, 1997.

Lehmbruch, H., Ein neues München. Stadtplanung und Stadtentwicklung um 1800, 1987.

Möckl, K., Könige und Industrie. Zur Industrialisierungspolitik der Könige Max I. Joseph, Ludwig I. und Max II., in: C. Grimm/R. A. Müller (Hg.), Aufbruch ins Industriezeitalter, Bd. 2, 1985, 11–36.

Möckl, K., Der moderne bayerische Staat. Eine Verfassungsgeschichte vom aufgeklärten Absolutismus bis zum Ende der Reformepoche, 1979.

Montgelas, M. J. Graf v., Denkwürdigkeiten des Bayerischen Staatsministers Maximilian Grafen von Montgelas über die innere Staatsverwaltung Bayerns (1799–1817), hg. v. G. Laubmann und M. Doeberl, 1908.

Müller, R. A./Henker, M. (Hg.), Aufbruch ins Industriezeitalter, 2 Bde., 1985.

Rauscher, A. (Hg.), Säkularisierung und Säkularisation vor 1800, 1976.

Schärl, W., Die Zusammensetzung der bayerischen Beamtenschaft von 1806–1918, 1955.

Schlaich, H. W., Der bayerische Staatsrat. Beiträge zu seiner Entwicklung von 1808/09 bis 1918, in: Zeitschrift für bayerische Landesgeschichte 28 (1965), 460–522.

Schwaiger, G., Die altbayerischen Bistümer Freising, Passau und Regensburg zwischen Säkularisation und Konkordat (1803–1817), 1959.

Schwaiger, G., Johann Michael Sailer und seine Zeit, 1982.

Weis, E., Die Säkularisation der bayerischen Klöster 1802/03, 1983.

Weis, E., Montgelas 1759–1799. Zwischen Revolution und Reform, 1971.

Weis, E., Zur Entstehungsgeschichte der bayerischen Verfassung von 1818. Die Debatten in der Verfassungskommission von 1814/15, in: Zeitschrift für bayerische Landesgeschichte 39 (1976), 413–444.

Winter, A., Karl Philipp Fürst von Wrede als Berater des Königs Max I. Joseph und des Kronprinzen Ludwig von Bayern 1813–1825, 1968.

Wunder, B., Privilegierung und Disziplinierung. Die Entstehung des Berufsbeamtentums in Bayern und Württemberg, 1978.

Zorn, W., Gesellschaft und Staat im Bayern des Vormärz, in: W. Conze (Hg.), Staat und Gesellschaft im deutschen Vormärz 1825–1848, 1962, 113–142.

Zorn, W., Kleine Wirtschafts- und Sozialgeschichte Bayerns 1806–1933, 1962.

Ludwig I.

Armansperg, R. Gräfin, Josef Ludwig Graf Armansperg. Ein Beitrag zur Regierungsgeschichte Ludwigs I. von Bayern, 1976.

Baumann, K. (Hg.), Das Hambacher Fest, [2]1982.

Böck, H. H., Karl Philipp Fürst von Wrede als politischer Berater König Ludwigs I. von Bayern 1825–1828, 1968.

Das Oktoberfest. Einhundertfünfundsiebzig Jahre Bayerischer Nationalrausch, 1985.

Dirrigl, M., Ludwig I. König von Bayern 1825–1848, 1980.

Domarus, M., Bürgermeister Behr, ein Kämpfer für den Rechtsstaat, 1971.

Franz, E., Bayerische Verfassungskämpfe. Von der Ständekammer zum Landtag, 1926.

Gollwitzer, H., Ludwig I. von Bayern, 1986.

Hederer, O., Friedrich v. Gärtner. Leben – Werk – Schüler, 1976.

Hederer, O., Leo v. Klenze. Persönlichkeit und Werk, 1964.

Kraus, A. (Hg.), Signate König Ludwigs I., ausgewählt u. eingeleitet v. M. Spindler, Bd. 1ff., 1987ff.

Leeb, Th., Jakob Philipp Fallmerayer. Publizist und Politiker zwischen Revolution und Reaktion (1835–1861), München 1996.

Nerdinger, W. (Hg.), Romantik und Restauration. Architektur in Bayern zur Zeit Ludwigs I. (1825–1949) (Katalog), 1987.

Ottomeyer, H./Laufer, U. (Hg.), Biedermeiers Glück und Ende. Die gestörte Idylle 1815–1848 (Katalog), 1987.

Raab, H., Joseph von Görres. Ein Leben für Freiheit und Recht. Auswahl aus seinem Werk, Urteile von Zeitgenossen, Einführung und Bibliographie, 1978.

Rall, H., Otto von Griechenland, in: Zeitschrift für bayerische Landesgeschichte 44 (1981), 367–380.

Schrott, L., Biedermeier in München, 1963.

Schumann, D., Bayerns Unternehmer in Gesellschaft und Staat 1834–1914, 1992.

Seidl, W., Bayern in Griechenland, ²1981.

Zuber, K.-H., Der »Fürst-Proletarier« Ludwig von Oettingen-Wallerstein (1791–1870). Adeliges Leben und konservative Reformpolitik im konstitutionellen Bayern, 1978.

Maximilian II.

Bott, G., Leben und Arbeiten im Industriezeitalter. Eine Ausstellung zur Wirtschafts- und Sozialgeschichte Bayerns seit 1850 (Katalog), 1985.

Brunner, M., Die Hofgesellschaft. Die führende Gesellschaftsschicht Bayerns während der Regierungszeit König Maximilians II., 1987.

Dirrigl, M., Maximilian II. König von Bayern (1848–1864), 2 Bde., 1984.

Fisch, St., Stadtplanung im 19. Jahrhundert. Das Beispiel München, 1988.

Franz, E., Ludwig Freiherr von der Pfordten, 1938.

Glaser, H., Zwischen Großmächten und Mittelstaaten. Über einige Konstanten der deutschen Politik Bayerns in der Ära von der Pfordten, in: H. Lutz/H. Rumpler (Hg.), Österreich und die deutsche Frage im 19. und 20. Jahrhundert, 1982, 140–188.

Hanisch, M., Für Fürst und Vaterland. Legitimitätsstiftung in Bayern zwischen Revolution 1848 und deutscher Einheit, 1991.

Krauss, M., Symbolische Herrschaft und moderner Staat. Zur Gesellschaft in Bayern und Preußen in der Mitte des 19. Jahrhunderts, 1997.

Lenk, L., Revolutionär-kommunistische Umtriebe im Königreich Bayern. Ein Beitrag zur Entwicklung von Staat und Gesellschaft 1848–1864, in: Zeitschrift für bayerische Landesgeschichte 28 (1965), 555–622.

Löffler, B., Die bayerische Kammer der Reichsräte 1848–1918, 1996.

Müller, R. A. (Hg.), König Maximilian II. von Bayern, 1988.

Schosser, E., Presse und Landtag in Bayern 1850–1918, München 1968.

Sing, A., Die Wissenschaftspolitik Maximilians II. von Bayern (1848 bis 1864), Berlin 1996.

Thränhardt, D., Wahlen und politische Strukturen in Bayern 1848–1953. Historisch-soziologische Untersuchungen zum Entstehen und zur Neuerrichtung eines Parteiensystems, 1973.

Ludwig II.

Barton-Stedman, J. v., Die preußische Gesandtschaft in München als Instrument der Reichspolitik in Bayern von den Anfängen der Reichsgründung bis zu Bismarcks Entlassung, 1967.

Becker, W., Joseph Edmund Jörg (1819–1901), in: J. Aretz/R. Morsey/A. Rauscher (Hg.), Zeitgeschichte in Lebensbildern, Bd. 3: Aus dem deutschen Katholizismus des 19. und 20. Jahrhunderts, 1979, 75–90.

Böhm, G. v., Ludwig II., König von Bayern. Sein Leben und seine Zeit, [2]1924.

Brandmüller, W., Ignaz von Döllinger am Vorabend des 1. Vaticanums. Herausforderung und Antwort, 1978.

Gruner, W. D., Bayern, Preußen und die süddeutschen Staaten 1866–1870, in: Zeitschrift für bayerische Landesgeschichte 37 (1974), 799–827.

Hacker, R. (Hg.), Ludwig II. von Bayern in Augenzeugenberichten, [2]1980.

Herde, P., Der Heilige Stuhl und Bayern zwischen Zollparlament und Reichsgründung (1866/67–1871), in: Zeitschrift für bayerische Landesgeschichte 45 (1982), 589–657.

Hesse, H., Die sogenannte Sozialgesetzgebung Bayerns Ende der sechziger Jahre des 19. Jahrhunderts, 1971.

Hirschfelder, H., Die bayerische Sozialdemokratie 1864–1914, 2 Bde., 1979.

Hüttl, L., Ludwig II., König von Bayern. Eine Biographie, 1986.

Landgrebe, Ch., Zur Entwicklung der Arbeiterbewegung im südostbayerischen Raum, 1980.

Plössl, E., Weibliche Arbeit in Familie und Betrieb. Bayerische Arbeiterfrauen 1870–1914, 1983.

Prinz, F., Ludwig II. – Ein königliches Doppelleben, 1993.

Rall, H., König Ludwig II. und Bismarcks Ringen um Bayern 1870/71. Unter Auswertung unbekannter englischer, preußischer und bayerischer Quellen dargestellt, 1973.

Richter, W., Ludwig II., König von Bayern, [9]1979.

Rummel, F. Frh. v., Das Ministerium Lutz und seine Gegner 1871–1882. Ein Kampf um Staatskirchentum, Reichstreue und Parlamentsherrschaft in Bayern, 1935.

Schmidt, J., Bayern und das Zollparlament. Politik und Wirtschaft in den letzten Jahrzehnten vor der Reichsgründung (1866/67–1870). Zur Strukturanalyse Bayerns im Industriezeitalter, 1973.

Weber, M., Das 1. Vatikanische Konzil im Spiegel der bayerischen Politik, 1970.

Die Endzeit der Monarchie in Bayern

Albrecht, W., Landtag und Regierung in Bayern am Vorabend der Revolution von 1918. Studien zur gesellschaftlichen und staatlichen Entwicklung Deutschlands von 1912–1918, 1968.

Albrecht, W., (Hg.), Georg von Vollmars Reden und Schriften zur Reformpolitik, 1977.

Ay, K.-L., Die Entstehung einer Revolution. Die Volksstimmung in Bayern während des Ersten Weltkrieges, 1968.

Beckenbauer, A., Ludwig III. von Bayern. Ein König auf der Suche nach seinem Volk, 1987.

Denk, H.-D., Die christliche Arbeiterbewegung in Bayern bis zum Ersten Weltkrieg, 1980.

Fischer, D., Die Münchner Zensurstelle während des Ersten Weltkriegs. Alfons Falkner von Sonnenburg als Pressereferent im Bayerischen Kriegsministerium in den Jahren 1914 bis 1918/19, 1973.

Guttmann, Th., Armut in der Großstadt. Eine politische und sozialgeschichtliche Untersuchung ihrer Ursachen und Strukturen in München von 1868 bis zum Ausbruch des Ersten Weltkrieges, 1995.

Haushofer, H., Der Bayerische Bauernbund (1893–1933), in: H. Gollwitzer (Hg.), Europäische Agrarbewegungen im 19. Jahrhundert, 1977, 562–586.

Jansen, R., Georg von Vollmar. Eine politische Biographie, 1958.

Janßen, K. H., Macht und Verblendung. Kriegszielpolitik der deutschen Bundesstaaten 1914–1918, 1963.

Kempf, R., Arbeits- und Lebensverhältnisse der Frauen in der Landwirtschaft Bayerns, 1918.

Kempf, R., Das Leben der jungen Fabrikmädchen in München, 1911.

Knapp, A., Das Zentrum in Bayern 1893–1912. Soziale, organisatorische und politische Struktur einer katholisch-konservativen Partei, 1973.

Kolbe, J., Heller Zauber. Thomas Mann in München (1894–1933), 1987.

Körner, H.-M., Staat und Kirche in Bayern 1886–1918, 1977.

Krafft, S., Zucht und Unzucht. Prostitution und Sittenpolizei im München der Jahrhundertwende, 1996.

Krafft, S. (Hg.), Frauenleben in Bayern. Von der Jahrhundertwende bis zur Trümmerzeit, 1993.

Krafft, S. (Hg.), Zwischen den Fronten. Münchner Frauen in Krieg und Frieden 1900–1950, 1995 (Katalog).

Krauss, M./Beck, F. (Hg.), Leben in München von der Jahrhundertwende bis 1933, 1990.

Lemp, R., Ludwig Thoma. Bilder, Dokumente, Materialien zu Leben und Werk, 1984.

Möckl, K., Die Prinzregentenzeit. Gesellschaft und Politik während der Ära des Prinzregenten Luitpold in Bayern, 1972.

Müller, A. von, Aus Gärten der Vergangenheit. Erinnerungen 1882–1914, 1952.

Nerdinger, W., Theodor Fischer. Architekt und Städtebauer 1862–1938, 1988.

Neumeier, G., München um 1900. Wohnen und Arbeiten, Familie und Haushalt, Stadtteile und Sozialstrukturen, Hausbesitzer und Fabrikarbeiter, Demographie und Mobilität. Studien zur Sozial- und Wirtschaftsgeschichte einer deutschen Großstadt vor dem Ersten Weltkrieg, 1995.

Pohl, K. H., Die Münchner Arbeiterbewegung. Sozialdemokratische Partei, Freigewerkschaften, Staat und Gesellschaft in München 1890–1914, 1992.

Prinz, F./Krauss, M. (Hg.), München – Musenstadt mit Hinterhöfen. Die Prinzregentenzeit 1886–1912, 1988.

Prinz, F., Franz von Lenbach in seiner Zeit, in: Archiv für Kulturgeschichte 71 (1989), 377–393.

Prossmeissl, D., Arbeiterschaft und Sozialdemokratie in Nürnberg 1890–1914, 1977.

Ranke, W., Franz von Lenbach. Der Münchner Malerfürst, 1986.

Renner, H., Georg Heim, der Bauerndoktor. Lebensbild eines »ungekrönten Königs«, 1960, ^{2}1961.

Rumschöttel, H., Das bayerische Offizierskorps 1866–1914, 1973.

Schnorbus, A., Arbeit und Sozialordnung in Bayern vor dem 1. Weltkrieg (1890–1914), 1969.

Schrott, L., Der Prinzregent. Ein Lebensbild aus Stimmen seiner Zeit, 1962.

Sendtner, K., Rupprecht von Wittelsbach, Kronprinz von Bayern, 1954.

Simplicissimus. Eine satirische Zeitschrift. München 1896–1944 (Katalog), 1978.

Tenfelde, K., Proletarische Provinz. Radikalisierung und Widerstand in Penzberg/Oberbayern 1900–1945, ^{2}1982.

Zweite, A., Kandinsky und München, 1982.

Die Revolution von 1918 und die Münchner Räterepublik

Baumann, R. u. a. (Hg.), Die Revolution von 1918/19 in der Provinz, 1996.

Bosl, K. (Hg.), Bayern im Umbruch. Die Revolution von 1918, ihre Voraussetzungen, ihr Verlauf und ihre Folgen, 1969.

Grau, B., Kurt Eisner. Der Journalist und Politiker 1867–1919, 2001.

Herz, R./Halfbrodt, D., Fotographie und Revolution. München 1918/19, 1988.

Kritzer, P., Die bayerische Sozialdemokratie und die bayerische Politik in den Jahren 1918 bis 1923, 1969.

Mitchel, A., Revolution in Bayern 1918/1919. Die Eisner-Regierung und die Räterepublik, 1967.

Müller, A. von, Mars und Venus. Erinnerungen 1914–1919, 1954.

Schade, F., Kurt Eisner und die bayerische Sozialdemokratie, 1961.

Schmolzle, G. (Hg.), Revolution und Räterepublik in München 1918/19 in Augenzeugenberichten, München 1978.

Schwarz, K.-D., Weltkrieg und Revolution in Nürnberg, 1971.

Seligmann, M., Aufstand der Räte. Die erste bayerische Räterepublik vom 7. April 1919, 1989.

Toller, E., Justiz-Erlebnisse. Im Anhang erweitert um autobiographische Notizen Tollers sowie Texte von Thomas Mann und Kurt Tucholsky, ²1979.

Bayern in der Weimarer Republik

Aicher, F./Drepper, U., Robert Vorhölzer – Ein Architektenleben, 1990.

Altendorfer, O., Fritz Schäffer als Politiker der Bayerischen Volkspartei (1888–1945), 1993.

Bauer, G., Oskar Maria Graf. Ein rücksichtslos gelebtes Leben, 1994.

Benz, W. (Hg.), Politik in Bayern 1919–1933. Berichte des württembergischen Gesandten Carl Moser von Filseck, 1971.

Benz, W., Süddeutschland in der Weimarer Republik. Ein Beitrag zur deutschen Innenpolitik 1918–1923, 1970.

Bergmann, H., Der Bayerische Bauernbund und der Bayerische Christliche Bauernverein 1919–1928, 1986.

Deuerlein, E., Der Hitler-Putsch. Bayerische Dokumente zum 8./9. November 1923, 1962.

Dittmann, U./Dollinger, H. (Hg.), Die Münchner Vorträge im Graf-Jubiläumsjahr 1994, 1995.

Feldman, G. D. (Hg.), Die Deutsche Inflation. Eine Zwischenbilanz, 1982.

Fenske, H., Konservativismus und Rechtsradikalismus in Bayern nach 1918, 1969.

Gordon, H. J. jr., Hitlerputsch 1923. Machtkampf in Bayern 1923–1924, 1971.

Hambrecht, R., Der Aufstieg der NSDAP in Mittel- und Oberfranken 1925–1933, 1976.

Hoegner, W., Der schwierige Außenseiter. Erinnerungen eines Abgeordneten, Emigranten und Ministerpräsidenten, ²1958.

Hoegner, W., Die verratene Republik. Geschichte der deutschen Gegenrevolution, ²1979.

Hofmann, H. H., Der Hitlerputsch. Krisenjahre deutscher Geschichte 1920–1924, 1961.

Holtfrerich, K.-L., Die deutsche Inflation 1914–1923. Ursachen und Folgen in internationaler Perspektive, 1980.

Hürten, H., Das Krisenjahr 1923. Militär und Innenpolitik 1922–1924, 1980.

Junker, D., Die deutsche Zentrumspartei und Hitler, 1969.

Kessler, R., Heinrich Held als Parlamentarier. Eine Teilbiographie 1868 bis 1923, 1971.

Kral, H., Die Landespolitik der SPD in Bayern von 1924 bis 1933, 1985.

Maser, W., Die Frühgeschichte der NSDAP. Hitlers Weg bis 1924, 1965.

Menges, F., Reichsreform und Finanzpolitik, 1971.

Mennekes, F., Die Republik als Herausforderung. Konservatives Denken in Bayern zwischen Weimarer Republik und antidemokratischer Reaktion (1918–1925), 1972.

Nusser, H., Konservative Wehrverbände in Bayern, Preußen und Österreich 1918–1933, 1973.

Prinz, F., Bayern und die bayerische Intelligenz in den Zwanziger Jahren, in: Jahrmarkt der Gerechtigkeit. Studien zu Lion Feuchtwangers zeitgeschichtlichem Werk, hg. v. W. Müller-Funk, 1987, 35–60.

Prinz, F., Oskar Maria Grafs Werk – eine Antwort auf eine zerrüttete Gesellschaft, in: Oskar Maria Graf Jahrbuch 1994/95, 297–319.

Reimann, J., Ernst Müller-Meiningen sen. und der Linksliberalismus in seiner Zeit, 1968.

Schönhoven, K., Die Bayerische Volkspartei 1924–1932, 1972.
Sontheimer, K., Antidemokratisches Denken in der Weimarer Republik. Die politischen Ideen des deutschen Nationalismus zwischen 1918 und 1933, ²1968.
Stölzl, Ch., u. a. (Hg.), Die Zwanziger Jahre in München (Katalog), 1979.
Strauß, E., Wandererfürsorge in Bayern 1918 bis 1945 unter besonderer Berücksichtigung Nürnbergs, 1995.
Thoss, B., Der Ludendorff-Kreis 1919–1923. München als Zentrum der mitteleuropäischen Gegenrevolution zwischen Revolution und Hitler-Putsch, 1978.
Wiesemann, F., Die Vorgeschichte der nationalsozialistischen Machtergreifung in Bayern 1932/1933, 1975.
Zimmermann, W., Bayern und das Reich 1918–1923. Der bayerische Föderalismus zwischen Revolution und Reaktion, 1953.

Bayern unter der Herrschaft des Nationalsozialismus

Ackermann, K., Der Widerstand der Monatsschrift Hochland gegen den Nationalsozialismus, 1965.
Asgodom, S. (Hg.), »Halt's Maul – sonst kommst nach Dachau!« Männer und Frauen der Arbeiterbewegung berichten über Widerstand und Verfolgung unter dem Nationalsozialismus, 1983.
Baier, H., Chronologie des bayerischen Kirchenkampfs 1933–1945, 1969.
Baier, H., Die deutschen Christen im Rahmen des bayerischen Kirchenkampfes, 1968.
Bracher, K. D., Die deutsche Diktatur. Entstehung, Struktur, Folgen des Nationalsozialismus, ⁶1979.
Bretschneider, H., Der Widerstand gegen den Nationalsozialismus in München 1933–1945, 1968.
Broszat, M./Fröhlich, E./Grossmann, A. (Hg.), Bayern in der NS-Zeit. Herrschaft und Gesellschaft im Konflikt, 6 Bde., 1977–1983.
Die kirchliche Lage in Bayern nach den Regierungspräsidentenberichten 1933–1943, hg. von der Kommission für Zeitgeschichte, 7 Bde., 1966 bis 1981.
Die Weiße Rose und das Erbe des deutschen Widerstandes. Münchener Gedächtnisvorlesungen, 1993.
Domröse, O., Der NS-Staat in Bayern von der Machtergreifung bis zum Röhm-Putsch, 1974.

Donohoe, J., Hitler's Conservative Opponents in Bavaria 1930–1945. A study of catholic, monarchist and separatist anti-Nazi activities, 1961.

Dunkhase, H., Würzburg, 16. März 1945, in: Mainfränkisches Jahrbuch für Geschichte und Kunst 32, 1980, 1–32.

Frei, N., Nationalsozialistische Eroberung der Provinzpresse. Gleichschaltung, Selbstanpassung und Resistenz in Bayern, 1980.

Hanke, P., Zur Geschichte der Juden in München zwischen 1933 und 1945, 1967.

Hehl, U. v., Priester unter Hitlers Terror. Eine biographische und statistische Erhebung im Auftrag der Deutschen Bischofskonferenz unter Mitwirkung der Diözesanarchive, 1984.

Heusler, A., Ausländereinsatz. Zwangsarbeit für die Münchner Kriegswirtschaft 1939–1945, 1996.

Jens, J. (Hg.), Scholl Hans und Sophie: Briefe und Aufzeichnungen, 1989.

Kantzenbach, F. W., Widerstand und Solidarität der Christen Deutschlands 1933–1945. Eine Dokumentation zum Kirchenkampf aus den Papieren des D. Wilhelm Freiherrn von Pechmann, 1971.

Kasberger, E., Heldinnen waren wir keine. Frauenalltag in der NS-Zeit, 1995.

Klenner, J., Das Verhältnis von Partei und Staat 1933–1945. Dargestellt am Beispiel Bayerns, 1974.

Krimmel, G., Das Konzentrationslager Dachau, in: Bayern in der NS-Zeit, Bd.2, 1979, 349–413.

Maser, W., Nürnberg. Tribunal der Sieger, 1977.

Mehringer, H., Die KPD in Bayern 1919–1945, in: Bayern in der NS-Zeit, Bd. 5, 1983, 1–286.

Mehringer, H., Die bayerische Sozialdemokratie bis zum Ende des NS-Regimes, ebenda 287–432.

Morsey, R., Der Untergang des politischen Katholizismus, 1977.

Morsey, R./Matthias, E. (Hg.), Das Ende der Parteien 1933. Darstellungen und Dokumente, ^{2}1979.

München – »Hauptstadt der Bewegung« (Katalog), 1993.

Nerdinger, W. (Hg.), Bauen im Nationalsozialismus. Bayern 1933–1945, 1993.

Ophir, B./Wiesemann, F. (Hg.), Die jüdischen Gemeinden in Bayern 1918–1945. Geschichte und Zerstörung, 1979.

Permooser, I., Der Luftkrieg über München 1942–1945, 1996.

Richardi, H.-G., Schule der Gewalt. Die Anfänge des Konzentrationslagers Dachau 1933–1934. Ein dokumentarischer Bericht, 1983.

Sandfuchs, W., Pater Rupert Mayer. Verteidiger der Wahrheit – Apostel der Nächsten – Wegbereiter moderner Seelsorge, 1981.

Schneider, M. C./Süß, W., Keine Volksgenossen. Studentischer Widerstand der Weißen Rose, 1993.

Schönhoven, K., Der politische Katholizismus in Bayern unter der NS-Herrschaft, in: Bayern in der NS-Zeit, Bd. 5, 1983, 541–646.

Schwaiger, G. (Hg.), Das Erzbistum München und Freising in der Zeit der nationalsozialistischen Herrschaft, 1984.

Verhoeven, M./Krebs, M., Die Weiße Rose, 1982.

Volk, L. (Hg.), Akten Kardinal Michael von Faulhabers 1917–1945, 2 Bde., 1975–1978.

Volk, L., Das Reichskonkordat vom 20. Juli 1933, 1972.

Volk, L., Der bayerische Episkopat und der Nationalsozialismus 1930 bis 1934, 1965.

Widerstand und Verfolgung in Bayern 1933–1945, hg. von der Generaldirektion der staatlichen Archive Bayerns, 18 Bde., 1975–1977.

Zittel, B., Die Volksstimmung im Dritten Reich im Spiegel der Geheimberichte des Regierungspräsidenten von Ober- und Mittelfranken, in: Festschrift für Georg Pfeiffer, Jahrbuch für fränkische Landesforschung 34/35 (1975), 1059–1078.

Zofka, Z., Die Ausbreitung des Nationalsozialismus auf dem Lande. Eine regionale Fallstudie zur politischen Einstellung der Landbevölkerung in der Zeit des Aufstiegs und der Machtergreifung der NSDAP 1928–1936, 1979.

Bayern in der Bundesrepublik

Albrecht, D., Hans Ehard (1887–1980), in: J. Aretz/R. Morsey/A. Rauscher (Hg.), Zeitgeschichte in Lebensbildern, Bd. 5: Aus dem deutschen Katholizismus des 19. und 20. Jahrhunderts, 1982, 266–280.

Angermair, E., Thomas Wimmer und sein München. Eine Stadt im Wiederaufbau 1948–1960, 1989.

Baer, F., Die Ministerpräsidenten Bayerns 1945–1962. Dokumentation und Analyse, 1974.

Bauer, F. J., Flüchtlinge und Flüchtlingspolitik in Bayern 1945–1950, 1982.

Bayer, A./Baumgärtel, M. (Hg.), Geschichte einer Volkspartei. 50 Jahre CSU 1945–1995, 1995.

Benz, W., Neuanfang in Bayern 1945–1949, 1999.

Bickerich, W., Franz Josef Strauß. Die Biographie, 1996.

Gehring, H., Amerikanische Literaturpolitik in Deutschland 1945–1953, Stuttgart 1976.

Gelberg, K.-U., Hans Ehard. Die föderalistische Politik des bayerischen Ministerpräsidenten 1946–1954, 1992.

Goppel, A., Reden. Ausgewählte Manuskripte aus den Jahren 1958–1965, 1965.

Groß, H. F., Hanns Seidel 1901–1961. Eine politische Biographie, 1992.

Hanko, H. M., Thomas Wimmer 1887–1964, 1977.

Hartmann, P. C./Altendorfer, O., 100 Jahre Fritz Schäffer. Politik in schwierigen Zeiten, Ausstellungskatalog, 1988.

Henke, K.-D./Woller, H., Lehrjahre der CSU. Eine Nachkriegspartei im Spiegel vertraulicher Berichte an die amerikanische Militärregierung, 1984.

Hentschel, V., Ludwig Erhard. Ein Politikerleben, 1996.

Henzler, Ch., Fritz Schäffer (1945–1967). Der erste bayerische Nachkriegs-Ministerpräsident und erste Finanzminister der Bundesrepublik Deutschland, 1994.

Kock, P. J., Bayerns Weg in die Bundesrepublik, 1983.

Kornrumpf, M., In Bayern angekommen. Die Eingliederung der Vertriebenen. Zahlen – Daten – Namen, München 1979.

Krauss, M., Nachkriegskultur in München. Münchener städtische Kulturpolitik 1945–1954, 1985.

Krieger, W., Franz Josef Strauß: Der barocke Demokrat, 1995.

Kritzer, P., Wilhelm Hoegner. Politische Biographie eines bayerischen Sozialdemokraten, 1979.

Kronawitter, H., Ein politisches Leben. Gespräche mit Volkmar Gabert, 1996.

Laitenberger, V., Ludwig Erhard. Der Nationalökonom als Politiker, 1986.

Maier, H., Anstöße, 1978.

Mehringer, H. (Hg.), Von der Klassenbewegung zur Volkspartei. Wegmarken der bayerischen Sozialdemokratie, 1992.

Mehringer, H., Waldemar von Knoeringen. Eine politische Biographie, 1989.

Mintzel, A., Die CSU. Anatomie einer konservativen Partei, [2]1978.

Möckl, K., Die Struktur der Christlich-Sozialen Union in Bayern in den ersten Jahren nach ihrer Gründung, in: Zeitschrift für bayerische Landesgeschichte 36 (1976), 719–753.

Müller, J., Bis zur letzten Konsequenz. Ein Leben für Frieden und Freiheit, 1967.

Müller, W., Schulpolitik in Bayern im Spannungsfeld von Kultusbürokratie und Besatzungsmacht 1945–1949, 1995.

Niethammer, L., Entnazifizierung in Bayern. Säuberung und Rehabilitierung unter amerikanischer Besatzung, 1972.

Prinz, F. (Hg.), Integration und Neubeginn. Dokumentation über die Leistungen des Freistaates Bayern und des Bundes zur Eingliederung der Wirtschaftsbetriebe der Vertriebenen und Flüchtlinge und deren Beitrag zur wirtschaftlichen Entwicklung des Landes, 2 Bde., 1984.

Prinz, F. (Hg.), Trümmerzeit in München. Kultur und Gesellschaft einer deutschen Großstadt im Aufbruch 1945–1949, 1984.

Prinz, F., Integration von Vertriebenen und Flüchtlingen. Sach- und Methodenprobleme im Forschungsfeld: Das Beispiel Bayern, in: Flüchtlinge und Vertriebene in der westdeutschen Nachkriegsgeschichte. Bilanzierung der Forschung und Perspektiven für die künftige Forschungsarbeit, hg. v. R. Schulze/D. von der Brelie-Lewien/H. Grebing, 1987, 252 bis 263.

Roth, R. A. (Hg.), Freistaat Bayern. Die politische Wirklichkeit eines Landes der Bundesrepublik Deutschland, [3]1982.

Scharnagl, W., Franz Josef Strauß. Der Mensch und der Staatsmann, [3]1988.

Schreyer, K., Bayern – ein Industriestaat. Die importierte Industrialisierung. Das wirtschaftliche Wachstum nach 1945 als Ordnungs- und Strukturproblem, 1969.

Steininger, R., Zur Geschichte der Münchener Ministerpräsidenten-Konferenz 1947, in: Vierteljahreshefte für Zeitgeschichte 23 (1975), 375 bis 453.

Stelzle, W., Föderalismus und Eigenstaatlichkeit. Aspekte der bayerischen Innen- und Außenpolitik 1945–1947, 1980.

Strauß, F. J., Die Erinnerungen, 1989.

Unger, I., Die Bayernpartei. Geschichte und Struktur 1945–1957, 1979.

Vollnhals, C., Evangelische Kirche und Entnazifizierung. Die Last der nationalsozialistischen Vergangenheit, 1989.

Wetzel, J., Jüdisches Leben in München 1945–1951. Durchgangsstation oder Wiederaufbau?, 1987.

Woller, H., Die Loritz-Partei. Geschichte, Struktur und Politik der Wirtschaftlichen Aufbau-Vereinigung (WAV) 1945–1955, 1982.

Woller, H., Gesellschaft und Politik in der amerikanischen Besatzungszone, 1986.

Zacher, H., Verfassungsentwicklung in Bayern 1946–1964, in: Jahrbuch des öffentlichen Rechts N.F. 15 (1966), 321–406.

Zittel, B., Alois Hundhammer (1900–1974), in: J. Aretz/R. Morsey/A. Rauscher (Hg.), Zeitgeschichte in Lebensbildern, Bd. 5: Aus dem deutschen Katholizismus des 19. und 20. Jahrhunderts, 1982, 253–265.

Bildnachweis

Farbtafeln I und IV: Bayerische Staatsbibliothek München

Abbildungen im Text:

S. 187: R.S.-Media, Ismaning
S. 192: Bayerisches Nationalmuseum München
S. 319: Passau Tourismus e. V.
S. 394: Bilderdienst Süddeutscher Verlag, München
S. 471: Mit freundlicher Genehmigung von Michael Mathias Prechtl, Nürnberg
S. 492: US Army Photograph
S. 512: Pressefoto Mühlberger, München
S. 518: Bilderdienst Süddeutscher Verlag, München

Personenregister

Liste der im Personenregister verwendeten Abkürzungen:
angelsächs. = angelsächsisch; bayer. = bayerisch; Bf. = Bischof; BVP = Bayerische Volkspartei; dt. = deutsch; Ebf. = Erzbischof; Erzhzg. = Erzherzog; ev. = evangelisch; Frh. = Freiherr; frz. = französisch; Gem. = Gemahl bzw. Gemahlin; Gf. = Graf; hl. = heilige bzw. heiliger; Hzg. = Herzog; Hzgin. = Herzogin; kath. = katholisch; Kfst. = Kurfürst; Kg. = König; Kgin. = Königin; Ks. = Kaiser; Mgf. = Markgraf; niederl. = niederländisch; OCist. = Zisterzienser; OFM = Franziskaner; OSB = Benediktiner; preuß. = preußisch; röm. = römisch; SJ = Jesuiten; ungar. = ungarisch; Vizekg. = Vizekönig.

Heinz Ohff

Der grüne Fürst

Das abenteuerliche Leben des Hermann Pückler-Muskau. 327 Seiten mit 30 Abbildungen. Serie Piper

»Der grüne Fürst« erzählt das Leben eines vielbegabten Abenteurers, der, durch und durch Romantiker, keinen Gedanken auf gesellschaftliche Konventionen oder materielle Sicherheiten richtet: Ein skandalumwitterter, dabei melancholischer Draufgänger ist dieser Pückler, ein Verschwender, ein leidenschaftlicher Gartengestalter, ein gefragter Reiseschriftsteller, von seinen Zeitgenossen geliebt und gehaßt. Wir finden ihn auf – vergeblicher – Brautschau in Großbritannien, an der Spitze einer berittenen Truppe im Hohen Atlas, an der Seite der von ihm leidenschaftlich geliebten Machbuba, die er auf dem Sklavenmarkt in Ägypten gekauft und ins heimatliche Muskau gebracht hat – einmal mehr eine Provokation. Eine Biographie wie ein historischer Bilderbogen, ebenso farbig wie spannend erzählt.

05/1287/01/L

Heinz Ohff

Königin Luise von Preußen

Ein Stern in Wetterwolken. Eine Biographie. 493 Seiten mit 34 Abbildungen. Serie Piper

Zahllose Legenden ranken sich um das Leben Königin Luises von Preußen, die schon zu ihren Lebzeiten außergewöhnliche Popularität genoß: Schön und lebenslustig, charmant und wenig gebildet, mußte sie bereits als junge Frau zusammen mit ihrem Mann, Friedrich Wilhelm III., in schwierigen Zeiten den Thron besteigen und starb mit vierunddreißig Jahren in der Blüte ihres Lebens. Bedeutende Zeitgenossen wie Kleist und von Arnim waren ihre Bewunderer, und Napoleon nannte sie respektvoll seine »ärgste Feindin«. Heinz Ohff zeichnet in seiner Biographie das Bild einer Frau zwischen Legende und Historie und vermittelt zugleich einen lebendigen Eindruck der damaligen Zeit.

»Ein lesenswertes, kluges Buch.«
Die Presse

05/1313/02/R

SERIE PIPER

SERIE PIPER

Jean Sévillia

Zita

Kaiserin ohne Thron. Aus dem Französischen von Elisabeth Mainberger-Ruh. 359 Seiten. Serie Piper

Zita, die letzte Kaiserin von Österreich, Königin von Ungarn und von Böhmen, wurde 1918 nach nur zweijähriger Regierungszeit entthront und lebte seit 1919 im Exil. Sie wurde 1892 in ein dynastisch geprägtes Europa hineingeboren und erlebte im Lauf ihres beinahe hundertjährigen Lebens den Zusammenbruch des österreichisch-ungarischen Habsburger-Reichs, die Abschaffung einer Vielzahl von Monarchien, zwei Weltkriege, den Kalten Krieg und schließlich den Untergang des Kommunismus. In seiner kenntnisreichen Biographie schildert Jean Sévillia nicht nur das Leben einer berühmten Frau, sondern zugleich die bewegte europäische Geschichte des 20. Jahrhunderts.

05/1288/01/L

Kronprinz Rudolf

»Majestät, ich warne Sie ...«

Geheime und private Schriften. Herausgegeben von Brigitte Hamann. 448 Seiten. Serie Piper

Diese Schriften geben einen aufschlußreichen Einblick hinter die Kulissen der k.u.k. Monarchie.

»Hier kommt der Kronprinz unmittelbar zu Wort ... Es spricht ein erschütternd wirkender Zeuge für eine sich als ausweglos abzeichnende Lage, die der sensible Prinz offenbar schon sehr früh erkannt hatte und nicht ändern konnte.«
Die Presse, Wien

05/1299/01/R

Brigitte Hamann

Elisabeth

Kaiserin wider Willen. 660 Seiten mit 57 Fotos. Serie Piper

Das übliche süße Sisi-Klischee wird man in diesem Buch vergeblich suchen: Elisabeth, Kaiserin von Österreich, Königin von Ungarn, war eine der gebildetsten und interessantesten Frauen ihrer Zeit: eine Königin, die sich von den Vorurteilen ihres Standes zu befreien vermochte. Häufig entfloh sie der verhaßten Wiener »Kerkerburg«, weil sie nicht bereit war, sich von den Menschen »immer anglotzen« zu lassen. Statt dessen war sie monatelang auf Reisen, lernte Sprachen und trieb – im Rittersaal der Hofburg! – Sport. Schon vor dem Attentat war sie eine legendäre Figur geworden.

05/1297/01/L

Brigitte Hamann

Rudolf

Kronprinz und Rebell. 534 Seiten mit 35 Abbildungen. Serie Piper

»… ein Buch, das keineswegs nur historisch interessierte Leser fesseln kann, sondern auch eine reiche Fundgrube für psychologisch Interessierte bedeutet, weil Rudolfs späteres unglückliches Schicksal hier ganz klar und eindeutig aus den katastrophalen äußeren Umständen seiner Kindheit und Erziehung erklärt wird.«

Wochenpresse, Wien

05/1298/01/R

Biographien

Thea Leitner

Habsburgs verkaufte Töchter

272 Seiten mit 16 Abbildungen. SP 1827

Thea Leitner bringt in ihrem Bestseller eine unbekannte Seite der europäischen Geschichte zur Sprache, nämlich die Biographien Habsburger Prinzessinnen, die schon im Kindesalter der Politik verschrieben wurden. Obwohl von Kindesbeinen an über sie verfügt wurde, waren sie als erwachsene Frauen keineswegs passive Opfer ihrer Herkunft.

Habsburgs vergessene Kinder

288 Seiten mit 34 Abbildungen. SP 1865

Thea Leitner verfolgte die Spuren von Nachkommen des Erzhauses, die von der Geschichtsschreibung bislang kaum beachtet wurden. Dabei stieß sie auf Menschen »mit ihren Ängsten und Leidenschaften und Verstrickungen, ihren heroischen Höhepunkten und ihren abgrundtiefen Nöten«.

Skandal bei Hof

Frauenschicksale an europäischen Königshöfen. 320 Seiten SP 2009

Vor dem Hintergrund europäischer Politik eröffnen diese erschütternden Tragödien ein Gesellschaftsbild, das die Skandale heutiger gekrönter Häupter als harmlose Geschichten erscheinen läßt.

Die Männer im Schatten

An der Seite berühmter Herrscherinnen. 260 Seiten mit 35 Abbildungen. SP 2324

Mit kriminalistischem Spürsinn folgt Thea Leitner dem Leben der Ehemänner berühmter Frauen: Maria Stuart, Katharina die Große, Maria Theresia und Queen Victoria. Sie beschreibt anschaulich, unterhaltsam und kenntnisreich die zu Nebenrollen verdammten Männer und wirft damit ein neues Licht auf die Biographien der berühmten Frauen.

Fürstin, Dame, Armes Weib

Ungewöhnliche Frauen im Wien der Jahrhundertwende. 352 Seiten mit 38 Abbildungen. SP 1864

Bruno Keiser

Adelheid Königin, Kaiserin, Heilige

Ein Leben in bewegter Zeit. 272 Seiten. Serie Piper

Daß auch Frauen Geschichte machen, beweist Adelheid (931 bis 999), Königin von Italien (947) und als Gemahlin Ottos des Großen Kaiserin des Römischen Reiches (962). Sie entwickelte schon damals ein Konzept von Europa und wirkte mit bei der Gestaltung und Bewahrung des entstehenden Reiches. Mit Hartnäckigkeit und Machtbewußtsein, mit Charme und Diplomatie setzte sie ihre Ziele durch. Ihr Leben spielte sich nicht nur in Palästen und Pfalzen ab, sondern auch im Kerker, auf Feldzügen und Reichstagen. Als Gründerin eines Klosters in Selz im Elsaß wurde sie 1097 heiliggesprochen. Das anschaulich erzählte Lebensbild einer klugen und tatkräftigen Herrscherin zur Zeit der letzten Jahrtausendwende läßt zugleich ein faszinierendes Bild der Zeit entstehen.

05/1291/01/L

Marita A. Panzer, Elisabeth Plößl

Bayerns Töchter

Frauenporträts aus fünf Jahrhunderten. 320 Seiten mit 76 Abbildungen. Serie Piper

Kenntnisreich und unterhaltsam porträtieren die beiden Autorinnen über 80 bayerische Frauen aus verschiedensten Gesellschaftsschichten, darunter berühmte Frauen wie Königin Marie von Bayern, die königliche Geliebte Lola Montez oder die Schauspielerin Therese Giehse. Doch sie stellen auch weniger bekannte Frauen vor wie die Mathematikerin Emmy Noether oder Johanna Händlmaier, die Erfinderin der legendären Senfrezeptur. Ein informativer und kurzweiliger Spaziergang durch die bayerische Frauengeschichte von fünf Jahrunderten – illustriert mit zahlreichen Abbildungen.

05/1927/01/R

Biographien

Martha Schad

Bayerns Königinnen

407 Seiten mit 4 Abbildungen. SP 2569

Über die aus dem Hause Wittelsbach stammenden Monarchen gibt es zahlreiche Veröffentlichungen. Doch wer waren die Frauen an der Seite dieser kunstsinnigen Herrscher? Bayerns Königinnen stammten alle aus führenden Dynastien Europas, waren schön und hochgebildet. Sie wirkten vor allem in ihren Familien, engagierten sich aber auch auf sozialem und kulturellem Gebiet, sie förderten Toleranz, Frömmigkeit und Liberalität im jungen Königreich, erlebten politische Niederlagen genauso wie privates Glück. Für ihre biographischen Studien zog Martha Schad bisher unerschlossene Briefe und Tagebücher aus dem Geheimen Hausarchiv der Wittelsbacher heran und schildert eindrucksvoll und kurzweilig das öffentliche und private Leben der bayerischen Herrscherinnen.

Kaiserin Elisabeth und ihre Töchter

201 Seiten mit einunddreißig Farb- und achtundzwanzig Schwarzweißabbildungen. SP 2857

Einundzwanzig Salutschüsse kündigten 1855 die Geburt von Erzherzogin Sophie von Österreich an, der ersten Tochter des österreichischen Kaiserpaars Elisabeth und Franz Joseph. Ein Jahr später wurde Erzherzogin Gisela geboren. Als nach dem plötzlichen Tod der gerade zweijährigen Sophie endlich der ersehnte Thronfolger Rudolf zur Welt kam, war die Freude am Hof und beim Volk überwältigend. Zehn Jahre später folgte Marie Valérie, der erklärte Liebling von Mutter Elisabeth, der kleine Sonnenschein am Kaiserhof. Martha Schad schöpft für diese Familienchronik wie eine intime Freundin aus dem privaten Fundus der Kaiserfamilie. Anhand von Briefen, Tagebüchern, Gemälden und Photographien folgt sie den Lebenswegen der Töchter der Kaiserin und denen ihrer Nachkommen bis in die Gegenwart.